Hinter dem Sachregister befindet sich ein ausführliches Verzeichnis der

Guttentagschen Sammlung

Deutscher Reichs- und Preußischer Gesetze

— Textausgaben mit Anmerkungen; Taschenformat —

die alle wichtigeren Gesetze in unbedingt zuverlässigem Abdruck und mit mustergültiger Erläuterung wiedergibt.

Hinter Seite 435 befindet sich ein Nachtrag, der den Stand der Gesetzgebung im August 1924 angibt. Die §§ 1—3, 5—8 und 15 des Gesetzes vom 3. Mai 1909 sind durch Nummer 1 des Nachtrags geändert, § 12 ist durch Nummer 2 des Nachtrags geändert und § 27 ist durch Nummer 1 des Nachtrags hinzugefügt. Die auf Seite 355—397 und Seite 404—414 abgedruckten Verordnungen usw. sind ersetzt durch Nummer 4, 6, 7, 8 und 11 des Nachtrags.

Guttentagsche Sammlung
Nr. 92. Deutscher Reichsgesetze. Nr. 92.
Textausgaben mit Anmerkungen.

Gesetz über den
Verkehr mit Kraftfahrzeugen

vom 3. Mai 1909.

Textausgabe mit Anmerkungen und Sachregister

von

Rudolf Kirchner,
Amtsgerichtsrat in Berlin.

Dritte völlig neubearbeitete Auflage.

Berlin 1915.
J. Guttentag, Verlagsbuchhandlung,
G. m. b. H.

Vorwort zur dritten Auflage.

Die neue Ausgabe bringt eine völlige Umarbeitung der Verkehrs- und Strafvorschriften, indem die Ausführungsverordnungen des Bundesrats an den einschlägigen Stellen des Gesetzes eingehend und unter Berücksichtigung der inzwischen ergangenen Entscheidungen oberer Gerichte besprochen worden sind. Auch die Erläuterungen zu den Haftpflichtbestimmungen sind nicht nur nach den Ergebnissen der neueren, zum Gesetz selbst und zu verwandten Bestimmungen anderer Gesetze ergangenen Rechtsprechung und der in der Theorie erörterten Streitfragen ergänzt und berichtigt, sondern z. T. umgearbeitet und anders gruppiert worden, um durch Zusammenfassung und Streichung, wo es irgend anging, den Umfang des Buches nicht allzusehr anschwellen zu lassen. Der Anhang ist durch Aufnahme der für die Rechtsanwendung erheblichen Bestimmungen der Anweisungen des Bundesrats über die Prüfung der Fahrzeuge und der Fahrzeugführer vervollständigt worden.

Berlin-Wilmersdorf, 1. Februar 1915.

Inhalt.

Abkürzungen.

BV. = Verordnung des Bundesrats vom 3. Februar 1910 über den Verkehr mit Kraftfahrzeugen.

v. Damm = Gesetz über den Verkehr mit Kraftfahrzeugen, erläutert von v. Damm.

DJZ. = Deutsche Juristenzeitung.

Eger = Das Reichsgesetz über den Verkehr mit Kraftfahrzeugen, Kommentar von Eger.

EE. = Sammlung eisenbahnrechtlicher Entscheidungen von Eger.

GoltdArch. = Archiv für Strafrecht und Strafprozeß von Goltdammer.

Gordan = Gesetz über den Verkehr mit Kraftfahrzeugen, erläutert von Gordan.

Hallbauer = Gesetz über den Verkehr mit Kraftfahrzeugen, erläutert von Hallbauer.

Höpfel = Gesetz über den Verkehr mit Kraftfahrzeugen, erläutert von Höpfel.

iA. = internationales Abkommen über den Verkehr mit Kraftfahrzeugen vom 11. Oktober 1909.

Isaac = Das Recht des Automobils von Isaac.

JW. = Juristische Wochenschrift, Seite und Nummer (der Jahrgang ergibt sich aus dem Datum der Entscheidung).

KG. = Kammergericht, Sammlung der Entscheidungen von Johow.

Krause = Gesetz über den Verkehr mit Kraftfahrzeugen, erläutert von Krause.

Kröner = Gesetz über den Verkehr mit Kraftfahrzeugen, erläutert von Kröner.

Neukirch-Rosenmeyer = Gesetz über den Verkehr mit Kraftfahrzeugen, erläutert von Neukirch und Rosenmeyer.

Recht = Das Recht, Rundschau für den deutschen Juristenstand, Jahreszahl und Nummer.

RG. = Sammlung der Entscheidungen des Reichsgerichts.

Seuffert = Gesetz über den Verkehr mit Kraftfahrzeugen, erläutert von Seuffert.

Schmid-Wagner = Gesetz über den Verkehr mit Kraftfahrzeugen, erläutert von Schmid und Wagner.

Waldeck = Gesetz über den Verkehr mit Kraftfahrzeugen, erläutert von Waldeck.

Einleitung.

Das Kraftfahrzeug hat sich in verhältnismäßig kurzer Zeit zu einem wichtigen und unentbehrlichen Beförderungsmittel im modernen Verkehrsleben entwickelt. Am 1. Januar 1907 waren im Deutschen Reiche insgesamt 27026 Kraftfahrzeuge vorhanden; am 1. Januar 1908 betrug ihre Zahl bereits 36022, hatte sich also in einem Jahre um rund 33 Prozent vermehrt. Neben den unleugbaren Vorzügen des neuen Verkehrsmittels, die vor allem in einer früher nicht erreichten Schnelligkeit der Beförderung bestehen, traten aber bald schwere Nachteile hervor. Je mehr das Kraftfahrzeug die öffentlichen Straßen eroberte, um so mehr häuften sich die Unglücksfälle. In der Zeit vom 1. Oktober 1906 bis 1. Oktober 1907 ereigneten sich in Deutschland 4864 Unglücksfälle beim Betriebe mit Kraftfahrzeugen, so daß auf je 100 vorhandene Kraftfahrzeuge 13,5 Unglücksfälle kamen. In der öffentlichen Meinung wurden mehr und mehr Stimmen laut, die einen erhöhten Schutz des Publikums vor den Gefahren des Kraftwagenbetriebs verlangten. Der nächstliegende Gedanke war, die Kraftfahrzeuge der Eisenbahnhaftpflicht zu unterwerfen. Wenn auch ein erheblicher Teil der Unfälle auf die Neuheit des Transportmittels zurückzuführen ist, an das sich der übrige Verkehr, insbesondere die im Straßenverkehr benutzten Pferde, erst gewöhnen mußten, so sind doch mit dem Automobilbetrieb, ähnlich wie beim Eisenbahnbetrieb, gewisse eigentümliche

Gefahren verbunden, und es entspricht der Billigkeit, daß hier wie dort das Risiko dieser Gefahren demjenigen auferlegt werde, der den Vorteil von dem gefährlichen Betriebe hat. Inzwischen war im Bürgerlichen Gesetzbuch der Grundsatz der Gefährdungshaftung weiter entwickelt und namentlich auch auf die Haftung des Tierhalters ausgedehnt worden. Der erste Entwurf eines Automobilgesetzes, der am 1. März 1906 dem Reichstage vorgelegt wurde, regelte die Haftpflicht für Kraftwagenunfälle ganz im Anschluß an das Reichshaftpflichtgesetz vom 7. Juni 1871. Danach sollte der Unternehmer eines Kraftwagenbetriebes schlechthin für Betriebsunfälle haften, und ihm nur die Einreden der höheren Gewalt und des eigenen Verschuldens des Verletzten zustehen. Dieser Entwurf ist wegen der Auflösung des Reichstags im Dezember 1906 nicht zur Erledigung gekommen. Am 12. Februar 1908 nahm der neue Reichstag zwei Resolutionen an, in denen wirksamere Maßregeln zur Verhütung von Unfällen und eine Verschärfung sowohl der Haftung für Schäden, als auch der Strafen für Überschreitungen der polizeilichen Vorschriften verlangt wurden. Demgemäß legte die Reichsregierung im Juni 1908 einen neuen Entwurf vor, aus welchem das vorliegende Gesetz hervorgegangen ist.

In dem Entwurf von 1908 war die Haftpflicht des Automobilhalters auf eine ganz andere Grundlage gestellt, wie im Entwurf von 1906. Der Grundsatz der Gefährdungshaftung war im wesentlichen aufgegeben; der sonst im bürgerlichen Recht allgemein geltende Grundsatz der Verschuldenshaftung war nur in folgenden Punkten erweitert und zum Teil zugunsten des Prinzips der Gefährdungshaftung durchbrochen:

1. der Halter haftet unbedingt für Betriebsfehler und Betriebsstörungen;
2. er haftet im übrigen nicht nur für eigenes Verschulden, sondern auch für Verschulden des Fahrers, sofern er ihn zur Führung bestellt oder ermächtigt hat; er kann sich auch nicht durch den im § 831 BGB. sonst zugelassenen Nachweis sorgfältiger Auswahl und Beaufsichtigung des Fahrers befreien;
3. er trägt die Beweislast dafür, daß der Betriebsunfall weder durch sein noch seines Fahrers Verschulden und auch nicht durch Betriebsfehler oder Betriebsstörungen verursacht sei.

Diese Haftpflichtverschärfungen sollten sich nicht auf alle Kraftfahrzeuge, sondern nur auf solche erstrecken, die eine größere, ein zu bestimmendes Maß überschreitende Geschwindigkeit entfalten könnten und dadurch besonders gefährlich seien. Der Schutz der verschärften Haftpflicht sollte nur dem Straßenpublikum im Gegensatz zu den Insassen und dem Betriebspersonal des schädigenden Fahrzeugs zugute kommen. Der Umfang des Schadensersatzes sollte den Bestimmungen des Reichshaftpflichtgesetzes entsprechen, aber zugunsten des Haftpflichtigen durch Festsetzung von gesetzlichen Höchstbeträgen begrenzt werden.

Diesen Vorschlägen des Entwurfs hat die 29. Reichstagskommission in erster Lesung fast durchgängig ihre Zustimmung versagt. Sie kehrte im Prinzip zur Eisenbahnhaftung zurück, indem sie lediglich den Begriff der höheren Gewalt durch denjenigen des unabwendbaren äußeren Ereignisses ersetzte. Die Insassen des schädigenden Fahrzeugs wollte sie nur unter der Voraussetzung von dem Haftpflichtschutz des Gesetzes ausnehmen, daß ihre Beförderung nicht im Dienste oder Auftrage einer der haftpflichtigen Personen stattgefunden habe. Die übrigen Beschränkungen der Haftpflicht lehnte sie sämtlich ab.

In zweiter Lesung wurde ein Kompromiß mit der Regierung erzielt. Danach haftet der Automobilhalter zwar grundsätzlich ohne Rücksicht auf Verschulden, so daß er sich nicht, wie im Entwurf vorgesehen war, durch bloße Exkulpation von der Haftpflicht befreien kann. Indessen kommt der dem Halter nachgelassene Einwand des unabwendbaren Ereignisses in seinem praktischen Ergebnis einem verschärften Exkulpationsbeweis ziemlich nahe. Rein kommt der Grundsatz der Gefährdungshaftung nur darin zum Ausdruck, daß der Halter unbedingt für Unfälle einstehen muß, die auf einem Fehler in der Beschaffenheit des Fahrzeugs oder auf einem Versagen seiner Verrichtungen beruhen; daß dies nicht der Fall, hat er im einzelnen Falle zu beweisen. Im übrigen steht ihm der Einwand der Unabwendbarkeit zu, der im Verhältnis zu dem Einwande der höheren Gewalt, so wie sich dieser in der Rechtsprechung gestaltet hat, ganz erheblich erleichtert ist; denn ein Unfall gilt nach der ausdrücklichen Bestimmung des Gesetzes dann als unabwendbar, wenn Halter und Führer jede nach den Umständen des Falles gebotene Sorgfalt beobachtet haben.

Das Selbstverschulden des Verletzten ist nicht, wie im Reichshaftpflichtgesetze, zum Gegenstande einer besonderen Einrede gemacht, sondern unter dem Gesichtspunkte des unabwendbaren Ereignisses zu würdigen. Dadurch ist der Automobilhalter günstiger gestellt als der Eisenbahnunternehmer; sofern nicht eine fehlerhafte Beschaffenheit des Fahrzeugs oder eine Betriebsstörung mitgewirkt hat, braucht er nur nachzuweisen, daß das ursächlich auf einem Verhalten des Verletzten beruhende Ereignis für den Führer und für ihn selbst unabwendbar war, um gänzlich von der Haftpflicht für den Betriebsunfall frei zu werden; er hat also für die immerhin neben dem Verschulden des Verletzten zum Unfall mitwirkende Betriebsgefahr nicht einzustehen, wenn der Unfall unabwendbar war. Der Eisenbahnunternehmer hingegen muß auch, wenn ein Verschulden des Verletzten nachgewiesen ist, die mitwirkende Betriebsgefahr vertreten, und es kommt erst auf die Abwägung der beiden ursächlichen Momente gemäß § 254 BGB. an, ob die Betriebsgefahr hinter dem Verschulden des Verletzten derart zurücktritt, daß der Betriebsunternehmer von jeder, auch nur teilweisen Verantwortlichkeit für den Schaden freibleiben kann.

Die vom Entwurf vorgeschlagenen Beschränkungen der Haftpflicht sind von der Kommission in zweiter Lesung gleichfalls im wesentlichen angenommen worden. Nur insofern hat die Kommission den Anwendungskreis des Gesetzes erweitert, als die Ausnahme des Entwurfs, daß Kraftfahrzeuge mit begrenzter Höchstgeschwindigkeit von den Haftpflichtbestimmungen des Gesetzes befreit sein sollen, auf Lastautomobile beschränkt worden ist, während alle zur Beförderung von Personen dienenden Kraftfahrzeuge auch dann, wenn sie nur eine begrenzte Geschwindigkeit entfalten können und dadurch weniger gefährlich sind, diesen Bestimmungen unterliegen. Für Lastautomobile ist die Höchstgeschwindigkeit, welche die Befreiung zusichert, auf 20 km in der Stunde gesetzlich festgelegt worden.

Gemäß diesen von der Kommission in zweiter Lesung gefaßten Beschlüssen wurde die Gesetzesvorlage im März

1909 vom Reichstage und am 24. April 1909 vom Bundesrat genehmigt. Die Ausfertigung und Verkündung des Gesetzes durch den Kaiser erfolgte am 3. Mai 1909.

Die Bestimmungen des Gesetzes über die Haftpflicht des Fahrzeughalters weichen in mehreren wichtigen Punkten von dem bisherigen Haftpflichtrechte ab. An Stelle des Begriffs der höheren Gewalt, der in der Rechtsprechung mehr und mehr eingeschränkt worden ist und praktisch höchst selten zur Anerkennung gelangt, wurde der neue Begriff der Unabwendbarkeit eingeführt und fest umgrenzt. Die Frage der Abwendbarkeit oder Unabwendbarkeit eines Ereignisses soll nicht nach bestimmten, dem Ereignisse anhaftenden oder fehlenden Merkmalen, sondern lediglich danach entschieden werden, ob sein Eintritt im einzelnen Falle trotz höchster Vorsicht und Aufmerksamkeit tatsächlich nicht verhindert werden konnte. Damit ist das Gesetz im wesentlichen zu der ursprünglichen Auslegung des Begriffes der höheren Gewalt zurückgekehrt.

Der Einwand des eigenen Verschuldens des Verletzten ist als besonderer Einwand fallen gelassen worden. Das Verhalten des Verletzten kann aber unter dem Gesichtspunkte der Unabwendbarkeit haftpflichtbefreiend wirken (s. oben).

Das Gesetz will nur denjenigen Teil der Bevölkerung schützen, der auf Straßen und Wegen in seinem gewohnten Verkehre gefährdet ist. Deshalb sind die Insassen und das Betriebspersonal der Kraftfahrzeuge von dem besonderen Haftpflichtschutze des Gesetzes ausgenommen. Zur Begründung wurde namentlich auch angeführt, daß Kraftwagenunfälle mit ernstlichen Verletzungen der Insassen nicht erheblich häufiger vorkämen als im übrigen Fuhrwerksbetriebe mit Pferden.

Der Umfang des Schadensersatzes ist derselbe wie nach dem Reichshaftpflichtgesetz, jedoch ist nicht bloß, wie nach letzterem Gesetz, Personenschaden, sondern auch Sachschaden zu ersetzen, wobei aber diejenigen Sachen ausgenommen sind, die mit dem Fahrzeug befördert wurden. Eine wichtige Neuerung bringt das vorliegende Gesetz aber durch die Einführung von Höchstbeträgen, über die hinaus kein Ersatz geleistet zu werden braucht (§ 12). Diese Begrenzung der Haftpflicht soll in erster Linie den Verkehr mit Kraftfahrzeugen und die Automobilindustrie schützen, aber auch im Sinne sozialer Gerechtigkeit ausgleichend wirken: indem den Automobilhaltern durch diese Begrenzung die Möglichkeit gewährt wird, sich zu erschwinglichen Bedingungen gegen Haftpflicht zu versichern, wird die Verwirklichung der kleinen und mittleren Haftpflichtansprüche gesichert, während es denjenigen Personen, die in besonders günstigen Erwerbsverhältnissen leben und im Falle einer Verletzung einen besonders großen Schaden erleiden würden, überlassen bleiben muß, durch eigene Aufwendungen sich gegen diesen weiteren Schaden zu versichern.

Die Verjährung ist in Anlehnung an das BGB. — anders als im Reichshaftpflichtgesetz — geregelt; jedoch ist die zweijährige Verjährungsfrist des Reichshaftpflichtgesetzes beibehalten.

Die Erhaltung der Haftpflichtansprüche ist an eine Ausschlußfrist gebunden, innerhalb deren der Unfall dem Haftpflichtigen angezeigt werden muß (§ 15). Da der Haftpflichtige die Beweislast für die Aufklärung der Entstehung des Unfalls trägt, so soll er durch diese Bestimmung mehr noch als durch die kurze Verjährung gegen eine Erschwerung seiner Lage durch späte Anmeldung der Ansprüche geschützt werden.

§ 17 sorgt für einen gerechteren Ausgleich zwischen mehreren Haftpflichtigen, indem statt der gleichanteiligen Haftung des § 426 BGB. das Maß der Verursachung, wie nach § 254 BGB., entscheiden soll. Dabei sind auch die Tierhalter und die Eisenbahnunternehmer, wenn ihre Haftpflicht mit derjenigen des Fahrzeughalters konkurriert, berücksichtigt.

Der Führer eines Kraftfahrzeugs haftet nur für Verschulden, muß sich aber exkulpieren, da die Vermutung gegen ihn spricht.

Für Haftpflichtansprüche aller Art ist der Gerichtsstand des Unfalls (der begangenen Tat) ausdrücklich im Gesetz anerkannt.

Die Haftpflichtbestimmungen bilden nur einen Teil des Gesetzes. Daneben enthält es Verkehrsvorschriften und Strafvorschriften. Beide sollen gleichfalls dem Schutze des Publikums dienen, indem sie vorbeugend im Sinne der Verhütung von Unfällen wirken.

Die Verkehrsvorschriften hat man aus diesem Grunde für den wichtigsten Teil des Gesetzes erklärt und deshalb als Teil I den Haftpflichtbestimmungen vorangestellt. Nach diesen Vorschriften muß jedes Kraftfahrzeug, bevor es in der Öffentlichkeit in Betrieb gesetzt wird, behördlich zugelassen werden. Die Führung eines Kraftfahrzeugs ist von einer Fahrerlaubnis abhängig gemacht, welche nach bestandener Fahrerprüfung zu erteilen ist, sofern nicht sonstige, durch Tatsachen zu belegende Gründe gegen die Zuverlässigkeit und sonstige Eignung des Bewerbers sprechen. Im übrigen soll der Bundesrat einheitlich für das ganze Reich die erforderlichen Anordnungen über den Verkehr mit Kraftfahrzeugen erlassen.

Die Strafvorschriften sichern die Befolgung der Verkehrsvorschriften; insbesondere wird die Fälschung oder Unterdrückung des polizeilichen Kennzeichens, mit dem jedes Kraftfahrzeug versehen sein muß, mit Strafe bedroht (§ 25). Außerdem wird der Führer bestraft, wenn er sich nach einem Unfalle der Feststellung entzieht oder gar den Verletzten in hilfloser Lage verläßt (§ 22).

Die Haftpflichtvorschriften sind bereits am 1. Juni 1909, das übrige Gesetz erst am 1. April 1910 in Kraft getreten, damit inzwischen die Ausführungsverordnungen des Bundesrats erlassen werden konnten. Dies ist durch die Bundesratsverordnung vom 3. Februar 1910 und bezüglich des internationalen Verkehrs durch die Bundesratsverordnung vom 21. April 1910 geschehen (siehe Anhang).

Gesetz über den Verkehr mit Kraftfahrzeugen.

Vom 3. Mai 1909.

(RGBl. Nr. 26 S. 437—444.)

Wir **Wilhelm**, von Gottes Gnaden Deutscher Kaiser, König von Preußen ꝛc.

verordnen im Namen des Reichs, nach erfolgter Zustimmung des Bundesrats und des Reichstags, was folgt:

I. Verkehrsvorschriften.

§ 1.

Kraftfahrzeuge, die auf öffentlichen Wegen oder Plätzen in Betrieb gesetzt werden sollen, müssen von der zuständigen Behörde zum Verkehre zugelassen sein.

Als Kraftfahrzeuge im Sinne dieses Gesetzes gelten Wagen oder Fahrräder, welche durch Maschinenkraft bewegt werden, ohne an Bahngleise gebunden zu sein.

1. Begriff des Kraftfahrzeugs.

Die in Abs. 2 gegebene Begriffsbestimmung gilt für das ganze Gesetz („im Sinne dieses Gesetzes"), also auch für die Haftpflicht- und Strafvorschriften. Sie ist nur deshalb unter die Verkehrsvorschriften aufgenommen worden, weil diese an die Spitze des Gesetzes gestellt wurden und der Begriff des Kraftfahrzeugs von vorneherein klargestellt werden sollte.

Dieselbe Begriffsbestimmung wie hier wird in § 1 BV. wiederholt, wo auch der Unterschied zwischen Wagen und Fahrrädern bestimmt wird. Als Krafträder gelten danach Fahrzeuge, die auf höchstens drei Rädern laufen, vom Sattel aus gefahren werden und höchstens 150 kg — ohne Betriebsstoff — wiegen. Alle Vierräder, alle schwereren Dreiräder und alle Dreiräder mit anderem als Sattelsitz (für den Fahrer) gelten als Wagen. Besondere Bestimmungen für Krafträder: Fortfall der Bergstütze, hochtönende Hupe; Kraftzweiräder brauchen nur eine Laterne, ein Kennzeichen und dürfen auch unter Umständen andere Wege als Fahrwege befahren.

Unter Wagen sind nach dem allgemeinen Sprachgebrauch Räderfuhrwerke zu verstehen, d. h. auf Rädern laufende Fahrzeuge zur Beförderung von Personen und Sachen. Motorboote, Dampfschiffe, Luftschiffe und Flugmaschinen gehören nicht zu den Kraftfahrzeugen, weil sie nicht auf Rädern laufen. Daß Flugmaschinen vielfach ein Radgestell haben, ändert nichts, denn die Räder dienen nur zum Anfahren und Landen, sie sind nicht die Werkzeuge, auf denen sich die bestimmungsmäßige Fortbewegung des Flugzeugs vollzieht.

Auf welche Art ein Fahrzeug dem Beförderungszweck dient, ob die Last auf dem Fahrzeug selbst oder auf besonderen Anhänge- oder Schubwagen ruht, ob wechselnde Lasten bewegt werden, oder nur eine auf dem Fahrzeug fest aufmontierte Kraftquelle, die auch die Kraft für die Fortbewegung liefern kann, befördert wird, wie bei Feuerwehrspritzen, Lokomobilen und andern Arbeitsmaschinen, auch Dampfstraßenwalzen, macht keinen Unterschied. Auch Fahrzeuge der letzteren Art gehören begriffsmäßig zu den Kraftfahrzeugen (a. M. Eger); dagegen können die Verkehrsvorschriften des Gesetzes über Zulassung und Fahrerlaubnis auf Straßenwalzen und selbstfahrende Arbeits- und Werkzeugmaschinen keine Anwendung finden, weil diese Fahrzeuge von den zur Ausführung der Verkehrsvorschriften erlassenen Bestimmungen der VV. in § 2 Abs. 3 daselbst ausdrücklich ausgeschlossen sind (Eger hält diese Bestimmung der VV. für nichtig). Damit entfällt auch zugleich die Anwendungsmöglichkeit der meisten Strafvorschriften (außer § 22), während die Haftpflichtbestimmungen auf Grund des § 8 Abs. 2 d. Ges. entfallen. Das Gleiche gilt für die in § 2 Abs. 3 BB. ebenfalls ausgenommenen Straßenlokomotiven, schweren Zugmaschinen ohne Güterladeraum und schweren Lastkraftwagen (im Gewicht von mehr als 9 t). Die mit eigener Kraft fahrenden Dampffeuerspritzen dagegen unterstehen allen Bestimmungen unseres Gesetzes; doch wird bei ihnen zwischen dem Fahrbetrieb und dem Betrieb der Feuerspritze am Ort ihrer Tätigkeit zu unterscheiden sein, so daß ein bei letzterer Tätigkeit vorkommender Unfall nicht als Betriebsunfall nach den Haftpflichtvorschriften unseres Gesetzes zu beurteilen ist.

Die Fahrzeuge müssen durch Maschinenkraft bewegt werden. Ob sich die krafterzeugende Maschine auf dem Fahrzeug selbst befindet, oder ob die Kraft von außenher irgendwie zugeleitet wird, macht keinen Unterschied. Der Antrieb muß durch das Wirken einer elementaren Kraft im Gegensatz zu animalischen Kräften geschehen. Ein Kraftfahrzeug, das vorübergehend, etwa weil es einen Maschinenschaden erlitten hat, von Zugtieren oder Menschen fortbewegt wird, verliert damit nicht die ihm nach seiner Einrichtung und Zweckbestimmung zukommende Eigenschaft des Kraftfahrzeugs; dagegen ist es während eines solchen Transports als Kraftfahrzeug nicht im Betriebe (vgl. Anm. 3 zu § 7). Auf die Art der Kraft kommt es im übrigen nicht an. Auch Anhängewagen eines Kraftfahrzeugs (§ 25 BB.) unterliegen den Bestimmungen dieses Gesetzes, denn auch sie werden durch die auf mechanischem Wege auf sie übertragene Kraft des Motorwagens bewegt und sind als Zubehörteil des Kraftfahrzeugs, mit dem sie zusammengekoppelt sind, zu betrachten.

Fahrzeuge, die an Bahngleise gebunden sind, wie Eisenbahnen, Straßenbahnen, Feld- und Industriebahnen, auch Schwebebahnen und Drahtseilbahnen, gehören nicht zu den Kraftfahrzeugen im Sinne dieses Gesetzes. Sie sind besonderen Bestimmungen unterworfen, so namentlich bezüglich der Haftpflicht dem Reichshaftpflichtgesetze vom 7. Juni 1871. Dagegen fallen Fahrzeuge, die ihre Kraft aus einer fest in die

Straße eingebauten Zuleitungsanlage empfangen (z. B. Omnibusse mit elektrischer Oberleitung), deshalb nicht aus dem Begriff des Kraftfahrzeugs heraus; sie sind nicht an Bahngleise gebunden und können, wenn auch in beschränktem Maße, ausweichen.

2. Öffentliche Wege oder Plätze.

Öffentlich sind alle Wege und Plätze, welche tatsächlich dem Verkehr des Publikums freigegeben sind, gleichviel ob der Weg im Privateigentum steht und der Eigentümer das Recht hat, den Weg einzuziehen. Wo ein öffentlicher Verkehr erlaubterweise, wenn auch widerruflich, stattfindet, soll er geschützt werden, das ist der Zweck des Gesetzes. Auch Straßen, die lediglich dem Verkehr mit Kraftfahrzeugen vorbehalten sind, verlieren dadurch nicht die Eigenschaft der öffentlichen Straßen, sofern sie nur allgemein für alle Kraftfahrzeuge oder für solche bestimmter Art (z. B. Personenwagen) geöffnet sind. Anders, wenn eine besondere Zulassung stattfindet, wie auf Rennbahnen. Ebenso Höpfel, Isaac, Neukirch-Rosenmeyer, a. M. Eger, v. Damm, Gordan, Krause, Schmid-Wegner, Waldeck, die den verwaltungsrechtlichen Begriff für maßgebend halten und solche Wege ausschließen, die kraft Privatrechts dem öffentlichen Verkehr entzogen werden können.

Die Benutzung der öffentlichen Wege durch Kraftfahrzeuge unterliegt den allgemeinen polizeilichen Vorschriften, die für Fuhrwerk aller Art gelten (§ 2 Abs. 1 BB.), insbesondere aber auch den Vorschriften der §§ 22—24 BB. vom 3. Februar 1910 über den Kraftwagenverkehr und den auf Grund dieser Bestimmungen erlassenen anderweiten polizeilichen Anordnungen. Danach sind alle Kraftfahrzeuge, auch die Kraftzweiräder, soweit für letztere keine besondere polizeiliche Genehmigung zur Benutzung der Fuß- und Radfahrwege vorliegt, auf die Fahrwege verwiesen. Die Polizeibehörden können Höchstgeschwindigkeiten festsetzen und allgemein oder für besondere Fälle den Kraftwagenverkehr auf bestimmten Straßen, Plätzen und Brücken ausschließen oder beschränken, wenn dies der Zustand der Wege oder die Eigenart des Verkehrs erfordert; aus andern Gründen steht diese Befugnis nur den höheren Verwaltungsbehörden zu. Beschränkungen des Durchgangsverkehrs dürfen nur die Zentralbehörden oder kraft besonderer Delegation die höheren Verwaltungsbehörden verfügen. Wettfahrten auf öffentlichen Wegen sind verboten; Zuverlässigkeits- u. dgl. Prüfungsfahrten bedürfen der Genehmigung.

Auf Kraftfahrzeuge im öffentlichen Fuhrbetriebe finden außerdem die allgemeinen Bestimmungen über den Betrieb der Droschken, Omnibusse usw. Anwendung, § 2 Abs. 2 BB.

3. Inbetriebsetzung.

In Betrieb gesetzt wird ein Kraftfahrzeug, indem es seiner Bestimmung gemäß in Gebrauch genommen, also zum Fahren mit eigener Kraft benutzt wird. Der Zweck der Ingebrauchnahme ist gleichgültig. Auch Probefahrten, die die Fabrik vornimmt, um das Fahrzeug zu prüfen oder einem Kauflustigen vorzuführen, desgleichen Fahrten zur Überführung des Fahrzeugs in den Verkaufs- oder Ausstellungsraum gehören grundsätzlich hierher, sofern dabei öffentliche Straßen mit eigener Kraft befahren werden; z. T. sind aber für dergleichen Fahrten bei schwebendem Zulassungsverfahren erleichternde Bestimmungen getroffen (siehe unten Bem. 5 II. und VII.).

4. Die zuständige Zulassungsbehörde.

Über den Antrag auf Zulassung eines Kraftfahrzeugs zum öffentlichen Verkehr entscheidet nach § 6 BB. die höhere Verwaltungsbehörde. Welche Behörden darunter zu verstehen sind, bestimmen die Landeszentralbehörden (§ 37 BB.). Für Preußen sind zuständig die RegierPräs., in Berlin der PolizeiPräs. (Anweisung vom 25. Februar 1910), für Bayern die Distriktsverwaltungsbehörden, in München die Polizeidirektion (Bekanntmachung vom 17. März 1910 MinABl. S. 195), für Sachsen die Kreishauptmannschaften, in Dresden die Polizeidirektion, in Leipzig, Chemnitz, Zwickau und

Plauen die Polizeiämter (Verordnung vom 21. März 1910 GVBl. 1910 S. 51), für Baden die Bezirksämter (Verordnung vom 22. März 1910 GVBl. 1910 S. 145), für Hessen die Kreisämter (Verordnung vom 24. März 1910 RegBl. 1910 Bl. 56).

5. Die Zulassung.

I. Die sachlichen Voraussetzungen der Zulassung. Beschaffenheit des Fahrzeugs.

Die sachlichen Voraussetzungen der Zulassung sind in §§ 3 und 4 BV. enthalten. Ihr leitender Gedanke ist, die Verkehrssicherheit des Kraftfahrzeugs zu gewährleisten, weshalb die Vorschriften im wesentlichen nur die Teile betreffen, deren Versagen beim Betriebe eine Gefahr für den öffentlichen Verkehr in sich schließt. Vgl. I. 1. der Anweisung über die Fahrzeugprüfung, Anl. A der BV. Im einzelnen: Feuer- und Explosionsgefahr sowie jede vermeidbare Belästigung von Personen und Gefährdung von Fuhrwerken durch Geräusch, Dampf oder üblen Geruch soll ausgeschlossen sein. Die Radkränze dürfen nicht durch Unebenheiten die Fahrbahn beschädigen. Es wird ferner gefordert: eine zuverlässige Lenkvorrichtung, zwei voneinander unabhängige Bremsvorrichtungen, die sofort hemmend wirken und das Fahrzeug auf die kürzeste Entfernung zum Stehen bringen; für Kraftwagen eine zuverlässige Bergstütze, die bei Steigungen eine unbeabsichtigte Rückwärtsbewegung hindert; eine Hupe mit tiefem Ton bei Kraftwagen, mit hohem Ton bei Krafträdern; bei Zweirädern eine, bei Dreirädern und Wagen zwei die seitliche Begrenzung des Fahrzeugs anzeigende Laternen, die die Fahrbahn auf mindestens 20 m hinaus erhellen, ohne als übermäßige Scheinwerfer zu wirken; eine Vorrichtung, die geeignet ist, die Inbetriebsetzung des Fahrzeugs durch Unbefugte zu verhindern. Die Griffe und Hebel müssen so angebracht sein, daß der Führer sie auch im Dunkeln ohne Verwechslungsgefahr handhaben kann. Kraftfahrzeuge mit mehr als 350 kg Eigengewicht müssen mit eigner Kraft vom

Führersitz aus rückwärts gelenkt werden können. Jedes Kraftfahrzeug muß schließlich mit einem sichtbaren Schilde versehen sein, das bestimmte Angaben über die Herstellungsfirma, Motorstärke und Gewicht des Fahrzeugs enthält.

II. Das Zulassungsverfahren.

Das Zulassungsverfahren ist in den §§ 5—13 BV. näher geregelt.

Antragsberechtigt ist der Eigentümer des Fahrzeugs, regelmäßig der Fabrikant, aber auch, da die Zulassung bei jedem Eigentumswechsel erneuert werden muß, der erste und jeder folgende Erwerber des Fahrzeugs. Der Antrag, dessen Inhalt in § 5 Abs. 1 BV. genau vorgeschrieben ist, geht an die für den Wohnort des Eigentümers zuständige Zulassungsbehörde. Beizufügen ist ihm das Gutachten eines von der Zulassungsbehörde eines Bundesstaats anerkannten Sachverständigen darüber, daß die Angaben des Antrags richtig sind und daß das Fahrzeug den vorstehend skizzierten Anforderungen der BV. entspricht (§ 5 Abs. 2 das.). Die Zuständigkeit der anerkannten Sachverständigen ist örtlich nicht beschränkt.

Zur Vorbereitung des Gutachtens hat der Sachverständige auf Kosten des Antragstellers eine Prüfung des Fahrzeugs vorzunehmen und dabei die in Anl. A zur BV. erlassene „Anweisung über die Prüfung von Kraftfahrzeugen“, die eingehende Vorschriften über die Art und Ausdehnung der Prüfung enthält, zu befolgen. Die Anweisung regelt auch die Gebühren des Sachverständigen. Die Prüfung ist zunächst am stillstehenden Fahrzeug vorzunehmen; darauf hat mindestens eine Probefahrt in geeignetem Gelände mit Steigungen, Gefällstrecken und Kurven stattzufinden. Während dieser Probefahrten gilt das Fahrzeug als vorläufig zugelassen und führt ein Kennzeichen besonderer Art, das den amtlich anerkannten Sachverständigen zur Verwendung bei Prüfungsfahrten von der Zulassungsbehörde zur Verfügung gestellt wird (§ 28 BV.).

Auf Grund des Gutachtens entscheidet die Zulassungsbehörde über den Zulassungsantrag. Abgelehnt darf der Antrag nur werden, wenn das Fahrzeug, insbesondere nach dem Gutachten, den Anforderungen der Verkehrssicherheit nicht entspricht. Im Falle der Zulassung, die für das ganze Reich gilt, trägt die Zulassungsbehörde das Fahrzeug unter Zuteilung einer Erkennungsnummer in eine Liste ein und fertigt die Zulassungsbescheinigung nach Muster 2 der BV. aus. Diese Bescheinigung erhält der Antragsteller durch Vermittlung der Polizeibehörde des Orts ausgehändigt, an welchem das Fahrzeug in Betrieb gesetzt werden soll (§ 6 Abs 2 BV.); diese Behörde stempelt auch das am Fahrzeug inzwischen angebrachte Kennzeichen ab.

Fabriken oder Händler, welche mit den zum Verkauf gestellten Fahrzeugen Probefahrten auf öffentlichen Straßen veranstalten wollen, sind nicht gezwungen, für diese vorübergehenden, von vornherein zeitlich beschränkten Inbetriebsetzungen eine Zulassungsbescheinigung auf ihren Namen zu erwirken. Ihre Zuverlässigkeit vorausgesetzt, wird ihnen auf ihren Antrag, sobald das Fahrzeug geprüft und zugelassen ist, anstatt der Zulassungsbescheinigung eine besondere Zwischenbescheinigung nach Muster 7 BV. ausgefertigt (§ 31 das.). Als Kennzeichen, die auf solchen Probefahrten zu benutzen sind, werden ihnen Kennzeichen gleicher Art wie den Prüfungssachverständigen zur Verfügung gestellt. Diese Kennzeichen sind von der Zulassungsbehörde selbst abgestempelt, so daß eine Mitwirkung der Polizeibehörde nicht stattfindet; sie brauchen auch nicht fest (mit Nieten, Schrauben oder Nägeln) am Fahrzeug angebracht zu werden. Im Falle des Verkaufs eines solchen Fahrzeugs ist alsbald die Ausfertigung der Zulassungsbescheinigung für den Erwerber und die Zuteilung eines Kennzeichens zu beantragen, die Zwischenbescheinigung aber zurückzugeben (§ 31 Abs. 2 BV.). Die Aushändigung der Zulassungsbescheinigung an den Erwerber und die Abstempelung des endgültigen Kennzeichens erfolgt nach den allgemeinen Vorschriften, also durch die Polizeibehörde.

Auf Antrag einer Firma, die eine fabrikmäßig hergestellte Gattung von Kraftfahrzeugen in den Handel bringen will, kann eine allgemeine Prüfung des Typs erfolgen, so daß sich eine besondere Prüfung jedes einzelnen Fahrzeugs später erübrigt. Für die Typenprüfung sind besondere Vorschriften ergangen (Ziffer X der Prüfungsanw., Anl. A der BV.). Sie erstreckt sich nur auf das Fahrgestell, nicht auf den Aufbau; auch die Prüfung der Hupe und der Laternen fällt fort. Will der Fabrikant oder Händler in den Typ je nach Bedarf Maschinen verschiedener Stärke einbauen, so muß bei der Prüfung das Gestell mit der stärksten Maschine vorgeführt werden. Auf Grund dieser Prüfung kann dann der Sachverständige auch für das gleiche Fahrgestell mit schwächeren Maschinen Typenzeugnisse ausstellen. Die Typenprüfung soll von dem zuständigen Sachverständigen vorgenommen werden, d. h. von dem für den Sitz der Firma zuständigen (a. M. Höpfel), während sonst eine örtliche Zuständigkeit der Sachverständigen nicht besteht. Nach günstigem Prüfungsergebnis stellt die zuständige Behörde eine Bescheinigung über die Zulassung dieser Gattung von Kraftwagen oder -rädern, sog. Typenbescheinigung, aus, die für das ganze Reich gilt. Bei Verkauf eines dem Typ angehörigen Fahrzeugs trägt dann die Firma dieses in ein Verzeichnis ein und stellt dem Erwerber eine mit der laufenden Nummer dieses Verzeichnisses versehene Bescheinigung über die Zugehörigkeit des verkauften Fahrzeugs zu der geprüften und zugelassenen Gattung aus. Dieser Bescheinigung wird eine polizeilich beglaubigte Abschrift der Typenbescheinigung angehängt, worauf das Dokument bei dem Antrage des Erwerbers auf Zulassung das Sachverständigengutachten ersetzt.

III. Das Kennzeichen.

Das Kennzeichen besteht aus einem oder mehreren Buchstaben oder römischen Ziffern zur Bezeichnung des Bundesstaats oder engeren Verwaltungsbezirks und aus der Erkennungsnummer, welche dem Fahrzeug bei der Zulassung von der höheren Verwaltungsbehörde zugeteilt worden ist. Vgl. den im Anh. abgedruckten Plan für die Kennzeichnung der Kraftfahrzeuge. Über die Form, in der das Kennzeichen bei Kraftzweirädern vorn am Rade, bei Wagen und Dreirädern sowohl vorn wie hinten, gut sichtbar, fest (mit Schrauben, Nieten oder Nägeln) und nicht umklappbar befestigt werden muß, über die Abmessungen und Farbe der Schilder, die Größe, Form und Farbe der Schriftzüge, ihre Beleuchtung bei Nacht und Nebel sind in den §§ 8, 10 und 11 VV. eingehende Vorschriften gegeben. Die Beachtung dieser Vorschriften wird bei der Schlußprüfung durch die Polizeibehörde geprüft und darauf das Kennzeichen mit dem Dienststempel versehen. Wird ein abgebrauchtes, beschädigtes oder verlorenes Kennzeichen erneuert, so ist eine neue Abstempelung nötig. Mit ungestempeltem Kennzeichen darf das Fahrzeug im öffentlichen Verkehr nicht benutzt werden (Strafvorschrift § 21 d. Ges.); eine Ausnahme ist nur für die Fahrt zur Polizeibehörde zwecks Abstempelung zugelassen, § 30 VV. Anzugehen ist in jedem Fall die nächste Polizeibehörde, § 12 VV.

Werden Anhängewagen mitgeführt, so muß das dem Kraftfahrzeug zugeteilte Kennzeichen an der Rückseite des Schlußwagens angebracht sein, § 25 letzter Abs. VV. Eine besondere polizeiliche Abstempelung dieses Kennzeichens ist nicht vorgeschrieben.

Jede erneute Zulassung des Kraftfahrzeugs (infolge Änderungen in der Konstruktion des Fahrzeugs, Eigentumswechsel, Verziehen des Eigentümers in einen andern Bezirk u. dgl.) macht die Zuteilung eines neuen Kennzeichens nötig; doch wird bei Eigentumswechsel innerhalb desselben Verwaltungsbezirks nach der auch hierbei erforderlichen Neuzulassung dasselbe Kennzeichen belassen werden dürfen.

Wird ein Kraftfahrzeug aus dem Verkehr gezogen oder davon ausgeschlossen, so ist das Kennzeichen zurückzugeben oder zur Vernichtung des Dienststempels vorzulegen. In der gleichen Weise ist zu verfahren, wenn die Steuerkarte nicht rechtzeitig erneuert wird, § 6 Abs. 5 VV.

Befreit von der Pflicht, ein Kennzeichen zu führen, sind: die Kraftwagen der Landesherren usw. (nach § 35), die Kraftfahrzeuge der Feuerwehr im Dienst und die den Zwecken der öffentlichen Straßenreinigung dienenden Kraftfahrzeuge (nach § 29 VV.).

Kennzeichen besonderer Art sind vorgesehen für die Prüfungsfahrten der amtlichen Sachverständigen (§ 28 Abs. 2 VV.) und für die Probefahrten der Fabriken und Händler mit den zum Verkauf gestellten Fahrzeugen, für deren Zulassung sich die Behörde entschieden hat (§ 31 VV.). In beiden Fällen sind Kennzeichen zu benutzen, die den Berechtigten von der Zulassungsbehörde zu wiederkehrender Verwendung bei wechselnden Fahrzeugen zur Verfügung gestellt und die auch von dieser Behörde — nicht von der Polizeibehörde — amtlich abgestempelt sind. Diese Kennzeichen bestehen aus einer Null (0) mit einer oder mehreren nachfolgenden Ziffern. Sie brauchen mit Rücksicht auf ihre wechselnde Verwendung nicht in der sonst vorgeschriebenen festen Art am Fahrzeug befestigt zu werden.

Kennzeichen besonderer Art sind auch für ausländische Fahrzeuge im vorübergehenden inländischen Verkehr und für inländische Fahrzeuge, die für das Ausland bestimmt sind, zugelassen (vgl. unter VIII). Deutsche Fahrzeuge, die zum internationalen Verkehr zugelassen sind, dürfen neben dem allgemeinen Kennzeichen auch das Nationalitätszeichen (D) führen (§ 4 Verordnung vom 21. April 1910), während sonst nach § 13 VV. die Anbringung mehrerer verschiedener Kennzeichen verboten ist.

IV. Wirkung der Zulassung.

Das Recht, welches die Zulassung verleiht, das Fahrzeug auf öffentlichen Straßen in Verkehr zu bringen, entsteht mit der Aushändigung der Zulassungsbescheinigung an den Eigen=

tümer durch die Polizeibehörde des Orts, wo der Betrieb beginnen soll (§ 6 Abs. 2 Satz 2 VV.). Das entspricht der Rechtsregel, daß die Entscheidung einer Behörde erst mit der Bekanntmachung an den Betroffenen wirksam wird. Die vorhergehende Mitteilung an den Antragsteller, die Satz 1 a. a. O. anordnet, ist nicht auf die Tatsache der Zulassung selbst, sondern nur auf die Zuteilung des polizeilichen Kennzeichens zu beziehen. Es handelt sich hierbei um einen Zwischenbescheid der Behörde zu dem Zwecke, damit der Antragsteller das zum Abschluß des Zulassungsverfahrens erforderliche Kennzeichen besorgen kann. Allerdings erfährt er durch die Tatsache dieser Mitteilung, daß sich die Zulassungsbehörde im Sinne seines Antrages schlüssig geworden ist; rechtsbegründende Wirkung hat aber erst die Aushändigung der Zulassungsbescheinigung nach endgültigem Abschluß des Verfahrens. Denn auch die Schlußprüfung, die die Polizeibehörde im Auftrage der Zulassungsbehörde an dem Fahrzeuge vornimmt, gehört zum Zulassungsverfahren. Die Polizeibehörde hat sich nach § 9 Schlußsatz VV. durch sorgfältige Prüfung davon zu überzeugen, daß das Fahrzeug insbesondere auch den Vorschriften über Anbringung des Kennzeichens entspricht. Die Polizeibehörde ist also nicht auf die letztere Prüfung beschränkt und muß deshalb für befugt erachtet werden, wenn sich bei der Besichtigung des Fahrzeugs Anstände anderer Art, z. B. nach der Sachverständigenprüfung vorgenommene Veränderungen, ergeben, den Abschluß des Verfahrens aufzuhalten, die Abstempelung des Kennzeichens und die Aushändigung der Zulassungsbescheinigung zu verweigern und die erneute Entscheidung der Zulassungsbehörde anzuregen. Das folgt aus ihrem allgemeinen Aufsichtsrecht nach § 26 VV.

Das durch die Zulassung erworbene Betriebsrecht endigt

a) mit dem Willen des Eigentümers durch Rückgabe der Zulassungsbescheinigung. Der Eigentümer, der sein Fahrzeug aus dem Verkehr ziehen will, ist verpflichtet, dies der Zulassungsbehörde anzuzeigen und die Zulassungsbescheinigung sowie das Kennzeichen zurückzugeben oder letzteres zur Vernichtung des Dienststempels vorzulegen (§ 6 Abs. 5);

b) gegen den Willen des Eigentümers durch Anordnung der Zulassungsbehörde, die nach § 26 BV. berechtigt ist, ein Kraftfahrzeug, welches den Anforderungen der BV. nicht mehr entspricht, vom Verkehr auf öffentlichen Wegen auszuschließen. Ob solche Anordnung von jeder sachlich zuständigen Zulassungsbehörde oder nur von derjenigen Behörde, die dies Fahrzeug zugelassen hat, getroffen werden kann, sagt die BV. nicht. Die erstere Annahme, für die Höpfel und Isaac eintreten (a. M. Seuffert), erscheint auch mir haltbar, da die BV. nicht von einer Rücknahme der Zulassung, sondern von Ausschließung spricht. Die Verkehrssicherheit der Kraftfahrzeuge unterliegt der Überwachung durch die Polizei, die nach § 26 Abs. 1 BV. jederzeit auf Kosten des Eigentümers eine Untersuchung des Fahrzeugs auf Verkehrssicherheit anordnen kann. Dazu muß jede Polizeibehörde für befugt erachtet werden;

c) durch gewisse Veränderungen an den für die Verkehrssicherheit wesentlich in Betracht kommenden Teilen des Fahrzeugs, § 6 Abs. 3 Satz 2 BV. (siehe unten Bem. V a).

d) Ob auch der Eigentumswechsel am Fahrzeug und die Verlegung des Wohnsitzes des Eigentümers in den Bezirk einer andern Zulassungsbehörde, wodurch nach § 6 Abs. 4 und 6 eine neue Zulassung nötig wird, das Betriebsrecht ohne weiteres erlöschen lassen, ist zweifelhaft. Siehe unten Bem. V b.

V. Spätere Veränderungen in den Voraussetzungen der Zulassung.

A. Am Fahrzeug selbst.

Die Zulassung wird für ein einzelnes Fahrzeug von bestimmter Individualität erteilt. Zur Kennzeichnung seiner Individualität dienen, abgesehen von der Erkennungsnummer, die vorgeschriebenen, vom Sachverständigen geprüften Angaben des Antrages über Fabrik und Fabriknummer des

Fahrgestells, Art und Bestimmung des Fahrzeugs, Art der Kraftquelle, Anzahl der Pferdestärken der Maschine oder des Motors, Nutzleistung nach der Steuerformel, Eigengewicht des betriebsfertigen Fahrzeugs, zulässige Belastung und Achsdrucke (letzteres nur bei Wagen im Gewicht von über 5 t). Diese Angaben sind auch in die amtliche Liste der Zulassungsbehörde (Muster 1 zur VV.) und in die Zulassungsbescheinigung (Muster 2) aufgenommen. Änderungen der diesen Angaben entsprechenden Eigenschaften des Fahrzeugs sind in allen Fällen der Zulassungsbehörde anzuzeigen, damit Liste und Zulassungsbescheinigung berichtigt werden können. Für die Anzeige ist eine Frist von zwei Wochen vorgeschrieben, die von dem Eintritt der Änderung zu rechnen ist. Betrifft die Änderung aber die für die Verkehrssicherheit wichtigsten Teile, so hat damit die Zulassung des Fahrzeugs ihre Wirksamkeit verloren; für das solcherart veränderte Fahrzeug ist ebenso wie für ein neues Fahrzeug eine neue Prüfung und Zulassung erforderlich. Der Antrag auf Zulassung ist sofort nach vorgenommener Änderung zu stellen. Dies Verfahren ist vorgeschrieben: bei Änderung der Art der Kraftquelle, bei Einbau einer stärkeren Maschine oder eines stärkeren Motors und bei Einbau einer in ihrer Bauart oder Übersetzung veränderten Bremse oder Lenkvorrichtung. Hieraus ergibt sich, daß Ausbesserungen, Auswechslung schadhafter Teile, auch z. B. Einbau eines neuen Motors von der Stärke des bisherigen oder einer neuen Lenk- oder Bremsvorrichtung, die in ihrer Bauart und Übersetzung der alten entspricht, weder eine Außerbetriebsetzung des Fahrzeugs noch auch nur eine Anzeigepflicht bedingen. Ebensowenig haben Änderungen derjenigen Teile, auf welche sich die amtliche Prüfung nicht zu erstrecken hat, also namentlich des Aufbaus und der Ausstattung, irgendwelche Rechtswirkung.

B. In den Verhältnissen des Eigentümers.

Die Zulassung wird einem bestimmten, mit Namen und Wohnort in die amtliche Liste und in die Zulassungsbescheinigung eingetragenen Eigentümer erteilt. Veränderungen in der Person des eingetragenen Eigentümers durch Verkauf, Schenkung, Erbgang u. dgl. und ebenso Veränderungen im Wohnort des bisherigen Eigentümers machen, letztere aber nur, wenn der neue Wohnort zum Bezirk einer anderen Zulassungsbehörde gehört, eine erneute Zulassung nötig. Die Zulassung ist insofern vereinfacht, als die frühere Zulassungsbescheinigung das Gutachten ersetzt, also auch eine erneute Prüfung des nicht veränderten Fahrzeugs nicht stattzufinden braucht. Bei Eigentumswechsel ist die erneute Zulassung auch dann erforderlich, wenn die Zulassungsbehörde dieselbe bleibt. Die alte Zulassungsbescheinigung ist einzuziehen (§ 6 Abs. 4 u. 6 BB.). Ob mit dem Eigentumswechsel oder der Verlegung des Wohnorts die bisherige Zulassung ohne weiteres ihre Wirkung verliert, so daß das Fahrzeug damit bis zur Erteilung der neuen Zulassung rechtlich außer Betrieb gesetzt wäre und bei vorzeitiger Inbetriebnahme Führer und Halter sich nach § 23 d. Ges. strafbar machen würden, erscheint fraglich. Der Text der BB. „hat die erneute Zulassung zu beantragen" zwingt nicht zu dieser Annahme, sondern gestattet meines Erachtens die Auslegung, daß es sich nur um eine Ordnungsvorschrift handelt, deren Übertretung aus dem milderen Strafgesetz des § 21 Ges., und zwar an dem Hauptschuldigen selbst, dem Eigentümer des Fahrzeugs, zu ahnden wäre.

VI. Anhängewagen.

Das Mitführen von Anhängewagen (§ 25 BB.) ist ohne besondere Zulassung und regelmäßig auch ohne polizeiliche Erlaubnis gestattet, aber nur, nachdem der Eigentümer des Kraftfahrzeugs vorher die beabsichtigte Mitführung der Zulassungsbehörde angezeigt hat und dies in der Liste und der Zulassungsbescheinigung vermerkt worden ist. Der Anzeige ist das Gutachten eines amtlich anerkannten Sachverständigen beizufügen, daß der Anhängewagen und seine Verbindung mit dem Kraftfahrzeug den Anforderungen entspricht. Gefordert wird für den Anhängewagen: eine sicher wirkende Bremse, eine zuverlässige Bergstütze; die Radkränze dürfen nicht durch Unebenheiten die Fahrbahn beschädigen; die Lenkvorrichtung des Anhängers muß mit dem Kraftfahrzeuge so verbunden sein, daß in Krümmungen möglichst die Spurenfolge des Anhängers gesichert ist; doppelte Kuppelung. Ist diesen Anforderungen nicht genügt, so dürfen Anhänger nur mit polizeilicher Erlaubnis mitgeführt werden. Polizeiliche Erlaubnis ist auch vorgeschrieben, wenn mehr als ein Anhängewagen mitgeführt werden soll.

Für den Fahrbetrieb mit Anhängewagen sind gleichfalls besondere Vorschriften gegeben; das Gesamtgewicht des Anhängers mit Nutzlast darf das jeweilige Gesamtgewicht des Kraftfahrzeugs mit Nutzlast nicht übersteigen; hierfür wie überhaupt für den verkehrssicheren Zustand des Anhängers ist der Führer verantwortlich, die Bremse des Anhängers muß vom Führersitz des Kraftwagens bedient werden können; andernfalls muß auf dem Anhänger ein besonderer Bremser mitfahren, und es muß zwischen ihm und dem Führer des Kraftwagens eine Verständigung möglich sein. Das polizeiliche Kennzeichen des Kraftfahrzeugs muß an der Rückseite des den Zug schließenden Wagens angebracht sein.

VII. Ausnahmen.

Von den allgemeinen verkehrspolizeilichen Vorschriften der BV. sind folgende Befreiungen zugelassen:

a) Die Kraftfahrzeuge der Landesherren, der Mitglieder der landesherrlichen Familien und der fürstlichen Familie Hohenzollern und ebenso

b) die Kraftfahrzeuge der Feuerwehren im Dienst

brauchen kein Kennzeichen zu führen und nicht mit einer tieftönenden Hupe versehen zu sein, sind vielmehr berechtigt, Warnungszeichen auch mit andern Signalinstrumenten zu geben, §§ 35, 34, 29 BV.

Die Feuerwehren sind auch von den Fahrvorschriften

über das Ausweichen, Anhalten, Vorbeifahren und über die Fahrgeschwindigkeit befreit, § 34 VV.

c) Die den Zwecken der öffentlichen Straßenreinigung dienenden Kraftfahrzeuge brauchen kein Kennzeichen zu führen, § 29 VV.

d) Die Kraftfahrzeuge der Militär- und der Postverwaltung sind von der polizeilichen Aufsicht befreit und können von der Zulassungsbehörde nicht ausgeschlossen werden. Sie dürfen Warnungszeichen auch mit andern als den vorgeschriebenen Signalinstrumenten geben. Die Kraftfahrzeuge der Postverwaltung brauchen nicht mit Hupe versehen zu sein, § 32 VV.

Im übrigen aber unterliegen alle Kraftfahrzeuge jeder Art und jeden Eigentümers, soweit sie unter den Begriff des Kraftfahrzeugs nach § 1 Abs. 2 d. Ges. fallen und nicht ausdrücklich in § 2 Abs. 3 VV. ausgenommen sind, also auch die vorgenannten privilegierten Fahrzeuge, den vorstehend erörterten Vorschriften der VV., insbesondere dem Zulassungszwang. Die VV. kennt nur drei Ausnahmen bzw. Erleichterungen vom Zulassungszwange:

a) für die Prüfungsfahrten, die der amtlich anerkannte Sachverständige vornimmt, § 28;

b) für die Probefahrten der von Fabriken oder Händlern zum Verkauf gestellten Fahrzeuge, deren Zulassung beantragt ist und für welche auf Antrag statt der endgültigen Zulassungsbescheinigung eine Zwischenbescheinigung erteilt worden ist, § 31;

c) für die Fahrt zur Schlußprüfung vor der Polizeibehörde; hierbei dient die schriftliche Ladung zum Vorführungstermin als Ausweis, § 30.

In allen diesen Fällen handelt es sich also um Ausnahmen während des schwebenden Zulassungsverfahrens.

Für ausländische Fahrzeuge gelten besondere Bestimmungen, siehe unter VIII.

VIII. Besonderheiten des internationalen Verkehrs.

Das „internationale Abkommen über den Verkehr mit Kraftfahrzeugen v. 11. Okt. 1909" (abgedruckt im Anh.) enthält Vereinbarungen der Vertragsstaaten über gewisse Erleichterungen der Zulassung im Verkehr der Kraftfahrzeuge über die Grenze. Die Vertragsstaaten sind: Deutschland, Österreich-Ungarn, Belgien, Spanien, Vereinigte Staaten von Nordamerika, Frankreich, Großbritannien, Griechenland, Italien, Montenegro, Monako, Niederlande, Portugal, Rußland, Rumänien, Serbien, Schweden, Schweiz. Art. 1 u. 6 i. A. stellen gewisse Forderungen an die Betriebssicherheit der Kraftfahrzeuge auf, die sich im wesentlichen mit denjenigen der VV. v. 3. Febr. 1910 decken, denen jedenfalls jedes in Deutschland zugelassene Fahrzeug gerecht wird. Zum Nachweise, daß die Forderungen erfüllt sind, dienen im internationalen Verkehr Fahrausweise nach vorgeschriebenem einheitlichen Muster, die von der Heimatsbehörde oder unter deren Aufsicht von einem damit betrauten Verein ausgestellt sind und an der Grenze vorgezeigt werden müssen. Die Fahrausweise gelten für ein Jahr und gewähren freie Zulassung zum Verkehr in allen anderen Vertragsstaaten und werden dort ohne neue Prüfung als gültig anerkannt, Art. 3. Die Anerkennung darf nur versagt werden:

a) wenn den Anforderungen des i. A. über die Betriebssicherheit des Fahrzeugs oder über die Zuverlässigkeit des Führers augenscheinlich nicht mehr genügt wird;

b) wenn der Besitzer oder Führer nicht Angehöriger eines Vertragsstaates ist.

Beim Übertritt über die Grenze muß jedes Fahrzeug außer mit dem heimischen Kennzeichen mit einem internationalen Unterscheidungszeichen (Nationalitätszeichen) versehen sein, das aus einem oder mehreren seine Staatszugehörigkeit bezeichnenden vereinbarten Buchstaben besteht, Art. 4. Das

Nationalitätszeichen ist auf einem ovalen Schilde von bestimmten Abmessungen hinten am Fahrzeuge anzubringen.

Über Warnungszeichen und deren Benutzung und über die Beleuchtung des Fahrzeugs und der Kennzeichen enthält Art. 5 Vorschriften, die im wesentlichen mit den unsrigen übereinstimmen.

Zur Ausführung des i. A. hat der Bundesrat am 21. April 1910 eine Verordnung erlassen, die im Anh. abgedruckt ist.

A. Deutsche Fahrzeuge, die in Deutschland zugelassen sind, erhalten den internationalen Fahrausweis und damit die Zulassung zum internationalen Verkehr auf Antrag von der Zulassungsbehörde, in deren Bezirk der Eigentümer seinen Wohn- oder Aufenthaltsort hat. Über die Erfordernisse des Antrags siehe § 3 d. Verordn. v. 21. April 1910. Das Nationalitätszeichen, das das Fahrzeug nach Erteilung des internationalen Fahrausweises auch in Deutschland neben dem anderen Kennzeichen führen darf, besteht aus einem D auf ovalem Schilde.

B. Ausländische Kraftfahrzeuge erlangen die Zulassung zum öffentlichen Verkehr in Deutschland für vorübergehenden Aufenthalt lediglich auf Grund des ihnen von ihrer Heimatsbehörde ausgestellten internationalen Fahrausweises. Dieser Ausweis genügt zu dem Nachweise, daß Fahrzeug und Führer den Anforderungen des i. A. entsprechen; den weitergehenden Anforderungen der VV. v. 3. Febr. 1910 brauchen Fahrzeuge und Führer nicht zu genügen; das für inländische Kraftfahrzeuge vorgeschriebene Zulassungsverfahren fällt fort. Beim Eintritt in das Reichsgebiet hat sich das fremde Fahrzeug dem nächsten Grenzzollamt zur Prüfung zu stellen, wie überhaupt den Beamten der Grenzzollverwaltung innerhalb des Grenzzollbezirks die polizeiliche Aufsicht über die Kraftfahrzeuge durch § 2 d. Verordn. v. 21. April 1910 übertragen ist. Die Prüfung erstreckt sich aber nur darauf, ob der Fahrausweis ordnungsmäßig ausgestellt ist und sich auf das vorgeführte Fahrzeug und seinen Führer bezieht, ob das Heimatszeichen mit Erkennungsnummer und das Nationalitätszeichen vorschriftsmäßig angebracht und beleuchtet sind, §§ 5 u. 6. das. Für die Versagung der Anerkennung eines im Auslande ausgestellten internationalen Fahrausweises ist bei uns die höhere Verwaltungsbehörde zuständig. Mit der Versagung ist das Fahrzeug vom inländischen öffentlichen Verkehr ausgeschlossen. Der Ausschluß ist endgültig, wenn er wegen Mängel des Fahrzeugs erfolgt; dann wird der Fahrausweis der ausländischen Ausstellungsbehörde zurückgeschickt. Erfolgt der Ausschluß wegen Mängel in der Person des Führers, so wird nur eine entsprechende Eintragung in dem Fahrausweis gemacht, und es bleibt dem Besitzer des Fahrzeugs vorbehalten, einen andern Führer zu stellen und dessen Zulassung bei der höheren Verwaltungsbehörde zu beantragen. Dem Antrage ist zu entsprechen, wenn der neue Führer einen (inländischen oder ausländischen) Führerschein vorlegen kann; dann ist der neue Führer, dessen Photographie beigebracht werden muß, in den Fahrausweis einzutragen und das Kraftfahrzeug zuzulassen. Erfolgt die Versagung lediglich wegen der Staatszugehörigkeit des Besitzers oder Führers, so ist der Fahrausweis an die ausländische Behörde zurückzuschicken; das Fahrzeug kann aber trotzdem nach § 10 a. a. O. zugelassen werden (siehe den nächsten Absatz). Für den abgelehnten Führer kann auch in diesem Falle ein anderer gestellt und wie oben verfahren werden, § 8 das.

Ein ausländisches Fahrzeug kann auch ohne den internationalen Fahrausweis, also auch dann, wenn es keinem der Vertragsstaaten angehört, vorübergehend in Deutschland zugelassen werden, wenn eine vom deutschen Konsul anerkannte Bescheinigung der zuständigen ausländischen Stelle vorgelegt wird, daß es den ausländischen Vorschriften genügt. Das Fahrzeug erhält dann von dem deutschen Zollamt ein besonderes ovales Kennzeichen, das bloß aus einer Erkennungsnummer besteht, unter Verdeckung des ausländischen Kennzeichens an der Rückseite des Fahrzeugs zu befestigen und beim Austritt aus dem Reichsgebiet wieder abzuliefern ist. Die Zuteilung des Kennzeichens wird auf der Steuerkarte oder, wenn keine solche ausgestellt wird, auf einer besonderen Bescheinigung vermerkt. Der Führer eines solchen Kraftfahrzeugs ist gleichfalls auf Grund seines ausländischen Führerscheins zuzulassen, wenn sich darauf der Anerkennungsvermerk des deutschen Konsuls befindet, § 10 Verordn. v. 21. April 1910.

Für kurze Grenzfahrten durch deutsches Gebiet kann nach Befinden von der Zuteilung des ovalen deutschen Kennzeichens abgesehen werden, § 12 das.

Werden Kraftfahrzeuge zu dauerndem Verbleib aus dem Auslande eingeführt, so ist die Zulassung nach der BV. v. 3. Febr. 1910 zu beantragen, § 13 Verordn. v. 21. April 1910.

§ 2.

Wer auf öffentlichen Wegen oder Plätzen ein Kraftfahrzeug führen will, bedarf der Erlaubnis der zuständigen Behörde. Die Erlaubnis gilt für das ganze Reich; sie ist zu erteilen, wenn der Nachsuchende seine Befähigung durch eine Prüfung dargetan hat und nicht Tatsachen vorliegen, die die Annahme rechtfertigen, daß er zum Führen von Kraftfahrzeugen ungeeignet ist.

Den Nachweis der Erlaubnis hat der Führer durch eine Bescheinigung (Führerschein) zu erbringen.

Die Befugnis der Ortspolizeibehörde, auf Grund des § 37 der Reichsgewerbeordnung weitergehende Anordnungen zu treffen, bleibt unberührt.

1. Über öffentliche Wege und Plätze vgl. Anm. 2 zu § 1. Auf Wegen und Plätzen, die nicht dem öffentlichen Verkehr freigegeben sind, bedarf der Führer keiner Erlaubnis, weil eine Gefährdung des Publikums hier nicht zu besorgen ist. Mit dieser Einschränkung des Gesetzes soll insbes. der Ausbildung von Fahrlehrlingen in den Chauffeurschulen Raum geschaffen werden.

2. Die Führertätigkeit.

Das Führen eines Kraftfahrzeugs begreift die gesamte Bedienung der maschinellen Einrichtungen des Fahrzeugs während des Betriebs in sich. Über „Betrieb" vgl. Anm. 2 zu § 7 d. Ges. Führer ist, wer diese Tätigkeiten unter eigener Verantwortung ausübt, mag er auch bezüglich des Antritts der Fahrt, ihres Zieles, des einzuschlagenden Weges, der Fahrtunterbrechungen, der Geschwindigkeit u. dgl. z. T. an die Weisungen eines andern gebunden sein. Wer nicht selbständig unter eigener Verantwortung handelt, sondern die einzelnen Griffe und Verrichtungen auf fremdes Kommando ausübt, ist nicht Führer.

Die Einnahme des Führersitzes ist nicht unbedingt entscheidend. Der Führer soll nach dem Willen des Gesetzes selbst alle zum Betriebe gehörigen Verrichtungen ausführen; nur die Warnungssignale mit der außerhalb der Ortschaften zugelassenen Fanfarentrompete darf er nach § 19 Abs. 3 VV. unter eigener Verantwortung einem andern überlassen. Aber auch wenn er gegen die Vorschrift andere Verrichtungen nach seiner Anordnung andern überläßt, verliert er nicht die Eigenschaft als allein verantwortlicher Führer; der andere wird dadurch nicht Führer (a. M. Höpfel). Wer beim Führen eines Kraftfahrzeugs der Aufsicht und Leitung eines andern untersteht, so daß er sich Belehrungen und Ratschläge, bei Gefahr auch Eingriffe der Aufsichtsperson gefallen lassen muß, übt immerhin die Gesamtheit der Führerverrichtungen in eigener Verantwortung aus und ist deshalb begriffsmäßig der Führer des Fahrzeugs. Das folgt gerade aus der Ausnahmebestimmung des § 3 Abs. 2 d. Ges., daß unter gewissen Voraussetzungen bei solcher Lern- und Übungsfahrt die Aufsichtsperson als Führer gilt. Zu gleicher Zeit kann immer nur einer Führer sein (ebenso Neukirch-Rosenmeyer, a. M. Gordan, Höpfel, Krause, Hallbauer, die bei Verteilung der Führerverrichtungen solidarische Haftung der Beteiligten eintreten lassen). Dagegen kann das Führeramt während des Betriebes wechseln.

3. Die Fahrerlaubnis.

I. Sachliche Voraussetzungen.

Die Erteilung der Fahrerlaubnis ist von zwei Voraussetzungen abhängig:

1. Von dem Nachweise der technischen Befähigung, ein Kraftfahrzeug zu führen. Dieser Nachweis wird durch eine Prüfung dargetan, vgl. Anl. B zur VO. v. 3. Jan. 1910 „Anweisung über die Prüfung der Führer von Kraftfahrzeugen" Ziff. III—VI. Die Prüfung wird für ein Fahrzeug bestimmter Klasse und Betriebsart abgelegt. Zu diesem Zweck sind die Kraftfahrzeuge in bestimmte Klassen eingeteilt: Krafträder, schwere Wagen von mehr als 2,5 t und leichtere Wagen bis zu 2,5 t Gewicht. Die letztgenannte Klasse ist wieder in zwei Unterklassen eingeteilt je nach der Stärke des Motors (bis zu 10 P.S. und über 10 P.S.). An Betriebsarten werden unterschieden: Elektromotoren, Verbrennungsmaschinen, Dampfmaschinen und sonstige Motoren. Die Prüfung wird regelmäßig für Fahrzeuge einer einzigen Klasse und Betriebsart abgelegt; doch kann sie auf Antrag auch auf andere Klassen und Betriebsarten ausgedehnt werden.

Die Prüfung zerfällt in einen vorangehenden mündlichen und einen nachfolgenden praktischen Teil. Die mündliche Prüfung erstreckt sich auf: Kenntnis der Teile des Fahrzeugs, insbesondere der für die Beurteilung seiner Verkehrssicherheit wesentlichen Teile; Verhalten in besonderen Fällen, z. B. bei Feuersgefahr am Fahrzeug, bei Schleudern des Wagens; Beurteilung der Verkehrssicherheit des Fahrzeugs vor Antritt der Fahrt und Kenntnis der einschlägigen gesetzlichen und polizeilichen Vorschriften. Der praktische Teil besteht in der Betätigung aller Verrichtungen, die einem Kraftwagenführer obliegen; dazu gehört auch die vor jeder Fahrt vorzunehmende Prüfung der Verkehrssicherheit des Fahrzeugs. Die Fahrübungen finden in drei Staffeln statt, bei denen sich die Schwierigkeiten der Führung allmählich steigern. Zu den schwierigeren Übungen in belebteren Verkehrsstraßen ist der

Prüfling nur zuzulassen, wenn dies nach dem Ergebnis der vorhergehenden Teile der Prüfung ohne Gefahr für den Verkehr geschehen kann. Das Hauptgewicht ist auf die Fahrprüfungen und hierbei wieder darauf zu richten, ob der Prüfling die nötige Ruhe und Geistesgegenwart, einen sicheren Blick und Verständnis für die Bedürfnisse des öffentlichen Verkehrs besitzt, ob er Entfernungen richtig abzuschätzen, die Gelände- und Verkehrsverhältnisse besonders beim Wechsel der Geschwindigkeit zu berücksichtigen und zu benutzen, die Bremsung richtig zu handhaben und Geräusch- und Geruchbelästigung nach Möglichkeit zu vermeiden versteht. Die Prüfung gilt nur dann als bestanden, wenn der Prüfling in allen Gegenständen genügende Sachkenntnis und Sicherheit bewiesen hat. Sobald er in einem Gegenstande versagt, ist die Prüfung abzubrechen. Die praktische Prüfung ist erst vorzunehmen, wenn die mündliche Prüfung bestanden ist.

2. Der körperlichen, geistigen und sittlichen Eignung des Bewerbers. Er darf keine körperlichen Mängel haben, die seine Fähigkeit, ein Kraftfahrzeug sicher zu führen, beeinträchtigen können, besonders keine Mängel des Seh- und Hörvermögens. Er muß ferner im vollen Besitz seiner Geisteskräfte sein; insonderheit sind Kaltblütigkeit und Fähigkeit zu raschem Entschluß unerläßliche Forderungen, die man an einen Kraftwagenführer, namentlich im großstädtischen Verkehr stellen muß, RG. 22. Jan. 1912, JW. 885[5]. Ängstlichkeit, Nervosität oder gar krankhafte Zustände des Seelenlebens (Epilepsie) lassen den Bewerber unbedingt als ungeeignet erscheinen. Auch in sittlicher Beziehung sind hohe Anforderungen an einen Kraftwagenführer zu stellen. Schwere Eigentumsvergehen, Neigung zum Trunk oder zu Ausschreitungen, insbesondere zu Roheitsvergehen, führt die Prüfungsanweisung ausdrücklich als Ausschließungsgründe an. Aber auch an sich geringfügige Straftaten, wie Polizeiübertretungen, können, besonders in Wiederholungsfällen, den Schluß rechtfertigen, daß der Bewerber nicht die nötige Achtung vor dem Gesetz und den

Rechten der Mitmenschen besitzt, die man von einem Kraftwagenführer verlangen muß, der durch Rücksichtslosigkeit und Unbesonnenheit sehr viel größeren Schaden anrichten kann als der Angehörige eines andern Berufs. Auch Unvorsichtigkeiten, Leichtfertigkeiten, Zügellosigkeiten andrer Art, die, abgesehen von Bestrafungen, im Vorleben des Bewerbers nachweisbar sind, können die Versagung der Betriebserlaubnis rechtfertigen. Anderseits brauchen auch Verfehlungen schwererer Art nicht notwendig zur Ablehnung des Bewerbers führen, sei es, daß die Verfehlung lange zurückliegt und der Bewerber durch sein Verhalten in der Zwischenzeit die Zuverlässigkeit seines Charakters bewiesen hat, oder daß die Verfehlung nach Beweggrund und Umständen überhaupt nicht geeignet erscheint, Besorgnisse gegen die Zuverlässigkeit als Kraftwagenführer hervorzurufen. Frauen sind von der Fahrerlaubnis nicht ausgeschlossen. Minderjährige unter 18 Jahren sind dagegen grundsätzlich nicht zuzulassen, auch nicht zum Fahren von Krafträdern; ausnahmsweise kann die höhere Verwaltungsbehörde mit Zustimmung des gesetzlichen Vertreters die Zulassung genehmigen, § 14 Abs. 2 VB. Vom internationalen Verkehr sind Jugendliche unter 18 Jahren ausnahmslos ausgeschlossen, Art. 2 Abs. 3 i. A.

Um behördliche Willkür bei Erteilung der Fahrerlaubnis auszuschließen, müssen die Tatsachen angegeben werden, welche gegen die moralische, körperliche oder sonstige Fähigkeit zum Führen eines Kraftfahrzeugs sprechen. Bloße Vermutungen allgemeiner Art, die nicht durch Tatsachen zu belegen sind, genügen nicht.

II. Das Zulassungsverfahren.

Der Antrag auf Erteilung der Fahrerlaubnis ist an die für den Wohnort des Bewerbers oder für den Ort, wo er den Fahrdienst gelernt hat, zuständige Ortspolizeibehörde zu richten. Über die Erfordernisse des Antrags vgl. zu I der Anweisung. Hervorzuheben ist die Beifügung eines amtsärztlichen Gesundheitszeugnisses und Nachweis der Lehrausbildung an einer behördlich dazu ermächtigten Stelle (Fahrschule). Die Ortspolizeibehörde stellt Ermittlungen über die Eignung des Bewerbers an (Vorstrafen) und übersendet das Ergebnis mit dem Antrage und dessen Anlagen an die höhere Verwaltungsbehörde, welche zunächst die bei dem Polizeipräsidium in Berlin für das ganze Reich eingerichtete Zentralstelle nach Vorgängen anfragt. Da die Zentralstelle von allen Fällen, wo im Deutschen Reich ein Führerschein erteilt, versagt, entzogen oder die Entscheidung über den Antrag auf Erteilung ausgesetzt ist oder einem ausländischen Führer während des vorübergehenden Aufenthalts im Inlande die Führung des Kraftfahrzeugs untersagt wird, Nachricht erhält, so wird durch die Anfrage vorgesorgt, daß Vorgänge des Bewerbers bei andern Zulassungsbehörden bekannt werden und berücksichtigt werden können. Erscheint nach den getroffenen Feststellungen die Persönlichkeit des Bewerbers ungeeignet, so wird ihm ohne technische Prüfung die Fahrerlaubnis versagt. Andernfalls wird er zur Prüfung vor den amtlich anerkannten Sachverständigen geladen. Ist die Prüfung bestanden, so erteilt die Zulassungsbehörde den Führerschein für diejenige Betriebsart und Klasse von Fahrzeugen, für die der Bewerber geprüft worden ist, es sei denn, daß inzwischen neue Tatsachen gegen seine Zuverlässigkeit bekannt geworden seien. Bei nicht bestandener Prüfung ist die Fahrerlaubnis zu versagen oder auf Antrag des Bewerbers die Entscheidung einstweilen unter Bestimmung einer Frist auszusetzen, binnen welcher der Prüfling nach erneuter Lehrzeit die Prüfung vor demselben Sachverständigen zu wiederholen hat. Die Versäumnis dieser Frist hat die Versagung der Fahrerlaubnis zur Folge. Die Zulassung zur neuen Prüfung erfolgt frühestens nach vier Wochen, doch kann auch eine längere Frist für die Wiederholung gesetzt werden, wenn es dem Prüfling nach dem Ergebnis der ersten Prüfung an Vorsicht, Ruhe und Geistesgegenwart fehlt, weil dergleichen Mängel nur durch längere Übung beseitigt werden können.

Die Fahrerlaubnis wird in der Form des Führerscheins erteilt. Sie gilt für das ganze Reich. Die Versagung der Erlaubnis wegen nicht bestandener Prüfung ist unanfechtbar. Gegen die Versagung aus andern Gründen ist nach § 5 d. Ges. der Rekurs zulässig. Die Erneuerung des Antrages auf Fahrerlaubnis nach rechtskräftiger Versagung ist nicht ausgeschlossen, wenn der Antrag auf neue Tatsachen gestützt wird.

III. Besonderheiten.

Für Reichs- und Staatsbeamte, die im Dienst als Führer von Kraftfahrzeugen verwendet werden sollen, kann der Antrag auf Fahrerlaubnis von der vorgesetzten Behörde gestellt werden. Ermittlungen über die Eignung des Beamten hat die Ortspolizeibehörde in solchen Fällen nicht anzustellen (anders wenn der Beamte selbst den Antrag gestellt hat). Im übrigen finden aber die allgemeinen Bestimmungen über das Zulassungsverfahren statt. I. Abs. 3 der Anweis.

Zur Führung von Kraftfahrzeugen der Militärverwaltung wird die Erlaubnis nicht in dem vorstehend erörterten Verfahren erlangt, vielmehr bestimmen die Kriegsministerien diejenigen militärischen Dienststellen, die zur Abhaltung der Prüfung und Erteilung (und Entziehung) der Fahrerlaubnis berechtigt sind. Die Prüfung erfolgt aber nach denselben Vorschriften. Der von der Militärbehörde ausgestellte Führerschein berechtigt auch zur Führung von nichtdienstlichen Fahrzeugen der Betriebsart und Klasse, für die er ausgestellt ist. Er gilt aber nur für die Dauer der aktiven Militärzeit und wird nach deren Beendigung eingezogen. Der Militärfahrer erhält aber einen Vermerk in seinen Entlassungspapieren, daß er die Fahrerlaubnis für Kraftfahrzeuge der betr. Art erworben hatte, und ist, wenn er binnen 6 Monaten nach der Entlassung die Fahrerlaubnis als Zivilkraftfahrer beantragt, von der Wiederholung der Prüfung befreit, § 33 BV., Ziff. VIII der Anweisung.

IV. Im internationalen Verkehr dient als Ausweis für die Fahrerlaubnis des Führers dessen Eintragung in dem internationalen Fahrausweis, Art. 3 i. A. und § 5 der Verordn.

v. 21. April 1910. Vgl. Anm. 5 VIII zu § 1. Vorangehen muß eine Prüfung der technischen Befähigung und der sonstigen für die Sicherheit des öffentlichen Verkehrs erforderlichen Eigenschaften, Art. 2 i. A. Für die in Deutschland — also zum Verkehr im Auslande — auszustellenden internationalen Fahrausweise wird Erwerb und Vorlegung des für das Inland vorgeschriebenen Führerscheins verlangt. Wenn der Führer eines zu vorübergehendem Aufenthalt im Inlande zugelassenen außerdeutschen Fahrzeugs den nach Art. 2 i. A. zu stellenden Anforderungen augenscheinlich nicht mehr genügt (indem er z. B. geisteskrank wird oder infolge Trunksucht oder durch unvorsichtiges Fahren den Verkehr gefährdet) und wenn daraufhin dem ausländischen Fahrzeug die Anerkennung des internationalen Fahrausweises versagt wird (vgl. Anm. 5 VIII zu § 1), so hat die höhere Verwaltungsbehörde zugleich dem Führer die Führung des Kraftfahrzeugs im Reichsgebiet zu untersagen, § 8 Abs. 3 Verordn. v. 21. April 1910. Der Ausschluß des Führers ist in dem internationalen Fahrausweis zu vermerken.

Der Führer eines ohne internationalen Fahrausweis zu vorübergehendem Aufenthalt im Inlande zugelassenen Kraftfahrzeugs kann nach Vorlegung eines im Ausland erworbenen Führerscheines die Fahrerlaubnis für das Kraftfahrzeug erhalten, wenn der ausländische Führerschein von einem deutschen Konsul mit dem Anerkennungsvermerk versehen ist, § 10c Verordn. v. 21. April 1910.

4. Zu Abs. 3.

§ 37 GO. weist den Ortspolizeibehörden die Regelung des öffentlichen Fuhrgewerbes zu. Die dieser Aufgabe dienenden allgemeinen Polizeivorschriften finden auch auf die Führer der Kraftdroschken, Kraftomnibusse u. dgl. Anwendung. Vgl. auch § 2 Abs. 2 BB.

§ 3.

Wer zum Zwecke der Ablegung der Prüfung (§ 2 Abs. 1 Satz 2) sich in der Führung von Kraftfahrzeugen übt, muß dabei auf öffentlichen Wegen oder Plätzen von einer mit dem Führerschein versehenen, durch die zuständige Behörde zur Ausbildung von Führern ermächtigten Person begleitet und beaufsichtigt sein. Das Gleiche gilt für die Fahrten, die bei Ablegung der Prüfung vorgenommen werden.

Bei den Übungs- und Probefahrten, die gemäß der Vorschrift des Abs. 1 stattfinden, gilt im Sinne dieses Gesetzes der Begleiter als Führer des Kraftfahrzeugs.

1. Die ordnungsmäßige Ausbildung der Fachlehrlinge erfordert, daß sie sich auch auf den öffentlichen Straßen üben und das Fahrzeug auch in fremder Örtlichkeit und im öffentlichen Straßenverkehr steuern lernen. Diesem Bedürfnis trägt die vorliegende Bestimmung Rechnung. Sie bezieht sich sowohl auf die Übungsfahrten des Lehrlings, die der Vorbereitung auf die Fahrprüfung dienen, als auch auf die Probefahrten bei der Prüfung. Vgl. IV 2a—c der PrüfAnw.

2. Die Rechtswirkung der Vorschrift des Abs. 2 ist eine Änderung der zivilrechtlichen Haftung und der strafrechtlichen Verantwortung. Nicht der Lehrling, der tatsächlich das Fahrzeug führt, alle Verrichtungen des Führers selbständig ausführt und deshalb ohne die vorliegende Ausnahmebestimmung als Führer anzusprechen wäre (vgl. Anm. 2 zu § 2), sondern die begleitende Aufsichtsperson gilt auf diesen Fahrten als Führer im Sinne dieses Gesetzes, trägt also die Verantwortung, daß alle in diesem Gesetz und seinen Ausführungsverordnungen dem Führer eines Kraftfahrzeugs aufgelegten polizeilichen und anderen Vorschriften erfüllt werden, und haftet bei Unfällen gemäß § 18 d. Ges. aus vermutetem Verschulden. Der Lehrling oder Prüfling ist von dieser Haftung frei. Die innere Berechtigung dieser Haftungsänderung liegt in dem Aufsichtsverhältnis, kraft dessen der Begleiter die Fahrten zu leiten, die Wege und Fahrgeschwindigkeiten zu bestimmen, dabei die Schwierigkeiten der Fahrt dem Grade der bereits

erworbenen Geschicklichkeit und Sicherheit seines Schützlings, die er auf Grund leichterer vorangegangener Übungen sachverständig zu beurteilen in der Lage ist, anzupassen hat.

Der Lehrling oder Prüfling ist nur von der Haftung aus diesem Gesetz befreit, haftet also insbesondere für Verschulden aus § 823 BGB. und kann sich aus §§ 222, 230 RStrGB. strafbar machen.

3. Die Haftungsänderung ist an folgende Voraussetzungen gebunden:

a) Der Begleiter muß mit dem Führerschein versehen sein, d. h. er muß selbst die Fahrerlaubnis, und zwar gerade auch die Fahrerlaubnis für die Betriebsart und Klasse von Fahrzeugen haben, die bei der Fahrt benutzt wird. Das Mitführen des Führerscheins, das ihm als Träger der Führerpflichten nach § 15 VV. obliegt, gehört nicht zu den Voraussetzungen der Haftungsänderung, wenn sich der Begleiter auch durch Verstoß gegen die Vorschrift nach § 21 d. Ges. strafbar macht.

b) Der Begleiter muß zur Ausbildung oder Prüfung von Führern durch die zuständige Behörde ermächtigt sein; denn das Amt des Lehrers oder Prüfers erfordert besondere technische und persönliche Fähigkeiten. Die Ermächtigung erteilt die höhere Verwaltungsbehörde.

c) Der Lehrer oder Prüfer muß den Lernfahrer begleiten; wenn Platz vorhanden, auf dem Fahrzeug selbst, andernfalls (bei Krafträdern ohne zweiten Sitz) auf einem besonderen Fahrzeug. Vgl. Fußnote zu IV PrüfAnweis.

d) Es muß ein Aufsichtsverhältnis zwischen beiden Personen bestehen, wonach der Lernfahrer den Anweisungen des Lehrers zu folgen hat.

§ 4.

Werden Tatsachen festgestellt, welche die Annahme rechtfertigen, daß eine Person zum Führen von Kraftfahrzeugen ungeeignet ist, so kann ihr die Fahrerlaubnis dauernd oder für bestimmte Zeit durch die zuständige Verwaltungsbehörde entzogen werden; nach der Entziehung ist der Führerschein der Behörde abzuliefern.

Die Entziehung der Fahrerlaubnis ist für das ganze Reich wirksam.

1. Sachliche Voraussetzungen der Entziehung.

Die Entziehung der Fahrerlaubnis erfolgt, wenn eine der Voraussetzungen für ihre Erteilung (s. § 2) hinterher wegfällt; namentlich dann, wenn das spätere Verhalten des Führers zeigt, daß er nicht diejenigen moralischen oder körperlichen Eigenschaften besitzt, welche bei Erteilung der Fahrerlaubnis bei ihm angenommen wurden, oder wenn er sie später verloren hat. Aber auch die technische Befähigung kann wie durch Krankheit und Gebrechen so auch durch längere Nichtbetätigung verloren gehen. Es müssen bestimmte Tatsachen, aus denen der Mangel der Eignung gefolgert wird, festgestellt und auch in den Gründen des Beschlusses kurz angegeben werden. Auf Tatsachen, die bereits in dem früheren Zulassungsverfahren festgestellt waren, die Erteilung der Fahrerlaubnis aber nicht gehindert haben, kann die Entziehung nicht gegründet werden; gegen abweichende Beurteilung desselben Sachverhalts durch eine andere Beschlußbehörde soll der Führer gesichert sein. Dagegen kann auf Tatsachen zurückgegriffen werden, die schon vor Erteilung der Fahrerlaubnis vorhanden, aber der Zulassungsbehörde nicht bekannt geworden waren.

Regelmäßig wird die Entziehung zu erfolgen haben, wenn infolge von Krankheiten oder zunehmendem Alter die Hör- und Sehschärfe oder die geistigen Fähigkeiten gelitten haben, oder wenn sich aus dem Hergang bei Unfällen, Verkehrsgefährdungen, aus polizeilichen Verstößen oder aus andern Verfehlungen gegen die Strafgesetze oder aus Alkoholmißbrauch ergibt, daß dem Führer die für seinen verantwortungsvollen Beruf unbedingt nötige sittliche Eignung fehlt.

2. Zuständigkeit.

Nur die Verwaltungsbehörden sind befugt, die Entziehung auszusprechen; die ordentlichen Gerichte, welche über eine strafbare Handlung des Führers aburteilen, können die Entziehung nicht aussprechen; dies bleibt, wenn erforderlich, einem Nachverfahren vor den Verwaltungsbehörden überlassen. Zuständig ist die höhere Verwaltungsbehörde (Anm. 4 zu § 1), in deren Bezirk der Führer zur Zeit des Entziehungsverfahrens wohnt; also unter Umständen, bei Verlegung des Wohnorts, eine andere Behörde als diejenige, welche die Fahrerlaubnis erteilt hat.

Für die Entziehung der Fahrerlaubnis zum Führen von Kraftfahrzeugen der Militärverwaltung sind die militärischen Dienststellen zuständig, denen die Erteilung der Erlaubnis obliegt, § 33 BV. u. Ziff. VIII der PrüfAnw.

3. Rechtswirkung der Entziehung.

Sogleich mit Zustellung des Entziehungsbeschlusses (der Rekurs hat nach § 5 d. Ges. keine aufschiebende Wirkung) verliert der Führer die Fahrerlaubnis für das ganze Reichsgebiet und ist verpflichtet, den Führerschein abzuliefern. Wenn er trotz der Entziehung ein Kraftfahrzeug führt, macht er sich nach § 24 Ziff. 2 d. Ges., und wenn er den Führerschein nicht abliefert, nach Ziff. 3 das. strafbar.

Die Fahrerlaubnis kann dauernd oder für bestimmte Zeit entzogen werden. Streitig ist, ob die dauernde Entziehung der Fahrerlaubnis zugleich die dauernde Unfähigkeit zu ihrem Wiedererwerb in sich schließt (so Gordan u. Höpfel im Gegensatz zu Neukirch-Rosenmeyer, Eger und Seuffert) oder im Gegensatz zu der Entziehung für bestimmte Zeit nur bedeutet, daß auf absehbare Zeit der Wiedererwerb der Fahrerlaubnis nicht in Aussicht zu nehmen ist. Meines Erachtens ist die letztere Ansicht richtig. Krankheiten und Gebrechen können, auch wenn ihre Heilung zur Zeit der Ausschließung unwahrscheinlich schien, durch neue Heilverfahren vielleicht doch beseitigt werden; sittliche Eigenschaften können in der Schule des Lebens wiedergewonnen werden; auch die Trunksucht ist heilbar. Bei der Unmöglichkeit, die zukünftige Gestaltung der Dinge auf lange Zeit im voraus zu übersehen, wird man der dauernden Entziehung keine weitere Bedeutung geben dürfen, als zu welcher der Wortlaut zwingt.

Im Falle der Entziehung für bestimmte Zeit können und werden regelmäßig nach § 27 BB. bestimmte Bedingungen festgesetzt werden, von denen die Wiedererlangung der Fahrerlaubnis abhängen soll. Sind solche Bedingungen nicht festgesetzt, dann erlangt der Führer mit Ablauf der Zeit ohne weiteres die Fahrerlaubnis zurück, da der Entziehungsbeschluß selbst seine Wirkung zeitlich beschränkt hatte und also nun nicht mehr gilt; er kann den Führerschein zurückfordern und macht sich, wenn er vor dessen Aushändigung ein Kraftfahrzeug führt, nur nach § 21, nicht nach § 24 d. Ges. strafbar (streitig, Anm. 2 u. 8 zu § 24).

Ist die Wiederzulassung an Bedingungen geknüpft worden, so findet nach Ablauf der Frist ein Verfahren statt, in welchem geprüft wird, ob die Bedingungen erfüllt sind. Als Bedingung kann insbesondere auch die Wiederholung der technischen Prüfung festgesetzt werden, und dies wird namentlich bei Entziehung der Fahrerlaubnis auf längere Zeit zu geschehen haben. Daß die Bedingungen erfüllt sind, wird durch besonderen Beschluß festzustellen sein mit der Wirkung, daß mit der Zustellung die frühere Fahrerlaubnis wieder in Kraft tritt. Sind die Bedingungen nicht erfüllt, so wird die Fahrerlaubnis entweder dauernd (auf unbestimmte Zeit) oder unter Setzung einer neuen Frist zu entziehen sein.

Jede Entziehung wird der Zentralsammelstelle beim Polizeipräsidium in Berlin mitgeteilt, Ziff. VI letzter Absatz der PrüfAnweis.

4. Den durch internationalen Fahrausweis oder auf Grund eines beglaubigten ausländischen Führerscheins für die vorübergehende Führung eines ausländischen Kraftfahrzeugs im Inlande zugelassenen Führern kann unter denselben Vor-

aussetzungen, unter denen einem inländischen Führer die Fahrerlaubnis entzogen werden kann, die Führung des ausländischen Kraftfahrzeugs im Inlande von der höheren Verwaltungsbehörde untersagt werden. Die Untersagung beschränkt sich naturgemäß auf die Führung des ausländischen Fahrzeugs, da eine weitere Berechtigung (zur Führung anderer Fahrzeuge im Inlande) nicht vorhanden ist, § 8 Abs. 3 Verordn. v. 21. April 1910, § 27 Abs. 2 BB. v. 3. Febr. 1910.

§ 5.

Gegen die Versagung der Fahrerlaubnis ist, wenn sie aus anderen Gründen als wegen ungenügenden Ergebnisses der Befähigungsprüfung erfolgt, der Rekurs zulässig. Das gleiche gilt von der Entziehung der Fahrerlaubnis; der Rekurs hat keine aufschiebende Wirkung.

Die Zuständigkeit der Behörden und das Verfahren bestimmen sich nach den Landesgesetzen und, soweit landesgesetzliche Vorschriften nicht vorhanden sind, nach den §§ 20, 21 der Reichs-Gewerbeordnung.

Die Versagung der Fahrerlaubnis wegen Nichtbestehens der Fahrerprüfung ist unanfechtbar. Einer Wiederholung des Zulassungsantrages nach neuer Lehrzeit steht nichts im Wege; besondere Vorschriften darüber sind nicht gegeben. Ziff. VI d. PrüfAnweis. sieht nur eine Wiederholung der nicht bestandenen Prüfung in demselben Zulassungsverfahren vor.

Wird die Fahrerlaubnis aus anderen Gründen, also wegen körperlicher, geistiger oder sittlicher Mängel des Bewerbers versagt, so steht ihm das Rechtsmittel des Rekurses zu. Gegen die Entziehung der Fahrerlaubnis steht dem Führer dasselbe Rechtsmittel unbeschränkt zu, hat aber keine aufschiebende Wirkung, so daß er also während des Beschwerdeverfahrens nicht befugt ist, ein Kraftfahrzeug zu führen.

Auch dem Führer eines ausländischen Fahrzeugs wird der Rekurs gegen die Verfügung zu gewähren sein, die ihm die

Führung des ausländischen Fahrzeugs im Inlande untersagt. Auch diese Verfügung reiht sich zwanglos unter den Begriff der Versagung der Fahrerlaubnis. Ebenso Höpfel u. Neukirch-Rosenmeyer, a. M. Seuffert.

Über die Zuständigkeit der Behörden und das Rekursverfahren kommen in Betracht: für Preußen §§ 50 f., 127 bis 131 LVerwGes., für Bayern Ges. v. 8. August 1878, für Sachsen Ges. v. 21. April 1873.

§ 6.

Der Bundesrat erläßt:

1. die zur Ausführung der §§ 1 bis 5 erforderlichen Anordnungen sowie die Bestimmungen für die Zulassung der Führer ausländischer Kraftfahrzeuge;
2. die sonstigen zur Erhaltung der Ordnung und Sicherheit auf den öffentlichen Wegen oder Plätzen erforderlichen Anordnungen über den Verkehr mit Kraftfahrzeugen, insbesondere über die Prüfung und Kennzeichnung der Fahrzeuge und über das Verhalten der Führer.

Soweit auf Grund der Anordnungen des Bundesrats die Militär- und Postverwaltung Personen, die sie als Führer von Kraftfahrzeugen verwenden, die Fahrerlaubnis versagt oder entzogen haben, finden die Vorschriften des § 5 keine Anwendung.

Soweit der Bundesrat Anordnungen gemäß Abs. 1 nicht erlassen hat, können solche durch die Landeszentralbehörden erlassen werden.

Die Anordnungen des Bundesrats sind durch das Reichs-Gesetzblatt zu veröffentlichen. Sie kommen in Bayern nach näherer Bestimmung des Bündnisvertrags vom 23. November 1870 (Bundes-Gesetzbl. 1871 S. 9) unter III §§ 4, 5, in Württemberg nach näherer Bestimmung des Bündnisvertrags vom 25. November 1870 (Bundes-Gesetzbl. 1870 S. 654) unter Art. 2 Nr. 4 zur Anwendung.

1. In Ausübung der ihm hier übertragenen Befugnis hat der Bundesrat die Verordnung v. 3. Febr. 1910 nebst Anl. A, enthaltend die Anweisung über die Prüfung von Kraftfahrzeugen, und Anlage B, enthaltend die Anweisung über die Prüfung der Führer von Kraftfahrzeugen, erlassen und darin die Zulassung der Kraftfahrzeuge und der Führer, die Untersagung des Betriebes und die Entziehung der Fahrerlaubnis, die Prüfung und Kennzeichnung der Fahrzeuge, die Prüfung der Führer, die Benutzung der öffentlichen Wege und Plätze und das Verhalten der Führer (§§ 15—21 BV.) geregelt. Der Bundesrat ist befugt, diese Vorschriften aufzuheben, abzuändern und zu ergänzen. Von dieser Befugnis hat er bereits Gebrauch gemacht, indem er den § 36 BV. betreffend den Verkehr über die Reichsgrenze und im Grenzzollbezirke aufgehoben und den Gegenstand mit Rücksicht auf das internationale Abkommen über den Verkehr mit Kraftfahrzeugen v. 11. Okt. 1909 durch Verordnung v. 21. April 1910 ausführlich neu geregelt hat.

2. Soweit der Bundesrat über die Gegenstände des Abs. 1 keine Verordnungen erlassen hat (z. B. über die Zulassung, Kennzeichnung, Führung usw. der in § 2 Abs. 3 BV. ausdrücklich von der Anwendung der BV. ausgeschlossenen schweren Lastkraftwagen und selbstfahrenden Maschinen), und soweit der Bundesrat ausdrücklich einzelne Anordnungen der Landeszentralbehörde zugewiesen hat (§§ 23, 24 BV.), sind die Landeszentralbehörden befugt, Verordnungen zu erlassen. Auch Verordnungen der höheren Verwaltungsbehörden und der Ortspolizeibehörden kommen für den Verkehr mit Kraftfahrzeugen in Betracht, einmal insofern, als die allgemein für den Verkehr mit Fuhrwerken und Fahrrädern auf öffentlichen Wegen und Plätzen, insbesondere für das öffentliche Fuhrwesen gegebenen Polizeivorschriften auch für den Kraftfahrzeugverkehr gelten, wenn Bundesrat und Landeszentralbehörde nicht abweichende

Bestimmungen getroffen haben (§ 2 Abs. 1 u. 2 BV. und § 2 Abs. 3 d. Ges.), und zweitens, indem die BV. den Polizeibehörden, um örtlichen Verhältnissen Rechnung zu tragen, ausdrücklich die Regelung des Kraftwagenverkehrs innerhalb bestimmter Grenzen zuweist (§§ 23 u. 24 BV., vgl. auch Anm. 2 zu § 1).

3. Der Bundesrat hat in § 33 BV. und Ziff. VIII PrüfAnw. (Anl. B) nur für die Erteilung und Entziehung der Fahrerlaubnis bezüglich der Führer von Kraftwagen der Militärverwaltung, nicht auch der Postverwaltung besondere Vorschriften erlassen. Demgemäß trifft die hier ausgesprochene Nichtgewährung des Rekursrechts nur die Kraftwagenführer der Militärverwaltung.

4. Reservatrechte bestehen in Bayern für das Gebiet der Militär- und Postverwaltung, in Württemberg für das der Postverwaltung. Das Kraftfahrwesen der Post- und bzw. auch der Militärverwaltung ist in diesen Bundesstaaten selbständig zu regeln. Im übrigen gelten die Bundesratsverordnungen aber auch dort.

II. Haftpflicht.

§ 7.

Wird bei dem Betrieb eines Kraftfahrzeugs ein Mensch getötet, der Körper oder die Gesundheit eines Menschen verletzt oder eine Sache beschädigt, so ist der Halter des Fahrzeugs verpflichtet, dem Verletzten den daraus entstehenden Schaden zu ersetzen.

Die Ersatzpflicht ist ausgeschlossen, wenn der Unfall durch ein unabwendbares Ereignis verursacht wird, das weder auf einem Fehler in der Beschaffenheit des Fahrzeugs, noch auf einem Versagen seiner Verrichtungen beruht. Als unabwendbar gilt ein Ereignis insbesondere dann, wenn es auf das Verhalten des Verletzten oder eines nicht bei dem Betriebe beschäftigten Dritten oder eines Tieres zurückzuführen ist und sowohl der Halter als der Führer des Fahrzeugs jede nach den Umständen des Falles gebotene Sorgfalt beobachtet hat.

Wird das Fahrzeug ohne Wissen und Willen des Fahrzeughalters von einem anderen in Betrieb gesetzt, so ist dieser an Stelle des Halters zum Ersatze des Schadens verpflichtet.

Zu Absatz 1.

1. Allgemeines.

§ 7 begründet neben den allgemeinen Vorschriften des BGB. über die Verpflichtung zum Ersatze fremden Schadens eine besondere Verpflichtung des Halters eines Kraftfahrzeugs zum Ersatze von Schaden, der bei dem Betriebe eines Kraftfahrzeugs einem andern zugefügt wird. Diese besondere Verpflichtung hebt, wie § 16 d. Ges. ausdrücklich bestimmt, die allgemeinen Vorschriften des BGB. für die durch Kraftfahrzeuge verursachten Schadensfälle nicht auf, sondern tritt ergänzend neben sie. Der Beschädigte ist also in der Lage, seine Ersatzansprüche sowohl auf das vorliegende Sondergesetz, wie auch auf die allgemeinen Normen des BGB. zu stützen. Die Bedeutung des Sondergesetzes beruht darin, daß die Voraussetzungen des Schadensersatzanspruchs im Vergleich zu den allgemeinen Erfordernissen des bürgerlichen Rechts wesentlich erleichtert sind. Bezüglich der letzteren vgl. die Erläuterungen zu § 16.

§ 7 regelt die Voraussetzungen des Sonderanspruchs.

2. Begriff des Betriebes.

Die Gesetzesworte „bei dem Betriebe eines Kraftfahrzeugs" stimmen mit den Worten in § 1 des Reichshaftpflichtgesetzes „bei dem Betriebe einer Eisenbahn" überein und sind ihnen bewußt nachgebildet, da das Haftpflichtgesetz dem vorliegenden Gesetz über den Verkehr mit Kraftfahrzeugen zum Vorbild gedient hat. Daraus ergibt sich der Schluß, daß die zu den entsprechenden Worten des Haftpflichtgesetzes ergangene Rechtsprechung des obersten Gerichtshofes und die von diesem in zahlreichen Einzelfällen festgelegten Begriffe nach dem Willen des Gesetzgebers auch für das vorliegende Gesetz übernommen werden sollen, soweit sich nicht aus der veränderten Sachlage notwendige Abweichungen ergeben.

Unter dem Betrieb einer Eisenbahn als eines Transportunternehmens würden an sich, bei weiter Fassung des Begriffs, alle für die Verwaltung des Unternehmens erforderlichen Handlungen zu verstehen sein. Da aber die durch das Haftpflichtgesetz geschaffene besondere Haftpflicht einen Ausgleich eben nur für die besondere Gefährlichkeit des Eisenbahnbetriebes schaffen wollte, diese besondere Gefährlichkeit aber nicht mit allen Zweigen des Betriebes — man denke an die Tätigkeit in den Schreibstuben — verbunden ist, so ergab sich die logische Notwendigkeit, den Begriff „Eisenbahnbetrieb" im Sinne des Haftpflichtgesetzes auf diejenigen Verrichtungen zu beschränken, mit denen die dem Eisenbahnbetriebe eigentümlichen Gefahren verbunden sind. Das letztere ist ausnahmslos bei der eigentlichen Beförderungstätigkeit der Fall; deshalb ist jeder Unfall, der sich hierbei ereignet, ein Betriebsunfall, ohne daß der Zusammenhang mit den eigentümlichen Gefahren des Betriebes im einzelnen Falle besonders festgestellt zu werden brauchte. Unfälle, die sich nicht unmittelbar beim Transporte selbst, sondern bei andern, mit dem Transport auf der Bahn nur mittelbar zusammenhängenden, ihn vorbereitenden oder abschließenden Verrichtungen ereignen, sind nur dann als Betriebsunfälle anzusehen, wenn diejenige Betriebstätigkeit, die sie verursacht hat, entweder allgemein mit den eigentümlichen Eisenbahngefahren verbunden, oder doch im konkreten Falle von diesen Gefahren beeinflußt worden ist. RG. 19. Nov. 1906, JW. 07, 26[27]; 9. Jan. 1902, Bd. 50, 92; 12. Mai 1902, JW. 367; 3. Dez. 1903, Bd. 56, 265.

Von diesen Grundsätzen aus dem Anwendungsbereiche des Haftpflichtgesetzes hat vor allem der Satz Bedeutung auch für die Anwendung des vorliegenden Gesetzes, daß ein Unfall, der sich bei der eigentlichen Beförderungstätigkeit (Betrieb im engsten Sinne) ereignet, als Betriebsunfall gilt, ohne daß im einzelnen Falle nachzuweisen wäre, daß der Unfall gerade auf einer der eigentümlichen Betriebsgefahren beruhe. Da der Betrieb eines Kraftfahrzeugs, wie unten darzulegen ist, sich in der eigentlichen Beförderungstätigkeit erschöpft, so ist die Haftpflicht für einen Betriebsunfall in allen Fällen unabhängig von der Frage, ob der Unfall gerade auf die dem Kraftfahrbetriebe eigentümlichen Gefahren ursächlich zurückzuführen ist. A. M. Höpfel und anscheinend auch Neukirch-Rosenmeyer. Auch wenn ein ganz langsam fahrendes Kraftfahrzeug einen Menschen anfährt oder sonst Schaden anrichtet, liegt ein Betriebsunfall vor, und es ist daraus, daß der Unfall in ganz gleicher Weise auch bei jedem andern, von Tieren bewegten Fahrzeug hätte passieren können, kein Einwand gegen die Haftpflicht herzuleiten. RG. 25. Jan. 1908, JW. 210[32]; 3. Febr. 1908, EE. 24, 392; 28. Jan. 1905, JW. 159.

Im übrigen darf aber der Unterschied zwischen dem Betriebe einer Eisenbahn und dem Betriebe eines Kraftfahrzeugs nicht übersehen werden. Der Eisenbahnbetrieb auch im engsten, lediglich die Beförderungstätigkeit umfassenden Sinne besteht in dem Zusammenwirken zahlreicher Betriebsmittel und Einrichtungen; die Bewegung eines einzelnen Zuges ist nur ein Teil des ganzen Betriebes; mögen einzelne Wagen und Zugmaschinen zeitweilig außer Betrieb sein, der Betrieb der Eisenbahn selbst ruht nicht und bildet in der Gesamtheit der Verrichtungen eine fortlaufende Einheit. Wenn man dagegen von dem Betriebe eines Kraftfahrzeugs spricht, so ist darunter nicht ein einheitliches Unternehmen wie bei der Eisenbahn zu verstehen. Man darf dabei nicht an das wirtschaftliche Unternehmen des Halters denken, dem das Kraftfahrzeug dient; auch wenn dies Unternehmen in einem Transportgewerbe bestehen sollte, für welches mehrere Kraftfahrzeuge gehalten werden. Das Gesetz spricht von dem Betriebe *eines* Kraftfahrzeugs, nicht vom Kraftfahrbetriebe. Das Halten eines

Kraftfahrzeugs an sich begründet keinen Betrieb der Art, daß alle einzelnen Fälle der Benutzung des Fahrzeugs Glieder in der Kette eines einheitlichen, fortgesetzten Betriebes wären. Ein Betrieb im Sinne des vorliegenden Gesetzes findet nur statt, wenn und solange das Kraftfahrzeug selbst sich im Betriebe befindet. Unfälle, die vorher, ehe das Fahrzeug im einzelnen Falle in Betrieb gesetzt worden ist, bei den Vorbereitungen zur Fahrt, der Instandsetzung des Fahrzeugs, dem Beladen desselben, dem Reinigen, Schmieren, Füllen der Maschine u. dgl. oder nach der Beendigung der Betriebstätigkeit passieren, scheiden damit von vornherein aus der Reihe der Betriebsunfälle aus, ohne daß darauf eingegangen zu werden braucht, ob diese Verrichtungen etwa mit den eigentümlichen Gefahren des Betriebes von Kraftfahrzeugen zusammenhängen. Übrigens ist auch das Be- und Entladen stillstehender Eisenbahnwagen an und für sich keine Betriebstätigkeit der Eisenbahn, RG. 21. Jan. 1911, JW. 332[25], dagegen rechnet das Ein- und Aussteigen der Reisenden dazu. RG. 11. Juli 1912, JW. 919[18]; 2. Febr. 1914, JW. 407[9]. Zur Abgrenzung der Betriebsunfälle kommt es wesentlich auf die Frage an, ob das Kraftfahrzeug sich zu der Zeit, wo die schädigende Wirkung von ihm ausging, im Betriebe befand.

Betrieb bedeutet eine von einem bestimmten Zweck beherrschte Tätigkeit. Und da die Zweckbestimmung des Kraftfahrzeugs in der Beförderung von Personen oder Sachen besteht, so ist das Kraftfahrzeug dann in Betrieb, wenn es zum Zweck der Beförderung in Bewegung gesetzt ist. Daß das Fahrzeug Fahrgäste oder Fracht aufgenommen haben müsse, um im Betriebe zu sein, ist damit nicht gesagt; auch wenn es leer fährt, dient es der Beförderung von Fahrer und Wagen.

Zweifellos befindet sich ein Kraftfahrzeug im Betriebe, während es durch die ihm zugehörige Maschinenkraft bewegt wird. Auf die Fahrgeschwindigkeit kommt nichts an; insbesondere ist nicht erforderlich, daß es mit der den Kraftfahrzeugen eigentümlichen erheblichen Geschwindigkeit bewegt wird.

Die verminderte Geschwindigkeit beseitigt nur unter den Voraussetzungen des § 8 Ziff. 2 die Haftpflicht. Unerheblich ist auch, ob sich der Unfall auf öffentlichen Verkehrsstraßen, oder auf privaten Straßen, auf Höfen, in abgesteckten Rennbahnen oder auf besonderen Automobilstraßen zugetragen hat. Wenn auch der Zweck des Gesetzes der Schutz des Verkehrs auf den allgemeinen Verkehrsstraßen ist, so ist doch keine dementsprechende Beschränkung der Haftpflicht in das Gesetz aufgenommen worden (z. T. a. M. Eger).

Nicht jedes in Bewegung befindliche Kraftfahrzeug ist damit zugleich im Betriebe. Es muß durch die ihm zugehörige maschinelle Kraft bewegt sein. Wird ein Kraftfahrzeug, das unterwegs Schaden genommen hat, unter Vorspann von Zugtieren in die Reparaturwerkstatt befördert, so ist es als Kraftfahrzeug außer Betrieb, tote Last, auch wenn es auf eigenen Rädern läuft, ein Wagen wie jeder andere von Pferden gezogene Wagen. Das gleiche gilt, wenn ein Kraftfahrzeug durch menschliche Muskelkraft bewegt wird, z. B. der Wagenwäscher zieht es aus der Remise in den Hof, oder der Chauffeur eines Droschkenautomobils verändert auf dem Droschkenhalteplatz um ein weniges die Stellung seines Fahrzeugs, ohne dazu das Triebwerk einzuschalten; in solchen Fällen wo es an eigener Kraftwirkung fehlt, ist das Kraftfahrzeug als toter Körper ein Werkzeug wie jedes andere. Wird bei solchen Gelegenheiten durch die Bewegung des Fahrzeugs ein Mensch verletzt, z. B. durch Umstoßen, so liegt kein Betriebsunfall im Sinne des Gesetzes vor, denn der Unfall ist passiert, bevor das Fahrzeug überhaupt in Betrieb gesetzt worden war; ebenso wenn der Fahrer sein Kraftrad etwa nach einem Motorschaden durch Treten der Pedale zum nächsten Bahnhof befördert. Das gleiche muß für solche Fälle gelten, wo ein in völliger Betriebsruhe befindliches Kraftfahrzeug, durch äußere elementare Gewalten, z. B. durch Sturm in Bewegung gesetzt, führerlos einen Abhang hinunterrollt. In einem ähnlichen Falle, wo ein entladener Eisenbahnwagen ohne erklärbare

Ursache ins Rollen geraten war, hat RG. 29. April 1912 (JW. 805[26]) das Vorhandensein eines Betriebsvorgangs verneint.

Aus dem Gesagten ist nicht zu folgern, daß das Kraftfahrzeug gerade im Augenblick des Unfalls mit eigener Kraft gefahren sein müsse. Hat der Fahrer auf abfallender Straße die Triebkraft ausgeschaltet, um den Abhang mit Hilfe der Schwerkraft hinunterzufahren, so ist das Fahrzeug damit nicht außer Betrieb. Die zeitweilige Ausschaltung der Triebkraft gehört auch auf ebener Straße zu der regelmäßigen, ordentlichen Bedienung der Maschine und kann, solange das Fahrzeug in Bewegung ist, den Betrieb nicht beendigen.

Genügt einerseits die Bewegung des Fahrzeugs, sofern sie nicht aus der Kraftquelle der zugehörigen Maschine stammt, nicht, um das Fahrzeug als im Betriebe befindlich erscheinen zu lassen, so setzt andererseits auch der Gang des Maschinenwerks das zurzeit noch stillestehende Fahrzeug nur unter der Voraussetzung in Betrieb, daß die Fortbewegung beabsichtigt ist, daß eine Fahrt angetreten werden soll. Regelmäßig wird diese Absicht vorhanden sein, und dann beginnt mit dem Augenblick, wo die Maschine anfängt zu laufen, der Betrieb des Kraftfahrzeugs; denn die Maschine ist hier als Teil des Ganzen, dem sie zu dienen bestimmt ist, in Tätigkeit getreten. Es ist aber auch möglich, daß die Maschine einmal außerhalb des Zusammenhangs mit dem Wagen als selbständiges Ding in Funktion treten soll, z. B. wenn es sich darum handelt, ihren Gang im Interesse einer künftigen, aber nicht unmittelbar bevorstehenden Fahrt zu prüfen. Gleichviel ob diese Prüfung in der Garage oder in der Reparaturwerkstatt oder auf dem Droschkenhalteplatz stattfindet, so muß notwendig solche Tätigkeit der Maschine für den Betrieb des Kraftfahrzeugs selbst belanglos sein; die Verbindung zwischen Maschine und Fahrzeug ist in solchen Fällen nur äußerlich, zufällig, die Zweckverbindung ist gelöst. Es fehlt die unmittelbare Beziehung zwischen dem Betrieb der Maschine und einer beabsichtigten Beförderungstätigkeit des Kraftfahrzeugs. Ein Unfall, der sich bei einer solchen Probe des Maschinenwerks durch Explosion, Abspringen rotierender Teile od. dgl. ereignet, würde also nicht die Haftpflicht des Gesetzes begründen.

Im allgemeinen setzt aber der Lauf der Maschine auch das Kraftfahrzeug in Betrieb, ohne daß es darauf ankommt, ob die Übertragung der Kraft auf die Räder, wie es regelmäßig geschieht, erst später eingeschaltet wird. Der Betrieb beginnt also nicht erst mit der Bewegung des Fahrzeugs, sondern, wenn die Maschine schon vorher zum Zweck einer Fahrt in Gang gesetzt wird, schon damit. Beim Benzinmotor dokumentiert sich der Beginn des Betriebes darin, daß der Motor „angekurbelt" wird. Bei Verwendung elektrischer Betriebskraft fällt dieses umständliche Ingangbringen der Maschine fort; die Kraft ist immer verwendungsbereit vorhanden und braucht nur eingeschaltet zu werden, um sofort das Fahrzeug in Bewegung zu setzen. Hier fällt das Zwischenstadium, in welchem nur die Maschine geht, das Fahrzeug selbst aber noch stille steht, fort. Ereignet sich bei Verwendung eines Benzinmotors in dem erwähnten Zwischenstadium ein Unfall, etwa durch Explosion des Motors, so würde ein solcher Unfall als Betriebsunfall die Haftpflicht begründen.

Die Frage, wann ein in Betrieb gesetztes Fahrzeug aufhört, im Betriebe zu sein, ist nach dem Gesagten dahin zu beantworten, daß beides, sowohl die Bewegung des Fahrzeugs, also auch der Lauf der Maschine, aufgehört haben muß. Es wird aber ferner auch auf die Absicht des Fahrers ankommen, ob die Fahrt beendigt sein oder doch auf längere Zeit unterbrochen werden soll, oder ob nur ein ganz vorübergehender Halt gemacht wird, etwa weil das Fahrzeug mit Rücksicht auf den übrigen Straßenverkehr in engen oder sehr belebten Straßen oder bei besonderem Andrang an Bahnhöfen, Theatern u. dgl. stillehalten muß, oder wenn ein Kraftomnibus anhält, um Fahrgäste einzunehmen oder abzusetzen. Auch wenn die Pause so lange währen sollte, daß die rotierenden Maschinenteile völlig zur Ruhe kommen, wird eine Unterbrechung des Betriebes meines Erachtens nicht anzunehmen sein, solange das Fahrzeug mitten im Straßenverkehr anhält, um jeden Augenblick wieder weiter zu fahren. So sagt RG. 14. März 1912 (JW. 650[26]) von einem Kraftomnibus, der zur Beseitigung eines Hindernisses einige Zeit bei abgestelltem Motor halten mußte: „Zweifellos war der mitten auf der Fahrstrecke zum Stillstehen genötigte Wagen noch im Betriebe."

Mit dem hier entwickelten Betriebsbegriff stimmen Höpfel, Krause und Neukirch-Rosenmeyer im wesentlichen überein, die aber z. T. auf das Moment der besonderen Gefährlichkeit zurückgreifen. Nach Gordan ist ein Kraftfahrzeug dann im Betriebe, wenn entweder seine maschinellen Einrichtungen sich in Tätigkeit befinden oder das Fahrzeug sonst in eine solche Beziehung zum öffentlichen Verkehr gesetzt ist, daß die Eigenart und die besondere Gefährlichkeit des Fahrzeugs auf den öffentlichen Verkehr einzuwirken in der Lage sind.

Ganz abweichend setzt Eger den Betrieb eines Kraftfahrzeugs, von dem das Gesetz spricht, dem Kraftwagenbetrieb der Kraftwagenunternehmung gleich und versteht darunter den Inbegriff der Funktionen der Kraftwagenhaltung, die dem Betriebe seine eigentümliche Gefährlichkeit verleihen.

8. „Bei dem Betriebe".

I. Zunächst muß neben dem Unfall, d. h. einer schädigenden Einwirkung auf Mensch oder Sache, eine Betriebsäußerung des Kraftfahrzeugs überhaupt vorhanden gewesen sein. Fehlt es daran, weil das — gleichwohl im Betriebe befindliche — Kraftfahrzeug momentan geräuschlos stillehält, so kann von einem Betriebsunfall keine Rede sein, wenn sich z. B. jemand in der Dunkelheit an dem Fahrzeug stößt und dadurch verletzt. So hat das Reichsgericht in der Entscheidung v. 13. Mai 1907 (JW. 394[15]) den Fall, wo ein Pferd vor einem ruhig auf der Strecke haltenden Zuge gescheut hatte und durchgegangen war, deswegen nicht als Eisenbahnbetriebsunfall beurteilt, weil der Betrieb gar nicht in die äußere Erscheinung getreten sei, nur die dem Tiere ungewohnte äußere Form eines Betriebsmittels, der Lokomotive, also ein lebloser, im gegebenen Zeitpunkt unbewegter Gegenstand auf den Gesichtssinn des Tieres gewirkt und es erschreckt habe. Dieselben Erwägungen müssen zur Verneinung eines Betriebsunfalls in den Fällen führen, wo eine Betriebsäußerung zwar vorhanden war, aber nicht kausal für den Unfall geworden ist. Z. B. es fährt ein fremdes Fuhrwerk von hinten gegen ein im Betriebe befindliches Kraftfahrzeug an; dann ist das Kraftfahrzeug zwar das Werkzeug der Verletzung, es befindet sich auch im Betriebe, gleichwohl hat nicht die Betriebstätigkeit des Fahrzeugs kausal bei dem Unfall mitgewirkt, sondern lediglich das Fahrzeug als toter Gegenstand. Anders liegt die Sache nur dann, wenn die Bewegung, in der sich das Kraftfahrzeug zur Zeit des Unfalls befand, oder eine sonstige Betriebsäußerung auf die Entstehung oder den Umfang des Schadens positiv eingewirkt hat. Solche Einwirkung braucht aber nicht notwendig vorzuliegen, dürfte sogar unwahrscheinlich sein, wenn das fremde Gefährt von hinten gegen ein Kraftfahrzeug anfährt; denn hier scheint die Eigenbewegung des Kraftfahrzeuges eher geeignet zu sein, die Wirkung des Anpralles abzuschwächen, als zu dem schädlichen Erfolge ursächlich mitzuwirken. Anders ist zu entscheiden, wenn der Zusammenstoß zweier dicht hintereinander fahrender Wagen dadurch herbeigeführt wird, daß das vordere Fahrzeug plötzlich anhält oder seine Fahrgeschwindigkeit stark herabsetzt. Hier ist in der Betriebstätigkeit des vorderen Fahrzeugs, zu der auch der Übergang aus der Bewegung in die Ruhe zu rechnen ist, eine mitwirkende Ursache des Unfalls zu erkennen. RG. 22. März 1906, JW. 316[25].

Der Betriebsvorgang braucht nicht notwendig in einer Kraftäußerung des Fahrzeugs selbst oder seiner maschinellen Einrichtungen zu bestehen. Auch die Tätigkeit der Betriebspersonen, die unmittelbar der Inbetriebnahme oder — bei einer Fahrtunterbrechung — der Fortsetzung der Fahrt dient, gehört hierher. Wenn also bei den Versuchen des Führers, die Maschine in Ordnung zu bringen oder Hindernisse zu beseitigen, durch dessen persönliche Tätigkeit, z. B. Beiseitewerfen von Handwerkszeug, ein Mensch oder eine Sache beschädigt wird, so liegt ein Betriebsunfall vor, RG. 14. März 12, JW. 650[26].

II. Der Unfall muß sich **bei dem Betriebe** ereignet haben. Das bedeutet eine doppelte Beziehung zwischen einem bestimmten Betriebsvorgang und dem Unfall:

a) einmal einen äußern, örtlichen und zeitlichen Zusammenhang,

b) einen inneren, ursächlichen Zusammenhang.

RG. 2. Jan. 1905, JW. 112; 22. März 1906, JW. 316[25]; 28. Febr. 1906, JW. 1907, 276[40]; 14. März 1907, JW. 315[19]; 18. Mai 1907, JW. 394[15]; 1. Okt. 1907, JW. 682[28]; 29. Juni 1903, Bd. 55, 229; 14. Okt. 1909, JW. 735[40]; 10. Dez. 1910, JW. 1911, 192[28]. Die Fassung „bei dem Betriebe" ist also enger, als wenn es hieße „durch den Betrieb", weil zu dem ursächlichen Zusammenhang noch das Erfordernis zu a hinzutritt. Das Erfordernis des äußeren Zusammenhangs knüpft das Band zwischen Ursache und Wirkung enger; Wirkungen, die in zeitlicher oder örtlicher Entfernung von dem ursächlichen Betriebsvorgang eintreten, scheiden aus, RG. 2. März 1908, JW. 306[17]; 29. Juni 1903, Bd. 55, 229; 28. Febr. 1906, JW. 1907, 276[40]. Wirkungen, die als Betriebsschäden gelten sollen, müssen sich zeitlich und örtlich unmittelbar an den Betriebsvorgang anschließen. Z. B. mißbilligt RG. 14. März 1912 (JW. 650[26]), daß ein Unfall, der sich bei den Aufräumungsarbeiten nach einem vorangegangenen Zusammenstoß ereignet hatte, wegen Zusammenhangs mit dem Zusammenstoß als Betriebsunfall beurteilt werde, weil dieser Zusammenhang ein bloß mittelbarer sei; es fehle der unmittelbare zeitliche Zusammenhang. Insbesondere bei den durch seelische Einwirkungen vermittelten Schädigungen, Schreckwirkungen, betont RG. stets die Notwendigkeit einer unmittelbaren Einwirkung des Betriebsvorgangs auf die verletzte Person selbst und lehnt deshalb die Annahme eines Betriebsunfalls ab für Schädigungen des Seelenlebens, die durch Schreck bei Wahrnehmung des Unfalls einer nahestehenden Person entstanden sind, RG. 2. März 1908, JW. 306[17]; 30. Jan. 1911, Bd. 75, 284 (JW. 333[36]).

4. Der ursächliche Zusammenhang.

Der ursächliche Zusammenhang muß gegeben sein zwischen einem Betriebsvorgang und dem Unfall. Ein Zusammenhang des Unfalls mit den den Kraftfahrzeugen eigentümlichen Betriebsgefahren ist nicht besonders nachzuweisen, vgl. oben Anm. 2.

Der ursächliche Zusammenhang zwischen Betriebstätigkeit und Unfall kann ein unmittelbarer, unvermittelter sein, z. B. ein Mensch oder eine Sache wird direkt durch ein in Bewegung befindliches Fahrzeug angestoßen, niedergerissen, überfahren oder bei der Explosion der Maschine beschädigt, oder ein Mensch durch die ausströmenden giftigen Gase verletzt. Er kann aber auch durch Zwischenglieder vermittelt sein, indem die Betriebstätigkeit unmittelbar nach anderer Richtung wirkt und hierdurch Kräfte lebendig macht, die nun ihrerseits erst den schädigenden Erfolg herbeiführen, z. B. ein Kraftfahrzeug fährt gegen einen Baum oder Laternenpfahl, und der umstürzende Gegenstand richtet im Fallen Schaden an. Grundsätzlich ist auch der nur mittelbar verursachte Schaden zu ersetzen. Hierbei können sich verwickelte Kausalbeziehungen ergeben. Dem RG. Urteil v. 9. Nov. 1911 (JW. 1912, 71[8]) lag folgender Sachverhalt zugrunde: durch das geräuschvolle Herannahen eines Eisenbahnzuges wurden die Pferde eines Landauers scheu und traten auf den Bürgersteig hinüber; aus Furcht vor den Pferden verließ eine Frau den Bürgersteig eilends und lief auf die andere Seite der Straße, dabei kam sie vor einen Kraftwagen und durch diesen zu Schaden.

Das RG. hat den vom Berufungsgericht angenommenen ursächlichen Zusammenhang zwischen dem Betriebsvorgang der Eisenbahn und dem Unfall der Frau nicht beanstandet; der Eisenbahnunternehmer blieb nur deshalb frei, weil die Betriebsgefahr hinter dem Verschulden des Kraftwagenführers völlig zurücktrat. Oder: ein fremder Hund springt gegen den Hund eines Spaziergängers an; dieser will die Hunde auseinanderbringen und wird hierbei von seinem eigenen Hunde gebissen; auch hier wurde Kausalzusammenhang zwischen dem Bißschaden und dem Anspringen des fremden Hundes angenommen, RG. 16. Febr. 1914, JW. 471[13]. Aber auch wo der Zusammenhang zwischen einem eine Verantwortung begründenden Vorgang und einem Schaden klar erkennbar ist, wie z. B. bei unmittelbarer Einwirkung des Vorgangs auf den Geschädigten, können doch daneben noch mannigfache andere Momente in Betracht kommen, auf die der Schaden gleichfalls ursächlich zurückzuführen ist; ja, es kann die unmittelbare Einwirkung der Kraft auf den Verletzten, z. B. das Hinübergehen der Räder über seinen Körper, an ursächlicher Bedeutung gegenüber andern Momenten zurücktreten, wenn er sich etwa in selbstmörderischer Absicht oder im Wahnsinn in die Fahrbahn geworfen hat. Aus der Vorgeschichte eines schädlichen Erfolges lassen sich stets zahlreiche Fäden herausschälen, die zu andern Handlungen und Vorgängen hinüberführen, die alle zusammen mitwirken mußten, damit der schädliche Erfolg zustande kam; von denen jedes einzelne eine notwendige Vorbedingung dazu (conditio sine qua non) war. Man hat früher die geschichtlichen Zusammenhänge eines Erfolges darauf untersucht, welches die wesentlichste, wichtigste Bedingung sei, der der Erfolg hauptsächlich zugeschrieben werden müsse. Aber diese Theorie von der causa efficiens wird den mitwirkenden Umständen nicht gerecht und ist von der Rechtsprechung abgelehnt worden. Das Recht des BGB. erkennt, wie sich aus §§ 840, 254 ergibt, das Zusammenwirken mehrerer Ursachen an. RG. 22. Juni 1903,

19. Okt. 1903, 3. Dez. 1903, EE. 20, 179, 256—258, 333; 2. Juli 1908, EE. 25, 188, 10. Mai 1906, JW. 422[6], 3. Mai 1910, JW. 650[6]; 18. Febr. 1911, JW. 399[6].

Aber nicht jeder Umstand, der eine notwendige Vorbedingung des schädlichen Erfolges war, kann deshalb schon rechtliche Bedeutung beanspruchen. Es ist vielmehr zwischen Ursache im logischen, natürlichen Sinne und Ursache im Rechtssinne zu unterscheiden. Nach der herrschenden Lehre muß der schädliche Erfolg dem Vorgang, auf den er ursächlich zurückgeführt werden soll, adäquat sein, das bedeutet, dieser Vorgang muß sich auch bei einer Verallgemeinerung des konkreten Tatbestandes, d. h. wenn man von besonderen, außergewöhnlichen Umständen, die vorliegend vielleicht mitgewirkt haben, absieht und dafür beliebige andere, nach den Grundsätzen der Lebenserfahrung normale Tatbestände unterstellt, als kausal für den Schaden darstellen, so daß jenem Vorgange eine allgemeine Richtung auf die Herbeiführung dergleichen ihm adäquater schädlicher Erfolge zuzusprechen ist (v. Kries in der Vierteljahrsschrift für wissenschaftliche Philosophie Bd. 12 — 1888 — S. 180 f., Karl Haß in Jherings dogm. Jahrbüchern Bd. 37 S. 327 f.). Zum Beispiel: ein Wagen ist vom rechten Wege abgekommen, weil der betrunkene Kutscher schläft. Ein Blitzschlag tötet den Reisenden. Der ursächliche Zusammenhang zwischen der Unaufmerksamkeit des Kutschers und dem Tode des Reisenden kann nicht geleugnet werden; denn ohne sie wäre der Wagen nicht an jenen Ort gekommen, wo der Blitz ihn traf. Aber die Art des eingetretenen Schadens ist der Ursache nicht adäquat; allgemein genommen pflegt es nicht die Folge unachtsamen Fahrens zu sein, daß der Blitz das verirrte Fuhrwerk zu Schaden bringt. Wenn dagegen die sich selbst überlassenen Pferde den Wagen gegen Hindernisse fahren, so daß er umstürzt und der Reisende hierbei den Tod findet, so ist für diesen, nach der Lebenserfahrung im Bereich des Möglichen liegenden Unfall die Unaufmerksamkeit des Kutschers kausal auch im Rechtssinne (Haß S. 380). RG.

hat in allen neueren Entscheidungen die Lehre von der adäquaten Verursachung gebilligt; 20. Febr. 1902, Bd. 50, 222, JW. 1903 Beil. S. 114 Nr. 250; 25. Okt. 1907, Bd. 66, 409; 28. Febr. 1908, Bd. 69, 57; 19. Juni 1908, JW. 526[11]; 29. April 1909, JW. 358[3]; 26. April 1911, JW. 579[17]; 27. Okt. 1914, JW. 1915, 28[12]; 12. März 1912, JW. 581[1] (unter ausdrücklicher Ablehnung der sog. Bedingungstheorie), und die nachstehend angeführten. Einen besonders lehrreichen Fall behandelt RG. 15. Febr. 1913 Bd. 81, 359 (JW. 546[12]). RG. 29. April 1909 (JW. 358[3]) spricht von einer generellen Vorhersehbarkeit des schädigenden Erfolges, was aber vom Standpunkte eines objektiven Beurteilers, nicht von dem des für das schädigende Ereignis Verantwortlichen aus zu verstehen ist (RG. 15. Febr. 1913). Was für den Schädiger voraussehbar war, ist selbstverständlich auch objektiv adäquat. Aber der Begriff der Adäquatheit setzt keineswegs die subjektive Vorhersehbarkeit auf seiten des Täters voraus (RG. 2. Mai 1912 Bd. 79, 317); ebensowenig, daß objektiv der Schaden der Regel nach zu erwarten war. Es genügt, daß die objektive Möglichkeit eines Erfolges von der Art des eingetretenen allgemein erhöht oder begünstigt wurde, daß die Sachlage für einen sie nach menschlichem Maßstabe, soweit denkbar, übersehenden Beurteiler infolge der Handlung in Richtung auf den demnächst eingetretenen Erfolg gefährlicher erscheinen mußte. Die Frage ist nicht so zu stellen, ob durch die Handlung oder Betriebsäußerung der Eintritt eines Ereignisses von der Art des schadenstiftenden objektiv wahrscheinlicher geworden sei, sondern ob der Schaden gegen den natürlichen Verlauf der Dinge infolge Hinzukommens eines Ereignisses eingetreten sei, das mit der Handlung nichts zu tun hat (insbesondere nicht ursächlich von ihr bestimmt worden ist), indem es seiner Art nach ebensogut auch ohne die Handlung den Schaden hätte herbeiführen können (RG. 15. Febr. 1913). Immer wieder kehrt in den Urteilen des RG. die Begründung: ein Zusammenhang im Rechtssinne (adäquater Z.) ist gegeben, wenn der nur mittelbar eingetretene Erfolg nicht in einem so entfernten Zusammenhang mit dem ursprünglichen Ereignisse steht, daß er nach der Auffassung des Lebens und der allgemeinen Erfahrung vernünftiger Weise nicht mehr in Betracht gezogen werden kann. So RG. 19. Juni 1908, JW. 526[11]; 18. Febr. 1911, JW. 399[6]; 7. Febr. 1912, JW. 459[5], Bd. 78, 270. Vgl. ferner über adäquaten Zus.: RG. 25. März 1907, JW. 307[8]; 9. Dez. 1907, JW. 1908, 41[16]; 28. Febr. 1908, JW. 299[5]; 25. Nov. 1902, JW. 1903, 30[32]; 7. Jan. 1913, JW. 322[7]; 14. Nov. 1910, JW. 1911, 95[19]; 22. Juni 1911, JW. 754[9]; 1. Okt. 1910, JW. 1003[11]; 14. Okt. 1909, JW. 785[40]; 22. Okt. 1908, JW. 721[33].

Der ursächliche Zusammenhang im Rechtssinne ist hiernach an zwei Voraussetzungen geknüpft:

a) Der auf seine Kausalität zu prüfende Vorgang muß im logischen Sinne eine notwendige Voraussetzung (conditio sine qua non) des schädlichen Erfolges sein, so daß der Erfolg ohne jenen Vorgang nicht eingetreten sein würde.

b) Der Erfolg muß aber ferner auch eine adäquate Folge des Vorgangs sein.

5. Schädigung durch psychische Eindrücke.

Die Einwirkung des Kraftfahrzeugs braucht überhaupt nicht körperlicher oder mechanischer Art zu sein; es kann eine Betriebsäußerung auch auf die Psyche des Menschen wirken und dadurch unmittelbar eine Schädigung des Nervensystems herbeiführen. Fälle dieser Art, daß Menschen, die einen Zusammenstoß oder ein sonstiges Unglück miterleben, auch ohne selbst körperlich verletzt zu werden, durch den Schreck dieses Miterlebens nervenkrank werden, sind in der Praxis sehr häufig, und die Ersatzpflicht des Verantwortlichen für solche Schäden ist anerkannt: RG. 29. Sep. 1904; 5. Jan. 1911; 30. Jan. 1911, Bd. 75, 284, JW. 333[36]; 11. April 1906, JW. 349[7]; 25. März 1907, JW. 307[8]; 21. Nov. 1907 u. 9. Dez. 1907, JW. 1908, 40[15] u. 41[16]; 14. April 1908,

JW. 405[5]; 27. Okt. 1914, JW. 1915, 28[12]). Das RG. gewährt in Fällen von Schreckwirkung nur demjenigen einen Ersatzanspruch, der **unmittelbar** durch den Betriebsvorgang selbst in Schrecken geraten ist, also nicht demjenigen, der sich über die Wirkungen des Unfalls auf eine andere ihm nahestehende Person erschrocken und aufgeregt hat. RG. 2. März 1908, JW. 306[17]; 14. Okt. 1909, JW. 735[40]; 30. Jan. 1911, Bd. 75, 284 (JW. 333[36]).

Über die durch die Aufregungen des Rentenprozesses vermittelten Schäden nervöser Art vgl. unten Anm. 14.

Hat der Erschreckte durch eigene, im Schrecken begangene Handlungen sich selbst geschädigt, so kann gleichwohl die Betriebsäußerung, die den Schreck hervorgerufen hat, als Ursache des Schadens angesprochen werden. Z. B. es wird jemand durch das unvermutete Auftauchen eines rasch heranfahrenden Wagens erschreckt, springt zur Seite und verletzt sich durch den Sturz in eine Vertiefung. In diesem Falle hat RG. 14. Okt. 1909 (JW. 735[40]) die Kausalität zwischen Betriebsvorgang und Verletzung bejaht; adäquater Zusammenhang liegt vor, weil der Schreck und das Beiseitespringen erfahrungsmäßig Wirkungen eines rasch und unvermutet im Dunkeln heransausenden Fahrzeugs sein können. Vgl. auch RG. 4. Jan. 1908, JW. 106[3]. Springt der Erschreckte in der Aufregung nach der falschen Seite und in das Fahrzeug hinein, so konkurriert mit der mittelbaren Kausalität eine unmittelbare: Der Verletzte ist erstens durch eine Betriebsäußerung in Schreck versetzt und durch den Schreck in die Fahrbahn geraten; er wird zweitens unmittelbar durch die elementare Kraft des Fahrzeugs niedergerissen und verletzt.

Hierher gehören auch die Einwirkungen auf die tierische Psyche. Wenn durch das plötzliche Auftauchen oder das schnelle Vorbeifahren oder das Geräusch eines Kraftfahrzeugs ein Pferd scheu wird und durchgeht, so sind die genannten Betriebsäußerungen ursächlich für allen Schaden, der von dem durchgehenden Gespann an Pferd und Wagen, Kutscher und

Insassen und auch an fremdem Gut und dritten Personen angerichtet wird, die von dem dahinrasenden Gefährt niedergerissen, überfahren oder sonst beschädigt werden. RG. 11. März 1883, Bd. 10, 50; 10. Mai 1892, EE. 10, 197; 19. März 1900, JW. 396[18]; 12. Mai 1902, Bd. 53, 114; 11. Dez. 1905, JW. 06, 54[5]; 20. Sept. 1906, JW. 681[2]; 13. Juni 1912, JW. 881[53]. Vgl. auch den oben in Anm. 4 mitgeteilten Fall (RG. 9. Nov. 1911, JW. 1912, 71[6]), wo sich die Schreckwirkung vom scheuenden Pferde auf einen Menschen überträgt, der dadurch zu Schaden kommt.

6. **Vermittlung des ursächlichen Zusammenhangs durch Handlungen.**

Auch durch eine auf freiem Willensentschluß beruhende Handlung kann der ursächliche Zusammenhang zwischen dem schädlichen Ergebnis dieser Handlung und einem Vorgange, der sie veranlaßt hat, vermittelt werden. Die Handlung kann sogar rechtswidrig sein. Z. B. der Bestohlene verabreicht dem frech leugnenden Diebe in der Erregung hierüber eine Ohrfeige, die jenen an der Gesundheit schädigt; das Benehmen des Diebes ist hier als mitwirkende Ursache seines Schadens anerkannt worden, RG. 25. April 1910 JW. 614[5]. Abzulehnen ist dagegen der ursächliche Zusammenhang, wenn das Verhalten des Verletzten ganz ungebührlich und unbesonnen war, so daß nach der Lebenserfahrung nicht damit gerechnet werden konnte, RG. 14. Nov. 1910 JW. 1911 95[19]. Ist jemand durch die Betriebstätigkeit eines Kraftfahrzeuges in eine gefährliche Lage geraten und kommt bei dem Versuche, sich in Sicherheit zu bringen, auf andere Weise zu Schaden, etwa indem er auf der Flucht vor dem nahenden Kraftwagen von einem anderen Fuhrwerk überfahren wird, so ist die Betriebstätigkeit des Kraftfahrzeugs für diese Verletzung jedenfalls dann kausal auch im Rechtssinne, wenn der Verletzte bei dem Versuche, sich in Sicherheit zu bringen, so gehandelt hat, wie ein verständiger Mensch in gleicher Lage normalerweise gehandelt haben würde. RG. 11. April 1906, JW. 349[7]; 25. März 1907,

JW. 307[8]; 3. März 1891 abgedruckt in der Entsch. v. 21. März 1892 bei SeuffArch. 48, 149 u. Entsch. Bd. 29, 120—123. Vorauszusetzen ist regelmäßig, daß eine Gefahr wirklich bestanden hat, und daß die Abwehrmaßregeln des Verletzten den Umständen nach geboten oder doch zweckentsprechend waren. Bestand dagegen die Gefahr infolge abnormer krankhafter Ängstlichkeit und Schreckhaftigkeit des Verletzten nur in seiner Einbildung, oder waren seine Abwehrmaßregeln ganz und gar unvernünftig, so ist der veranlassenden Betriebsäußerung eine kausale Bedeutung für den Schaden überhaupt gänzlich abzusprechen. RG. 9. Dez. 1907, JW. 1908, 41[16]. Aber nur ein völlig abnormes, singuläres Verhalten hebt die Kausalität im Rechtssinne auf. Dazu ist keineswegs jede Fahrlässigkeit des Verletzten zu rechnen. Abgesehen davon, daß die Handlungsweise eines Menschen, der sich einer drohenden Gefahr gegenübersieht, nicht vom Standpunkte kühler Überlegung, sondern unter Berücksichtigung der zu schnellem Handeln drängenden Lage beurteilt werden muß, wobei unter Umständen auch unvorsichtiges Handeln entschuldigt werden kann (Näheres s. Anm. 2 II zu § 9), wird auch schuldhafte Unbesonnenheit in vielen Fällen nur als mitwirkendes Verschulden neben der als fortwirkend anzuerkennenden Betriebsgefahr in Betracht kommen, deren Kausalität aber nicht aufgehoben sein. RG. 22. April 1897, EE. 14, 160, 29. April 1909, JW. 358[8], 16. Febr. 1914, JW. 471[13].

Wer einen anderen aus einer Gefahr zu retten versucht und dabei selbst zu Schaden kommt, dessen Schaden wird als eine Fortwirkung der Umstände, die jene Gefahr für den andern heraufbeschworen hatten, angesehen, wenn nach Lage der Sache der Versuch der Rettung als ein Gebot der Sittlichkeit erscheint. Es entspricht dem natürlichen und regelmäßigen Verlauf der Dinge, daß die Menschen den Geboten der Sittlichkeit gehorchen; deshalb ist das freiwillige Eingreifen des Retters mit dem damit verknüpften Erfolge einer Schädigung geeignet, eine Kausalverbindung im Rechtssinne zwischen dieser Schädigung einerseits und der Gefahr und ihren Ursachen anderseits herzustellen. RG. 21. März 1892, Bd. 29, 120—123; auch SeuffArch. 48, 149: „Man darf den ursächlichen Zusammenhang zwischen Versehen und Schaden nicht in einem rein mechanischen Sinne auffassen und ihn ohne weiteres ausschließen, wenn eine auf freiem Entschluß beruhende Tätigkeit des Beschädigten dazwischen getreten ist. Eine solche Auffassung würde den Lebensverhältnissen nicht gerecht werden. Hat jemand durch seine Schuld eine Situation herbeigeführt, in der es für einen anderen zur rechtlichen und moralischen Pflicht wird, ohne Rücksicht auf die damit verbundene eigene Gefahr zum Schutze des Lebens, der Gesundheit oder vielleicht auch wertvoller Güter Dritter einzugreifen, so wird derjenige, der für die Entstehung der Gefahr verantwortlich ist, sich der Haftung für den bei den Rettungsversuchen entstehenden Schaden nicht entschlagen können.“ Ebenso RG. 6. Febr. 1911 JW. 366[18]. Vgl. auch über die mögliche Vermittlung des Kausalzusammenhangs durch pflichtmäßiges Eingreifen eines Dritten RG. 2. Jan. 1893, SeuffArch. 48, 388—390 und 25. Nov. 1902, EE. 20, 122.

Über die Folgen eines mitwirkenden Verschuldens beim Rettungsversuch s. Anm. 2 I zu § 9. Der Kausalzusammenhang ist zu verneinen, wenn der Rettungsversuch sich als ganz unvernünftig und aussichtslos darstellt, so daß der normale Mensch ihn nicht unternommen haben würde, oder dann, wenn der Erfolg der Rettung außer allem Verhältnis zu dem Lebensgut, das aufs Spiel gesetzt wurde, stand, wie es regelmäßig der Fall sein wird, wenn jemand Gesundheit und Leben wagt, um Sachen oder Tiere zu retten. RG. 28. Dez. 1899, EE. 17, 120.

Nachfolgendes Selbstverschulden des Verletzten unterbricht den ursächlichen Zusammenhang nicht. RG. 9. Dez. 1909, JW. 1910, 65[15].

Auch Handlungen dritter Personen können den ursächlichen Zusammenhang vermitteln. RG. 8. Juli 1918, JW. 995[27]:

„Daß der Schaden die unmittelbare Folge der vorsätzlichen oder fahrlässigen Handlung eines Dritten war, zerstört den Kausalzusammenhang zwischen Betriebsgefahr und Schaden nicht, wenn die Handlung des Dritten durch die Betriebsgefahr ursächlich bestimmt war."

7. Der Nachweis des ursächlichen Zusammenhangs liegt dem Geschädigten ob. Ist der äußere, zeitliche und örtliche Zusammenhang gegeben, hat sich der Unfall also im unmittelbaren Anschluß an eine Kraftäußerung des Betriebes ereignet, so spricht die Vermutung für das Vorhandensein auch eines ursächlichen Zusammenhangs, sofern dieser nach der Sachlage möglich erscheint. RG. 30. Juni 1880, EE. 1, 248; 28. Dez. 1880 Bd. 3, 20; 29. Juni 1903 Bd. 55, 229; 10. Dez. 1910, JW. 1911, 192[28]. Laufen mehrere Tatsachen nebeneinander, die nach menschlicher Erfahrung sowohl jede für sich als auch im Zusammenwirken miteinander einen Erfolg ursächlich herbeigeführt haben können, so ist im Zweifel, wenn nicht zu ermitteln ist, welche dieser ursächlichen Verknüpfungen wirklich stattgehabt hat, das Zusammenwirken aller anzunehmen. RG. 12. März 1912, JW. 581[1]; 26. April 1909, JW. 361[7]. RG. 7. Jan. 1909, JW. 136[10]: „Allerdings hat Kläger zu beweisen, daß zwischen dem Mangel, dessen Vorhandensein feststeht, und dem Unfall ein ursächlicher Zusammenhang besteht. Allein dieser ist nach der gewöhnlichen Erfahrung schon dann gegeben, wenn feststeht, daß der Mangel, wo er nicht die alleinige Ursache des Schadens war, die Gefahr steigerte, indem er bei andern Vorgängen, die die gleiche schädliche Folge hervorrufen konnten, deren Eintritt begünstigte. In solchem Falle hat er als mitwirkende Ursache des Schadens zu gelten. Der Kläger braucht aber nicht darüber hinaus zu beweisen, daß ohne diese mitwirkende Ursache der Schaden nicht eingetreten sein würde."

8. Ein Mensch getötet.

Solange der Embryo sich im Mutterleibe befindet, ist noch kein Mensch vorhanden. Aus der Abtötung oder Verletzung der menschlichen Frucht im Mutterleibe — gelegentlich eines Unfalles der Mutter — können besondere Ansprüche nicht hergeleitet werden (a. M. Eger).

Im übrigen kommt es auf bestimmte Eigenschaften des Menschen nicht an. Die Tötung (oder Verletzung) eines jeden Menschen begründet die Ersatzpflicht. Ausgenommen sind nur die im § 8 Ziff. 1 d. Ges. bezeichneten Personen, kurz gesagt der Fahrer und die Fahrgäste.

Es ist nicht erforderlich, daß der Tod sofort als zeitlich unmittelbare Folge des Unfalls eingetreten sei (RG. 27. Jan. 1880, Bd. 1, 49; Eger S. 68, 69). Auch wenn als nächste Folge sich nur eine Körperverletzung oder Gesundheitsbeschädigung zeigt, die erst nach längerem Krankenlager und nach fruchtlosen Heilungsversuchen zum Tode führt, ist der Mensch bei dem Betriebe getötet worden; auch dann, wenn der Tod des Verletzten unmittelbar als Folge einer durch die Verletzung nötig gewordenen Operation eintritt, es sei denn, daß der Arzt geradezu einen Kunstfehler begangen habe. RG. 22. Juni 1911, JW. 754[9]; 7. Jan. 1913, JW. 322[7]. Das gleiche gilt, wenn der Verletzte unter der Nachwirkung eines schweren Nervenleidens, das als nächste Unfallfolge aufgetreten war, sich später selbst unter Ausschluß der freien Willensbestimmung den Tod gibt. RG. 8. Okt. 1906; vgl. RG. 19. Juni 1908, JW. 526[11]. Gefordert wird nur ein ursächlicher Zusammenhang zwischen der bei dem Betriebe erlittenen Verletzung und dem Tode. Die Körperverletzung mit Todeserfolg steht der Tötung gleich. Daß dies dem Willen des Gesetzes entspricht, ergibt sich unzweideutig aus der Bestimmung in § 10 Abs. 1, die auch für den Fall der Tötung den Ersatz der Kosten einer versuchten Heilung und die Entschädigung für Erwerbsverlust während der Krankheit vorsieht.

9. Der Körper oder die Gesundheit eines Menschen verletzt.

Die Beschädigung der menschlichen Gesundheit ist nach dem Vorgang des BGB. (§§ 823, 843, 845, 847) auch hier ausdrücklich der Körperverletzung gleichgestellt, während es ohne diese Gleichstellung zweifelhaft sein könnte, ob bloße Gesundheitsbeschädigungen, die bei körperlicher Integrität sich zeigen, z. B. Funktionsstörungen der Geisteskräfte, zu den Körperverletzungen zu rechnen seien. Für das Reichshaftpflichtgesetz, welches nur von Körperverletzungen spricht, ist der Zweifel im Wege der Gesetzesauslegung durch die Rechtsprechung dahin gelöst worden, daß das Haftpflichtgesetz unter den Körperverletzungen auch die Gesundheitsbeschädigungen verstanden wissen wolle. Die Fassung des vorliegenden Gesetzes beseitigt jeden Zweifel. Es fällt also namentlich auch die moderne Unfallkrankheit, die sog. traumatische Neurose unter die Haftpflicht.

Die Krankheitserscheinungen brauchen nicht in zeitlich unmittelbarem Anschluß an den Unfall aufzutreten; auch wenn sie sich erst später zeigen, begründen sie die Haftpflicht, sofern der ursächliche Zusammenhang mit dem Unfall nachzuweisen ist.

Auch solche Körperschäden, zu denen neben dem Unfall eine krankhafte Anlage des Verletzten mitgewirkt hat, oder die nur in der Verschlimmerung eines schon vorhandenen Krankheitszustandes bestehen, sind als Unfallsfolgen zu entschädigen. Vgl. Anm. 14.

10. Eine Sache beschädigt.

Die Ausdehnung der Haftpflicht auch auf die Beschädigung von Sachen bedeutet eine Erweiterung gegenüber dem Reichshaftpflichtgesetz, welches die Haftung auf Personenschaden beschränkt.

Für den Begriff der Sache ist § 90 BGB. maßgebend, der lautet:

„Sachen im Sinne des Gesetzes sind nur körperliche Gegenstände."

Im Gegensatz zu den körperlichen Gegenständen stehen die Rechte. Sofern es denkbar sein sollte, daß durch einen Kraftwagen Rechte ohne die gleichzeitige Beschädigung ihres Sachsubstrats beschädigt werden könnten, würde ein solcher Schaden nicht unter das Gesetz fallen.

Unter den Sachbegriff gehören sowohl bewegliche Sachen, namentlich auch Tiere, als auch unbewegliche Sachen, der Grund und Boden mit dem, was darauf eingebaut und eingepflanzt ist; ferner auch zusammengesetzte Sachen, die in dieser Eigenschaft beschädigt werden.

Nicht erforderlich ist, daß eine „fremde" Sache beschädigt sei. Auch die Beschädigung einer dem Halter oder sonstigen Haftpflichtigen selbst gehörigen Sache kann dessen Ersatzpflicht begründen, wenn ein anderer auf Grund seiner Rechtsbeziehungen zur Sache als der Verletzte erscheint. Ebenso Gordan, Höpfel, Schmid-Wagner, a. M. Neukirch-Rosenmeyer. Darüber, wer bei der Sachbeschädigung berechtigt ist, Schadensersatz zu fordern, s. Anm. 12 zu diesem Paragraphen.

Beschädigt wird eine Sache, wenn entweder ihre Substanz oder die Art der Zusammensetzung ihrer Teile verändert oder eine andere Sache mit ihr in Verbindung gebracht wird, vorausgesetzt, daß durch diese Einwirkung der Wert der Sache oder ihre Tauglichkeit zum gewöhnlichen Gebrauch oder für ihre besondere Zweckbestimmung aufgehoben oder gemindert wird. Danach wird die Beschmutzung einer Sache regelmäßig als Sachbeschädigung zu erachten sein; auch das Bespritzen der Kleider von Straßengängern ist grundsätzlich nicht anders zu beurteilen, wenigstens soweit ein gewisses Maß, mit dem jeder Straßengänger bei Schmutzwetter zu rechnen hat, überschritten wird (ebenso Höpfel, Neukirch-Rosenmeyer und Krause, vgl. auch OLG. Dresden 20. Juli 1910, Warneyer Strafsachen 1911, 121). Ebenso liegt eine Sachbeschädigung vor, wenn zwar die Substanz der Sache und ihrer Teile, auch die Verbindung der Teile unversehrt bleibt, jedoch durch Verbindung mit Fremdkörpern die Gebrauchsfähigkeit dauernd oder vorübergehend aufgehoben wird, wenn z. B. Holz- oder Glassplitter in das Räderwerk einer Maschine eindringen.

Besitzentziehung steht zwar im Ergebnis für das Vermögen des Verletzten häufig der Sachbeschädigung oder Sachvernichtung gleich, aber nicht in der Rechtswirkung. Ist z. B. ein Kraftfahrzeug auf der Straße gegen ein anderes mit Waren beladenes Fuhrwerk oder in ein Schaufenster hineingefahren und werden in Ausnutzung dieser Gelegenheit unbeschädigte Waren gestohlen, so haftet der Halter des Kraftfahrzeugs nach dem vorliegenden Gesetz nicht für den durch Diebstahl verursachten Schaden (ebenso Neukirch-Rosenmeyer, a. M. Eger, Höpfel, Krause, Staudinger zu § 833 BGB.).

11. Der Halter des Kraftfahrzeugs.

I. Das Wort „Halter" entstammt der Ausdrucksweise des täglichen Lebens, wo man sagt, jemand hält sich einen Dienstboten oder eine Equipage oder ein Tier. In die Gesetzessprache hat das Wort zum ersten Male mit dem § 833 BGB. Aufnahme gefunden. Bei den Beratungen über unser Gesetz schwankte man zwischen den Ausdrücken „Halter" und „Betriebsunternehmer" und wählte den ersteren, weil der vorbildliche Begriff des Tierhalters bereits in der Rechtsprechung Ausbeutung gefunden hatte und weil der Ausdruck Halter auch sprachlich besser paßte, da der Halter eines einzigen Kraftfahrzeugs nicht gut als Unternehmer bezeichnet werden kann. Begriffliche Unterschiede zwischen Halter- und Betriebsunternehmer sind nicht vorhanden. Zur Erklärung des Begriffs „Fahrzeughalter" kann auf die in der Rechtsprechung mannigfach erörterten Begriffe „Tierhalter" und „Betriebsunternehmer" zurückgegriffen werden. Aber auch über den Begriff Fahrzeughalter selbst liegen schon manche höchstrichterliche Entscheidungen vor.

II. In ständiger Rechtsprechung hebt RG. zwei Merkmale des Halterbegriffs hervor:

1. Halter ist, wer das Kraftfahrzeug für eigene Rechnung im Gebrauch hat (RG. 18. Sept. 1911, JW. 951[26], 15. Jan. 1912 Bd. 78, 179 (JW. 406[25]); 8. Nov. 1910, JW. 1911, 62[60]) oder wer es für eigene Zwecke und im eigenen Interesse

im Gebrauch hat (RG. 19. Okt. 1911, Bd. 77, 349, JW. 1912, 89[43]; 16. Dez. 1912, JW. 1913, 337[24]).

2. Zum Halterbegriff gehört ferner die umfassende Verfügungsgewalt über das Fahrzeug, die ein solcher Gebrauch voraussetzt (dieselben Entsch.).

Das erste Merkmal ist wirtschaftlicher Art. Es umfaßt wiederum zweierlei: das eigene Interesse am Betrieb des Fahrzeugs und den Betrieb auf eigene Kosten. Das wirtschaftliche Interesse ist vorhanden, wenn das Fahrzeug selbst Gegenstand eines wirtschaftlichen Unternehmens (Fuhrgeschäft) ist oder wenn es einem andersgearteten Erwerbsbetriebe helfend dient (Geschäftsfuhrwerk aller Art, Arzt- und anderes Berufsfuhrwerk) oder wenn es auch nur dem hauswirtschaftlichen Betriebe oder auch nur einem Luxusbedürfnis dient. Das Verhältnis des Gebrauchers zum Fahrzeug muß nur allgemein von seinem eigenen Interesse getragen und beherrscht sein. Einzelne Gebrauchshandlungen in fremdem Interesse ändern nichts. Es kommt nicht darauf an, in wessen Interesse das Fahrzeug im Moment der Schädigung gerade gebraucht wurde, RG. 2. Juli 1903, Bd. 55, 163. Die Gebrauchsüberlassung an einen andern hebt die Haltereigenschaft des Überlassenden nur dann auf, wenn damit die Voraussetzungen des Haltens in der Person des andern begründet werden. Selbst die Benutzung des Fahrzeugs gegen den Willen des Halters bewirkt begriffsmäßig nicht notwendig den Übergang der Haltereigenschaft, wie aus der singulären Bestimmung des § 1 Abs. 3 d. Ges. folgt, daß der Gebrauchsanmaßer „an Stelle" des Halters, der also diese Stellung im übrigen nicht verliert, haften soll.

Zu den Kosten des Betriebes gehören im wesentlichen: die Beschaffung einer eigenen oder gemieteten Garage oder eines sonstigen Unterstands für das Fahrzeug, die Anschaffung der Betriebsmittel, des Benzins u. dgl., die Tragung der Reparaturkosten, die Bezahlung des Chauffeurs.

Die Verfügungsgewalt muß umfassender Art sein. Wer

sich ein Fahrzeug zu vorher abgegrenzten Zwecken, sei es auch zu mehreren Fahrten, mietet oder leiht, erlangt damit wohl eine gewisse Verfügungsmacht über das Fahrzeug; er kann den Weg, die Geschwindigkeit, das Halten und Weiterfahren bestimmen; er kann als Selbstfahrer eine noch freiere Stellung haben. Aber er ist nicht Halter, denn seine Verfügungsgewalt erschöpft sich in den im voraus bestimmten Zwecken, ist nicht auf ein dauerndes Verhältnis zum Fahrzeug gerichtet. Aus dem Zusammenwirken beider Merkmale, des wirtschaftlichen und des Herrschaftsverhältnisses, ergibt sich von selbst als drittes Erfordernis das einer nicht bloß vorübergehenden Dauer. Hierauf hat das RG. in zahlreichen zum Tierhalterbegriff ergangenen Entscheidungen besonderen Wert gelegt: RG. 3. Juli 1902, Bd. 52, 117; 2. Juli 1903, Bd. 55, 163; 20. Nov. 1905, JW. 1906, 62[14]; 15. Febr. 1906, JW. 197[14]; 5. Jan. 1911, JW. 279[8]; 9. Nov. 1914, JW. 1915, 91[7]. Auch für unser Gesetz ist an diesem schon aus dem Sprachgebrauch des Ausdrucks „Halter" abzuleitenden Begriffsmerkmal festzuhalten. Es wird ein Zustand erfordert, der das Fahrzeug zur Verwendung für beliebige Zwecke nach Anordnung des Gebrauchers bereitstellt. Auf die absolute Länge dieses Zustandes kommt es nicht an; es genügt, daß das Herrschaftsverhältnis seiner Art nach auf die Dauer gerichtet ist, indem es die Möglichkeit mehrerer einander folgenden Betätigungen des Herrenwillens eröffnet. Wer sich ein Fahrzeug zu einer einzelnen, im voraus bestimmten Dienstleistung sichert, hat damit auch schon seine Verfügungsmacht über das Fahrzeug verbraucht, da er die Grenzen der Verwendung schon bestimmt hat; das Verhältnis trägt von vornherein seiner Art nach den Keim des Vorübergehenden in sich. Wer aber ein fremdes Fahrzeug in der Weise an sich bringt, daß er für einen, wenn auch noch so begrenzten Zeitraum über die Verwendung des Fahrzeugs zu diesem oder jenem wirtschaftlichen Zweck frei bestimmen will und kann — wenn gewisse Schranken auch hierbei denkbar sind —, dessen Verhältnis zum Fahrzeug ist dem inneren Wesen nach auf die Dauer gerichtet.

Nicht immer sind alle Begriffsmerkmale in der Person des Halters vereinigt. Welches in solchen Fällen den Ausschlag zu geben hat, ist Tatfrage. In den Entscheidungen des RG. v. 18. Sept. 1911 JW. 951[26]; 8. Nov. 1910 JW. 1911, 62[66]; 30. Nov. 1908 JW. 1909, 59[30] ist das Hauptgewicht auf die selbständige Verfügungsgewalt gelegt. In einem andern Falle läßt das Reichsgericht — meines Erachtens unzutreffend — das wirtschaftliche Moment der Sorge (für das Tier) den Ausschlag geben, RG. 26. Mai 1910 JW. 706[6]. Das Merkmal der Verfügungsgewalt kann versagen, z. B. wenn nicht feststeht, ob der Vertreter fremder Interessen die Herrschaft über das Fahrzeug im eigenen oder fremden Namen betätigt; dann muß entscheiden, wessen Interessen das Fahrzeug dient.

III. Für die Haltereigenschaft kommt es lediglich auf tatsächliche Beziehungen zum Fahrzeug an; welche Rechte dem Halter daran zustehen und ob ihm überhaupt Rechte zustehen, ist belanglos. Der Dieb ist ebenso Halter wie der rechtmäßige Eigentümer, der das Fahrzeug zur eigenen Benutzung erworben hat und zu seiner Verfügung hält. Beim Kauf geht die Haltereigenschaft regelmäßig mit der Übergabe des Fahrzeugs auf den Käufer über. Der Käufer, der sich das Fahrzeug schon vor dem vereinbarten Übergabetermin vom dritten Besitzer aushändigen läßt, wird damit Halter, RG. 15. Jan. 1912 Bd. 78, 179 (JW. 406[28]). Auch wenn der Käufer das Fahrzeug nicht behalten, sondern sogleich weiter vergeben will, ja vielleicht schon einen Abnehmer hat, dem er es alsbald zuführt, so wird er doch für diejenige Zeit, in der er die volle Verfügungsgewalt hat, Halter. Die Abrede, daß der Kauf auf Probe geschlossen sein soll, hindert nicht, daß der Käufer sogleich die Haltereigenschaft gewinnt. Der Verkaufskommissionär hält die Wagen, die er zum Verkauf übernommen hat, so daß er bei etwaigen Probefahrten als Halter haften muß; denn er hat die volle Verfügungsgewalt, und soweit überhaupt ein

Betrieb stattfindet, dient der Betrieb seinem Verkaufsinteresse; er hat auch die Sorge für die Fahrzeuge.

Bei Miete und Leihe kommt es auf die Umstände an, wer als Halter anzusehen sei. Wer sich eine Kraftdroschke, sei es zu einer einzelnen Fahrt, sei es zu regelmäßig wiederkehrenden Fahrten, dingt, tut dies in der Regel im Wege des Werk- oder des Dienstvertrages; dann wird ihm das betriebsfertige Fahrzeug nebst dem Chauffeur gestellt, er hat sich um nichts zu kümmern; er ist nicht als Halter anzusehen, selbst wenn ihm dasselbe Fahrzeug jahraus jahrein dient, ja selbst wenn es ihm tatsächlich ausschließlich dient. Anders wird es meist sein, wenn jemand sich die Benutzung eines Kraftfahrzeugs im Wege der Sachmiete sichert, zweifellos dann, wenn er das Fahrzeug in eine eigene oder gemietete Garage einstellt und auch sonst für das Fahrzeug sorgt, den Chauffeur selbst bezahlt u. dgl. In solchen Fällen ist der Mieter unbedenklich als Halter anzusehen. Aber die genannten Erkenntnismomente der Sorge für das Fahrzeug können auch fehlen, ohne daß dies an der Haltereigenschaft des Mieters etwas ändert. Es ist möglich, daß der Mieter des Fahrzeugs vom Vermieter auch einen Unterstand dafür mietet und daß auch die Reinigung, das Schmieren und Füllen, die Reparaturen, sowie die Führung des Fahrzeugs durch Leute des Vermieters auf Kosten des Mieters ausgeführt werden sollen; ja es ist eine Vereinbarung denkbar, wonach alle diese Leistungen des Vermieters durch eine Pauschalsumme vergütet werden sollen; trotzdem ist auch im letzten Falle der Mieter als der Halter anzusehen, sofern ihm die ausschließliche Benutzung eines bestimmten Fahrzeugs und damit das Recht, jederzeit selbständig über die Verwendung des Fahrzeugs zu bestimmen, rechtlich gesichert ist. Anderseits ist es auch bei der Sachmiete denkbar, daß die Eigenschaft des Halters auch für die Zeit des Mietverhältnisses dem Vermieter verbleibt. Dies dürfte der Fall sein, wenn jemand sich ein Motorrad nur zu einer bestimmten Fahrt, also zu einem vorübergehenden Zweck mietet.

Für die Leihe gilt sinngemäß dasselbe wie für die Sachmiete. Daß die Gebrauchsüberlassung unentgeltlich geschieht, läßt grundsätzlich das Verhältnis zum Fahrzeug unberührt. Wenn es unbillig erscheint, daß derjenige, der einem andern unentgeltlich ein Fahrzeug zu vorübergehendem Gebrauch überläßt, während des fremden Gebrauchs die Betriebsgefahr trage, so läßt sich dem vielleicht dadurch abhelfen, daß man die stillschweigende Übernahme einer Gewährpflicht durch den Entleiher als Vertragswillen im Zweifel unterstellt; als Halter muß aber dem verletzten Dritten der haften, in dessen Person die allgemeinen Voraussetzungen dafür gegeben sind. Bei vorübergehender Überlassung zu einer oder mehreren im voraus bestimmten Fahrten behält der Überlasser trotz Unentgeltlichkeit die Haltereigenschaft, die nur dann auf den Entleiher übergeht, wenn dieser das Fahrzeug zu freiem, selbständigem Gebrauch geliehen erhält. Nur wenn die Sache so lag, trifft die Entscheidung des RG. v. 20. Nov. 1905 (JW. 1906, 62[14]) zu

Bei Probefahrten, zu denen das Fahrzeug einem Kauflustigen überlassen wird, haben beide Teile ein Interesse am Betriebe. Es wird daher darauf ankommen, von welcher Art die Verfügungsgewalt des Kaufliebhabers ist, und auf die Dauer der Probezeit; auch das Moment ist zu berücksichtigen, wem die Sorge für den Betrieb obliegt. Das Reichsgericht hat bei solchen Probefahrten, selbst bei $3^1/_2$-wöchiger Probezeit, den Fabrikanten als Halter angesehen, weil dieser den Chauffeur stellte, den Wagen während der Probezeit durch seinen Obermonteur revidieren ließ und für etwaige Reparaturkosten aufzukommen hatte, RG. 16. Dez. 1912, JW. 1913, 337[24]. Bei Probefahrten des Fabrikanten, dem das Fahrzeug zur Reparatur überlassen war, trägt nicht dieser, sondern sein Auftraggeber die Betriebsgefahr als Halter, RG. 2. Mai 1912 Bd. 79, 314 (JW. 808[31]).

Da es sich um einen Zustand tatsächlicher Art handelt, kann auch ein Nichtverfügungsfähiger, Geisteskranker, Minderjähriger die Haltereigenschaft erwerben (a. M. Eger).

6*

IV. Mehrheit der Halter.

Die Verfügungsgewalt kann mehreren Personen in der Weise zustehen, daß jeder das Fahrzeug zu seinen besonderen wirtschaftlichen Zwecken dauernd benützen kann. Ein solcher Fall lag der Entsch. d. RG. v. 5. Jan. 1911 (JW. 279[8]) zugrunde: Bei einer Gutsüberlassung hatte sich der Vater das Recht vorbehalten, nach Belieben mit den Wirtschaftspferden, deren Eigentum, Verpflegung und Nutznießung im übrigen auf den Sohn übergegangen war, Lohnfuhren zu machen. Für einen bei diesem Lohnfuhrbetriebe vorgekommenen Tierschaden wurde der Vater als Tierhalter verurteilt. Soweit die Pferde zu Zwecken der Gutsbewirtschaftung benutzt wurden, würde zweifellos der Sohn als Tierhalter anzusehen sein. Man wird daher in solchen Fällen anzunehmen haben, daß je nach der wirtschaftlichen Verwendung die Haltereigenschaft zwischen mehreren Personen wechselt. Dasselbe muß gelten, wenn mehrere Miteigentümer ein Fahrzeug für die besonderen Zwecke eines jeden halten. Bei Gebrauch für gemeinsame Zwecke kommt die Haltereigenschaft sämtlichen Miteigentümern zu. Dies gilt auch für Gesellschaften, gleichviel ob das Fahrzeug Gesellschaftseigentum ist oder im Eigentum des einen steht, während der andere es für gemeinschaftliche Rechnung gewerblich nutzt. Nimmt also der Droschkenchauffeur am Gewinn teil, so daß ein Gesellschaftsverhältnis zwischen ihm und dem Fuhrherrn besteht, so ist er neben diesem Halter (ebenso Höpfel, Krause, Neukirch-Rosenmeyer). Aber auch dann, wenn der Chauffeur die Einnahmen allein behält und nur eine bestimmte Summe an den Fuhrherrn abzuliefern hat, verliert dieser nicht ohne weiteres die Haltereigenschaft; es wird vielmehr für diese Frage auf die besonderen Umstände (Garage, Betriebsmittel, Reparaturkosten, Art der Abrechnung, ob täglich oder in längeren Zeiträumen) ankommen (ebenso Höpfel, a. M. Krause).

Bei Eheleuten muß es meines Erachtens nicht so sehr auf Rechtsmomente ankommen (Art des ehelichen Güterrechts, ob das Fahrzeug zum eingebrachten Gut gehört oder Vorbehaltsgut der Frau, etwa Zubehör eines von ihr betriebenen Erwerbsgeschäfts ist), als vielmehr darauf, zu welchen Zwecken das Fahrzeug dient und wer tatsächlich nach der unter den Ehegatten bestehenden Übung über das Fahrzeug verfügt. Gebrauchen beide Gatten das Fahrzeug zu Luxuszwecken, so wird man auch beide als Halter anzusehen haben.

12. Dem Verletzten.

Unter dem Verletzten ist, wie der Zusammenhang nicht zweifelhaft läßt, nicht etwa nur der an seinem Körper oder seiner Gesundheit Verletzte zu verstehen, sondern, da das Gesetz soeben außer für diesen noch für die andern Schadensfälle, den Fall der Tötung eines Menschen und den Fall der Beschädigung einer Sache, die Ersatzpflicht des Halters grundsätzlich angeordnet hat, allgemein für alle drei Schadensfälle derjenige, der durch eine der genannten Unfallsfolgen geschädigt ist. Doch nicht jeder Schaden ist zu ersetzen, und nicht jeder Geschädigte hat Anspruch auf Ersatz seines Schadens, z. B. nicht der Geschäftsherr oder sonstige Arbeitgeber, der infolge der Verletzung seines Angestellten dessen Dienste entbehren muß und dadurch unter Umständen erheblichen Schaden erleidet; auch dem Vater eines verletzten Kindes steht wegen der durch die Verletzung bewirkten Mehrung der Unterhaltskosten kein selbständiger Anspruch auf Schadensersatz zu, RG. 8. Nov. 1906, JW. 810[7]. Unter dem „Verletzten" im Sinne unserer Vorschrift ist aber nur derjenige Geschädigte zu verstehen, dessen Schaden auf Grund dieses Gesetzes zu vergüten ist. Für die Fälle des Personenschadens ist in den §§ 10 und 11 ausdrücklich bestimmt, welchen Geschädigten und für welche Schäden Ersatz zu leisten ist: nämlich im Falle der Körper- und Gesundheitsbeschädigung demjenigen, dessen Körper oder Gesundheit beschädigt worden ist, und im Falle der Tötung den unterhaltsberechtigten Angehörigen und demjenigen, der pflichtmäßig die Beerdigungskosten bezahlt hat. Diese Personen sind „die Verletzten".

Für den Fall des Sachschadens fehlt es im Gesetz selbst an

einer Bestimmung darüber, welches Verhältnis zur Sache dazu berechtigen soll, im Falle ihrer Beschädigung Ersatz zu verlangen. Es wird deshalb meines Erachtens auf das BGB. zurückzugehen sein, von dessen allgemeinen Rechtsboden sich das vorliegende Gesetz als Sondergesetz abhebt, dessen Bestimmungen es mehrfach ausdrücklich für anwendbar erklärt und dessen allgemeine Begriffe und Grundsätze überall zur Auslegung bei offengelassenen Fragen heranzuziehen sind, sofern nicht die Sonderzwecke des Gesetzes eine abweichende Auslegung erheischen. Die Richtung des vorliegenden Gesetzes geht nun dahin, auf der einen Seite die Voraussetzungen für den Haftpflichtanspruch gegenüber dem bürgerlichen Recht erheblich zu erleichtern, anderseits aber auch den Umfang des Haftpflichtanspruchs auf das notwendige Maß zu beschränken. Braucht dementsprechend der Haftpflichtige im Falle der Tötung und Körperverletzung nicht in dem vollen Umfange Schadensersatz zu leisten wie derjenige, der nach bürgerlichem Recht für Verschulden einzustehen hat, so kann gewiß nicht als Wille des Gesetzes gelten, im Falle der Sachbeschädigung die Haftpflicht über das Maß desjenigen, was nach bürgerlichem Recht zu leisten ist, zu erweitern.

Nach § 823 Abs. 1 BGB. ist nur demjenigen Ersatz zu leisten, dessen Recht verletzt worden ist; und nach der herrschenden Meinung sind hierunter nur absolute Rechte, die ein unmittelbares Verhältnis zwischen Person und Sache herstellen, zu verstehen. Danach kann bei Sachbeschädigungen der Eigentümer und auch jeder dinglich an der Sache Berechtigte Ersatz verlangen; diese sind unmittelbar durch die Beschädigung der Sache in ihren Rechten verletzt. Wer nur ein obligatorisches Recht auf die Sache hatte, kann auch geschädigt sein, indem er die Sache nicht erhält, auf die er ein Recht hatte. Aber sein Recht auf die Sache bestand lediglich in einem Anspruch gegen seinen Vertragsgegner; die Beschädigung der Sache hat unmittelbar nur in dessen Rechtssphäre eingegriffen; der obligatorisch Berechtigte leidet nur unter der Rückwirkung dieses Schadens, der direkt den andern getroffen hat; er ist nur mittelbar geschädigt; dem mittelbar Geschädigten wird aber grundsätzlich im BGB. ein selbständiger Ersatzanspruch versagt. Wer nur einen obligatorischen Anspruch auf die beschädigte Sache hatte, bleibt darauf angewiesen, sich an seinen Vertragsgegner zu halten. Der letztere allein kann auf Grund seines dinglichen Rechts vom Haftpflichtigen Ersatz verlangen und dabei natürlich auch das liquidieren, was er wegen Nichterfüllung seiner Vertragspflicht dem Dritten hat leisten müssen. Ist aber ein obligatorisches Recht durch Einräumung des Besitzes für jeden erkennbar geworden, so hat es damit den Charakter eines absoluten Rechts erhalten, RG. 28. Dez. 1904, Bd. 59, 326. Daher haben außer dem Eigentümer und dem dinglich Berechtigten auch der Mieter und Pächter im Falle der Sachbeschädigung einen direkten Ersatzanspruch gegen den Haftpflichtigen, vorausgesetzt, daß sie sich im Besitze der beschädigten Sache befanden (ebenso Eger, a. M. Gorban u. Neukirch-Rosenmeyer).

Nach § 851 BGB. kann der Ersatzpflichtige den Schadensersatz für Sachbeschädigung an den Besitzer der Sache zahlen.

18. Schadensersatz.

I. Ist durch ein in Betrieb befindliches Kraftfahrzeug ein Mensch verletzt oder getötet oder eine Sache beschädigt worden, so entsteht ex lege im Augenblick des Unfalls, das ist der Verletzung usw., ein Rechtsverhältnis zwischen dem Verletzten und dem Halter des Inhalts, daß der Halter zum Schadensersatz verpflichtet wird. Das Gesetz unterscheidet zwischen der Verletzung selbst und dem daraus entstehenden Schaden. Bei Tötung und Körperverletzung insbesondere ist nämlich der Ersatz nicht für die Entziehung oder Beeinträchtigung der direkt betroffenen unschätzbaren idealen Lebensgüter (Gesundheit und Leben) zu gewähren, es sind vielmehr nur gewisse bestimmte Nachteile zu entschädigen, welche die Verletzung oder Tötung für die Vermögenslage des Berechtigten nach sich zieht. Unter Schaden im Sinne des Gesetzes sind diese Vermögensnachteile zu verstehen.

Der Ersatzanspruch hat zur Voraussetzung, daß solche zu ersetzenden Nachteile entstanden sind. Nicht jede Körperverletzung zieht notwendig einen Vermögensschaden nach sich. Ist die Verletzung geringfügig, heilt die Wunde von selbst ohne Aufwendungen für ärztliche Hilfe, und tritt auch keine vorübergehende Minderung der Erwerbsfähigkeit ein, so ist in Ermangelung eines zu ersetzenden Vermögensschadens kein Haftpflichtanspruch gegeben. Auch die Beeinträchtigung, ja der Verlust der Erwerbsfähigkeit — als Folge eines Kraftwagenunfalls — erzeugt nicht notwendig einen Ersatzanspruch; z. B. wenn der Verletzte seine ohne den Unfall vorhandene Erwerbsfähigkeit voraussichtlich in der Zukunft nicht wirtschaftlich nutzbar gemacht haben würde, so hat er durch ihren Verlust auch keinen Vermögensschaden erlitten und kann deshalb auch keinen Ersatz verlangen.

Kann hiernach ein Ersatzanspruch nicht lediglich auf die Tatsache einer Körperverletzung gegründet werden, so ist andererseits grundsätzlich nicht erforderlich, daß schon zur Zeit der Klage aus der Körperverletzung oder Tötung solche Nachteile gegenwärtig hervorgetreten seien, für die nach dem Gesetz Ersatz zu leisten ist; es genügt die Möglichkeit, daß künftig solche Nachteile hervortreten können. Auch die Leistungsklage — ihre prozessuale Zulässigkeit nach §§ 258, 259 ZPO. vorausgesetzt — ist grundsätzlich nicht ausgeschlossen, sofern einmal der künftige Eintritt von zu ersetzenden Nachteilen zuverlässig festgestellt und zweitens die künftigen Verhältnisse, von denen der Umfang des Schadens abhängt, schon zurzeit so weit übersehen werden können, daß eine Bezifferung des Schadens möglich ist. Z. B. kann unter dieser Voraussetzung einem Kinde, dessen künftige, zurzeit noch gar nicht vorhandene Erwerbsfähigkeit durch die Unfallsverletzung voraussichtlich geschmälert sein wird, schon jetzt eine Rente wegen dieser Erwerbsbeschränkung zugesprochen werden, deren Anfangstermin auf den Zeitpunkt festzusetzen ist, zu welchem — ohne den Unfall — die Erwerbsfähigkeit des Kindes eingetreten sein würde, RG. 1. März 1906, JW. 236[23]. § 258 ZPO. hat nicht zur Voraussetzung, daß der Beginn der Rentenleistungen der Vergangenheit angehöre. In der Regel wird freilich die Leistungsklage auf Ersatz für künftige, zurzeit noch gar nicht eingetretene Nachteile an der tatsächlichen Unmöglichkeit scheitern, daß sich die Gestaltung der künftigen Umstände, von denen die Entscheidung abhängt, ob und in welchem Umfange die Nachteile eintreten, noch nicht übersehen läßt. Dann ist aber die Feststellungsklage aus § 256 ZPO. gegeben, die lediglich eine durch ein Kraftfahrzeug verursachte Verletzung und das daraus ex lege entstehende Rechtsverhältnis einer Schadensersatzpflicht voraussetzt und nur dann zu versagen ist, wenn schon jetzt jede Möglichkeit künftigen Vermögensschadens gänzlich ausgeschlossen erscheint. Solange eine, wenn auch nur entfernte und sogar unwahrscheinliche Möglichkeit zukünftigen Schadenseintritts besteht, ist das Rechtsverhältnis nicht gegenstandslos, und die Klage auf Feststellung kann nicht mangels Interesses abgewiesen werden. RG. 18. Nov. 1905 und 4. Dez. 1905, JW. 1906, 16[14] und 92[16].

Ob die Nachteile früher oder später nach dem Unfall erkennbar hervortreten, ist gleichgültig. Auch wenn sie sich erst nach Jahren zeigen, kann Ersatz verlangt werden.

In welchem Umfange Schadensersatz zu leisten ist, wird für den Fall der Tötung und Körperverletzung in den §§ 10ff. des Gesetzes näher bestimmt. Danach kann weder Schmerzensgeld noch Entschädigung für Verunstaltung (sogenannter immaterieller Schaden) gefordert werden, und auch für Vermögensschaden ist nur nach bestimmten Kategorien (Heilungskosten, vermehrte Bedürfnisse, Erwerbsbeschränkung, Beerdigungskosten, Entziehung des Unterhalts), aber nicht für weitergehende Nachteile (vgl. § 842 BGB.) Ersatz zu leisten.

II. Für den Fall der Sachbeschädigung gibt das Gesetz keine besonderen Bestimmungen darüber, auf welche Nachteile sich der Ersatz erstrecken oder beschränken soll. Es kommen daher die allgemeinen Vorschriften des BGB. über Sachschaden zur Anwendung. Nach § 249 daselbst geht der Anspruch in erster Linie auf Herstellung der beschädigten Sache in den früheren Zustand, und zwar kann der Berechtigte nach seiner Wahl die Herstellung in natura durch den Ersatzpflichtigen fordern oder auch selbst die Herstellung besorgen oder besorgen lassen und Ersatz der dazu erforderlichen Kosten verlangen, RG. 19. April 1911, Bd. 76, 149. Soweit die Herstellung aber überhaupt nicht möglich oder zur Entschädigung des Berechtigten nicht genügend ist, kann dieser den Ersatz für die Wertminderung, der unter Umständen im Ersatz des Sachwerts besteht, fordern; diese Art des Schadensersatzes muß er sich aber auch gegen seinen Willen gefallen lassen, wenn der Ersatzpflichtige es verlangt, weil die Herstellung nur mit unverhältnismäßigen Aufwendungen möglich sei (§ 251 BGB.). Dies Recht des Ersatzpflichtigen steht ihm gegenüber beiden Arten des Herstellungsanspruchs zu, also auch dann, wenn der Geschädigte die Sache auf eigene Kosten hergestellt hat und nun Ersatz der Auslagen fordert. Übersteigen die Auslagen den Wert der Sache, so kann der Ersatzpflichtige die Bezahlung des überschießenden Betrages ablehnen. Der Geschädigte, der die Herstellung selbst besorgt, tut dies also in gewisser Weise auf seine Gefahr. RG. 7. Juni 1909, Bd. 71, 212 (JW. 455 [7]).

Außerdem umfaßt der zu ersetzende Schaden auch den entgangenen Gewinn. Als entgangen gilt der Gewinn, welcher nach dem gewöhnlichen Laufe der Dinge oder nach den besonderen Umständen, insbesondere nach den getroffenen Anstalten und Vorkehrungen, mit Wahrscheinlichkeit erwartet werden kann (§ 252 BGB.). Bei gänzlicher Vernichtung der Sache ist regelmäßig der höchste Wert der Sache in der Zeit zwischen Unfall und Ersatzleistung nebst Verzinsung vom Tage der Wertbestimmung an (§ 849 BGB.) und ferner Schadloshaltung dafür, daß der Berechtigte die Sache in der

Zwischenzeit hat entbehren müssen, zu gewähren. Je nach Umständen kann auch ein höherer Ersatz für entgangenen Gewinn gefordert werden, RG. 9. April 1906, JW. 382[9]. Anderseits stellt normalerweise die Verzinsung der Ersatzsumme den vollen Gegenwert für die entbehrten Nutzungen dar, RG. 7. Juni 1909. Das Anwachsen des Schadens durch verständige Maßnahmen, z. B. Ersatzankauf, abzuwenden, ist die Pflicht des Geschädigten nach § 254 BGB.

14. Kausalzusammenhang zwischen Verletzung und Schaden.

Die Nachteile, wofür Ersatz verlangt wird, müssen „daraus", d. h. aus der Verletzung, Tötung oder Sachbeschädigung, entstanden sein. Es ist mithin ein doppelter Kausalzusammenhang notwendig: einmal der oben in Anm. 4 erörterte zwischen der Einwirkung des Betriebes eines Kraftfahrzeugs und einer Verletzung usw., und zweitens ein solcher zwischen der Körperverletzung usw. und einem Vermögensschaden der vorbezeichneten Art.

Über den Begriff des Kausalzusammenhangs s. oben Anm. 4.

Daß die Nachteile die ausschließliche Folge der Verletzung usw., kurz gesagt des Unfalls, sein müßten, ist nicht zu fordern, das ist schlechterdings nicht möglich. Stets werden die individuellen Verhältnisse des Betroffenen bei der Gestaltung der Nachteile mitwirken; je nachdem der Eigentümer der beschädigten Sache gerade ein besonders vorteilhaftes Geschäft damit abzuschließen im Begriff war, je nachdem der Getötete der Versorger einer großen Familie oder ein einsamer Mensch war, der sich um niemanden zu kümmern brauchte, je nachdem der Verletzte ein Mann von robuster Gesundheit und gesunden Säften oder aber alt und schwächlich und wenig widerstandsfähig ist, werden sich die Schäden des Unfalls und danach der Umfang der Ersatzpflicht sehr verschieden gestalten. Das Mitwirken anderer Umstände schließt die kausale Bedeutung des Unfalls für den Schaden nicht aus.

Bestand schon vor dem Unfall eine krankhafte Anlage,

z. B. eine Bruchanlage, die möglicherweise, wenn keine Gelegenheit zum Hervortreten des Bruchs gegeben worden wäre, unschädlich geblieben wäre, so ist der Unfall, der das Hervortreten des Bruchs zur Folge gehabt hat, für den sich hieraus ergebenden Schaden kausal. Es ist nicht richtig, nur die Bruchanlage als Ursache und den Unfall als bloße Veranlassung des Schadens zu betrachten. RG. 3. Mai 1910, JW. 650[6], siehe auch Bd. 60, 1—7. Ebenso ist der Unfall, der infolge einer schon vorhandenen Krankheit und dadurch verminderten Widerstandsfähigkeit schwerere Schäden für die Gesundheit und Erwerbsfähigkeit des Verletzten nach sich gezogen hat, als dies bei normaler und gesunder Körperbeschaffenheit der Fall gewesen wäre, für die eingetretene Verschlimmerung des Zustandes in vollem Maße kausal. Es genügt, daß der Unfall irgendwie erheblich den schon vorher bestehenden Krankheitszustand ungünstig beeinflußt hat. Der Haftpflichtige hat aber für den Schaden nur insoweit einzustehen, als dieser eine Folge des Unfalls ist, also nur für die nachträgliche Verschlimmerung, und auch für diese insoweit nicht, als sich etwa durch ärztliches Gutachten feststellen läßt, daß die Verschlimmerung auch ohne den Unfall über kurz oder lang infolge der naturgemäßen Weiterentwicklung des Leidens eingetreten sein würde. RG. 11. Okt. 1906, JW. 739[7], auch EE. 23, 285; Preuß. ObVerwGer. 14. Okt. 1905, EE. 23[17]; ObLG. Stuttgart 14. Juni 1907, EE. 24, 162. Namentlich bei der Bestimmung des Endtermins einer wegen Erwerbsbeschränkung zuzusprechenden Rente ist daher zu prüfen, „inwiefern die nach dem ärztlichen Gutachten schon vor dem Unfall vorhandene Kränklichkeit und ihre aus anderen Gründen abzuleitende Steigerung in späterer Zeit im Zusammenhalt mit der Art der Erwerbstätigkeit des Klägers vor und nach diesem Zeitpunkte voraussehen lassen, daß auch ohne den Unfall der Kläger sein früheres Einkommen nicht bis an sein Lebensende behalten haben würde, die Minderung also teilweise auch ohnedem eingetreten sein würde". RG. 15. Febr. 1906, JW. 204[25].

Die Kausalität zwischen dem Tod des Verletzten und dem Unfall wird dadurch nicht gestört, daß der Unfall nur in Verbindung mit einem vorhandenen Leiden den frühen Tod verursacht hat, und daß der Tod auch ohne Unfall allein infolge des Leidens in naher Zeit eingetreten sein würde. RG. 12. Febr. 1907, JW. 272[26]. Traf der Unfall geradezu einen Sterbenden, so daß der Tod nur um eine ganz kurze Spanne Zeit verfrüht eingetreten ist, so dürfte in Frage kommen, ob nicht jeder Ersatzanspruch deshalb zu versagen sei, weil überhaupt kein Schaden durch den Unfall verursacht worden ist; denn die Beerdigungskosten würden auch ohne den Unfall etwa zu derselben Zeit aufgebracht worden sein müssen. Im übrigen erlischt jeder Ersatzanspruch aus der Tötung, insbesondere der Anspruch der Hinterbliebenen wegen Entziehung des Unterhaltsrechts, mit dem Augenblick, wo ohne den Unfall der Tod eingetreten sein würde.

Tritt durch *spätere Umstände*, die nach dem Unfall hinzukommen, eine *Verschlimmerung* der Unfallsfolgen ein, so ist auch diese Verschlimmerung ursächlich auf den Unfall zurückzuführen, wenn das vermittelnde Ereignis selbst sich als eine generell mögliche, nicht völlig abgelegene und singuläre, sondern dem normalen Verlauf entsprechende, d. h. adäquate Folge des Unfalls darstellt. Falsche Wundbehandlung, z. B. Auswaschen mit unreinem Wasser oder Vernachlässigung durch Nichtzuziehen eines Arztes, unterbrechen — abgesehen von der hier nicht zu erörternden Schuldfrage — ebensowenig den Kausalzusammenhang (RG. 9. Dez. 1909, JW. 1910, 65[15]; 14. Juni 1909, JW. 463[21]) wie ärztliche Fehlgriffe durch falsche Diagnose u. dgl. (RG. 22. Juni 1911, JW. 754[9]; 7. Jan. 1913, JW. 322[7]). Hat aber der Arzt einen eigentlichen Kunstfehler begangen, d. h. alle ärztliche Regel und Erfahrung gröblich außer acht gelassen, so ist die hierdurch bewirkte Schädigung nicht mehr als adäquate Folge des Unfalls zu betrachten; der Kunstfehler des Arztes eröffnet vielmehr selbständig eine neue Kausalreihe (außer den vorangeführten

Entscheidungen auch RG. 25. Okt. 1907, JW. 750[24]). Tritt der Tod des Verletzten in der Narkose ein, die zur Vornahme einer Operation zwecks Besserung des Unfallschadens geboten war, so ist der ursächliche Zusammenhang zwischen Tod und Unfall zu bejahen, es sei denn, daß ein Kunstfehler des Arztes oder eine abnorme, regelwidrige Körperbeschaffenheit des Verletzten den Tod in der Narkose verschuldet hätte.

Der Unfall kann auch nach völliger Wiederherstellung der physischen Gesundheit und damit der Arbeitsfähigkeit des Verletzten dadurch fortwirken, daß dieser sich infolge der Verletzung in einem Zustand seelischer Erkrankung und Willenslähmung befindet und sich nicht von der Zwangsvorstellung, daß er eine Unfallrente haben müsse, freimachen kann und auf diese Weise verhindert wird, erwerbstätig zu werden. Entscheidung des Schweizer Bundesgerichts v. 31. Jan. 1908, EE. 23, 34.

Hält sich der Verletzte auf Anordnung des behandelnden Arztes länger von der Arbeit fern, als sein Zustand es erfordert, weil der Arzt auf Grund einer irrtümlichen Diagnose eine unzutreffende Behandlung angeordnet hat, so kommt es darauf an, ob die falsche Diagnose sich geradezu als Kunstfehler darstellt. In diesem Falle würde man den weiteren Erwerbsausfall nicht mehr als adäquate Folge des Unfalls erachten können; andernfalls dagegen wohl. Entscheidung des Schweizer Bundesgerichts v. 22. Nov. 1906, EE. 23, 383/4.

Beruht eine Verschlimmerung des Zustandes auf dem Hinzutritt neuer Umstände, die selbst in keinem ursächlichen Zusammenhang mit dem Unfall stehen, so ist zu prüfen, inwieweit in dem gegenwärtigen Zustande die Unfallverletzung noch fortwirkt. Das neue Ereignis hebt nur dann den Kausalzusammenhang zwischen dem Unfall und seinen Folgen gänzlich auf, wenn es — für sich betrachtet — diese Folgen ebenfalls ursächlich trägt. Andernfalls gibt eine Vergleichung desjenigen Zustandes, wie er sich auf Grund des neuen Ereignisses voraussichtlich entwickelt haben würde, wenn die Unfallsfolgen nicht vorhanden gewesen wären, mit dem bisherigen Zustande und seinen naturgemäßen Veränderungen den Maßstab dafür ab, in welchem Umfange der gegenwärtig bestehende Zustand noch als Folge des Unfalls angesehen werden kann. RG. 11. Mai 1908, JW. 434[11]; Entscheidung des Preuß. OVG. v. 14. Dez. 1905, EE. 23, 17. Vgl. hierzu auch Anm. 6 zu § 11.

Auch der Schadensersatzprozeß selbst mit der ihm natürlich anhaftenden Aufregung über die Verweigerung des Schadensersatzes kann, namentlich in Verbindung mit den Vermögenssorgen wegen verminderter Arbeitskraft, auf angegriffene Nerven schädigend einwirken. Zu der Frage, ob auch dergleichen mittelbare Gesundheitsschädigungen als adäquate Folgen des Unfalls anzusehen seien, hat das Reichsgericht nach anfänglichem Schwanken (RG. 5. März 1906, JW. 281[15]) neuerdings in grundsätzlich bejahendem Sinne Stellung genommen. Ausgehend von der Annahme, daß ein Mensch mit gesunden Nerven normalerweise die Aufregungen eines Rechtsstreits ohne weiteren Schaden verträgt, auch wenn es sich dabei um Existenzfragen handelt, daß also eine schädigende Wirkung der Prozeßaufregung nur bei schon geschwächter Lebens- und Nervenkraft möglich und also hierdurch ursächlich bedingt ist, kann man die Prozeßschäden nur unter einer doppelten Verstärkung des ursächlichen Zusammenhangs als adäquate Folgewirkungen des Unfalls beurteilen: einmal muß der nervöse Krankheitszustand, der die seelischen Kräfte so geschwächt hat, daß sie im Kampfe gegen die Unbilden des Lebens versagen, selbst ursächlich auf den Unfall zurückzuführen sein. Zweitens muß sich aber auch der Prozeß selbst als eine notwendige Folge des Unfalls erweisen in dem Sinne, daß er nicht durch maßlose, offenbar unbillige Forderungen des Verletzten ganz unnötigerweise heraufbeschworen oder zu schadenbringender Dauer verlängert worden ist. RG. 14. April 1908, JW. 405[5]; 19. Juni 1908, JW. 526[11]; 1. Okt. 1910, JW. 1008[11]; 14. Nov. 1910, Bd. 75, 19 (JW. 1911, 149[4]).

Für die Höhe des Vermögensschadens ist die Frage von Einfluß, inwieweit **Vorteile**, die einem Verletzten oder einem sonstigen Haftpflichtgläubiger infolge des Unfalles zufallen, z. B. Versicherungen, Pensionen u. dgl., den Schaden mindern und dann also die Haftpflicht beschränken. Darüber s. das Nähere Anm. 4, IV A a. E. und B zu § 10, Anm. 4 III zu § 11.

Der Verletzte hat den Kausalzusammenhang zwischen den Krankheitserscheinungen, auf die er seine Schadensersatzansprüche gründet, und dem Unfalle zu **beweisen**. Dieser Beweis kann unter Umständen sehr schwierig sein. Nach der ständigen Rechtsprechung des Reichsgerichts „muß es, damit den Erfordernissen des praktischen Lebens genügt werde, bei den Schranken menschlicher Erkenntnis ausreichen, wenn eine hohe Wahrscheinlichkeit für den ursächlichen Zusammenhang von Krankheitserscheinungen mit einem Unfall besteht. Eine mathematische Gewißheit kann nicht verlangt werden". RG. 18. Jan. 1908, JW. 196[10]; 21. März 1892, Bd. 29, 120; 27. Mai 1892, Seuff. Arch. 48, 41; 9. April 1896, Bolze 23, 163; 19. März 1900, EE. 17, 221; 2. April 1900, 17, 232.

Zu Abs. 2.

15. **Die Ersatzpflicht ist ausgeschlossen, wenn ...**

Diese Formel bedeutet in der Gesetzessprache, daß es sich im folgenden um Einredetatsachen handelt, die der Halter zu beweisen hat, wenn er sich von der nach Abs. 1 begründeten Haftpflicht befreien will. Die Haftpflicht aus Abs. 1 setzt lediglich voraus, daß sich die mit dem Betriebe eines Kraftfahrzeugs verbundene Gefahr, die Betriebsgefahr, in einem Unfalle verwirklicht hat, daß ein Mensch oder eine Sache von den bei dem Betriebe wirkenden Kräften erfaßt und beschädigt worden ist. Wie dies gekommen ist, welche Umstände mitgewirkt haben, um den Menschen oder die Sache dem Gefahrenbereiche des Kraftfahrzeugs nahezubringen, dies aufzuklären und die einzelnen ursächlichen Beziehungen zwischen dem Unfall und den vorangegangenen Umständen darzulegen, gehört nicht zum Klaggrund. Der Haftgläubiger hat nur zu beweisen, daß ein Mensch oder eine Sache im örtlichen und zeitlichen Zusammenhange mit dem Betriebe eines Kraftfahrzeugs unter Umständen beschädigt worden ist, die ganz allgemein auf die Möglichkeit eines ursächlichen Zusammenhangs zwischen Betrieb und Unfall hinweisen. Sache des Haftpflichtigen ist es, wenn er seine Ersatzpflicht ablehnen will, die kausalen Beziehungen zwischen dem Unfall und seiner Vorgeschichte aufzuklären und nachzuweisen, daß ein gesetzlicher Befreiungsgrund vorliege. Gelingt ihm dies nicht, bleibt der Vorfall ungeklärt, z. B. weil alle dabei Beteiligten, Fahrer, Wageninsassen und der verunglückte Straßenpassant, getötet oder dauernd vernehmungsunfähig, unbeteiligte Zeugen aber nicht vorhanden sind, so haftet er nach dem Gesetz für den Schaden. RG. 14. Mai 1906, JW. 437[26]; 9. Juni 1880, EE. 1, 206; 7. April 1888, EE. 6, 281; 16. Sept. 1890, EE. 8, 51; 30. Juni 1891, EE. 8, 375; 23. März 1893, EE. 11, 197; 10. Juli 1902, EE. 19, 148; 1. Febr. 1904, EE. 21, 82.

16. durch — verursacht ...

Der Vorgang aus der Entstehungsgeschichte des Unfalls, auf den sich der Haftpflichtige zu seiner Entlastung beruft, muß, abgesehen von der Frage, ob er geeignet ist, die Haftung auszuschließen, in ursächlichem Zusammenhange mit dem Unfall stehen. Über den Begriff des ursächlichen Zusammenhangs siehe oben Anm. 4. Die Lebenserfahrung zeigt, daß viele Unfälle durch ein Zusammenwirken mehrerer regelwidriger Umstände entstehen, deren jeder auch im Rechtssinne als Ursache des schädlichen Erfolges in Betracht kommt. Wo dies der Fall ist, hat der Haftpflichtige darzutun, daß alle diese Umstände dem Bereiche des unabwendbaren Zufalls angehören, für den seine Haftpflicht nicht gilt. Er muß alle erkennbaren ursächlichen Beziehungen des Unfalls, die überhaupt nach der gegebenen Sachlage in Frage kommen, aufklären und für jede von ihnen den Entlastungsbeweis führen. Bleibt der

Hergang nach irgendeiner Richtung ungeklärt, so wird er nicht befreit.

17. **unabwendbares Ereignis, das weder auf einem Fehler in der Beschaffenheit des Fahrzeugs, noch auf einem Versagen seiner Verrichtungen beruht.**

I. Diese Fassung des Gesetzes vermeidet absichtlich den nahe verwandten Begriff der „höheren Gewalt". Zum Verständnis des Gesetzes muß aber kurz auf diesen in der Rechtsprechung zum Reichshaftpflichtgesetz viel behandelten Begriff eingegangen werden. Der Begriff „höhere Gewalt" ist gleichbedeutend mit dem in § 25 des preußischen Eisenbahngesetzes v. 3. Nov. 1838 gebrauchten Ausdruck „unabwendbarer äußerer Zufall". Es handelt sich dabei um ein zufälliges schadenstiftendes Ereignis, das einmal außerhalb des Betriebes entstanden und von außen her in diesen Betrieb eingebrochen ist, und das zweitens in seinem Eintritt selbst und in seinen schädlichen Folgen für den Betriebsunternehmer nicht abwendbar ist. Das erste Erfordernis des „Eintritts von außen her" schließt aus dem Kreise der höheren Gewalt alle diejenigen Ereignisse aus, welche durch Handlungen der im Betriebe Tätigen in Ausführung ihrer Dienstverrichtungen oder durch den Zustand der Betriebsmittel herbeigeführt worden sind; bei diesen Ereignissen kommt es auf die Frage der Abwendbarkeit nicht an; für den durch sie verursachten Erfolg soll der Haftpflichtige unbedingt einstehen. Insoweit besteht über den Begriff der höheren Gewalt kein Streit. Aber während nach der früheren Rechtsprechung Handlungen eines Dritten oder Geschehnisse, die nicht einen Teil der Betriebsfunktionen selbst bildeten, regelmäßig als von außen her eintretende Ereignisse aufgefaßt wurden (RG. 20. März 1888, Bd. 21, 13; 9. Dez. 1887, EE. 6, 102; 29. März 1884, Bd. 11, 146; 30. Juni 1883, EE. 3, 86), hat das Reichsgericht in einer Reihe neuerer Entscheidungen den Grundsatz aufgestellt, daß als von außen her eintretende Ereignisse alle diejenigen nicht zu erachten seien, die bei dem Eisenbahnbetriebe mit einer gewissen Häufigkeit einzutreten pflegen und durch die Natur des Betriebes von selbst gegeben seien; diese Ereignisse seien auf die eigentümlichen Gefahren des Betriebes zurückzuführen und, weil sie mit dem Betriebe und seinen Gefahren in Zusammenhang stehen, vom Unternehmer gemäß § 1 Haftpflichtgesetzes zu vertreten (RG. 2. Nov. 1899, EE. 16, 355; 9. Jan. 1902, Bd. 50, 92; 5. Jan. 1903, JW. 110; 11. Mai 1903, Bd. 54, 404, insbesondere 4. Febr. 1904, JW. 183; 28. Jan. 1901, JW. 164; 28. März 1904, JW. 292). Diese weitgehende Ausdehnung des Erfordernisses eines „äußeren Zufalls" hat in fast allen Fällen, in denen anknüpfend an die frühere Rechtsprechung, besonders von Straßenbahnunternehmern, der Einwand der höheren Gewalt erhoben wurde, zu dessen Verwerfung geführt. Im besonderen sind neuerdings alle Unfälle im Straßenbahnverkehr, welche durch scheu gewordene Pferde, durch unmündige Kinder und durch andere Fuhrwerke, die von der Seite oder von hinten in den Straßenbahnwagen hineinfuhren, verursacht worden waren, von dem Anwendungsbereiche des Begriffs der höheren Gewalt ausgeschlossen worden, weil solche Vorkommnisse, wie ihre Häufigkeit beweise, bei der Art des Betriebes sich als unvermeidbar ergäben und deshalb als innere, dem Betriebe angehörige Zufälle zu erachten seien. RG. 1. Okt. 1903, EE. 20, 249. Nur bei Unfällen infolge plötzlich eingetretener Krankheit oder infolge von Geisteskrankheit hat das Reichsgericht auch in neuerer Zeit den Einwand höherer Gewalt noch mehrfach zugelassen. RG. 28. Jan. 1901, EE. 18, 81; 27. Febr. 1902, JW. 312.

Diese starke Einengung des Begriffs der höheren Gewalt, wodurch in der Tat seine Anwendung auf ein sehr geringes Maß zurückgeführt worden ist, sollte für das vorliegende Gesetz vermieden werden. Aus diesem Grunde hat die Reichstagskommission unter Ablehnung anderer Anträge die jetzige Fassung gewählt. In dem Kommissionsbericht heißt es ausdrücklich: „es sei nicht die Absicht der Kommission, die Judikatur des Reichsgerichts, die bei Anwendung des Begriffs ‚höhere Gewalt' in einzelnen Fällen bedenklich weit gegangen sei, für dies Gesetz zu übernehmen". Die Fassung des Gesetzes „unabwendbares Ereignis, das weder auf einem Fehler in der Beschaffenheit des Fahrzeugs, noch auf einem Versagen seiner Vorrichtungen beruht", stimmt mit dem Begriff der höheren Gewalt in dem Erfordernis der Unabwendbarkeit überein, hat aber an Stelle des zweiten Erfordernisses, daß das Ereignis von außen her in den Betrieb eingewirkt haben müsse, die negative Forderung gesetzt, daß das Ereignis nicht auf bestimmt formulierten Regelwidrigkeiten des Betriebes beruhe. Das bedeutet eine erweiterte Anwendungsmöglichkeit des dem Fahrzeughalter nachgelassenen Entlastungsbeweises, als die Anwendung des Begriffes der höheren Gewalt — auch abgesehen von der engen Auslegung des Reichsgerichts — zulassen würde. Der Fahrzeughalter ist günstiger gestellt als der Eisenbahnunternehmer; sein Beweisthema ist schärfer umgrenzt; er braucht nur darzutun, daß das ursächliche Ereignis nicht in bestimmten Regelwidrigkeiten des Betriebes beruhte und im übrigen unabwendbar war. So RG. 16. Nov. 1912, JW. 1913, 218[36], wo es heißt: „Ob ein Ereignis mit einer gewissen Regelmäßigkeit wiederzukehren pflegt, ist für den Begriff der höheren Gewalt von Bedeutung, nicht aber für den des unabwendbaren Ereignisses im Sinne des Kraftfahrzeuggesetzes."

Höpfel hält an dem Erfordernis des „äußeren" Ereignisses auch für unser Gesetz fest.

II. Unabwendbar. Auch der Begriff der Unabwendbarkeit ist im Gegensatz zu der Auslegung, die dieser Begriff insbesondere im Anwendungsbereiche des Haftpflichtgesetzes gefunden hat, vom vorliegenden Gesetz ausdrücklich in einem für den Haftpflichtigen erheblich günstigeren Sinne festgelegt worden. Darüber siehe unten Anm. 18 und 22.

Unabwendbare Zufälle können nicht nur in Naturereignissen

(Blitzschlag, Erdrutsch, Fels- und Lawinensturz, Überschwemmung, Sturm usw.), sondern auch in Handlungen sowohl des Verletzten selbst wie auch dritter Personen bestehen, die nicht gerade als Organe des Halters beim Betriebe tätig waren. RG. 9. Okt. 1902, JW. 591; 27. Febr. 1902, JW. 212. Insbesondere kommen auch unwillkürliche Handlungen von Geisteskranken, Bewußtlosen, Unmündigen, sowie Betätigungen tierischer Lebenskraft in Betracht. Nur die Handlungen der bei dem Betriebe selbst tätigen Personen können nicht als unabwendbar gelten. Siehe Anm. 20.

III. Fehler in der Beschaffenheit des Fahrzeugs, Versagen seiner Verrichtungen. In der dem Entwurfe des Gesetzes beigegebenen Begründung wird ausgeführt: „eine besondere Gefahr des Automobilbetriebs liege darin, daß der Mechanismus des Automobils ein ungleich verwickelterer sei, als der der übrigen Fahrzeuge; geringe Fehler in der Beschaffenheit oder Zusammensetzung der einzelnen Teile, kleine Störungen in ihrer Funktion könnten die Lenkung der Maschine plötzlich unmöglich machen. Dazu trete bei dem größeren Teile der jetzt üblichen Automobile die Explosionsgefahr". Deshalb, heißt es, muß der Automobilhalter für die Betriebssicherheit seines Fahrzeugs unbedingt haften. Auf die Frage der Abwendbarkeit kommt es gar nicht an; auch wenn das Fahrzeug aus bestem Material hergestellt und mit den bewährtesten Einrichtungen versehen war und nur durch einen unglücklichen, mit keiner menschlichen Kunst abwendbaren Zufall plötzlich versagt hat, muß der Halter für den Schaden aufkommen.

Das Gesetz spricht von Fehlern in der Beschaffenheit des Fahrzeugs und von Mängeln der Verrichtungen des Fahrzeugs, woraus sich ergibt, daß es nicht bloß auf die Maschinerie ankommt, soweit sie der Krafterzeugung, Kraftübertragung, Lenkung und Bremsung dient, sondern auf alle im Kraftfahrzeug zu einem Ganzen vereinigten, den Zwecken dieses Ganzen dienenden Teile, z. B. auch auf die Bereifung der Räder, die Hupe, die Laternen. Als Betriebsfehler nennt die Begründung zum Entwurf: Fehler in der Konstruktion, Mängel im Material (dies würden Fehler in der Beschaffenheit des Fahrzeugs sein), ferner Ordnungswidrigkeiten, die bei dem Zusammenwirken der Bestandteile des Fahrzeugs infolge des Betriebs eintreten, wie Versagen der Steuerung, Platzen der Luftreifen, Explosion, Selbstentzündung; dergleichen Störungen würden als Versagen der Verrichtungen des Fahrzeugs anzusehen sein. Mit den angeführten Beispielen sind die möglichen Unregelmäßigkeiten des Betriebes nicht erschöpft. Beispielsweise wird auch die hinten an manchem Wagen angebrachte Vorrichtung zum Aufhängen des Reisegepäcks zu den Betriebseinrichtungen zu rechnen sein. Wenn also infolge der Erschütterungen beim Fahren sich die Befestigungsmittel lösen, der Reisekoffer herabfällt, durch die Gewalt des Aufpralls zur Seite geschleudert wird und Schaden anrichtet, so dürfte dieser Schaden, weil auf dem Versagen einer Betriebseinrichtung beruhend, unter allen Umständen den Halter belasten.

Voraussetzung ist aber, daß der Fehler oder die Betriebsstörung für den Eintritt des Unfalls ursächlich geworden ist. Wird das Fahrzeug nach einem Unfall auf Betriebssicherheit untersucht und stellen sich hierbei Mängel heraus, so bleibt dem Haftpflichtigen immerhin der Nachweis offen, daß diese Mängel in keinem ursächlichen Zusammenhange zum Unfalle stehen können. Ist dagegen die Möglichkeit eines ursächlichen Zusammenhangs zwischen einer Unregelmäßigkeit des Betriebes und dem Unfall nicht völlig widerlegt, so kommt es für die Bejahung der Haftpflicht nicht darauf an, ob daneben noch irgendwelche anderen ursächlichen Momente in Frage stehen. Es ist deshalb auch belanglos, ob das Versagen einer Betriebseinrichtung auf äußere Einflüsse, z. B. Einwirkung von Frost oder Nässe oder Hitze oder Staub, zurückzuführen ist. Auch das Schleudern der Wagen auf nassen Wegen und ebenso die leichte Verletzlichkeit der Luftreifen durch Glassplitter und andere scharfe Gegenstände ist eine Folge des zur Bereifung verwendeten Materials bzw. des unvollkommenen Gleitschutzes und deshalb vom Halter unbedingt zu vertreten. Läßt sich anderseits der Nachweis führen, daß das Versagen der Maschine oder sonstigen Betriebseinrichtung selbst auf einem unabwendbaren Ereignis beruht, z. B. einer Naturgewalt wie Blitzschlag oder auf dem verbrecherischen Anschlag eines Dritten, der unbemerkt während einer kurzen Betriebspause an dem Fahrzeuge etwas verdorben hat, so daß jedes Fahrzeug unter solchen Umständen hätte versagen müssen, so tritt die Ersatzpflicht des Halters nicht ein (ebenso Höpfel u. Neukirch-Rosenmeyer).

18. Als unabwendbar gilt ein Ereignis insbesondere dann ...

Wie überhaupt bei der Fassung des ganzen zweiten Absatzes, ist es ganz besonders der Zweck dieses Satzes, den Begriff des unabwendbaren Ereignisses noch näher zu umgrenzen, bestimmte Anhaltspunkte für seine Auslegung zu geben und damit der Rechtsprechung eine sachgemäße Anwendung der Vorschrift zu erleichtern (Kommissionsbericht S. 9). Deshalb werden die wichtigsten Fälle aus dem bestrittenen Anwendungsbereich des Begriffs der höheren Gewalt als Beispiele herausgegriffen, um einmal für diese wichtigen Fälle selbst die Anwendbarkeit des neuen Begriffs „unabwendbares Ereignis" außer Frage zu stellen, und um damit ferner eine Richtschnur für diese Anwendung auf andere Fälle zu geben. Die Vorschrift will eine Anleitung für das Verständnis und den Gebrauch der in Satz 1 gegebenen Rechtsregel sein.

Von dem Anwendungsbereiche des Begriffs „unabwendbares Ereignis" sollen nicht ausgeschlossen sein Ereignisse, welche beruhen

a) auf dem Verhalten des Verletzten;
b) auf dem Verhalten eines nicht bei dem Betriebe beschäftigten Dritten;
c) auf dem Verhalten eines Tieres;

vorausgesetzt, daß das Ereignis im gegebenen Falle tatsächlich unabwendbar war.

19. **Verhalten des Verletzten.**

I. Während im Reichshaftpflichtgesetz ebenso wie schon im preußischen Eisenbahngesetz vom 3. November 1838 das **Verschulden** des Verletzten einen besonderen Haftausschließungsgrund neben der höheren Gewalt bildet, kennt das vorliegende Gesetz nur einen einzigen Haftausschließungsgrund, das unabwendbare, nicht in Regelwidrigkeiten des Betriebes wurzelnde Ereignis. Aber dem Selbstverschulden des Verletzten ist damit nichts von der haftbefreienden oder haftpflichtbeschränkenden Wirkung genommen, die ihm nach dem Reichshaftpflichtgesetz zukommt. Im Gegenteil ist diese Wirkung im vorliegenden Gesetz erweitert. Die Bestimmung im § 1 des Haftpflichtgesetzes, daß eigenes Verschulden des Verletzten die Haftpflicht ausschließen soll, stellte vor 1900 allerdings den Haftpflichtigen insofern noch günstiger, als er beim Vorliegen von Selbstverschulden des Verletzten nicht noch die Unabwendbarkeit des Unfalls zu beweisen hatte, sondern ohne weiteres völlig befreit war. Aber diese Bestimmung ist seit Einführung des BGB., dessen allgemeine Vorschriften auch für den Anwendungskreis des Reichshaftpflichtgesetzes Geltung haben, durch den § 254 BGB. ganz erheblich eingeschränkt worden. Nur wenn das Selbstverschulden die Betriebsgefahr an ursächlicher Bedeutung für die Entstehung des Unfalls ganz erheblich überwiegt, wird nunmehr der Haftpflichtige gänzlich von der Pflicht zum Schadensersatze befreit, während in andern Fällen das Abwägen der beiden ursächlichen Momente gemäß § 254 regelmäßig zu einer Verteilung des Schadens führt, der Haftpflichtige also wenigstens einen Teil des Schadens tragen muß. Man kann sagen, daß jene Bestimmung in § 1 des Reichshaftpflichtgesetzes über das Selbstverschulden als Haftausschließungsgrund überhaupt gänzlich in seiner praktischen Wirksamkeit beseitigt ist; denn überall, wo die haftbefreiende Wirkung des Selbstverschuldens jetzt noch vom Richter anerkannt wird, ist dies auch aus § 254 BGB. zu begründen. Gegenüber dieser Rechtslage bedeutet es eine erhebliche Milderung der Haftpflicht, daß das Verhalten, insbesondere also auch das schuldhafte Verhalten des Verletzten unter den Gesichtspunkt des unabwendbaren Ereignisses gebracht ist. Nunmehr kann sich der Haftpflichtige bei mitwirkendem Verschulden des Verletzten von der Haftpflicht gänzlich durch den Nachweis befreien, daß sowohl der Halter wie der Führer des Kraftfahrzeugs jede nach den Umständen des Falles erforderliche Sorgfalt beobachtet haben. Gelingt dieser Nachweis, der schließlich nicht viel anderes als ein etwas erschwerter Exkulpationsbeweis ist, und kann der Haftpflichtige ferner noch nachweisen, daß sein Fahrzeug in guter Ordnung war und gut funktioniert hat, so ist damit das ihn nach Abs. 1 belastende Verursachungsmoment der Betriebsgefahr seiner haftpflichterzeugenden Kraft entkleidet, so daß für die Anwendung des § 254 BGB. kein Raum bleibt; denn dieser setzt voraus, daß eine Verpflichtung zum Ersatz auf seiten des Haftpflichtigen überhaupt besteht. Im praktischen Ergebnis nähert sich somit die vorliegende Gesetzesbestimmung, welche ihre vom Entwurf abweichende Fassung in der Reichstagskommission erhalten hat, doch wieder stark der ursprünglichen Regierungsvorlage, die vom Halter verlangte, daß er sich, den Führer und den Betrieb exkulpiere, und ihn unter dieser Voraussetzung von der Haftpflicht freiließ. Auch in der Reichstagskommission äußerte ein Mitglied, welches die vorliegende Fassung zugunsten der Einführung der strengeren Eisenbahnhaftpflicht bekämpfte, daß die vorliegende Fassung sich nur noch im Wortlaut von der Regierungsvorlage unterscheide, in der Wirkung ihr aber gleichstehe. Der Kommissionsbericht (Bl. 19) läßt nicht erkennen, daß diese Beurteilung Widerspruch gefunden hätte. Der einzige Unterschied besteht in der Tat darin, daß der Haftpflichtige nicht bloß seine und seines Führers Schuldlosigkeit, sondern darüber hinaus beweisen muß, daß beide die allergrößte Sorgfalt aufgewandt haben.

II. Das Gesetz spricht nicht von dem Verschulden, sondern von dem **Verhalten** des Verletzten. Dies Verhalten muß nur ursächlich zu der objektiv rechtswidrigen Tatsache seiner Verletzung sein, es braucht keinen Verstoß gegen eine Verkehrspflicht, insbesondere keinen schuldhaften Verstoß enthalten. Selbstverständlich gehört aber vor allem auch jedes schuldhafte Verhalten des Verletzten hierher. Über Verschulden des Verletzten siehe Anm. 2, 8 zu § 9. Als unverschuldet kommen solche Handlungen des Verletzten in Betracht, die ihn in den Gefahrenbereich des Kraftfahrzeugs hineingebracht haben, ohne daß die Unvorsichtigkeit der Handlung ihm zugerechnet werden kann; sei es, daß ihm allgemein wegen kindlichen Alters oder Geisteskrankheit die Zurechnungsfähigkeit fehlt, sei es, daß er in einem vorübergehenden Zustande der Bewußtlosigkeit (Ohnmacht, epileptischer Anfall, unverschuldete sinnlose Trunkenheit, Schlaftrunkenheit, Bestürzung oder Schreck) gehandelt hat. Dergleichen Handlungen des Verletzten sind auch früher ebensowenig wie Handlungen dritter Personen und Betätigungen tierischer Lebenskraft grundsätzlich von dem Begriffe der höheren Gewalt ausgeschlossen gewesen. Insbesondere ist bei Unfällen, die durch plötzliche Erkrankung oder durch Handlungen Geisteskranker unabwendbar herbeigeführt worden waren, regelmäßig der Einwand der höheren Gewalt für durchgreifend erachtet worden. RG. 23. März 1888, Bd. 21, 15. Aber das Bestreben des Reichsgerichts, den Begriff der höheren Gewalt einzuschränken, tritt z. B. in folgendem Ausspruch hervor, welcher der Entscheidung vom 21. Januar 1907 (EE. 23, 305) entnommen ist: „Eine durch Schlaftrunkenheit bewirkte vorübergehende Bewußtlosigkeit des Verletzten ist nicht ein von außen in den Betrieb eingreifendes Ereignis, sondern stellt sich als ein Vorgang dar, der die durch den Betrieb geschaffene Gefahr wirkend macht." Fast regelmäßig ist in der letzten Zeit der Einwand der höheren Gewalt verworfen worden, wenn der Unfall im Straßenbahnbetriebe durch das unverständige Verhalten eines Kindes unter sieben Jahren verursacht worden war, RG. Bd. 44, 27—31. In diesem Urteil wird ausgeführt: höhere Gewalt sei deshalb ausgeschlossen, weil der Unfall auf eine dem Straßenbahnbetriebe in einer volks- und verkehrsreichen Stadt eigentümliche, nicht vermeidbare Gefahr zurückzuführen sei. Also gerade wegen der Unabwendbarkeit wird der Einwand der höheren Gewalt verworfen. Früher hatte das Reichsgericht in dieser Frage einen andern Standpunkt vertreten, zu welchem bei Anwendung des vorliegenden Gesetzes zurückzukehren sein wird, z. B. RG. Bd. 14, 82, 83; Bd. 1, 276—279. Dementsprechend hat RG. 16. Nov. 1912 (JW. 1913, 218[36]) das unverschuldete Hineinlaufen von Kindern in das rollende Fahrzeug als unabwendbares Ereignis beurteilt.

Nach § 9 des Gesetzes steht im Falle der Beschädigung einer Sache das Verschulden desjenigen, welcher die tatsächliche Gewalt über die Sache ausübt, dem Verschulden des Verletzten gleich. Das Gleiche wird auch bei Anwendung des § 7 Abs. 2 für das unverschuldete Verhalten des Gewalthabers der Sache zu gelten haben; übrigens wirkt dessen Verhalten auch schon deshalb haftpflichtbefreiend, weil er ein nicht beim Betriebe beschäftigter Dritter ist.

20. Verhalten eines nicht beim Betriebe beschäftigten Dritten.

Die Handlung des Dritten kann vorsätzlich sein, z. B. es stößt jemand einen andern absichtlich in die Fahrbahn eines Kraftfahrzeugs; sie kann fahrlässig, sie kann aber auch unverschuldet sein, man denke an die Tat eines Geisteskranken oder Unmündigen. Höhere Gewalt ist z. B. angenommen worden in einem Falle, wo auf einem Bahnhofe durch die nachdrängende Menschenmasse Personen in einen fahrenden Zug hineingeschoben worden waren. RG. 27. März 1888, Bolze 5 Nr. 366b, auch EE. 6, 222, vgl. auch 1. April 1898, EE. 15, 138; 13. Okt. 1904, JW. 577, auch EE. 21, 371.

Dagegen hat das Reichsgericht den Einwand der höheren Gewalt in einem Falle verworfen, wo jemand in der Bestürzung und Aufregung über die von einem Zuge drohende Gefahr seinen Begleiter, in der Absicht, ihn zu retten, zurückgerissen und damit in die Fahrbahn des Zuges gebracht hatte. RG. 17. Jan. 1907, EE. 23, 393: „Von höherer Gewalt kann keine Rede sein, wenn der Verletzte, der ein Eisenbahngleis zu überschreiten im Begriffe war, durch unglückliches Eingreifen eines Genossen zurückgehalten und vom Zuge überfahren worden ist, weil die Bestürzung und Geistesverwirrung, in der der Genosse den sonst glücklich hinübergelangten Verletzten zurückriß, selbst eine Folge der Eisenbahngefahr war." Diese Entscheidung ist für das Anwendungsgebiet des Haftpflichtgesetzes gewiß zutreffend, weil danach erforderlich ist, daß die zum Schaden führende Kausalreihe außerhalb des Betriebes ihren Ursprung genommen habe. Nach dem vorliegenden Gesetz dagegen, welches dieses Erfordernis nicht aufgenommen hat, sondern nur verlangt, daß die Ursache des Unfalls nicht auf einem Fehler in der Beschaffenheit des Fahrzeugs noch auf einem Versagen seiner Verrichtungen beruhe, würde im gleichliegenden Falle der Einwand der Unabwendbarkeit aus dem angegebenen Grunde nicht abzulehnen sein, es würde vielmehr auf die Frage der tatsächlichen Unabwendbarkeit ankommen (ebenso Höpfel).

Allgemein anerkannt ist, daß schuldhaftes Verhalten der beim Betrieb beschäftigten Personen niemals den Einwand der höheren Gewalt begründen kann, weil insoweit, als das Verschulden eines Angestellten einen Unfall verursacht hat, die Ursache eben im Betriebe selbst ihren Ursprung genommen, nicht von außen in den Betrieb hineingewirkt hat, RG. Bd. 1, 253. Streitig ist die Frage bei unverschuldetem Verhalten von Betriebsangestellten, wenn z. B. der Zugführer plötzlich geisteskrank oder bewußtlos wird. Die soeben angeführte Entscheidung scheint sich im Sinne der Zulassung des Einwandes in diesem Falle auszusprechen: „Bei einem Bahnbediensteten im Dienst könnte höhere Gewalt nur etwa im Falle plötzlich eingetretener Geisteskrankheit angenommen werden."

Für das vorliegende Gesetz fällt, wie gesagt, das dem Begriff der höheren Gewalt zugehörige Erfordernis des Eintritts von außen hinweg. Das Verhalten, insbesondere das schuldhafte Verhalten der Betriebsangestellten ist in Satz 1 des Abs. 2, welcher die Rechtsregel aufstellt, nicht ausdrücklich neben den Fehlern des Fahrzeugs und dem Versagen seiner Verrichtungen als einwandbeseitigendes Moment genannt. Und auch im zweiten Satze wird lediglich ausgeführt, daß das Verhalten eines nicht beim Betriebe beschäftigten Dritten haftpflichtbefreiend wirken könne. Mit logischer Notwendigkeit folgt hieraus nicht, daß das Verhalten einer beim Betriebe beschäftigten Person schlechterdings niemals den Einwand des unabwendbaren Ereignisses begründen könne; die Frage scheint vielmehr offen gelassen zu sein. Erwägt man aber das Streben des Gesetzes und daß gerade die vorliegende Fassung von der Kommission gewählt worden ist, um gegenüber der Regierungsvorlage die Haftpflicht zu verschärfen, und daß die ausdrückliche Hervorhebung des Unterscheidungsmerkmals „nicht beim Betriebe beschäftigt" eine Bedeutung haben muß, so ergibt sich meines Erachtens der Schluß, daß durch diese Unterscheidung das Verhalten des betriebstätigen Dritten von dem Einwande des unabwendbaren Ereignisses grundsätzlich hat ausgeschlossen werden sollen (ebenso Höpfel). Ist also der Unfall auf das Verhalten einer bei dem Betriebe tätigen Person ursächlich zurückzuführen, so ist der Haftausschließungseinwand ebenso beseitigt, wie wenn der Unfall ursächlich mit einem Fehler des Fahrzeugs oder einem Versagen seiner Verrichtungen zusammenhinge; auf die Frage der Abwendbarkeit kommt es gar nicht erst an. Hierbei macht es auch keinen Unterschied, ob das Verhalten des Angestellten schuldhaft war oder nicht. Wird also der Führer an der ordnungsmäßigen Führung des Fahrzeugs etwa durch körperliches Unwohlsein gehindert, so hat der Halter für die Schadensfolgen bedingungslos einzustehen. Anders, wenn das körperliche oder geistige Versagen des Führers selbst als

Folge eines unabwendbaren Ereignisses (Attentat, Verletzung der Hand durch Schuß oder Schlag, aber auch plötzlich ausbrechende Geisteskrankheit oder Bewußtlosigkeit) eingetreten ist. RG. 13. April 1880, Bd. 1, 253, a. M. bezüglich der Geisteskrankheit Höpfel.

Das für den Unfall ursächlich gewordene Verhalten des Angestellten muß aber im Zusammenhange mit der ihm beim Betriebe des Fahrzeugs zugewiesenen Beschäftigung stehen. Bei dem Betriebe beschäftigt ist nicht bloß der Führer, sondern auch z. B. der Schaffner eines Kraftomnibus und die einem Automobillastzuge beigegebenen Begleiter und Bremser (ebenso Höpfel).

21. Verhalten eines Tieres.

Zahlreiche Unfälle in Stadt und Land sind auf das Scheuwerden von Tieren, namentlich Pferden, zurückzuführen. Bisher wurde unterschieden, ob das Scheuwerden auf eine Betriebsäußerung der Eisenbahn oder auf andere Ursachen zurückzuführen war. In Fällen der ersteren Art wurde höhere Gewalt verneint, weil der Betrieb selbst den ersten Anstoß gegeben hatte, um die zum Unfall führende Kausalreihe in Bewegung zu setzen, weil das Ereignis im Betriebe selbst seinen Entstehungsgrund hatte, RG. 5. Jan. 1887, Bd. 19, 37; 1. März 1894, EE. 10, 270. War das Pferd dagegen aus einer andern, äußeren Ursache scheu geworden, so wurde der Einwand der höheren Gewalt zugelassen, RG. 8. Dez. 1906, EE. 23, 386. Die Unterscheidung kann für das vorliegende Gesetz nicht aufrechterhalten werden; es müßte denn sein, daß gerade ein Fehler des Kraftwagens oder ein Versagen seiner Verrichtungen oder das Verhalten einer bei dem Betriebe beschäftigten Person das Pferd zum Scheuen gebracht hätten, z. B. die Explosion der Maschine. Abgesehen hiervon ist es gleichgültig, ob das Pferd infolge des plötzlichen Erscheinens oder der schnellen Annäherung des Kraftfahrzeugs oder des von ihm ausgehenden Geräusches oder aus anderen Ursachen scheu geworden ist. In allen diesen Fällen ist der

Halter befreit, wenn er und der Führer der erhöhten Sorgfaltspflicht genügt haben. Siehe Anm. 22.

22. **Und sowohl der Halter wie der Führer des Fahrzeugs jede nach den Umständen des Falles gebotene Sorgfalt beobachtet hat.**

Diese Worte umgrenzen den Begriff der Unabwendbarkeit nicht nur für die zuvor beispielsweise angeführten Fälle menschlichen oder tierischen Verhaltens, sondern allgemein, gleichviel auf welches ursächliche Ereignis die Einrede gestützt wird. Damit sind die Streitfragen über die Tragweite dieses auch dem Begriff der höheren Gewalt zugehörigen Erfordernisses für das vorliegende Gesetz entschieden. Abzulehnen ist vor allem die absolute Exnersche Theorie, nach welcher bestimmte Eigenschaften, welche dem Ereignis anhaften oder fehlen, es ohne Rücksicht auf seine übrige Individualität und gleichmäßig für alle Verkehrsunternehmungen ganz unbedingt entweder in den Bereich der höheren Gewalt oder außerhalb desselben stellen. RG. 5. Jan. 1887, Bd. 19, 41. Abzulehnen ist aber auch die in der oben genannten und in anderen Entscheidungen des Reichsgerichts vertretene Ansicht, daß aus der Art des einzelnen Betriebes ein objektiver Maßstab für eine Trennung der an sich möglichen Zufälle zu entnehmen sei in solche, welche der gefährlichen Natur gerade dieses Unternehmens eigentümlich seien und deshalb mit einer gewissen Häufigkeit einzutreten pflegten, und in außergewöhnliche Zufälle. Nach dem vorliegenden Gesetz soll es aber nicht auf die Art des Betriebes und seiner Gefahren, die bei Kraftfahrzeugen überall etwa die gleiche ist, sondern auf die Umstände des einzelnen Falles ankommen. Allerdings kann die objektive Art der Zufälle, daß sie sich häufig im Kraftfahrbetriebe ereignen, daß der Halter also auf sie gefaßt sein kann, Bedeutung haben für das Maß der aufzuwendenden Sorgfalt; solchen Zufällen gegenüber, die mit der gefährlichen Natur seines Betriebes im Zusammenhange stehen, muß er sich mit allen überhaupt nur möglichen Mitteln der Abwehr wappnen; er muß vorbeugend wirken.

Was von ihm verlangt wird, wenn er den Einwand der Unabwendbarkeit erheben will, ist mehr als die gewöhnliche im Verkehr erforderliche Sorgfalt, deren Nichtleistung er als Verschulden zu verantworten haben würde; er muß jede nach den Umständen des Falles gebotene Sorgfalt beobachten. Aber Unmögliches verlangt das Gesetz nicht von ihm. War der Unfall unter gar keinen Umständen, auch nicht bei Anwendung der neuesten und besten Schutzvorrichtungen — deren Nichtvorhandensein durchaus noch kein Verschulden zu bedeuten braucht — abzuwenden, dann soll die Haftpflicht ausgeschlossen sein. Der Halter trägt eine gesetzliche Garantiepflicht des Inhalts: beschränkt er sich bei seinem gefährlichen Betriebe darauf, den polizeilichen Vorschriften zu genügen und die allgemeine im Verkehr erforderliche Sorgfalt zu beobachten, so haftet er für Zufälle, die vermeidbar gewesen wären, wenn er und der Führer sowohl bei der Einrichtung des Kraftfahrzeugs als auch auf der Fahrt gewisse andere, an sich mögliche und ihnen zuzumutende Vorsichts- und Sicherheitsmaßnahmen getroffen hätten; dagegen gibt es — abgesehen von Unregelmäßigkeiten des Betriebes selbst — keinerlei bestimmte Arten von Zufällen, für die der Halter ohne Rücksicht auf die in concreto vorhandene Unabwendbarkeit unbedingte Garantie zu leisten hätte. Man darf also z. B. nicht schließen: weil es bei der schnellen Bewegung der Kraftfahrzeuge auf belebten Straßen unvermeidlich ist, daß bisweilen Kinder durch ihre Unachtsamkeit von solchen Fahrzeugen umgerissen werden, muß der Haftpflichtige für solche dem Betrieb mit Kraftfahrzeugen eigentümlichen Unfälle unbedingt aufkommen, auch dann, wenn der konkrete Unfall tatsächlich unabwendbar war; sondern man muß fragen: war dieser konkrete Unfall irgendwie vermeidlich? etwa wenn diese oder jene, an sich mögliche und mit dem Betriebe vereinbare Schutz- und Vorsichtsmaßregel beobachtet worden wäre? Verneinendenfalls ist die Haftpflicht ausgeschlossen. Es ist also in der Tat nur ein gesteigerter Diligenzbegriff, von dem aus zu beurteilen bleibt, ob ein zufälliges Ereignis schlechthin unwiderstehlich war.

Das Maß von Sorgfalt richtet sich nach den Verkehrsanschauungen. „Von demjenigen, der bis zur höheren Gewalt zu haften hat, muß allerdings nachgewiesen werden, daß auch mit Aufbietung der äußersten Vorsicht und Sorgfalt und Aufwendung aller Kräfte, welche den Menschen überhaupt zu Gebote stehen, das schädigende Ereignis nicht abgewendet oder unschädlich gemacht werden konnte. Aber hierbei kommen doch nur solche Mittel in Betracht, deren Anwendung überhaupt möglich ist, ohne den wirtschaftlichen Erfolg des Unternehmens vollständig auszuschließen. Die Anwendung derartiger Mittel kann von dem Unternehmer nicht verlangt, z. B. nicht gefordert werden, daß die ganze Eisenbahnstrecke auf beiden Seiten mit Mauern versehen oder derart mit Wächtern besetzt werde, daß es unmöglich ist, die Schienen zu überschreiten oder sich beim Herannahen des Zuges auf dieselben zu werfen. RG. 7. Dez. 1908, JW. 1909, 80[17]. Es ist an der Auffassung festzuhalten, nach welcher bei Beurteilung der Frage der Abwendbarkeit auf die Verhältnisse des einzelnen Falles, insbesondere auf das Verhältnis zwischen dem anzustrebenden Erfolge und den aufzuwendenden Mitteln Rücksicht zu nehmen ist. Diese Auffassung führt aber keineswegs dazu, daß höhere Gewalt immer dann vorliege, wenn bezüglich des in Frage stehenden Schadens ein Verschulden des Haftpflichtigen nicht nachgewiesen werden kann, daß derselbe sonach für gewöhnlichen Zufall nicht haften würde. Der Haftpflichtige, welcher nur dann von der Haftung befreit ist, wenn er das Vorhandensein höherer Gewalt nachweisen kann, haftet vielmehr auch dann, wenn in dem in Rede stehenden Falle mit aller Umsicht verfahren worden und der Schaden auf einen Zufall zurückzuführen ist. Nur dann liegt höhere Gewalt vor, wenn es auch bei den zweckmäßigsten Einrichtungen nicht möglich war, den Eintritt des in Frage stehenden zufälligen Ereignisses oder dessen Folgen abzuwenden. Als solche kann nur gelten, was auch durch die umsichtigsten Schutzvorrichtungen nicht verhütet werden kann, also menschlicher Kraft und Vorsicht spottet." Diese Ausführungen aus dem Urteil des RG. v. 23. März 1888 (Bd. 21, 17/18) kennzeichnen treffend den Begriff der Unabwendbarkeit im Sinne auch des vorliegenden Gesetzes. Man wird also vom Fahrzeughalter nicht verlangen können, daß er die öffentlichen Straßen überhaupt meide; das käme heute, wo es noch keine besonderen Automobilstraßen gibt, der Forderung der Betriebseinstellung gleich. Man wird auch nicht verlangen können, daß er durchweg, auch wo die Umstände gar nicht die Möglichkeit einer Gefährdung des übrigen Straßenverkehrs erkennen lassen, in einem Tempo fahre, durch welches der wesentliche Zweck des Kraftfahrbetriebes, die größere Schnelligkeit der Fortbewegung, vereitelt werden würde. Dagegen wird man allerdings vom Standpunkt einer gesteigerten Diligenz aus verlangen müssen, daß überall, wo die, wenn auch nur entferntere Möglichkeit einer Gefährdung gegeben ist, das Tempo entsprechend herabgemindert wird, so daß beim Näherrücken der Gefahr sofort gehalten werden kann. Man wird ferner die Unabwendbarkeit des Unfalls nur zugestehen können, wenn das Fahrzeug z. B. auch bei der technisch allervollkommensten Bremseinrichtung (mit der es im vorliegenden Falle nicht versehen war) nicht mehr rechtzeitig hätte zum Stehen gebracht werden können. Auch an die persönlichen Eigenschaften des Führers wird man die höchsten Anforderungen stellen und fragen müssen, ob nicht bei Anwendung eine den besten Führern eigenen, das Normalmaß übersteigenden Geistesgegenwart, Geschicklichkeit und Umsicht der Unfall hätte abgewendet werden können. Es ist immer daran festzuhalten, daß es sich nicht um einen bloßen Exkulpationsbeweis handelt, sondern darum, ob auch ein über die normale, im Verkehr erforderliche Sorgfalt hinausgehendes Maß von Sorgfalt den Unfall nicht verhindert haben würde.

Kann die Frage, ob bei Anwendung der größtmöglichen Sorgfalt der Unfall hätte abgewendet werden können, nicht mit Sicherheit verneint werden, so ist der Einredebeweis nicht geführt. RG. Bd. 1, 276—279.

In Übereinstimmung mit dem hier erörterten Begriff der Unabwendbarkeit befinden sich die Entscheidungen des RG. v. 4. März 1907 und 11. Febr. 1907 (EE. 23, 398 und 396). In beiden ist der Einwand der höheren Gewalt abgelehnt worden, weil sich durch Anbringung von Geländern u. dgl. Sicherheitsvorrichtungen an der Plattform des Eisenbahnwagens der Absturz der Fahrgäste, der in dem einen Falle durch eine Ohnmacht, im andern Falle durch eine Schlägerei zwischen den Fahrgästen veranlaßt worden war, hätte verhüten lassen.

Schon unter dem früheren Recht hat das Reichsgericht wiederholt geäußert, daß mit Rücksicht auf die besondere Gefährlichkeit der Kraftfahrzeuge und der möglichen Schnelligkeit ihrer Bewegung ein besonders großes Maß von Geschicklichkeit, Umsicht, Besonnenheit, Geistesgegenwart und Achtung vor der öffentlichen Ordnung von den Kraftfahrzeugführern verlangt werden muß, RG. 23. April 1908, JW. 405[7]; 30. April 1914, VI. 10/14. Demzufolge liegen, schon um die im Verkehr erforderliche Sorgfalt zu leisten und sich vor dem Vorwurf des Verschuldens zu bewahren, dem Halter bei der Auswahl des Chauffeurs und dem letzteren bei der Führung des Fahrzeugs erhöhte Diligenzpflichten ob.

Bei Anstellung eines Chauffeurs genügt es nicht, daß er den Führerschein besitzt (RG. 1. Nov. 1910, JW. 1911, 40[26]) und daß die Erkundigungen seine Nüchternheit und Zuverlässigkeit in früheren Stellungen ergeben; der Halter muß sich auch überzeugen, ob der Chauffeur die für einen großstädtischen Kraftwagenführer unerläßliche Kaltblütigkeit und Fähigkeit zu raschem Entschluß besitzt; zumal wenn er Ängstlichkeit des Führers wahrnimmt, muß er besondere Vorsicht walten lassen, da Ängstlichkeit eine gefährliche Eigenschaft im großstädtischen Fahrbetriebe ist. Eine einmalige Probefahrt genügt nicht; nötigenfalls muß dem Führer ein zuverlässiger Begleiter mitgegeben werden, RG. 22. Jan. 1912, JW. 385[5]. Auf einen als zuverlässig erprobten Führer darf sich der Halter im allgemeinen verlassen; auch die gesteigerte Sorgfaltspflicht des § 7 verlangt nicht eine Überwachung während der Fahrt; der im Innern des Wagens sitzende Halter darf sich wie jeder andere Fahrgast der Lektüre oder dem Schlaf überlassen. Wenn er aber wahrnimmt, daß der Führer unvorsichtig, insbesondere zu schnell fährt, oder wenn er Veranlassung hat, sich um den Weg zu bekümmern, weil dessen besondere Gefährlichkeit dem Führer nicht bekannt ist, dann muß er auch einschreiten, wenn der Führer des Wagens den Verkehr gefährdet. RG. 2. Jan. 1911, JW. 218[22]; 7. Nov. 1910, JW. 1911, 41[27]; 1. Nov. 1910, JW. 1911, 40[26]; 26. Nov. 1910, JW. 1911, 152[8]; 4. Dez. 1913, JW. 1914, 192[8]. Unter Umständen, z. B. wenn er die Neigung seines Führers zu schnellem und rücksichtslosem Fahren kennt, hat er darüber hinaus auch die Pflicht, den Führer an gefährlichen Stellen zu beaufsichtigen. RG. 22. Okt. 1914, JW. 1915, 89[5]. Darüber, daß der Halter die für den Kraftwagenführer bestimmten Polizeiverordnungen kennen muß, um seiner Aufsichtspflicht zu genügen, vgl. RG. 15. März 1909, JW. 276[11].

Der Entlastungsbeweis für die Person des Halters kommt erst in Frage, wenn der Entschuldungsbeweis für den Führer geführt ist; denn nach unserm Gesetz haftet der Halter auch für das nur vermutete Verschulden des Führers. Das Verschulden des Halters bildet aber die Grundlage für weitergehende Ansprüche gegen ihn aus §§ 823, 831 BGB.

Über die Pflichten des Führers geben §§ 15—21 BB. (siehe Anhang) eingehende Vorschriften. Die Pflichten, den Führerschein und die Zulassungsbescheinigung des Kraftfahrzeugs auf Fahrten stets bei sich zu führen und auf Verlangen dem zuständigen Beamten vorzuzeigen (§ 15), für die vorschriftsmäßige Beschaffenheit des Kennzeichens und seine Beleuchtung zu sorgen (§ 16), auf das Haltezeichen eines Polizeibeamten sofort anzuhalten (§ 20 Abs. 2), sind reine Ordnungsvorschriften. Die andern Bestimmungen dagegen, welche die Art der Führung regeln, sind Unfallverhütungsvorschriften und Schutzgesetze des Publikums im Sinne des § 823 Abs. 2 BGB., RG. 30. April 1914, VI. 10/14. Ein bewußter, vorsätzlicher Verstoß gegen diese positiven Verhaltungsmaßregeln kann regelmäßig nicht damit entschuldigt werden, daß das andersartige Verhalten des Führers im gegebenen Falle zweckmäßiger gewesen sei, RG. 15. April 1909, JW. 318[10]. Vor Antritt der Fahrt muß sich der Führer von dem verkehrssicheren Zustande des Fahrzeugs überzeugen; er ist auch verantwortlich dafür, daß die zulässige Höchstbelastung nicht überschritten wird (§ 16). Er ist zu besonderer Vorsicht bei Leitung und Bedienung seines Fahrzeugs verpflichtet, darf nicht absteigen, solange es in Bewegung ist; darf sich nicht entfernen, solange Maschine oder Motor noch läuft; muß, wenn er sich dann entfernt, die Vorrichtung in Wirksamkeit setzen, die eine Inbetriebsetzung des Fahrzeugs durch Unbefugte verhindern soll; er muß jede vermeidbare Entwicklung von Geräusch, Rauch, Dampf oder üblem Geruch verhindern (§ 17). Eine Höchstgeschwindigkeit setzt die BV. im allgemeinen nicht fest; nur für ganz schwere Lastkraftwagen auf 12 ev. 16 km in der Stunde und für andere Fahrzeuge innerhalb geschlossener Ortschaften auf 15 km (§ 18 Abs. 3). Die Geschwindigkeit hat sich übrigens nach den Wege- und Verkehrsverhältnissen zu richten; sie ist so einzurichten, daß Unfälle und Verkehrsstörungen vermieden werden und daß der Führer in der Lage bleibt, unter allen Umständen seinen Verpflichtungen zu genügen (§ 18 Abs. 1). Wo der Weg unübersichtlich ist, sei es wegen Dunkelheit oder starkem Nebel, sei es infolge starker Wegkrümmung oder beim Einbiegen in eine andere Straße, sei es weil der freie Ausblick nach vorn seitwärts durch große Wagen verdeckt ist (RG. 20. Nov. 1911, JW. 1912, 155[41]), desgleichen wo mit dem seitlichen Eintritt von Menschen, Wagen, Tieren in die Fahrbahn zu rechnen ist, also bei Straßenkreuzungen, Niveaukreuzungen der Eisenbahn und Straßeneinbiegungen, auch bei Privatstraßen und Grundstückseinfahrten, muß langsam und so vorsichtig gefahren werden, daß sofort gehalten werden kann (§ 18 Abs. 3). Dies „sofort" ist wörtlich zu nehmen, mindestens für den Entschuldigungsbeweis aus § 7 Abs. 2, vgl. die oben angeführte Reichsgerichtsentscheidung, wo ein Anhalten auf 2 m Entfernung für diesen Beweis als nicht genügend bezeichnet wird. Wo auch nur vereinzelte Häuser an der Straße stehen, muß die Fahrgeschwindigkeit verringert werden, weil jederzeit mit der Möglichkeit zu rechnen ist, daß Menschen, Wagen, Tiere aus den Häusern auf die Straße herauskommen; die Möglichkeit sofortigen Anhaltens wird freilich für diesen Fall nicht zu fordern sein; Vorbeifahren mit voller Geschwindigkeit ist aber ein grobes Verschulden, RG. 24. Sept. 1908, JW. 680[13]. Auf sofortiges Anhalten muß der Führer ferner überall da vorbereitet sein, wo ein lebhafter, schwer übersehbarer Verkehr herrscht, wo wegen Abschüssigkeit oder Schlüpfrigkeit des Weges die sichere und schnelle Wirksamkeit der Bremsen in Frage gestellt ist, und wo die Enge des Weges die Möglichkeit des Ausweichens beeinträchtigt und dadurch die Gefahr erhöht; das gilt namentlich für schmale Brücken und Tore, aber auch für solche Stellen, wo der Weg durch andere Fahrzeuge verengt ist. RG. 12. Jan. 1914, JW. 353[5] und 9. Nov. 1911, JW. 1912, 71[8], wo das Verhalten des Führers, der, um vorzufahren, sich durch eine enge Lücke zwischen zwei andern Fuhrwerken hindurchzwängen wollte, als grobfahrlässig beurteilt wird.

Nach § 19 BV. muß der Führer die vor ihm auf der Fahrbahn befindlichen Menschen, Radler, Wagenführer usw., sowohl die entgegenkommenden als auch die zu überholenden, die stehenden und die sich seitwärts nähernden, rechtzeitig durch deutlich hörbares Warnungszeichen aufmerksam machen; in besonderem Maße ist dies an unübersichtlichen Stellen notwendig, RG. 7. Dez. 1908, JW. 1909, 47[7]. Das Warnungszeichen ist rechtzeitig zu geben, damit nicht der andere in der Verwirrung über das plötzlich bemerkte Kraftfahrzeug kopflos handle und dadurch erst recht in Gefahr komme, RG. 16. Okt.

1913, JW. 1914, 98[17]. Der Führer muß sich auch zuvor überzeugen, ob der andere das Warnungszeichen gehört hat; andernfalls darf er nur in langsamstem Tempo vorbeifahren, um jenen nicht zu erschrecken, RG. 4. Jan. 1908, JW. 106[3]. Mit den Warnungszeichen ist sofort einzuhalten, sobald Pferde oder andere Tiere dadurch unruhig oder scheu werden (§ 19 Abs. 2). Scharfe Hupensignale dicht bei Pferden sind überhaupt gefährlich und können als Verschulden beurteilt werden, RG. 4. Dez. 1913, JW. 1914, 192[8]. Scheue Pferde sind auch sonst vorsichtig zu behandeln. Nach § 20 BB. muß der Führer, sobald er merkt, daß ein Pferd oder anderes Tier infolge Annäherung des Kraftfahrzeugs unruhig oder scheu wird, langsam fahren, nötigenfalls sogar anhalten und Maschine oder Motor abstellen, bis die Gefahr vorüber ist. Ebenso RG. 20. Sept. 1906, JW. 681[2]; 1. Nov. 1910, JW. 1911, 40[26]. Er muß das Warnungssignal rechtzeitig geben, damit der Kutscher imstande ist, nötigenfalls Vorbeugungsmaßregeln zu treffen. Schnelles Vorbeifahren an Pferden, mit deren Scheuen gerechnet werden muß, ist überhaupt gefährlich und kann als Verschulden beurteilt werden, RG. 22. März 1909, Bd. 71[7].

Nach § 21 hat das Einbiegen in eine andere Straße, wie auch sonst für anderes Fuhrwerk im Deutschen Reiche vorgeschrieben ist, nach rechts in kurzer Wendung, nach links in weitem Bogen zu erfolgen; das gilt auch für das Durchfahren von scharfen und unübersichtlichen Wegekrümmungen. Das Ausweichen muß rechts, das Überholen links geschehen, wenn es sich um Fuhrwerke, Reiter, Radfahrer, Viehtransporte u. dgl. handelt; für Begegnungen mit Fußgängern gilt dies nicht, das Ausweichen und Überholen kann rechts oder links erfolgen. In zweifelhaften Fällen darf der Führer erst dann vorbeifahren, wenn der andere das Warnungszeichen gehört und sich entschieden hat, welche Seite der Fahrbahn er freimachen will, RG. 13. Dez. 1909, JW. 1910, 105[3]. Das Ausweichen muß rechtzeitig und mit genügendem Zwischenraum geschehen; letzteres gilt besonders auch für das Überholen. Der Führer, der an dem zu überholenden Fuhrwerk ohne Not so dicht vorbeifährt, daß er glatt, aber auch nur knapp vorbeikommt, handelt schuldhaft, denn er schafft dadurch eine vermeidbare Gefahr, die sich bei Unaufmerksamkeit des zu überholenden Kutschers leicht verwirklichen kann, RG. 2. Mai 1912, Bd. 79, 317. Auch auf den Fußgängerverkehr muß Rücksicht genommen, den Fußgängern ausgewichen, unter Umständen die Fahrt verlangsamt und gehalten werden; denn auch der Fahrdamm ist für die Benutzung der Fußgänger da, RG. 22. Jan. 1912, JW. 385[5]; 12. Jan. 1914, JW. 353[5]. Für Berlin kommt die Polizeiverordnung vom 18. Dez. 1906 in Betracht, wonach alle andern Fahrzeuge, also auch die Kraftfahrzeuge, der Straßenbahn die Vorfahrt überlassen müssen. Auch diese Bestimmung ist ein Schutzgesetz im Sinne des § 823 Abs. 2 BGB., RG. 30. April 1914, VI. 10/14.

Der Führer darf sich bei allen seinen Maßnahmen nicht unbedingt darauf verlassen, daß andere am Verkehr beteiligte Personen im gegebenen Augenblick richtig handeln werden, er muß auch mit der möglichen Unvorsichtigkeit anderer rechnen und seinerseits das Mögliche tun, um Unfällen und Verkehrsschwierigkeiten vorzubeugen, RG. 2. Mai 1912, Bd. 79, 317; 12. Jan. 1914, JW. 353[5]. Insbesondere wenn er sieht, daß sich andere ungeschickt und unachtsam benehmen, hat er doppelte Vorsicht anzuwenden. RG. 1. Juni 1911, JW. 759[17]. Einem stark Angetrunkenen muß er sich mit Vorsicht nähern, braucht aber auf ein ganz sinnloses Verhalten nicht gefaßt zu sein, RG. 8. Okt. 1908, JW. 678[9].

Das Verschulden des Führers wird nach vorliegendem Gesetz vermutet. Der Ersatzpflichtige hat also den Entschuldungsbeweis, und zwar gemessen an dem Maßstab einer gesteigerten Diligenzpflicht, zu führen. Behauptet der Verletzte das Vorhandensein von Umständen, welche erhöhte Anforderungen an die Sorgfaltspflicht des Führers stellen würden, so ist deren Vorhandensein bis zum Gelingen des Gegenbeweises zu unterstellen und hiernach das Maß der zu verlangenden Sorgfalt zu bestimmen, RG. 17. Juni 1911, JW. 762[20]. Aus dem Benehmen des Führers nach dem Unfall (rücksichtsloses Weiterfahren) ist ein Rückschluß zulässig auf die Gesinnung, von der sein Verhalten vor dem Unfall bestimmt war, und weiter auf dies Verhalten selbst, RG. 21. Jan. 1911, JW. 324[17].

Zu Abs. 3.

23. Wird das Fahrzeug ohne Wissen und Willen des Fahrzeughalters von einem anderen in Betrieb gesetzt, so ist dieser an Stelle des Halters zum Ersatze des Schadens verpflichtet.

I. Es entspricht der Billigkeit, dem Halter die Haftpflicht nur dann aufzuerlegen, wenn er selbst veranlaßt oder geduldet hat, daß das Fahrzeug in Betrieb gesetzt werde. Aus ähnlichen Erwägungen hat das Reichsgericht für den Bereich des Haftpflichtgesetzes Bedenken geäußert, ob ein Eisenbahnbetriebsunfall vorliege, wenn unberufene Dritte die Transportmittel der Bahn in Bewegung gesetzt haben. RG. 18. April 1907, JW. 340[24]. Für unser Gesetz ist die Frage ausdrücklich durch die vorliegende Bestimmung zugunsten des Halters entschieden.

II. Ohne Wissen und Willen des Fahrzeughalters. Hierunter gehören nicht alle Fälle eigenmächtiger Benutzung. Der Dieb z. B., der sich die dauernde Herrschaft über das Fahrzeug anmaßen will, haftet nicht an Stelle des Halters, sondern wird selbst Halter, während der Bestohlene diese Eigenschaft verliert. Hierher gehören also nur die Fälle vorübergehender Gebrauchsanmaßung.

In wessen Interesse das Fahrzeug benutzt wird, ist gleichgültig. Auch wenn der Eigenmächtige es im Interesse des Halters benutzt, aber ohne dessen Erlaubnis oder gar wider seinen Willen, wird jener von der Verantwortung frei.

Der Auftrag oder die Erlaubnis zur Inbetriebsetzung des Fahrzeugs kann auch stillschweigend durch schlüssige Handlungen erteilt sein, z. B. der Halter sieht, daß ein anderer das Fahrzeug in Betrieb setzt, und verhindert es nicht, obgleich er in der Lage dazu ist. Wo nach der Verkehrssitte Genehmigung zur Inbetriebsetzung anzunehmen ist, z. B. für Probefahrten des Fabrikanten nach Ausbesserung des Fahrzeugs, findet Abs. 3 keine Anwendung, RG. 2. Mai 1912 Bd. 79, 314 (JW. 808[31]), Bd. 77, 348.

III. Von einem andern in Betrieb gesetzt.

Der andre kann ein Fremder sein, häufig wird es der Chauffeur sein. Dann ist zu unterscheiden, ob es sich nur um eigenmächtige Abweichungen vom Willen des Halters bei einer mit dessen Willen übernommenen Fahrt handelt oder ob die Fahrt selbst eigenmächtig unternommen worden ist. Nur wenn die Inbetriebsetzung selbst gegen den Willen des Halters geschehen ist, geht die Halterhaftung auf den Gebrauchsanmaßer über. RG. 19. Okt. 1911, Bd. 77, 349 (JW. 1912, 89[43]). Inbetriebsetzung bedeutet Ingebrauchnahme des Fahrzeugs zu einem bestimmten Beförderungszweck; sie endet erst, wenn nach Erledigung dieses Zwecks das Fahrzeug in den Zustand völliger Betriebsruhe zurückgebracht ist. Wird das Fahrzeug vorübergehend diesem Zweck entfremdet, indem der Führer Umwege macht, andere Wege wählt, die Fahrt ausdehnt, ja selbst an andern Orten in Wirtschaften anhält, ohne daß jedoch der ursprüngliche Zweck der Inbetriebsetzung aufgegeben wird, so stellt die Fortsetzung der Fahrt keine neue Inbetriebsetzung dar, und Abs. 3 findet keine Anwendung. Anders ist meines Erachtens der Fall zu beurteilen, wenn ein Dritter das Fahrzeug unterwegs während einer Betriebspause in Gebrauch nimmt; hier liegt wegen des völlig fremden Zwecks der angemaßten Benützung eine neue Inbetriebsetzung vor, selbst wenn der Motor nicht abgestellt war, der Betrieb also nicht ruhte (ebenso Höpfel). Dasselbe muß auch gelten, wenn der Chauffeur die Anmaßung des Dritten gestattet. Fährt der Chauffeur dagegen mit und überläßt er nur die technische Führung dem Dritten, so liegt ein Fall der Gebrauchsanmaßung nicht vor.

Als Gebrauchsanmaßer kommt derjenige in Betracht, der sich durch seine Willenshandlung das Fahrzeug dienstbar macht. Er kann sich dazu der Hilfe eines Dritten bedienen, der für ihn das Fahrzeug führt. Handeln beide bewußt widerrechtlich, so hängt es von den Umständen ab, ob nicht ein gemeinschaftliches Handeln anzunehmen ist nach Art der Mittäterschaft, so daß jeder Beteiligte die Inbetriebsetzung als eigene Handlung gewollt hat und demgemäß auch jeder an Stelle des Halters haftet.

Wer ein fremdes Fahrzeug, z. B. eine Kraftdroschke, zur Benutzung dingt, setzt sie dadurch nicht in Betrieb und kann deshalb niemals als Ersatzmann des Halters haften, auch wenn er weiß, daß derjenige, mit dem er z. B. den Werkvertrag abschließt, ohne Wissen und Willen des Halters das Fahrzeug in Betrieb setzt. Denn er verschafft sich die Benutzung des Fahrzeugs nicht durch eigene Gebrauchsanmaßung, sondern durch Vertrag mit dem Dritten, der die Gebrauchsanmaßung ohne seine Mitwirkung bereits vollzogen hat.

Die Gebrauchsanmaßung muß nicht notwendig eine bewußt rechtswidrige sein, sie kann durch Mißverständnis, Irrtum veranlaßt sein, z. B. jemand benutzt zur Heimfahrt von einem Orte, wo viele Besitzer von Kraftfahrzeugen versammelt waren, aus Irrtum ein fremdes Fahrzeug, oder er benutzt das fremde Kraftfahrzeug, weil er in entschuldbarem Irrtum annimmt, der Halter habe ihn beauftragt oder ermächtigt. Die Frage des Verschuldens bei der Gebrauchsanmaßung betrifft lediglich das innere Verhältnis zwischen den beiden Beteiligten; für die Frage, wer dem Publikum gegenüber die Verantwortung für vorkommende Unfälle trägt, kommt es lediglich darauf an, daß sich in der fraglichen Betriebstätigkeit nicht der Herrenwille des Halters, sondern derjenige einer anderen Person betätigt hat. Der Chauffeur, der den Irrtum des Einsteigenden nicht bemerkt, sondern seinen Herrn zu fahren glaubt, oder der an die Ermächtigung des Dritten glaubt, trägt auch bei solcher Fahrt nur die Verantwortung als Führer, nicht die Verantwortung als Halter, da er fremdem Willen folgt und nicht selbständig das Fahrzeug in Betrieb setzt.

IV. An Stelle des Halters. Der objektive Tatbestand, daß ein Kraftfahrzeug ohne Wissen und Willen des Fahrzeughalters in Betrieb gesetzt ist, befreit den Halter von der Haftpflicht. Die Bestimmung bezweckt den Schutz des Fahrzeughalters gegen mißbräuchliche Benutzung des Fahrzeugs durch Dritte, für die er die schwere Verantwortung als Halter nicht tragen soll. Nicht der Besitz eines Kraftfahrzeugs, sondern der Betrieb ist gefährlich und soll nach dem Willen des Gesetzes die Haftpflicht begründen. Zur Sicherheit des Publikums ist aber die Haftpflicht prinzipiell dem Halter als solchem auferlegt und ihm nur der Einredebeweis gestattet, daß im konkreten Falle das Fahrzeug ohne sein Wissen und Willen in Betrieb gesetzt worden sei. Der oder die andern, die das Fahrzeug ohne Wissen und Willen des Halters in Betrieb gesetzt haben, treten an seine Stelle. Zur Begründung der Haftpflicht dieses andern gehört keine andere Voraussetzung als der gleiche objektive Tatbestand, der den Halter befreit. Es ist keinerlei subjektives Moment erforderlich, weder ein Verschulden, noch überhaupt das Bewußtsein, daß das Einverständnis des Halters fehle. Daraus fogt, daß auch der geschäftsunfähige Gebrauchsanmaßer haftet (ebenso Höpfel, a. M. Waldeck und Hallbauer).

V. Zum Ersatze des Schadens. Wer eigenmächtig ein Kraftfahrzeug in Betrieb gesetzt hat, haftet in demselben Umfange wie der Halter.

Wer auf eigenmächtig unternommener Fahrt den Wagen steuert, ist verantwortlich erstens als Führer aus § 18 des Gesetzes derart, daß er sich durch den Nachweis sorgfältiger Steuerung befreien kann, und zweitens, wenn er selbst für sich das Fahrzeug in Betrieb gesetzt hat, als Ersatzmann des Halters derart, daß er, um sich zu befreien, ferner noch die Unabwendbarkeit des Unfalls nachweisen muß. Wird ihm ein

Verschulden bei Verursachung des Unfalls nachgewiesen, so kann er außerdem auf Grund des BGB. in Anspruch genommen werden. Stellt sich die Inbetriebsetzung des Fahrzeugs als schuldhafte Besitzstörung dar, so begründet dies Verschulden aus §§ 823, 858 BGB. eine Ersatzpflicht gegenüber dem Halter; für die Frage der Unfallhaftung gegenüber dem Verletzten kann dies Verschulden aber nicht verwertet werden.

§ 8.

Die Vorschriften des § 7 finden keine Anwendung:

1. wenn zur Zeit des Unfalls der Verletzte oder die beschädigte Sache durch das Fahrzeug befördert wurde oder der Verletzte bei dem Betriebe des Fahrzeugs tätig war;
2. wenn der Unfall durch ein Fahrzeug verursacht wurde, das nur zur Beförderung von Lasten dient und auf ebener Bahn eine auf 20 Kilometer begrenzte Geschwindigkeit in der Stunde nicht übersteigen kann.

1. § 8 begrenzt in Ergänzung und Abänderung des § 7 das Anwendungsgebiet des Gesetzes nach zwei Richtungen:

Unter Ziff. 1 wird der Kreis der durch das Gesetz geschützten Personen beschränkt. Das Gesetz bezweckt lediglich den Schutz der Straße, des öffentlichen Verkehrs; denn dieser ist durch das neue Verkehrsmittel besonders gefährdet. Dagegen besteht nach den Ausführungen des Staatssekretärs in der Reichstagskommission kein Grund, den verschärften Schutz des Gesetzes auch denjenigen zukommen zu lassen, die sich dieses Verkehrsmittels bedienen; denn nach der Statistik seien Unfälle mit ernsteren Beschädigungen der Insassen im Automobilverkehr verhältnismäßig selten und vermutlich nicht häufiger, als sie auch bei Benutzung anderer Fahrzeuge infolge Durchgehens der Pferde u. dgl. eintreten. Auch für Ausdehnung des Schutzes auf den Chauffeur liege kein ausreichender Grund vor, weil insoweit die Unfallversicherung genüge, der auch der

Privatchauffeur, der bislang noch nicht zur Fuhrwerksberufsgenossenschaft gehöre, unterstellt werden solle; auch sei zu befürchten, daß die Gewährung des Haftpflichtschutzes den Chauffeur unter Umständen dazu verleiten werde, sorgloser zu fahren.

Unter Ziff. 2 werden Kraftfahrzeuge, die wegen gewisser Eigenschaften minder gefährlich erscheinen, von der Sonderhaftpflicht des Gesetzes befreit. Allerdings haben auch gerade Lastautomobile wegen ihres größeren Gewichts, selbst bei verminderter Geschwindigkeit, ihre besonderen Gefahren, da namentlich die große lebendige Kraft einem schnellen Anhalten hinderlich ist. Aber die hauptsächlichste Gefahr der Kraftwagen beruht doch auf der großen Schnelligkeit, und hierauf sind, wie die Statistik beweist, die weitaus meisten Unfälle zurückzuführen. Außerdem war der Gesichtspunkt maßgebend, im Interesse der Heeresverwaltung die Industrie nicht vom Bau und von der Verwendung von Lastautomobilen abzuschrecken.

Nur die Vorschriften des § 7 und damit allerdings des ganzen die Haftpflicht regelnden Teils II d. Ges. finden keine Anwendung, wohl aber Teil I u. III und die BB. sowie natürlich die allgemeinen Vorschriften des BGB. über Verschuldenshaftung.

2. Zu Ziffer 1.

I. Zeit des Unfalls. Unter Unfall ist der Akt der Tötung, Körperverletzung oder Sachbeschädigung zu verstehen, nicht das vorangehende Ereignis, welches den Unfall herbeigeführt hat. Das ursächliche Ereignis und die Verletzung oder Beschädigung können mitunter zeitlich nicht unerheblich auseinanderfallen. Z. B. ein durch unvorsichtiges Fahren eines Kraftfahrzeugs scheu gemachtes Pferd rast umher und verletzt den inzwischen ausgestiegenen Insassen des Kraftfahrzeugs auf der Straße; sein Haftpflichtanspruch ist begründet, da er zur Zeit des Unfalls nicht mehr von dem Kraftfahrzeug befördert wurde (ebenso Eger).

II. Der Verletzte oder die beschädigte Sache. Unter dem Verletzten ist hier nicht wie in § 7 Abs. 1 der ersatzberechtigte Geschädigte zu verstehen, sondern lediglich der körperlich Verletzte. Der Fall der Tötung und Körperverletzung einerseits und der Sachbeschädigung anderseits ist im Gesetz an dieser Stelle getrennt behandelt. Würde man zu dem Verletzten im Sinne dieser Vorschrift auch den Eigentümer der beschädigten Sache und den unterhaltsberechtigten Angehörigen des Getöteten rechnen, so würde man zu den abwegigen Ergebnissen gelangen, daß der Eigentümer eines Gartenzauns, den das Kraftfahrzeug umgefahren hat, keinen Ersatz hierfür verlangen könne, weil er zufällig zur Zeit des Unfalls Fahrgast des schädigenden Fahrzeugs gewesen sei, und daß dem unterhaltsberechtigten Angehörigen der Ersatz zu versagen sei, weil er in dem Kraftwagen saß, als dieser seinen auf der Straße gehenden Unterhaltspflichtigen zu Tode fuhr. Die vorliegende Bestimmung ist vielmehr dahin zu verstehen: wenn zur Zeit des Unfalls der Getötete oder körperlich Verletzte bei dem Betriebe des Fahrzeugs tätig war oder ihm das Fahrzeug zur Beförderung diente, so sind Ansprüche für den aus der Tötung oder Körperverletzung entstandenen Schaden ausgeschlossen; ebenso sind, wenn das Fahrzeug zur Zeit des Unfalls zur Beförderung einer Sache diente, Ansprüche wegen Beschädigung dieser Sache ausgeschlossen. Letzteres muß sinngemäß auch gelten, wenn Kleider und sonstige Sachen, die eine betriebstätige, aber nicht mitfahrende Person am Leibe trägt, beschädigt werden (ebenso Eger, Höpfel und Neukirch-Rosenmeyer).

III. **Durch das Fahrzeug befördert wurde.** Die Beförderung beginnt mit der Inbetriebsetzung des beladenen Fahrzeugs oder mit dem späteren Aufladen der Sache oder dem Einsteigen des Fahrgastes. Sie endigt, wenn das Fahrzeug außer Betrieb gesetzt wird, vorher mit der völligen Trennung vom Fahrzeug. Unfälle beim Ein- und Aussteigen, z. B. durch Ausgleiten auf dem Trittbrett, fallen — abgesehen von der Frage, ob hier überhaupt ein Betriebsunfall vorliegt — unter die Beförderung und begründen also nicht die Haftpflicht aus § 7 (a. M. Eger und Höpfel, die die Beförderung erst mit dem Betriebe des Fahrzeugs beginnen lassen wollen, während meines Erachtens auch die unmittelbar vorbereitende Tätigkeit zur Beförderung zu rechnen ist). Mit Beendigung des Aussteigens sind die tatsächlichen Beziehungen zum Fahrzeug gelöst, damit entfällt auch die Ausnahmestellung des bisherigen Fahrgasts; trifft ihn ein Unfall durch Explosion der Maschine, während er noch in der Nähe steht, etwa um den Kutscher zu bezahlen, so ist die Haftpflicht aus § 7 nicht ausgeschlossen (ebenso Höpfel, Krause, Waldeck). Streitig ist die Frage, wenn der Fahrgast unterwegs aussteigt, etwa um sich Bewegung zu machen und neben dem Fahrzeug hergeht. Eger, Waldeck und Hallbauer gewähren den Ersatzanspruch, während Gordan, Höpfel, Krause, Neukirch-Rosenmeyer die Beförderung und damit die Ausnahmestellung des Fahrgasts nicht als beendet ansehen. Daß der Beförderungsvertrag weiter läuft und auch die Absicht besteht, die Beförderung fortzusetzen, ist meines Erachtens aber nicht entscheidend. Es muß meines Erachtens auf die tatsächlichen räumlichen Beziehungen zum Fahrzeug ankommen, ob sich der Fahrgast dicht dabei gehalten, vielleicht gar daran festgehalten hat, oder ob ihn der Unfall unter Umständen getroffen hat, unter denen auch ein beliebiger anderer Straßengänger hätte getroffen werden können.

Ob die Beförderung eine freiwillige war, ist gleichgültig. Auch wer sich im Dienste des Haftpflichtigen auf dessen Geheiß, also in gewisser Weise gezwungen und unfreiwillig, der Gefahr des Kraftwagentransports aussetzen muß, desgleichen wer ohne, vielleicht gegen seinen Willen mit dem Kraftfahrzeug befördert wurde (der bewußtlose Kranke, der ins Krankenhaus geschafft wird, der Geisteskranke, der Unmündige, der Gefangene, der Soldat), sind von dem Vorteil des Haftpflichtschutzes ausgeschlossen.

Das Fahrzeug, mit dem die Beförderung geschah, muß identisch mit dem Fahrzeuge sein, bei dessen Betriebe der Unfall passiert ist. Stoßen zwei Kraftwagen zusammen, so sind die Insassen des einen nicht gehindert, einen Ersatzanspruch gegen den Halter des andern geltend zu machen, sofern die Voraussetzungen nach § 7 vorliegen. Sie gehören im Verhältnis zu jenem zum Straßenpublikum, also zum Kreise der durch das vorliegende Gesetz geschützten Personen. Sie sind nicht durch „das" Fahrzeug, sondern durch ein anderes Fahrzeug befördert worden; daß dies andere Fahrzeug auch ein Kraftfahrzeug war, ist belanglos.

Das Gleiche muß entsprechend auch für die betriebstätigen Personen gelten.

IV. Bei dem Betriebe des Fahrzeugs tätig. Das Fahrzeug muß im Betrieb sein, sonst kann ein haftpflichtbegründender Unfall nicht vorkommen, s. § 7 Abs. 1. Es braucht aber nicht in Bewegung zu sein, s. Anm. 2 zu § 7; es ist z. B. im Betriebe, wenn die Maschine zwecks Antritts einer Fahrt in Gang gesetzt ist. Wer in solchen Augenblicken sich bei dem Betriebe zu schaffen macht, z. B. auf Ersuchen des Chauffeurs, der seinen Führersitz schon eingenommen hat, etwa um noch schnell etwas an der Maschine in Ordnung zu bringen, der tut dies auf seine eigene Gefahr. Wird er durch das Kraftfahrzeug verletzt, so hat er keinen Ersatzanspruch auf Grund dieses Gesetzes.

Ob der beim Betrieb Tätige im Auftrage des Halters oder Chauffeurs oder eigenmächtig tätig wird, macht keinen Unterschied.

Chauffeure, Kraftomnibusschaffner u. dgl. Personen, deren Beruf im Mitfahren besteht, sind aus beiden Gründen vom Recht auf Schadensersatz ausgeschlossen, einmal, weil sie beim Betriebe tätig sind, und zweitens, weil das Fahrzeug zu ihrer Beförderung dient.

Sonstige Angestellte des Halters, auch wenn sie in dem von ihm etwa mit Kraftfahrzeugen betriebenen Fuhrunternehmen beschäftigt sind, sind von dem Kreise der geschützten Personen nicht ausgeschlossen, haben also unter den Voraussetzungen des § 7 Ersatzansprüche, wenn sie z. B. auf dem

Geschäftshofe von einem ausfahrenden Kraftfahrzeug beschädigt werden; das gilt auch für den Chauffeur, der sonst gerade das Unglücksfahrzeug zu führen pflegt, wenn es zur Zeit des Unfalls von seinem Vertreter geführt wurde.

2. Zu Ziffer 2.

I. Das nur zur Beförderung von Lasten dient. Es kommt nicht darauf an, zu welchem Zweck das Fahrzeug gerade im Augenblick des Unfalls diente, sondern nur auf die allgemeine Zweckbestimmung, für die es gebaut und eingerichtet ist und für die es gehalten wird (ebenso Krause, Neukirch-Rosenmeyer, a. M. Eger). Daß gelegentlich auch einmal ein Lastautomobil zur Beförderung von Personen benutzt wird, indem es z. B. den Fabrikarbeitern für einen Sommerausflug überlassen wird, ändert nichts an dem Charakter des Fahrzeugs als Lastautomobil. Ist das Fahrzeug aber mit Einrichtungen auch zu gelegentlicher, nicht ganz vereinzelter Personenbeförderung versehen und dazu bestimmt, so fällt damit das Privilegium der Haftpflichtbefreiung fort, das sich auf solche Fahrzeuge beschränkt, die nur zur Beförderung von Lasten dienen. Das Mitfahren der Begleiter, die ebenso wie der Chauffeur selbst nicht zwecks Beförderung ihrer Personen, sondern lediglich zwecks Beförderung der Ladung auf dem Fahrzeug sind, ist für die Beurteilung der wirtschaftlichen Bestimmung des Fahrzeugs ohne Belang.

II. Auf ebener Bahn eine auf 20 km begrenzte Geschwindigkeit in der Stunde nicht übersteigen kann. Das Fahrzeug muß mit solchen Einrichtungen versehen sein, daß es, auch unbeladen, unter normalen Verhältnissen auf ebener Erde eine Höchstgeschwindigkeit von 20 km die Stunde nicht übersteigen kann. Daß Naturkräfte, Wind, und auf abfallender Straße die Schwerkraft die tatsächliche Geschwindigkeit gelegentlich über das Höchstmaß hinaus steigern können, ist gleichgültig. Auch wenn das Fahrzeug aus solchen Gründen gerade zur Zeit des Unfalls schneller fuhr, verliert es sein Privilegium nicht. Es kommt lediglich auf die Eigengeschwindigkeit an, zu der es zur Zeit des Unfalls unter normalen Verhältnissen befähigt war. Diese Tatsache allein entscheidet im einzelnen Falle, nicht die etwaige amtliche Abstempelung, die auf einer früheren Prüfung beruht. Übrigens wird bei der Zulassungsprüfung die Höchstgeschwindigkeit nicht festgestellt.

§ 9.

Hat bei der Entstehung des Schadens ein Verschulden des Verletzten mitgewirkt, so finden die Vorschriften des § 254 des Bürgerlichen Gesetzbuchs mit der Maßgabe Anwendung, daß im Falle der Beschädigung einer Sache das Verschulden desjenigen, welcher die tatsächliche Gewalt über die Sache ausübt, dem Verschulden des Verletzten gleichsteht.

1. Vorbemerkung.

Das mitwirkende Verschulden des Verletzten hat für unser Gesetz eine doppelte Bedeutung:

a) Es vernichtet nach § 7 Abs. 2 jeden Ersatzanspruch, wenn der Halter den daselbst zugelassenen Beweis führt, daß weder Mängel des Fahrzeugs noch ein Versagen seiner Verrichtungen mitgewirkt haben und daß er und sein Führer den Anforderungen höchster Sorgfaltspflicht genügt haben.

b) Hat der Halter diesen Beweis nicht führen können, dann ist ein Verschulden des Verletzten als mitwirkende Ursache des Unfalls nach § 9 des Gesetzes zu würdigen und kann je nach seiner ursächlichen Bedeutung für den Unfall die Ersatzpflicht des Halters mehr oder weniger beschränken oder auch gänzlich aufheben.

2. Verschulden.

I. Die im Verkehr erforderliche Sorgfalt. Das Verschulden kann in Vorsatz oder Fahrlässigkeit bestehen. Fahrlässig handelt, wer die im Verkehr erforderliche Sorgfalt außer acht läßt (§ 276 BGB.). Grade der Fahrlässigkeit werden im Gesetz nicht unterschieden; auch eine geringfügige Unvorsichtigkeit gilt als Verschulden und zieht die gesetzliche Pflicht zum Ersatz des dadurch verursachten Schadens nach sich. Aber für die Abwägung kommt es auch auf Art und Grad des Verschuldens an. Die im Verkehr erforderliche Sorgfalt, das ist die Sorgfalt, welche der normale, ordentliche und gewissenhafte Mensch in dem betreffenden Verhältnisse des Verkehrs anwendet. RG. 25. Jan. 1906, JW. 160[2]. Damit stellt das Gesetz einen abstrakten Maßstab für die Beurteilung des Handelns auf. Von jedem wird verlangt, daß er die gleiche, normale Sorgfalt anwende; auf individuelle Verschiedenheiten des Temperaments, der Erziehung und Gewöhnung, der Einsicht und Erfahrung wird keine Rücksicht genommen, RG. 23. Mai 1908, JW. 494[34] und dort angeführte. Der Leichtherzige wird mit demselben Maße gemessen wie derjenige, der bedächtig zu wägen und zu handeln pflegt. Auch dem kindlichen Alter räumte das RG. in früheren Entscheidungen keinen Einfluß auf die Frage ein, ob ein Verschulden vorliege, und berücksichtigte es nur bei Beurteilung des Schuldgrades, RG. 23. Mai 1908, Bd. 68, 422 (JW. 494[34]), 18. Okt. 1909, JW. 1910, 37[60]. In einer neueren Entscheidung v. 6. März 1911 (JW. 446[10]) heißt es dagegen: „Allein unbeschadet dieses Grundsatzes — vom abstrakten Maßstabe — kann doch unter Umständen das jugendliche Alter von Bedeutung für die Frage der Fahrlässigkeit sein. Die Festhaltung an jenem objektiven Maßstabe kann nicht dazu führen, daß alle Menschen in allen Lebenslagen der gleichen Beurteilung unterlägen. Die typische Verschiedenheit ganzer Gruppen von Menschen nach Alter, Bildung, Lebensstellung usw. führt notwendig zu einer Verschiedenheit des gemeinsamen Maßstabs, der an bestimmte Menschen unter gewissen Verhältnissen bezüglich der Sorgfalt im Verkehr anzulegen ist." Weiter wird dann in dem Urteil ausgeführt, daß man von jugendlichen Personen nicht dasselbe Maß von

Umsicht, Besonnenheit und Überlegung erwarten darf wie von älteren, erfahrenen Leuten und daß deshalb auch nicht schlechthin derselbe Maßstab der verkehrserforderlichen Sorgfalt an ihr Verhalten angelegt werden darf. Auch in andern Urteilen ist die Zulässigkeit anerkannt, bei Feststellung der jeweilig anzuwendenden Sorgfalt verschiedene Gruppen und Klassen von Menschen zu unterscheiden, RG. 21. Juni 1912, JW. 856[9]; nur der Individualität des einzelnen darf keine Rechnung getragen werden.

Welches Maß von Sorgfalt im einzelnen Falle angewendet werden muß, richtet sich nach den Umständen des betreffenden Verkehrsverhältnisses. Der normale, ordentliche und gewissenhafte Mensch handelt nicht unter allen Umständen mit der gleichen Anspannung der Aufmerksamkeit und Überlegung; in Lagen, wo er eine Gefahr nicht voraussehen kann, handelt er verhältnismäßig sorglos; in gefährlichen Situationen spannt er pflichtgemäß seine Aufmerksamkeit aufs höchste an. In diesem Sinne sagt das Reichsgericht in der Entscheidung v. 30. Mai 1906 (JW. 459[14]): „Die Frage, welche Sorgfalt der Verkehr erfordert, kann nicht abstrakt, sondern nur nach Lage des Einzelfalls entschieden werden." Der Führer eines Wagens z. B. muß besondere Vorsicht anwenden, wenn neben der Chaussee eine Eisenbahn läuft und die Chaussee die Bahnlinie mehrfach kreuzt, RG. 28. Juni 1906, JW. 544[9], oder wenn er in der Nähe der Eisenbahn mit einem bahnscheuen Pferde fährt.

Für die Feststellung der verkehrserforderlichen Sorgfalt ist auch auf die Körperbeschaffenheit, das Alter, das Geschlecht, den Beruf u. dgl. Umstände persönlicher Art Rücksicht zu nehmen. Ein junger, rüstiger Mann kann ohne Leichtsinn eine Gefahr näher an sich herankommen lassen, während ein alter und gebrechlicher Mensch ihr weitab aus dem Wege gehen muß. Mancher Beruf erfordert, daß jemand zur ordnungsmäßigen Wahrnehmung seines Dienstes seine Person gewissen Gefahren aussetzen muß. Ein Schutzmann, der mitten im dichtesten Straßengewühl seinen Dienst tut, muß sich zahlreichen Gefahren aussetzen und hat seine Aufmerksamkeit in erster Reihe auf die Regelung des Verkehrs zu richten, in zweiter Linie darf er erst auf seine eigene Sicherheit bedacht sein. Ähnlich ist es mit dem Beruf des Straßenkehrers. Passiert solcher Person im Dienst ein Unfall, so ist zu prüfen, ob der Betreffende die einem Menschen seiner Berufsklasse unter den vorliegenden Umständen zur Wahrung der eigenen Sicherheit obliegende Aufmerksamkeit aufgewendet hat. Solche Personen sind infolge ihrer Berufsvorbildung und Gewöhnung besser imstande als andere, gewissen Gefahren des Straßenverkehrs zu begegnen; weshalb es kein Verschulden ist, wenn sie solche Gefahren näher an sich herankommen lassen als andere. Setzen sie sich freilich ohne Not einer Gefahr aus, also z. B. außerhalb ihres Berufsdienstes, so liegt eine Unvorsichtigkeit vor, die als Fahrlässigkeit angesehen werden muß, wenn sie auch mit Rücksicht auf die geringere Wahrscheinlichkeit eines Schadens milder beurteilt werden kann. Abstumpfung des Gefühls für Gefahr kann immer nur als Milderungsgrund, nicht als Entschuldigung in Betracht kommen. RG. 13. Juli 1880; EE. 1, 263; 14. Dez. 1900, JW. 1901, 40[19]; 12. Febr. 1903, EE. 20, 51—53; 11. Mai 1904, Gruchot 48, 788; Schweizer Bundesgericht 7. Juni 1906, EE. 23, 180; RG. 7. Jan. 1909, JW. 136[13].

Der Gebrechliche ist den Gefahren des Straßenverkehrs in hervorragendem Maße ausgesetzt und muß sich deshalb besonders vorsichtig benehmen; der Schwerhörige z. B. muß fleißiger Umschau halten als ein Mensch mit normalem Gehör, den schon das Geräusch herannahender Wagen vor möglichen Gefahren warnt, RG. 1. Febr. 1907, EE. 24, 36; 22. Juni 1903, EE. 20, 179; 30. Jan. 1905, JW. 170; 7. Dez. 1908, JW. 1909, 47[7].

Wer sich bewußt einer Gefahr aussetzt, handelt regelmäßig grob schuldhaft. Es gibt aber Lebenslagen, wo die Pflicht gebietet, die Gefahr nicht zu achten. Von der Amtspflicht

z. B. des Schutzmanns ist schon oben die Rede gewesen. Auch durch sittliche Pflicht kann geboten sein, Gesundheit und Leben zu wagen, um einen andern Menschen aus einer Gefahr zu retten. Das Wagnis muß aber in einem vernünftigen Verhältnis zu der Gefahr stehen, in der sich der andere befindet, und es muß eine Wahrscheinlichkeit oder zum mindesten Möglichkeit des Gelingens vorhanden sein. Das Risiko für einen unbesonnenen, aussichtslosen Rettungsversuch kann nicht dem Dritten aufgebürdet werden, der die Gefahr hervorgerufen hat und für den daraus entstehenden Schaden haftpflichtig ist. Verlangt man vom Retter ein kaltblütiges Überschauen der Lage und ein besonnenes Abwägen der Möglichkeiten, ehe er sich in Gefahr begibt, und verlangt man ferner von ihm ein verständiges Handeln in der Gefahr, so ist seine Handlungsweise doch unter Berücksichtigung der aufregenden und zu raschem Entschlusse drängenden Lage zu beurteilen und zu bedenken, daß unter solchen Umständen auch der normal verständige und sorgsame Mensch nicht auf alles achten kann. Auch ein sachlicher Irrtum über das Vorhandensein der Voraussetzungen, die ihn zum Einschreiten trieben, kann entschuldbar sein, RG. 16. Jan. 1902, EE. 19, 24. RG. 16. Sept. 1907 (JW. 678 [8]): „Wenn jemand sich selber in Gefahr begeben hat, um andere zu retten, und in dieser Gefahr umgekommen ist, so ist er dann, aber auch nur dann von eigenem Verschulden frei, wenn er nach den Umständen des Falles berechtigterweise annehmen durfte, sein Vorhaben werde von Erfolg begleitet sein; nur beim Vorliegen solcher Umstände kann von Erfüllung einer sittlichen Pflicht die Rede sein. Ob solche Umstände vorliegen, ist aber nicht vom Standpunkte kühler Überlegung, sondern unter Berücksichtigung der zu einem raschen Entschlusse drängenden Aufregung zu beurteilen. Dagegen darf derjenige, der einem andern das Leben zu retten sucht, nicht auf Gefahr des haftpflichtigen Betriebsunternehmers ohne jede Vorsicht und Überlegung und ohne jede Aussicht auf Erfolg handeln." RG. 21. März 1892 (Bd. 29, 120, auch

Seuff. Arch. 48, 149): „Es kommt aber darauf an, daß der Retter, ohne sich eines eigenen Versehens schuldig zu machen, mit der gehörigen Vorsicht und Besonnenheit verfahren ist und namentlich auch die für ihn selbst entstehende Gefahr, die Gefahr, in der sich der andere befand, und die Wahrscheinlichkeit des Gelingens des Rettungsversuchs vernünftig abgewogen hat." RG. 28. Dez. 1899 (StS. 17, 210): „Denn wenn auch vom höheren sittlichen Standpunkte aus zur Rettung fremden Menschenlebens die bewußte Aufopferung oder Gefährdung der eigenen Person gestattet sein und nicht fahrlässig erscheinen mag, so ist es doch unter keinen Umständen zulässig, zur Abwendung einer Gefahr von Sachen oder Tieren seinen Leib oder seine Gesundheit aufs Spiel zu setzen."

Ähnliche Erwägungen greifen Platz, wenn jemand ein gefährliches Mittel wählt, um einer ihm selbst drohenden größeren Gefahr zu entgehen, z. B. aus dem Wagen springt, weil die scheu gewordenen Pferde einem Eisenbahnübergang entgegenrasen. RG. 13. Nov. 1911, JW. 1912, 138[17].

II. Willensfreiheit.

Ein Verschulden setzt Willensfreiheit voraus. Der Geisteskranke, das Kind unter sieben Jahren, der vorübergehend Bewußtlose sind nicht deliktsfähig, §§ 827, 828 BGB. Der wegen Geistesschwäche Entmündigte ist zwar geschäftsunfähig, kann aber deliktsfähig sein, wenn zur Zeit der Handlung seine freie Willensbestimmung nicht ausgeschlossen war. RG. 23. Okt. 1911, JW. 1912, 24[4].

Auch der sinnlos Trunkene kann also in diesem Zustande nicht schuldhaft handeln. Hat er sich aber freiwillig in den Zustand der Trunkenheit versetzt, so ist er für einen Schaden, den er in diesem Zustande objektiv widerrechtlich — einem andern oder sich selbst — verursacht, in gleicher Weise verantwortlich, wie wenn ihm Fahrlässigkeit zur Last fiele (§ 827 BGB.). Selbst verschuldete Trunkenheit kann also niemals zur Entschuldigung dienen. RG. 9. Mai 1912, JW. 794[9]. RG. 3. März 1905 (JW. 229[5]): „Wer sich freiwillig — ohne

Zwang — in Trunkenheit versetzt hat, kann sich nicht darauf berufen, daß er wegen dieser Trunkenheit nicht imstande gewesen sei, diejenige Sorgfalt zu beobachten, die man von einem nüchternen Menschen verlangen muß. In der Versetzung in Trunkenheit liegt eben die schuldhafte Handlung, wenn später infolge dieser Trunkenheit eine Unvorsichtigkeit begangen wird." RG. 5. Mai 1913, JW. 735[3]. Anderseits ist aber Trunkenheit an sich nicht ausreichend, um den Nachweis eines zum Unfall mitwirkenden Selbstverschuldens des Verletzten zu führen. Trunkenheit ersetzt nur das subjektive Moment, welches zum Begriff der Fahrlässigkeit gehört. Dagegen muß das objektive Moment, eine pflichtwidrige Handlung oder Unterlassung, besonders nachgewiesen werden. RG. 2. Nov. 1911, JW. 1912, 32[16]; 9. Mai 1912, JW. 794[9]. Es genügt nicht der Hinweis darauf, daß der Verletzte zur Zeit des Unfalls betrunken gewesen sei; es muß vielmehr dargelegt werden, daß er eine bei der Entstehung des Unfalls kausal wirkende Unvorsichtigkeit begangen habe; und er wird bei selbstverschuldeter Trunkenheit nur mit dem Einwande nicht gehört, daß seine Willensfreiheit infolge der Trunkenheit ausgeschlossen gewesen sei. RG. 27. Febr. 1902 (EE. 19, 50): „Hat Kläger in der Trunkenheit nichts getan, was einem nüchternen Menschen als fahrlässige Handlung anzurechnen sein würde, so ist die Trunkenheit auch nicht die Ursache oder Mitursache des Unfalls. Beklagter muß deshalb nachweisen, daß das Verhalten des Klägers in seiner Trunkenheit zu dem Unfall beigetragen hat." In diesem Falle hat das Reichsgericht angenommen, daß auch ein nüchterner Mensch unter die Räder des Motorwagens habe geraten können, und hat deshalb den Nachweis, daß der Unfall durch ein Verschulden des Klägers verursacht worden sei, nicht für geführt erachtet.

Dieselben Grundsätze gelten auch für bloße Angetrunkenheit, wodurch die Schärfe der Sinne oder der freie Gebrauch der Glieder beeinträchtigt ist. Wer in diesem Zustand mit einem Fahrrad auf öffentlicher Straße fährt, verstößt gegen die im

Verkehr erforderliche Sorgfalt, RG. 13. Dez. 1909, JW. 1910, 105[8].

Trunksucht ohne Trunkenheit zur Zeit des Unfalls kommt als Unfallsverschuldungsgrund nicht in Betracht, wohl aber als wichtiger Umstand bei Abmessung des Schadens durch Erwerbsverlust und bei Festsetzung der Rente, RG. 2. Nov. 1911, JW. 1912, 32[16].

Bei der Häufigkeit, mit der Kinder im Straßenverkehr verunglücken, ist dieser Fall von besonderer Bedeutung. Es kommt hinzu, daß die Schadensfolgen bei Unfällen von Kindern sehr weittragend und umfangreich sein können. Wird ein Kind unter sieben Jahren von einem Kraftfahrzeug verletzt, so findet § 9 überhaupt keine Anwendung, weil ein solches Kind nicht deliktsfähig im Sinne des Zivilrechts ist, kein Verschulden begehen kann. § 828 besagt zwar wörtlich nur, daß ein solches Kind für einen Schaden, den es einem andern zufügt, nicht verantwortlich sei; das Gleiche gilt aber allgemein auch für solche Fälle, wo es sich um einen Schaden handelt, den das Kind sich selbst zugefügt hat. Darüber ist in der Rechtsprechung kein Zweifel: RG. 7. Mai 1903, Bd. 54, 407; 7. Dez. 1905, JW. 1906, 55[6]; 29. Jan. 1906, 192[9]; 18. Juni 1908, 522[6]. Gegenüber einem Kinde unter sieben Jahren verliert also der beklagte Fahrzeughalter sowohl das Recht, durch den Hinweis auf ein überwiegendes Verschulden des Klägers sich von der Haftpflicht zu befreien, als auch die Möglichkeit, durch den Hinweis auf ein mitwirkendes Verschulden geringeren Grades eine verhältnismäßige Teilung des Schadens zu verlangen.

Bei Kindern zwischen 7 und 18 Jahren und ebenso bei Taubstummen hängt die Frage der Verantwortlichkeit davon ab, ob sie zur Zeit ihrer objektiv rechtswidrigen Handlung oder Unterlassung die zur Erkenntnis der Verantwortlichkeit erforderliche Einsicht besessen haben (§ 828 Abs. 2 BGB.). Da hier nicht Beschädigungen anderer durch Kinder, sondern Selbstbeschädigungen der Kinder in Frage stehen, so wird sich die vom Gesetz geforderte Einsicht zur Erkenntnis der Verantwortlichkeit für die Handlung in der Regel mit der Einsicht zur Erkenntnis ihrer Gefährlichkeit decken, RG. 31. Mai 1906, JW. 472[22]. Das Gesetz nimmt keine Rücksicht darauf, ob die Erziehung eines über sieben Jahre alten Kindes so weit vorgeschritten, sein Verantwortlichkeitsgefühl so weit ausgebildet ist, um die Lust, seine jungen Kräfte an einer Gefahr zu messen, niederkämpfen zu können. Es kommt lediglich auf die Verstandesreife, nicht auf die sittliche Reife an. Hatte der Jugendliche die Gefahr erkannt und hat er sich ihr trotzdem ausgesetzt, so ist er verantwortlich. Nur bei der Frage, ob ein Verletzter bei Vornahme einer zum Eintritt der Verletzung mit ursächlich gewordenen Handlung die Gefahr erkennen, den schädlichen Erfolg habe voraussehen können, tritt eine unterschiedliche Behandlung der jugendlichen Personen ein, da es ihnen oft an der nötigen Lebenserfahrung und der Fähigkeit fehlt, die Wirkungen ihres Handelns im vorhinein zu beurteilen. RG. 30. April 1903, EE. 20, 160; 28. Mai 1903, 20, 173; 31. Mai 1906, JW. 473[23]. In der Entscheidung v. 18. Okt. 1906 (JW. 747[16]) hat das Reichsgericht z. B. das mitwirkende Verschulden eines achtjährigen Knaben, der 5 m vor einem Straßenbahnwagen über das Geleis gelaufen, dabei in den Schienen hängen geblieben und überfahren worden war, deshalb verneint, weil der Knabe unter gewöhnlichen Umständen darauf habe rechnen können, rechtzeitig über das Geleis zu kommen, und weil er außerstande gewesen sei, den Umstand, der ihn zu Fall gebracht habe, in den Kreis seiner Überlegung zu ziehen, weil er also die Gefahr nicht habe erkennen können. Vgl. auch RG. 10. April 1903, EE. 20, 71. Im allgemeinen vertritt das Reichsgericht aber in Fragen der Einsichtsfähigkeit einen sehr strengen Standpunkt. Die Einsichtsfähigkeit ist danach stets als vorhanden anzunehmen, wenn nicht besondere Umstände, zu denen freilich vor allen Dingen auch die individuellen Eigenschaften des Kindes gehören, dagegen sprechen, RG. 18. Juni 1908, JW. 522[6]; 6. Nov. 1911, JW. 1912, 70[7]. Bei Kindern von 8, 9 und 12 Jahren ist die Einsichtsfrage bejaht worden, RG. 18. Okt. 1909, JW. 1910, 37[60]; 14. Okt. 1911, JW. 1016[11]; 6. Nov. 1911, JW. 1912, 70[7]. Stehen mehrere Handlungen in Frage, durch die sich das Kind unvorsichtig dem Gefahrenbereich genähert hat, so genügt es, wenn die Einsichtsfrage für eine von diesen Handlungen (z. B. Spielen auf der Straße entgegen einem ausdrücklichen und ihm eindrucksvoll bekanntgegebenen Verbote) bejaht wird, RG. 6. Nov. 1911, JW. 1912, 70[7]; 1. Mai 1911, Bd. 76, 188.

Kein Verschulden liegt vor, wenn jemand durch eine unmittelbar drohende, erhebliche Gefahr in Furcht und Schrecken versetzt die ruhige Überlegung verliert und unbesonnen und unzweckmäßig handelt. RG. 25. Jan. 1906 (JW. 160[2]): „Es sind Lebenslagen denkbar, in welchen auch der verständige Mann, der ordentliche Hausvater, nach dem Maße der durchschnittlichen Erkenntnisfähigkeit, Geschicklichkeit und Kaltblütigkeit bemessen, durch die Umstände daran gehindert sein kann, allseitig seinen Pflichten sich bewußt zu bleiben und auf deren Erfüllung bedacht zu sein. So kann es vorkommen, daß eine drohende unmittelbare Gefahr bei notwendigem raschen Entschlusse die Besonnenheit des normal veranlagten Menschen beeinträchtigt und trotz sachwidrigen Handelns den Vorwurf der Fahrlässigkeit ausschließt." Vgl. auch RG. 14. Nov. 1901, JW. 1902, 31[28]; EE. 18, 336; 9. Jan. 1902, JW. 186[52]; EE. 19, 18; 9. März u 10. April 1903; EE. 20, 71 u. 226; 7. Okt. 1911, JW. 982[17]; 6. Nov. 1911, JW. 1912, 70[7]. RG. 4. Jan. 1908 (JW. 106[8]) verneinte das Verschulden einer Person, die plötzlich dicht hinter sich das Hupensignal eines bis dahin nicht bemerkten Motorrades gehört hatte und in der Verwirrung nach der falschen Seite in das Rad hineingesprungen war. Desgleichen verneinte RG. 25. Jan. 1908 (JW. 210[22]) das Verschulden eines 10jährigen Mädchens, das auf der Flucht vor einem sie bedrohenden Knaben blindlings über den Straßendamm und in einen Straßenbahnwagen hineingelaufen war, mit der Begründung, sie sei durch

Furcht und Schrecken zur Erkenntnis oder Abwägung der ihr von der Straßenbahn drohenden Gefahr unfähig gemacht worden. Ferner verneinte RG. 25. März 1907 (JW. 307[8]) das Verschulden eines Mannes, der, als die Pferde durchgingen, um sich zu retten, vom Wagen gesprungen war, obgleich er sich bei ruhiger Überlegung hätte sagen müssen, daß dieser Versuch angesichts der vorliegenden Umstände unverständig war. Diese Art der Beurteilung setzt voraus, daß der Verletzte ohne eigenes Verschulden in die gefährliche Lage geraten war, die ihn in Aufregung versetzte und ihm die ruhige Überlegung nahm, RG. 30. Jan. 1905, EE. 22, 38. Wer sich unvorsichtig der Gefahr ausgesetzt hat, deren Opfer er dann wurde, wird auch durch umsichtigstes Handeln in der Gefahr von dem Vorwurf des mitwirkenden Verschuldens nicht befreit, RG. 22. Jan. 1903, EE. 20, 134; 4. April 1899, EE. 16, 139, auch JW. 310. Immerhin kann sein Verschulden auch dann niedriger bewertet werden als die Betriebsgefahr, RG. 16. Febr. 1914, JW. 471[18].

III. Unvorsichtigkeit der Straßenpassanten. Da die Insassen des Kraftfahrzeugs, durch welches der Unfall herbeigeführt worden ist, von Ersatzansprüchen aus dem Gesetz ausgeschlossen sind, so ist hier im besonderen nur das Verschulden der Straßenpassanten zu erörtern, sei es, daß sie als Fußgänger die Straße benutzen oder sich anderer Transportmittel bedienen.

Wer sich auf einem öffentlichen Platz oder einer öffentlichen Straße bewegt, hat die Pflicht, die aus dem dort stattfindenden Verkehr für ihn entstehenden Gefahren, soweit er das vermag, durch eigene Aufmerksamkeit von sich abzuwenden (ObLGer. Dresden 9. Dez. 1886, EE. 5, 219). Das Maß der erforderlichen Aufmerksamkeit ist je nach den Umständen verschieden; auf der einsamen Landstraße kann man sorglos wandern, weil keine Gefahr besteht; im großstädtischen Straßengetriebe kann der Fahrdamm einer Hauptstraße nur unter vollster Anspannung der Sinne gekreuzt werden. An sich ist der Straßendamm auch für den Fußgängerverkehr da. Wer ihn zum Weiterschreiten benutzt, etwa um schneller vorwärts zu kommen, als es das Gedränge auf dem Bürgersteig gestattet, begeht damit noch keine Fahrlässigkeit, er muß aber mit besonderer Sorgfalt Umschau halten, weil seine Lage infolge des lebhaften Wagenverkehrs jeden Augenblick gefährlich werden kann, RG. 7. Dez. 1908, JW. 1909, 47[7]; ebenso derjenige, der auf dem Fahrdamm plaudernd stehen bleibt, RG. 30. April 1903, EE. 20, 160. Unter Umständen wird schon darin, daß jemand in gefährlicher Lage sich der zu seiner Sicherheit bestimmten Vorrichtungen, z. B. des Bürgersteigs, der Schutzinseln u. dgl., nicht bedient, ein Verschulden zu sehen sein. (Vgl. RG. 25. Juni 1906, JW. 575[37].) „Jeder Fußgänger hat, namentlich in der Dunkelheit, die Pflicht, auf Fuhrwerke, deren Nahen er vernimmt, sein Augenmerk zu richten, damit er ihnen in geeigneter Weise ausweiche." RG. 11. April 1906, EE. 23, 55. Auf Hörsignale darf er sich nicht unbedingt verlassen, RG. 7. Dez. 1908, JW. 1909, 47[7].

Beim Überschreiten des Fahrdamms muß der Fußgänger auf nahende Fuhrwerke Rücksicht nehmen und Umschau halten, RG. 30. Jan. 1905, JW. 170[8]; 3. Juni 1907, EE. 24, 69; 6. Febr. 1902, Bd. 81, 190; 8. Mai 1911, JW. 578[13]; 6. Nov. 1911, JW. 1912, 70[7]; 20. Nov. 1911, JW. 1912, 155[41]. Wer kurz vor einem Kraftfahrzeug noch vorbeizulaufen versucht, handelt in der Regel grob fahrlässig; auch dann, wenn das Fahrzeug noch so weit entfernt war, daß er ohne Zwischenfall voraussichtlich noch mit knapper Not vorbeigekommen sein würde; die Straße kann schlüpfrig sein, im eiligen Laufen kann man stolpern und fallen, man kann in den Straßenbahnschienen hängen bleiben; der pflichtmäßig umsichtige Mensch hält sich solche Möglichkeiten vor Augen und begibt sich nicht ohne Not in solche Gefahr, RG. 19. März 1900, JW. 396; 2. April 1900, EE. 17, 237; 10. Febr. 1908, EE. 24, 395; 10. Okt. 1907, EE. 24, 269. Dagegen ist nicht zu verlangen, daß ein Fußgänger, bevor er den Straßendamm betritt, um ihn zu überschreiten, weithin nach beiden Seiten die Straße überschaut und sich von vornherein vergewissert, daß er den Damm in seiner ganzen Breite in Sicherheit vor nahenden Fuhrwerken überschreiten könne; er darf vielmehr davon ausgehen, daß auch die Wagenführer, insbesondere die Führer von Kraftfahrzeugen, auf ihn Rücksicht nehmen werden. RG. 14. Okt. 1907 (JW. 705[7]): „Wer den Fahrdamm überschreitet, darf erwarten, daß ein nicht an Schienen gebundenes Fahrzeug, das sich von ihm noch in solcher Entfernung befindet, daß es ihm ausweichen kann, dies auch tut, wenn nötig, unter Verringerung seiner Geschwindigkeit; bei der großen Geschwindigkeit, die insbesondere Kraftwagen einzuschlagen pflegen, würde sonst eine überaus starke Hemmung des Fußgängerverkehrs eintreten."

Besondere Vorsicht ist geboten, wenn jemand hinter einem Hindernisse, etwa hinter einem Möbelwagen oder sonstigen großen Lastwagen, einem haltenden Straßenbahnwagen oder Omnibus den Teil der Fahrbahn betritt, nach welchem ihm bis dahin der freie Ausblick versperrt war; er muß vorsichtig Umschau halten, um so mehr als auch die Führer der sich nähernden Fuhrwerke auf sein plötzliches Hervortreten nicht gefaßt sein können. RG. 22. Juni 1903, EE. 20, 179; 14. April 1904, EE. 21, 66; 3. Juli 1905, JW. 490[10]; LG. Hamburg 18. März 1898, EE. 15, 304; 22. Okt. 1908, JW. 742[9]. Dieselbe Vorsicht ist für einen Radfahrer geboten, der hinter einem die Aussicht versperrenden Wagen plötzlich links herausfährt, RG. 15. März 1900, EE. 17, 228.

Die Einnahme eines gefährlichen Standorts, z. B. dicht an der Bordschwelle des Bürgersteigs, bei abgelenkter Aufmerksamkeit ist als Fahrlässigkeit beurteilt worden, RG. 27. März 1911, JW. 485[8]; 18. März 1910, JW. 468[4].

Eile des Verletzten zur Zeit des Unfalls ist an sich, wenn sonst keine Unvorsichtigkeit aus Eile erwiesen ist, noch kein mitwirkendes Verschulden, RG. 10. Mai 1912, JW. 792[7].

In der Benutzung von automobilscheuen Pferden auf

den öffentlichen Straßen ist an sich kein Verschulden zu erblicken, RG. 29. April 1907, JW. 369[19]; 23. Dez. 1907, EE. 24, 289. Denn in der Hauptsache dienen die öffentlichen Straßen auch heute noch dem Personenverkehr und dem Verkehr mit Zugtieren. Das Erscheinen des Kraftfahrzeugs als modernen Verkehrsmittels kann nicht zur Folge haben, daß nunmehr junge und temperamentvolle Pferde auf den öffentlichen Straßen nicht mehr benutzt werden dürfen. Man wird aber unterscheiden müssen zwischen dem Verkehr auf solchen Straßen, wo das Kraftfahrzeug erfahrungsgemäß eine vorherrschende Rolle spielt, und den Straßen, wo es verhältnismäßig selten erscheint. Wer etwa im großstädtischen Droschkenbetriebe ein bekanntermaßen leicht zum Scheuen neigendes Pferd beschäftigt, wird dem Vorwurf des Verschuldens nicht entgehen, RG. 1. März 1894, EE. 10, 271. Auch sind mit dergleichen Pferden nach Möglichkeit solche Straßen zu meiden, wo Kraftfahrzeuge zu verkehren pflegen, selbst wenn der Umweg mit einem Zeitverlust verknüpft ist, RG. 28. Okt. 1907, EE. 24, 278. In allen Fällen werden aber bei der Benutzung automobilscheuer Pferde gegenüber der durch diese Eigenschaft hervorgerufenen Gefahr besondere Vorsichtsmaßregeln verlangt werden müssen. Der Geschirrführer wird bei der Annäherung eines Kraftfahrzeugs vorbeugend eingreifen müssen, um das Tier zu beruhigen und in seiner Gewalt zu behalten (vgl. RG. 20. Sept. 1906, JW. 681[2]; 29. April 1907, 369[19]). Daß der Kutscher absteige, wenn sein sonst nicht zum Scheuen neigendes Tier bei Annäherung eines Kraftfahrzeugs unruhig wird, ist nicht zu verlangen, RG. 31. März 1913, Bd. 82, 112 (JW. 649[13]).

Ein Verstoß gegen die polizeilichen Straßenordnungen, insbesondere über den Verkehr mit Fuhrwerken und Fahrrädern auf öffentlichen Straßen, bedeutet regelmäßig ein Verschulden. Diese Vorschriften bezwecken die Sicherheit des öffentlichen Verkehrs. Wer sie übertritt und dabei im Straßenverkehr einen Schaden erleidet, den zu verhüten die Vorschrift bestimmt ist, hat die Vermutung gegen sich, daß bei Beachtung der Vorschrift der Schaden vermieden worden wäre. Namentlich braucht nur der Verstoß als solcher, nicht auch die Schadenszufügung vorausgesehen worden oder voraussehbar gewesen zu sein, RG. 16. Mai 1904, JW. 408; 15. April 1909, JW. 318[10]. Ein Radfahrer z. B., der links fährt und dabei an einer Straßenkreuzung mit einem Kraftwagen zusammenstößt, hat die Vermutung gegen sich, daß der Unfall durch sein unvorschriftsmäßiges Fahren mitverursacht worden sei. Vgl. über den Nachweis des Kausalzusammenhangs Anm. 2 V und 4 zu diesem Paragraphen.

Es können aber besondere Umstände vorliegen, die ausnahmsweise die Nichtbeachtung der Polizeivorschriften entschuldigen oder sogar geboten erscheinen lassen. Dann fehlt es an einem subjektiven Verschulden, RG. 14. April 1885, EE. 4, 141; 13. Nov. 1899, EE. 16, 340. In solchen Ausnahmefällen ist auf den allgemeinen Maßstab zurückzugreifen und zu prüfen, wie ein besonnener, auf die eigene Sicherheit und die Sicherheit des Verkehrs pflichtmäßig bedachter Mann in gleicher Lage gehandelt haben würde. Abgesehen von Notstand kann ein Verstoß gegen eine Polizeivorschrift, die ein bestimmtes Handeln vorschreibt, nur durch eine ganz außerordentliche Lage, die das Gesetz vernünftigerweise nicht im Auge gehabt haben konnte, niemals aber damit gerechtfertigt werden, daß das andersartige Verhalten zweckmäßiger gewesen sei als das vorgeschriebene oder gar dem Übertreter nur zweckmäßiger erschienen sei, RG. 15. April 1909, JW. 318[10].

IV. Verschulden durch Unterlassung, insbesondere bei Abwendung des Schadens nach dem Unfall.

Verschulden kann nicht nur in einer positiven Handlung, sondern auch in einer Unterlassung bestehen, dann nämlich, wenn eine Rechtspflicht zu handeln vorlag. Eine solche Rechtspflicht legt § 254 Abs. 2 BGB. dem Beschädigten dahin auf, den Schaden abzuwenden oder zu mindern. In der Hauptsache kommt es hier auf das Verhalten des Verletzten nach dem Unfall an, weil dadurch sowohl der Heilungsprozeß selbst als auch die Entwicklung der vermögensrechtlichen Folgen der Verletzung für die Erwerbsfähigkeit des Verletzten erheblich beeinflußt werden kann. Wer durch einen Kraftwagenunfall an seinem Eigentum oder an seiner Gesundheit Schaden genommen hat, ist dem Haftbaren gegenüber verpflichtet, mit der Sorgfalt eines normalen verständigen Menschen alles zu tun, um den Schaden nicht größer werden zu lassen, als er notwendig infolge des Unfalls werden muß. Wenn er es unverständigerweise versäumt, rechtzeitig einen Arzt zu Rate zu ziehen, sondern die Wunde selbst mit ungeeigneten Mitteln behandelt, so daß sie sich verschlimmert und der Schaden größer wird, so muß er einen Teil des Schadens selbst tragen, RG. 9. Dez. 1909, JW. 1910, 65[15]. Anderseits erfüllt er seine Schadenabwendungspflicht, indem er sich in die Behandlung eines Arztes begibt und dessen Anordnungen befolgt; für fehlerhafte Behandlung des Arztes hat nicht er, sondern der Ersatzpflichtige einzustehen (RG. 22. Juni 1911, JW. 754[9]), es sei denn, daß es sich um einen offenbaren Kunstfehler handelt, der den ursächlichen Zusammenhang mit dem Unfall aufhebt, vgl. oben Anm. 14 zu § 7. Ein ärztlich verordnetes oder angeratenes oder dem Verletzten sonst bekanntes Heilverfahren oder Heilmittel, dessen Anwendung ihm möglich ist und das nach den Erfahrungen der medizinischen Wissenschaft geeignet ist, Heilung oder wesentliche Besserung zu bewirken, muß er anwenden. Er handelt schuldhaft, wenn er sich böswillig (um der Rente willen) oder aus Indolenz, Bequemlichkeit, unverständigem Eigensinn u. dgl. weigert, etwa eine Anstaltskur zu gebrauchen, oder es sonst unterläßt, auf Wiederherstellung oder Besserung seiner Gesundheit Bedacht zu nehmen, RG. 13. Febr. 1905, JW. 201[4]. Er muß sich unter Umständen auch einer Operation behufs Minderung der Schadensfolgen unterwerfen, sofern die Operation für Leben und Gesundheit gefahrlos ist und nach dem Stande der medizinischen Erfahrung bei regelmäßigem Verlauf der Dinge Aussicht auf Erfolg bietet.

Die Ablehnung einer Operation aus übertriebener Ängstlichkeit oder Empfindlichkeit, aus Eigensinn oder gar aus Böswilligkeit stellt sich als mitwirkendes Verschulden dar. Anderseits lassen sich mancherlei Umstände denken, unter denen die Ablehnung einer Operation oder einer langwierigen, schmerzhaften Heilbehandlung gerechtfertigt erscheinen kann. Es ist nicht bloß die Beschaffenheit des Leidens, die Schwere und Gefährlichkeit der Operation, die größere oder geringere Sicherheit des Erfolges in Betracht zu ziehen, sondern die ganze Sachlage zu würdigen, insbesondere das Verhältnis zwischen der zu erwartenden Besserung und den möglichen Nachteilen, das Alter des Verletzten, der Einfluß der Behandlung auf seinen allgemeinen Körperzustand u. dgl. RG. 24. Okt. 1907, JW. 740[6]; 26. März 1908, JW. 329[10]; 20. Nov. 1911, JW. 1912, 186[8]. Bei widersprechenden Meinungen der Ärzte über Gefährlichkeit und Aussicht auf Erfolg einer Operation wird man im allgemeinen dem Verletzten das Recht zubilligen müssen, die Operation abzulehnen; anders dagegen, wenn singulärerweise ein Arzt im Widerspruch mit den Erfahrungen der Wissenschaft oder gegen ganz überwiegende Autoritäten eine Operation für gefährlich erklärt, RG. 30. Jan. 1891, EE. 8, 222. Eine für alle Fälle gültige Regel läßt sich nicht aufstellen. Entscheidend bleibt die Erwägung, wie unter gleichen Voraussetzungen ein verständiger Mensch handeln würde, dessen natürliches Streben, in den Besitz einer möglichst vollen Gesundheit zu gelangen, nicht durch den Gedanken, daß ihm bei Fortdauer des kranken Zustandes die Rente bleibt, gelähmt ist. Das RG. hat in einer neueren Entsch. v. 27. Juni 1913, Bd. 83, 15 (JW. 975[2]) mehr das freie Selbstbestimmungsrecht des Verletzten betont und die rechtsvernichtende Wirkung des Einwandes der unterlassenen Operation an vier bestimmt formulierte Voraussetzungen geknüpft: 1. Die Operation muß gefahrlos sein; Operationen, die nur unter Chloroformnarkose ausführbar sind, scheiden wegen der stets vorhandenen Gefahr aus. 2. Die Operation darf nicht mit nennenswerten Schmerzen verknüpft sein. 3. Die Operation muß nach ärztlichem Gutachten mit Sicherheit entweder die völlige Wiederherstellung oder doch eine sehr erhebliche Steigerung der Erwerbsfähigkeit erwarten lassen. 4. Der Ersatzpflichtige muß sich zur Tragung der Kosten der Operation bereit erklärt haben; das kann auch im Prozeß noch nachgeholt werden.

V. Die Beweislast für das Verschulden.

Die Beweispflicht für die zur Begründung der Einrede des mitwirkenden Verschuldens des Verletzten dienenden Tatsachen (die rechtswidrige Handlung oder Unterlassung, die subjektive Schuld, den ursächlichen Zusammenhang mit dem Schaden) liegt dem Haftpflichtigen ob. RG. 23. Juni 1909, JW. 455[8]. Häufig läßt sich der Vorfall nicht bis in alle Einzelheiten aufklären. Dann kommt es darauf an, ob der festgestellte Hergang mit Notwendigkeit oder doch mit hoher Wahrscheinlichkeit ein Verschulden des Verletzten erkennen läßt, ob sein Verhalten sich normalerweise gar nicht anders als durch eine Fahrlässigkeit erklären läßt. In solchen Fällen kann der Einredebeweis zunächst als geführt gelten und dem Geschädigten überlassen bleiben, den Verdacht des Verschuldens zu beseitigen. So die Entscheidungen des sechsten Senats des RG. v. 14. Mai 1906, JW. 437[26]; 21. Okt. 1907, EE. 24, 272; 1. Juni 1908, JW. 495[35]; 14. Mai 1909, JW. 429[35]; 18. Okt. 1909, JW. 1910, 37[60]; 21. Okt. 1909, JW. 735[41]; 2. Febr. 1914, JW. 477[20]; im Gegensatz dazu erklärt die Entsch. des dritten Senats des RG. v. 8. Juni 1906 (JW. 481[46]) den Nachweis eines solchen Verhaltens des Verletzten, das nach dem gewöhnlichen Lauf der Dinge die erforderliche Sorgfalt vermissen lasse, nicht für ausreichend, um daraufhin dem Geschädigten den Entschuldungsbeweis aufzuerlegen. Nötigt der festgestellte Hergang dagegen nicht zur Annahme eines Verschuldens, bleiben insonderheit mehrere Möglichkeiten, wie sich der Hergang gestaltet haben kann, ohne daß sich für jeden hiernach möglichen Tatbestand die Annahme eines Verschuldens rechtfertigen läßt, so ist der Einredebeweis nicht geführt, die Ungewißheit geht zu Lasten des Ersatzpflichtigen. RG. 20. Jan. 1885, Bd. 13, 9; 30. Nov. 1908, JW. 1909, 59[31]; 24. Mai 1909, JW. 429[25]; 21. Okt. 1909, JW. 735[41]; 4. Nov. 1909, JW. 736[42]. Wird das Verhalten des Verletzten, wodurch er sich der Gefahr ausgesetzt hat, durch die Behauptung entschuldigt, daß er aus einem seine Schuld beseitigenden sittlichen Beweggrunde, um einen andern aus drohender Gefahr zu retten, gehandelt habe, so ist, wenn sich hierfür nicht schon aus dem festgestellten Tatbestande Anhaltspunkte ergeben, der Geschädigte beweispflichtig.

Bei übrigens vollständig geklärtem Tatbestande bedarf die Frage, ob eine bestimmte Handlung oder Unterlassung des Verletzten als schuldhaft anzusehen sei, nicht unbedingt der Entscheidung, wenn nämlich bei Beurteilung der Handlung als einer schuldhaften das Verschulden gleichwohl nur so geringfügig sein würde, daß eine Teilung des Schadens nicht in Betracht kommen kann, RG. 15. Nov. 1906, JW. 1907, 10[10].

Ist der Nachweis des mitwirkenden Verschuldens einem jugendlichen Verletzten im Alter von 7 bis 18 Jahren gegenüber geführt, so liegt dem Gläubiger ob, zu behaupten und zu beweisen, daß dem Verletzten die zur Beurteilung der Folgen seiner Handlungsweise erforderliche Einsicht gefehlt habe, RG. 31. Mai 1906, JW. 472[33]; 20. Sept. 1906, JW. 686[6]; 18. Juni 1908, JW. 522[6]; 18. Okt. 1909, JW. 1910, 87[60]; 1. Mai 1911, Bd. 76, 188.

Wenn die Einrede in der Behauptung besteht, daß der Verletzte durch Nichtanwendung von Heilmitteln den Eintritt oder die Größe des Schadens mitverschuldet habe, so muß der Haftpflichtige beweisen, daß die Anwendung des Heilmittels damals, als es anzuwenden gewesen wäre, Erfolg gehabt haben würde. Dieser Beweis darf aber nicht überspannt werden. RG. 13. Febr. 1905 (JW. 201[4]): „Es genügt, wenn der Haftpflichtige dartut, daß es ein nach den Erfahrungen der medizinischen Wissenschaft Erfolg versprechendes Heilmittel damals schon gegeben habe, daß es dem Verletzten bekannt gewesen sei, und daß seine Anwendung ihm möglich gewesen sei. Wird dies festgestellt, dann ist es Sache des Verletzten, die Gründe darzulegen, die ihn von der Anwendung des Mittels abgehalten haben. Erweisen sich die vorgebrachten Gründe als bloße Vorwände oder doch als solche, durch die sich ein verständiger Mensch, der auch den Interessen des Schadensersatzpflichtigen in billiger Weise Rechnung trägt, von dem Gebrauch der betreffenden Kur nicht abhalten lassen würde, so ist der Nachweis, daß diese im gegebenen Falle keinen günstigen Erfolg gehabt haben würde, dem Verletzten aufzuerlegen." Das wird in der Entscheidung noch näher ausführlich begründet.

3. **Verschulden des Verletzten.**

Es kommt auf das Verschulden des **Verletzten** an, d. h. des unmittelbar an seinem Leib oder Leben oder an seiner Sache Geschädigten. Der Einwand aus seinem Verschulden steht auch dem Anspruch der mittelbar — durch den Wegfall des Ernährers — Geschädigten entgegen, RG. 17. Jan. 1913, Bd. 81, 214. Soweit ein mitwirkendes Verschulden des mittelbar Geschädigten selbst denkbar ist, etwa durch Versäumnis der elterlichen Sorgepflicht bei der Heilung, kann seinem Ersatzanspruch auch der Einwand aus seinem Verschulden entgegengestellt werden. RG. 18. März 1907, Bd. 65, 313.

Unter Umständen muß man auch für die schädigenden Handlungen **anderer** wie für eigenes Verschulden einstehen. Nach § 278 BGB., der gerade auch für den Geltungsbereich unseres Gesetzes in Anwendung kommen soll (vgl. § 254 Abs. 2 letzter Satz BGB.), hat der Schuldner ein Verschulden seines gesetzlichen Vertreters und der Personen, deren er sich zur Erfüllung seiner Verbindlichkeit bedient, in gleichem Umfange zu vertreten wie eigenes Verschulden. Die Bestimmung hat eine bestehende Schuldverbindlichkeit zur Voraussetzung und kann daher auf dem Gebiet der unerlaubten Handlungen erst Anwendung finden, wenn die schädigende Handlung begangen ist und dadurch Rechtsbeziehungen zwischen dem Ersatzberechtigten und dem Ersatzverpflichteten zur Entstehung gebracht hat. RG. 29. Dez. 1910, Bd. 75, 257 (JW. 1911, 211[4]); 6. Juli 1911, Bd. 77, 211 (JW. 806[8]); 28. Nov. 1911, JW. 1912, 188[12]; 2. Mai 1912, Bd. 79, 318. Dies Rechtsverhältnis ist durch § 254 Abs. 2 BGB. auch für die Person des Ersatzberechtigten mit Pflichten ausgestattet, nämlich mit der Pflicht, den Schaden nach Möglichkeit abzuwenden oder zu mindern. Insoweit es sich um schuldhafte Verletzung dieser Schadenabwendungspflicht handelt, ist also auch für den Anwendungsbereich unseres Gesetzes die Möglichkeit gegeben, daß der Verletzte für fremdes Verschulden einzustehen hat. Hat z. B. der gesetzliche Vertreter eines unfallverletzten Kindes die Heilung schuldhaft vernachlässigt, so muß das Kind dies fremde Verschulden wie eigenes vertreten. Der Arzt dagegen, den der Verletzte zur Behandlung des Unfallschadens hinzugezogen hat und der durch fehlerhafte Behandlung den Schaden vergrößert hat, gilt nicht als Erfüllungsgehilfe des Verletzten bei dessen Schadenabwendungspflicht; dessen Verschulden braucht der Verletzte also nicht zu vertreten, RG. 29. Nov. 1909, Bd. 72, 219 (JW. 1910, 68[6]).

Verschulden des gesetzlichen Vertreters bei Entstehung des Unfalls selbst (z. B. durch Vernachlässigung der Aufsicht) ist regelmäßig dem Verletzten nicht anzurechnen, weil vor dem Unfall keine Schadenabwendungspflicht des Verletzten gegenüber dem Schädiger besteht. Nun spricht aber § 254 Abs. 2 von einer „entsprechenden" Anwendung des § 278. Das gibt eine Möglichkeit zu erweiterter Anwendung auf solche Fälle, wo der Unfall in seinen konkreten Beziehungen bereits droht, die Betriebsgefahr sich gegen eine bestimmte Person zu verwirklichen im Begriffe ist; wenn in diesem Augenblick die bei gehöriger Aufmerksamkeit noch mögliche Abwendung der Gefahr durch den gesetzlichen Vertreter unterbleibt, weil er in diesem Augenblick seine Aufsichtspflicht schuldhaft vernachlässigt, kann § 278 entsprechend angewendet werden, weil das Gläubigerverhältnis zwischen dem Bedrohten und dem Schädiger in der

Entstehung begriffen, bereits ursächlich begründet war, RG. 29. Jan. 1906, JW. 192[9]. Wenn aber auch des Kindes Anspruch gegen den ersatzpflichtigen Halter durch die Einrede mitwirkenden Verschuldens seines gesetzlichen Vertreters nicht beseitigt werden kann, so kann doch der Halter seinen Rückgriff gegen den mitschuldigen Vertreter nehmen, RG. 27. Nov. 1911, JW. 1912, 190[7].

Das RG. hat aber aus dem Grundgedanken des Schlußsatzes des § 254 heraus, wonach der Beschädigte für mitwirkendes Verschulden seiner Hilfspersonen in derselben Weise einstehen soll wie der Schädiger, gefolgert, daß für das Gebiet der unerlaubten Handlungen der § 831 BGB entsprechend anzuwenden sei, daß also die in § 831 ausgesprochene Haftung des Geschäftsherrn für rechtswidrige Schädigungen, welche die bestellte Hilfsperson bei Ausführung der aufgetragenen Verrichtung einem andern zufügt, auch umgekehrt gegen den Beschädigten gelten soll, wenn eine von ihm bestellte Hilfsperson bei Ausführung ihrer Verrichtung zur Entstehung des Schadens, für den er vom Dritten Ersatz verlangt, ursächlich mitgewirkt hat. RG. 29. Dez. 1910, Bd. 75, 257 (JW. 1911, 211[4]); 6. Juli 1911, Bd. 77, 211 (JW. 806[5]); 23. Nov. 1911, JW. 138[12]; 2. Mai 1912, Bd. 79, 318, vgl. auch RG. 17. Sept. 1914, JW. 1915, 21[4]. Wer also als Insasse eines Kraft- oder andern Wagens bei dessen Zusammenstoß mit einem Kraftfahrzeug zu Schaden gekommen ist und dafür vom Halter oder Führer des fremden Kraftfahrzeugs Ersatz verlangt, muß sich den Einwand entgegensetzen lassen, daß sein eigener Kutscher unvorsichtig gefahren sei, wenn im übrigen die Voraussetzungen des § 831 vorliegen.

§ 831 BGB. setzt lediglich ein objektiv-widerrechtliches Verhalten des Angestellten, kein subjektives Verschulden desselben voraus, RG. 30. Dez. 1901, Bd. 50, 67. Die Haftung des Geschäftsherrn beruht nicht auf dem Gedanken, daß er für die Schuld des Angestellten einstehen solle, sondern darauf, daß er wegen seines eigenen Verschuldens bei der Auswahl oder der Beaufsichtigung der bestellten Person verpflichtet sein soll, OLG. Köln 2. Mai 1905, EE. 23, 2. Der Geschäftsherr haftet also nach § 831 für widerrechtliche Schädigungen seiner Angestellten aus dem Gesichtspunkt des eigenen Verschuldens. Dieses Verschulden wird vermutet, er hat also den Gegenbeweis zu führen. Dieser Gegenbeweis hat regelmäßig die Sorgfalt bei der Auswahl des Bestellten zum Gegenstande; ob dem Geschäftsherrn noch weitere Pflichten, insbesondere eine Leitungspflicht obliegt, hängt von den Umständen ab; § 831 legt ihm keine Leitungspflicht auf, RG. 22. Febr. 1911, JW. 403[16]. Bei der Annahme eines Kraftfahrzeugführers muß besonders sorgfältig verfahren werden; die Einsicht in das Prüfungszeugnis genügt nicht; der Halter muß sich weiter auch, und ganz besonders bei einem jugendlichen Chauffeur, nach dessen sittlichen Eigenschaften erkundigen, ob er auch das Maß von Umsicht und Ruhe besitzt, das zur Führung eines Kraftfahrzeugs unerläßlich ist, RG. 1. Nov. 1910, JW. 1911, 40[26], vgl. auch Anm. 22 zu § 7. Sorgfalt bei der erstmaligen Anstellung genügt nicht, denn es kommt auf die sorgfältige Auswahl zu derjenigen Verrichtung an, bei der der Unfall sich ereignet hat. Hatte sich der Angestellte inzwischen nicht zuverlässig gezeigt, so ist zu prüfen, ob der Geschäftsherr ihn ohne Verschulden noch im Dienst behalten durfte. Anzeichen von Unzuverlässigkeit muß der Geschäftsherr auf den Grund gehen, RG. 18. Mai 1911, JW. 652[23]; 18. März 1912, JW. 638[9]. Bei umfangreichen Transportunternehmen führt der Geschäftsherr den Entschuldungsbeweis durch Nachweis der gehörigen Sorgfalt bei Auswahl und Anstellung der Beamten höherer Ordnung verbunden mit dem Nachweis einer ausreichenden Überwachungsorganisation, RG. 7. Febr. 1910, JW. 287[20]; 14. Dez. 1911, Bd. 78, 107 (JW. 1912, 240[9]); 2. Juni 1913, JW. 919[6]. Da sich die Haftung aus § 831 nicht auf ein Verschulden, sondern nur auf eine objektiv-widerrechtliche Handlung des Angestellten stützt, so kann der Entlastungsbeweis nicht damit geführt werden, daß dem Angestellten kein Verschulden zur Last falle, RG. 6. Okt. 1911, JW. 979[11].

Zu einer Verrichtung bestellt ist jemand dann, wenn der Besteller ihm gegenüber die Stellung des Geschäftsherrn hat, dem der andre folgen muß; der Fahrgast einer Droschke ist nicht der Geschäftsherr des Kutschers, RG. 14. Okt. 1911, JW. 1912, 87[27]; 28. Nov. 1911, JW. 1912, 138[12]. Das Verschulden des Wagenführers kann aber unter Umständen dem Fahrgast als eigenes mitwirkendes Verschulden angerechnet werden, wenn nämlich der Fahrgast das unvorsichtige Fahren veranlaßt oder doch bemerkt und gebilligt hat, RG. 16. März 1914, JW. 589[5]; 13. Okt. 1910, JW. 1911, 28[5]. Der Vater ist als Geschäftsherr des Sohnes angesehen in RG. 21. Sept. 1911, JW. 944[9]. Der Chauffeur des Fabrikanten, der im Auftrage seines Herrn den Käufer eines Kraftfahrzeugs mit diesem Fahrzeug nach Hause fuhr, wurde für diese Fahrt als eine vom Käufer zur Verrichtung der Führung des Fahrzeugs bestellte Person angesehen, so daß der Käufer für seine Fehler haftete, RG. 2. Mai 1912, Bd. 79, 318. Damit eine Handlung als in Ausführung einer Verrichtung geschehen gelte, ist nicht erforderlich, daß sie selbst gerade unmittelbar aufgetragen worden sei; es genügt, daß sie in den Kreis der Maßnahmen falle, welche die Ausführung der Verrichtung darstellen. Eine Abweichung des Kutschers vom vorgeschriebenen Wege, ein Umweg, auf dem der Unfall sich begeben hatte, kann trotzdem als zu der ihm übertragenen Verrichtung gehörig gelten, RG. 2. Jan. 1918, JW. 327[11].

Im Falle der Sachbeschädigung ist die Haftung für fremdes Verschulden in singulärer Weise ausgedehnt. Der Beschädigte muß das mitwirkende Verschulden eines jeden Inhabers der Sache vertreten; ein Auftrags- oder sonstiges Vertrauensverhältnis zwischen den beiden Personen wird nicht vorausgesetzt; es genügt der rein tatsächliche Gewahrsam, so daß der Beschädigte auch das Verschulden des Diebes vertreten muß, wenn die ihm entwendete Sache in dessen Händen durch ein

Kraftfahrzeug beschädigt wird. War derjenige, der im Augenblick der Unfalls die tatsächliche Gewalt über die Sache ausübte, ein Beauftragter des Geschädigten, so kann sich der Geschädigte von der Verantwortlichkeit für das Verschulden seines Beauftragten nicht durch den in § 831 BGB. zugelassenen Beweis der sorgfältigen Auswahl befreien.

4. Ursächlicher Zusammenhang zwischen dem mitwirkenden Verschulden und dem Schaden.

Die schuldhafte Handlung oder Unterlassung des Verletzten muß mit dem Schaden in ursächlichem Zusammenhange stehen. Das besagt einmal, daß der Schaden ohne jenes Verschulden nicht oder nicht in dem vorliegenden Umfange eingetreten sein würde. Zweitens muß aber das Verschulden des Verletzten auch abgesehen von ganz ungewöhnlichen Zufälligkeiten, die vielleicht im vorliegenden Falle eine rein logische Kausalbeziehung zum Schaden herstellen, allgemein geeignet sein, einen Schaden dieser Art herbeizuführen (adäquate Verursachung). Siehe oben Anm. 4 zu § 7.

Hat der Verletzte kurz vor dem Unfall oder bei Gelegenheit desselben eine Unvorsichtigkeit begangen, welche aber nicht als notwendige Vorbedingung des Unfalls erscheint, wäre also der Unfall auch dann eingetreten, wenn der Verletzte vorsichtig gehandelt hätte, so fehlt es am Kausalzusammenhange; das Verschulden hat zur Entstehung des Schadens nicht mitgewirkt, RG. 2. Nov. 1911, JW. 1912, 82[16]; 9. Mai 1912, JW. 794[9]. In solchen Fällen muß aber der Ausschluß des Kausalzusammenhangs klar zu ersehen sein. Die Möglichkeit, daß der Schaden vielleicht auch ohne die schuldhafte Handlung eingetreten wäre, schließt den Kausalzusammenhang nicht aus, sofern nur nach der Lebenserfahrung die Betriebsgefahr, der der Verletzte zum Opfer gefallen ist, ihm durch seine eigene schuldhafte Handlung näher gebracht, der Eintritt des Unfalls durch sie begünstigt worden ist, ROHG. 17. Jan. 1876, Bd. 19, 294; RG. 6. Nov. 1883, Bd. 10, 64, EE. 3,

125; 10. Okt. 1884, SeuffArch. 40, 147; 21. März 1892, Bd. 29, 120.

Besteht lediglich ein logischer Kausalzusammenhang zwischen der Handlung des Verletzten und dem Unfall selbst, haben also ungewöhnliche Umstände mitgewirkt, so wird regelmäßig auch ein zurechenbares Verschulden nicht festzustellen sein, weil die ungewöhnlichen Umstände für den Verletzten nicht voraussehbar waren.

Während das die Ersatzpflicht des Halters begründende Kausalmoment, die Betriebstätigkeit des Kraftfahrzeugs, notwendig dem Unfall vorangehen muß, da § 7 gerade Kausalität zwischen Betriebstätigkeit und Unfall fordert, kann das Verschulden des Verletzten sowohl vor dem Unfall liegen und dessen Eintritt mitwirkend bestimmen, als auch nach dem Unfall den Eintritt und den Umfang der Schadensfolgen beeinflussen. Denn § 9 setzt das Verschulden des Verletzten in ursächliche Beziehung zu dem Schaden, der aus dem Unfalle entsteht. Unter Schaden ist nicht nur die primäre Unfallsfolge, z. B. die Gesundheitsbeschädigung des Verletzten, sondern es sind darunter auch die Vermögensnachteile zu verstehen, welche sich infolge der Gesundheitsbeschädigung für den Erwerb und die wirtschaftliche Lage des Verletzten ergeben.

5. Einfluß des mitwirkenden Verschuldens auf die Ersatzpflicht des § 7.

§ 254 BGB. lautet:

„Hat bei der Entstehung des Schadens ein Verschulden des Beschädigten mitgewirkt, so hängt die Verpflichtung zum Ersatze sowie der Umfang des zu leistenden Ersatzes von den Umständen, insbesondere davon ab, inwieweit der Schaden vorwiegend von dem einen oder dem andern Teile verursacht worden ist.

Dies gilt auch dann, wenn sich das Verschulden des Beschädigten darauf beschränkt, daß er unterlassen hat, den

Schuldner auf die Gefahr eines ungewöhnlich hohen Schadens aufmerksam zu machen, die der Schuldner weder kannte noch kennen mußte, oder daß er unterlassen hat, den Schaden abzuwenden oder zu mindern. Die Vorschrift des § 278 findet entsprechende Anwendung."

Das mitwirkende Verschulden des Verletzten kann je nach den Umständen Einfluß haben auf den Bestand der Ersatzpflicht überhaupt und, sofern sie nicht aufgehoben wird, auf ihren Umfang. Überwiegendes Selbstverschulden kann zur Beseitigung des ganzen Ersatzanspruchs führen; geringfügiges Selbstverschulden kann unbeachtet bleiben; abgesehen von diesen beiden äußersten Fällen soll beiden Momenten Rechnung getragen und der Schaden angemessen geteilt werden.

Die Entscheidung hängt von den Umständen ab. Das richterliche Ermessen soll frei schalten. Nur eine Richtschnur ist dem Richter gegeben: er soll insbesondere darauf sehen, inwieweit der Schaden vorwiegend von dem einen oder dem andern Teile verursacht worden ist. Es kommt also wesentlich auf das Maß der Verursachung an. Demgemäß sind die beiden die Mitverantwortlichkeit der Parteien für den Schaden begründenden Umstände daraufhin zu prüfen, ob etwa dem einen Umstande vor dem andern eine überwiegende Bedeutung für die Entstehung des Schadens zukommt. Die Verantwortlichkeit des Halters gründet sich auf die durch Inbetriebsetzung seines Fahrzeugs geschaffene Gefahr. Eine weitere Voraussetzung hat die Haftpflicht des Halters nicht, als daß durch ein seiner Herrschaft untergebenes Kraftfahrzeug ein Unfall mitverursacht worden ist. Insbesondere beruht seine Haftpflicht nicht auf eigenem oder fremdem Verschulden, das er zu vertreten hätte, auch nicht auf vermutetem Verschulden; denn der Nachweis, daß er und sein Fahrer frei von Verschulden sind, befreit ihn nicht von der Haftpflicht; er muß außerdem noch beweisen, daß er und sein Fahrer jede überhaupt mögliche Sorgfalt beobachtet haben und daß seine Maschine fehlerlos und ohne Störungen gearbeitet hat. Seine Haftung ist also zum Teil eine Gefährdungshaftung.

Die eigene Verantwortlichkeit des Verletzten beruht auf einer schuldhaften Handlung oder Unterlassung.

Miteinander zu vergleichen und abzuwägen ist also einerseits die Betriebsgefahr, anderseits die Handlung des Verletzten. Von einer Aufrechnung gegenseitigen Verschuldens, sog. Kulpakompensation, kann demnach keine Rede sein, auch dann nicht, wenn dem Halter eigenes oder von ihm zu vertretendes Verschulden des Fahrers oder anderer Leute nachgewiesen sein sollte, RG. 7. März 1905, JW. 283[5] (EE. 22, 60).

Für die Feststellung der kausalen Bedeutung der Betriebsgefahr im einzelnen Falle ist von hohem Werte die Prüfung, ob die allgemeine, den Kraftfahrzeugen eigene Betriebsgefährlichkeit zur Zeit des Unfalles in vollem Umfange zur Wirksamkeit gekommen oder gar noch durch besondere Umstände gesteigert worden ist. Die allgemeine dem Kraftfahrbetriebe zugehörige Betriebsgefahr beruht hauptsächlich in der großen Geschwindigkeit, in der leichten Beweglichkeit verhältnismäßig schwerer Lasten, wodurch häufig die Folgen eines Betriebsunfalls sich ungleich verhängnisvoller gestalten, als bei einem gewöhnlichen Wagen; ferner in der Schwierigkeit, den Wagen sofort oder doch schnell zum Stehen zu bringen, in der geräuschlosen Annäherung infolge der Gummibereifung, in der Möglichkeit des Schleuderns beim Ausbiegen in schneller Fahrt auf schlüpfrigem Boden, in der Verwendung feiner und komplizierter Maschinen, feuergefährlichen Betriebsstoffs u. dgl. m. Diese allgemeine Betriebsgefahr kann durch die verschiedensten Umstände im einzelnen Falle gesteigert sein, z. B. durch den jeweilig besonders starken Verkehr im großstädtischen Straßengetriebe, oder weil die Wege von anhaltendem Regen aufgeweicht und besonders schlüpfrig sind, oder wenn infolge anderer starker Verkehrsgeräusche oder infolge von Sturm und Regen die Annäherung des Fahrzeugs durch die vorgeschriebenen Hupensignale nicht oder schlecht hörbar gemacht werden kann (vgl. RG. 30. Mai 1907, EE. 24, 158; 12. März 1903, EE. 20, 150; 23. Febr. 1905, JW. 229[4]); oder bei Nacht, weil der Weg nur auf kürzere Entfernung übersehen werden kann (für den Eisenbahnbetrieb ist freilich die Nachtzeit als gefahrerhöhender Umstand nicht anerkannt worden, RG. 2. Juli 1908, EE. 25, 188; aber die Kraftwagen verkehren nicht auf abgesperrten, bewachten und beleuchteten Strecken). Auch Unachtsamkeit des Fahrers erhöht die Betriebsgefahr, ebenso wie schlechter Zustand der Maschine oder des Fahrzeugs, RG. 11. Juni 1903, EE. 20, 175; 7. Nov. 1904, EE. 21, 378; 11. Juli 1907, EE. 24, 177; 26. Nov. 1908, JW. 1909, 46[6]; 25. Okt. 1913, JW. 1914, 96[25]. Ein für den Unfall kausales Verschulden des Fahrers oder des Halters selbst kann im Schadensersatzprozeß doppelte Bedeutung gewinnen: einmal als Klaggrund aus §§ 823, 831 BGB. kumulativ neben der Begründung aus § 7 d. Ges. und zweitens replicando gegenüber dem Einwande des Selbstverschuldens als ein die Betriebsgefahr und damit das dem Halter zur Last fallende Maß der Verursachung erhöhender Umstand. Dagegen, daß das Verschulden des Fahrers als gefahrerhöhender Umstand bewertet werde, kann sich der Halter nicht durch den Entschuldungsbeweis des § 831 schützen. Denn die auch bei sorgfältiger Auswahl vorkommenden Versehen sind eben Mängel des Betriebes, die er zu vertreten hat, RG. 25. Okt. 1913, JW. 1914, 96[25].

Weil es sich darum handelt, in welchem Maße der Unfall durch die Betriebsgefahr verursacht worden ist, so müssen solche Umstände außer Betracht bleiben, welche die Betriebsgefahr lediglich in abstracto erhöht haben, ohne daß diese Gefahrerhöhung sich in dem Unfall irgendwie verwirklicht hätte. Es muß eine Kausalbeziehung zu dem wirklich eingetretenen Unfalle vorhanden sein, wenn der gefahrsteigernde Umstand im Sinne des § 9 zuungunsten des Halters in die Wagschale geworfen werden soll.

Auch auf seiten des Verletzten ist zu prüfen, inwieweit sein

Verschulden ursächlich zur Entstehung des Schadens mitgewirkt hat. Es wäre möglich, daß unter Umständen ein grobes Verschulden in concreto nur in geringem Maße ursächlich zum Schaden geworden ist, während unter andern Umständen schon ein ganz geringfügiges Versehen des Verletzten als wesentlich kausaler zum Schaden erscheinen kann wie die Betriebsgefahr. Hier ist aber zu erwägen, daß nach § 254 die Frage der Verursachung nur als ein, allerdings ausdrücklich hervorgehobener Maßstab für die Verteilung des Schadens Bedeutung hat, und daß auch andere wichtige Umstände berücksichtigt werden können und sollen, RG. 7. März 1905, JW. 283[5] (EE. 22, 60). Insbesondere kann auch das Schuldmoment — auch ohne Rücksicht auf Kausalität — herangezogen, und das Verhalten des Verletzten beim Unfall nach der ethischen Seite gewertet werden, RG. 1. Dez. 1904, EE. 21, 290; 28. Febr. 1908, JW. 299[5]; Schweizer Bundesgericht 24. Jan. 1907, EE. 24[21]. Es kommt also auch auf den Grad des Verschuldens an, vgl. z. B. RG. 8. Juni 1907, EE. 24, 69. Grobes Verschulden ist eine besonders schwere Verletzung der im Verkehr erforderlichen Sorgfalt, eine Außerachtlassung der Aufmerksamkeit, die jeder Mensch in der vorhandenen Lage unter allen Umständen beobachten muß, RG. 14. Okt. 1910, JW. 1911, 86[14]; 5. Jan. 1909, JW. 108[5]; 2. Okt. 1914, JW. 1915, 22[5].

Das Verschulden kindlicher oder jugendlich unerfahrener Personen kann milder bewertet werden als bei Erwachsenen, so daß Kindern, auch wenn grobes Verschulden der gewöhnlichen Betriebsgefahr gegenübersteht, immerhin noch ein teilweiser Schadensersatz zugesprochen wird, RG. 23. Mai 1908, Bd. 68, 422; 18. Okt. 1909, JW. 1910, 37[60]; 8. Mai 1911, JW. 578[13].

Geringer kann auch das Verschulden desjenigen bewertet werden, dessen Gefühl für die Gefahr abgestumpft war, RG. 7. Jan. 1909, JW. 186[12]. Dagegen verstärkt die Kenntnis des Verletzten von gefahrerhöhenden Umständen auch den Grad seines Verschuldens, wenn er sich trotzdem in die Gefahr begeben hat, RG. 25. Okt. 1913, JW. 1914, 96[25].

Nach der Praxis des Reichsgerichts schließt grobes Verschulden des Verletzten den Ersatzanspruch gänzlich aus, wenn keine besonderen Umstände vorliegen, welche die Betriebsgefahr erhöhen: RG. 11. Juni 1903, EE. 20, 175; 5. Juli 1905, JW. 498; 8. Juli 1907, EE. 24, 174; 23. Sept. 1907, 24, 260; 26. Sept. 1907, 24, 265; 4. Nov. 1907, 24, 278; 21. Mai 1908, 25, 165; 10. Febr. 1908, 24, 395; 7. März 1911, JW. 485[2]; 21. Sept. 1909, JW. 667[22]; 22. Okt. 1908, JW. 742[9]. Ausdrücklich ausgesprochen ist dieser Satz in der Entscheidung v. 2. Juli 1908 (EE. 25, 188): „Wofern sich hier eine allgemeine Norm überhaupt aufstellen ließe, so wäre es eher die, daß, wenn neben der gewöhnlichen Eisenbahngefahr ein grobes Verschulden des Verletzten mitgewirkt hat, für die Regel eine Haftpflicht des Eisenbahnunternehmers überhaupt auszuschließen sein wird.“ Trotz groben Verschuldens wurde gleichwohl ein teilweiser Ersatz zugesprochen in RG. 9. Febr. 1909, JW. 1910, 65[15].

Trotz erhöhter Betriebsgefahr wurde wegen groben Verschuldens des Verletzten jeder Ersatz versagt in RG. 23. Sept. 1907, EE. 24, 259; 17. Okt. 1910, JW. 1911, 62[65].

In der Regel wird aber bei Konkurrenz zwischen grobem Verschulden des Verletzten mit erhöhter Betriebsgefahr dem Verletzten wenigstens ein Teil des Schadens zu ersetzen sein, RG. 12. März 1903, EE. 20, 150; 14. April 1904, 21, 66; 7. Nov. 1904, 21, 378; 8. Juli 1905, JW. 490[10]; 2. Juli 1908, EE. 25, 188, 189; 14. Okt. 1911, JW. 1016[18]; 21. Sept. 1909, JW. 667[22]; 6. Okt. 1913, JW. 1914, 45[13].

Konkurriert geringes Versehen des Verletzten mit der gewöhnlichen — nicht erhöhten — Betriebsgefahr, so ist gleichfalls in der Regel eine Verteilung des Schadens vorzunehmen, RG. 2. Nov. 1903, EE. 21, 14; 9. Nov. 1903, Bd. 56, 154; 14. Nov. 1904, EE. 21, 288; 16. Febr. 1914, JW. 471[13]. War die Betriebsgefahr gesteigert, so wird dem Verletzten, dem nur sehr geringes Versehen zur Last fällt, eine größere

Quote, unter Umständen der ganze Schadensersatz zuzusprechen sein, RG. 26. Nov. 1908, JW. 1909, 46[6].

Da es auf die Abwägung der Verantwortlichkeit nicht für den Unfall, sondern für den Schaden ankommt, so ist auch solches Verschulden des Verletzten zu berücksichtigen, welches erst nach dem Unfall auf den Umfang der Schadensfolgen ungünstig eingewirkt hat, RG. 9. Dez. 1909, JW. 1910, 65[1b]. Vgl. Anm. 2 IV zu diesem Paragraphen.

§ 10.

Im Falle der Tötung ist der Schadensersatz durch Ersatz der Kosten einer versuchten Heilung sowie des Vermögensnachteils zu leisten, den der Getötete dadurch erlitten hat, daß während der Krankheit seine Erwerbsfähigkeit aufgehoben oder gemindert oder eine Vermehrung seiner Bedürfnisse eingetreten war. Der Ersatzpflichtige hat außerdem die Kosten der Beerdigung demjenigen zu ersetzen, dem die Verpflichtung obliegt, diese Kosten zu tragen.

Stand der Getötete zur Zeit der Verletzung zu einem Dritten in einem Verhältnisse, vermöge dessen er diesem gegenüber kraft Gesetzes unterhaltspflichtig war oder unterhaltspflichtig werden konnte, und ist dem Dritten infolge der Tötung das Recht auf Unterhalt entzogen, so hat der Ersatzpflichtige dem Dritten insoweit Schadensersatz zu leisten, als der Getötete während der mutmaßlichen Dauer seines Lebens zur Gewährung des Unterhalts verpflichtet gewesen sein würde. Die Ersatzpflicht tritt auch dann ein, wenn der Dritte zur Zeit der Verletzung erzeugt, aber noch nicht geboren war.

1. Allgemeines.

Die §§ 10 und 11 bestimmen den Umfang des nach § 7 Abs. 1 zu leistenden Schadensersatzes, und zwar § 10 für den Fall der Tötung, § 11 für den Fall der Körper- und Gesundheitsverletzung, während das Gesetz für den dritten in § 7 Abs. 1 vorgesehenen Schadensfall, der Beschädigung einer Sache durch ein Kraftfahrzeug, keine besonderen Bestimmungen gibt, so daß es für diesen Fall bei den allgemeinen Bestimmungen des BGB. über den Umfang des Schadensersatzes bewendet.

§ 10 ist wörtlich dem § 844 BGB. und dem § 3 des HaftpflGes. — in seiner durch Art. 42 EinfGes. z. BGB. geänderten Fassung — nachgebildet. Die Kategorien der Schadensfolgen, für welche nach dem Gesetz Ersatz zu leisten ist, sind erschöpfend aufgezählt; für weitere Schadensfolgen ist Ersatz nicht zu leisten.

2. Heilungskosten, Erwerbsverlust, vermehrte Bedürfnisse.

Die im Abs. 1 Satz 1 aufgezählten Schadenskategorien: Heilungskosten, Erwerbsausfall und vermehrter Bedarf, sind dieselben wie in § 11 für den Fall der Körperverletzung vorgesehen sind. Der Verletzte selbst fordert Ersatz für diese Schäden lediglich auf Grund des § 11; solange er lebt, ist § 10 nicht anwendbar, weil diese Bestimmung den Schadensersatz ausschließlich für den Fall der Tötung regelt. Hat § 10 den Tod des Verunglückten zur Voraussetzung, so handelt es sich doch im ersten Satz des Abs. 1 um Ersatzansprüche, die schon in der Person des Getöteten entstanden sind. Daß diese Ansprüche wie andere Forderungen des Verunglückten mit seinem Tode auf die Erben übergehen, ist selbstverständlich. Die pleonastische Wiederholung in § 10 kann nur den Zweck haben, gegenüber etwaigen Zweifeln zu betonen, daß, wenn die Verletzung im weiteren Verlaufe zum Tode führt, damit der Anspruch auf Ersatz für die genannten Schadenskategorien nicht erlischt, sondern neben den besonderen für den Fall der Tötung gegebenen Ersatzansprüchen bestehen bleibt. Der durch den Tod des Verletzten veränderten Sachlage entsprechen die geringfügigen Abweichungen des Textes gegenüber der Fassung des § 11: es wird von den Kosten einer **versuchten Heilung** gesprochen und von Vermögensnachteilen, die der Getötete erlitten **hat, weil während der Krankheit** seine Erwerbsfähigkeit beschränkt und seine Bedürfnisse vermehrt waren.

Im einzelnen vgl. hierzu die Erläuterungen zu § 11.

8. **Beerdigungskosten.**

Daß die Beerdigungskosten ohne weiteres in voller Höhe zu erstatten sind, geht über den Grundsatz, nach welchem nur Schaden ersetzt werden soll, hinaus. Die Schadensfolge des Unfalls ist nicht, daß die Beerdigungskosten überhaupt aufgewendet werden mußten, sondern nur, daß diese Notwendigkeit früher eingetreten ist, als sie ohne den Unfall voraussichtlich eingetreten sein würde. Die Vorschrift kann in solchen Fällen, wo ein zur Deckung der Beerdigungskosten hinreichender Nachlaß vorhanden ist, namentlich dann, wenn der Getötete schon alt war, zu einer Bereicherung des Erben führen, da er etwas ersetzt bekommt, was er eine voraussichtlich kurze Frist später ohne Ersatz hätte aufwenden müssen. In andern Fällen freilich, wo kein Nachlaß vorhanden ist, und die Beerdigungskosten vielleicht dem Unterhaltspflichtigen zur Last fallen, werden die vollen Kosten als Unfallsschaden empfunden, weil möglicherweise zur Zeit des späteren natürlichen Todes ein anderer zu ihrer Aufwendung verpflichtet gewesen sein würde. Mit Rücksicht auf die Ungleichartigkeit der möglichen Fälle ist die einheitliche Regelung des Gesetzes zweckmäßig, zumal es sich um verhältnismäßig geringfügige Schadensfolgen handelt. Traf der Unfall geradezu einen Sterbenden, so dürfte der Anspruch auf Ersatz der Beerdigungskosten zu versagen sein, weil sie ohnehin zu derselben Zeit erwachsen sein würden, ein Schaden durch den Unfall also nicht entstanden ist (ebenso Höpfel).

Die wirklich entstandenen Kosten sind zu ersetzen, aber nur in demjenigen Umfange, in dem für den ersatzfordernden Gläubiger eine Verpflichtung bestand, Beerdigungskosten aufzuwenden. Nach § 1968 BGB. hat der Erbe den Erblasser standesgemäß beerdigen zu lassen; dabei ist der Stand des Getöteten entscheidend. Sind tatsächlich mehr Kosten aufgewendet worden, als dem Stande des Getöteten entsprach, so kann der Ersatzpflichtige den Ersatz für den Mehrbetrag ablehnen. Unter Umständen werden auch die Kosten für den Transport der Leiche nach der Heimat zu den Beerdigungskosten zu rechnen sein. Daß im Falle der Einäscherung der Leiche die hierauf verwendeten Kosten, soweit sie die Kosten einer andern Bestattung nicht übersteigen, zu ersetzen sind, ist meines Erachtens unbedenklich zu bejahen; der dem BGB. entstammende Ausdruck „Beerdigungskosten" ist der zur Zeit der Abfassung dieses Gesetzbuchs allgemein üblichen Bestattungsform entlehnt, jedenfalls nicht im Gegensatz zu einer andern Bestattungsart gedacht und besagt nichts anderes, als „Bestattungskosten" (ebenso Höpfel).

Die Beerdigungskosten müssen dem Verpflichteten entstanden sein; ob er sie schon bezahlt hat oder noch schuldig geblieben ist, bleibt sich gleich; letzterenfalls ist die Klage auf Befreiung von der Schuld begründet.

Die Forderung auf Ersatz der Beerdigungskosten ist ein selbständiges Recht, entsteht direkt in der Person des Dritten. Infolgedessen ist der Verunglückte nicht in der Lage, dies Recht ohne Zustimmung des Dritten, etwa durch einen Vergleich mit dem Haftpflichtigen, zu beseitigen; doch kann er natürlich testamentarisch dem Erben die Pflicht auferlegen, die Beerdigungskosten nicht vom Haftpflichtigen zu verlangen, sondern aus dem Nachlaß zu zahlen. Forderungsberechtigt ist nicht derjenige, der die Kosten der Beerdigung tatsächlich verauslagt hat, sondern derjenige, dem die Verpflichtung dazu oblag. Die Verpflichtung kann durch Gesetz oder Vertrag begründet, z. B. im Gutsüberlassungsvertrage vom Erwerber des Guts mit übernommen worden sein. Sterbe- u. dgl. Kassen übernehmen in der Regel nicht die Verpflichtung, die Beerdigungskosten zu tragen, als vielmehr einen bestimmten Betrag zum Zweck der Beerdigung zu zahlen; sie kommen als ersatzberechtigt daher nicht in Frage (ebenso Höpfel, Krause). Gesetzlich liegt sie dem Erben (§ 1968 BGB.) und, wenn Bezahlung von ihm nicht zu erlangen ist, den alimentationspflichtigen Angehörigen (§ 1615 Abs. 2 BGB.) oder dem Vater des unehelichen Kindes (§ 1713 Abs. 2) und, wo auch diese fehlen, dem Armenverbande ob. Hat ein anderer die Beerdigungskosten verauslagt, so kann er sich aus eigenem Recht nur an den Verpflichteten halten, an den Haftpflichtigen nur dann, wenn der Verpflichtete ihm seine Forderung gegen den Haftpflichtigen abgetreten hat, oder auf Grund der Geschäftsführung ohne Auftrag.

4. Absatz 2. Schadensersatz wegen Entziehung des Rechts auf Unterhalt.

I. Allgemeines.

Während nach allgemeinen Rechtsgrundsätzen nur dem unmittelbar Geschädigten — das würde nur der körperlich Verletzte selbst sein — Schadensersatz zu leisten ist, werden im Falle der Tötung auch dritten Personen, die durch den Unfall nur mittelbar geschädigt sind, Ersatzansprüche zugebilligt. Der Getötete selbst kann für die Verkürzung seines Lebens nicht entschädigt werden, denn dieser Schaden ist nicht vermögensrechtlicher Natur; dem Erben als solchen stehen deshalb aus der Person des Erblassers keine Ersatzansprüche zu. Dafür erkennt das Gesetz unter gewissen Voraussetzungen die Ansprüche dritter Personen auf Ersatz des Vermögensschadens an, der ihnen durch den Wegfall ihres Versorgers entstanden ist.

Solange der Unfallverletzte noch lebt, ist er allein nach § 11 ersatzforderungsberechtigt. Es ist möglich, daß von ihm abhängige Personen schon bei seinen Lebzeiten mittelbar durch den Unfall geschädigt sind, weil mit dem Wegfall seiner Erwerbsfähigkeit die Quelle versiegt ist, aus der auch sie ihren Unterhalt schöpften. Für diesen Schaden, den sie bei Lebzeiten des Verletzten vielleicht schon erleiden, haben sie kein Ersatzforderungsrecht. Ansprüche des Verletzten, die zur Zeit seines Todes noch nicht erfüllt sind, können vom Erben auf Grund des Erbrechts geltend gemacht werden. Eigene Ansprüche der Dritten können erst nach dem Tode des Verunglückten zur Entstehung gelangen.

II. **Voraussetzungen des Ersatzanspruchs. Unterhaltsrecht.**

Das Recht des Dritten auf Schadensersatz hat zur **Voraussetzung:**

a) ein Verhältnis zwischen dem Dritten und dem Getöteten, vermöge dessen dieser dem Dritten kraft Gesetzes unterhaltspflichtig war oder es werden konnte. Das Verhältnis muß zur Zeit der Verletzung bestanden haben;

b) das Recht des Dritten auf Unterhalt muß ihm durch die Tötung entzogen sein.

Das Verhältnis, auf welchem die Unterhaltspflicht beruht, muß schon zur Zeit der Verletzung, also des Unfalls, bestanden haben. Wird es erst später begründet, schließt der Verunglückte z. B. in der Zeit zwischen Unfall und Tod, die unter Umständen von längerer Dauer sein kann, eine Ehe oder adoptiert oder legitimiert er in dieser Zeit ein Kind, so kann das aus diesem Verhältnis entspringende Unterhaltsrecht keinem Schadensersatzanspruch zur Grundlage dienen, wenn es durch den Tod des Unterhaltspflichtigen erlischt; denn das Verhältnis bestand nicht zu dem maßgebenden Zeitpunkt des Unfalls. Aber auch hier gilt der Satz: nasciturus pro iam nato habetur. Ein Kind, welches erst nach dem Unfall, ja vielleicht erst nach dem Tode seines Vaters geboren wird, kann Schadensersatz wegen des durch den Tod seines Vaters ihm entzogenen Unterhalts fordern, sofern es nur zur Zeit des Unfalls bereits gezeugt war. Diese in Satz 2 ausdrücklich bestimmte Ausnahme gilt in gleicher Weise für eheliche wie für uneheliche Kinder. Aber das zur Zeit des Unfalls unehelich erzeugte Kind hat nur die aus unehelicher Zeugung erwachsenen Unterhaltsrechte und kann auch durch nachfolgende Ehe seiner Eltern, auch dann, wenn die Ehe vor seiner Geburt geschlossen wird, nicht die weitergehenden Unterhaltsrechte eines ehelichen Kindes erwerben; denn das Verhältnis, auf welchem seine Rechtsstellung als eheliches Kind beruht, ist erst durch die nach dem Unfall vollzogene Eheschließung begründet worden (ebenso Höpfel). Die Frage, ob ein später geborenes Kind zur Zeit des Unfalls erzeugt sein konnte, wird in analoger Anwendung der Bestimmungen über die gesetzliche Empfängniszeit (§§ 1592, 1717 BGB.) zu entscheiden sein.

Als Verhältnisse, welche gesetzlich ein Recht auf Unterhalt begründen können, kommen in Betracht: das eheliche Verhältnis sowohl bei bestehender Ehe (§ 1360 BGB.) als auch nach ihrer Scheidung (§§ 1578, 1579, 1351 BGB.); die Verwandtschaft, aber nur in gerader Linie, einschließlich des durch Adoption und Legitimation vermittelten Verhältnisses (§§ 1601, 1703, 1719, 1736, 1757); das Verhältnis des unehelichen Kindes zu seinem Erzeuger (§ 1708), der außerehelich Geschwängerten zum Schwängerer (§ 1715). Die sonstigen gesetzlichen Alimentationspflichten (des Erben §§ 1963, 1969, 2141, des Beschenkten §§ 528, 529) dürften einem Entschädigungsanspruch kaum zur Grundlage dienen können.

Beruht das Recht auf Unterhalt nicht auf Gesetz, sondern auf Vertrag, z. B. auf einem Altenteilsvertrage, einem Pflegschaftsvertrage, so ist bei Tötung des Verpflichteten kein Ersatz für den hierdurch entzogenen Unterhalt zu leisten. Verträge zwischen den Beteiligten, die nicht ein Unterhaltsrecht neu begründen, sondern nur den Umfang und die Leistungen für ein bestehendes gesetzliches Unterhaltsrecht im einzelnen näher regeln, sind dagegen auch für den Umfang des Schadensersatzes maßgebend, soweit sie nicht dem Schuldner höhere Leistungen auferlegen als die gesetzlichen. Ein uneheliches Kind, das sich durch rechtsgültigen Vergleich mit einem niedrigeren Alimentensatze als dem üblichen begnügt hatte, ist auch nach dem Unfalltode des Vaters im Haftpflichtprozeß an den vereinbarten Satz gebunden.

Noch weniger wie auf Grund eines Vertragsrechts kann

Schadensersatz für entzogenen Unterhalt gefordert werden, wenn der Unterhalt bisher ohne jede Rechtspflicht, rein aus Liberalität, vielleicht in Anerkennung einer sittlichen Pflicht, gewährt worden ist.

Mit dem Bestehen des ehelichen, verwandtschaftlichen oder sonstigen Verhältnisses ist die Unterhaltspflicht nicht immer ohne weiteres gegeben. In manchen Fällen bedarf es noch weiterer Voraussetzungen, um sie zur Entstehung zu bringen; das persönliche Verhältnis ist nur der Urgrund, aus dem bei Hinzutritt gewisser Umstände das Recht auf Unterhalt erwachsen kann. Ob diese Umstände zur Zeit des Unfalls schon vorliegen, und ob dadurch also das Recht auf Unterhalt bereits zu dieser Zeit besteht, darauf kommt es nicht an; es genügt, wenn das Verhältnis besteht, aus dem sich — beim Fortleben des Getöteten — in Zukunft durch Hinzutritt der erforderlichen Umstände das dem Verhältnis entsprechende Recht auf Unterhalt hätte entwickeln können. Die Voraussetzungen für die Entstehung der gesetzlichen Unterhaltsrechte sind verschieden. Der Ehemann hat der Frau bei bestehender Ehe nach Maßgabe seiner Lebensstellung, seines Vermögens und seiner Erwerbsfähigkeit Unterhalt zu gewähren (§ 1360 Abs. 1 BGB.). Hier ist also das Unterhaltsrecht mit dem Bestehen des ehelichen Verhältnisses ohne weiteres gegeben; ob die Frau ein großes eigenes Vermögen, der Mann dagegen nur den Ertrag seiner Arbeit hat, spielt keine Rolle. Andererseits hat die Frau dem Manne nur dann Unterhalt zu gewähren, wenn er außerstande ist, sich selbst zu unterhalten (§ 1360 Abs. 2). Hier hängt also die Entstehung des Unterhaltsrechts von der Bedürftigkeit des Berechtigten ab. Das Gleiche gilt für die Unterhaltsrechte der Verwandten (§ 1602 Abs. 1 BGB.). Außer der Bedürftigkeit des Berechtigten spielt auch die Leistungsfähigkeit des Verpflichteten (§ 1603 Abs. 1 BGB.) und das Vorhandensein oder Fehlen eines näher Verpflichteten (§ 1606 BGB.) mit. Diese Umstände, welche das Unterhaltsrecht erst zur Entstehung bringen, können zur Zeit des Unfalls fehlen. Der Vater z. B., dessen Sohn durch ein Kraftfahrzeug getötet worden ist, würde, solange er sich selbst in vollerwerbsfähigem Zustande oder im Besitz eines ausreichenden Vermögens oder sonstiger Einnahmequellen befindet, keinen Anspruch auf Unterhalt gegen seinen Sohn haben erwerben können; es besteht aber die Möglichkeit, daß er vielleicht erst nach Jahren durch Verlust seiner Erwerbsfähigkeit, seines Vermögens oder seiner sonstigen Einnahmequellen unterhaltsbedürftig werden kann; dann würde sein Anspruch auf Unterhalt gegen den Sohn, wenn dieser noch lebte, zur Entstehung kommen, und er würde dadurch, daß er infolge des früheren Todes seines Sohnes gehindert wäre, diesen Unterhaltsanspruch zu verwirklichen, geschädigt sein. Die Feststellungsklage des Vaters, daß der Haftpflichtige ihm für den Fall, daß er künftig unterhaltsbedürftig werden sollte, im Rahmen der künftigen Unterhaltspflicht des getöteten (siebenjährigen) Sohnes schadensersatzpflichtig sei, ist vom RG. als begründet anerkannt worden, RG. 25. März 1909, JW. 314[12]; 24. Nov. 1910, JW. 1911, 153[9].

III. Entziehung des Unterhaltsrechts.

Die Entziehung des Unterhaltsrechts muß in ursächlichem Zusammenhange mit der Tötung stehen. Ist das zur Zeit des Unfalls begründete Unterhaltsrecht nachträglich aus anderen Gründen erloschen, z. B. dadurch, daß zwischen Unfall und Tod die Ehe geschieden, die Annahme an Kindes Statt aufgehoben wurde, so entfällt der Ersatzanspruch.

Die Schädigung, für die der Berechtigte Ersatz fordern kann, besteht nicht in der Entziehung des Unterhalts, sondern in der Entziehung des **Rechts** auf Unterhalt. Ob der Berechtigte tatsächlich vom Getöteten Unterhalt bezogen hat, oder ob er sein Recht auf Unterhalt nicht ausgeübt hat, darauf kommt nichts an, wie es ja auch gleichgültig ist, ob das Recht zu Lebzeiten des Getöteten überhaupt schon bestanden hat oder erst lange nach seinem Tode zur Entstehung gelangt. Selbstverständlich spielt die Leistungsfähigkeit des Unterhaltspflichtigen auch da, wo sie nicht gesetzliche Voraussetzung für das Unterhaltsrecht selbst ist, insofern eine Rolle, als bei völliger Vermögenslosigkeit des Unterhaltspflichtigen das Unterhaltsrecht schon aus diesem Grunde nicht hätte verwirklicht werden können, mithin durch seinen Tod nach dieser Richtung hin kein Schaden entstanden sein kann.

Der Ersatzanspruch setzt voraus, daß das Recht auf Unterhalt entweder schon beim Tode des Unterhaltspflichtigen begründet gewesen sei oder doch — unter der Annahme seines Fortlebens — später zur Entstehung gelangt sein würde. Es müssen also — abgesehen von dem Leben des Pflichtigen — alle Umstände vorhanden sein, durch welche die Entstehung des Rechts auf Unterhalt gesetzlich bedingt ist. Das Vorhandensein dieser Umstände muß der ersatzfordernde Gläubiger ebenso behaupten und beweisen, wie er dies im Unterhaltsprozeß selbst dem Verpflichteten gegenüber im Bestreitungsfalle hätte tun müssen. Anderseits stehen dem Ersatzpflichtigen alle Einwendungen zu, die der Getötete dem Unterhaltsanspruch gegenüber hätte vorbringen können. Hiernach ergeben sich je nach der Art des Verhältnisses, auf dem das Unterhaltsrecht beruht, Verschiedenheiten. Der Unterhaltsanspruch der Eltern z. B. ist davon abhängig, daß sie außerstande sind, sich selbst zu unterhalten. Sie haben daher auch dem Ersatzpflichtigen gegenüber den Nachweis ihrer Vermögenslosigkeit und Erwerbsunfähigkeit zu erbringen. Dem Alimentationsanspruch der Eltern gegenüber kann der in Anspruch genommene Sohn oder die Tochter einwenden, daß sie bei Berücksichtigung ihrer sonstigen Verpflichtungen außerstande seien, ohne Gefährdung des eigenen Unterhalts den verlangten Unterhalt zu gewähren (§ 1603 BGB.). In gleicher Weise hat der Ersatzpflichtige das Recht, einzuwenden, daß der Getötete, wenn er leben würde, diese Leistungsfähigkeit nicht besitzen oder daß er sie später verloren haben würde, RG. 14. Mai 1906, JW. 488[27]. Der Beweis der Bedürftigkeit auf der einen und der Leistungsfähigkeit auf der anderen Seite kann im Bestreitungsfalle nicht durch den Hinweis darauf ersetzt werden, daß das getötete Kind bei Lebzeiten tatsächlich die Eltern unterstützt habe; es kommt allein darauf an, ob diese Unterstützung von den Eltern als ihr Recht gefordert werden konnte, und ob sie in demselben Maße weiter würde gefordert werden können, wenn das Kind am Leben geblieben wäre, RG. 10. Juni 1907, JW. 480[13].

Der Unterhaltsanspruch der großjährigen und der verheirateten minderjährigen Kinder gegenüber ihren Eltern ist an dieselben Voraussetzungen der Bedürftigkeit und der Leistungsfähigkeit geknüpft. Der Unterhaltsanspruch der minderjährigen unverheirateten Kinder hat gegenüber leistungsfähigen Eltern nur eine relative Bedürftigkeit zur Voraussetzung, insofern das Stammvermögen der Kinder für die Frage ihrer Bedürftigkeit außer Betracht bleibt; es genügt also schon zur Begründung ihres Unterhaltsanspruchs, daß die Einkünfte ihres Vermögens und der Ertrag ihrer Arbeit zu ihrem Unterhalte nicht ausreichen. Neben dieser relativen Bedürftigkeit ist aber die volle Leistungsfähigkeit der Eltern Voraussetzung des Anspruchs auf Unterhalt. Fehlt diese, so steht das Vorhandensein von Stammvermögen dem Anspruch auf Unterhalt entgegen; dann wird also absolute Bedürftigkeit verlangt. Anderseits wird bei absoluter Bedürftigkeit der Kinder der Unterhaltsanspruch auch durch die Leistungsunfähigkeit der Eltern nicht ausgeschlossen, sondern nur verhältnismäßig herabgemindert, §§ 1602, 1603 BGB.

Der Unterhaltsanspruch der Ehefrau gegen ihren Mann ist an keine weiteren Voraussetzungen gebunden, der Anspruch des Mannes gegen die Frau ist von der Bedürftigkeit des Mannes abhängig, § 1360 BGB. Für geschiedene Ehen gilt § 1578 BGB.

Abgesehen von den Fragen der Bedürftigkeit und Leistungsfähigkeit kommt es für die Entstehung des Unterhaltsrechts darauf an, ob nicht zurzeit ein anderer leistungsfähiger Unterhaltspflichtiger vorhanden ist, der nach der vom Gesetz geordneten Reihenfolge vor dem Getöteten in Anspruch genommen werden müßte, §§ 1606—1608 BGB.

Liegen die Voraussetzungen für die Entstehung des Unterhaltsrechts bereits zur Zeit des Todes des Unterhaltspflichtigen sämtlich vor, so ist dennoch zu prüfen, ob nicht vielleicht gerade infolge des Todes, indem z. B. der Dritte den Unterhaltspflichtigen beerbt, die Verhältnisse sich derart verändert haben, daß mit der Bedürftigkeit des Dritten eines der wesentlichen Fundamente des Unterhaltsanspruchs weggefallen ist. Von Einfluß auf die Bedürftigkeit kann außer einem Kapitalvermögen, das dem Dritten aus dem Nachlaß des Getöteten zufällt, auch sein, daß ihm eine Lebensversicherungssumme oder Waisengelder zufallen, oder daß seine Erwerbsfähigkeit, die er als Hauskind bisher unentgeltlich in den Dienst des Elternhauses zu stellen verpflichtet war (§ 1617 BGB.), frei wird und nun im eigenen Interesse betätigt werden kann. Wird aber die Bedürftigkeit des Dritten lediglich dadurch beseitigt, daß ihm nunmehr nach dem Tode des Verunglückten ein anderer zum Unterhalt verpflichtet ist, so wird hierdurch ausnahmsweise nach der positiven Vorschrift des § 843 Abs. 4 BGB. (vgl. § 13 Abs. 2 d. Ges.) der Ersatzanspruch nicht beseitigt; der Unterhaltsanspruch gegen den anderen bleibt bei der Prüfung, ob ein Schaden entstanden ist, völlig außer Betracht.

Es ist möglich, daß der Alimentationsanspruch bei Lebzeiten des Verunglückten überhaupt noch gar nicht begründet war, daß zwar das verwandtschaftliche oder sonstige Verhältnis bestand, aus dem beim Hinzutritt der übrigen Voraussetzungen ein Unterhaltsanspruch erwachsen kann, daß aber eine dieser sonstigen Voraussetzungen damals fehlte, z. B. weil ein anderer, näher Verpflichteter den Unterhalt gewährte oder weil der Dritte damals noch erwerbsfähig oder vermögend war, oder auch weil der Getötete damals nicht leistungsfähig war. Solange auch nach dem Tode des Verunglückten diese Umstände fortdauern, welche bei seinen Lebzeiten zur Abweisung der Unterhaltsklage geführt haben müßten, so lange kann der Dritte auch keinen Ersatzanspruch geltend machen, wenigstens nicht mit der Leistungsklage, weil ihm ein Schaden durch den Tod bislang nicht entstanden ist. Die Leistungsklage erwächst ihm aber sofort in dem Augenblick, wo sich die Verhältnisse ändern, wo die Unterhaltspflicht des näher Verpflichteten erlischt, etwa weil dieser stirbt oder leistungsunfähig wird, oder wo der Dritte sein Vermögen verliert oder etwa infolge Alters erwerbsunfähig wird, oder wo dem Getöteten, wenn er noch lebte, eine Erbschaft oder ein sonstiges Vermögen zugefallen sein würde, so daß er leistungsfähig geworden wäre.

Das Recht auf Unterhalt muß entzogen, d. h. erloschen, untergegangen sein. Im allgemeinen erlöschen die Rechte auf Unterhalt mit dem Tode des Verpflichteten. Von dieser Regel gibt es aber ausdrückliche gesetzliche Ausnahmen, so für den Unterhaltsanspruch des geschiedenen Ehegatten und für denjenigen des unehelichen Kindes, §§ 1582, 1712 BGB. In diesen Ausnahmefällen geht die Unterhaltspflicht auf die Erben des Verpflichteten über. Dabei bleibt die Identität des Anspruchs gewahrt, die Erben setzen die Persönlichkeit des Erblassers fort, sie sind nicht „andere" im Sinne des § 843 Abs. 4 BGB. In diesen Fällen ist demgemäß das Unterhaltsrecht durch den Tod des Verpflichteten dem Dritten nicht ohne weiteres entzogen. Ein Schaden tritt für den Unterhaltsberechtigten nur insoweit ein, als der Nachlaß unzureichend ist und der Erbe von dem Recht, die Unterhaltsrente herabzusetzen oder das Kind mit dem Pflichtteil abzufinden, Gebrauch macht. Dieser Schaden ist auf den Tod des Unterhaltspflichtigen als Ursache zurückzuführen, wenn er — sein Fortleben vorausgesetzt — durch den Ertrag seiner Arbeit oder aus anderen Einnahmequellen, die mit seinem Tode erloschen sind, den Unterhalt zu gewähren imstande gewesen sein würde. RG. 12. Dez. 1907, EE. 24, 287; 26. Okt. 1910, Bd. 74, 375.

IV. Umfang der Schadensersatzpflicht.

Daß Schadensersatz zu leisten ist, hat nach zwei Richtungen besondere Bedeutung. Der Unterhaltsanspruch ist zwar die Grundlage des Ersatzanspruchs; dieser ist in seiner Entstehung und Beendigung und in seinem Umfange durchaus von jenem abhängig. Gleichwohl übernimmt der Haftpflichtige nicht die Unterhaltspflicht an Stelle des Getöteten, sondern er leistet Ersatz für den vorzeitigen Wegfall des Rechts auf Unterhalt, RG. 9. Febr. 1911, JW. 375[42]. Das Schuldverhältnis folgt deshalb in allen Beziehungen den für Schadensersatzforderungen und nicht den für Unterhaltsforderungen geltenden besonderen Bestimmungen. Wenn z. B. der Haftpflichtige selbst wieder durch einen Kraftwagenunfall getötet wird, so kann der Berechtigte seine Ansprüche lediglich gegen den Nachlaß geltend machen, keineswegs aber auf Grund des § 10 vorliegenden Gesetzes als geschädigter Dritter Ersatzansprüche gegen denjenigen erheben, der den neuen Unfall zu vertreten hat.

Zweck des Gesetzes ist es, Nachteile und Verluste auszugleichen, Schaden zu ersetzen. Eine Anwendung des Gesetzes, die dazu führt, daß der Geschädigte durch die Entschädigung besser gestellt ist wie vorher, ist nach Möglichkeit zu vermeiden.

Wie das Unterhaltsrecht die Voraussetzung für die Entstehung des Schadensersatzanspruchs ist (vgl. oben zu III.), so bestimmt es auch die Dauer und den Umfang der Ersatzpflicht.

A. Die Ersatzpflicht endet in dem Zeitpunkt, wo die Unterhaltspflicht des Getöteten aufgehört haben würde. Auch hier können Veränderungen der mannigfachsten Art wirksam werden. Der praktisch wichtigste Fall des Erlöschens des Unterhaltsrechts ist der Tod des Verpflichteten (§ 1615 BGB., anders aber nach §§ 1582, 1712 BGB.). Deshalb kommt es darauf an, den Zeitpunkt zu ermitteln, bis zu welchem der Unterhaltspflichtige mutmaßlich gelebt haben würde, wenn er nicht infolge des Unfalls vorzeitig gestorben wäre. Zu dem Zweck wird unter Berücksichtigung seines Alters und Gesundheitszustandes vor dem Unfall, seines Berufs und der Verhältnisse, in denen er lebte und voraussichtlich weiter gelebt haben würde, nach den Regeln der Lebenserfahrung die mutmaßliche Dauer seines Lebens geschätzt. Über die freie Stellung des Richters bei dieser schätzungsweisen Feststellung vgl. RG. 21. Jan. 1909, JW. 141[23]. Der so ermittelte Zeitpunkt setzt unter allen Umständen der Ersatzpflicht ein Ziel, über das hinaus nichts gefordert und zugesprochen werden darf. Da der Schadensersatz für die Zukunft in der Regel in Form der Rente zu leisten ist (§ 13 Abs. 1 d. Ges.), so darf die Rente dem Berechtigten regelmäßig nicht unbeschränkt zugesprochen werden, weil sich ihre Dauer dann auf die Lebenszeit des Berechtigten anstatt auf die mutmaßliche Lebenszeit des Unterhaltspflichtigen erstrecken würde; sondern es muß regelmäßig im Urteil der Zeitpunkt, bis zu welchem die Rente zu leisten ist, ausdrücklich festgesetzt werden. Nur in dem Falle, wenn die Prüfung der Verhältnisse zu dem zuverlässigen Schluß führt, daß der Getötete den Unterhaltsberechtigten überlebt haben würde, darf die Rente unbeschränkt, also auf Lebenszeit des Berechtigten zugesprochen werden. Eine Prüfung und Abschätzung der mutmaßlichen Lebensdauer muß aber in diesem Falle in den Urteilsgründen vorgenommen sein. Ist im Klagantrag die Beschränkung des Rentenanspruchs auf die mutmaßliche Lebensdauer des Getöteten nicht enthalten, so darf der Klaganspruch nicht ohne weiteres durch Zwischenurteil gemäß § 304 ZPO. für dem Grunde nach berechtigt erklärt werden, solange nicht die Frage nach der mutmaßlichen Lebensdauer des Getöteten erörtert und geprüft ist, ob auch nicht der Klagantrag, der die Rente auf Lebenszeit des Berechtigten fordert, zeitlich über die gesetzliche Grenze der Schadensersatzpflicht hinausgeht. Die Abschätzung der mutmaßlichen Lebensdauer des Getöteten und die Begrenzung der Zeitdauer der Rente gehört in das Verfahren über den Grund des Anspruchs (RG. 5. Juli 1906, JW. 553[21]; 22. Okt. 1906, JW. 747[19];

15. Nov. 1907, JW. 1908, 9[9]; 3. Juni 1907, EE. 24, 68, 69; 20. Nov. 1911, Bd. 77, 408), kann aber nach neuerer Rechtsprechung dem Nachverfahren über den Betrag vorbehalten werden, RG. 23. Dez. 1907, JW. 1908, 109[7]; 11. Mai 1908, 465[37]; 4. Juli 1907, EE. 24, 178; 25. Febr. 1909, JW. 225[21]; 17. April 1913, JW. 750[20]. Ein ausdrücklicher Vorbehalt im Tenor ist empfehlenswert (RG. 13. Juli 1908, JW. 554[15]), aber nicht erforderlich, wenn die Gründe erkennen lassen, daß die zeitliche Begrenzung der Rente dem Nachverfahren überlassen bleiben soll, RG. 30. März 1911, JW. 488[10].

Über den Zeitpunkt des mutmaßlichen natürlichen Todes des Unterhaltspflichtigen hinaus kann der Dritte weiteren Ersatz nicht fordern, auch wenn er noch für die spätere Zeit durch die Tötung seines Ernährers geschädigt sein sollte. Die Witwe eines Beamten z. B. kann auch für diese spätere Zeit insofern geschädigt sein, als ihr die Witwenpension ganz oder zum Teil fehlt, die sie nach dem Dienstalter ihres Mannes mutmaßlich erhalten haben würde, wenn der Mann länger hätte im Dienst bleiben können. RG. 25. Juni 1906 (JW. 570[42]): „Die Witwenpension kann nicht unter den rechtlichen Gesichtspunkt des vom Manne zu leistenden Unterhalts gebracht werden."

Abgesehen von dem mutmaßlichen Zeitpunkt des natürlichen Todes des Unterhaltspflichtigen können noch andere Umstände vorzeitig den Ersatzanspruch hinfällig machen. Hierher gehören alle Umstände, die unter der Voraussetzung des Fortlebens des Getöteten seine Unterhaltspflicht vorzeitig beseitigt haben würden, wie z. B. das Aufhören der Bedürftigkeit auf seiten des Berechtigten oder der Eintritt der Leistungsfähigkeit eines an vorderer Stelle Unterhaltspflichtigen oder die Vollendung des 16. Lebensjahres eines unehelichen Kindes. Die praktisch größte Bedeutung hat in dieser Hinsicht der Eintritt der Erwerbsfähigkeit der Kinder des Getöteten, denn damit hört ihre Bedürftigkeit auf, welche die Voraussetzung ihres Unterhaltsanspruchs ist. Bei Töchtern hört die Unterhaltspflicht der Eltern — wenn nicht schon früher mit dem Eintritt der

Erwerbsfähigkeit, wie in niederen Ständen — regelmäßig mit der Verheiratung auf, weil dann die Unterhaltspflicht des Ehemannes eintritt (RG. 25. Nov. 1907, EE. 24, 368). § 843[4] BGB. steht nicht im Wege, weil die Unterhaltspflicht des Ehemannes nach § 1608 BGB. derjenigen der Eltern regelmäßig vorgeht und auch bei Lebzeiten des getöteten Vaters dessen Unterhaltspflicht beendigt haben würde.

Ist durch den Unfall ein lediges Mädchen getötet worden, die aus dem Ertrage ihrer Arbeit pflichtmäßig ihre Eltern unterstützte, und kann normalerweise mit der Annahme gerechnet werden, daß sie in Zukunft geheiratet haben würde, so kommt es für den Schadensersatzanspruch der Eltern darauf an, ob und inwieweit die Tochter auch nach der Heirat imstande gewesen wäre, Erwerb durch Arbeit zu suchen. Der Unterhaltspflichtige hat sich zu bemühen, denjenigen Verdienst zu finden, den er bei gutem Willen durch gehörige Verwendung seiner körperlichen und geistigen Kräfte erlangen kann. Der Erwerb der Ehefrau durch Arbeit außerhalb des Hauses ist ihr Vorbehaltsgut, auf dem allerdings die Pflicht liegt, zur Bestreitung des ehelichen Aufwandes beizusteuern (§ 1371 BGB.). Soweit die Frau aber mehr zu erwerben imstande ist, muß sie ihrer Unterhaltspflicht den Eltern gegenüber nachkommen. Das Vermögen und Einkommen des Ehemannes bleibt für ihre Unterhaltspflicht allerdings aus dem Spiele; der Schwiegersohn ist nicht unterhaltspflichtig; er hat nur bei Vorhandensein von eingebrachtem Vermögen der Frau aus den Zinsen die Schwiegereltern zu unterhalten (§§ 1386, 1388 BGB.), RG. 27. Sept. 1909, JW. 660[11].

Geht man davon aus, daß die Dauer des Ersatzanspruchs von der Voraussetzung abhängig ist, daß beim Fortleben des Getöteten dessen Unterhaltspflicht fortbestehen würde, so müßte folgerichtig eine solche Veränderung der Verhältnisse, mit der eine Fortdauer der Unterhaltspflicht des Getöteten schlechterdings unvereinbar wäre, auch dem Ersatzanspruch ein Ziel setzen. Allgemein wird aber davon abgesehen, diese Folgerung für den Fall der Wiederverheiratung der ersatzberechtigten Witwe zu ziehen, obgleich mit Eingehung der zweiten Ehe ein Fortbestehen ihres Unterhaltsrechts gegenüber dem ersten Ehemann — dem Getöteten — unter keinen Umständen denkbar ist (§§ 1348 Abs. 2, 1581 BGB.). Das Reichsgericht und vor ihm das Reichsoberhandelsgericht haben es in ständiger Rechtsprechung für unzulässig erklärt, den Ersatzanspruch der Witwe zeitlich so zu beschränken, daß er mit ihrer Verheiratung ohne weiteres endige, ROHG. 12. Nov. 1878, Bd. 24, 366; RG. 6. Juni 1885, Bolze 1 Nr. 614; 27. Juni 1887, Bolze 4 Nr. 411; 5. Dez. 1892, SeuffArch. 48, 419; 31. Jan. 1899, EE. 15, 351. Dagegen soll es nach diesen Entscheidungen auf den Ersatzanspruch der Witwe von Einfluß sein können, wenn sie durch die zweite Ehe tatsächlich einen Vorteil erlangt. Da die Frage der Bedürftigkeit sowohl für den Unterhaltsanspruch der Ehefrau als auch folgeweise für den Ersatzanspruch der Witwe gänzlich belanglos ist, also auch der Erwerb eines neuen Unterhaltsrechts gegen ihren zweiten Ehemann an sich den Ersatzanspruch nicht berühren kann, so kann nur die Anwendung der Grundsätze von der Vorteilsausgleichung dahin führen, der Witwe dasjenige, was sie durch ihre zweite Ehe gewinnt, auf ihren Ersatzanspruch anzurechnen. Die Möglichkeit, eine zweite Ehe einzugehen und dadurch einen neuen Ernährer zu finden, ist ihr allerdings erst durch den Tod ihres ersten Mannes eröffnet worden, so daß ein ursächlicher Zusammenhang zwischen diesem Tode und den durch die zweite Ehe erlangten Vorteilen angenommen werden kann (vgl. Oertmann, „Die Vorteilsausgleichung" S. 109—111). Nach Oertmann a. a. O. steht § 843⁴ BGB. der Anrechnung dieser Vorteile nicht entgegen, weil diese Bestimmung nur solche Unterhaltsrechte im Auge habe, die wenigstens potentiell auch ohne die beschädigende Handlung bestehen könnten, während die Entstehung des Unterhaltsanspruchs gegen den zweiten Mann für die beschädigte Frau erst infolge dieser Handlung möglich geworden sei.

B. Auch für den **Inhalt und Umfang** des Ersatzanspruchs ist das Maß der Leistungen entscheidend, die vom Unterhaltspflichtigen selbst hätten gefordert werden dürfen. Diese Leistungen sind verschieden je nach dem Verhältnis, welches dem Unterhaltsrechte zugrunde liegt. Danach entscheidet sich, ob und welchen Einfluß das Vorhandensein eigenen Vermögens und eigener Einkünfte des Berechtigten auf das Maß des zu gewährenden Unterhalts hat, ob der notdürftige oder der angemessene Unterhalt zu gewähren ist, ob und inwiefern es auf die Lebensstellung, das Vermögen und die Erwerbsfähigkeit des Unterhaltspflichtigen ankommt.

V. **Schadensersatzanspruch der Ehefrau des Getöteten.**

Am umfangreichsten ist die Unterhaltspflicht des Ehemannes gegenüber der Frau. Sie richtet sich nach dem Stande des Mannes, seinem Vermögen und seiner Erwerbsfähigkeit. Ob die Frau bedürftig ist, oder aber ihren Unterhalt reichlich aus eigenen Mitteln bestreiten könnte, darauf kommt es gar nicht an. RG. 13. Juli 1908, EE. 25, 192. Allerdings hat sie dem Manne bei vorhandenem eigenen Vermögen einen Beitrag zu den Kosten des ehelichen Aufwandes zu leisten, der je nach dem ehelichen Güterrecht, in welchem die Eheleute leben, in einem angemessenen Teil ihrer Einkünfte besteht (§§ 1427, 1371 BGB.) oder dadurch geleistet wird, daß das Vermögen der Frau als eingebrachtes Gut der Verwaltung und dem Nießbrauch des Mannes unterstellt wird oder Gesamtgut wird und als solches gleichfalls der Verfügung des Mannes unterliegt. Wo es den Verhältnissen der Eheleute entspricht, hat die Frau den Mann auch durch ihre Mitarbeit im Hauswesen und Geschäft zu unterstützen (§ 1356 Abs. 2 BGB.). Diese Ausgestaltung des Unterhaltsrechts der Ehefrau kann auch auf den Schadensersatzanspruch der Witwe nicht ohne Einfluß bleiben. Der Tod des Ehemannes entzieht zwar der Frau das Recht, von ihm wie bisher den standesgemäßen Unterhalt zu fordern, verbessert anderseits aber auch ihre Vermögenslage regelmäßig nach mehreren Richtungen:

a) einmal wird ihr eigenes Vermögen (Vorbehaltsgut, Eingebrachtes, Anteil am Gesamtgut) von den bisherigen Beschränkungen des ehelichen Güterrechts frei;

b) auch ihre bisher durch eherechtliche Pflichten gebundene Arbeitskraft wird zu eigener nutzbringender Verwendung frei;

c) sie wird Erbin oder Miterbin des Vermögens ihres Ehemannes.

Es fragt sich, inwieweit eine Anrechnung dieser Vorteile auf ihren Schadensersatzanspruch wegen entzogenen Unterhalts geboten ist.

Die Vorteilsausgleichung (compensatio lucri cum damno) setzt voraus, daß Vorteil wie Schaden ursächlich auf ein und dasselbe Ereignis zurückzuführen seien. Der Unfallstod des Mannes ist wohl die Ursache für den Wegfall des Unterhaltsrechts, nicht aber in demselben Sinne die Ursache für die erwähnten Vorteile. Daß die Frau Erbin ihres Mannes wird, beruht auf der Ehe oder dem Testament, der Tod des Mannes ist nur eine conditio juris für die Berufung der Frau als Erbin (Oertmann, „Die Vorteilsausgleichung" S. 89); und dasselbe gilt für die Vorteile zu a und b, welche auf dem Eigentum der Frau und dem Rechte der Persönlichkeit als Ursache beruhen. Aber auch wenn man hiervon ausgeht und es also ablehnen muß, den Zuwachs an Stammvermögen auf den Unfallschaden anzurechnen, so steht doch der Vorteil, daß die Witwe früher in den Genuß dieser Einkommensquellen gelangt ist, in engstem ursächlichen Zusammenhang mit dem Unfallstode des Mannes; und zwar erstreckt sich dieser Vorteil gerade auf denjenigen Zeitraum, für welchen sie Schadensersatz wegen Entziehung des Unterhaltsrechts fordert, nämlich bis zum mutmaßlichen natürlichen Tode des Mannes. Besonders auch im Hinblick auf die freiere Ausgestaltung, die die Lehre von der Vorteilsausgleichung in der neueren Rechtsprechung erfahren hat (RG. 9. Dez. 1908, JW. 1909, 46[5]; 22. Mai 1911, JW. 644[8], wonach gerade auf diesem Gebiete die Natur der Sache und die Billigkeit zu berücksichtigen ist, 28. Okt. 1912, Bd. 80, 159 u. JW. 1913, 25[11]), sind daher die Nutzungen zu a bis c auf den Schadensersatzanspruch der Witwe anzurechnen. Zu diesem Ergebnis hat sich auch die Rechtsprechung des RG. neuerdings entwickelt.

Zunächst hatte das RG. in der Entsch. v. 5. Nov. 1906 (Bd. 64, 350, JW. 1907, 23[26]) für den Fall der Gütergemeinschaft ausgesprochen, daß keinesfalls der volle Anteil an den Einkünften des gütergemeinschaftlichen Vermögens, der bei Lebzeiten des Mannes auf den Unterhalt der Frau mit zu verwenden war, ihrem Schadensersatzanspruch zugrunde gelegt werden dürfe, und dies damit begründet: der Mann habe den ehelichen Aufwand und damit auch den Unterhalt der Frau, abgesehen von andern Einkünften, aus dem Ertrage des Gesamtguts zu bestreiten; dadurch beschränke sich das Recht der Frau, vollständig aus eigenen Mitteln des Mannes unterhalten zu werden; sie könne deshalb auch nur für dies beschränkte Unterhaltsrecht Ersatz verlangen, mithin nicht insoweit, als der Mann zu ihrem Unterhalt die Nutzungen der ihr gehörigen Hälfte des Gesamtguts benutzt habe. Diese Grundsätze treffen auch auf die anderen Arten des Güterrechts zu. In der Entsch. v. 17. Juni 1906 (JW. 1907, 130[10]) hat RG. in allgemeiner Form ausgesprochen, daß ein Schaden der Witwe insoweit nicht anzuerkennen sei, als sie Vermögensnutzungen, die schon bei Lebzeiten des Mannes zur Befriedigung ihres Unterhaltsanspruchs dienten, auch im Wege des Erbgangs erworben habe. Aber dieser Satz war mit einer gewissen Einschränkung zu verstehen, indem die Nutzungen des Manneserbes nicht in voller Höhe auf den Ersatzanspruch der Witwe angerechnet werden sollten, sondern nur mit demjenigen Anteil daran, der bei Lebzeiten des Mannes unter Berücksichtigung des sonstigen Eheaufwandes auf den Unterhalt der Frau zu verwenden war. RG. unterschied nämlich die einzelnen Erwerbsquellen des Getöteten, den Ertrag seiner Arbeit, seine Kapital- und Grundrente, die Nutzungen des Frauenvermögens usw. und ging davon aus, daß jede Art des ehelichen Aufwandes aus allen diesen Quellen gleichmäßig zu befriedigen sei. War also der Anteil der Frau an Verbrauch der Gesamteinkünfte angemessen auf etwa ein Viertel zu schätzen, so sollte angenommen werden, daß sie an jeder einzelnen Einkommensquelle auch nur mit einem Viertel beteiligt gewesen sei; daraus würde dann zu folgern sein, daß die durch den Unfalltod des Mannes freigewordenen Nutzungen des Frauenguts und ebenso die Nutzungen des Manneserbes nur je zu einem Viertel auf ihren Schadensersatzanspruch anzurechnen seien und daß die Witwe, obgleich sie diese Nutzungen jetzt ganz und damit vielleicht mehr erhält, als zu Lebzeiten ihres Mannes im ganzen auf ihren Unterhalt verwendet wurde, gleichwohl berechtigt sei, für den ihr entzogenen ein Viertelanteil am Arbeitseinkommen des Mannes Ersatz zu fordern. Auf diesem Standpunkt steht grundsätzlich auch noch die Entsch. v. 6. Juli 1908 (JW. 552[14]), wo aber erweiternd ausgeführt wird: wenn der persönliche Verbrauch des getöteten Mannes im Mißverhältnis zum übrigen Eheverbrauch gestanden und den Ertrag seiner persönlichen Arbeitsleistung überwogen habe, dann sei ein Schaden der Witwe an ihrem Unterhalt infolge des Wegfalls der Arbeitskraft des Mannes überhaupt nicht anzuerkennen. In zwei späteren Entscheidungen v. 20. Jan. 1910 u. 10. Febr. 1910 (JW. 289[23]) heißt es dagegen wörtlich: „Versiegt ist durch den Tod des Mannes die aus seiner persönlichen Tätigkeit entsprungene Einnahme; das kann jedoch von der unterhaltsberechtigten Witwe zur Begründung des Schadensersatzanspruchs nicht verwertet werden, solange durch die andere, von dem Getöteten auf sie übergegangene Einnahmequelle ihr gesetzlicher Unterhaltsanspruch volle Befriedigung findet." Vgl. auch RG. 9. Febr. 1911, JW. 875[42]. Damit ist der oben entwickelte Rechtssatz anerkannt, daß die Nutzungen des Manneserbes der Witwe und die Nutzungen ihres eigenen Vermögens, die bei Lebzeiten des Mannes ihm zufielen, auf den Schadensersatzanspruch der Witwe wegen entzogenen Unterhalts anzurechnen sind. Das Gleiche gilt für den Vorteil, den die Witwe durch Verwertung ihrer während der Ehe im Hauswesen und Geschäft des Mannes betätigten, nun freigewordenen Arbeitskraft erhält, aber nur unter der Voraussetzung, daß ihre Arbeitskraft einen in Geld zu veranschlagenden Vermögenswert hat. Einer Witwe, die zu Lebzeiten ihres Mannes in dessen Geschäft tätig gewesen ist, kann nicht ohne weiteres zugemutet werden, nach dem Tode ihres Mannes ihre Arbeitskraft in anderer Weise als früher zu verwerten und Lohnarbeit zu übernehmen, RG. 17. Dez. 1906, JW. 1907, 130[10], EE. 5, 108. Gibt sie das Geschäft des Mannes, z. B. dessen landwirtschaftlichen Betrieb auf, so liegt ihre Arbeitskraft brach und liefert keine Erträgnisse, so daß sie auch um denjenigen Anteil dieser Erträgnisse ihrer bisherigen eigenen Arbeit, den ihr Mann beim Fortbestehen der bisherigen Verhältnisse mit zu ihrem Unterhalt verwendet haben würde, künftig geschädigt ist. Wäre der Fall bei Lebzeiten des Mannes eingetreten, daß sie zur Mitarbeit unfähig wurde oder nicht mehr verpflichtet erschien, so würde sie einen Anspruch darauf gehabt haben, vollständig aus eigenen Mitteln des Mannes erhalten zu werden. Für diesen Anspruch muß sie entschädigt werden. Bleiben die Verhältnisse dagegen nach dem Tode des Mannes dieselben, führt die Witwe sein Geschäft weiter, so ist bei Festsetzung ihrer Entschädigung der Wert ihrer Arbeit darauf anzurechnen.

Das von der Witwe, gleichviel ob unter ihrer eigenen Leitung und Mitarbeit oder unter Leitung einer dazu angenommenen fremden Hilfskraft fortgeführte Erwerbsgeschäft selbst, ebenso wie der Wirtschaftsbetrieb eines Landguts, einer Fabrik u. dgl. sind nicht bloß als eine Gewinnchance oder Erwerbsmöglichkeit zu beurteilen, sondern als ein realer Vermögenswert, der eine dauernde Einnahme verbürgt. Obgleich die Witwe jetzt das Geschäftsrisiko trägt, stellt sich gleichwohl der Mehrertrag des Geschäftsgewinns über die übliche Verzinsung des im Geschäft steckenden Kapitals nicht als Spekulationsgewinn der Witwe, sondern als Ertrag der ererbten Einnahmequelle dar, so daß sich die Witwe den vollen Geschäftsgewinn, nicht bloß die übliche Verzinsung eines dem Werte des Geschäfts entsprechenden Kapitals anzurechnen hat, RG. 10. Febr. 1910, JW. 289[23].

Soweit der Unterhalt der Ehefrau aus dem Ertrage der Arbeit des Mannes zu bestreiten ist, versiegt diese Einnahmequelle regelmäßig mit seinem Tode. Aber nicht immer fallen mit seinem Tode die Erträgnisse seiner Arbeit vollständig fort. Die Witwenpension und ebenso — wie hier gleich bemerkt sein mag — die Waisengelder, welche der Witwe und den Kindern eines Staats-, Gemeinde- oder auch Privatbeamten auf Grund des Anstellungsverhältnisses zustehen, dienen an Stelle des bisherigen Gehalts oder der bisherigen Amtspension des Getöteten zum Unterhalt seiner Witwe und Kinder; in ihnen wirkt die frühere Erwerbstätigkeit des Ernährers fort. Soweit den Hinterbliebenen derartige Pensionsansprüche zustehen, ist ihnen der bisher in dem Amtseinkommen des Ernährers gewährleistete Unterhalt nicht im ganzen Umfange entzogen, sondern nur geschmälert, ihr Schaden also ein entsprechend geringerer, RG. 14. Dez. 1886, Bd. 17 S. 45; 5. Nov. 1906, Bd. 64, 350 (JW. 1907, 23[26]). § 843[4] BGB. steht dieser Auffassung nicht entgegen, denn der Staat, die Gemeinde, oder wer sonst die Witwen- und Waisenpension zahlt, ist nicht ein „anderer" im Sinne dieser Bestimmung, er gewährt die Hinterbliebenenfürsorge als Entgelt für die ihm von dem Beamten geleistete Arbeit an dessen Stelle und erfüllt damit gerade die dem Beamten obliegende Unterhaltspflicht gegenüber dessen Angehörigen. Witwen- und Waisenpension sind also regelmäßig auf den Ersatzanspruch anzurechnen. Dabei macht es keinen Unterschied, ob der Beamte Pensionsbeiträge gezahlt hat oder nicht. Vorausgesetzt ist aber, daß die Hinterbliebenenfürsorge gleichermaßen wie der Gehaltsanspruch des Beamten in den gesetzlichen oder organisatorischen Anstellungsbedingungen wurzelt und nicht einen besonderen, außerhalb der Amtsstellung gelegenen Rechtsgrund hat.

Hatte der Getötete seine Frau durch einen besonderen privatrechtlichen Versicherungsvertrag gegen den Schaden, den sie durch Wegfall der Erträgnisse seiner Arbeit nach seinem Tode treffen würde, versichert, so sind dgl. Bezüge aus Lebensversicherungen, Rentenversicherungen u. dgl. für den Ersatzanspruch wegen entzogenen Unterhalts belanglos, d. h. nicht anzurechnen. Einer compensatio lucri cum damno steht hier entgegen, daß der Tod des Verunglückten, welcher den Haftpflichtanspruch begründete, bei der Entstehung des Rechts auf die versicherten Bezüge nicht als Ursache im Rechtssinne, sondern nur als Vertragsbedingung in Betracht kommt, während das Recht auf die Versicherungsleistungen in dem Versicherungsvertrage und den Leistungen des Getöteten ihren Entstehungsgrund haben. Es fehlt also bei beiden Ansprüchen an der Identität der rechtserzeugenden Tatsachen, RG. Bd. 10 S. 50; 5. Nov. 1906, JW. 1907, 23[26]; 13. Juli 1908, JW. 554[15] (EE. 25, 192).

Da das Maß des Unterhalts, den die Ehefrau von ihrem Manne zu verlangen berechtigt ist, sich nach seinem Vermögen und nach seiner Erwerbsfähigkeit richtet, mithin durch Veränderungen hierin beeinflußt wird, so sind dgl. Veränderungen, welche nach dem Unfallstode des Mannes eintreten und — sein Fortleben vorausgesetzt — seine Vermögens- und Einkommensverhältnisse beeinflußt haben würden, auch bei Bemessung des Ersatzanspruchs der Witwe zu berücksichtigen. Mit zunehmendem Alter pflegt die Erwerbsfähigkeit besonders der körperlich arbeitenden Personen abzunehmen, damit verringern sich die Einnahmen aus der persönlichen Arbeit und in Verfolg davon die Ansprüche der Ehefrau auf Unterhalt. Andererseits können auch Verbesserungen der Vermögens- und Einkommensverhältnisse des Mannes, die bei seinem Fortleben sicher eingetreten sein würden, z. B. Anfall einer Erbschaft, auf das Maß des der Ehefrau zu gewährenden Unterhalts und folgerichtig des ihr für dessen Entziehung zu leistenden Schadensersatzes einwirken.

VI. Schadensersatzanspruch der Kinder des Getöteten.

Der Unterhaltsanspruch der Kinder ist mehr oder weniger von ihrer Bedürftigkeit abhängig. Bei minderjährigen unverheirateten Kindern schließt das Vorhandensein von Kindesvermögen an sich den Unterhaltsanspruch nicht aus; nur insofern dem Kinde eigene Einkünfte zu Gebote stehen, sei es aus Vermögen, sei es aus seiner Arbeit, wird hierdurch der Unterhaltsanspruch geschmälert oder ganz ausgeschlossen, je nachdem die eigenen Einnahmen des Kindes zu seinem Unterhalt zureichen oder nicht. Hieraus ergeben sich folgende Grundsätze: Ein voll erwerbsfähiges Kind, das sich durch seine Arbeit selbst erhalten kann, hat keine Ansprüche auf Unterhalt gegen die Eltern; ebensowenig ein Kind, welches aus den Einkünften eigenen Vermögens unterhalten werden kann. Völlig gleichgültig ist es, woher das Vermögen oder die Einkünfte stammen, ob sie ihm insbesondere erst mit dem Tode des Vaters zugefallen sind, z. B. aus dessen Nachlaß als Erbteil oder Vermächtnis oder aus Versicherungsverträgen u. dgl.; auch die Waisenpension gehört hierher. Hier ist weiter kein Unterschied zu machen zwischen den einzelnen Arten von Einkünften, ob sie, wie die Waisengelder, als eine nach dem Tode des Vaters fortwirkende Erfüllung der väterlichen Unterhaltspflicht anzusehen sind oder ob sie eigene besondere Entstehungsursachen haben. Alle Einkünfte des Kindes einschließlich der Erträgnisse seiner Arbeit sind zusammenzurechnen, und wenn das Ergebnis zum standesgemäßen Unterhalt (§ 1610 BGB.) zureicht, ist kein Ersatzanspruch gegeben. Andernfalls ist das Fehlende zu gewähren. Dabei ist aber zu berücksichtigen, daß nach § 1610 Abs. 2 BGB. zum Unterhalt einer erziehungsbedürftigen Person auch die Kosten der Erziehung und der Vorbildung zu einem Berufe gehören.

Nur eine Einnahmequelle des Kindes hat bei Feststellung des Ersatzanspruchs unberücksichtigt zu bleiben, das ist der Unterhaltsanspruch, der ihm gegen einen andern zusteht, und zwar gleichviel, ob auf Grund Gesetzes oder auf Grund Vertrages, § 843 Abs. 4 BGB. in Verbindung mit § 13 Abs. 2 d. Ges. Der Zweck dieser Bestimmung ist, zu verhüten, daß die Schadensfolgen, welche durch die Tötung des primär Unterhaltspflichtigen entstehen, nicht zum ungerechtfertigten Vorteil des Haftpflichtigen auf den subsidiär Unterhaltspflichtigen abgewälzt werden. Daraus ergibt sich eine notwendige Einschränkung für den Fall, wo der subsidiär Unterhaltspflichtige aus dem Nachlaß des primär Unterhaltspflichtigen ein Vermögen überkommt, aus dessen Einkünften der letztere bei Lebzeiten ganz oder teilweise den Unterhaltsberechtigten unterhalten hat und weiter unterhalten haben würde, wenn er am Leben geblieben wäre. Der Fall wird immer dann praktisch, wenn der verunglückte Vater mit Hinterlassung eines sog. Berliner Testaments stirbt, so daß die Kinder nur Nacherben sind und bei Lebzeiten der Mutter keine eigenen Einkünfte aus ihrem Erbteil ziehen, sondern auf den Unterhalt angewiesen sind, den ihnen die Mutter zu geben hat; ferner dann, wenn der verunglückte Vater mit seiner Frau in Gütergemeinschaft gelebt hat und nach seinem Tode die Gütergemeinschaft zwischen der Witwe und den Kindern fortgesetzt wird; denn auch hier haben die Kinder keine eigenen Einnahmen aus dem gemeinschaftlichen Vermögen. In solchen Fällen gewährt die Mutter den Kindern zwar den Unterhalt, aber aus denselben Mitteln, die bisher schon ganz oder anteilsweise dazu gedient haben, und die unter der Annahme des Fortlebens des Getöteten auch weiter in demselben Verhältnis dazu gedient haben würden. Insoweit das zutrifft, ist die Mutter nicht als eine „andere" im Sinne des § 843[4] BGB. anzusehen. RG. 5. Nov. 1906, JW. 1907, 23[26]. Insoweit der Unterhalt der Kinder aber nur zum Teil aus den Einkünften des auf die Witwe vererbten Kapitals oder sonstigen Vermögens, zum Teil dagegen aus andern Einnahmen, etwa aus dem nunmehr wegfallenden Arbeitseinkommen des Vaters bestritten worden ist, fällt der Witwe das, was sie zur Ergänzung der Unterhaltsansprüche der Kinder aus eigenen Mitteln — und seien es auch die durch Erbschaft vom Mann erlangten Mittel — zulegen muß, als eine neue selbständige Last zu. Die Witwe ist nun nicht berechtigt, den Schaden, der ihr auf diese Weise durch die Pflicht, die Kinder zu unterhalten, erwächst, aus eigenem Recht als ihren Schaden beim Haftpflichtigen zu liquidieren; ihr Anspruch gegen ihn ist auf den Ersatz für den ihr selbst entzogenen Unterhalt beschränkt, RG. 22. Okt. 1906, Bd. 64, 344 (JW. 747[19]); 5. Nov. 1906, Bd. 64, 350 (JW. 1907, 23[26]); 16. Mai 1907, JW. 388[5]; 12. Dez. 1910, JW. 1911, 185[13]. Aber den Eintritt dieses Schadens zu verhindern ist gerade der Zweck des § 843[4] BGB. Nur muß der Schadensersatz im Namen der Kinder gefordert werden. Ihre zum Klaggrund gehörige Bedürftigkeit kann durch den Hinweis auf ihr Unterhaltsrecht, das sie gegen ihre Mutter haben, nur insoweit nicht bestritten werden, als die Mutter gezwungen ist, zu dem Unterhalt der Kinder eigene Mittel zu verwenden oder das ererbte Mannesvermögen in weiterem Umfange in Anspruch zu nehmen, als dies beim Fortleben des Mannes hätte geschehen müssen. In Ansehung dieses aus Eigenem zuzuschießenden Mehrbetrages ist sie eine „andere" als ihr Mann und Erblasser.

Zu § 843 Abs. 4 BGB. ist noch eine weitere Einschränkung zu machen. Ein erwerbsfähiges Hauskind, welches seine Bedürftigkeit damit begründet, daß es im Hauswesen oder Geschäft der Mutter pflichtmäßig unentgeltliche Dienste leiste (§ 1617 BGB.) und hierdurch an einer lukrativen Verwertung seiner Arbeitskraft verhindert sei, kann sich nicht darauf berufen, daß der Unterhalt, den es von seiner Mutter erhält, und der tatsächlich seine Bedürftigkeit beseitigt, wegen § 843[4] BGB.

außer Betracht bleiben müsse. Die Dienstleistungspflicht des Kindes und sein Anspruch auf Unterhalt stehen in engstem innerlichen Zusammenhange. Sieht man für die Schadensberechnung von dem Unterhaltsrecht gegenüber der Mutter ab, so muß billigerweise auch die Gebundenheit der Arbeitskraft im Dienste der Mutter außer Ansatz gelassen werden. RG. 17. Dez. 1906, JW. 1907, 181. Ein erwerbsfähiges Hauskind hat mithin keinen Ersatzanspruch, gleichviel ob es sich gegen Genuß des Unterhalts im Hause oder Geschäft der Mutter oder gegen Entgelt außer dem Hause betätigt.

§ 11.

Im Falle der Verletzung des Körpers oder der Gesundheit ist der Schadensersatz durch Ersatz der Kosten der Heilung sowie des Vermögensnachteils zu leisten, den der Verletzte dadurch erleidet, daß infolge der Verletzung zeitweise oder dauernd seine Erwerbsfähigkeit aufgehoben oder gemindert oder eine Vermehrung seiner Bedürfnisse eingetreten ist.

1. Vorbemerkung.

Über Körperverletzung und Gesundheitsbeschädigung siehe oben Anm. 9 zu § 7.

Der Schadensersatz des Verletzten ist im Falle der Körperverletzung beschränkt

a) auf den Ersatz der Heilungskosten,

b) auf den Vermögensschaden infolge Beeinträchtigung der Erwerbsfähigkeit,

c) auf den Vermögensschaden infolge Vermehrung der Bedürfnisse.

Der Verletzte kann diese drei Kategorien von Ersatzansprüchen nebeneinander, kumulativ geltend machen.

Für weiteren Schaden ist auf Grund dieses Gesetzes nicht Ersatz zu leisten. Vgl. aber § 16.

2. Der Verletzte.

Der Anspruch auf Schadensersatz auf Grund dieses Paragraphen entsteht nur in der Person des an seinem Körper oder an seiner Gesundheit Verletzten. Andere Personen, die mittelbar mit betroffen werden, sei es, daß ihnen die Arbeitskraft des Verletzten gesetzlich (Ehemann, Eltern) oder vertraglich (Geschäftsherr, Dienstherrschaft usw.) verpflichtet war, sei es, daß sie Unterhalt oder Unterstützungen vom Verletzten erhielten, oder daß sie dem Verletzten in seiner Invalidität Unterhalt gewähren müssen, oder daß sie ihm Krankengeld, Unfallrente, Pension zahlen müssen, oder an Stelle des Verletzten einem Dritten unterhaltspflichtig werden, können auf Grund dieses Gesetzes keine eigenen Ansprüche geltend machen. Die Unterhaltsberechtigten insbesondere haben nach § 10 nur für den Fall der Tötung ihres Unterhaltspflichtigen eigene Rechte. Solange der letztere lebt, können sie sich nur an ihn halten und selbstverständlich auch die ihm zugesprochene Schadensersatzrente zur Befriedigung ihres Unterhaltsrechts in Anspruch nehmen (vgl. aber § 13 Abs. 2 d. Ges. und § 850 ZPO.). Bei Bemessung der Ersatzrente des Verletzten ist aber nicht auf die Ansprüche der Unterhaltsberechtigten Rücksicht zu nehmen; die Rente ist nur nach dem eigenen Schaden des Verletzten, nach seinem Erwerbsausfall und nach Vermehrung seiner eigenen Bedürfnisse zu bemessen (Eger S. 334/35, Krause).

3. Die Heilungskosten.

Kosten der Heilung sind diejenigen besonderen Aufwendungen, welche nach einem Eingriff in die Integrität des Körpers zum Zwecke der Erhaltung des Lebens und der Wiederherstellung der Gesundheit oder auch nur zur Besserung des Krankheitszustandes, auch wenn keine völlige Heilung zu erwarten ist, gemacht werden (Eger S. 246). Auch solche Aufwendungen, welche zur Linderung des Leidens gemacht werden, gehören zu den Heilungskosten, RG. 7. Jan. 1907, EE. 23, 300. Die zum Reichshaftpflichtgesetz vor 1900 ergangene Rechtsprechung hatte den Begriff der Heilungskosten noch erheblich erweitert und insbesondere auch auf die Kosten für vermehrte Aufwartung und Pflege ausgedehnt, RG. 12. Nov. 1880 und 11. Febr. 1890, Bolze 9 Nr. 195. Damit wurde einem Bedürfnis gedient, da das Reichshaftpflichtgesetz in seiner ursprünglichen Fassung im Falle der Körperverletzung neben dem Ersatz für Erwerbsbehinderung nur Ersatz der Heilungskosten gewährte. Nachdem durch Art. 42 EinfGes. z. BGB. auch der Schadensersatz infolge vermehrter Bedürfnisse als besondere Leistung des Haftpflichtigen in das Reichshaftpflichtgesetz aufgenommen worden ist, liegt ein Bedürfnis zur Festhaltung dieser Begriffserweiterung nicht mehr vor. Für das vorliegende Gesetz ist jedenfalls jener älteren Rechtsprechung nicht zu folgen, und die Kosten, die sich aus einer über die Zeit der Krankheit hinaus sich erstreckenden gesteigerten Pflegebedürftigkeit ergeben, sind nicht zu den Heilungskosten zu rechnen, da sie unter dem besonderen Titel als „vermehrte Bedürfnisse" zu ersetzen sind. Der Begriff der Heilungskosten wird nunmehr auf die außergewöhnlichen Aufwendungen zu beschränken sein, welche nach einer Verletzung vorübergehend notwendig werden, um die körperliche Gesundheit nach Möglichkeit wiederherzustellen. Was dagegen nach Beendigung des seiner Natur nach vorübergehenden Krankheitsprozesses für eine voraussichtlich längere Zeit des Siechtums oder der Pflegebedürftigkeit an dauernden Ausgaben, auch für Arzt und Apotheker, notwendig wird, um das Leiden zu lindern, gehört zu den vermehrten Bedürfnissen. Übrigens kommt es praktisch nicht darauf an, ob eine Ausgabe zu den Heilungskosten oder zu den vermehrten Bedürfnissen gehört, da nicht nur die letzteren, sondern auch die Heilungskosten vorschußweise in Rentenform gefordert werden können (siehe unten). Es steht meines Erachtens nichts im Wege, die Heilungskosten restlos unter den Titel der vermehrten Bedürfnisse zu bringen; das Gesetz erwähnt sie nur deshalb als besonderen Schadenstitel, weil sie in der Regel auf einen vorübergehenden Zeitraum beschränkt sind, sich nicht in die Zukunft hinein erstrecken und sich deshalb, aber nur soweit dies zutrifft, für die Rentenform nicht eignen. RG. 9. Juli 1908, JW. 551[12]; 28. Jan. 1909, JW. 187[14]; 23. Mai 1910, Bd. 73, 418 (JW. 717[29]). Der Begriff der vermehrten Bedürfnisse greift anderseits über die Heilungskosten hinaus. (Höpfel betont, meines Erachtens unnötig, den Unterschied zwischen beiden Schadenstiteln im Hinblick auf § 12 d. Ges.)

Nicht alle Heilungskosten, die tatsächlich aufgewendet worden sind, müssen ersetzt werden, sondern nur, was notwendig und angemessen war und vernünftigerweise dem Heilungszweck dienen konnte. Was zweck- und sinnwidrig für törichte Heilungsversuche an Kurpfuscher bezahlt worden ist, braucht der Haftpflichtige nicht zu ersetzen; es fehlt der ursächliche Zusammenhang zwischen diesen Kosten und der Verletzung, OLG. Dresden 31. Mai 1901, EE. 18, 239. Die Aufwendungen, die durch Befolgung ärztlicher Anordnungen entstanden sind, sind regelmäßig ohne weiteres zu ersetzen; es kann dem Verletzten nicht zugemutet werden, die Zweckmäßigkeit und Angemessenheit ärztlicher Anordnungen nachzuprüfen. (A. M. Eger, Gordan, Schmid-Wagner.)

In der Regel werden nur die Kosten für **einen** Arzt zu erstatten sein; gleichzeitige Behandlung durch mehrere Ärzte muß besonders begründet werden, wie überhaupt der Verletzte die Notwendigkeit und Zweckmäßigkeit der aufgewendeten Kosten darzulegen hat. Auch außerordentliche Kurmittel, wie Badereisen, besonders kostspielige Heilbehandlung, Beschaffung künstlicher Glieder u. dgl. sind zu ersetzen, RG. 18. Sept. 1906, JW. 696[19], vorausgesetzt, daß die Anwendung dieser Mittel in einem vernünftigen Verhältnis zu dem zu erwartenden Erfolge steht (Eger S. 249, RG. 23. Sept. 1886, EE. 5, 79).

Als Kosten einer Krankenhausbehandlung, einer Badereise u. dgl. können nur die Mehrkosten gegenüber dem sonstigen, jetzt ersparten Bedarf während dieser Zeit in Betracht kommen, da andernfalls nicht Schadensersatz, sondern Bereicherung der Erfolg wäre (Eger S. 250).

Ob der Erfolg eines Heilungsversuchs erreicht worden ist, hat keinen Einfluß, sofern der Versuch überhaupt nur Erfolg versprach. Auch die Kosten mehrerer Heilungsversuche sind unter dieser Voraussetzung zu erstatten.

Wenn für die Vergangenheit Ersatz der Heilungskosten verlangt wird, so sind die tatsächlich aufgewendeten Beträge zu liquidieren. Es ist aber nicht erforderlich, daß die aufgewendeten Kosten schon bezahlt seien. Der Verletzte kann auch die vorschußweise Zahlung der künftig erst entstehenden Heilungskosten verlangen. Das ergibt sich aus dem Prinzip des § 249 BGB., wonach der Verletzte den zu seiner Herstellung erforderlichen Geldbetrag verlangen kann. Das Reichsgericht erklärt es in der Entscheidung v. 7. Jan. 1907 (EE. 23, 300) auch hinsichtlich der Heilungskosten bei einem dauernden Krankheitszustande für zulässig, im voraus in Rentenform auch hierfür Ersatz zu fordern. Auch die Kurrente ist nur ein Bestandteil der einheitlichen Schadensersatzrente und darf wie diese nur in vierteljährlichen Vorauszahlungen, nicht aus Zweckmäßigkeitsgründen für ein ganzes Jahr im voraus zugesprochen werden, RG. 9. Juli 1908, Bd. 69, 296 (JW. 551[12]). Ist eine Zahlung auf die künftigen Heilungskosten nicht in Rentenform, sondern als Vorschuß erfolgt, so kann der Haftpflichtige einen etwa nicht für die Heilungskosten verwendeten Rest zurückfordern oder anderweit verrechnen (ebenso Höpfel).

Der Anspruch auf Ersatz der Heilungskosten entsteht nur in der Person des Verletzten selbst. Seiner Klage kann der Haftpflichtige keinesfalls mit dem Einwande begegnen, daß ein Dritter kraft Unterhaltspflicht oder Vertrages (Krankenversicherung) für die Heilungskosten einzustehen habe. § 843 Abs. 4 BGB. findet auch auf die Heilungskosten Anwendung. Nach der Entstehungsgeschichte dieser Bestimmung kann darüber kein Zweifel aufkommen, daß sie sich nicht bloß auf den Schadensersatzanspruch wegen Beschränkung der Erwerbsfähigkeit und Vermehrung der Bedürfnisse beziehen soll, sondern daß damit ein allgemeiner, den ganzen Inhalt der Schadensersatzpflicht wegen Verletzung des Körpers und der Gesundheit umfassender Grundsatz aufgestellt werden sollte, RG. 7. Febr. 1907, JW. 168[5]. Der Verletzte behält also den Anspruch auf Ersatz der Heilungskosten gegen den Haftpflichtigen, trotzdem er dasselbe kraft Unterhaltsrechts von einem Dritten fordern kann, RG. 19. Juni 1911, JW. 774[42]; 22. Sept. 1913, JW. 1147[4]. Hat aber ein Dritter die Heilungskosten bezahlt, sei es auch auf Grund einer Unterhaltspflicht, so kann sich damit sehr wohl die Rechtslage verändert haben: ist die Zahlung in Kenntnis der Ersatzpflicht und deshalb mutmaßlich für den Haftpflichtigen in auftragloser Geschäftsführung geschehen, dann ist damit die Schuld des Ersatzpflichtigen gegenüber dem Verletzten selbst erloschen, und der Zahlende hat einen Anspruch auf Ersatz; darüber vgl. unten Anm. 6 zu § 13. Aus diesem Grunde kann z. B. der Ehemann der verletzten Ehefrau für die von ihm bezahlten Kurkosten vom Haftpflichtigen Ersatz verlangen; für die künftigen Kurkosten fordert er kraft seines ehemännlichen Verwaltungsrechts — bei gesetzlichem Güterstande — Zahlung, und zwar, mindestens mit Zustimmung der Frau, Zahlung an sich selbst, RG. 16. Juni 1910, JW. 811[28].

4. Erwerbsfähigkeit. Begriff.

Erwerbsfähigkeit ist die Eigenschaft einer Person, durch Betätigung ihrer geistigen oder körperlichen Kräfte, also durch Arbeit, sich Einkommen zu verschaffen. Die Aufhebung oder Minderung dieser Fähigkeit ist unter allen Umständen eine Schädigung der Persönlichkeit, weil sie mit einem Verlust der Kräfte und der Freiheit, diese zu betätigen, verbunden ist. Während auf dem Gebiete des Unfallversicherungsrechts diese Erwerbsfähigkeit in dem abstrakten Sinne eines persönlichen Arbeitskapitals Gegenstand der Entschädigung ist, wird nach unserem Gesetz Ersatz nur geleistet, wenn die Minderung der Erwerbsfähigkeit im einzelnen Falle wirklich einen Vermögensschaden bedeutet. RG. Bd. 47, 88; 5. März 1908, JW. 273[3]; 15. März 1909, JW. 271[4]; 5. Nov. 1909, JW.

1910, 19[27]. Hat der Verletzte nach ärztlichem Gutachten zwar einen bestimmten Prozentsatz seiner Erwerbsfähigkeit eingebüßt, betreibt er aber trotzdem sein Geschäft nach wie vor weiter, ohne eine wirkliche Erwerbseinbuße (durch Einstellung einer Hilfskraft oder sonstwie) zu erleiden, so kann er weder nach dem BGB. noch nach unserm Gesetz Schadensersatz aus dem Titel der Erwerbsbehinderung fordern. Es kommt hier stets darauf an, ob der Verletzte in einem bestimmten Zeitraum ohne den Unfall seine alsdann vorhandene Erwerbsfähigkeit wirtschaftlich genutzt haben würde und welchen wirtschaftlichen Ertrag er davon gezogen haben würde. Die Abschätzung des Schadens muß alle tatsächlichen Umstände berücksichtigen, welche auf diese Fragen Einfluß haben können.

5. Vermögensschaden. Voraussetzungen.

I. Nur wirklich erwerbstätige Personen erleiden durch die Beschränkung ihrer Erwerbsfähigkeit einen Vermögensschaden. Hatte der Verletzte seine Fähigkeit zum Erwerbe vor dem Unfall zum Zwecke des Erwerbs nicht ausgenutzt, hatte er als Rentner von seinen Zinsen gelebt, und ist auch nicht anzunehmen, daß er künftig seine Lebenshaltung geändert haben würde, so erleidet er mit dem Verlust seiner Erwerbsfähigkeit keinen Vermögensschaden und hat insoweit keinen Ersatzanspruch. Dasselbe gilt für den vom Reichsgericht entschiedenen Fall, daß der Verletzte trotz herabgeminderter Erwerbsfähigkeit von seinem bisherigen Dienstherrn unter denselben Lohnbedingungen wie bisher im Dienst behalten wurde; solange dies Verhältnis dauerte, blieb die Minderung seiner Erwerbsfähigkeit faktisch ohne Einfluß auf seinen Erwerb, RG. 21. Mai 1908, JW. 451[17].

II. Die Erwerbstätigkeit muß zum eigenen Vorteil ausgeübt werden. In manchen Lebensverhältnissen genießt der Arbeitende den Ertrag seiner Arbeit nicht selbst, dieser fließt vielmehr direkt einem anderen zu. Hierher gehört das Verhältnis der Ehefrau zum Manne und dasjenige des Hauskindes zu seinen Eltern. Erstere ist nach § 1356 Abs. 2 BGB.

da, wo es den Verhältnissen, in denen die Ehegatten leben, angemessen ist, zu Arbeiten im Hauswesen und im Geschäft des Mannes verpflichtet, und in gleicher Weise legt § 1617 BGB. dem Kinde, solange es dem elterlichen Haushalt angehört und von den Eltern erzogen oder unterhalten wird, die Verpflichtung auf, in einer seinen Kräften und seiner Lebensstellung entsprechenden Weise den Eltern in ihrem Hauswesen und Geschäft Dienste zu leisten. Befand sich der Verletzte in dieser Lage, daß er seine Arbeitskraft lediglich im Hause oder Geschäft des Ehemannes oder der Eltern betätigte, so hat er für die Zeit, wo das bisherige Verhältnis fortgedauert haben würde, einen eigenen Vermögensnachteil durch die Beeinträchtigung seiner Erwerbsfähigkeit nicht erlitten, kann also auch keinen Ersatz beanspruchen, RG. 23. April 1906, JW. 385[12]; 14. Juni 1906, JW. 469[26]; 11. Febr. 1907, EE. 24, 37; 5. März 1908, JW. 273[8]; 28. April 1910, JW. 652[9]; 3. Juli 1911, JW. 810[17]. Geschädigt sind hier vielmehr der Ehemann oder die Eltern, denen der Ertrag der Arbeit des Verletzten weiter zugeflossen wäre. Diese haben zwar nach bürgerlichem Recht, also unter der Voraussetzung, daß dem Haftpflichtigen selbst ein Verschulden an dem Unfall nachgewiesen würde, einen eigenen Ersatzanspruch (§ 845 BGB.); das vorliegende Gesetz gewährt ihnen als den nur mittelbar Geschädigten einen solchen Anspruch nicht, RG. 9. April 1897, EE. 14, 157; 4. Okt. 1911, JW. 1014[5].

Vorstehendes gilt aber nur für die im gesetzlichen Güterstande lebende Ehefrau, die das, was sie durch ihre Tätigkeit im Hauswesen und Geschäft des Mannes erwirbt, für ihn erwirbt, RG. 28. April 1910, JW. 652[9]; 3. Juli 1911, JW. 810[17]. Anders dagegen bei der Gütergemeinschaft (RG. 28. April 1910, JW. 652[9]; 7. Juli 1910, JW. 818[39]; 3. Juli 1911, JW. 810[17]; 6. Okt. 1913, JW. 1914, 45[14]) und bei der Errungenschaftsgemeinschaft (RG. 7. Juli 1910, JW. 818[39]). In beiden Fällen gehört der Ertrag der im Hauswesen und Geschäft des Mannes geübten Tätigkeit der

Frau nicht dem Manne, sondern dem Gesamtgut; der Schaden, der durch Beeinträchtigung dieser Frauentätigkeit erwächst, trifft unmittelbar auch die Frau; beide Eheleute sind gemeinsam geschädigt und daher Gesamtgläubiger des Ersatzanspruchs; beide, sowohl der Mann allein, als auch mit seiner Zustimmung die Frau, können diesen Schaden einklagen, RG. 6. Okt. 1913, JW. 1914, 45[14].

A. Selbständiger Schadensersatzanspruch der Ehefrau des gesetzlichen Güterstandes wegen Erwerbsbehinderung. Liegen die tatsächlichen Verhältnisse so, daß nicht der Mann, sei es aus eigenem Vermögen, sei es aus dem Ertrage seiner Arbeit oder aus den Einkünften des eingebrachten Frauenguts, den ehelichen Aufwand bestreitet, daß vielmehr die Frau mit den Einkünften ihres Vorbehaltsguts oder dem Ertrage ihrer Arbeit die gesamten Haushaltskosten bisher gedeckt hat, dann erscheint sie auch insoweit als die unmittelbar Geschädigte, als der Fortfall ihrer Tätigkeit im Hauswesen in Frage steht. Denn die zu ihrem Ersatz für das Hauswesen angenommene Hilfskraft belastet ebenso wie die übrigen Haushaltskosten tatsächlich die Einkünfte ihres Vorbehaltsguts, RG. 23. Mai 1914, JW. 874[18].

Sucht eine Ehefrau während der Ehe Erwerb außer dem Hause und Geschäft des Mannes, sei es durch Lohnarbeit, sei es durch den Betrieb eines eigenen Erwerbsgeschäfts, so gehört der Ertrag dieser Arbeit der Frau als Vorbehaltsgut (§ 1367 BGB.). Soweit solcher Erwerb in Frage steht, ist die Ehefrau selbst auch während des Bestehens der Ehe die Geschädigte, wenn sie durch eine erlittene Verletzung gehindert ist, solchem Erwerb weiter nachzugehen, RG. Bd. 42, 32; 11. Febr. 1907, EE. 24, 37; 3. Juli 1911, JW. 810[17]. Dasselbe trifft zu, wenn sie zwar lediglich im Geschäft des Mannes mit tätig war, aber vom Manne eine regelmäßige Entschädigung für ihre Mitarbeit erhielt. Ein solches Entgelt würde dann einen Erwerb durch Arbeit darstellen (§ 1367 BGB.) und zum Vorbehaltsgut der Frau gehören. Ob die Mitarbeit der Frau sich in den Grenzen hielt, innerhalb deren der Mann sie unentgeltlich verlangen konnte, oder ob sie über das gesetzliche Pflichtmaß hinausging, ist nicht nach einem objektiven Maßstab zu beurteilen, sondern der Wille des Mannes entscheidet; wenn er die Dienste honoriert hat, so folgt daraus, daß er sie für solche ansah, auf die er in diesem Umfange einen gesetzlichen Anspruch nicht hatte oder nicht erheben wollte, RG. 8. Okt. 1906, JW. 751[23].

Aber auch da, wo die Ehefrau für ihre Dienste nicht besonders honoriert wird, erhält sie doch den Unterhalt vom Manne. Fällt nun infolge der Verletzung der Frau ihre Mitarbeit mehr oder weniger fort, und äußert das Schwinden dieser Hilfsquelle seinen Einfluß durch Abnahme der Einnahmen des Mannes, so kann der Mann, wie er überhaupt seine Ausgaben verhältnismäßig beschränken muß, künftig auch nur einen geringeren Betrag seiner geschmälerten Einnahmen auf den Unterhalt der Frau verwenden. Insoweit sich solche schädigende Rückwirkung des Unfalls auf den Unterhaltsanspruch der Ehefrau feststellen läßt, ist sie selbst geschädigt und daher berechtigt, Ersatz zu verlangen. RG. 26. Nov. 1900, Bd. 47, 84; 23. März 1905, JW. 341[12]; 14. Juni 1906, JW. 469[30]; 11. Febr. 1907, EE. 24, 37; 5. März 1908, JW. 278[8]; 13. Juli 1908, EE. 25, 192; 3. Juli 1911, JW. 810[17]. Aus der Entscheidung v. 14. Juni 1906: „Zur Glaubhaftmachung des indirekten Schadens der Ehefrau bedarf es der Darlegung der Erwerbsverhältnisse des Ehemannes einerseits, der Familienverhältnisse — Zahl und Alter der Kinder, für die der Ehemann außer dem Unterhalt der Frau Unterhalt zu gewähren hat — anderseits; aus beiden Faktoren kann dann erst der Betrag des auf die Ehefrau entfallenden Unterhalts und auf Grund der Angaben über die Einbuße des Ehemanns infolge der der Frau zugefügten Beschädigung die etwaige Schmälerung der Unterhaltsbezüge der letzteren geschätzt werden." Soweit aber der Ehemann wegen nachgewiesenen Verschuldens des Haftpflichtigen aus § 845 BGB.

den ihm durch Entziehung der Frauenarbeit erwachsenen Schaden liquidiert hat, ist damit der bezügliche Schadensersatzanspruch der Frau aufgezehrt, RG. 11. Febr. 1907, EE. 24, 87.

Schließlich ist immer die Möglichkeit gegeben, daß eine Ehefrau, auch wenn sie, wie bisher, so auch in absehbarer Zukunft ihre Arbeitskraft überhaupt nicht betätigen, sondern sich begnügen wird, das Hauswesen des Mannes zu leiten (§ 1356 Abs. 1 BGB.), durch eine Veränderung der Umstände, Rückgang der Vermögenslage, Invalidität des Mannes, Auflösung der Ehe, gezwungen werden kann, ihre Erwerbsfähigkeit für sich und ihre Familie zu gebrauchen. Damit ist in allen Fällen der Verletzung einer Ehefrau die Möglichkeit gegeben, daß sie künftig infolge der Verletzung einen Vermögensschaden wegen Erwerbsausfalls in eigener Person erleiden kann, RG. Bd. 39 S. 35; 5. März 1908, JW. 273[8]; 13. Juli 1908, EE. 25, 192. Diese Möglichkeit gewährt ihr zwar zurzeit keinen Leistungsanspruch auf Schadensersatz, wohl aber einen Feststellungsanspruch.

B. Schadensersatzanspruch des Hauskinds wegen Erwerbsbeschränkung.

Während das Verhältnis der Frau zum Manne auf die Dauer gerichtet ist, pflegen die Hauskinder, wenn sie erwachsen und völlig erwerbsfähig und erwerbstätig sind, nur vorübergehend ihre Dienste unentgeltlich dem elterlichen Hauswesen und Geschäft zu widmen. Jedenfalls ist ihnen jederzeit die Möglichkeit gegeben, ihre Arbeitskraft selbständig und im eigenen Interesse zu verwerten. Deshalb ist bei ihnen schon die infolge einer Verletzung verringerte Möglichkeit, in andere Dienste zu treten und dort den üblichen Lohn zu verdienen, als ein Vermögensnachteil anzusehen, für den ein Ausgleich zu gewähren ist, RG. 20. Sept. 1895, Bolze 21 Nr. 261; 14. Mai 1897, JW. 330[25]. Ebenso hat das Reichsgericht einer verletzten Haustochter, die trotz vorgerückter Jahre immer noch ohne bestimmtes Entgelt im Geschäft ihres Vaters als Leiterin seines Schankwirtschaftsbetriebes tätig war, zugebilligt, daß ihrer Schadensersatzforderung der gewöhnliche Ertrag einer solchen Erwerbstätigkeit zugrunde gelegt werde, wie sie ihn bezogen haben würde, wenn sie nicht im Gewerbebetriebe ihres Vaters, sondern bei einem Dritten eine solche Stellung eingenommen hätte, RG. 11. April 1907, JW. 340[25].

III. Vorteilsausgleichung.

Siehe auch oben Anm. 4 V zu § 10.

Ein Vermögensschaden ist insoweit nicht vorhanden, als der Verletzte mit dem seine Erwerbsfähigkeit schädigenden Unfall und in ursächlichem Zusammenhang damit auch Vorteile gewonnen hat. Eine Anrechnung kann nur bei völliger Identität der rechtserzeugenden Tatsachen verlangt werden. Es wäre z. B. denkbar, daß durch Schreckwirkung bei dem Unfall eine auf nervöser Grundlage beruhende Lähmung oder sonstige Funktionsstörung in der Körperbeschaffenheit des Verletzten beseitigt worden wäre. Der Vorteil, den diese Besserung seines Körperzustandes für seine Erwerbsfähigkeit nach sich ziehen würde, wäre mit dem Nachteil aus der anderseits erlittenen Verletzung zu vergleichen und nur die etwaige Differenz zu vergüten.

Das Vorhandensein eines Vorteils ist Einredebehauptung des Ersatzpflichtigen, nicht nur im Falle der eigentlichen compensatio lucri, wie in dem eben erwähnten Beispiel, sondern auch dann, wenn der Vorteil die Minderung des Schadens von selbst — ohne Aufrechnung — herbeiführt, RG. 23. Juni 1909, JW. 455[8].

Nicht anzurechnen ist das, was der Verletzte auf Grund einer privaten Unfall-, Kranken-, Invaliditäts-, Pensionsversicherung erhält. Das die Haftpflicht begründende Ereignis, das ist die Verletzung, löst zwar die Bedingung für den Anspruch des Verletzten auf die Versicherungssumme aus, ist aber hierfür nicht im Rechtssinne der Entstehungsgrund; der Rechtsgrund dieses Anspruchs beruht vielmehr auf dem Versicherungsvertrage und den gezahlten Prämien. Der Versicherer muß zahlen, ohne einen Anspruch gegen den Haftpflichtigen auf Ersatz des Schadens, daß er infolge des Unfalls früher zahlen muß, zu erwerben. Auf dem Gebiet des öffentlich-rechtlichen Versicherungswesens geht der Ersatzanspruch des Verletzten gegen den Haftpflichtigen in Höhe der Leistungen des Versicherers auf diesen kraft Gesetzes über (§ 1542 RVO.); von einer Vorteilsausgleichung kann keine Rede sein, da der Verletzte hier nur einmal Ersatz erhält. Sein Ersatzanspruch gegen den Haftpflichtigen mindert sich um das, was er vom Versicherungsträger erhalten hat; aber der Haftpflichtige wird dadurch nicht entlastet, da er insoweit an den Versicherer zahlen muß.

Auch eine solche private Unfallversicherung, die ein anderer für den Verletzten aus reiner Liberalität genommen hat, ist nicht anzurechnen. Hat aber der Arbeitgeber des Verletzten kraft einer zwischen ihm und seinen Angestellten feststehenden Gepflogenheit zum Vorteil aller dieser beständig eine Unfallversicherung auf seine Kosten aufrecht erhalten, so ist eine völlige Analogie mit der Beamtenpension gegeben; was der Verletzte aus einer solchen Versicherung erhält, mindert also seinen Schaden, RG. 10. Dez. 1908, Bd. 70, 101 (JW. 1909, 49[14]).

Der Ersatzanspruch mindert sich nicht durch die Unterstützungen, die der durch den Unfall erwerbslos gewordene Verletzte vor Ausklagung des Anspruchs von unterhaltspflichtigen Verwandten u. dgl. oder vom Armenverbande bezogen hat. Der Armenverband erwirkt kraft gesetzlichen Rechtsübergangs in Höhe seiner Aufwendungen den Ersatzanspruch des Verletzten (§ 62 Gesetz über den Unterstützungswohnsitz), RG. 15. Okt. 1910, Bd. 74, 274, so daß der Verletzte seinen Ersatzanspruch insoweit kürzen muß. Inwieweit die Unterhaltspflichtigen auf Grund ihrer Leistungen Rückgriffansprüche gegen den Ersatzpflichtigen erwerben, darüber siehe unten Anm. 6 zu § 18. Daß der Verletzte durch den Unfall unterhaltsbedürftig geworden ist und dadurch Unterhaltsrechte gegen Dritte erworben hat, ist nach § 843 Abs. 4 BGB. in Verbindung mit § 13 Abs. 2 des Gesetzes niemals ein anrechnungsfähiger Vorteil.

Anzurechnen auf den Schadensersatzanspruch ist die Amtspension, die nicht in einem besonderen, außerhalb der Amtsstellung des Verletzten gelegenen Rechtsgrunde, sondern ebenso wie der Gehaltsanspruch selbst unmittelbar in den gesetzlichen oder organisatorischen Anstellungsbedingungen wurzelt. RG. 5. Nov. 1906 (JW. 1907, 28[26]): „Die Amtspension ist nicht das Erwerbsergebnis einer Ersparungstätigkeit des Beamten, sondern nur eine Form des Dienstgehalts, welches kraft Gesetzes oder auch Anstellungsvertrages im geminderten Betrage dem dienstunfähig gewordenen Beamten fortgewährt wird. Die Einbuße für den beschädigten, gesetzlich pensionsberechtigten Beamten besteht also nicht in völliger Entziehung, sondern nur in einer Verringerung des Amtseinkommens. Es handelt sich hierbei nicht eigentlich um eine Vorteilsausgleichung, compensatio lucri. Vielmehr ist eben die Schadensfolge von vorneherein eine (um den Betrag der Pension) geringere." Ob der Beamte nach den Besoldungsgesetzen einen Beitrag zur Pensionskasse hat zahlen müssen, ändert nicht die rechtliche Beurteilung. Ein verletzter Beamter kann also als Schadensersatz für Erwerbsausfall nur die Differenz zwischen der Pension, die er nach dem Unfalle bezieht, und dem Gehalte, das er ohne den Unfall beziehen würde, verlangen. Die Beamtenpension kommt somit dem Haftpflichtigen zugute, der den verletzten Beamten mit Rücksicht auf die Pension nicht vollständig aus eigener Tasche zu entschädigen braucht. Der Arbeit- oder Dienstgeber, der zur Zahlung der Pension an den verletzten Beamten oder Angestellten verpflichtet ist, hat keinen Ersatzanspruch gegen den Haftpflichtigen, RG. 23. April 1918, JW. 862[8]. Diese Rechtslage kann aber durch Gesetz geändert werden, wie durch § 10 des Beamten-Unfallfürsorgegesetzes für die Reichsbeamten geschehen. Vgl. RG. 28. Juni 1906, EE. 23, 270.

Ein Vorteil kann auch in der Ersparung von Auslagen und Aufwendungen bestehen, die ohne das schädigende Ereignis notwendig geworden wären. Solche Vorteile sind aber jedenfalls dann nicht als schadenmindernd oder -ausgleichend zu berücksichtigen, wenn mit den ersparten Auslagen andere Vorteile materieller oder immaterieller Art verbunden gewesen wären, die dem Geschädigten nun entgangen sind, RG. 9. März 1911, Bd. 76, 105.

6. Ursächlicher Zusammenhang.

Die Aufhebung oder Minderung der Erwerbsfähigkeit mit der dadurch bedingten Schadensfolge eines Erwerbsausfalls muß eine Folge der Verletzung sein. Dieser ursächliche Zusammenhang muß nicht nur in der Zeit zwischen Unfall und Klage, sondern in jedem Zeitabschnitt vorhanden sein, für den Schadensersatz gefordert wird. War schon zur Zeit des Unfalls die Erwerbsfähigkeit infolge Krankheit oder infolge eines früher erlittenen Unfalls aufgehoben oder gemindert, so kann insoweit der fortdauernde Erwerbsausfall keinen neuen Schadensersatzanspruch begründen, RG. 27. Sept. 1882, EE. 2, 352. Es ist zu prüfen, wie das frühere Leiden in seiner Fortentwicklung den künftigen Erwerb beeinflußt haben würde; dabei ist davon auszugehen, wie sich nach der Erfahrung der medizinischen Wissenschaft der regelmäßige Verlauf der Dinge gestaltet haben würde, RG. 4. Juli 1913, JW. 987[17]. War nur eine krankhafte Anlage vorhanden, durch deren Mitwirkung sich die Folgen der Unfallsverletzung schwerer gestaltet und infolgedessen die sonst vorhandene Erwerbsfähigkeit beeinträchtigt haben, so hat der Haftpflichtige zwar für den Erwerbsausfall einzustehen, in vollem Umfange aber nur bis zu dem Zeitpunkte, wo auch ohne den Unfall infolge der naturgemäßen Weiterentwicklung der Krankheitsanlage die Arbeitsfähigkeit des Verletzten abgenommen haben würde, RG. 15. Febr. 1906, JW. 204[25]; 11. Okt. 1906, JW. 739[7]. Dasselbe gilt für den Fall, wo der Verletzte vor dem Unfall ein ausschweifendes Leben geführt hat, auf Grund dessen, insbesondere bei mutmaßlicher Fortsetzung dieser Lebensführung, ein baldiges Versagen seiner Arbeitskraft ohnedies zu erwarten gewesen wäre, RG. 18. Mai 1911, JW. 650[21]. Auch wenn nach dem Unfall Umstände hinzutreten, die ohne Zusammenhang mit der Verletzung als neue, selbständige Ursache die Unfähigkeit zum Erwerb, wenn sie nicht schon als Folge des Unfalls früher eingetreten wäre, herbeigeführt haben würden, so ist insoweit, als die schädliche Wirkung der neuen Ursache erkennbar wird, der ursächliche Zusammenhang zwischen dem bestehenden Verlust der Erwerbsfähigkeit und der Verletzung aufgehoben. RG. 11. Mai 1908 (JW. 434[11]): „Auszugehen ist hierbei davon, daß in Fällen, wo ein Schadensersatz in Form von Rentenzahlungen zu leisten ist, es auf das Kausalitätsverhältnis für jeden einzelnen Zeitabschnitt ankommt, so daß, wenn nach dem vom Ersatzpflichtigen zu vertretenden ursächlichen Vorgange unabhängig von diesem ein neuer Umstand eintritt, der denselben Schaden ganz oder teilweise ohnehin ebenfalls verursacht haben würde, insoweit jene Ersatzpflicht wegfällt." Als solche Umstände kommen namentlich in Betracht die Abnahme der Kräfte im höheren Lebensalter, Krankheit, ein neuer Unfall. Auch Trunksucht, der sich der Verletzte später ergibt, kann den ursächlichen Zusammenhang der fortdauernden Erwerbsbehinderung mit dem Unfall ganz oder teilweise zerstören, wenn ohnedem sich der Krankheitszustand gebessert haben würde, RG. 11. Mai 1908, JW. 434[11]. OLG. Braunschweig 22. Okt. 1907 (EE. 24, 278): „Der Haftpflichtige darf nicht zur Erstattung eines entzogenen Erwerbes für eine Zeit verurteilt werden, in welcher der Verletzte diesen Erwerb nachweislich nicht gehabt haben würde. Die Klägerin, welche in der Zeit v. 1. Juli bis 30. Nov. 1905 infolge des mit dem Unfall in keinem Zusammenhange stehenden Rheumatismus auch ohne den Unfall ganz erwerbsunfähig gewesen sein würde, kann daher für diese Zeit keine Entschädigung verlangen." Würde aber die spätere Schadensursache, z. B. ein neuer Unfall, an sich von einem Dritten zu vertreten sein, und tritt dessen Schadensersatzpflicht lediglich um deswillen nicht ein, weil der Schaden schon früher verursacht worden war, so wirkt die frühere Ursache insoweit eben noch fort, als dem Beschädigten um ihretwillen der Schadensersatz von seiten des Dritten entgeht, den er sonst zu fordern gehabt haben würde, RG. 11. Mai 1908, JW. 484[11]. In solchen Fällen bleibt also der bisherige Haftpflichtige auch weiterhin verpflichtet. Ist kein Dritter für den neuen Unfall haftpflichtig, so kommt es darauf an, ob der neue Unfall auch in keinem ursächlichen Zusammenhang mit der früheren Unfallsverletzung und ihren Folgen steht. Ist der Verletzte jetzt den Gefahren eines anderen Berufs erlegen, den er infolge der früheren Verletzung ergriffen hatte, und hat auch sein durch die frühere Verletzung geschwächter Körperzustand mitgewirkt, daß er den dem früheren Beruf fremden Gefahren erlag, dann entfällt die Ersatzpflicht des bisher Verpflichteten nicht, RG. 18. Mai 1911, JW. 658[35]. Die Zerstörung des Kausalzusammenhangs mit dem früheren Unfall hat der Ersatzpflichtige, der frei werden will, zu beweisen. Ebenso hat RG. 29. Febr. 1912 (JW. 594[15]) für den Fall, wo eine Beamtin, die wegen des Unfalls pensioniert worden war, später heiratete — wodurch sie bei fortbestehendem Beamtenverhältnis Stelle, Gehalt und Pension ohnehin verloren haben würde —, von dem Ersatzpflichtigen, der auf Befreiung klagte, den Beweis verlangt, daß kein Zusammenhang zwischen Unfall und Heirat in der Weise bestehe, daß die Verletzte sich etwa nur gerade wegen des Verlustes ihres Amts zur Heirat entschlossen habe, andernfalls aber die Stelle mit Altersversorgung einer Heirat vorgezogen haben würde.

Der ursächliche Zusammenhang zwischen dem Erwerbsausfall und der Verletzung wird auch dadurch gestört, daß zwar die Beeinträchtigung der Arbeitskraft als Folge der Verletzung andauert, aber durch äußere Umstände, die außerhalb eines Zusammenhangs mit der Verletzung stehen, die Erwerbsmöglichkeit ohnehin, also auch bei vorhandener Fähigkeit, beseitigt ist, z. B. während einer Aussperrung von Arbeitern, einer allgemeinen Arbeitslosigkeit, während der Verbüßung einer Freiheitsstrafe, RG. 9. Okt. 1890, Bolze 10 Nr. 279c. Der Arbeitsunfähige erleidet aber auch im Gefängnis dadurch einen Ausfall an Erwerb, daß ihm der Anteil am Arbeitsverdienst entgeht, der den arbeitenden Gefangenen regelmäßig gutgeschrieben und bei guter Führung ausbezahlt wird, wenn sie entlassen werden. Auch die Verheiratung einer verletzten Frau kann von Belang sein, da die Möglichkeit der Ehefrau, eigenen Erwerb zu haben, beschränkt ist. Das bezieht sich aber nicht auf Ehefrauen des gewöhnlichen Arbeiterstandes, da es hier durchaus üblich ist, daß die Ehefrau ebenso wie als Mädchen Erwerb außer dem Hause sucht; was sie aber auf diese Weise erwirbt, gehört ihr selbst als Vorbehaltsgut; ist sie an solchem Erwerbe gehindert, so trifft der Schaden sie selbst. RG. 3. Nov. 1903, EE. 20, 261; 7. Okt. 1898, Bd. 42, 32.

7. Umfang des Schadens.

Der Umfang des Schadens ist verschieden, je nachdem die Erwerbsfähigkeit gänzlich aufgehoben oder nur herabgemindert ist, und je nachdem die Schädigung dauernd bis zum Lebensende des Verletzten oder bis zum anderweiten Erlöschen seiner Arbeitskraft wirkt oder nur vorübergehend ist. Bei gänzlicher Aufhebung der Erwerbsfähigkeit besteht der Schaden in dem vollen Betrage, den der Verletzte verdient haben würde, wenn er nicht verletzt worden wäre. Bei teilweiser Erwerbsunfähigkeit ist dieser Betrag um so viel zu kürzen, als der Verletzte durch Ausnutzung des ihm gebliebenen Restes von Erwerbsfähigkeit noch verdienen kann. Ob er wirklich arbeitet und verdient, darauf kommt es nicht an, sondern nur darauf, ob er bei verminderter Arbeitsfähigkeit die Möglichkeit eines Erwerbes hat. Läßt er eine solche Möglichkeit ungenutzt, so hat er diesen Erwerbsverlust, der auf seinem freien Willen, nicht auf der Verletzung beruht, selbst zu tragen. Anderseits schließt durchaus nicht jeder dem Verletzten gebliebene Prozentsatz abstrakter Erwerbsfähigkeit auch die Möglichkeit in sich, ihn auf dem Arbeitsmarkt zu verwerten. Wo keine Erwerbsmöglichkeit gegeben ist, da liegt Aufhebung, nicht Minderung der Erwerbsfähigkeit vor, RG. 21. Jan. 1892, EE. 9, 144; 29. Mai

1899, EE. 16, 161. Bei einem Verlust der abstrakten Erwerbsfähigkeit z. B. von 50% darf nicht ohne weiteres nur die Hälfte des bisherigen Verdienstes als Ersatz zugesprochen werden; dieser Betrag ist vielmehr nur das mindeste Maß des Schadens; es ist aber weiter zu prüfen, ob der Schaden nicht größer ist, weil der verbliebene Rest von Arbeitskraft überhaupt keinen oder doch nur einen unverhältnismäßig geringeren Wert hat. Der Verletzte, der mehr fordert als die Hälfte, hat das zu begründen, wenn es nicht aus offenkundigen Umständen, z. B. der Lage des Arbeitsmarktes, ohne weiteres erhellt. Der Erwerbsschaden einer Ehefrau ist unter der erwähnten Annahme stets größer als die Hälfte des bisherigen Verdienstes, weil sie einen Teil der gebliebenen Arbeitskraft, und zwar einen ebenso großen Teil wie früher, für ihr Hauswesen verwenden muß, RG. 30. Mai 1910, JW. 710[16]; 16. Jan. 1911, JW. 325[19]; 4. März 1912, JW. 597[20].

Zu der Feststellung, daß ein dem Verletzten gebliebener Rest von Arbeitsfähigkeit noch einen Erwerb ermöglicht, genügt nicht, daß der Haftpflichtige selbst sich erbietet, den Verletzten in Lohn und Brot zu nehmen. Der Verletzte kann nicht gezwungen werden, seine Dienste auf Lebenszeit nur einem einzelnen gerade zu widmen. Das würde dem Prinzip der persönlichen Freiheit in wirtschaftlicher Beziehung widerstreiten, RG. 9. Febr. 1885, Bolze 1, 615. Es kann deshalb nur darauf ankommen, ob der verbliebene Rest von Arbeitskraft auf dem allgemeinen Arbeitsmarkte noch verwertbar ist, ob er noch einen gemeinen Wert hat. Andernfalls ist die Erwerbsfähigkeit völlig aufgehoben, ROHG. 5. Nov. 1875, Bd. 19, 12; RG. 21. Nov. 1879, EE. 1, 18. Wenn der Verletzte aber auf das Anerbieten des Haftpflichtigen eingegangen ist und tatsächlich in dessen Dienst seinen Erwerb findet, so ist, solange das Verhältnis besteht, dieser Erwerb bei der Frage, ob und in welcher Höhe ein Schaden durch Erwerbsausfall entstanden sei, zu berücksichtigen, RG. 18. Juli 1883, EE. 8, 95; 21. Mai 1908, JW. 451[17]; 19. Mai 1909, JW. 392[9].

Tritt dauernde Untauglichkeit zu der bisherigen Beschäftigung ein, so ist zu unterscheiden, ob es sich um einen ungelernten Arbeiter oder um den Angehörigen eines Berufs handelt, zu dem eine größere Vorbildung, ein Studium oder auch nur eine längere praktische Lehrzeit gehört. Der ungelernte Arbeiter — und dazu sind auch solche Personen, auch Beamte, zu rechnen, die zu Beginn ihrer früheren Beschäftigung eine kürzere Zeit der Unterweisung und praktischen Übung genossen und sich einige zu ihrem Dienst erforderliche Geschicklichkeit angeeignet haben — ist an die bisherige Beschäftigung nicht gebunden und kann sich, nötigenfalls mit geringer Mühe, einer andern Arbeit zuwenden, zu der seine Kräfte vielleicht noch ausreichen. Sein Ersatzanspruch wegen mangelnder Erwerbsfähigkeit hängt davon ab, daß er auch auf anderen Gebieten des Erwerbslebens nichts mehr oder nicht mehr soviel wie früher verdienen kann, RG. 20. Nov. 1902, EE. 19, 340; 4. März 1882, EE. 2, 227; 14. Okt. 1882, EE. 2, 367; 3. Febr. 1883, EE. 3, 1; 8. Jan. 1903, EE. 20, 129; 22. Sept. 1883, EE. 3, 108. Es ist ihm aber nicht zuzumuten, seinen Wohnsitz aufzugeben und sich anderweit Arbeit zu suchen, RG. 6. Okt. 1890, Bolze 10, Nr. 279b; 28. April 1886, Bolze 3, Nr. 394. Handelt es sich um eine verletzte Ehefrau, so ist immer zu erwägen, daß eine Ehefrau häusliche Pflichten hat und dadurch in der Wahl eines andern Berufes beschränkt ist, RG. 4. März 1912, JW. 597[20].

Der Berufsarbeiter dagegen (Handwerker, Kaufmann, Gelehrte usw.) ist im allgemeinen nicht verpflichtet, sich einem andern Berufe zuzuwenden. Es könnten überhaupt nur solche Berufsarten für einen Wechsel in Frage kommen, die den Kenntnissen, dem Bildungsgrade und der gesellschaftlichen Stellung des Verletzten in gleichem Maße wie der bisherige Beruf entsprechen. Aber auch unter dieser Voraussetzung kann ihm der Wechsel nicht zugemutet werden, wenn er die Elemente des andern Berufs erst von neuem erlernen müßte, RG. 29. April 1884, EE. 3, 351; 8. Jan. 1903, EE. 20, 129; 19. Juni 1885, Bd. 14, 125.

In allen Fällen ist die Klage damit genügend begründet, daß der Verletzte zu seiner bisherigen Beschäftigung unfähig geworden ist. Der Ersatzpflichtige hat zu beweisen, daß sich dem Verletzten andere Erwerbsmöglichkeiten bieten und zugemutet werden können. Dieser Gegenbeweis kann sich unter Umständen allerdings aus den tatsächlichen Verhältnissen, so bei Tagelöhnern und sonstigen ungelernten Arbeitern aus der Lage des Arbeitsmarkts, aber auch bei gehobenen Arbeitern und anderen Berufsarten aus der besonderen Gestaltung des Falles ohne weiteres ergeben, RG. 18. April 1914, JW. 757[3]; 4. März 1912, JW. 597[20]. In andern Fällen, so namentlich, wenn die bisherige Berufstätigkeit des Verletzten in Verrichtungen höherer Art, sog. qualifizierter Arbeit bestand (z. B. auch Hebamme), genügt der Ersatzpflichtige seiner Beweispflicht nicht mit dem Hinweis auf allgemeine Erwerbsmöglichkeiten, sondern hat darzulegen, daß dem Verletzten nach den konkreten wirtschaftlichen Zuständen bestimmte Erwerbszweige offen stehen, RG. 4. März 1912, JW. 597[20]. Die Kosten der Erlernung eines andern Berufs hat der Ersatzpflichtige zu bestreiten (vermehrter Bedarf) und vorzustrecken, RG. 18. April 1914, JW. 757[3].

Die dauernde Erwerbsbeschränkung endet mit dem Tode des Verletzten oder dem früheren Zeitpunkt, an welchem seine Erwerbsfähigkeit auch ohne den Unfall aus andern Gründen (höheres Lebensalter, Krankheit, neuer Unfall, vgl. Anm. 8 II a) erloschen sein würde. Zeitweise Erwerbsbeschränkung liegt vor, wenn der Verletzte seine Gesundheit und damit seine Erwerbsfähigkeit ganz oder teilweise wiedergewinnt. Ist die Herstellung in absehbarer Zeit zu erwarten, dann muß sofort im Urteil der Zeitpunkt bestimmt werden, mit dem die Zahlung der Schadensersatzrente aufhört. Wenn z. B. ein Sachverständiger sagt, daß seiner Annahme nach der Verletzte in drei bis sechs Monaten von den Folgen des Unfalls vollständig hergestellt und also nicht mehr in seiner Erwerbsfähigkeit beeinträchtigt sein werde, dann ist es unrichtig, die der gegenwärtigen Erwerbsbeschränkung entsprechende Rente bis zum 70. Lebensjahre zuzusprechen, RG. 12. Dez. 1907, EE. 24, 286. Kann der Zeitpunkt der voraussichtlichen Wiederherstellung dagegen nicht mit hinreichender Zuverlässigkeit im voraus bestimmt werden, so muß die Rente dauernd zugesprochen und dem Haftpflichtigen überlassen werden, die Aufhebung des Urteils herbeizuführen, sobald seine Voraussetzung, die fortdauernde Erwerbsbehinderung, weggefallen ist, RG. 25. Febr. 1907, EE. 24, 45. Ist abzusehen, daß von einem schon im voraus mit hinreichender Zuverlässigkeit bestimmbaren Zeitpunkte ab eine Besserung eintreten und der Verletzte einen bestimmbaren Teil seiner zurzeit aufgehobenen oder herabgeminderten Erwerbsfähigkeit wiedererlangen wird, so ist demgemäß die Höhe der Rente verschieden zu bestimmen. Andernfalls muß es dem Verfahren aus § 323 ZPO. überlassen werden, das Urteil mit der später veränderten Sachlage in Einklang bringen zu lassen.

Der Vermögensnachteil kann die Zeit, in welcher die Erwerbsfähigkeit beeinträchtigt war, überdauern. Hat der Verletzte infolge der vorübergehenden Arbeitsunfähigkeit, welche durch die Verletzung verursacht war, seine Brotstelle verloren, so ist er auch nach wiederhergestellter Erwerbsfähigkeit so lange zu entschädigen, bis er eine neue Erwerbsmöglichkeit findet. Denn sein Erwerbsausfall ist auch in dieser Zeit dadurch verursacht, daß er infolge der Verletzung seine Erwerbsfähigkeit vorübergehend eingebüßt hatte.

Auch Schäden, die nur mittelbar mit der Beeinträchtigung der Erwerbsfähigkeit zusammenhängen, die durch die plötzliche Aufgabe der Berufsstellung entstanden sind, z. B. Umzugskosten oder Verluste durch unwirtschaftliche Verwertung des Pachtinventars bei beschleunigter Räumung des Pachtguts, sind zu ersetzen (Kapitalentschädigung), RG. 4. Juli 1907, „Recht" 1907, Nr. 2643.

8. Schadensermittlung.

I. Die bisherige Erwerbstätigkeit als Grundlage der Schadensermittlung.

Bei der Schadensermittlung ist zwar in der Regel von dem Erwerbsstande zur Zeit des Unfalls, in den der Unfall störend eingegriffen hat, auszugehen. Dabei ist aber zu beachten, daß nicht dieser Erwerbsstand, sondern die Fähigkeit zu künftigem Erwerbe das verletzte und zu entschädigende wirtschaftliche Gut ist. Es ist daher nicht unter allen Umständen entscheidend, was der Verletzte gerade in der letzten Zeit vor dem Unfall tatsächlich verdient hat; es ist vielmehr zu ermitteln, was er in derjenigen Zeit, für die Schadensersatz wegen Erwerbsbeschränkung gefordert wird, verdient haben würde, wenn er den Unfall nicht erlitten hätte, RG. 5. Dez. 1907, EE. 24, 371; 5. März 1908, JW. 273[8]; 21. Mai 1908, EE. 25, 164. Um dies zu ermitteln, hat der Richter die gesamten Lebensverhältnisse des Verletzten, seinen Gesundheitszustand, seine bisherige Erwerbstätigkeit, sowie alle Umstände, welche nach den Regeln der Lebenserfahrung künftig seine Erwerbsfähigkeit und ihr wirtschaftliches Ergebnis wahrscheinlich beeinflußt haben würden, zu würdigen. Bei aufgehobener Erwerbsfähigkeit stellt der ermittelte Betrag den Schaden dar, bei verminderter Erwerbsfähigkeit die Differenz zwischen diesem Betrage und dem, was der Verletzte auch so noch verdienen kann, RG. 6. Juli 1912, Bd. 80, 50; 4. Juli 1913, JW. 987[17]. Traf der Unfall gerade in eine Zeit, wo der Verletzte infolge zufälliger ungünstiger Umstände in seinem Berufe keine angemessene Stelle hatte finden können und vorübergehend einen anderen schlechter bezahlten Posten angenommen hatte, so ist gleichwohl die Entschädigung unter Zugrundelegung der regelmäßigen Berufsverhältnisse festzusetzen; daß es dem Verletzten nicht gelungen sein würde, eine seinen Fähigkeiten entsprechende Stelle wiederzuerlangen, hat der Ersatzpflichtige zu beweisen, RG. 9. Mai 1911, JW. 584[26].

Für die Regel ist aber davon auszugehen, daß der Verletzte

den Verdienst, den er zur Zeit des Unfalls hatte, auch in Zukunft gehabt haben würde, RG. 19. Jan. 1891 SeuffArch. 46, 305; 14. Dez. 1886, Bd. 17, 45; 9. Mai 1911, JW. 584[26]; vorausgesetzt, daß kein Anlaß vorliegt, künftige Änderungen im voraus zu unterstellen, RG. 8. Okt. 1908, JW. 712[6]. Dabei kommt es aber nicht auf augenblickliche Zufälligkeiten an, es ist vielmehr die Lebens- und Erwerbsstellung des Verletzten im allgemeinen in Betracht zu ziehen und nötigenfalls auf einen längeren vergangenen Zeitraum zurückzugreifen, um zu ermitteln, was er bisher im Durchschnitt verdient hat, RG. 20. Sept. 1895, EE. 12, 234, Bolze 21, 261. Bei einem Gelegenheitsarbeiter, der nachweisbar gewohnheitsmäßig an einem Teil der Arbeitstage aus freien Stücken bisher gefeiert hat, ist anzunehmen, daß er diese Gewohnheit auch künftig fortgesetzt haben würde; ihm ist daher nur ein Teil seiner verlorenen Erwerbsfähigkeit zu entschädigen.

Die Tätigkeit des Verletzten zur Zeit des Unfalls bietet also die praktische Grundlage für die Abschätzung des Schadens. Dabei ist jede Art von Erwerb zu berücksichtigen, mit Ausnahme des unerlaubten, dem der Rechtsschutz versagt werden muß. Unerlaubter Erwerb aus gewerbsmäßigem Glücksspiel, aus Bettel, aus Gewerbsunzucht, gewerbsmäßiger Kuppelei und sonstigen strafbaren Handlungen wie Schmuggel u. dgl. — vorausgesetzt, daß deutsche Zollgesetze übertreten werden — kann nicht einer Schadensersatzforderung wegen Beeinträchtigung der Erwerbsfähigkeit zur Begründung dienen; hierher gehören auch unerlaubte Trinkgelder und unerlaubter Nebenerwerb der Beamten, RG. 20. Juni 1878, DJZ. 195, Eger S. 337. Im übrigen kommt es aber auf die Art des Erwerbes nicht an: auch Erwerb aus Nebenbeschäftigungen, aus erlaubten Trinkgeldern ist zu entschädigen; bei Beamten nicht nur das Gehalt, sondern auch der Wohnungsgeldzuschuß, die durchschnittlichen Ersparnisse an Tagegeldern, Reisekosten, sonstigen Dienstaufwandsentschädigungen u. dgl. (Anders bezüglich der Ortszulagen RG. 12. Nov. 1880, EE. 1, 306/308 und auch bezüglich noch anderer Bezüge Eger S. 264—267.) Abzüge, die einem Beamten gemacht werden, bleiben bei Feststellung seiner dienstlichen Einnahmen außer Betracht, sofern sie gegenwärtigen wirtschaftlichen Bedürfnissen des Beamten dienen, wie Abzüge zur Kleiderkasse. Dagegen sind Abzüge zu Pensions-, Witwen- und Waisenkassen u. dgl. zu berücksichtigen, d. h. bei Berechnung der wirklichen Einnahmen nicht mitzurechnen, weil hierdurch das Gesamteinkommen des Beamten in der Tat geschmälert wird. RG. 14. Dez. 1886, Bd. 17, 45: „Müßte sich der Beamte von seinem Gehalte gewisse Abzüge, z. B. zur Pensionskasse, gefallen lassen, so bildet der um diese Abzüge verminderte Gehaltsbetrag die Höchstgrenze seiner Schadensforderung.“ (Ebenso RG. 12. Jan. 1880, EE. 1, 306, a. M. Eger S. 267.)

Der Schaden ist nach den wirklich vorhandenen Verhältnissen, nicht auf irgendeiner fiktiven Grundlage zu ermitteln, RG. 8. Okt. 1908, JW. 712[6]. Mußte der Verletzte z. B. infolge des Unfalls sein Erwerbsgeschäft aufgeben, so ist ihm der wirklich daraus gezogene Reinverdienst zu ersetzen, mag dieser auch infolge besonderer günstiger Umstände, etwa weil Frau und Kinder unentgeltlich im Geschäft halfen, größer gewesen sein als der Betrag, der normalerweise mit bezahlten Hilfskräften aus einem Geschäft dieser Art zu ziehen war; daß durch Aufgabe des Geschäfts die Arbeitskraft der Ehefrau des Verletzten zum Teil frei wird und sich anders betätigen kann, ist ein Vorteil der Frau selbst, da die Früchte einer selbständigen Tätigkeit ihr gehören, RG. 29. Juni 1911, JW. 778[41]. Hatte der Verletzte vor dem Unfall zeitweise sein Geschäft auf seine Ehefrau fiduziarisch übertragen, um es dem Zugriff der Gläubiger zu entziehen, so ist gleichwohl für die Schadensermittlung der Mann als Geschäftsinhaber anzusehen, RG. 2. Nov. 1911, JW. 1912, 32[16], vgl. auch RG. 23. Mai 1914, JW. 874[13].

II. Rücksicht auf zukünftige Veränderungen.

Da die Vermutung für die Fortdauer des bisherigen Erwerbs spricht, so braucht der Verletzte für die Regel nur nachzuweisen, welchen Erwerb er bisher durchschnittlich gehabt hat. Ergeben sich aus dem vorliegenden Sachverhalt Umstände, die eine künftige Veränderung der Erwerbsverhältnisse wahrscheinlich machen, so hat der Richter von Amts wegen eine Prüfung dieser Umstände vorzunehmen. Denn da es sich um Schadensermittlung handelt, so entscheidet das Gericht hierüber unter Würdigung aller Umstände nach freier Überzeugung (§ 287 ZPO.). Im übrigen ist es aber Sache des Haftpflichtigen, solche besonderen Umstände vorzubringen und nachzuweisen, aus denen sich die Annahme einer künftigen Schadensminderung ergibt. Anderseits muß der Verletzte es begründen, wenn er behaupten will, daß sein Erwerb sich künftig vermehrt haben würde, RG. 5. Dez. 1907, EE. 24, 371. Die Möglichkeit einer zukünftigen Besserung des Leidens und damit der Erwerbsfähigkeit des Verletzten muß im Schadensersatzprozeß sogleich gewürdigt und darf nicht einer späteren Entscheidung aus § 323 ZPO. überlassen bleiben. Der Verlauf einer Krankheit läßt sich zwar niemals mit völliger Sicherheit im voraus feststellen, wohl aber das, was nach der allgemeinen Erfahrung einzutreten pflegt, RG. 14. Dez. 1912, JW. 1913, 272[13].

a) Veränderungen, die den Schaden beseitigen oder mindern.

Zu den von vornherein in Rechnung zu ziehenden Umständen gehört für die Regel auch der Einfluß, welchen naturgemäß das zunehmende Lebensalter auf die Arbeits- und Erwerbsfähigkeit des Menschen ausübt und bei normalem Verlauf der Dinge auch ohne Dazwischentreten des Unfalls im gegebenen Falle ausgeübt haben würde, RG. 28. Juni 1906, JW. 548[15]. Deshalb ist in der Regel die Rente wegen Aufhebung oder Minderung der Erwerbsfähigkeit dem Verletzten von vornherein nicht unvermindert bis ans Lebensende zuzusprechen, sondern unter Berücksichtigung der gegebenen Umstände, insonderheit der Berufsart und der körperlichen Verfassung vor der Verletzung die Grenze festzusetzen, von der ab infolge der abnehmenden Lebenskraft der Erwerb ohnedies zurückgehen oder aufhören würde, RG. 16. Jan. 1908, JW. 140[10]. Normalerweise kann die Rente unvermindert bis zum 60. Lebensjahre zugesprochen werden; ob darüber hinaus überhaupt noch oder doch in gemindertem Betrage, ist nach den Umständen, insbesondere den beruflichen Verhältnissen zu ermitteln, RG. 15. März 1909, JW. 271[4]; 16. Jan. 1911, JW. 325[19].

Nur unter besonderen Umständen, und nicht leicht bei körperlich Arbeitenden, wird angenommen werden dürfen, daß dem Verletzten die unverminderte Erwerbsfähigkeit bis ins hohe Greisenalter hinein erhalten geblieben sein würde, RG. 23. März 1905, JW. 283[4]; 15. Juni 1905, JW. 493[19]; 19. März 1906, JW. 308[13]; 15. März 1909, JW. 271[4]; 11. Okt. 1909, JW. 686[10]; 6. Dez. 1909, JW. 1910, 65[14]; 11. Juli 1910, JW. 812[30]. Ausnahmsweise hat das Reichsgericht dem Verletzten die Rente auf Lebenszeit zugesprochen: in der Entsch. v. 14. Dez. 1886 (Bd. 17, 45) mit der Begründung, weil der Kläger den Nachweis erbracht habe, daß er ein besonders gesunder und lebenskräftiger Mann sei, so daß die Annahme gerechtfertigt erscheine, er werde auch über das 65. Lebensjahr hinaus dienstfähig bleiben; in der Entsch. v. 6. Febr. 1905 (JW. 213[31]) mit Rücksicht auf die Stellung der Klägerin als Hausdame, weil bei dieser Stellung das Erfordernis körperlicher Kraft gegenüber andern Eigenschaften zurücktrete. Vgl. auch die Entsch. v. 1. März 1906 (JW. 287[23]), wo die Erwägung gebilligt wird, daß bei einer weiblichen Person dienenden Standes, die gezwungen sei, bis an ihr Lebensende dem Erwerbe nachzugehen, ein erheblicher Nachlaß der Erwerbsfähigkeit und der Erwerbsmöglichkeiten auch in höherem Alter nicht einzutreten pflege. In der Entsch. v. 8. April 1906 (EE. 23, 51) wurde die zeitliche Unbegrenztheit der Rente für bedenkenfrei erklärt, weil jeder sichere Anhalt dafür fehle, daß der Erwerb des Klägers — der freilich auch in diesem Falle nicht auf Betätigung körperlicher Kraft und Gewandtheit beruhte — mit zunehmendem Alter sich mindern müsse. Vgl. auch RG. 14. Mai 1906, EE. 23, 65. RG. v. 11. Okt. 1909 (JW. 686[10]) erkennt zwar die Möglichkeit an, daß ein Beruf, der lediglich in der Leitung eines Betriebes ohne eigene körperliche Mitarbeit besteht, bis ins hohe Greisenalter ausgeübt werden könne, mißbilligt aber die Begründung des Berufungsurteils, das die Rente unbeschränkt zugesprochen hatte, weil „nicht ausgeschlossen" sei, daß der Verletzte seine Tätigkeit in demselben Umfange bis ins hohe Alter fortgesetzt haben würde. In der Entsch. v. 14. Nov. 1907 (EE. 24, 306) wurde die Rente zeitlich unbeschränkt zugesprochen, weil der Verletzte trotz des bereits zurzeit erreichten hohen Alters, in welchem normalerweise die Erwerbsfähigkeit schon aufgehört zu haben pflegt, noch erwerbsfähig war; in solchem Falle, wo die gewöhnlichen Lebenserfahrungen versagten, könne dem Richter nicht zugemutet werden, irgendeine zeitliche Grenze zu setzen. Regelmäßig ist aber der Richter in der Lage, nach den Erfahrungen des Lebens die Altersgrenzen zu bestimmen, an denen die natürliche Abnahme der Kräfte den Erwerb des Verletzten gemindert oder aufgehoben haben würde. Diese Altersgrenzen müssen ermittelt werden, RG. 11. Juli 1910, JW. 812[29]. Der Richter kann nach § 287 ZPO. freies Ermessen walten lassen; völlige Sicherheit ist, wo es sich um Möglichkeiten und Wahrscheinlichkeiten handelt, nicht zu verlangen. Die zeitliche Begrenzung der Rente darf nicht der Zukunft im Wege der Abänderungsklage überlassen bleiben, denn sie ist zukünftig nicht leichter als gegenwärtig, RG. 27. Nov. 1905, EE. 23, 245. Es ist auch zulässig, eine Durchschnittsrente auf Lebenszeit zuzusprechen, deren Betrag dann aber etwas niedriger bemessen werden muß, um hierdurch dem Haftpflichtigen einen Ausgleich für die ihm durch die zeitliche Unbeschränktheit der Rente auferlegte größere Last zu gewähren. „Ein solcher Ausgleich könnte dadurch geschaffen werden, daß die einzelnen Renten etwas niedriger als der Betrag des in der betreffenden Periode dem Verletzten entgehenden Verdienstes angesetzt würden. Er mag aber nach Umständen auch da vorliegen, wenn die durch den Unfall aufgehobene oder geminderte Erwerbsfähigkeit des Verletzten im ganzen als Gegenstand der Ersatzleistung in der Art bewertet ist, daß der gesamte Rentenbezug das nach freier Überzeugung des Gerichts entsprechende Äquivalent für den erlittenen Erwerbsverlust bildet, und danach die einzelnen Rentenbezüge innerhalb der Rentendauer nur die auf die einzelnen Jahre verteilten Teile jener Gesamtvergütung darstellen." RG. 20. Jan. 1908, JW. 140[11]; 28. Okt. 1909, JW. 1910, 27[47].

In Betracht zu ziehen ist auch die Möglichkeit, ob der Verletzte nicht, wenn er schon für seinen mit schwerer körperlicher Arbeit verbundenen Beruf verhältnismäßig frühzeitig unfähig geworden sein würde, sich mit anderer, leichterer Arbeit noch einigen Verdienst würde haben schaffen können, RG. 11. Juli 1910, JW. 812[29].

War der Verletzte schon vor dem Unfall kränklich, so muß geprüft werden, inwiefern diese Kränklichkeit und ihre aus andern Gründen, z. B. dem zunehmenden Alter, abzuleitende Steigerung in späterer Zeit im Zusammenhalt mit der Art der Erwerbstätigkeit des Verletzten vor und nach diesem Zeitpunkte voraussehen lassen, daß auch ohne den Unfall der Verletzte sein früheres Einkommen nicht bis an sein Lebensende behalten haben würde, die Minderung also teilweise auch ohne den Unfall eingetreten sein würde, RG. 15. Febr. 1906, JW. 204[25].

Bei einem Beamten ist anzunehmen, daß zur normalen Zeit, d. i. bei Erreichung des 65. Lebensjahres, seine Pensionierung erfolgt sein, und daß er danach an Stelle des bisherigen Gehalts nur die geringere Pension bezogen haben würde. Bis zu diesem Zeitpunkt besteht der aus der Verletzung herrührende Schaden in der Differenz zwischen der Pension, die ihm tatsächlich nach dem Unfall gezahlt wird, und dem Gehalt usw., das er ohne den Unfall bezogen haben würde; nach diesem Zeitpunkt dagegen in der Differenz zwischen der Pension, die ihm wirklich gezahlt wird, und der Pension, die er beziehen würde, wenn er bis zum normalen Alter im Dienst geblieben sein würde. Dieser letztere Betrag ist ihm bis an sein Lebensende zu zahlen, RG. 21. Mai 1908, EE. 25, 166; 23. März 1910, JW. 471[9].

b) Veränderungen, die den Schaden begründen oder vergrößern.

Eine künftige Veränderung der Verhältnisse kann auch zu einer künftigen Erhöhung des mutmaßlichen Erwerbsausfalls und damit zu einer Erhöhung der Schadensrente führen, z. B. wenn die niedrigen Löhne zur Zeit des Unfalls später infolge eines allgemeinen wirtschaftlichen Aufschwungs erheblich steigen, oder wenn wegen jugendlichen Alters des Verletzten seine Arbeitskraft vor der Verletzung noch nicht als volle Mannesarbeitskraft bewertet wurde. Namentlich in den Beschäftigungen mit berufsmäßiger Vorbildung pflegt die Arbeitskraft mit zunehmender Reife und Erfahrung des Arbeiters allmählich steigend bewertet zu werden. Auch der Übergang zu einer besser bezahlten Erwerbsstellung, die Gründung eines selbständigen Geschäfts u. a. m. kommen für die Verbesserung des künftigen Erwerbes in Frage, RG. 21. Mai 1908, EE. 25, 164. Macht der Verletzte mit Rücksicht auf die ihm entgangene Verbesserung seiner Erwerbsaussichten und Möglichkeiten höhere Ansprüche geltend, so gibt der allgemeine Grundsatz des § 252 BGB. über den entgangenen Gewinn die Richtschnur für die Beurteilung. Danach gilt als entgangen der Gewinn, welcher nach dem gewöhnlichen Lauf der Dinge oder nach den besonderen Umständen, insbesondere nach den getroffenen Anstalten und Vorkehrungen mit Wahrscheinlichkeit erwartet werden kann. Entfernte Möglichkeiten braucht der Richter nicht zu berücksichtigen, RG. 30. Juni 1891, Bolze 12, Nr. 238. In erster Linie kommt es auf den normalen Verlauf der Dinge an; es ist anzunehmen, daß der Verletzte dasselbe, aber auch nicht mehr erreicht haben würde, was im Durchschnitt jeder Berufsgenosse erreicht, RG. 19. Jan. 1891, SeuffArch. 46, 305. Bei einem Beamten ist stets auf die in den Gehaltsgesetzen für Beamte seiner Klasse vorgesehenen Zulagen Rücksicht zu nehmen, RG. 23. Mai 1889, Bolze 8, 226. Erfahren die Gehaltsgesetze später eine Änderung dahin, daß der Beamtenklasse, der der Verletzte früher angehörte, höhere Bezüge gewährt werden als früher, so nimmt auch der Verletzte an dieser Aufbesserung insofern teil, als ihm der Haftpflichtige die Ersatzrente erhöhen muß, derart, daß er einschließlich seiner etwaigen Pension ebensoviel erhält, wie seine im Dienst befindlichen gleichaltrigen Berufsgenossen. Die Erhöhung der Rente wegen nachträglicher Änderung der Gehaltsgesetze muß notwendig im Wege der Abänderungsklage aus § 323 ZPO. durchgesetzt werden, während die auf Grund der bestehenden Gehaltsgesetze in Aussicht stehenden Zulagen im ersten Prozeß geltend gemacht werden können und bei Gefahr, diesen Anspruch zu verlieren, geltend gemacht werden müssen, RG. 26 Okt. 1906, JW. 767[39]; 1. Nov. 1906, JW. 768[40]. Ob der Beamte ein Recht auf die Zulagen hat, ist gleichgültig, wenn sie nur tatsächlich in der Regel bewilligt werden, RG. 23. Mai 1889, Bolze 8, 226.

Es ist nicht ausgeschlossen, daß unter besonderen Umständen auch als wahrscheinlich unterstellt werden kann, der Verletzte werde besseren Erwerb erzielt haben, als der Durchschnitt seiner Genossen. Als solche besonderen Umstände kommen hervorragende Begabung und bereits im Beruf erzielte Erfolge in Betracht.

Auf die bloße Absicht, sich durch Berufswechsel einen lohnenderen Erwerb zu schaffen, kommt es nicht an, solange nicht mindestens der Wille in erkennbarer Weise nach außen hervorgetreten und die beabsichtigte Änderung bereits angebahnt ist, ROHG. 12. Okt. 1874, Bd. 14, 341. Namentlich dann, wenn der Verletzte bisher seine Arbeitskraft hat brachliegen lassen, wird seine Behauptung, daß er beabsichtigt habe, seine Arbeitskraft künftig zu verwerten, nur dann Beachtung verdienen, wenn entweder die äußeren Umstände eine Sinnesänderung gerade zur fraglichen Zeit verständlich erscheinen lassen, oder aber aus den bereits getroffenen Anstalten und Vorkehrungen die Absicht deutlich erkennbar hervortritt. In einem vom Reichsgericht entschiedenen Falle war die Ersatzforderung darauf gestützt, daß die 19jährige Klägerin seit längerer Zeit im Einverständnisse mit ihren Eltern und ihrem Bräutigam die Absicht gehabt hatte, ein Damenschneidereigeschäft zu begründen; es wurde unterstellt, daß sie ohne den Unfall diese Absicht ausgeführt und dadurch einen jährlichen Reinverdienst von 1000 Mark gehabt haben würde, RG. 20. Jan. 1908, JW. 140[11]. Hat der Verletzte nach dem Unfall tatsächlich seinen Beruf gewechselt, z. B. sich selbständig gemacht, so sind die hierdurch veränderten Umstände bei der Schadensermittlung zugrunde zu legen, auch wenn dadurch der Ersatzpflichtige zu höheren Leistungen verpflichtet wird; denn er hat kein Recht darauf, daß der Verletzte seinen Beruf nicht wechsle. Vorausgesetzt wird aber, daß der Berufswechsel nicht etwa deshalb erfolgt ist, um eine höhere Rente zu erhalten, RG. 8. Okt. 1908, Bd. 69, 306 (JW. 712[6]).

Insoweit die künftigen Verhältnisse in der Gegenwart eine zuverlässige Beurteilung bereits zulassen, sind die für die Zukunft anzunehmenden Veränderungen aber auch schon gleich bei der ersten Festsetzung der Rente zu berücksichtigen. Es ist zwar durch § 323 ZPO. Vorsorge getroffen, daß auch nach rechtskräftiger Festsetzung der Rente künftige Veränderungen im Wege der Abänderungsklage berücksichtigt werden können. Das erste Urteil ist also insoweit nicht notwendig endgültig. Aber die Abänderungsklage kann nur mit solchen nachträglichen Veränderungen begründet werden, die nicht schon zur Zeit des ersten Prozesses voraussehbar waren und berücksichtigt werden konnten. Wenn z. B. im ersten Rechtsstreit die Rente eines verletzten Beamten lediglich nach seiner Gehaltsstufe zur Zeit des Unfalls ohne Rücksicht auf die nach der damaligen

Lage der Gehaltsgesetze in gewisser Aussicht stehenden Zulagen festgesetzt worden ist, so kann später mit der Klage aus § 323 ZPO. eine Erhöhung der Rente mit dem Hinweis auf diese Zulagen, in deren Genuß die Altersgenossen des Verletzten inzwischen gelangt seien, nicht begründet werden, RG. 1. Nov. 1906, JW. 768[40]. Auch abgesehen von dieser Rechtslage ist es mit Rücksicht auf möglichste Verminderung der Prozesse praktisch empfehlenswert, den Schadensersatz von vornherein so zu begrenzen, daß er der voraussichtlichen künftigen Gestaltung der Dinge gerecht wird. Dabei sind die allgemeinen Lebenserfahrungen zugrunde zu legen und in der Regel ein normaler Verlauf der Dinge zu unterstellen, RG. 19. März 1906, JW. 308[13]; 15. Febr. 1906, JW. 204[25]; 28. Juni 1906, JW. 548[15]. Gewißheit ist, da es sich um künftige Dinge handelt, nicht zu verlangen, Wahrscheinlichkeit genügt. Gestaltet sich die Zukunft doch wider Erwarten, so daß sich die Annahmen des ersten Urteils als irrig herausstellen, so bleibt nunmehr der Ausweg der Abänderungsklage.

Der Schaden an der Erwerbsfähigkeit kann auch gänzlich erst der Zukunft angehören, für künftige Zeiten erst erwartet werden, während in der Gegenwart ein Schaden noch gar nicht vorhanden ist. Es hat z. B. jemand infolge des Unfalls eine Trübung des einen Auges erlitten, die ihn als solche in seiner Erwerbsfähigkeit nicht behindert; wenn er aber in Zukunft infolge irgendeines unglücklichen Ereignisses die Sehkraft des zweiten gesunden Auges einbüßen sollte, so würde damit die Möglichkeit gegeben sein, daß durch die jetzt unschädliche Trübung des einen Auges seine Erwerbsfähigkeit herabgemindert werden könnte, RG. 4. Dez. 1905, JW. 1906, 92[16]. In einem andern vom Reichsgericht entschiedenen Falle war der Verletzte zurzeit gänzlich hergestellt und gesund; es bestand aber nach dem Gutachten des Sachverständigen die Möglichkeit, daß sich später aus gewissen Narben Krankheiten entwickeln könnten. Oder die Erwerbsfähigkeit ist gegenwärtig schon gemindert, hat aber noch keinen Erwerbsverlust verursacht, weil der Verletzte trotz verminderter Arbeitskraft seine bisherige Stelle noch nicht verloren hat, RG. 19. Mai 1909, JW. 392[9]; 7. Juli 1914, JW. 980[5] (letztere Entscheidung vgl. besonders über die Pflicht des Verletzten, sich die Stelle zu erhalten und dadurch den Schaden abzuwenden). In solchen Fällen ist regelmäßig die Leistungsklage zurzeit nicht zulässig, da die Möglichkeit des zukünftigen Schadenseintritts ganz ungewiß ist. Sobald dagegen, wenn auch in späterer Zeit, der Schaden zur Entstehung gelangt, ist auch ein Ersatzanspruch gegeben, vorausgesetzt, daß der ursächliche Zusammenhang zwischen Schaden und Unfall nachweisbar ist. Und auch schon vorher kann der durch den künftigen Eintritt eines Schadens zurzeit noch bedingte Ersatzanspruch zum Gegenstande einer Feststellungsklage gemacht werden. RG. 13. Nov. 1905, JW. 1906, 16[14]: „Die Feststellungsklage darf aber nicht deshalb abgewiesen werden, weil mit hohem Grade von Wahrscheinlichkeit anzunehmen ist, daß Kläger in seinem späteren Erwerb und Fortkommen nicht beeinträchtigt worden wäre." Mit der Feststellungsklage kann sich der Rentner, der wie bisher, so auch künftig von seinen Zinsen leben will, ohne erwerbstätig zu sein, für die niemals auszuschließende Möglichkeit eines künftigen Vermögensverlustes sichern, der ihn zwingen würde, einen Erwerb durch Arbeit zu suchen.

Weil nicht die zur Zeit des Unfalls vorhandene Erwerbsfähigkeit den Gegenstand des Schadensersatzes bildet, so kann es darauf nicht ankommen, ob der Verletzte zur Zeit des Unfalls erwerbsfähig war, oder ob seine Erwerbsfähigkeit damals gerade wegen anderweiter Krankheit zeitweise aufgehoben war, oder ob sie damals wegen jugendlichen Alters überhaupt noch gar nicht entwickelt war. Wird durch die Verletzung eines Kindes diese Entwicklung gehemmt, so daß der erst vorhandene Keim einer künftigen Erwerbsfähigkeit zerstört wird, so tritt von dem Augenblick an, wo bei normalem Verlauf die Erwerbsfähigkeit entstanden und ausgenützt worden sein würde, die Aufhebung der Erwerbsfähigkeit als Schadensquelle in Wirksamkeit.

Bei Kindern wird nun freilich kaum zweifelhaft sein können, daß sie ohne den Unfall erwerbsfähig geworden sein würden, und meist, namentlich bei Knaben, wird auch ohne weiteres angenommen werden können, daß sie ihre Erwerbsfähigkeit auch ausgenutzt haben würden. Aber die Umstände allgemeiner und lokaler Natur, von denen die Gestaltung der künftigen Erwerbsverhältnisse, insbesondere die Berufswahl, abhängt, können sich bis zum Eintritt des erwerbsfähigen Alters des Kindes so wesentlich ändern, daß die Verhältnisse der Gegenwart als geeignete Grundlage für eine Verurteilung zur Leistung überhaupt nicht anzusehen sind. Auch wird sich kaum voraussehen lassen, ob und in welchem Umfange die künftige Erwerbsfähigkeit infolge der Verletzung beeinträchtigt sein, also ein Schaden entstehen wird. Die Abschätzung des Schadens wird deshalb regelmäßig unmöglich sein, da sich die künftigen Erwerbsverhältnisse, die Berufswahl und der Einfluß der Verletzung auf den Beruf nur sehr selten mit hinreichender Zuverlässigkeit werden übersehen lassen. Deshalb ist regelmäßig bei verletzten Kindern zur Sicherung der Schadensersatzansprüche wegen Aufhebung oder Minderung der Erwerbsfähigkeit die Feststellungsklage der gegebene Weg. RG. 1. März 1906, JW. 236[23]; 5. April 1906, JW. 359[21]; 25. Febr. 1907, EE. 24, 44; 30. Okt. 1907, JW. 832[9]; 5. März 1908, JW. 273[8]; 14. Mai 1906, EE. 23, 65; 31. Mai 1906, JW. 472[33]. Grundsätzlich ist aber auch die Leistungsklage auf Rente wegen Minderung der zurzeit noch gar nicht vorhandenen, aber für künftig zu erwartenden Erwerbsfähigkeit eines verletzten Kindes nicht ausgeschlossen, RG. 14. Mai 1906, EE. 23, 65. Sie wird namentlich bei Mädchen, deren Erwerbsmöglichkeiten überhaupt, wenigstens für gewisse Stände, von einfacherer Art zu sein pflegen, dann praktikabel sein, wenn dem Klaganspruch nur die allereinfachste Erwerbsmöglichkeit aus dienender Tätigkeit oder einfacher weiblicher Handarbeit zugrunde gelegt wird, RG. 1. März 1906, JW. 236[23]. Die prozessuale Zulässigkeit der Klage auf künftige wiederkehrende Leistungen auf Grund des § 258 ZPO. ist nicht dadurch bedingt, daß zurzeit wenigstens eine Leistung bereits fällig sei. Es ist also prozessual zulässig, für ein verletztes Kind den erst nach Jahren mit Eintritt des erwerbsfähigen Alters fälligen, annoch erst bedingten Anspruch auf Rente auch dann einzuklagen, wenn zurzeit keine Rente, auch nicht wegen vermehrter Bedürfnisse, fällig ist, RG. 18. Juni 1906, EE. 23, 77.

Die Vermutung spricht dafür, daß Kinder im Stande des Vaters erzogen werden und einen entsprechenden Beruf ergreifen. Waren aber zur Zeit der Verletzung bereits Anstalten getroffen, das Kind einer höheren Laufbahn zuzuführen, befand es sich schon im Vorbereitungsdienst, so ist bei normaler Begabung auch anzunehmen, daß es die vorgeschriebenen Prüfungen bestanden und das übliche Ziel erreicht haben würde, OLG. Braunschweig 1. Nov. 1886, EE. 6[6].

Ist ein Kind verletzt, so muß bei dessen Berufswahl darauf Bedacht genommen werden, die ihm gebliebenen Fähigkeiten nach Möglichkeit auszunutzen. Denn nach § 254 BGB. in Verbindung mit § 9 des Gesetzes besteht dem Haftpflichtigen gegenüber die Pflicht, auf Minderung des Schadens Bedacht zu nehmen; ein Verschulden des gesetzlichen Vertreters in dieser Beziehung würde nach § 278 BGB. dem Kinde anzurechnen sein (vgl. Anm. 3 zu § 9). Diese Pflicht kann aber nicht zur Aufhebung des freien Selbstbestimmungsrechts führen und das Kind in einen Beruf hineinzwingen, der seinen Anlagen und Neigungen völlig widerspricht. Es kommt auch darauf an, ob die Berufswahl zur Zeit der Verletzung schon stattgefunden hatte. RG. 20. Nov. 1902, Bd. 53, 48; OLG. Dresden 24. Juni 1907, SeuffArch. 63, 20.

9. Vermehrung der Bedürfnisse.

Hierher gehören die Aufwendungen für besondere Pflege und Bedienung, für besondere Kost, namentlich stärkende Zusatznahrungsmittel, für eine gesündere, teurere Wohnung, desgl.

die Umzugskosten, wenn ein Wechsel eintreten mußte, für Erlernung eines neuen Berufs zwecks Ausnutzung eines dem Verletzten gebliebenen Restes von Arbeitsfähigkeit, für besondere Kleidung (Geradehalter, Bandagen, Gummistrümpfe), für besondere Apparate und Instrumente wie Schienen, Krücken, künstliche Glieder, Gehmaschine, Fahrstuhl, für Badereisen, für dauernde ärztliche Behandlung, Arzneien, Kurmittel, im Prinzip auch die Heilungskosten, die aber als besonderer Titel erwähnt sind (s. Anm. 3), RG. 14. Mai 1906, EE. 23, 64; 7. Jan. 1907, EE. 23, 300; 18. April 1914, JW. 757[2]. In der ersten Entscheidung, bei der es sich um einen 11jährigen Knaben handelte, dem infolge der Verletzung beide Beine amputiert waren, wurde auch der Mehraufwand für besonderen Privatunterricht zugebilligt. Die Wiederherstellung der Gesundheit ist das nächste, größte Bedürfnis des Verletzten; die hierauf verwendeten Kosten der notwendigste Mehrbedarf. Aber auch wenn Heilung ausgeschlossen oder doch für absehbare Zeit nicht zu erreichen ist, muß dem Verletzten das Weiterleben nach Möglichkeit erträglich gemacht werden. Für das Maß der Aufwendungen ist in erster Reihe der Zustand des Verletzten entscheidend; es müssen aber auch die sozialen Verhältnisse in Betracht gezogen werden.

Die Zuerkennung des Schadensersatzes wegen vermehrter Bedürfnisse erfolgt für die Zukunft nach § 13 in Form einer Rente. Das setzt einen Zustand von Dauer voraus, der eine Abschätzung der notwendigen Aufwendungen und auch ihre zeitliche Begrenzung gestattet. Bei dieser Abschätzung und Begrenzung sind aber auch die künftigen Änderungen in dem Zustande des Verletzten zu berücksichtigen, wie sie bei Unterstellung eines normalen Verlaufes nach den vorhandenen Erfahrungen als wahrscheinlich anzunehmen sind. Stellt sich später heraus, daß die tatsächlichen Annahmen des Urteils in wesentlichen Punkten irrig gewesen sind, so ist die Abänderungsklage aus § 323 ZPO. zur Abhilfe gegeben. Für die Zukunft kann insbesondere mit einer weiteren Vermehrung der Bedürfnisse bei eintretendem Alter gerechnet werden. Ist dies der Fall, dann darf vom Zeitpunkt des natürlichen Endes der Erwerbsfähigkeit ab nicht die ganze Rente abgesprochen werden, sondern es ist ein Teil dem Verletzten bis an sein Lebensende zu belassen, RG. 6. Dez. 1909, JW. 1910, 65[14]; 16. Juni 1910, JW. 811[28]; 20. Juni 1910, Bd. 74, 181 (JW. 828[58]). Die Rente für Erwerbsverlust und vermehrten Bedarf ist eine einheitliche Rente; deshalb darf auch die Kurrente nur in vierteljährlichen Vorauszahlungen zugesprochen werden, RG. 9. Juli 1908, JW. 551[12].

§ 12.

Der Ersatzpflichtige haftet:

1. im Falle der Tötung oder Verletzung eines Menschen nur bis zu einem Kapitalbetrage von fünfzigtausend Mark oder bis zu einem Rentenbetrage von jährlich dreitausend Mark;
2. im Falle der Tötung oder Verletzung mehrerer Menschen durch dasselbe Ereignis, unbeschadet der in Nr. 1 bestimmten Grenze, nur bis zu einem Kapitalbetrage von insgesamt einhundertfünfzigtausend Mark oder bis zu einem Rentenbetrage von insgesamt neuntausend Mark;
3. im Falle der Sachbeschädigung, auch wenn durch dasselbe Ereignis mehrere Sachen beschädigt werden, nur bis zum Betrage von zehntausend Mark.

Übersteigen die Entschädigungen, die mehreren auf Grund desselben Ereignisses nach Abs. 1 Nr. 1, 3 zu leisten sind, insgesamt die in Nr. 2, 3 bezeichneten Höchstbeträge, so verringern sich die einzelnen Entschädigungen in dem Verhältnis, in welchem ihr Gesamtbetrag zu dem Höchstbetrage steht.

1. Die Begrenzung der Entschädigungssummen, welche der bisherigen Haftpflichtgesetzgebung fremd ist, rechtfertigt sich durch die geringere Leistungsfähigkeit der Automobilhalter im Verhältnis zu den Eisenbahnunternehmern. Es soll durch die Begrenzung den Automobilhaltern in weitgehendem Maße ermöglicht werden, sich durch erschwingliche Prämienzahlungen gegen Haftpflicht zu versichern. Durch diese Versicherungsmöglichkeit erhalten die Verletzten eine gewisse Gewähr, daß sie ihren erstrittenen Schadensersatzanspruch auch zur vollen Durchführung bringen können. Anderseits genügt die Höhe der Sätze für die Regel. Denjenigen Personen, für deren Lebensansprüche die Sätze nicht ausreichen, muß es überlassen bleiben, sich selbst noch außerdem gegen Unfall zu versichern.

2. Für den Fall des Personenschadens wird unterschieden, ob ein Mensch oder ob bei demselben Unfall mehrere Menschen getötet oder körperlich verletzt worden sind. Die Haftsummen der Ziffer 1 begrenzen schlechthin die Ersatzansprüche, die aus Anlaß der Tötung oder Verletzung eines Menschen an den Haftpflichtigen gestellt werden, also gleichviel, ob er das einzige Opfer war oder Genossen im Unglück hatte. Das ist im Gesetz durch die zu Ziffer 2 eingefügten Worte „unbeschadet der in Nr. 1 bestimmten Grenze" zum Ausdruck gebracht. Sind mehrere Verunglückte vorhanden, so tritt eine weitere Schranke hinzu, insofern der Haftpflichtige allen Ansprüchen aus den mehreren Beschädigungen zusammen nur bis zur Haftsumme von 150000 M. Kapital oder 9000 M. Jahresrente genügen muß. Diese zweite Haftsumme kann erst Bedeutung erlangen, wenn mindestens vier Personen bei demselben Unfall verletzt worden sind.

Für den Fall des Sachschadens ist nur eine einzige Haftsumme von 10000 M. festgesetzt, gleichviel, ob eine oder mehrere Sachen beschädigt worden sind. Also auch wenn nur eine einzige, besonders wertvolle Sache beschädigt worden ist, kann Ersatz hierfür bis zu 10000 M. beansprucht werden.

Sind durch dasselbe Ereignis Personen und Sachen beschädigt worden — häufig wird die Kleidung des Verletzten beschädigt sein —, so erhöht sich die Gesamthaftung; der Ersatzpflichtige haftet für den Personenschaden bis zu den Haftsummen der Ziffer 1 und 2 und daneben für den Sachschaden bis zur Haftsumme der Ziffer 3.

Es kommen nur solche Sachbeschädigungen in Frage, für die nach diesem Gesetz Ersatz zu gewähren ist. Hat der Haftpflichtige aus anderen Rechtsgründen, z. B. auf Grund eines Beförderungsvertrages, auch Ersatz für solche Sachen zu leisten, zu deren Beförderung das Kraftfahrzeug diente, so ist dieser außerhalb des vorliegenden Gesetzes stehende Ersatz nicht auf die Haftsumme anzurechnen.

3. Die Haftsumme von 50000 M. Kapital bzw. 3000 M. Jahresrente begrenzt die Summe aller Ansprüche, die nach der Verletzung oder Tötung eines Menschen von dem Verletzten selbst und von den übrigen ersatzberechtigten Personen auf Grund dieses Gesetzes erhoben werden. Wenn es sich um die Bemessung der Ersatzforderung der Unterhaltsberechtigten handelt, so ist deshalb alles das zu berücksichtigen und in Anrechnung zu bringen, was bei Lebzeiten des Getöteten an Heilungskosten, an Ersatz für Erwerbsausfall und vermehrte Bedürfnisse und nach seinem Tode für die Beerdigung gezahlt worden ist.

Wird, wie es die Regel bildet, der Ersatz in Rentenform zugesprochen, so bezieht sich diese Form doch nicht auf alle Ersatzforderungen. Die Heilungskosten sind regelmäßig, die Beerdigungskosten immer im ganzen, also in Kapital zu ersetzen. Auch sonst kommen Kapitalzahlungen in Frage, vgl. Anm. 7 a. E. zu § 11. Es kann also Kapitalentschädigung und Rentenentschädigung nebeneinander zu leisten sein. Dadurch darf der Haftpflichtige nicht schlechter gestellt werden. Ist ein Teil des Schadensersatzes in Kapital geleistet, und hat sich dadurch das Restkapital, das im Falle völliger Kapitalentschädigung höchstens noch zu zahlen wäre, entsprechend herabgemindert, so muß sich auch, wenn die weitere Entschädigung in Rentenform gewährt werden soll, der Höchstbetrag der Jahresrente entsprechend vermindern. Betragen z. B. die Heilungs- und die Beerdigungskosten 2000 M. = 4% von 50000 M., so würde der Höchstbetrag der den Unterhaltsberechtigten zuzusprechenden Jahresrente sich gleichfalls um 4% von 3000 M. = 120 M. verringern, also nur noch 2880 M. betragen.

Die bei Erlaß des Urteils rückständigen Rentenbeträge verlieren dadurch, daß sie in einer einheitlichen Summe zugesprochen werden, nicht ihren ursprünglichen Charakter als rentenberechtigte Forderung, sind also im Sinne des § 12 nicht als Kapitalszahlung anzusehen und mindern daher nicht die künftige Höchstrente; auch dann nicht, wenn erst der Erbe des Getöteten dessen Verletztenrente einklagt (ebenso Höpfel, a. M. Hallbauer in der Leipziger Zeitschrift für Handels-, Konkurs- und Versicherungsrecht 1909 S. 882).

Die Heilungskosten und sonstigen Kapitalszahlungen, die auf Grund dieses Gesetzes geschuldet worden, kann der Haftpflichtige nicht mit dem Hinweis darauf ablehnen, daß daneben Rente gefordert werde. Nur wenn die Höchstgrenze bei entsprechender Zusammenrechnung von Rente und Kapital überschritten wird, kann er verhältnismäßige Minderung der einen oder andern Forderung verlangen. Ist der Verletzte an den Folgen des Unfalls gestorben, nachdem er selbst eine Zeitlang die Höchstrente bezogen hatte, so entfällt der Anspruch der Erben auf Erstattung der Beerdigungskosten insoweit, als der Erblasser durch die ohne Berücksichtigung dieser Kapitalzahlung (d. i. der Beerdigungskosten) erfolgte Rentenfestsetzung zuviel erhalten hat. Angenommen, der Erblasser hätte die unter Berücksichtigung der Heilungskosten auf 2900 M. festgesetzte Rente ein Jahr lang bezogen, so würden die mit 1000 M. erwachsenen Beerdigungskosten um 60 M. zu kürzen sein, weil die Rente des Erblassers um so viel niedriger bemessen worden wäre, wenn die Kapitalzahlung von 1000 M. schon von vornherein hätte mitberücksichtigt werden können.

Höpfel und Hallbauer wollen in solchem Falle den Anspruch auf Beerdigungskosten ganz entfallen lassen, was aber wohl kein das Rechtsgefühl befriedigendes Ergebnis wäre. Die Höchstgrenze für den Ersatzanspruch des Unterhaltsberechtigten muß sich natürlich auch entsprechend ermäßigen.

Sind mehrere Personen durch den Unfallstod ihres Versorgers in ihren Ansprüchen auf Unterhalt geschädigt, so darf der Gesamtbetrag der von ihnen geforderten Jahresrenten die gesetzliche Höchstgrenze von 3000 M. (oder wenn sie schon infolge von Kapitalzahlungen verringert ist, den verminderten Höchstbetrag) nicht übersteigen; andernfalls sind sie verhältnismäßig zu mindern. Wird durch den späteren Wegfall eines Mitberechtigten dessen Anteil frei, so haben nunmehr die andern Berechtigten, deren Ansprüche unter dem Mitbewerb des Fortgefallenen durch den Einwand der Haftsumme beschnitten worden waren, Anspruch auf entsprechende Ergänzung. Ist der künftige Wegfall eines Mitbewerbers schon bei der ersten Festsetzung der Renten mit hinreichender Zuverlässigkeit voraussehbar, dann werden von vornherein von jenem künftigen Zeitpunkt an die Renten der übrigen Mitbewerber höher zu bemessen sein.

Treten solche Umstände ein, die den Schaden verringern, etwa weil sich der Körperzustand und damit die Erwerbsfähigkeit des Verletzten gehoben hat, so ist der Betrag, den der Verletzte nun wieder mehr verdienen kann im Jahr, selbstverständlich nicht von der verkürzten, sondern von der ursprünglichen, dem wirklichen Schaden bisher entsprechenden Jahresrente abzuziehen.

4. Abs. 2 sieht den Fall der Konkurrenz mehrerer Ersatzberechtigter auf die Haftsumme vor. Die mehreren Schädigungen müssen ursächlich auf eine und dieselbe schädigende Betriebsäußerung (Ereignis) zurückzuführen sein; Gleichartigkeit und Gleichzeitigkeit der mehreren Schädigungen ist dagegen nicht erforderlich, z. B. bei einem Zusammenstoß mit einem Gespann wird dessen Kutscher unmittelbar durch den

Anprall und ein Straßengänger durch das scheugewordene Pferd verletzt. Wenn gleichartige Betriebsstörungen sich kurz nacheinander wiederholen und schädigend wirken, liegen mehrere Ereignisse vor, und Ziffer 2 ist nicht anwendbar. Das Gesetz unterscheidet folgende Fälle:

a) Es sind bei demselben Unfall mehrere Personen getötet oder verletzt worden, und die auf Grund dieser mehreren Schadensfälle erhobenen Ersatzansprüche übersteigen, auch nachdem jeder einzelne Anspruch nötigenfalls auf die Höchstgrenze der Ziffer 1 Abs. 1 zurückgeführt ist, in ihrer Gesamtheit die Haftsumme der Ziffer 2.

b) Auf Grund der Beschädigung einer oder mehrerer Sachen erheben mehrere Personen Ersatzansprüche, und diese übersteigen, auch nachdem jeder einzelne Anspruch nötigenfalls auf die Höchstgrenze der Ziffer 3 Abs. 1 zurückgeführt ist, in ihrer Gesamtheit die Höchstsumme der Ziffer 3.

Zunächst ist also stets jede einzelne Forderung auf den hierfür vorgeschriebenen Höchstsatz zu beschränken, um danach zu prüfen, ob die Forderungen in ihrer Gesamtheit etwa die für Gläubigermitbewerb vorgesehenen Höchstgrenzen der Ziffern 2 u. 3 Abs. 1 überschreiten. Ist das der Fall, dann muß eine verhältnismäßige Kürzung vorgenommen werden. Es fragt sich nun, ob bei der rechnerischen Ermittlung des Kürzungsverhältnisses die einzelnen Forderungen mit ihren ursprünglich festgestellten Beträgen oder nur mit den bereits nach Ziffer 1, 3 ermäßigten Beträgen zu berücksichtigen sind. Der Wortlaut des Gesetzes spricht deutlich für die letztere Berechnungsart, denn es sollen die einzelnen Entschädigungen, die — wie es im Vordersatze heißt — nach Abs. 1 Nr. 1, 3 zu leisten sind, d. h. also die bereits auf das Einzelhöchstmaß zurückgeführten Ersatzbeträge gekürzt werden. Das führt freilich zu dem Ergebnis, daß der Verletzte, dessen wirklicher Erwerbsausfall mehr als 8000 M. jährlich beträgt, nur ebensoviel erhält wie derjenige, dessen Erwerbsausfall mit

3000 M. jährlich voll gedeckt ist; aber gerade dies ist das nach Ziffer 1 gewollte Ergebnis, welches dem sozialen Zweck des Gesetzes entspricht. Ebenso Eger, Hallbauer, Krause, Neukirch-Rosenmeyer, Schmid-Wagner, während Gordan und Höpfel die andere, rechnerisch richtigere, aber mit dem Willen des Gesetzes nicht vereinbare Berechnungsart vertreten.

Der Ausgleich findet nicht zwischen den beanspruchten Forderungen, sondern zwischen den Beträgen statt, die bei Erlaß des Urteils oder durch Vereinbarung der Parteien als an sich nach dem vorliegenden Gesetze — abgesehen von § 12 — berechtigt ermittelt worden sind und zuzusprechen wären, wenn eben nicht die Beschränkung der Haftsumme bestände. Mitwirkendes Verschulden des Verletzten hat beim Ausgleich nach § 12 keine Berücksichtigung mehr zu finden, wie Hallbauer und Neukirch-Rosenmeyer wollen; der Berechtigte geht mit der Summe in den Ausgleich, die ihm nach §§ 7, 9, 11 zuzusprechen wäre, und ist weiter nicht anders zu behandeln wie jeder andere Haftgläubiger, dem, weil ohne eigenes Verschulden, Ersatz seines vollen Schadens zuzusprechen wäre.

Der Ausgleich zwischen mehreren Personen, die auf die Haftsumme konkurrieren, bietet keine Schwierigkeiten, wenn sämtliche Ansprüche gleichzeitig in demselben Gerichtsstand erhoben werden, sei es, daß die Kläger sich von vornherein zu einer Streitgenossenschaft vereinigen (§ 60 ZPO.), oder daß das Gericht die mehreren Prozesse verbindet (§ 147 ZPO.). Schwierigkeiten ergeben sich aber, wenn die konkurrierenden Ersatzansprüche bei verschiedenen Gerichten und namentlich dann, wenn sie nacheinander erhoben werden. Es kann auf diese Weise vorkommen, daß ein Teil der Ansprüche unverkürzt rechtskräftig zugesprochen wird und die Gesamthaftsumme ganz erschöpft oder so weit aufzehrt, daß der oder die übrigen Ansprüche nicht mehr voll daraus befriedigt werden können. Es fragt sich, in welcher Weise nachträglich sich der Ausgleich zwischen den konkurrierenden Forderungen zu vollziehen hat. Das Gesetz hat absichtlich (vgl. den Bericht der Reichstagskommission), um eine störende Kasuistik zu vermeiden, die besondere Regelung des Falles einer nachträglichen Neuverteilung unterlassen, zumal es nach der Unfallstatistik fast nie vorkomme, daß bei demselben Automobilunfall mehrere Personen — abgesehen von den Insassen, für die das Gesetz nicht gilt — verletzt würden; „es seien zwei Lösungen möglich, entweder man erkläre den Halter für zahlungspflichtig und überlasse es ihm, von den übrigen Beschädigten das zuviel Gezahlte zurückzufordern, oder man verweise die Anspruchsberechtigten auf eine gegenseitige Auseinandersetzung".

Darüber kann kein Zweifel sein, daß die Geschädigten, die auf Grund ihrer tatsächlichen Priorität mehr erhalten haben, als ihnen bei Berücksichtigung der späteren Ersatzforderung des neuen Gläubigers nach Abs. 2 zukam, dies Mehr ohne Rechtsgrund erhalten haben und demjenigen, auf dessen Kosten sie hierdurch bereichert sind, herausgeben müssen (§ 812 BGB.). Es fragt sich aber, ob die Zahlungen, die der Haftpflichtige an die nichtberechtigten Gläubiger geleistet hat, dem späteren Gläubiger gegenüber wirksam sind, ob sich also der Haftpflichtige diesem gegenüber auf die tatsächliche Erschöpfung der Haftsumme auch insoweit, als er an Nichtberechtigte gezahlt hat, berufen und es jenem überlassen darf, sich mit der Bereicherungsklage zu behelfen, oder aber ob dem neuen Gläubiger die Einrede der Haftsumme nur insoweit entgegengestellt werden kann, als die konkurrierenden Forderungen der Mitgeschädigten nach Abs. 2 berechtigt sind.

Bei Beurteilung der Frage, welche von beiden Lösungen der Gerechtigkeit und Billigkeit mehr entspricht, ist meines Erachtens davon auszugehen, daß es sich im § 12 um eine Ausnahmevorschrift handelt, durch die in singulärer Weise die wohlbegründeten Rechte der Geschädigten zugunsten des Haftpflichtigen beschnitten werden. Das führt zu einer einengenden Auslegung, soweit nicht der klare Wortlaut und Sinn der Vorschrift dem entgegensteht. Wenn in Abs. 2 gesagt ist, daß sich die einzelnen Entschädigungen verhältnismäßig verringern, so ist hiermit meines Erachtens die äußerste Grenze für die Verringerung der Forderungen gezogen. Soviel wie hiernach von der Forderung des Geschädigten übrig bleibt, will ihm das Gesetz auch garantieren, und es kann deshalb dem Haftpflichtigen nicht noch das weitere Recht zugebilligt werden, einen Geschädigten, der seinen Anspruch später geltend macht wie andere — vielleicht weil der sein Klagerecht erzeugende Schaden erst später hervorgetreten ist — mit dem Einwande, daß die Haftsumme für die andern Geschädigten schon ausgegeben sei, abzuspeisen und auf den Bereicherungsanspruch aus § 816 Abs. 2 BGB. gegen seine Konkurrenten zu verweisen. Nach der hier vertretenen Auffassung kann § 816 Abs. 2 BGB. überhaupt keine Anwendung finden, weil die ohne inneren Rechtsgrund gewährten Mehrleistungen des Haftpflichtigen an die früheren Gläubiger dem neuen Gläubiger gegenüber nicht wirksam sind. Bei der gegenteiligen Ansicht würde sich überdies die Rechtslage dahin verschieben, daß der Haftgläubiger die Grundlagen seines Haftpflichtanspruchs gar nicht dem Haftpflichtigen, sondern lediglich seinen Mitgeschädigten gegenüber nachzuweisen hätte.

Der Haftpflichtige muß also dem neuen Gläubiger dasjenige gewähren, was diesem nach Abs. 2 zukommt, und es bleibt ihm überlassen, die Mehrbeträge, die er an die andern Gläubiger über das Pflichtmaß hinaus, also ohne Rechtsgrund, gezahlt hat, nach §§ 812, 813 BGB. zu kondizieren. Die Frage ist sehr streitig; zustimmend Eger S. 352/353, während Höpfel dem neuen Gläubiger bei Erschöpfung der Haftsumme keinen Anspruch gegen den Haftpflichtigen geben, sondern auf die Bereicherungsklage aus § 816 Abs. 2 BGB. gegen die Mitbewerber verweisen will; ebenso Waldeck. Vgl. auch Schmid-Wagner S. 342, Bär in Seuff. Blättern für Rechtsanwendung Bd. 75, 105, Hallbauer in der Leipz. Zeitschr. 1909, S. 889, 895.

Die Frage dürfte übrigens voraussichtlich nur selten praktisch werden. Denn wenn schon die Zahl der Fälle, in denen mehr als drei Personen, die nicht zu den Insassen des Fahrzeugs gehören dürfen, bei einem Unfall verunglücken, verschwindend ist, ist die Möglichkeit, daß die Frage praktisch werden könnte, noch durch die Vorschrift weiter gerückt, daß bei Personenschaden der Ersatz regelmäßig in Rentenform zu zahlen ist. Bei dieser Form der Entschädigung erneuert sich die Haftsumme alle Jahre, so daß eine nachträgliche Neuverteilung keine Schwierigkeiten bietet. Die Rechtskraft der früheren Urteile beseitigt der Haftpflichtige im Wege der Abänderungsklage aus § 323 ZPO., da die nachträgliche Geltendmachung einer Forderung, deren Konkurrenz die Höhe des Urteilsanspruchs beeinflußt, als eine wesentliche Änderung derjenigen Verhältnisse zu erachten ist, welche für die Bestimmung der Höhe der Urteilsleistung maßgebend waren. Das Gleiche gilt, wenn einer von mehreren Ersatzberechtigten im Wege der Abänderungsklage Erhöhung der Rente fordert. Bei Sachschaden, für den in Kapital Ersatz zu leisten ist, ist eine Konkurrenz mehrerer Geschädigter auf die unzureichende Haftsumme zwar denkbar; dagegen wird hierbei die nachträgliche Geltendmachung von Ersatzforderungen kaum vorkommen, weil Sachschaden wohl stets sofort erkennbar wird.

Dagegen kann eine im Gesetz nicht ausdrücklich vorgesehene Konkurrenz mehrerer Unterhaltsberechtigter (z. B. der Kinder und der Ehefrau) auf die Haftsumme der Ziff. 1 vorkommen. Auch hier müssen sich die mehreren Entschädigungen in analoger Anwendung des Grundsatzes in Abs. 2 verringern. Bei nachträglicher Geltendmachung eines Ersatzanspruchs muß das oben Gesagte gelten.

5. Die Einrede der Haftsumme setzt voraus, daß die Forderungen, mit deren Konkurrenz der Haftpflichtige die beantragte Verkürzung der Klagforderung begründet, ihm gegenüber zu Recht bestehen. Sofern sie nicht rechtskräftig feststehen, hat er zu beweisen, daß sie in der geltend gemachten Höhe begründet sind. Mit Rücksicht hierauf wird bei klagloser, vergleichsweiser Kapitalabfindung eines Geschädigten für den

Haftpflichtigen Vorsicht geboten sein, er wird insbesondere zu seiner Sicherheit die Personen zuziehen müssen, die auf Grund desselben Unfalls Ersatzansprüche haben oder bei späterem Hervortreten eines Schadens ersatzberechtigt werden können.

6. Über die Wirkung des § 12 bei gesamtschuldnerischer Haftung mehrerer Ersatzpflichtiger vgl. Anm. 3 zu § 17.

§ 13.

Der Schadensersatz wegen Aufhebung oder Minderung der Erwerbsfähigkeit und wegen Vermehrung der Bedürfnisse des Verletzten sowie der nach § 10 Abs. 2 einem Dritten zu gewährende Schadensersatz ist für die Zukunft durch Entrichtung einer Geldrente zu leisten.

Die Vorschriften des § 843 Abs. 2 bis 4 des Bürgerlichen Gesetzbuchs und des § 708 Nr. 6 der Zivilprozeßordnung finden entsprechende Anwendung. Das Gleiche gilt für die dem Verletzten zu entrichtende Geldrente von der Vorschrift des § 850 Abs. 3 und für die dem Dritten zu entrichtende Geldrente von der Vorschrift des § 850 Abs. 1 Nr. 2 der Zivilprozeßordnung.

Ist bei der Verurteilung des Verpflichteten zur Entrichtung einer Geldrente nicht auf Sicherheitsleistung erkannt worden, so kann der Berechtigte gleichwohl Sicherheitsleistung verlangen, wenn die Vermögensverhältnisse des Verpflichteten sich erheblich verschlechtert haben; unter der gleichen Voraussetzung kann er eine Erhöhung der in dem Urteile bestimmten Sicherheit verlangen.

1. Die in Rentenform zu ersetzenden Schäden.

Die Rentenform ist für den Ersatz desjenigen Schadens vorgeschrieben, der seiner Natur nach fortwirkt und sich in der Zukunft erneuert, das ist für den Schaden wegen Erwerbsverlust und vermehrter Bedürfnisse, der dem körperlich Verletzten zusteht, und für den Ersatz wegen Entziehung des

Unterhaltsrechts, der den unterhaltsberechtigten Angehörigen des Getöteten zusteht. Einmal läßt sich Ende und Umfang dieser zukünftigen Schäden wegen der möglichen künftigen Veränderungen von vornherein nicht mit absoluter Sicherheit bestimmen, deshalb ist die Rentenform des Schadensersatzes empfehlenswert, weil sie sich am leichtesten den veränderten Verhältnissen einer späteren Periode anpassen läßt (§ 323 ZPO.); zweitens ist aber auch der ratenweise Ersatz die angemessenste Form des Ersatzes für Schäden, die in Zukunft periodisch regelmäßig (z. B. an den Lohn- oder Gehaltstagen) wirksam werden. Für andere Schäden dagegen, deren Wirkung in der Vergangenheit abgeschlossen liegt, ist die Kapitalentschädigung allein angemessen, da der Zweck des Schadensersatzes, die möglichste Wiederherstellung des früheren Zustandes, nur durch diese Form der Entschädigung sofort erreicht werden kann. Deshalb ist der Ersatz für Sachschaden immer in Kapital zu leisten; ebenso sind die Beerdigungskosten und regelmäßig auch die Heilungskosten im ganzen zu ersetzen. Soweit die Heilungsversuche in der Vergangenheit noch nicht abgeschlossen sind, können die künftig noch für Heilungszwecke aufzuwendenden Beträge schon unter dem Rechtstitel der vermehrten Bedürfnisse in Rentenform gefordert werden.

Aber auch die Dauerschäden, deren Wirkung sich auf einen Zeitraum verteilt, sollen nur für die Zukunft in Rentenform ersetzt werden. Soweit ihre Wirkung der Vergangenheit angehört, würde auch der für sie zu leistende Ersatz bei wörtlicher Auslegung als Kapitalentschädigung aufzufassen und zuzusprechen sein. Strenggenommen dürfte also die Rentenform nur für die Zeit nach dem Urteil oder doch nach der Klagzustellung in Anwendung kommen. Dieser strengen Auslegung steht jedoch die Einheitlichkeit des Rentenanspruchs entgegen. Der Anspruch auf Ersatz für Erwerbsausfall und vermehrten Bedarf ist ein einheitlicher Anspruch für die ganze Zeit, für die er überhaupt begründet ist. Reicht auch nur das Ende dieser Zeit in die Zukunft hinein, so ist es zulässig, auf eine fortlaufende Rente vom Tage der Entstehung des Schadens an zu erkennen. In Übereinstimmung hiermit spricht § 708[6] ZPO., der nach § 13 Abs. 2 auch für die Schadensersatzrente aus dem vorliegenden Gesetz anwendbar ist, von der Vollstreckbarkeit eines Rentenurteils insoweit, „als die Entrichtung für das der Erhebung der Klage vorausgehende letzte Vierteljahr zu erfolgen hat". Hieraus ergibt sich die gesetzliche Zulässigkeit und Möglichkeit, in Urteilen, welche die Verpflichtung zur Zahlung einer in die Zukunft hinein wirkenden Rente aussprechen, den Beginn der Rente von einem vor Klagzustellung liegenden Zeitpunkte ab zu datieren. Ebenso sagt das Reichsgericht in der Entscheidung vom 20. Sept. 1895 (EE. 12, 234): „Dem Verlangen einer Rentenzubilligung steht nicht entgegen, daß jetzt und teilweise schon zur Zeit der Klagestellung mehrere dieser Jahresbeträge verfallen sind. Wofern dem § 7 des Haftpflichtgesetzes — der wörtlich mit dem § 13 des vorliegenden Gesetzes übereinstimmt — nicht eine allzu rigorose Auslegung gegeben wird, kann dieser Umstand kein Hindernis bilden, die Rentenform für den gesamten Schadensersatzanspruch als zulässig zu erachten." Die Worte „für die Zukunft" sind also nur dahin zu verstehen, daß der geltend gemachte Schadensersatzanspruch sich in die Zukunft hinein erstrecken muß. Gehört er dagegen seinem ganzen Umfange nach der Vergangenheit an, so ist die Zusprechung des Ersatzes in Rentenform nicht zulässig. Die Rentenform würde in solchem Falle ein bloßer Schein sein, denn ein Rentenanspruch, dessen Teile sämtlich fällig sind, ist in der Tat ein Kapitalanspruch. Bedeutung hat die Frage, weil der Rentenanspruch mit gewissen Privilegien ausgestattet ist (z. B. Unpfändbarkeit). Darüber siehe Anm. 3 u. 4.

Der Schadensersatz für künftigen Erwerbsausfall und künftig vermehrten Bedarf muß regelmäßig in Rentenform zugesprochen werden. Soweit der Schaden der Vergangenheit angehört, kann er sowohl in Form einer die Rentenrückstände zusammenfassenden Summe als auch in Rentenform, indem der Beginn der fortlaufenden Rente auf den Zeitpunkt der Entstehung des Schadens zurückdatiert wird, zugesprochen werden. Unter welchen Voraussetzungen auch der künftige Schaden durch Kapitalabfindung abgegolten werden kann, siehe Anm. 5.

2. Gegenstand des Rentenanspruchs.

Die Rente darf nicht in Naturalien, sondern nur in Geld bestehen. Ihre Berechnung macht keine Schwierigkeit, sobald der Umfang des Schadens ermittelt ist. Bei dieser Ermittlung verfährt das Gericht gemäß § 287 ZPO. unter Würdigung aller Umstände nach freier Überzeugung. Die Schadensermittlung führt naturgemäß zur Feststellung bestimmter Beträge, die dem Verletzten während bestimmter Zeitabschnitte an mutmaßlichem Erwerb entgehen, oder die er für seine vermehrten Bedürfnisse aufwenden muß, oder die der Unterhaltsberechtigte entbehren muß, weil sein Unterhaltspflichtiger getötet ist. Diese ermittelten Schadensbeträge sind als Ersatzrente zuzusprechen.

3. Besonderheiten des Rentenanspruchs.

I. Die Rente ist im voraus zu entrichten, und zwar stets für einen Zeitraum von drei Monaten (§ 760 Abs. 2 BGB.). Auch Teile der Rente, z. B. die Kurrente, dürfen nicht aus Zweckmäßigkeitsgründen für kürzere oder längere Zwischenräume zugesprochen werden, RG. 9. Juli 1908, Bd. 69, 296 (JW. 551[12]). Hat der Berechtigte den Fälligkeitstermin erlebt, so gebührt ihm oder seinen Erben die volle Rate, auch wenn er gleich nach Fälligkeit gestorben ist (§ 760 Abs. 3 BGB.).

II. Unpfändbarkeit. Der Haftpflichtanspruch ist auch dann, wenn er auf der Entziehung des Unterhalts infolge Tötung des Unterhaltspflichtigen beruht, Schadensersatzanspruch, nicht Unterhaltsanspruch, RG. 9. Febr. 1911, JW. 375[42]; auch in diesem Falle wird nicht Unterhalt, sondern Ersatz für entzogenen Unterhalt begehrt. Aber der Haftpflichtanspruch dient in diesem Falle dem gleichen Zweck wie der Unterhaltsanspruch und ist deshalb wie dieser der Pfändung völlig entzogen (§ 850 Abs. 1 Ziffer 2 ZPO.).

Der Rentenanspruch des unmittelbar Verletzten ist ebenso wie die Gehalts- und Pensionsforderungen bis zum Betrage von 1500 M. jährlich der Pfändung allgemein entzogen (§ 850 Abs. 3 ZPO.) und innerhalb dieses Betrages nur ausnahmsweise für gewisse bevorzugte Gläubiger (Unterhaltsberechtigte) pfändbar (Abs. 4 das.). Die Anwendbarkeit auch des im Gesetzestext nicht ausdrücklich genannten Absatzes 4 des § 850 findet ihre Begründung in der Erwägung, daß die Haftpflichtrente ganz offenbar der Schadensersatzrente aus § 843 BGB. gleichgestellt werden soll, und daß Abs. 4 ausdrücklich die Fälle des Abs. 3 seiner Anwendung unterwirft (ebenso Eger und Höpfel). Der 1500 M. übersteigende Betrag der Verletztenrente ist nicht bloß teilweise, wie bei den Gehalts- und Pensionsforderungen, sondern in voller Höhe frei pfändbar.

Die Unpfändbarkeit eines Forderungsrechts hat weitertragende Bedeutung insofern, als eine unpfändbare Forderung auch nicht im Wege der Vereinbarung vom Berechtigten an einen anderen abgetreten (§ 400 BGB.), noch verpfändet (§ 1274 Abs. 2 BGB.), noch dem Nießbrauch eines anderen unterworfen werden kann (§ 1069 Abs. 2 BGB.); daß gegen sie nicht mit einer andern Gegenforderung aufgerechnet werden kann (§ 394 BGB.) und daß sie nicht zur Konkursmasse gehört (§ 1 Abs. 4 KO.), RG. 28. Okt. 1911, JW. 1912, 29[11]. Soweit die Haftpflichtrente unpfändbar ist, unterliegt sie — d. h. die Rente des unterhaltsberechtigten Dritten unter allen Umständen, die Rente des Verletzten selbst regelmäßig bis zum Betrage von 1500 M. — den vorstehenden Beschränkungen.

Diese Beschränkungen, insbesondere die Unpfändbarkeit und Nichtabtretbarkeit, beziehen sich auch auf Rentenrückstände, da der Verzug des Schuldners den Gläubiger nicht schlechter stellen darf, RG. 27. März 1906, EE. 24, 112.

III. Das Rentenurteil ist ohne Antrag für vorläufig vollstreckbar zu erklären, soweit die Rente für die Zukunft, für die Zeit des Prozesses und für das letzte Vierteljahr vorher zugesprochen wird (§ 708[6] ZPO.). Für die sonstigen Ansprüche aus dem vorliegenden Gesetz auf Kapitalabfindung, auf Ersatz der Heilungs- und Beerdigungskosten findet § 708[6] ZPO. keine Anwendung.

IV. Um die Vollstreckbarkeit des Rentenanspruchs zu sichern, der sich in eine ungewisse Zukunft hinein erstreckt, ist dem Rentengläubiger ein Anspruch auf Sicherheitsleistung gegeben. Darüber siehe Anm. 4.

4. Sicherheitsleistung.

I. Ob, in welcher Art und für welchen Betrag der Ersatzpflichtige Sicherheit zu leisten hat, bestimmt sich nach den Umständen (§ 843 Abs. 2 Satz 2 BGB.). Durch diese Bestimmung ist dem Rentengläubiger ein Recht auf Sicherheitsleistung gegeben (Eger S. 379). Besondere Voraussetzungen stellt das Gesetz für dieses Recht nicht auf, die Umstände sollen entscheiden. Vor allen Dingen kommen die Vermögensverhältnisse des Haftpflichtigen in Betracht. Die Umstände müssen die Besorgnis rechtfertigen, daß das Rentenbezugsrecht künftig nicht oder nicht vollständig werde verwirklicht werden können. Die Sicherheitsleistung ist als ein Teil des dem Berechtigten zu gewährenden Schadensersatzes zu betrachten, RG. 22. Jan. 1880, Bd. 3, 21. Infolgedessen entscheidet der Richter ebenso wie bei der Ermittlung, ob und in welcher Höhe ein Schaden entstanden sei (§ 287 ZPO.), nach freier Überzeugung auch darüber, ob ein Bedürfnis zur Sicherheitsleistung vorliegt und in welcher Art und zu welchem Betrage Sicherheit zu leisten ist (Eger S. 380). Bezüglich der Art der Sicherheitsleistung ist er aber an die gesetzlichen Vorschriften der §§ 232—240 BGB. gebunden, so daß er nur zwischen den dort angegebenen Arten der Sicherheitsleistung (Hinterlegung, Verpfändung, Bürgschaft) wählen darf (ebenso die andern Kommentare außer Hallbauer, a. M. auch Planck und

Staudinger zu § 843 BGB.). Mit Zustimmung des Beklagten darf er ihn aber auch zu einer anderen Art der Sicherheitsleistung, z. B. durch Rentenpolice, verurteilen, RG. 14. Mai 1906, EE. 23, 66. Der Betrag der Sicherheit wird meist dem Kapitalbetrage des Rentenbezugsrechts entsprechen, kann aber auch geringer angenommen werden, wenn eine Gefährdung nur für einen geringeren Betrag oder erst für eine spätere Zeit begründet erscheint.

Daß Sicherheitsleistung nur im Falle der Rentenentschädigung, nicht im Falle der Kapitalentschädigung verlangt werden kann, bedarf keiner Ausführung. Der Abs. 2 des § 843 BGB. handelt nur von der Rente. Bei Kapitalabfindung liegt kein Bedürfnis zur Sicherheitsleistung vor. Aus dem Begriff der Sicherheitsleistung ergibt sich ebenso, daß der Berechtigte sie nur für die künftigen Raten, nicht für die fälligen Rückstände verlangen kann (Eger S. 380).

Das Recht auf Bestellung einer Sicherheit ist Zubehör des Rentenanspruchs und hat deshalb die vorherige oder gleichzeitige Festsetzung des Ersatzanspruchs zur Voraussetzung, kann also frühestens gleichzeitig mit der Leistungsklage, nicht im voraus für einen nur wahrscheinlich gemachten Ersatzanspruch geltend gemacht werden, RG. 5. März 1887, EE. 6, 205; auch nicht nach bloßer Feststellung der Schadensersatzpflicht im Wege der Feststellungsklage, RG. 4. Mai 1905, JW. 370. Der Gefährdung des noch nicht ausgeklagten Rentenanspruchs ist durch Arrest oder einstweilige Verfügung zu begegnen.

II. Der Abs. 3 des § 13 gewährt dem Rentengläubiger das Recht, auch nachträglich, d. h. nach Ausklagung des Rentenanspruchs selbst, Sicherheitsleistung zu fordern. Diese Befugnis würde an sich ohne weiteres aus dem Recht auf Sicherheitsbestellung zu folgern sein. Gleichwohl enthält Abs. 3 keine überflüssige Hervorhebung eines Einzelfalls, wie Eger annimmt; aus der Beschränkung, der das Recht auf nachträgliche Sicherheitsleistung unterworfen wird, daß nämlich die Vermögensverhältnisse des Schuldners sich nachträglich erheblich verschlechtert haben müssen, ergibt sich vielmehr, daß es überhaupt nur in dieser Beschränkung zugelassen werden soll. Abs. 3 stimmt, abgesehen von den Eingangsworten, wörtlich mit § 324 ZPO., der von der Rechtskraft der Urteile handelt, überein. Die wesentliche Bedeutung auch des Abs. 3 unseres Gesetzes liegt daher auf dem Gebiete der Rechtskraft und besteht darin, daß auch einem den Anspruch auf Sicherheitsleistung abweisenden Urteil gegenüber trotz dessen Rechtskraft später wegen veränderter Umstände von neuem Sicherheitsleistung gefordert werden kann. Damit ist aber die Bedeutung der Bestimmung nicht erschöpft. Abs. 3 beschränkt sich nicht auf den Fall rechtskräftiger Abweisung des Anspruchs auf Sicherheitsleistung, sondern setzt ganz allgemein lediglich das voraus, daß bei Erlaß des Rentenurteils nicht zugleich auf Sicherheitsleistung erkannt worden ist, begreift also auch den Fall, daß der Berechtigte aus Vergeßlichkeit oder andern Gründen, z. B. weil er sich über die Vermögenslage des Haftpflichtigen täuschte, unterlassen hat, den Antrag auf Sicherheitsleistung im Rentenprozeß zu stellen. Wie die analoge Bestimmung des § 323 ZPO. die Teilung des einheitlichen Rentenanspruchs selbst verhindert und den Berechtigten zwingt, bei Gefahr des Rechtsverlusts alle in Rentenform zu ersetzenden gegenwärtigen und künftigen absehbaren Schäden in einer Klage geltend zu machen, so will auch § 13 Abs. 3 in Übereinstimmung mit § 324 ZPO. den Rentengläubiger zwingen, das Recht auf Sicherheitsleistung, dieses Zubehör des Rentenanspruchs, gleichzeitig mit diesem zu verfolgen.

Hieraus ergibt sich der Grundsatz, daß der Anspruch auf Sicherheitsleistung nur zusammen mit dem Anspruch auf Rente geltend gemacht werden darf. Folgerichtig muß, wenn mit der Umwandlungsklage aus § 323 ZPO. eine Erhöhung der bisherigen Rente beansprucht wird, auch gleichzeitig der Antrag auf Sicherheitsleistung für die Erhöhung gestellt werden. Mit besonderer Klage kann nach Beendigung des

Hauptprozesses, in welchem auf Rente erkannt worden ist, nur dann Sicherheitsstellung gefordert werden, wenn nach dem Hauptprozeß sich die Vermögensverhältnisse des Verpflichteten erheblich verschlechtert haben. Die Nachtragsklage kann selbstverständlich mit der Umwandlungsklage aus § 323 ZPO. verbunden werden; der Antrag auf Sicherheitsleistung für die im ersten Verfahren zugesprochene Rente muß dann aber besonders durch den Nachweis einer inzwischen eingetretenen Vermögensverschlechterung des Verpflichteten begründet werden.

Die erste Voraussetzung für die nachträgliche Geltendmachung des Anspruchs auf Sicherheitsleistung ist, daß ein rechtskräftiges Urteil über die beanspruchte Rente vorliegt und daß in diesem Urteil nicht auf Sicherheitsleistung erkannt worden ist. Ob der Anspruch auf Sicherheitsleistung ausdrücklich abgesprochen oder gar nicht geltend gemacht worden ist, ist gleichgültig. Solange der Rentenprozeß noch schwebt, kann der Antrag auf Sicherheitsleistung nur durch Erweiterung des Klagantrages, nicht durch neue Klage gestellt werden. Ist der Rechtsstreit durch Vergleich beendet, so hat damit das gesamte Rechtsverhältnis der Parteien eine vertragsmäßige Grundlage erhalten, die nur durch Vertrag, aber nicht auf einseitigen Antrag durch das Gericht geändert oder ergänzt werden kann; es müßte denn sein, daß dies von den Parteien bei Abschluß des Vergleichs ausdrücklich oder stillschweigend vorbehalten wäre. Im Zweifel wird man wohl annehmen dürfen, daß es dem Willen der Parteien entspricht, bei nachträglicher erheblicher Verschlechterung der Vermögenslage des Schuldners den Anspruch auf Sicherheitsleistung zuzulassen.

Das Verlangen nach Sicherheitsleistung kann nicht bloß einmal, sondern auch wiederholt gestellt werden. Das Prinzip der Rechtskraft ist allgemein für die Klage auf nachträgliche Sicherheitsleistung aufgehoben. Auch wenn der Berechtigte zunächst ein bloßes Rentenurteil erwirkt, darauf wegen nachträglicher Vermögensverschlechterung auf Sicherheitsleistung geklagt hat, aber abgewiesen worden ist, kann er mit der Behauptung, daß nach dem letzten Urteil die Vermögenslage des Verpflichteten sich so erheblich verschlechtert habe, daß nunmehr der Anspruch auf Sicherheitsleistung begründet sei, von neuem darauf klagen, ohne daß ihm der Einwand der res judicata entgegengesetzt werden könnte.

Die zweite Voraussetzung des nachträglichen Anspruchs auf Sicherheitsleistung, die nachträgliche erhebliche Verschlechterung der Vermögensverhältnisse des Rentenschuldners, entspricht dem Abs. 2 des § 323 ZPO. und ist daraus zu erläutern. Die Verschlechterung muß zu einer Zeit eingetreten sein, daß ihre Geltendmachung im Vorprozeß nach den Regeln des Prozeßrechts auch nicht im Wege der Berufung oder des Einspruchs möglich war. Die Nachtragsklage auf Sicherheitsbestellung ist nichts anderes als eine Umwandlungsklage bezüglich des Punktes der Sicherheitsleistung. Hat sich die Vermögenslage des Haftpflichtigen gegen den Zustand zur Zeit des Vorprozesses tatsächlich nicht verschlechtert, war die Verschlechterung in der Tat schon damals eingetreten und nur dem Berechtigten verborgen geblieben, so ist ein Anspruch auf Sicherheitsleistung nicht mehr zu begründen. Ebensowenig kann er auf andere Gründe als auf die Verschlechterung der Vermögenslage des Verpflichteten gestützt werden.

Wie nach § 323 ZPO. nur wesentliche Veränderungen der maßgeblichen Umstände die Umwandlungsklage begründen, so muß auch eine erhebliche Verschlechterung der Vermögensverhältnisse des Verpflichteten eingetreten sein, um die Nachtragsklage auf Sicherstellung zu begründen. Ausgeschlossen sind geringfügige Verschlechterungen. Aber auch ein neuerdings eingetretener großer Verlust führt nicht notwendig zur Anerkennung des Sicherheitsleistungsanspruchs; es muß in jedem Falle auch bei der Nachtragsklage das Recht auf Sicherheitsleistung mit einer gerechtfertigten Besorgnis einer künftigen Gefährdung des Rentenanspruchs begründet werden.

Zu vergleichen ist die gegenwärtige Vermögenslage des Verpflichteten mit derjenigen zur Zeit des Vorprozesses.

III. Auf Erhöhung der Sicherheit kann geklagt werden, wenn in einem früheren Urteil auf eine Sicherheit erkannt worden ist, die aber infolge nachträglicher Verschlechterung der Vermögensverhältnisse des Schuldners den berechtigten Ansprüchen nicht mehr genügt. Betrifft die Verschlechterung gerade diejenigen Werte, die für den Gläubiger als Sicherheit hinterlegt sind, so hat er schon aus § 240 BGB. einen Anspruch auf Ergänzung der Sicherheit. Die vorliegende Bestimmung im Schlußsatz des § 13 hat den Fall im Auge, wo die in ihrem Werte unverminderte frühere Sicherheit deshalb nicht mehr ausreicht, weil sich die sonstige Vermögenslage des Schuldners gegenüber der Lage bei Anordnung der Sicherheit verschlechtert hat. Eine solche Veränderung kann von Erheblichkeit sein, wenn das frühere Urteil mit Rücksicht auf die Vermögenslage des Schuldners eine teilweise Sicherheit für ausreichend erachtet hatte.

Wird mit der Umwandlungsklage aus § 323 ZPO. eine Erhöhung der Rente und zugleich Sicherheitsleistung für diese Erhöhung begehrt, so ist dieser Anspruch auf Sicherheitsleistung, der gleichzeitig mit der Rente, deren Akzessorium er ist, gefordert wird, unabhängig von dem Nachweis einer nach dem ersten Hauptprozeß eingetretenen Verschlechterung der Vermögenslage des Verpflichteten.

Der Haftpflichtige seinerseits hat außerhalb des § 323 ZPO., auf Grund dessen er bei Herabsetzung der Rente auch Kürzung der Sicherheit dafür fordern kann, keinen Anspruch auf Minderung der Sicherheit (so Eger, Hallbauer, Höpfel, Neukirch-Rosenmeyer, Waldeck). Es wird von vornherein bei Festsetzung der Sicherheit darauf Bedacht zu nehmen sein, daß sie entsprechend der allmählichen Tilgung der Rentenschuld zu mindern sei. Der Umtausch der hinterlegten Werte ist dem Schuldner nach § 235 BGB. jederzeit gestattet.

5. Kapitalabfindung.

Statt der Rente kann der Verletzte eine Abfindung in Kapital verlangen, wenn ein wichtiger Grund vorliegt

(§ 843[3] BGB.). Die Abfindung in Kapital ist nur dann zuzusprechen, wenn 1. der Berechtigte darauf anträgt und 2. ein wichtiger Grund vorliegt. Der Haftpflichtige allein kann gegen den Willen des Berechtigten nicht durchsetzen, daß er statt der Rentenzahlung zur Abfindung in Kapital zugelassen werde. Der Richter darf auch dann nicht, wenn die klarliegenden Umstände die Kapitalabfindung als bei weitem angemessener erscheinen lassen, ohne oder gegen den Antrag des Berechtigten auf Kapitalabfindung erkennen. Dagegen ist ein Einverständnis der Parteien dahin, daß der Schaden nicht in Rente, sondern in Kapital zu begleichen sei, zu beachten, und enthebt den Richter der Verpflichtung, die Gründe der Vereinbarung nachzuprüfen (so Eger, Höpfel, Örtmann BGB., Reindl Haftpflichtgesetz).

Was ein wichtiger Grund sei, entscheidet der Richter nach freiem Ermessen. Dabei sind die gesamten Vermögens- und Lebensverhältnisse der Parteien in Betracht zu ziehen. Für den Berechtigten kann der Besitz eines Kapitals von größerem Wert sein als eine Rente, indem das Kapital ihm ermöglicht, den ihm verbliebenen Rest von Arbeitskraft besser auszunutzen, ein Geschäft zu beginnen oder sich sonst eine neue Lebensstellung zu gründen, RG. 4. März 1912, JW. 597[20]. Oder es können sich für die künftige Erhebung der Rente Schwierigkeiten ergeben, die dem Berechtigten nicht zuzumuten sind, z. B. wenn er nach überseeischen Ländern auswandern will (SeuffArch. 62 Nr. 108), oder wenn er infolge des Todes des Haftpflichtigen sich einer großen Anzahl von Erben gegenübersieht. Anderseits ist aber auch gerade im Interesse des Berechtigten zu erwägen, daß das Kapital verloren gehen kann, während die Rente ihm bleibt; im Hinblick hierauf kann es für die Entscheidung von Wert sein, ob er ein solider und geschäftskundiger Mann oder aber leichtfertig und unerfahren ist. Die Besorgnis künftiger Gefährdung des Rentenbezugsrechts infolge Vermögensverfalls oder Böswilligkeit des Haftpflichtigen wird, da insoweit durch Sicherheitsleistung Schutz gewährt werden kann, kaum das Verlangen nach Kapitalabfindung rechtfertigen können. Jedenfalls müßte vorkommendenfalls dargelegt werden, daß das Mittel der Sicherheitsleistung nicht ausreicht, die Verwirklichung des Schadensersatzanspruchs auf dem Wege zukünftiger ratenweiser Zahlungen zu gewährleisten. Die Möglichkeit künftiger Besserung des Schadens schließt Kapitalabfindung nicht aus; es muß dann aber die Kapitalabfindung entsprechend niedriger bemessen werden, um den Haftpflichtigen nicht unbillig zu belasten. Die Kapitalabfindung empfiehlt sich bisweilen gerade dadurch, daß von ihr eine heilsame Wirkung auf den nervöskranken Zustand des Verletzten erwartet werden kann, weil sie auch die Möglichkeit künftigen Verlusts der Rente im Wege des § 323 ZPO. ausschließt und durch die Sicherheit des Besitzes die Sorgen um den Lebensunterhalt am wirksamsten beseitigt. Ein solcher Krankheitszustand und eine solche Aussicht auf seine Besserung ist als wichtiger Grund anerkannt worden in RG. 28. Jan. 1909, JW. 137[14]; 23. Mai 1910, Bd. 73, 418 (JW. 717[29]). Mit Rücksicht auf § 12 wird die Zusprechung einer Kapitalabfindung regelmäßig nicht angängig sein, wenn die Möglichkeit, daß nachträglich noch andere Ersatzansprüche erhoben werden können, nicht ausgeschlossen erscheint.

Es ist auch zulässig, nur einen Teil des Rentenanspruchs durch Kapital abzufinden und also nebeneinander Kapital und Rente zuzusprechen, z. B. ein Kapital, das den Verletzten instandsetzen soll, die Kosten der Vorbereitung und Ausstattung für einen neuen Beruf zu bezahlen, während die Rente die alsdann noch verbleibende Minderung des Erwerbs ausgleichen soll. (Ebenso Eger und Höpfel.)

Wenn mehrere Personen als Gesamtschuldner in Anspruch genommen werden, so kann die Frage, ob der Schadensersatz in Rentenform oder durch Kapitalabfindung geleistet werden soll, nur einheitlich den mehreren Verpflichteten gegenüber entschieden werden; und zwar ist diejenige Form zu wählen, die sich nach den Verhältnissen des Berechtigten und der sämtlichen Verpflichteten als die geeignete ergibt. Aus der Gesamtheit der hiernach zu ermittelnden Umstände ist zu beurteilen, ob ein wichtiger Grund im Sinne des § 843 BGB. vorliegt, RG. 27. Mai 1908, JW. 478[1] (Bd. 68, 429).

Es erscheint nicht ausgeschlossen, nachdem ursprünglich ein Urteil auf Rente ergangen ist, später im Wege der Umwandlungsklage aus § 323 ZPO. statt der Urteilsrente Kapitalabfindung zu fordern, wenn nachträglich ein wichtiger Grund eingetreten ist. (Ebenso Höpfel, Planck § 843, a. M. Eger, Reindl.)

§ 843 Abs. 3 BGB. billigt das Recht auf Kapitalentschädigung unter besonderen Umständen „dem Verletzten" zu. Darunter ist im Sinne dieser Vorschrift allerdings nur der unmittelbar an seinem Körper oder seiner Gesundheit Verletzte zu verstehen, da § 843 nur von dem Fall der Körperverletzung handelt. Es ist aber kein Zweifel, daß sich die Bestimmung, ebenso wie die übrigen Bestimmungen der Absätze 2 bis 4 des § 843, bei der in § 13 vorgeschriebenen „entsprechenden" Anwendung auch auf den in seinem Anspruch auf Unterhalt geschädigten Dritten bezieht, wie sich denn auch in § 844 BGB. die gleiche Bezugnahme findet. (So Höpfel und Neukirch-Rosenmeyer.)

Ergeht in einem Rechtsstreit über eine vom Kläger auf Grund des vorliegenden Gesetzes geforderte Kapitalentschädigung ein Zwischenurteil über den Grund des Anspruchs nach § 304 ZPO., so muß die Frage, ob ein wichtiger Grund für eine Kapitalabfindung vorliegt, bereits vor Erlaß des Zwischenurteils geprüft und entschieden werden. Ist der Klaganspruch mit seinem Verlangen nach einer Kapitalentschädigung einmal durch rechtskräftiges Zwischenurteil dem Grunde nach für berechtigt erklärt, dann kann im Nachverfahren von Rentenentschädigung nicht mehr die Rede sein, weil rechtskräftig feststeht, daß die Entschädigung in Kapital zu leisten ist. RG. 5. April 1906, JW. 359[21]; 20. Sept. 1906, JW. 686[7]; 16. Mai 1907, JW. 388[5].

Hält der Richter zwar das Recht auf Schadensersatz an sich für begründet, nicht aber die beanspruchte Form der Kapitalabfindung, so darf er nicht eine entsprechende Rente zusprechen, wie Eger (S. 360) will, muß vielmehr, wenn der Kläger seinen Antrag nicht ändert, die Klage abweisen (Höpfel).

6. **Verhältnis von Unterhaltsansprüchen zum Schadensersatzanspruch, § 843[4] BGB.**

Der Anspruch wird nicht dadurch ausgeschlossen, daß ein anderer dem Verletzten Unterhalt zu gewähren hat. Nach einem Unfall pflegen sich, auch abgesehen vom Haftpflichtanspruch, noch andere Quellen zu öffnen, aus denen dem Verletzten in seinem durch die Unfallsfolgen geschaffenen Zustand der Erwerbslosigkeit und Bedürftigkeit Hilfe zuströmt. Er erhält Krankengeld, Unfallrente, Invalidenrente aus den öffentlichen Kassen; er hat sich vielleicht auch privatrechtlich gegen Unfall und Erwerbsunfähigkeit versichert; er erhält als Beamter Pension, oder wenn das alles nicht der Fall ist, nehmen sich die Angehörigen, schlimmstenfalls die Gemeinde oder der Armenverband seiner an und lassen ihm Pflege und Unterhalt zukommen. In allen diesen Fällen fragt es sich, welchen Einfluß die Mittel, die dem Bedürftigen von anderer Seite infolge des Unfalls gewährt werden, auf den Haftpflichtanspruch haben und inwiefern insbesondere dadurch der Schaden, den der Haftpflichtige zu ersetzen hat, etwa beseitigt wird oder gar nicht zur Entstehung gelangt. Was auf Grund privater Versicherungsverträge geschuldet und gezahlt wird, kommt wegen des verschiedenen rechtlichen Entstehungsgrundes für die Vorteilsausgleichung nicht in Frage (vgl. Anm. 5 III zu § 11, 4 V zu § 10). Was aus öffentlichen Kassen gezahlt wird, würde an sich der Vorteilsausgleichung unterliegen, also den Schaden und die Ersatzpflicht des Haftpflichtigen mindern. Aber die Vorteilsausgleichung ist hier kraft Gesetzes ausgeschlossen, indem § 1542 RVO. für das Gebiet der Kranken-, Unfall- und Alters- und Invalidenversicherung und § 62 UVG. den gesetzlichen Rechtsübergang des Haftpflichtanspruchs auf den Versicherungsträger in Höhe des von diesem Geleisteten anordnen und damit implizite aussprechen, daß die Haftpflichtforderung unbeschadet der Unterstützungsansprüche des öffentlichen Rechts zur Entstehung gelangt, RG. 15. Okt. 1910, Bd. 74, 274. Bezüglich der privatrechtlichen Unterhaltsansprüche ist in § 843[4] BGB. ausdrücklich bestimmt, daß ihr Vorhandensein die Entstehung des Haftpflichtanspruchs nicht hindert. Der Haftpflichtige kann sich also nicht darauf berufen: der Schaden des Verletzten sei dadurch geringer, weil ihm gleichzeitig ein Unterhaltsanspruch gegen einen Dritten erwachsen sei. Die Vorteilsausgleichung ist ausgeschlossen, RG. 11. Febr. 1890, Bd. 25, 52; 19. Juni 1911, JW. 774[42]. Der Geschädigte hat beide Ansprüche nebeneinander derart, daß zwar das Bestehen des Unterhaltsanspruchs in einer gewissen Abhängigkeit vom Haftpflichtanspruch steht, indem mindestens des letzteren Erfüllung den Unterhaltsanspruch wegen Fortfalls der Bedürftigkeit beseitigt; umgekehrt besteht der Haftpflichtanspruch ohne jede Rücksicht auf den Unterhaltsanspruch. Der Haftpflichtige kann aus dem Bestehen eines Unterhaltsrechts gar keinen Einwand herleiten, insbesondere auch nicht den Einwand der Vorausklage, noch den Einwand der Teilung; er kann nicht verlangen, daß der Gläubiger sich das, was er anderweit auf Grund von Unterhaltsrechten erhält, auf die Haftpflichtrente anrechnen lasse, etwa weil insoweit kein Schaden entstanden sei; er kann dem Anspruch des durch den Tod des bisherigen Ernährers geschädigten Dritten auch nicht entgegenhalten, der Fall der Bedürftigkeit liege nicht vor, weil der Dritte jetzt den Unterhalt von einem andern zu fordern berechtigt sei. Praktisch wird durch diese Bestimmung ein Schutz der andern erreicht, die auf Grund einer Unterhaltspflicht dem Verletzten oder den geschädigten Dritten Pflege und Unterhalt gewähren, die also faktisch den Unfallsschaden ganz oder teilweise tragen, ohne doch einen eigenen Anspruch auf Schadensersatz gegen den Haftpflichtigen zu haben.

Der Haftpflichtanspruch besteht unter allen Umständen trotz einem vorhandenen Unterhaltsanspruch; der Haftpflichtige haftet in erster Linie, der Unterhaltspflichtige im Verhältnis zu ihm nur subsidiär, RG. 24. Febr. 1910, JW. 389[6].

Während das bloße Vorhandensein eines Unterhaltsrechts die Haftpflicht gänzlich unberührt läßt, kann die tatsächliche Leistung an den Geschädigten durch den Unterhaltspflichtigen nicht ohne Rechtswirkung auch auf den Unterhaltsanspruch bleiben. Was der Unterhaltspflichtige leistet, ist Erfüllungsgegenstand sowohl des Unterhaltsrechts wie des Rechts auf Schadensersatz. Es ist daher möglich, daß durch die Leistung auch der Schadensersatzanspruch getilgt wird. Dazu gehört freilich ein hierauf gerichteter Wille des Leistenden. Dieser Wille wird dadurch nicht ausgeschlossen, daß der Leistende in Erfüllung seiner Unterhaltspflicht handelt, wenn nur die Absicht besteht, gegen den Haftpflichtigen Rückgriff zu nehmen, RG. 24. Febr. 1910, JW. 389[6]. Diese Absicht wird regelmäßig anzunehmen sein, wenn dem Leistenden die Schadensersatzpflicht bekannt ist (dieselbe Entsch.); und zwar auch dann, wenn es sich um Leistungen zwischen Eltern und Kindern handelt; die Vermutung des § 685 Abs. 2 BGB. greift einem verpflichteten Dritten gegenüber nicht durch. Was der Unterhaltspflichtige also tatsächlich in Kenntnis der Schadensersatzpflicht geleistet hat, kann er aus dem Rechtsgrunde der auftraglosen Geschäftsführung nach § 683 BGB. vom Haftpflichtigen zurückfordern Ein der Geschäftsführung entgegenstehender Wille des Haftpflichtigen bleibt nach § 679 BGB. unbeachtlich; denn was dort von der Erfüllung einer gesetzlichen Unterhaltspflicht des Geschäftsherrn gesagt ist, muß entsprechend auch auf die Erfüllung einer Schadensersatzpflicht, die Alimentencharakter hat (RG. 15. Okt. 1910, Bd. 74, 274), Anwendung finden. Hat der Leistende von dem Bestehen der Schadensersatzpflicht nichts gewußt, dann kann freilich von einem Anspruch aus fremder Geschäftsführung nicht die Rede sein, weil die Absicht fehlte, eine fremde Schuld zu bezahlen

(§ 685 Abs. 1 BGB.). In diesem Falle ist aber ein Bereicherungsanspruch gegen den Haftpflichtigen gegeben. Diese Rechtsgrundsätze sind vom RG. anerkannt, RG. 16. Juni 1910, JW. 811[28]; 14. Jan. 1909, JW. 137[15]; 24. Febr. 1910, JW. 889[6]; 3. Nov. 1913, JW. 1914, 81[11]. Wie Bär in einem beachtenswerten Aufsatz (JW. 1914 S. 730 f.) ausführt, beruht sowohl der Anspruch aus der neg. gestio wie auch der Bereicherungsanspruch notwendig auf der Voraussetzung, daß wirklich fremde Geschäfte geführt sind oder der Haftpflichtige wirklich bereichert ist. Beides liegt nur dann vor, wenn der Haftpflichtanspruch durch die Leistung wirklich getilgt ist. Das RG. hat Bedenken, diese Folgerung zu ziehen, weil § 843[4] BGB. entgegenstehe, RG. 14. Jan. 1909, JW. 137[15], und will dem Haftpflichtigen auch den Erfüllungseinwand gegenüber der Ersatzklage des Geschädigten grundsätzlich versagen, wenn ein Unterhaltspflichtiger geleistet hat. Aber § 843[4] schließt nur den Einwand daraus aus, daß ein anderer dem Verletzten Unterhalt „zu gewähren hat", nicht auch daraus, daß ein anderer den Unterhalt tatsächlich gewährt hat. Bär empfiehlt, in Verallgemeinerung des auch sonst im BGB. (§ 1607 Abs. 2 Satz 2, § 840 Abs. 2, 3 in Verbindung mit § 426 Abs. 2) anerkannten Grundsatzes, daß der subsidiär Verpflichtete durch seine Leistung den Anspruch des Gläubigers gegen den primär Verpflichteten im Wege gesetzlichen Rechtsübergangs erwerbe, durch die Zahlung des Unterhaltspflichtigen den Haftpflichtanspruch auf ihn übergehen zu lassen. Durch diese empfehlenswerte Regelung würde der zahlende Unterhaltspflichtige den öffentlichen Unterstützungskassen (siehe oben) gleichgestellt.

Der Unterhaltspflichtige hat keinen Anspruch auf Ersatz des Schadens, der darin besteht, daß seine Unterhaltspflicht durch Schaffung ihrer gesetzlichen Voraussetzungen (Bedürftigkeit infolge des Unfalls) zur Entstehung gelangt ist, RG. 12. Dez. 1910, JW. 1911, 185[13]. Was er aber tatsächlich in Erfüllung seiner Unterhaltspflicht aufgewendet hat, kann er vom Haftpflichtigen zurückfordern, soweit sich die Leistungen gegenständlich decken.

Ob das Unterhaltsrecht sich auf Gesetz oder Vertrag (Auszug, Altenteil) gründet, ist für die Anwendung des § 843[4] BGB. gleichgültig.

§ 843[4] gilt nicht nur für den Rentenanspruch, sondern auch für die Heilungskosten, RG. 24. Febr. 1910, JW. 389[6]; 16. Juni 1910, JW. 811[28]; 19. Juni 1911, JW. 774[42]; 22. Sept. 1913, JW. 1147[4]; 3. Nov. 1913, JW. 1914, 81[13].

Der Verletzte kann auf Zahlung der Heilungskosten an den Arzt klagen, auch wenn er selbst dem Arzt deswegen nicht verpflichtet ist, weil der Unterhaltspflichtige den Arzt beauftragt hat, RG. 22. Sept. 1913, JW. 1147[4].

Voraussetzung für die Anwendung des § 843[4] ist, daß „ein anderer" den Unterhalt zu gewähren hat. Diese Voraussetzung fehlt: a) bei der Beamtenpension. Das Ruhegehalt, das dem verunglückten Beamten auf Grund seines Anstellungsverhältnisses gezahlt wird, ist als ein auch in der Zeit der Arbeitsunfähigkeit fortzuzahlendes Entgelt für die früher geleisteten Dienste anzusehen; sonach ist es der Beamte selbst, der durch diese Nachwirkungen früherer Arbeitstätigkeit für seinen Erwerb sorgt; es ist nicht ein „anderer", der ihm auf Grund eines besonderen Rechtstitels Unterhalt gewährt. Das Gleiche gilt auch für die Witwen- und Waisengelder, sofern sie lediglich auf Grund des Anstellungsverhältnisses, nicht auf Grund besonderer Versicherungsverträge gezahlt werden. — b) Insoweit, als derjenige, der den Unterhalt jetzt zu gewähren hat, hierzu dieselben Mittel, aus denen der Unterhalt bisher bestritten worden ist, und in nicht höherem Maße wie bisher verwenden kann, ist er wegen Identität der Vermögensquellen nicht als ein „anderer" anzusehen. Vgl. oben Anm. 4 V u. VI zu § 10.

Keine Anwendung findet § 843[4] ferner:

auf das Unterhaltsrecht, das die Witwe des Getöteten durch Wiederverheiratung gegen ihren zweiten Ehemann erwirbt, weil dies Recht ohne die schadenstiftende Handlung undenkbar wäre (§ 10 Anm. 4 IV A a. E.), auf das Unterhaltsrecht des erwerbsfähigen Hauskindes des Getöteten gegen seine Mutter, weil dies Recht die Gegenleistung für die nur im Hauswesen und Geschäft der Mutter betätigte Arbeitskraft des Kindes darstellt (§ 10 Anm. 4 IV a. E.).

Diese Unterhaltsrechte gleichen den Schaden aus und mindern die Ersatzpflicht des Schädigers.

Würde der Getötete nur zusammen mit andern Mitverpflichteten, für seine Person also nur anteilsweise, unterhaltspflichtig sein, so ist selbstverständlich auch nur für seinen Anteil Ersatz zu leisten; für Anwendung des § 843[4] ist kein Raum.

Anhang zu § 13.

Außer den in § 13 Abs. 2 des Gesetzes bezeichneten prozessualen Bestimmungen ist auch der § 323 ZPO. von hervorragender Bedeutung für den Rentenanspruch, weshalb seine Erörterung an dieser Stelle nicht zu umgehen ist. Er rührt aus dem Reichshaftpflichtgesetz her und ist von dort durch die Novelle vom 17. Mai 1898 in allgemeinerer Fassung in die ZPO. aufgenommen worden. Seine Anwendbarkeit auf die Haftpflichtrente des vorliegenden Gesetzes ergibt sich ohne weiteres aus seiner Fassung, und brauchte deshalb im Gesetz selbst nicht besonders angeordnet zu werden.

§ 323 ZPO.

lautet:

„Tritt im Falle der Verurteilung zu künftig fällig werdenden wiederkehrenden Leistungen eine wesentliche Änderung derjenigen Verhältnisse ein, welche für die Verurteilung zur Entrichtung der Leistungen, für die Bestimmung der Höhe der Leistungen oder der Dauer ihrer Entrichtung maßgebend waren, so ist jeder Teil berechtigt, im Wege der Klage eine entsprechende Abänderung des Urteils zu verlangen.

Die Klage ist nur insoweit zulässig, als die Gründe, auf welche sie gestützt wird, erst nach dem Schlusse der mündlichen Verhandlung, in der eine Erweiterung des Klagantrags oder die Geltendmachung von Einwendungen spätestens hätte erfolgen müssen, entstanden sind und durch Einspruch nicht mehr geltend gemacht werden können.

Die Abänderung des Urteils darf nur für die Zeit nach Erhebung der Klage erfolgen."

1. Allgemeines. Die Bestimmung durchbricht den Grundsatz der materiellen Rechtskraft, weil sich dies gegenüber Urteilen, die im voraus erst künftig fällig werdende wiederkehrende Leistungen zusprechen, als praktische Notwendigkeit herausgestellt hat. Die Rentenform des Schadensersatzes verdient gerade deshalb mit den Vorzug vor der Kapitalentschädigung und ist auch deshalb für die Regel obligatorisch gemacht worden, weil das Gesetz durch § 323 ZPO. die Möglichkeit gewährt, nachträgliche Korrekturen des Rentenurteils vorzunehmen. Das Urteil, das auf Kapitalabfindung lautet, ist unabänderlich, wie sich auch in Zukunft die Verhältnisse gestalten mögen. Das Rentenurteil dagegen ist nur in seiner Grundlage, das ist in der Feststellung der Haftpflicht, unabänderlich; dagegen können die Fragen, ob ein ersetzbarer Schaden vorhanden ist, und in welchem Umfange, jederzeit von neuem der richterlichen Beurteilung unterbreitet werden, wenn eine nachträgliche Veränderung der maßgeblichen Verhältnisse die bezügliche frühere Entscheidung nicht mehr gerechtfertigt erscheinen läßt.

2. Im Falle der Verurteilung zu künftig fällig werdenden wiederkehrenden Leistungen. Voraussetzung für die Umwandlungsklage ist das Vorliegen eines Urteils; ob das Urteil nach streitiger Verhandlung oder auf Grund eines Anerkenntnisses oder im Wege des Versäumnisverfahrens ergangen ist, macht keinen Unterschied.

Haben sich die Parteien dagegen gerichtlich oder außergerichtlich über eine dem Berechtigten zu zahlende Rente verglichen, so kann nur eine Anfechtung des Vergleichs nach den Vorschriften des Bürgerlichen Rechts in Frage kommen; abgesehen davon regelt der Vergleich endgültig das Rechtsverhältnis der Parteien. Ist im Vergleich die Möglichkeit vorgesehen, bei künftigen Veränderungen richterliche Entscheidung behufs anderweiter Regelung des Rechtsverhältnisses anzurufen, so ist solche Vereinbarung gültig, aber die künftige Klage ist dann Vertragsklage, nicht die gesetzliche Klage des § 323 ZPO.

Das Urteil muß auf Rente lauten. In Betracht kann daher nur ein Leistungsurteil, nicht ein Feststellungsurteil kommen. Spricht das Urteil dagegen Kapitalabfindung zu, oder weist es den Klageanspruch ab, weil zurzeit die Erwerbsfähigkeit des Klägers nicht beeinträchtigt sei, so ist bei späterer Änderung der Verhältnisse die Umwandlungsklage nicht begründet. In dem letztgedachten Falle, wo der Anspruch auf künftige Rente abgelehnt ist, weil ein gegenwärtiger und in die Zukunft hineinreichender Schaden nicht nachgewiesen sei, ist es dem Kläger unbenommen, mit einer neuen Klage Ersatzrente zu fordern, sobald er einen später eingetretenen Schaden nachweisen kann. Einer solchen Klage steht die Rechtskraft des früheren Urteils nicht entgegen, sofern das Urteil nicht das Bestehen der Haftpflicht überhaupt verneint hat, RG. 15. April 1912, JW. 755[23]. Es bedarf für solche Klage nicht erst der Ausnahmevorschrift des § 323; solche Klage ist infolgedessen auch nicht an die Beschränkung aus Abs. 3 des § 323 gebunden.

Das Urteil muß rechtskräftig sein. Solange es nicht rechtskräftig ist, können die im Laufe des Rechtsstreits eingetretenen Veränderungen, z. B. Besserungen oder Verschlimmerungen des Zustandes des Verletzten, nicht durch eine neue Klage, sondern nur als Klageerweiterung oder Einwendung im schwebenden Prozeß vorgebracht werden, und wenn das nach der Prozeßlage nicht mehr möglich ist, weil die mündliche Verhandlung in der Berufungsinstanz geschlossen ist, muß zuvor die Rechtskraft abgewartet werden. Andernfalls würde der Einwand der Rechtshängigkeit der neuen Klage entgegenstehen (RG. 13. Dez. 1900, Bd. 47, 405, Eger S. 363). Im Hinblick auf Abs. 2 des § 323 ZPO. ergibt sich der Grundsatz, daß alle Umstände, welche zur Begründung eines Rentenanspruchs des Klägers überhaupt dienen können, bei Gefahr des Ausschlusses in einer Klage geltend gemacht werden müssen, sofern dies möglich ist. Insofern ist eine Teilung des Rentenanspruchs und eine getrennte Geltendmachung in verschiedenen Teilklagen versagt. Der Unfallverletzte muß also seine sämtlichen, infolge des Unfalls an seinem Körper und seiner Gesundheit erlittenen Schädigungen, soweit sie bereits erkennbar sind, vorbringen und muß weiter alle aus diesen Schädigungen für seine künftige Vermögenslage sich ergebenden Nachteile, also nach den beiden vom Gesetz zugelassenen Richtungen a) der Aufhebung oder Verminderung der Erwerbsfähigkeit und b) der vermehrten Bedürfnisse hin, geltend machen. Er darf nicht etwa den Prozeßstoff so teilen, daß er zunächst Rente wegen des künftigen Erwerbsausfalls einklagt und sich vorbehält, später eine zweite Rente wegen vermehrter Bedürfnisse einzuklagen; das Gesetz gewährt nur *eine* Rente für beide Schadenskategorien. Mit der Rechtskraft des Urteils im ersten Prozeß würde er unbedingt das Recht verlieren, auf Grund der Tatsachen, die schon im ersten Prozeß hätten vorgebracht werden können, nachträglich eine Erhöhung der Rente wegen vermehrter Bedürfnisse zu fordern. Dagegen ist eine beliebige Teilung der Ersatzansprüche insoweit zulässig, als Ersatz für die der Vergangenheit angehörigen Schäden, insonderheit Ersatz der Heilungskosten, der Beerdigungskosten, des bereits erlittenen Erwerbsausfalls usw. gefordert wird.

8. *Eine wesentliche Änderung derjenigen Verhältnisse, welche für die Verurteilung zur Entrichtung der Leistungen, für die Bestimmung der*

Höhe der Leistungen oder der Dauer ihrer Entrichtung maßgebend waren.

I. Der Nachprüfung in einem neuen Prozesse kann unterzogen werden a) die Höhe der Rente, b) die Dauer der Rente, c) die Frage, ob überhaupt künftig noch Rente gezahlt werden soll. Zu letzterem Punkte ist zu bemerken, daß die Frage der Haftpflicht selbst unabänderlich feststeht, daß daher die Voraussetzungen der §§ 7 und 8 des Automobilgesetzes unbedingt der Nachprüfung entzogen sind. Es handelt sich nur um die Frage, ob überhaupt noch zurzeit ein gegenwärtiger oder künftiger, nach §§ 9—11 d. Ges. ersetzbarer Schaden festzustellen ist.

II. Die maßgebenden Verhältnisse müssen sich geändert haben, sei es, daß Tatumstände, welche der Entscheidung über das Vorhandensein und den Umfang eines durch Rente zu ersetzenden Schadens zur Grundlage gedient haben, weggefallen sind, oder daß neue Tatsachen eingetreten sind, die eine andere Entscheidung herbeigeführt haben würden, wenn sie schon zur Zeit des ersten Urteils hätten berücksichtigt werden können. Für die Rente des Verletzten kommen vor allen Dingen unvorhersehbare Veränderungen seines Körperzustandes in Betracht, die seine Erwerbsfähigkeit ganz oder zum Teil wiederherstellen oder aber die vorher noch teilweise vorhandene weiter herabmindern und aufheben, und die seine Pflegebedürftigkeit erhöhen oder verringern, RG. 11. Mai 1908, Bd. 68, 352. Eine Besserung des Körperzustandes ist nicht ohne weiteres geeignet, eine Verkürzung der Ersatzrente für Erwerbsausfall zu begründen. Der Haftpflichtige, der die Verkürzung beantragt, muß nachweisen, daß sich dem Rentenberechtigten in seinem jetzigen und künftigen Zustande gewisse Erwerbsmöglichkeiten bieten (RG. 22. Sept. 1883, EE. 3, 108; 7. Febr. 1898, EE. 15, 353; 29. Mai 1899, EE. 16, 161). Verschlechterungen im Körperzustande des Verletzten sind ferner nur dann zu berücksichtigen, wenn sie im ursächlichen Zusammenhange mit der Verletzung stehen. Beruhen sie auf den gewöhnlichen Alterserscheinungen, auf Krankheiten, die sich nicht im Zusammenhange mit den Unfallsfolgen entwickelt haben, oder auf späteren Unfällen, so können sie nicht als Änderungen der maßgeblichen Verhältnisse in Betracht kommen. Anderseits aber können dergleichen Krankheiten und Unfälle, sofern sie als neue Ursache die schon bisher vorhandene Erwerbsbeschränkung tragen, durch Zerstörung des bisherigen Kausalzusammenhanges mit der Verletzung in der Richtung einer Aufhebung oder Minderung des Rentenbezugsrechts wirksam werden, RG. 11. Mai 1908, Bd. 68, 352. Das Nähere hierüber vgl. oben Anm. 6 u. 7 zu § 11. Auch nachträgliches Verschulden des Verletzten in Ausübung seiner Pflicht, auf Minderung des Schadens bedacht zu sein (§§ 254, 278 BGB.), kann zwecks Aufhebung oder Minderung der Rente im Wege der Umwandlungsklage geltend gemacht werden, RG. 11. Mai 1908, JW. 434[11].

Auch Veränderungen in äußeren, außerhalb der Person des Verletzten liegenden Umständen können wichtig sein, z. B.:

a) für eine Erhöhung der Rente: Sinken des Geldwerts und Steigerung der Löhne in Zeiten wirtschaftlichen Aufschwungs, Aufbesserung der Beamtengehälter, Aufrücken der Hintermänner eines verletzten Beamten in besser besoldete Stellen, die ihnen früher nicht zugänglich waren; veränderte Lage des Arbeitsmarkts, auf dem wegen Überangebots von Arbeitskräften für nicht voll arbeitsfähige Personen keine Verwendung ist, wenn der Verletzte deswegen seine Stelle verliert; Rückgang der Vermögenslage, Invalidität oder Tod des Mannes der verletzten Ehefrau, die sie nötigen würde, in höherem Maße wie bisher erwerbstätig zu sein;

b) für eine Minderung oder Aufhebung der Rente: zeitweilige Beseitigung der Erwerbsmöglichkeit durch andere, außerhalb eines Zusammenhanges mit der Verletzung stehende Umstände, wie Aussperrung von Arbeitern, allgemeine Arbeitslosigkeit, Verbüßung einer Freiheitsstrafe

(RG. 23. Dez. 1879, Bd. 1, 66; 9. Okt. 1890, EE. 8, 65); Sinken der Löhne infolge wirtschaftlichen Niedergangs; günstigere Gestaltung des Arbeitsmarkts, in dem sich auch für den nur beschränkt arbeitsfähigen Verletzten eine Arbeitsgelegenheit findet (RG. 6. Nov. 1893, EE. 10, 243); Verheiratung eines verletzten erwerbstätigen Mädchens mit einem Manne von solcher sozialen Stellung, daß die Verletzte ohnehin als seine Frau ihre frühere Erwerbstätigkeit nicht weiterbetrieben haben würde (man denke z. B. an eine Sängerin oder Tänzerin); bedeutender Vermögenszuwachs, wenn zugleich die Annahme begründet ist, daß der Verletzte daraufhin seine Erwerbstätigkeit sowieso eingestellt hätte.

Für die Rente wegen Entziehung des Unterhaltsrechts kommt vor allen Dingen in Betracht der Wegfall der Bedürftigkeit (durch Vermögenserwerb, Erreichung des Alters der Erwerbsfähigkeit u. dgl.) und der Eintritt eines näheren Unterhaltspflichtigen, als es der Getötete war, z. B. infolge von Adoption. Hierher gehört auch der Fall der Wiederverheiratung der durch die Tötung ihres ersten Ehemanns um ihren Unterhaltsanspruch gegen ihn gebrachten Witwe. Mit der Wiederverheiratung erwirbt die Witwe einen Anspruch auf Unterhalt gegen den neuen Ehemann. Über die Anrechnungsfähigkeit dieses Vorteils auf die Haftpflichtrente vgl. oben Anm. 4 IV A zu § 10.

Der Klage aus § 323 ZPO. kann mit dem Einwande begegnet werden, daß auch noch andere Umstände sich geändert haben und daß diese Änderungen in der entgegengesetzten Richtung wirken und die Aufrechterhaltung der bisherigen Rente rechtfertigen, RG. 8. Okt. 1908, JW. 712[6]. Hat sich der Erwerbsausfall z. B. wegen Verheiratung der Verletzten gemindert, so kann sich anderseits auch der Bedarf für Wartung und Pflege vergrößert haben. Auch wenn in solchem Falle die Feststellungen des rechtskräftigen Urteils über den für vermehrte Bedürfnisse anzusetzenden Betrag im Nachtragsverfahren von keiner Seite angefochten sind, darf das Gericht bei der neuen Ermittlung des Schadens auf Grund der veränderten Umstände auch die Erhöhung des persönlichen Bedarfs in Rechnung ziehen, weil die Rente für Erwerbsverlust und vermehrten Bedarf einheitlich ist, RG. 20. Juni 1910, Bd. 74, 131 (JW. 828[58]).

III. Die maßgeblichen Verhältnisse müssen sich geändert haben. Um dies zu prüfen, sind die jetzt vorliegenden Verhältnisse mit denjenigen, die früher zur Zeit des Urteils vorlagen, zu vergleichen. Dabei kommt es aber nicht, wenigstens nicht grundsätzlich, auf die tatsächlichen Zustände zur Zeit des früheren Urteils bzw. zur Zeit der Verletzung an; denn nicht diesen damals gegenwärtigen Zuständen wollte das frühere Urteil Rechnung tragen, sondern da seine Aufgabe war, einen Ausgleich für künftigen Schaden zu gewähren, so mußte es gerade die künftigen Verhältnisse beurteilen und seiner Entscheidung bestimmte Annahmen über die wahrscheinliche Gestaltung der Zukunft zugrunde legen. Es kommt aber grundsätzlich auch nicht darauf an, von welchen Annahmen das Rentenurteil tatsächlich ausgegangen ist, inwieweit es den Fortbestand des derzeitigen Zustandes, inwieweit künftige Änderungen desselben unterstellt hat. Es ist vielmehr davon auszugehen, daß das Rentenurteil, welches die Parteien haben rechtskräftig werden lassen, den zukünftigen Schadenswirkungen so, wie sie sich zur Zeit der Urteilsfällung überhaupt beurteilen ließen, wenn alle dazu dienlichen Umstände vorgebracht und gebührend berücksichtigt worden wären, gerecht geworden ist. Ob das Urteil tatsächlich diese ideale Aufgabe erfüllt, ist gleichgültig. Vermeidbare Irrtümer, auf denen es beruht, sind nach Rechtskraft nicht mehr abzuändern, insbesondere auch nicht mit der Klage aus § 323, RG. 14. Juni 1912, JW. 882[14]. Dergleichen Irrtum kann bestehen in unrichtigen Annahmen der tatsächlichen Verhältnisse, wie sie zur Zeit des Urteils bestanden, sofern deren Fortbestand in der Zukunft unterstellt wurde, oder auch in der Nichtbeachtung eines künftigen Umstandes, dessen Eintritt vorauszusehen war und deshalb gewürdigt werden mußte. Was zur Zeit des ersten Urteils, auch an künftigen Veränderungen, für die Festsetzung der Rente berücksichtigt werden konnte, das gilt mit dem ersten Urteil endgültig für erledigt und kann nicht von neuem richterlicher Beurteilung unterbreitet werden. So hat das Reichsgericht die Erhöhung der Rente, die ein verletzter Beamter im Wege der Umwandlungsklage mit Hinweis auf die Dienstalterszulagen forderte, in deren Genuß er bei Verbleiben im Amte jetzt getreten sein würde, insoweit versagt, als die Zulagen auf Grund der zur Zeit des früheren Urteils geltenden Gehaltsordnung schon zuständig waren und also schon damals bei Festsetzung der Rente hätten in Rücksicht genommen werden können, RG. 1. Nov. 1906, JW. 768[40]. Andere regelmäßig voraussehbare und deshalb im Rentenurteil notwendig zu erörternde Umstände sind z. B.: daß der Verletzte auch ohne den Unfall mit zunehmendem Alter die Erwerbsfähigkeit verloren haben würde; daß ein verletzter Beamter zur üblichen Zeit ohnehin pensioniert worden sein und von da ab statt des Gehalts nur die ihm alsdann zustehende Pension bezogen haben würde; daß ein unterhaltsberechtigtes Kind mit Erreichung des seinem Stande entsprechenden Alters erwerbsfähig werden und dadurch des Unterhaltsrechts verlustig gehen werde. Soweit solche Veränderungen vorhersehbar waren, können sie nicht zur Grundlage einer Abänderungsklage dienen.

Dagegen ist in allen solchen Fällen, wo die Ereignisse die Zukunft anders gestalten, als zur Zeit des ersten Urteils vorausschauend angenommen werden konnte, in der Umwandlungsklage der Weg gegeben, die Rentenentscheidung den neuen Verhältnissen anzupassen. Als verändernder Umstand ist anerkannt die Beförderung der Hintermänner des verletzten Beamten in andere, besser bezahlte Stellen, sofern, wie regelmäßig, anzunehmen, daß dgl. Stellen auch dem Verletzten zugänglich gewesen sein würden, RG. 19. Jan. 1891, EE. 8, 211; 30. Jan. 1891, EE. 8, 221; ferner die Erhöhung der Gehälter infolge Änderung der Gehaltsgesetze, RG. 15. Okt. 1888, Bd. 22, 90; 25. Sept. 1886, Bolze 3, 405.

IV. Aber nicht jede geringfügige Änderung der maßgeblichen, die Grundlagen des Rentenurteils berührenden Verhältnisse soll Anlaß zu einem neuen Rechtsstreit geben; nur wesentliche Änderungen dürfen berücksichtigt werden. Wesentlich sind solche Veränderungen, deren Einwirkung auf die Rentenentscheidung zu einer den Umständen nach erheblichen Änderung dieser Entscheidung führen muß. Da es sich immer um die Beurteilung künftiger Verhältnisse handelt, so muß eine gegenwärtige Veränderung einigen Bestand in die Zukunft hinein haben, um als wesentlich gelten zu können. Offenbar vorübergehende Änderungen, z. B. die einmalige gelegentliche entgeltliche Beschäftigung eines nach dem Rentenurteil dauernd Erwerbsunfähigen oder die Verbüßung einer kürzeren Freiheitsstrafe bleiben als unwesentlich außer Betracht. Die Veränderung muß nicht unerheblich in die Zukunft hineinwirken, braucht aber nicht notwendig von Dauer zu sein. So ist die Verbüßung einer längeren Freiheitsstrafe als wesentliche Änderung zu erachten, RG. 23. Dez. 1879, Bd. 1, 66; 9. Okt. 1890, EE. 8, 65. Dasselbe gilt für den Fall, wo der Verletzte, der nach dem Rentenurteil für gänzlich erwerbsunfähig angesehen worden war, später trotz seiner Krüppelhaftigkeit eine dauernde Arbeitsstelle oder auch nur gelegentliche Arbeit, jedoch mit solcher Regelmäßigkeit findet, daß ein gewisser dauernder Erwerb für die Zukunft als wahrscheinlich angenommen werden kann, ROHG. 4. Mai 1877, Bd. 22, 154; RG. 15. April 1882, EE. 2, 256; 6. Nov. 1893, EE. 10, 233; 11, 126.

4. Jeder Teil.

Der Berechtigte, dem im früheren Prozeß die Rente zugesprochen worden ist, und der Verpflichtete, der zur Zahlung der Rente verurteilt worden ist. Der Verpflichtete kann sein Klagerecht nicht an einen Dritten, etwa die Gesellschaft, bei der er gegen Haftpflicht versichert ist, abtreten. Abtretbar sind nach § 398 BGB. nur Forderungen. Das Klagerecht aus § 328 ist aber kein selbständiges Forderungsrecht, sondern nur eine Befugnis des Schuldners, sich gegenüber dem Forderungsrecht seines Gläubigers zu wehren, RG. 6. April 1880, Bd. 1, 315.

5. Im Wege der Klage.

Die Klage ist nicht eine Fortsetzung des früheren Prozesses, sondern eine neue, selbständige Klage. Sie ähnelt zwar der Klage aus § 767 ZPO., ist aber nicht, wie diese, an den Gerichtsstand des früheren Prozesses gebunden, unterliegt vielmehr den allgemeinen Grundsätzen über den Gerichtsstand. Wenn also der verurteilte Haftpflichtige auf Aufhebung oder Minderung der Rente klagt, so kann er die Klage sowohl im allgemeinen Gerichtsstand des Berechtigten als auch im Gerichtsstande des § 20 unseres Ges., also unter Umständen vor einem anderen Gericht erheben als demjenigen, welches die Rente zugesprochen hat, RG. 6. April 1880, Bd. 1, 315; 2. Okt. und 20. Okt. 1902, EE. 19, 262, 332, JW. 604.

Auch die Umwandlungsklage unterliegt derselben Verjährung wie die Klage auf Haftpflichtrente überhaupt, also der zweijährigen Verjährung des § 14 des Ges. Die Frist beginnt mit der Kenntnis des Klägers von dem Eintritt der Veränderung, RG. 26. Okt. 1906, JW. 767[39], a. M. Eger S. 378.

6. Eine entsprechende Abänderung des Urteils.

Jede Klagpartei kann diejenige Abänderung des Urteils verlangen, die ihrer Parteistellung und den veränderten Verhältnissen entspricht, der Haftpflichtige also Herabminderung oder Aufhebung, der Berechtigte Erhöhung oder Weitergewährung der Rente, letzteres in dem Falle, wenn das frühere Urteil die Dauer der Rente zu kurz bemessen hatte und der Schaden auch über die festgesetzte Rentendauer hinaus wirkt, RG. 9. Juni 1880, Bd. 2, 3. Auch auf Wiedergewährung einer früher zuerkannten, später auf Antrag des Haftpflichtigen aufgehobenen Rente kann geklagt werden. Fraglich erscheint aber, ob solche Klage die Umwandlungsklage des § 328 ist.

Diese Bestimmung setzt als Gegenstand der Abänderung ein zurzeit wirksames, auf Rente lautendes Urteil voraus. In dem angenommenen Falle ist aber das frühere Rentenurteil durch ein späteres Urteil bereits aufgehoben und außer Kraft gesetzt, es wird auch nicht Abänderung des früheren, Rente zusprechenden Urteils, vielmehr dessen Wiederherstellung gegenüber dem späteren Abänderungsurteil verlangt. Der Fall liegt also nicht wesentlich anders, wie wenn die Haftpflichtklage von vornherein aus dem Grunde abgewiesen ist, weil zurzeit weder ein gegenwärtiger noch künftiger Schaden feststellbar sei. In beiden Fällen liegen zwar die Voraussetzungen des § 323 nicht vor; gleichwohl steht aber einer erneuten Klage auf Gewährung oder Wiedergewährung von Rente nichts entgegen, insbesondere nicht die Rechtskraft des früheren Urteils, das die Rente nur deshalb versagte oder aufhob, weil zurzeit weder ein gegenwärtiger Schaden vorhanden, noch ein künftiger voraussehbar sei. Es bedarf also für die Zulassung einer neuen Klage in diesen Fällen keines besonderen Gesetzes, weil ihre Zulässigkeit schon aus allgemeinen Rechtsgrundsätzen folgt. Die neue Klage ist aber gegenüber der Klage aus § 323 dadurch bevorzugt, daß für sie die Beschränkung des Abs. 3 daselbst nicht gilt, mithin Schadensersatz auch für die letzten zwei Jahre (Verjährungsfrist) gefordert werden kann.

Der Rentenberechtigte kann auch im Wege der Umwandlungsklage Kapitalabfindung statt der ihm früher zugesprochenen Rente verlangen, wenn nachträglich ein wichtiger Grund eingetreten ist (ebenso Höpfel, a. M. Eger, Gordan, Neukirch-Rosenmeyer, Waldeck, Reindl).

Die Umwandlungsklage kann mehrfach wiederholt werden, so oft ihre Voraussetzungen vorliegen. Die Parteien können sich auch abwechselnd dieses Rechtes auf Abänderung bedienen. Denn auch das Umwandlungsurteil selbst unterliegt wiederum der Abänderung, sofern es eine Verurteilung zu Rente ausspricht.

Die Wirksamkeit des Abänderungsurteils kann nach Abs. 3 frühestens auf den Zeitpunkt der Klagzustellung zurückbezogen werden.

Mit dem Antrag auf Erhöhung der Rente kann, ohne daß die besonderen Voraussetzungen des § 18 Abs. 3 vorliegen, der Antrag auf Sicherheitsstellung für diese Erhöhung oder auf entsprechende Erhöhung der bisherigen Sicherheit, mit dem Antrage auf Minderung oder Aufhebung der Rente auch der Antrag auf Minderung oder Aufhebung der Sicherheitsstellung verbunden werden.

7. Zu Absatz 2.

Diese Bestimmung ergibt sich aus dem Grundsatze der Rechtskraft und schränkt nur der besseren Deutlichkeit wegen die in Abs. 1 zugelassene Durchbrechung dieses Prinzips ein. So sehr es dem praktischen Bedürfnis entspricht, die Rente dem Einfluß künftiger unvorhergesehener Ereignisse gegenüber nachgiebig und veränderlich zu machen, so ist doch daran festzuhalten, daß das Urteil das Rechtsverhältnis der Parteien, soweit es gegenwärtig endgültig beurteilt werden kann, rechtskräftig und unabänderlich erledigt. Wie in anderen Prozessen, die sich mit gegenwärtigen oder vergangenen Verhältnissen befassen, mit dem Schluß der letzten mündlichen Verhandlung den Parteien unabänderlich die Möglichkeit entzogen ist, neues Material zu verwerten, gleichviel, ob es ihnen vorher bekannt war oder nicht, gilt dasselbe auch für den Rentenprozeß. Die aus besonderen, der Eigenart des Prozeßgegenstandes und der Prozeßwirkung entsprechenden Gründen zugelassene Änderungsklage soll nicht zum Vorwande genommen werden dürfen, um Versäumnisse des ersten Prozesses nachzuholen. Soweit die Gründe für und wider den Rentenanspruch im ersten Prozeß vorgebracht und gewürdigt werden konnten, sind sie mit der Rechtskraft des Urteils unabänderlich erledigt, gleichviel, ob sie vorgebracht worden sind oder nicht, gleichviel auch, ob sie den Parteien bekannt waren oder ihnen verschuldet oder unverschuldet unbekannt geblieben sind. Nur soweit ihr Vorbringen erst in der Zukunft möglich wird, gibt die Klage aus § 323 einen Weg zur Abänderung des Urteils. Die Möglichkeit, neue Tatsachen im Prozeß vorzubringen, ist den Parteien nach dem Gesetz mit dem Schluß der letzten mündlichen Verhandlung vor dem Urteil genommen, wenn aber dies Urteil ein Versäumnisurteil war, in Ansehung der säumigen Partei erst mit dem Ablauf der Einspruchsfrist, also mit der Rechtskraft des Urteils. Veränderungen, die zwischen der letzten kontradiktorischen Verhandlung und der Rechtskraft des Urteils entstehen, braucht die Partei nicht mit dem Rechtsmittel der Berufung geltend zu machen; sie kann die Rechtskraft abwarten und sodann die Umwandlungsklage erheben. Veränderungen, die zwischen der Verhandlung, auf die ein Versäumnisurteil erlassen worden ist, und der Rechtskraft des Versäumnisurteils entstehen, muß die säumige Partei bei Gefahr des Ausschlusses im Wege des Einspruchs geltend machen.

8. Zu Absatz 3.

Hat die Klage wegen veränderter Umstände Erfolg, so darf die Wirkung der neuen Entscheidung doch nicht auf den unter Umständen schwer bestimmbaren Zeitpunkt des Eintritts der Veränderung selbst, sondern nur frühestens auf den Zeitpunkt der Zustellung der Umwandlungsklage zurückbezogen werden. Dagegen kann das neue Urteil den Beginn seiner Wirkung auf einen späteren, unter Umständen auf einen künftigen Zeitpunkt verlegen.

§ 14.

Die in den §§ 7 bis 13 bestimmten Ansprüche auf Schadensersatz verjähren in zwei Jahren von dem Zeitpunkt an, in welchem der Ersatzberechtigte von dem Schaden und von der Person des Ersatzpflichtigen Kenntnis erlangt, ohne Rücksicht auf diese Kenntnis in dreißig Jahren von dem Unfall an.

Schweben zwischen dem Ersatzpflichtigen und dem Ersatzberechtigten Verhandlungen über den zu leistenden Schadensersatz, so ist die Verjährung gehemmt, bis der eine oder der andere Teil die Fortsetzung der Verhandlungen verweigert.

Im übrigen finden die Vorschriften des Bürgerlichen Gesetzbuchs über die Verjährung Anwendung.

1. Vorbemerkung.

Nach dem BGB. (§ 852) verjähren die Ansprüche aus unerlaubter Handlung in drei Jahren von dem Zeitpunkte an, wo der Verletzte vom Schaden und von der Person des Ersatzpflichtigen Kenntnis erlangt hat; nach Reichshaftpflichtgesetz verjährt der Ersatzanspruch binnen zwei Jahren vom Tage des Unfalls an. Unser Gesetz folgt bezüglich der Verjährungsfrist dem Reichshaftpflichtgesetz, bezüglich des Beginns der kurzen Verjährung aber dem § 852 BGB. Neben der kurzen Verjährung läuft die ordentliche 30jährige vom Tage des Unfalls an (wie nach BGB.). Der Absatz 2 d. Ges. führt einen neuen Grund für die Hemmung der Verjährung ein. Im übrigen finden aber nach Absatz 3 die allgemeinen Verjährungsvorschriften des BGB., insbesondere auch über die Hemmung der Verjährung, ihre Unterbrechung und Wirkung, Anwendung.

2. Kreis der Ansprüche.

Den besonderen Verjährungsvorschriften des § 14 unterliegen die in den §§ 7 bis 13 bestimmten Ansprüche auf Schadensersatz, das sind alle auf der Haftpflicht des § 7 beruhenden Ansprüche

a) des Verletzten auf Ersatz:
   α) der Heilungskosten,
   β) des Erwerbsausfalls,
   γ) des Aufwandes für vermehrten Bedarf;
b) desjenigen, der die Beerdigungskosten zu tragen hatte, auf Ersatz der Auslagen hierfür;
c) der Unterhaltsberechtigten auf Entschädigung für Entziehung des Unterhaltsrechts;
d) der von Sachschaden Betroffenen auf Ersatz dieses Schadens,

gleichviel, ob der Fahrzeughalter in Anspruch genommen wird oder derjenige, der wegen eigenmächtiger Inbetriebsetzung des fremden Fahrzeugs an Stelle des Halters haftet (§ 7 Abs. 3), oder der Führer des Fahrzeugs, der nach § 18 neben dem Halter haftet, RG. 16. Nov. 1908, Bd. 69, 422.

Auch der Anspruch auf Erhöhung oder Weitergewährung einer früher bereits zuerkannten Rentenentschädigung (§ 323 ZPO.) ist, wie nicht zweifelhaft sein kann, ein Anspruch auf Schadensersatz und unterliegt also der Verjährungsvorschrift des § 14 (a. M. Eger im Gegensatz zu den andern Erläuterern); die Verjährungsfrist für die Umwandlungsklage beginnt mit der Kenntnis des Berechtigten von denjenigen erst nachträglich hervorgetretenen Schadensfolgen, auf welche er seinen Umwandlungsanspruch stützt, RG. 3. Jan. 1914, JW. 408[10]. (Ebenso schon für das Reichshaftpflichtgesetz trotz dessen nicht so unzweideutiger Fassung: RG. 26. Okt. 1906, JW. 768[39].) Die Klage des Haftpflichtigen auf Minderung oder Aufhebung der Rente fällt dagegen nicht unter § 14, da mit ihr kein Schadensersatzanspruch verfolgt wird.

Ferner gehört hierher auch der Anspruch auf Sicherheitsleistung aus § 13 d. Ges., § 843 Abs. 2 BGB. Denn er ist als ein Teil des dem Berechtigten in Rentenform zu gewährenden Schadensersatzes anzusehen (RG. 22. Jan. 1880, Bd. 3, 21; 4. April 1905, EE. 21, 395) und wird durch die Bezugnahme des § 14 auf die Ansprüche des § 13 auch ausdrücklich unter die Verjährungsvorschriften gestellt, soweit er überhaupt als selbständiger Anspruch gemäß § 13 Abs. 3 in Betracht kommen kann. Die zweijährige Verjährungsfrist beginnt für ihn mit der Kenntnis des Berechtigten von der Verschlechterung der Vermögenslage des Verpflichteten (ebenso v. Damm, Krause, Neukirch-Rosenmeyer, Waldeck, a. M. Eger, Gordan u. Höpfel).

Konkurrierende Schadensersatzansprüche, die nicht aus dem vorliegenden Gesetz, sondern aus andern Vorschriften, z. B. wegen Verschuldens des Haftpflichtigen aus dem BGB., begründet werden, unterliegen nicht der zweijährigen Verjährung des § 14.

Der Ausgleichungsanspruch des vom Verletzten in Anspruch Genommenen gegen einen Mitverpflichteten aus §§ 17, 18 d. Ges. oder § 840 Abs. 3 BGB. untersteht nur der gewöhnlichen dreißigjährigen Verjährung. Der Ausgleichungsanspruch ist zwar auf derselben geschichtlichen Grundlage erwachsen wie der Schadensersatzanspruch; er ist aber selbst kein Schadensersatzanspruch; sein Rechtsgrund ist ausschließlich die zwischen den mehreren Gesamtschuldnern, gleichviel auf welcher historischen Grundlage, erwachsene Rechtsgemeinschaft. Auch eine „entsprechende" Anwendung des § 14 zugunsten des Beklagten, der der Ausgleichungsklage gegenüber in gleicher Weise schutzbedürftig ist wie gegenüber der Schadensersatzklage, ist dennoch abzulehnen, weil § 14 seine Anwendung ausdrücklich auf die Ansprüche aus §§ 7—13 beschränkt und damit die Ansprüche aus §§ 17, 18 ausschließt; der Ausgleichungskläger ist nicht Ersatzberechtigter im Sinne des § 14, sondern Ersatzpflichtiger, RG. 16. Nov. 1908, Bd. 69, 422; 20. Jan. 1910, JW. 235[14].

3. Verjährungsfrist.

Die Dauer der Verjährungsfrist ist ebenso wie im Reichshaftpflichtgesetz auf zwei Jahre abgekürzt, während sie für die gleichartigen Ansprüche aus dem BGB. (Haftung des Tierhalters usw.) nach § 852 daselbst drei Jahre beträgt. Die Kürze der Frist ist mit Rücksicht darauf begründet, daß der Haftpflichtige, wenn auch seine Haftpflicht milder ist als nach dem Haftpflichtgesetz, doch einen großen Teil der Beweislast trägt, und der Beweis weit zurückliegender Begebenheiten besonders schwierig ist. Über die Berechnung der Frist vgl. §§ 187, 188 BGB.

4. Beginn der Verjährung.

Nach der allgemeinen Regel des § 198 BGB. beginnt die Verjährung mit der Entstehung des Anspruchs. Demgegenüber ist die Verjährung des Reichshaftpflichtgesetzes zum Ausgleich für die strenge Haftpflicht besonders erleichtert, indem der Beginn auf den Tag des Unfalls bzw. des Todes gelegt ist. Das vorliegende Gesetz dagegen folgt der Regelung, die das BGB. nach dem Vorgange des Preuß. ALR. (§ 54 I, 6) für Schadensersatzansprüche aus unerlaubter Handlung mit Rücksicht auf die Kürze der hierfür geltenden Verjährungsfrist eingeführt hat, indem es die Frist erst mit der Kenntnis des Berechtigten von dem Schaden und von der Person des Haftpflichtigen beginnen läßt. Dadurch können sich für die einzelnen Ansprüche beim Vorhandensein mehrerer Berechtigter und Verpflichteter verschiedene Anfangszeiten ergeben.

Die vom Gesetz geforderte Kenntnis des Berechtigten vom Schaden setzt die Entstehung des Schadens voraus. Nun besteht die besondere Art der Nachteile, für die bei der körperlichen Beschädigung oder Tötung eines Menschen Ersatz zu leisten ist, darin, daß der Umfang des Schadens nicht sogleich nach eingetretener Beschädigung abzusehen ist; er pflegt sich vielmehr oft weit in die Zukunft hinein täglich zu erneuern und tritt oft überhaupt erst in der Zukunft erkennbar hervor. Daraus ergibt sich die Frage, ob ein in Gegenwart und Zukunft fortwirkender Schaden auch als ein mit jeder täglichen Erneuerung seiner schädlichen Wirkung neu entstehender Schaden anzusehen sei, der mit jedem Tage eine neue Verjährung in Lauf setze, oder aber, ob mit dem beschädigenden Ereignis als der Quelle aller späteren Schadenswirkungen der „Schaden" im Sinne des Gesetzes entstanden sei, so daß mit der Kenntnis des Ersatzberechtigten von dem beschädigenden Ereignis eine einheitliche Verjährungsfrist laufe und mit deren Ende auch alle künftigen Schadenswirkungen verjährt seien. Zu dieser Frage hat schon das Preuß. Ob.-Tribunal mit dem Plenarbeschluß v. 20. März 1856 dahin Stellung genommen:

„Die dreijährige Verjährung des Anspruchs auf Ersatz eines außerhalb dem Falle eines Kontrakts erlittenen Schadens trifft auch in den Fällen das ganze Recht, wo der aus einer Handlung entstehende, dem Beschädigten bekannt gewordene Schaden so beschaffen ist, daß er, obwohl in wechselndem Umfange, sich auch in Zukunft erneuert." Diese für § 54 ALR. I, 6 gegebene Entscheidung gilt auch jetzt noch für die in dem fraglichen Punkte im wesentlichen gleichlautenden Bestimmungen des § 852 BGB. und des § 14 des vorliegenden Gesetzes (RG. 29. Okt. 1907, JW. 833[10]). Das RG. hat in allen Entscheidungen daran festgehalten, daß die aus einer Körperverletzung sich im Laufe der Zeit ergebenden Schadensfolgen als ein einheitlicher Schaden zu beurteilen sind, RG. 20. April 1912, JW. 751[16]; 12. Okt. 1909, JW. 724[18]; 8. Nov. 1909, JW. 725[19]; 22. Dez. 1913, JW. 1914, 355[7].

Bei Schäden, die in die Zukunft hineinwirken, bisweilen gegenwärtig überhaupt noch nicht schädlich wirksam sind, sondern mit schädlichen Folgen erst die Zukunft bedrohen, kann unter Kenntnis vom Schaden nicht eine Kenntnis des Schadensumfangs im einzelnen verstanden werden. Es genügt vielmehr, daß dem Verletzten das schädigende Ereignis (die Körperverletzung oder Gesundheitsbeschädigung) selbst und dessen Eigenschaft, in der Zukunft schädigende Wirkungen zu äußern, bekannt ist, RG. 28. Okt. 1911, JW. 1912, 38[28]; 20. April 1912, JW. 751[16]; 12. Okt. 1909, JW. 724[18]; 8. Nov. 1909, JW. 725[19]; 22. Dez. 1913, JW. 1914, 355[7]. Ist diese allgemeine Kenntnis vom Schaden vorhanden, dann gelten alle überhaupt auch nur als möglich voraussehbaren Schadensfolgen, besonders auch künftige Verschlimmerungen des Leidens, als bekannt, RG. 28. Okt. 1911, JW. 1912, 38[28]; 20. April 1912, JW. 751[16]; 8. Nov. 1909, JW. 725[19]; 22. Dez. 1913, JW. 1914, 355[7]. Es ist nicht erforderlich, daß Umfang und Dauer der schädlichen Wirkungen von vornherein klar übersehen werden können. Hoffnung auf Besserung schließt den Beginn der Verjährung auch für diejenigen Schäden nicht aus, die sich ergeben, wenn die erwartete Besserung ausbleibt. Der Beamte, der zunächst trotz der Gesundheitsbeschädigung im Dienst geblieben war und erst nach Ablauf der Verjährungsfrist wegen Ausbleibens der erwarteten Besserung pensioniert wird, ist dem Einwand der Verjährung ausgesetzt, weil der ihm durch die Pensionierung erwachsende Vermögensschaden zu den von vornherein als möglich in Rechnung zu ziehenden Unfallsfolgen gehört, RG. 28. Okt. 1911, JW. 1912, 38[28]. Klagt eine Ehefrau erst dann, wenn die Schadenswirkung des Verlusts ihrer Erwerbsfähigkeit nach Auflösung der Ehe ihr fühlbar wird, so muß sie sich den Einwand der Verjährung gefallen lassen, da diese künftige Schadenswirkung ihr zugleich mit dem Verlust ihrer Erwerbsfähigkeit voraussehbar und also bekannt geworden war, RG. 28. April 1910, Bd. 73, 309. „Schadenskenntnis besteht auch dann, wenn einzelne Schäden noch nicht eingetreten, sondern nur erst als Folge eines im allgemeinen als schadendrohend erkannten Zustandes zu erwarten sind", z. B. wenn die Erfahrung lehrt, daß sich aus gewissen, schon vorhandenen oder erkennbaren Zuständen weitere Schädigungen später zu entwickeln pflegen, RG. 20. April 1912, JW. 751[16].

Während regelmäßig künftige Verschlimmerungen des Leidens als vorhersehbare und daher als bekannt anzunehmende Unfallsschäden zu beurteilen sind, ist es doch nicht ausgeschlossen, daß später neue, bisher nicht vorhersehbare Schäden auftreten. Der Ersatzanspruch für solche Schäden beginnt erst mit dem späteren Zeitpunkt ihrer Kenntnis. Es kann sich dabei um ein wirklich neues, anders geartetes Leiden handeln oder um Leiden, die schon früher vorhanden und bekannt waren, aber erst später als Unfallswirkungen erkannt worden sind, aber auch um unvorhergesehene, abnorme Folgeerscheinungen des bisher schon bekannten, aber für harmlos gehaltenen Leidens; daß objektiv der Schaden nicht neu ist, kommt für die Herstellung des subjektiven Tatbestandes, der Kenntnis vom Schaden, nicht in Betracht, RG. 8. Nov. 1909, JW. 725[19]; 17. Nov. 1913, JW. 1914, 195[11]; 22. Dez. 1913, JW. 1914, 355[7]; 20. April 1912, JW. 751[16]; 29. Okt. 1907, JW. 833[10]; 11. Nov. 1907, JW. 1908, 11[11].

Die kurze Verjährung kann ferner nicht eher beginnen, als der Ersatzberechtigte von der Person des Haftpflichtigen Kenntnis erhalten hat. Diese Kenntnis muß sich auf alle Tatsachen erstrecken, die diese Person als den Haftpflichtigen erscheinen lassen, seine Ersatzpflicht begründen. „Die Kenntnis muß so weit reichen, daß der Geschädigte auf Grund des ihm bekannten Materials eine Klage gegen eine bestimmte Person zu begründen in der Lage ist", RG. 6. März 1911, Bd. 76, 61 (JW. 453[21]). Der Geschädigte muß auch wissen, daß keiner der haftpflichtausschließenden Umstände vorliegt, durch deren Nachweis sich der in Anspruch Genommene von der Ersatzpflicht würde befreien können. Solange er mit der Möglichkeit eines solchen Nachweises rechnete und ihm nichts bekannt war, was die gedachte Möglichkeit auszuschließen geeignet war, so lange mußte er auch die Aussichtslosigkeit einer Klage in Betracht ziehen, und die Erhebung der Klage war ihm nicht zuzumuten, RG. 23. April 1913, JW. 686[4]. Rechtsunkenntnis des Geschädigten, die ihn verhindert, aus den bekannten Tatsachen den richtigen Schluß auf die Haftpflicht einer bestimmten Person zu ziehen, schadet ihm nicht; denn das Gesetz verlangt wirkliche Kenntnis und stellt das Kennenmüssen dem Kennen nicht gleich. Eine zuverlässige Kenntnis der klagbegründenden Tatsachen ist erforderlich, so daß die Klage nicht aussichtslos erscheint; eine jeden Zweifel ausschließende Überzeugung von ihrer Richtigkeit ist dagegen nicht zu fordern, RG. 15. März 1912, JW. 640[12]; 23. April 1913, JW. 686[4]; 6. März 1911, Bd. 76, 61 (JW. 453[21]); 21. Nov. 1914, JW. 1915, 139[3].

Die Verjährung der Ansprüche gegen verschiedene Haftpflichtige kann zu verschiedenen Zeiten beginnen. Es kann sich z. B. erst im Laufe des Prozesses gegen den Halter herausstellen, daß an Stelle des Halters ein anderer haftet, der sich zur Zeit des Unfalls den Gebrauch des Kraftfahrzeugs vorübergehend angemaßt hatte; oder im Prozeß gegen den Führer ergibt sich, daß er auch Halter des Fahrzeugs war (Höpfel).

In solchen Fällen beginnt erst mit der neuen Kenntnis die Verjährung des neuen Anspruchs.

Auch die Verjährung der einzelnen Schadenskategorien gegen denselben Haftpflichtigen kann zu verschiedenen Zeiten beginnen, z. B. wird der Anspruch auf Ersatz der Heilungskosten regelmäßig mit dem Unfall selbst beginnen, da die Notwendigkeit der Aufwendung von Heilungskosten meist sofort erkennbar ist; dagegen wird die Frage, ob ein Erwerbsschaden eintreten wird, oft erst später zu entscheiden sein; die Verjährung beginnt insoweit dann erst mit der späteren Erkennbarkeit, RG. 5. Nov. 1914, JW. 1915, 93[9].

Der Ersatzanspruch des Unterhaltsberechtigten entsteht nicht vor dem Tode des Unterhaltspflichtigen (RG. 27. Jan. 1880, Bd. 1, 49) und hängt, wenn zu dieser Zeit die Unterhaltspflicht selbst etwa wegen fehlender Bedürftigkeit noch nicht begründet war, ferner von dem nachträglichen Eintritt der hierfür fehlenden Voraussetzung ab. Vorher kann die Verjährung nicht beginnen (ebenso Eger und Höpfel). Der Anspruch auf Erstattung der Beerdigungskosten entsteht erst mit dem Tode und kann deshalb frühestens von diesem Zeitpunkt an verjähren.

Neben der kurzen zweijährigen läuft noch eine längere dreißigjährige Verjährungsfrist, um die schwebende Ungewißheit, ob Schadensersatzansprüche erhoben werden, nicht ins Ungemessene zu steigern. Die Frist beginnt ohne Rücksicht auf die Entstehung der Ansprüche und auf Kenntnis des Berechtigten davon mit dem Tage des Unfalls und weicht also nach der andern Seite von der allgemeinen Regel des § 198 BGB. ab (ebenso § 852 BGB.). Der Tag des Unfalls setzt die Frist auch für den Unterhaltsberechtigten in Lauf.

5. Hemmung der Verjährung.

Über Hemmungsgründe vgl. §§ 202 bis 204 BGB. Dazu tritt der besondere Hemmungsgrund aus Abs. 2 d. Ges. Die Wirkung der Hemmung besteht darin, daß die Dauer der

Hemmung in die übrigens nach deren Beseitigung weiterlaufende Verjährungsfrist nicht eingerechnet wird (§ 205 BGB.).

Die Bestimmung des Abs. 2 ist neu, weder im BGB., noch im Reichshaftpflichtgesetz enthalten. Sie bezweckt sowohl den Schutz des Berechtigten dagegen, durch hingezogene Vergleichsverhandlungen seines Klagerechts verlustig zu gehen, als auch die Vermeidung von Prozessen, die aus Furcht vor dem Verlust des Klagerechts angestrengt werden und die gütliche Beilegung stören. Es wird häufig im Interesse beider Parteien liegen, zunächst den Verlauf des Heilungsprozesses, den Erfolg von Kurmitteln u. dgl. abzuwarten, um für den beabsichtigten Vergleich eine sichere Unterlage zu gewinnen.

Die Verhandlungen über den zu leistenden Schadensersatz betreffen, abgesehen von der Höhe des Ersatzes und der Dauer der etwa zugestandenen Rente, auch die Frage, ob überhaupt ein Ersatz zu leisten sei. Worauf sich die Verhandlungen auch erstrecken oder beschränken mögen, so hemmen sie in jedem Falle die Verjährung des gesamten Schadensersatzanspruchs (ebenso Eger). Verhandlungen zwischen dem Berechtigten und der Versicherungsgesellschaft, bei der der Haftpflichtige versichert ist, hemmen nicht die Verjährung, es müßte denn der Haftpflichtige die Gesellschaft bevollmächtigt haben, die Verhandlungen in seinem Namen zu führen.

Die Hemmung der Verjährung wird durch die Weigerung des einen oder anderen Teils, die Verhandlungen fortzusetzen, beseitigt. Die Weigerung muß dem anderen Teil gegenüber erklärt werden, was aber nicht ausdrücklich mit Worten zu geschehen braucht. Eine Weigerung durch schlüssige Handlungen würde z. B. darin zu sehen sein, wenn der eine Teil die ihm vom anderen zur Erklärung über einen Vergleichsvorschlag gesetzte Frist fruchtlos verstreichen läßt, oder wenn Klage erhoben wird.

Die Bestimmung des Absatz 2 durchbricht den Grundsatz des § 225 BGB., daß die Verjährung durch Rechtsgeschäft nicht erschwert werden darf, denn hier können die Parteien durch Hinausziehen ihrer Verhandlungen die Verjährungsfrist verlängern. Auch eine Vereinbarung, den Prozeß ruhen zu lassen, bis gewisse Vorfragen geklärt oder in andern Prozessen und Verfahren erledigt sind, muß — im Gegensatz zur sonstigen Rechtslage, vgl. RG. 29. April 1910, Bd. 73, 394; 9. Okt. 1913, JW. 1914, 34[4] — für das Gebiet unseres Gesetzes auf Grund des § 14 Abs. 2 für zulässig gelten.

Aus dem Gesetz geht nicht klar hervor, daß Absatz 2 auf die kurze Verjährungsfrist beschränkt sein soll. Das wird gleichwohl mit Höpfel anzunehmen sein, da eine Ausdehnung der ordentlichen Verjährungsfrist mit dem Zweck und Willen des Gesetzes, die Ersatzansprüche mit Ablauf von 30 Jahren vom Unfall an gerechnet verjähren zu lassen, im Widerspruch stehen würde. Auch die Begründung des Entwurfs erklärte die neue Hemmungsvorschrift lediglich mit der Rücksicht auf die kurze Verjährung. Unter Verjährung in Absatz 2 ist also nur die in Absatz 1 eingeführte außerordentliche kurze Verjährung zu verstehen.

6. Unterbrechung der Verjährung.

Nach § 209 BGB. wird die Verjährung durch Erhebung, d. h. Zustellung der Klage unterbrochen. Wird mit der Klage nur einer der mehreren Haftpflichtansprüche oder nur ein Teil eines solchen Anspruchs geltend gemacht, so läuft die Verjährung bezüglich der nicht eingeklagten Ansprüche und Teilansprüche weiter. Eine Unterbrechung der Verjährung tritt nur insoweit ein, als der Anspruch rechtshängig geworden ist. Auch wenn der Kläger seine Teilklage auf den gesamten zurzeit mit der Leistungsklage verfolgbaren Inhalt seines Schadensersatzrechts ausgedehnt und dabei eine Betätigung seines ganzen Ersatzrechts beabsichtigt hat, so bleibt doch die Unterbrechung der Verjährung auf die rechtshängig gewordenen Ansprüche beschränkt und erstreckt sich nicht auf die künftigen Forderungen, mag sich auch der Kläger das Recht hierauf ausdrücklich vorbehalten haben. Hieran wird auch dadurch nichts geändert, daß das auf die Teilklage ergehende Urteil auf der Feststellung der Haftpflicht des Beklagten im allgemeinen beruht und die Zuerkennung des verlangten Teilersatzes mit dieser Feststellung begründet. Nur wenn der Kläger die Feststellung der Ersatzpflicht auch in Ansehung des künftigen, noch nicht bezifferbaren Schadens mit einem besonderen Antrage aus § 256 ZPO. verlangt, so daß das Gericht die Feststellung im entscheidenden Teil des Urteils treffen kann, wird die Verjährung des ganzen Schadensersatzrechts unterbrochen. So RG. Bd. 57 S. 372ff.; 25. März 1907, JW. 302[6]; 11. Nov. 1907, JW. 1908, 10[11] im Gegensatz zu älteren Entscheidungen vom 30. Jan. 1891, EE. 8, 221; 14. März 1899, EE. 16, 59. Die gegenüber einer Teilklage erhobene Widerklage auf Feststellung, daß keine Schadensersatzpflicht bestehe, unterbricht ebensowenig, wie der Antrag des Klägers auf Abweisung der Widerklage die Verjährung des Restanspruchs, RG. 18. Febr. 1911, Bd. 75, 302 (JW. 403[17]). Die angeführte Entscheidung vom 11. Nov. 1907 hebt noch ausdrücklich hervor, daß auch bei Erweiterung des ursprünglichen Klageantrags für den erst im Laufe des Prozesses erhobenen Teil des Anspruchs die Unterbrechung der Verjährung nicht schon mit Erhebung der ursprünglichen, beschränkten Klage eingetreten ist, daß sie vielmehr erst mit der Rechtshängigkeit des Erweiterungsanspruchs eintritt (§ 281 ZPO.). Ebenso RG. 10. Juli 1911, Bd. 77, 216 (JW. 805[7]).

Durch die Klage auf Kapitalabfindung wird für den Fall, daß das Vorliegen eines wichtigen Grundes verneint wird, die Verjährung des Rentenanspruchs, der nur eine andere Form desselben Schadensersatzanspruchs ist, unterbrochen, und zwar in Höhe der dem ursprünglich geforderten Kapital entsprechenden Rente. Die Prüfung, welche Rente dem ursprünglich geforderten Kapital entspricht, ist keine rein mathematische Aufgabe, verlangt vielmehr eine Berücksichtigung der konkreten Sachlage; z. B. wird zu erwägen sein, daß ein Kapital in der Hand eines geschäftskundigen Mannes mehr wert sein kann als eine rechnerisch niedrigere Rente, RG. 10. Juli 1911, Bd. 77, 216 (JW. 805[7]).

Fehlt im Antrage der Leistungsklage eine Bezifferung des Anspruchs, indem der Kläger die Höhe der Rente in das richterliche Ermessen stellt, so ist es Tatfrage und aus dem übrigen Klagvorbringen zu entscheiden, ob der gesamte Schadensersatzanspruch oder in welcher Umgrenzung als eingeklagt und rechtshängig und der laufenden Verjährung entzogen anzusehen ist, RG. 18. Dez. 1911, Bd. 75, 302 (JW. 403[17]).

Nur die Klage des Berechtigten unterbricht die Verjährung. Im Falle gesetzlichen Rechtsübergangs des Ersatzanspruchs auf die öffentlichen Anstalten (Versicherungsträger nach der Reichsversicherungsordnung, Staat nach dem Beamten-Unfall-Fürsorgegesetz, Gemeinde und Armenverband nach dem Unterstützungs-Wohnsitzgesetz) kann daher die Klage des Verletzten wegen solcher Ansprüche, die zur Zeit der Klagerhebung schon entstanden waren, die Verjährung nicht unterbrechen, weil sich der gesetzliche Rechtsübergang sofort mit Entstehung des Anspruchs vollzieht, RG. 5. Nov. 1914, JW. 1915, 93[9].

Es ist schon erwähnt worden, daß nicht nur die Leistungsklage, sondern auch die Feststellungsklage die Verjährung unterbricht. Das ist ausdrücklich in § 209 BGB. ausgesprochen und war auch schon früher, solange § 256 (früher 231) ZPO. existiert, geltendes Recht. Die gegenteilige von Eger (S. 588 ff.) für das Gebiet des Reichshaftpflichtgesetzes und ebenso jetzt auch für das vorl. Gesetz (S. 411 ff.) vertretene Meinung, der Umfang der Forderung müsse namentlich in Rücksicht auf ihre zeitlichen Grenzen in der Feststellungsklage genau präzisiert sein, damit die Verjährung unterbrochen werde, und diese Unterbrechung könne sich demgemäß nur auf den bereits entstandenen, nicht den erst zukünftig zu erwartenden Schaden oder auf das Schadensersatzrecht überhaupt beziehen, findet im Gesetz keine Stütze. Eger beruft sich auf die Absicht des Gesetzgebers bei Einführung der kurzen Verjährungsfrist, die den Haftpflichtigen instand setzen soll, unbegründete Ansprüche mit Erfolg abzuwehren, und deshalb den Berechtigten veranlaßt, seine Klage so zeitig anzubringen, daß dem Haftpflichtigen noch die Möglichkeit bleibt, die tatsächlichen Unterlagen des Anspruchs zu prüfen. Aber diese Absicht wird vollständig erreicht, wenn im Wege der Feststellungsklage die Haftpflicht geprüft wird; denn nur bezüglich der Grundlagen der Haftpflicht selbst ist der Haftpflichtige durch Umkehrung der Beweislast schlechter gestellt, so daß sein Interesse an alsbaldiger Aufklärung des Tatbestandes besonders schutzbedürftig ist; dagegen ist es nach Feststellung der Haftpflicht Sache des Berechtigten, nachzuweisen, daß Schadensfolgen entstanden sind; insoweit ist also ein besonders schutzbedürftiges Interesse des Haftpflichtigen nicht zu erkennen. Dagegen würde die Egersche Ansicht den Berechtigten jeder Möglichkeit berauben, sich den Ersatz künftigen Schadens, den er innerhalb der kurzen Verjährungsfrist nicht beziffern und daher nicht zum Gegenstande einer Leistungsklage machen kann, zu sichern. Wie bei dieser Ansicht verletzte Kinder zum Ersatz des aus der möglichen künftigen Beeinträchtigung ihrer Erwerbsfähigkeit sich ergebenden Schadens kommen sollen, ist unerfindlich. Tatsächlich hat das Reichsgericht in ständig gleicher Rechtsprechung die Feststellungsklage als das Mittel bezeichnet, die Verjährung des Anspruchs auf Ersatz des künftig zu erwartenden Schadens zu unterbrechen. RG. 13. Nov. 1905, JW. 1906, 16[14]; 4. Dez. 1905, JW. 1906, 92[16]; 1. März 1906, JW. 236[23] (wo die Egersche Ansicht ausdrücklich gemißbilligt wird); 31. Mai 1906, EE. 23, 72; 5. April 1906, JW. 359[21]; 25. Febr. 1907, EE. 24, 44; 4. April 1907, EE. 24, 147; 17. Okt. 1907, JW. 710[18]; 30. Okt. 1907, JW. 832[9]; 13. Febr. 1908, JW. 237[9]; 5. März 1908, JW. 273[8]; 13. Juni 1912, JW. 877[46]. Die Unterbrechung wirkt auch hier wieder in demselben Umfange, in dem der Anspruch auf Schadensersatz rechtshängig geworden ist. Ist der Antrag auf Feststellung des Anspruchs auf Ersatz der künftigen Heilungskosten oder der Aufwendungen für vermehrte Bedürfnisse beschränkt, so läuft die Verjährung in Ansehung des Anspruchs auf Ersatz für Erwerbsausfall weiter. Zulässig ist es aber auch, die Feststellung der Ersatzpflicht für den gesamten künftigen, zurzeit noch nicht bezifferbaren Schaden sämtlicher vom Gesetz zugelassenen Kategorien zu beantragen. Der Klageantrag kann ganz allgemein dahin gestellt werden: festzustellen, daß Beklagter verpflichtet ist, dem Kläger allen Schaden zu ersetzen, der ihm in Zukunft aus der erlittenen Verletzung entstehen wird (RG. 4. Dez. 1905, JW. 1906, 92[16]). Die Wirkung des Urteils ist nach § 218 BGB., daß der rechtskräftig festgestellte Anspruch der kurzen zweijährigen Verjährung entzogen ist und erst in 30 Jahren vom Urteil ab verjährt. § 218 Abs. 2 BGB. kommt nicht in Anwendung, weil sich bei der Klage aus § 256 ZPO. die Feststellung auf die gerichtliche Anerkennung des Schadensersatzrechts im allgemeinen beschränkt, nicht aber auf die künftigen Leistungen, Renten, bezieht.

Voraussetzung der Feststellungsklage ist ein rechtliches Interesse des Klägers an der alsbaldigen Feststellung. Soweit schon gegenwärtig die Leistungsklage erhoben werden kann, fehlt in der Regel ein Interesse des Klägers an der Feststellung (ausnahmsweise kann trotzdem die Feststellungsklage zugelassen werden, vgl. RG. 11. Juli 1911, JW. 815[26]). Dasselbe ist der Fall, wenn die Möglichkeit künftiger Schadensfolgen überhaupt ausgeschlossen ist (RG. 13. Nov. 1905, JW. 1906, 16). Sofern aber eine, wenn auch nur fernliegende und nicht wahrscheinliche Möglichkeit vorhanden ist, daß später noch irgendwelche ersetzbare Schadenswirkungen als Folgen des Unfalls eintreten können, so ist hiermit sowohl das Rechtsverhältnis selbst, dessen Feststellung begehrt wird, als auch das Interesse des daraus Berechtigten an der Feststellung begründet. RG. 13. Nov. 1905, JW. 1906, 16[14]; 4. Dez. 1905, JW. 1906, 92[16]; 17. Okt. 1907, JW. 710[18]; 30. Okt. 1907, JW. 832[9]; 13. Febr. 1908, JW. 237[9]; 5. März 1908, JW.

278[8]; 13. Juni 1912, JW. 877[46]. Der Berechtigte muß ferner an alsbaldiger Feststellung des Ersatzanspruchs ein rechtliches Interesse haben. Diese Voraussetzung der Feststellungsklage ist regelmäßig erfüllt, wenn der Ablauf der kurzen Verjährungsfrist den Verlust der Klagbarkeit des Ersatzanspruchs befürchten läßt (RG. 21. Juni 1888, EE. 6, 329; 2. Nov. 1899, EE. 16, 336; 18. April 1895, Bd. 35, 392; 22. Sept. 1904, EE. 21, 275; 17. Okt. 1904, EE. 21, 281). Überall da, wo gegenwärtige, in die Zukunft hinein fortwirkende Schäden vorhanden sind, wird es im Hinblick auf die Verjährung, die dem Ersatzanspruch für solche voraussehbaren, wenn auch dem Umfange nach wechselnden Schäden droht (siehe oben Anm. 4), sich empfehlen, mit der Leistungsklage für die bereits bezifferbaren Schäden die Feststellungsklage für die übrigen zu verbinden.

Außer durch Klage und die ihr gleichgestellten Handlungen des Berechtigten (siehe § 209 Abs. 2 BGB.) wird die Verjährung durch Anerkenntnis des Haftpflichtigen unterbrochen. Das Anerkenntnis bedarf nicht der Annahme und ist an keine Form gebunden; es genügen schlüssige Handlungen wie Abschlagszahlungen, Sicherheitsleistung u. dgl. „Zur Unterbrechung der Verjährung ist nicht etwa ein Anerkenntnisvertrag erforderlich; es ist nicht einmal der Wille des Schuldners erforderlich, sich dem Gläubiger gegenüber zu binden; es genügt vielmehr zur Annahme eines die Verjährung unterbrechenden Anerkenntnisses ein Verhalten dem Gläubiger gegenüber, aus dem sich das Bewußtsein des Schuldners von der Existenz der Schuld klar und unzweideutig ergibt," RG. 17. Febr. 1910, JW. 280[4]. Allgemeine Redewendungen wie die Erklärung, „für den Schaden aufkommen zu wollen", genügen aber in der Regel nicht, weil sich daraus meist nicht die Anerkennung der Pflicht, den Schaden zu ersetzen, zweifellos ergeben wird; eine andere Beurteilung kann aber Platz greifen, wenn die Umstände, unter denen die Redewendung gebraucht wurde, das Bestehen der Ersatzpflicht und das Bewußtsein des Erklärenden davon außer Zweifel stellen, RG. 9. Okt. 1913, JW. 1914, 34[4]. Die Verjährung wird aber nur in demselben Umfange unterbrochen, in dem das Anerkenntnis nach dem aus den Umständen zu ermittelnden Willen des Haftpflichtigen Bedeutung finden sollte. Anerkennung eines Teilanspruchs unterbricht nicht die Verjährung des übrigen Anspruchs. Daß das Anerkenntnis die zu zahlende Rente mit einem bestimmten Betrage beziffert, schließt nicht aus, es dahin zu verstehen, daß damit zugleich der Schadensersatzanspruch überhaupt im Rahmen des Gesetzes dem Grunde nach anerkannt werden soll. Das wird namentlich dann zutreffen, wenn der bezifferte Rentenbetrag dem Betrage entspricht, auf den der Verletzte nach den derzeitigen Verhältnissen einen gesetzlichen Anspruch hatte. Diese Beurteilung des Anerkenntnisses hat zur Folge, daß, wenn sich später die maßgeblichen Verhältnisse derart ändern (z. B. durch Erhöhung der Beamtengehälter), daß einem Renten**urteil** gegenüber die Voraussetzungen für eine Klage aus § 323 ZPO. gegeben sein würden, auf Erhöhung der Rente geklagt werden kann, ohne daß der Einwand der Verjährung durchgriffe, weil sie durch das Anerkenntnis und die fortgesetzten Zahlungen unterbrochen ist. Es würde wider Treu und Glauben verstoßen, dem Anerkennenden unter solchen Umständen den Willen abzusprechen, den gesamten Anspruch dem Grunde nach anzuerkennen. RG. 17. Febr. 1910, Bd. 73, 131 (JW. 280[4]). Auch ein Anerkenntnis kann sich, wie die Feststellungsklage, auf den Grund des Anspruchs beschränken, so daß die Festsetzung des Betrages künftiger Vereinbarung oder Klage vorbehalten bleibt. RG. 14. Juni 1906, Bd. 63, 382: „Durch ein Anerkenntnis wird mithin die Verjährung für den **ganzen** Anspruch unterbrochen, wenn es sich auf den Anspruch im ganzen bezieht; es genügt aber, wenn ebenso wie bei der Feststellungsklage die Anerkennung eine allgemeine Richtung auf das Bestehen des Anspruchs (für eine Schadensersatzklage, wie im gegebenen Falle, auf die Verpflichtung zum Schadensersatz, soweit der Schaden reicht) genommen hat." Ebenso RG. 19. Dez. 1907, JW. 1908, 79[15], auch EE. 24, 376; 28. Juni 1906, EE. 23, 270.

Abschlagszahlungen unterbrechen die Verjährung nur insoweit, als die Umstände erkennen lassen, daß der Schuldner den Anspruch als bestehend ansieht. Geht der Anspruch auf künftige, im einzelnen noch unbestimmte Leistungen, so muß in der Handlung des Schuldners eine Anerkennung dieses so gearteten Anspruchs zu finden sein. Der Bezahlung einzelner Rechnungen von Arzt oder Apotheker kann diese Bedeutung für sich allein noch nicht eingeräumt werden. RG. 3. Jan. 1914, JW. 408[10].

Liegt nicht nur ein die bestehende Schuld bestätigendes Anerkenntnis, sondern ein dem § 781 BGB. entsprechender Anerkenntnisvertrag vor, so wird dadurch die Schuld noviert und fortan der gewöhnlichen dreißigjährigen Verjährung unterstellt. Diese Rechtsfolge wird in der Regel der Zweck des Anerkenntnisses sein, um die sonst notwendige Feststellungsklage zu vermeiden. Ein solcher Anerkenntnisvertrag, für den schriftlicher Abschluß vorgeschrieben ist, kann auch durch Briefwechsel abgeschlossen worden, sofern aus den Umständen erhellt, daß nicht nur die bestehende Schuld im Rahmen des alten Schuldgrundes bestätigt, sondern ein neuer Schuldgrund geschaffen werden soll. Die Annahme des Vertragsangebots, welches das Anerkenntnis enthält, kann ohne besonderes Bestätigungsschreiben durch schlüssige Handlungen, z. B. Annahme des Schreibens ohne Bemängelung, erklärt werden. RG. 24. Okt. 1910, Bd. 75, 4.

7. Wirkungen der Verjährung.

Die Wirkung der Verjährung besteht in dem Recht des Verpflichteten, die Leistung zu verweigern, § 222 BGB. Der Anspruch auf Schadensersatz erlischt also nicht. Der Haftpflichtige hat die Einrede vorzubringen und die Einredetatsachen, insbesondere den Zeitpunkt des Beginns der Verjährung zu bezeichnen und zu beweisen (RG. Bd. 4, 237).

Er kann aber auch auf die Einrede verzichten, die klaglos fortbestehende Forderung erfüllen, rechtswirksam durch Vertrag anerkennen und dafür Sicherheit bestellen; das, wenn auch in Unkenntnis der Verjährung Geleistete darf er nicht zurückfordern, ebensowenig sich gegenüber der Klage aus dem Anerkenntnis oder dem bestellten Pfandrecht auf die Verjährung oder seine Unkenntnis berufen. Auch die vor der Verjährung bestellten Pfandrechte bleiben nebst Pfandrechtsklage bestehen (§§ 222, 223 BGB.).

§ 15.

Der Ersatzberechtigte verliert die ihm auf Grund der Vorschriften dieses Gesetzes zustehenden Rechte, wenn er nicht spätestens innerhalb zweier Monate, nachdem er von dem Schaden und der Person des Ersatzpflichtigen Kenntnis erhalten hat, dem Ersatzpflichtigen den Unfall anzeigt. Der Rechtsverlust tritt nicht ein, wenn die Anzeige infolge eines von dem Ersatzberechtigten nicht zu vertretenden Umstandes unterblieben ist oder der Ersatzpflichtige innerhalb der bezeichneten Frist auf andere Weise von dem Schaden Kenntnis erhalten hat.

1. Allgemeines. Diese Bestimmung, zu der sich im Schadensersatzrecht weder des BGB. noch des Reichshaftpflichtgesetzes etwas Analoges findet, bezweckt in noch höherem Grade wie die kurze Verjährung, dem Haftpflichtigen die Möglichkeit zu sichern, alsbald nach einem durch sein Kraftfahrzeug angerichteten Schaden den Hergang aufzuklären, die Grundlagen seiner Haftpflicht zu prüfen und seine Beweise für den künftigen Prozeß zu sichern.

2. Der Ersatzberechtigte. Ersatzberechtigt ist jeder, der auf Grund dieses Gesetzes Ansprüche zu erheben hat, also außer dem Verletzten selbst auch der geschädigte Unterhaltsberechtigte und derjenige, der pflichtgemäß die Beerdigungskosten verauslagt hat, und der vom Sachschaden Betroffene.

Der Ausgleichungsanspruch aus §§ 17, 18 ist kein Schadensersatzanspruch (vgl. Anm. 2 zu § 14) und daher von der rechtzeitigen Anzeige nicht abhängig; die Gründe, welche ihn von der kurzen Verjährung des § 14 ausschließen, treffen auch hier zu (ebenso Höpfel). Jeder Ersatzberechtigte hat in Ansehung des ihn betreffenden Schadens die Anzeigepflicht. Für jeden läuft die Ausschlußfrist besonders.

3. Gegenstand der Anzeigepflicht ist der Unfall. Darunter ist die Einwirkung des schädlichen Betriebsereignisses auf den Körper eines Menschen oder eine Sache zu verstehen; dagegen nicht die einzelnen Schadensfolgen, die sich aus der Verletzung für den unmittelbar Betroffenen oder für andere mittelbar Geschädigte weiterhin ergeben. Treten späterhin neben den ursprünglichen Krankheitserscheinungen andere neue Schäden hervor, so ist hierüber keine neue Anzeige zu erstatten. Ebensowenig braucht der durch Entziehung seines Unterhaltsrechts geschädigte Dritte, sobald dieser Schaden für ihn wirksam wird, dem Haftpflichtigen nähere Mitteilungen über Art, Umfang und Begründung seines Schadens und Ersatzanspruchs zu machen; er hat nur den tödlich verlaufenen Unfall seines Versorgers anzuzeigen. Die Ausschlußfrist ist ein Ausgleich für die dem Haftpflichtigen obliegende Pflicht, die Umstände des Unfalls aufzuklären; er soll deshalb instand gesetzt werden, alsbald nach einem solchen Ereignis Vorsorge zu treffen, um sich Beweise zu sichern. Bezüglich der einzelnen Schädigungen, die sich infolge des Unfalls zeigen, ist dagegen derjenige beweispflichtig, der Ersatzrechte daraus herleitet; insofern liegt ein Bedürfnis zu einem besonderen Schutze des Haftpflichtigen nicht vor.

Sind durch dasselbe Betriebsereignis mehrere Personen verletzt worden, so spricht man zwar im landläufigen Sinne von einem Unfalle, der mehrere Opfer gefordert habe; im Rechtssinne liegen aber ebenso viele Unfälle vor, als Verletzte vorhanden sind. Jeder hat seinen Unfall anzuzeigen und kann sich nicht darauf verlassen, daß sein Unfall durch die

Anzeige eines andern Verletzten, die nur dessen Unfall zum Gegenstande zu haben braucht, dem Ersatzpflichtigen bekannt werde.

Eine Form für die Anzeige ist nicht vorgeschrieben; sie kann also in jeder Form, mündlich, durch Boten, telephonisch oder schriftlich geschehen; auch sofort an Ort und Stelle nach dem Unfall. Der Ersatzberechtigte wird aber gut tun, eine Form zu wählen, die ihm den Nachweis der erfüllten Anzeigepflicht erleichtert. Auch durch Klage oder Streitverkündung kann der Anzeigepflicht genügt werden. Die Anzeige muß die zur Identifizierung des beschädigenden Ereignisses erforderlichen Angaben über Zeit, Ort und Umstände und auch die Beziehung des Unfalls zur Person des Berechtigten enthalten; bestimmte Ersatzforderungen brauchen dabei aber nicht erhoben zu werden. Sind mehrere Ersatzpflichtige vorhanden, so muß die Anzeige jedem gemacht werden.

4. Anzeigefrist.

Die zweimonatige Ausschlußfrist beginnt in demselben Zeitpunkt wie die Verjährungsfrist (s. oben Anm. I 4 zu § 14).

Die Kenntnis vom Schaden setzt die Entstehung des Schadens voraus; daher kann die Anzeigefrist für den in seinem Unterhaltsrecht Geschädigten und für den Gläubiger der Begräbniskosten frühestens mit dem Tode des unmittelbar Verletzten beginnen. Die Kenntnis vom Schaden fällt für den Verletzten in der Regel mit der Kenntnis von dem beschädigenden Ereignis zusammen. Es ist aber auch möglich, daß die schädliche Einwirkung des Unfalls auf den Körper oder die Gesundheit des Betroffenen oder auf die betroffene Sache erst nach einiger Zeit überhaupt hervortritt oder doch dem Verletzten als Unfallsfolge erkennbar wird. Dann beginnt erst mit diesem späteren Zeitpunkt die Ausschlußfrist. Hat der Verletzte selbst es versäumt, bis zu seinem Tode die Anzeige zu erstatten, so hat das keinen Einfluß auf die Ersatzrechte der in ihrem Unterhaltsrecht geschädigten Dritten;

denn deren Rechte sind unabhängig von dem Ersatzrecht des Getöteten.

Die Ausschlußfrist beginnt ferner erst dann zu laufen, wenn die Ermittelungen nach der Person des Täters abgeschlossen sind und der Beschädigte die Person des Täters kennt (S. 28 des Kommissionsberichts).

Als ersatzpflichtige Personen kommen in Frage: der Halter, derjenige, der eigenmächtig ein fremdes Kraftfahrzeug in Betrieb gesetzt hat (§ 7 Abs. 3) und der Führer des Fahrzeugs (§ 18). Diesen verschiedenen Personen gegenüber kann die Frist verschieden beginnen. Es wird die Kenntnis des Ersatzberechtigten davon vorausgesetzt, daß eine bestimmte Person zur Zeit des Unfalls das Fahrzeug geführt oder eigenmächtig in Betrieb gesetzt hat oder als Halter darüber zu verfügen hatte. Zur Kenntnis der Person gehört außer dem Namen auch die Adresse, an die die Anzeige gerichtet werden kann. Eine Verpflichtung, Ermittelungen nach der Person des Ersatzpflichtigen anzustellen, ist dem Berechtigten nicht auferlegt; sein eigenes Interesse genügt als treibende Kraft. Das Gesetz verlangt tatsächlich vorhandene Kenntnis, nicht ein Kennenmüssen. Erlangt er z. B. erst später, etwa im Laufe eines gegen den Führer angestrengten Prozesses Kenntnis davon, daß dieser das Fahrzeug bei dem Unfall für einen fremden Halter führte, so beginnt hiermit erst die Ausschlußfrist für den Ersatzanspruch gegen den Halter. Anderseits wird man aber vom Ersatzberechtigten verlangen müssen, daß er die verkehrsüblichen Hilfsmittel zur Vervollständigung seiner Kenntnis benutze, z. B. das Adreßbuch zur Feststellung der Wohnung und die polizeiliche Nummernliste, wenn er die Nummer des schädigenden Kraftfahrzeugs kennt. Als bekannt insbesondere muß die Person des Ersatzpflichtigen auch schon dann gelten, wenn der Berechtigte die vollständige postalische Adresse zwar noch nicht hat, aber in der Lage ist, sich dieselbe ohne Kosten und Zeitverlust zu verschaffen; die hierfür aufzuwendende Mühe fällt bereits unter die Anzeigepflicht.

Der Tag, an welchem der Berechtigte die Kenntnis erlangt hat, zählt bei Berechnung der Frist nicht mit, § 187 BGB. Fällt der Endtermin auf einen Sonntag oder allgemeinen Feiertag, so endet die Frist erst am nächsten Werktage, § 193 BGB.

Zur Wahrung der Frist muß die Anzeige nicht bloß rechtzeitig abgegangen, sondern dem Ersatzpflichtigen zugegangen sein, vgl. § 130 BGB. Irrtum in der Person des Ersatzpflichtigen (z. B. bei Eheleuten) schadet nichts, da der Irrtum die zutreffende Kenntnis von der Person des Pflichtigen ausschließt, die Frist also vor Aufklärung des Irrtums nicht zu laufen beginnt.

5. Rechtswirkung der Fristversäumnis.

Die Anzeigefrist ist eine Ausschlußfrist. Ihre Versäumnis bewirkt — vorbehaltlich der in Satz 2 zugelassenen Ausnahme — der Verlust des Ersatzanspruchs.

Nicht nur das Klagerecht wie bei der Verjährung, sondern das Recht auf Schadensersatz selbst geht verloren; der Rechtsverlust ist ein völliger. Das Recht kann nicht wieder aufleben, auch nicht durch Anerkenntnis, es ist nur die Möglichkeit gegeben, durch Vertrag einen neuen gleichartigen Anspruch zu begründen. Der Verlust des Ersatzanspruchs durch Fristablauf ist wie jede andere Tilgungseinrede vom Beklagten geltend zu machen. Er hat den Ablauf der Frist und zu dem Zweck auch ihren Beginn zu beweisen, also darzutun, wann spätestens der Kläger Kenntnis vom Schaden und von der Person des Beklagten erhalten habe. Der Kläger hat dann replicando die Wahrung seines Rechts durch fristgerechte Anzeige zu beweisen oder darzulegen, daß er dazu nicht verpflichtet war (Satz 2). So Eger, Gorban, Hallbauer, Höpfel, teilweise a. M. Krause. Vgl. auch die Rechtsprechung zu der ähnlichen Bestimmung des § 485 BGB.

Der Rechtsverlust tritt nicht ein,

a) wenn die Anzeige infolge eines von dem Ersatzberechtigten nicht zu vertretenden Umstandes unterblieben ist. Durch das beschädigende Ereignis entsteht zwischen dem Haftpflichtigen und dem Ersatzberechtigten auf Grund des Gesetzes ein Rechtsverhältnis, das auch auf seiten des letzteren mit Pflichten ausgestattet ist. So hat der Berechtigte z. B. nach § 9 d. Ges., § 254 BGB. die Pflicht, nach Möglichkeit den Eintritt des Schadens abzuwenden oder zu mindern. So ist ihm hier im Interesse des Haftpflichtigen die Pflicht zur Anzeige auferlegt. Bei Erfüllung dieser Pflicht hat er nach § 276 BGB. Vorsatz und Fahrlässigkeit zu vertreten, muß also die im Verkehr erforderliche Sorgfalt beobachten und auch ein Verschulden seines gesetzlichen Vertreters und eines Erfüllungsgehilfen (Boten) vertreten (so Höpfel, Waldeck, a. M. Hallbauer); Aufgabe eines eingeschriebenen Briefes zur Post muß jedenfalls genügen. Nach diesem Maßstabe ist zu beurteilen, ob die Unterlassung der Anzeige ihm als Fahrlässigkeit zuzurechnen ist oder nicht. Ist er z. B. durch eine sich unmittelbar an den Unfall anschließende Krankenhausbehandlung während längerer Zeit in seiner Handlungsfähigkeit tatsächlich beschränkt gewesen, so kann ihm die Versäumung der Frist nicht zugerechnet werden.

Ist die Anzeige nicht möglich, weil der Aufenthalt des Haftpflichtigen nicht zu ermitteln ist, so fragt sich, ob überhaupt die Anzeigefrist in Lauf gesetzt ist. Aber auch soweit dies zu bejahen ist, ist eine öffentliche Zustellung der Anzeige nach § 132 Abs. 2 BGB. weder notwendig, wie Höpfel gegenüber Gordan und Eger ausführlich und zutreffend nachweist, noch auch ausreichend. Solange die Adresse unbekannt bleibt, darf die Anzeige unterbleiben, ohne daß der Rechtsverlust eintritt; anderseits bleibt der Ersatzberechtigte zur Anzeige verpflichtet, sobald ihm die Adresse nachträglich bekannt wird, und er wird auch auf Grund der Anzeigepflicht fortgesetzt von Zeit zu Zeit die Ermittlungen zu erneuern haben.

Stirbt der Haftpflichtige innerhalb der Ausschlußfrist, bevor ihm Anzeige erstattet oder der Unfall sonst bekannt geworden war, so ist die Anzeige seinen Erben zu erstatten. Solange diese unbekannt sind oder die Erbschaft nicht angenommen haben und auch sonst kein Vertreter des Nachlasses vorhanden ist, kann der Rechtsverlust für den Ersatzberechtigten nicht eintreten; doch ist dieser verpflichtet, Ermittlungen nach den Erben anzustellen, und auch für befugt zu erachten, nach § 1961 BGB. die Bestellung eines Nachlaßpflegers zu beantragen und diesem die Anzeige zu machen.

Stirbt der Ersatzberechtigte während des Laufes der Frist und vor Erstattung der Anzeige, so läuft dieselbe Anzeigefrist gegen seine Erben weiter, aber erst von Annahme der Erbschaft an, da sie vorher nicht berechtigt waren, Rechte des Nachlasses geltend zu machen.

Die Anzeigepflicht ist nicht auf die Zweimonatsfrist beschränkt. Der Ersatzberechtigte wird nicht davon befreit, wenn er an ihrer Erfüllung während der Frist entschuldbar verhindert war. Sobald das Hindernis behoben ist, muß er die Anzeige nachholen (ebenso Höpfel und Waldeck).

b) wenn der Ersatzpflichtige innerhalb der bezeichneten Frist auf andere Weise von dem Schaden Kenntnis erhalten hat.

Ist der Halter selbst mit auf der Fahrt gewesen, so wird oft schon aus der Art der Verletzung zu entnehmen sein, daß ihm das schadenstiftende Betriebsereignis nicht entgangen sein kann. In anderen Fällen wird er von seinem Chauffeur davon erfahren oder durch die Zeitung oder durch eine der beschädigten Personen. Hat der körperlich Verletzte selbst die Anzeige rechtzeitig erstattet, so ist damit ein für allemal die Frist für alle diejenigen Personen gewahrt, die aus dieser Körperverletzung als mittelbar Geschädigte für sich Ersatzrechte herleiten. Sind dagegen mehrere Personen oder Sachen durch dasselbe Ereignis beschädigt worden, so liegen mehrere Unfälle vor, und die Kenntnis von der Verletzung der einen Person beweist grundsätzlich nichts dafür, daß der Haftpflichtige auch Kenntnis von den weiteren unmittelbaren Beschädigungen anderer Personen oder Sachen gehabt habe.

Da nicht der Schaden, das ist die einzelne, auch mittelbare Unfallsfolge, sondern der Unfall anzuzeigen ist, so kann es auch nur darauf ankommen, ob der Ersatzpflichtige auf andere Weise von dem Unfall Kenntnis erhalten habe. Wenn das Gesetz hier von „Schaden" spricht, so scheint dies lediglich auf einem Redaktionsfehler zu beruhen. Nach dem dem Reichstage vorgelegten Entwurf sollte der Schaden angezeigt werden; nachdem die Reichstagskommission beschlossen hatte, den „Unfall" als Gegenstand der Anzeigepflicht zu bezeichnen, hätte entsprechend auch an dieser Stelle „Unfall" statt „Schaden" gesagt werden müssen (ebenso Eger, Gordan, Höpfel, Krause, a. M. Waldeck).

§ 16.

Unberührt bleiben die reichsgesetzlichen Vorschriften, nach welchen der Fahrzeughalter für den durch das Fahrzeug verursachten Schaden in weiterem Umfang als nach den Vorschriften dieses Gesetzes haftet oder nach welchen ein anderer für den Schaden verantwortlich ist.

1. Unberührt.

Das vorliegende Gesetz verstärkt mit seinen zivilrechtlichen Vorschriften den Rechtsschutz des Publikums gegenüber den Beschädigungen durch Kraftfahrzeuge, indem es Schadensersatzrechte auf einer neuen, wesentlich erleichterten Grundlage gewährt. Es will aber nicht das Schadensersatzrecht für Beschädigungen durch Kraftfahrzeuge erschöpfend neu regeln. Es tritt lediglich ergänzend zu dem bisherigen Rechtszustand hinzu und läßt diejenigen Bestimmungen des Reichsrechts, insbesondere des BGB., die nach ihren Voraussetzungen eine Anwendung auf Beschädigungen durch Kraftfahrzeuge überhaupt finden können, unberührt.

2. Die reichsgesetzlichen Vorschriften.

Es handelt sich hauptsächlich um die Vorschriften des BGB. Landesgesetzliche Vorschriften, welche das Recht auf Schadensersatz allgemein oder in besonderer Anwendung auf die Beschädigungen durch Kraftfahrzeuge regeln, würden, sofern sie im Hinblick auf Art. 55 EG. zum BGB. überhaupt noch bestehen könnten, durch das vorliegende Gesetz aufgehoben sein.

Der Fahrzeughalter haftet für den durch sein Fahrzeug verursachten Schaden nach BGB. nur auf Grund eines Verschuldens, entweder nach § 823 oder, wenn der Schaden durch Handlungen seiner Angestellten, also vor allem seines Chauffeurs, verursacht ist, nach § 831; im letzteren Falle ist ihm der Beweis nachgelassen, daß er bei Auswahl und Beaufsichtigung des Chauffeurs die erforderliche Sorgfalt beobachtet habe.

3. Der Fahrzeughalter.

Darunter ist auch derjenige zu verstehen, der nach § 7 Abs. 3 des Gesetzes an Stelle des Halters haftet. Die Anwendbarkeit auf den Führer ergibt sich aus § 18 Abs. 2.

4. In weiterem Umfange.

Die Haftung ist nach BGB. insofern weiter, als einmal die Beschränkung aus § 8 und die Maximalgrenze des § 12 fortfällt, als ferner nach § 845 daselbst der Kreis der ersatzberechtigten Personen erweitert ist, und als schließlich nach § 847 daselbst auch für immateriellen Schaden Ersatz geleistet werden muß.

5. Ein anderer.

Ist neben der nach diesem Gesetz begründeten Haftpflicht des Halters oder Führers nach anderen Reichsgesetzen noch ein Anderer für den Schaden verantwortlich, z. B. aus § 823 BGB. der Fabrikant des Kraftfahrzeugs wegen Verwendung schlechten Materials oder fehlerhafter Konstruktion, oder auf Grund des Reichshaftpflichtgesetzes ein Eisenbahnunternehmer, indem z. B. das Kraftfahrzeug bei Versagen der Bremse gegen einen fahrenden Eisenbahnzug anstößt, so bestehen die mehreren Ersatzansprüche des Berechtigten nebeneinander.

6. Verantwortlich.

§ 16 hat nur solche reichsgesetzlichen Bestimmungen im Sinne, welche die Verantwortlichkeit zum Schadensersatz regeln; das sind die Bestimmungen über unerlaubte Handlungen

(§§ 823 ff. BGB.) und die ihnen gesetzlich gleichgestellten Haftpflichten der §§ 833—838 BGB. und das Reichshaftpflichtgesetz. Andere reichs- oder auch landesgesetzliche Bestimmungen, namentlich solche, die die Unterstützung und den Unterhalt der unfallverletzten Personen regeln, bleiben selbstverständlich neben dem vorliegenden Gesetze, das eine ganz andere Rechtsmaterie betrifft, in Kraft.

§ 17.

Wird ein Schaden durch mehrere Kraftfahrzeuge verursacht und sind die beteiligten Fahrzeughalter einem Dritten kraft Gesetzes zum Ersatze des Schadens verpflichtet, so hängt im Verhältnisse der Fahrzeughalter zueinander die Verpflichtung zum Ersatze sowie der Umfang des zu leistenden Ersatzes von den Umständen, insbesondere davon ab, inwieweit der Schaden vorwiegend von dem einen oder dem anderen Teile verursacht worden ist. Das Gleiche gilt, wenn der Schaden einem der beteiligten Fahrzeughalter entstanden ist, von der Haftpflicht, die für einen anderen von ihnen eintritt.

Die Vorschriften des Abs. 1 finden entsprechende Anwendung, wenn der Schaden durch ein Kraftfahrzeug und ein Tier oder durch ein Kraftfahrzeug und eine Eisenbahn verursacht wird.

1. Vorbemerkung.

Sind mehrere Personen außervertraglich für einen und denselben Schaden einem Dritten verantwortlich, so haften sie diesem nach § 840 BGB. als Gesamtschuldner, im inneren Verhältnis untereinander sind sie nach § 426 BGB. zum Ausgleich in der Weise verpflichtet, daß, wenn nicht besondere Gesetze ein anderes vorschreiben, jeder den gleichen Anteil am Schaden zu tragen hat. Hat also von zwei Gesamtschuldnern der eine den gemeinschaftlichen Gläubiger gänzlich befriedigt, so hat er einen Regreßanspruch gegen den andern Verpflichteten in Höhe der Hälfte des von ihm Geleisteten. Ob die mehreren Schadensersatzpflichten auf den gleichen oder auf verschiedenen gesetzlichen Voraussetzungen beruhen, macht keinen Unterschied. Spricht § 840 BGB. auch nur von unerlaubten Handlungen, so sind hierunter doch auch die nicht auf subjektivem Verschulden beruhenden Fälle der gesetzlichen Schadenshaftung zu verstehen (RG. v. 24. Nov. 1902, Bd. 53, 114; v. 27. Juni 1904, Bd. 58, 335; v. 20. März 1905, Bd. 60, 301; v. 19. Okt. 1905, JW. 734[32]). Die Schadensersatzpflichten, die auf einem Verschulden beruhen, sind in der Frage des Ausgleichs grundsätzlich nicht anders gestellt als die reinen Gefährdungshaftungen. Bei Konkurrenz zweier verschiedenen Haftungen kann derjenige, der ohne Verschulden haftet, nicht etwa Erstattung des ganzen von ihm geleisteten Schadensersatzes von dem schuldhaft Verpflichteten verlangen. Die gegenteiligen Ansichten von Reindl („Haftpflicht der Eisenbahn für Sachschaden in EE. 23, 422, 423") und Eger (S. 123 ff.) finden im Gesetz keine Stütze, RG. 19. Okt. 1905, JW. 734[32]. Insbesondere kann die Regreßklage nicht aus § 823 Abs. 1 BGB. etwa so begründet werden: durch die schuldhafte Handlung des A. sei B. mittelbar insofern geschädigt, als er infolge der ihn gesetzlich treffenden Gefährdungshaftung den unmittelbar betroffenen C. habe entschädigen müssen. Mit einer solchen Begründung würde nur der Zusammenhang zwischen dem Verschulden des A. und einer Vermögensbeschädigung des B. dargelegt sein; eine Vermögensbeschädigung genügt aber nicht, um einen Schadensersatzanspruch aus § 823 Abs. 1 zu begründen; es müssen vielmehr bestimmte Lebensgüter und Rechte, zu denen das Vermögen in seiner Allgemeinheit nicht gehört, beschädigt sein, RG. 19. Jan. 1903, Bd. 53, 312—315. Auch durch Zession des Ersatzanspruchs des Geschädigten gegen den schuldhaft Verpflichteten kann der zahlende Haftpflichtige kein Recht auf weitergehenden Ausgleich gewinnen, als nach § 426 gegeben ist. Eine cessio legis findet nur insoweit statt, als der leistende Gesamtschuldner von seinem Mitschuldner Ausgleichung fordern kann (§ 426 Abs. 2); im übrigen erlischt der Ersatzanspruch durch die Leistung des einen Gesamtschuldners auch gegenüber den andern Gesamtschuldnern (§ 422), so daß eine vertragsmäßige Abtretung gegenstandslos sein würde.

Es hat demnach für den Ausgleich auch in Ansehung des wegen bloßer Gefährdung — ohne Verschulden — Haftenden bei der Bestimmung gleichanteiliger Haftung nach § 426 sein Bewenden, sofern nicht in anderen Gesetzen ein anderes bestimmt wird. Eine solche Ausnahmebestimmung von der Regel des § 426 trifft § 840 Abs. 3, indem für diejenigen, die nach BGB. eine reine Gefährdehaftung tragen, namentlich auch für den Tierhalter, ein Privilegium gegenüber denjenigen, die aus anderen Rechtsgründen, insbesondere aus Verschulden, mitverpflichtet sind, geschaffen wird. Konkurriert die Solidarhaft z. B. des Tierhalters mit derjenigen eines schuldhaft Verpflichteten, so kann der Tierhalter, der den Schaden beglichen hat, volle Erstattung von seinem Mitverpflichteten verlangen, während jener gegen ihn überhaupt keine Regreßklage hat. Der Eisenbahnunternehmer dagegen, der auch aus dem Gesichtspunkte der Gefährdung haftet, gehört nicht zu den nach § 840 Abs. 3 BGB. privilegierten Personen, sondern steht auf einer Stufe mit den schuldhaft Verpflichteten.

Der in § 840 Abs. 2, 3 ausgeprägte Rechtsgedanke, wonach bei Konkurrenz von Gefährdungshaftung und Schuldhaftung in gewissen Fällen der Ausgleich zwischen den mehreren, einem geschädigten Dritten verpflichteten Gesamtschuldnern in der Weise erfolgen soll, daß der aus Verschulden Haftende den Schaden allein trägt, ist auch auf die Tatbestände auszudehnen, wo der Schaden einem der beiden Haftpflichtigen selbst erwachsen ist, so daß also der geschädigte Tierhalter seinen eigenen Schaden vom schuldhaft Verpflichteten voll einfordern kann, ohne dem Einwand zu unterliegen, daß er selbst die Tiergefahr trage und deshalb anteilsweise den Schaden tragen helfen müsse, während anderseits der schuldhaft Verpflichtete vom Tierhalter nichts fordern kann (RG. 4. Dez. 1911, JW. 1912, 190[6], 12. März 1909, Bd. 71, 7).

Aber die Anwendung des § 840 Abs. 2, 3 bleibt auf die daselbst einzeln aufgeführten Fälle der Konkurrenz von Gefährdungs- und Schuldhaftung beschränkt; es ist daraus nicht ein allgemeiner Rechtssatz des Inhalts zu folgern, daß in allen Fällen die Gefährdungshaftung gegenüber der Schuldhaftung zurücktrete. RG. 9. Nov. 1911, JW. 1912, 71[8]. Die Haftung aus unserm Gesetz ist ebensowenig wie die aus dem Haftpflichtgesetz gegenüber der Verschuldenshaftung privilegiert. Dagegen ist der Tierhalter gegenüber dem Eisenbahnunternehmer durch § 840 Abs. 3 bevorzugt; aber nicht auch gegenüber dem Kraftfahrzeughalter, weil hierfür § 17 Abs. 2 unseres Ges. eine besondere Bestimmung enthält, RG. 24. Mai 1913, JW. 924[11]. Ist für einen Unfall neben einem Tierhalter ein Kraftfahrzeughalter lediglich auf Grund des Beförderungsvertrages mit dem verletzten Reisenden verpflichtet, so daß § 17 für den Ausgleich nicht zutrifft, so hat der Fahrzeughalter nach § 840 Abs. 3 BGB. den Schaden allein zu tragen. Liegt dagegen auf Seiten des Fahrzeughalters ein gesetzlicher Haftungsgrund vor, aus unserm Gesetz oder aus Verschulden, so regelt sich der Ausgleich nach § 17, so daß also auch der Tierhalter am Schadensersatz beteiligt werden kann.

Anderseits hat das RG. in neueren Entscheidungen aus der Zeit nach Erlaß des vorliegenden Gesetzes und vielleicht unter dem Einflusse der Regelung des § 17, den in § 254 BGB. für das Verhältnis zwischen Schädiger und Geschädigtem aufgestellten Grundsatz der angemessenen, dem Maßstab der beiderseitigen Verursachung entsprechenden Schadensverteilung auch auf den Ausgleich zwischen mehreren Schädigern, die für den einem Dritten verursachten Schaden gesamtschuldnerisch verantwortlich sind, entsprechend angewendet. RG. 22. Dez. 1910,

JW. 1911, 217[13]; 19. Juni 1911, JW. 758[8]; 9. Nov. 1911, JW. 1912, 71[18]; 27. Nov. 1911, JW. 1912, 190[7]; 4. Dez. 1911, JW. 1912, 190[6], 24. Juni 1912, JW. 865[24]; 2. Juni 1913, JW. 919[6]. Damit ist allgemein für das ganze Gebiet des Schadensersatzes die Möglichkeit eines gerechten Ausgleichs zwischen mehreren Haftpflichtigen — an Stelle der gleichanteiligen Haftung aus § 426 BGB. — getreten, und § 17, der bei Erlaß des Gesetzes eine Ausnahmebestimmung war, enthält gegenüber der durch die neuere Rechtsprechung des RG. veränderten Rechtslage nur noch insoweit eine Abweichung vom allgemeinen bürgerlichen Recht, als der Tierhalter dem Kraftfahrzeughalter gleichgestellt ist (§ 17 Abs. 2), während er nach § 840 Abs. 3 BGB. allen andern Haftpflichtigen gegenüber bevorzugt ist.

2. Die Voraussetzungen des Ausgleichungsanspruchs.

a) Ein Unfall muß sich bei dem Betriebe mehrerer, verschiedenen Haltern gehörigen Kraftfahrzeuge zugetragen haben. Nur Betriebsunfälle im Sinne des § 7 sind „durch ein Kraftfahrzeug verursacht", wobei es allerdings darauf nicht ankommt, ob der Halter aus § 7 oder auf Grund nachgewiesenen Verschuldens haftet. Die im § 8 Abs. 2 bezeichneten Lastkraftwagen mit begrenzter Geschwindigkeit sind zwar von der Haftpflicht aus § 7 ausgenommen, so daß ihr Halter nur die allgemeine Haftung für Verschulden trägt. Unfälle, die bei ihrem Betriebe sich ereignen, sind aber durch ein Kraftfahrzeug verursacht und können daher der Ausgleichsklage aus § 17 zur Grundlage dienen. Nicht hierher gehören dagegen Unfälle, bei denen ein außer Betrieb befindliches Kraftfahrzeug in anderer Weise als Werkzeug der Verursachung im Spiele war, z. B. wenn ein unbeleuchtet auf der Straße stehendes, außer Betrieb befindliches Fahrzeug von einem andern Kraftfahrzeug in der Dunkelheit angestoßen wird (a. M. Höpfel und Neukirch-Rosenmeyer). Das vorliegende Gesetz beschäftigt sich nur mit der Haftung für Betriebsunfälle. Übrigens ist die Frage völlig gleichgültig, denn der Ausgleich findet, wenn § 17 nicht anzuwenden ist, nach denselben Grundsätzen aus § 254 BGB. statt.

Der typische Fall des § 17 ist ein Zusammenstoß zweier Kraftfahrzeuge; doch lassen sich auch andere Umstände denken, die einen Unfall als die Folge mehrerer, von verschiedenen Kraftfahrzeugen ausgehenden Betriebseinwirkungen erkennen lassen, z. B. es erschrickt jemand durch das plötzliche Auftauchen eines bisher nicht bemerkten Kraftfahrzeugs und läuft in die Fahrbahn eines zweiten Fahrzeugs.

Gleichgestellt sind nach Abs. 2 die Fälle, wo neben dem Betriebe eines Kraftfahrzeugs ein Tier oder der Betrieb einer Eisenbahn zu diesem Unfall mitgewirkt hat. Das Gesetz spricht davon, daß der Unfall „durch eine Eisenbahn" oder „durch ein Tier" mitverursacht sein müsse, und meint damit offenbar den Eisenbahnbetrieb, der die außergewöhnliche Eisenbahnhaftpflicht, und ein solches Vorhalten des Tiers, das die außergewöhnliche Tierhalterhaftung nach § 833 BGB. zu begründen geeignet ist. Daß neben der Gefährdehaftung auch Verschulden eines Eisenbahnbeamten oder des Tierhalters der Haftpflicht eine erweiterte Grundlage geben kann, ändert nichts. Liegt aber kein Eisenbahnbetriebsunfall und kein Tierschaden im Sinne des § 833 vor, hat z. B. das Tier lediglich als Werkzeug unter menschlicher Führung und Leitung oder aber durch unwillkürliche Kraftäußerung an der Verursachung des Schadens Anteil gehabt (z. B. das von einem Kraftfahrzeug umgestoßene Pferd oder Rind fällt auf einen Menschen und verletzt ihn durch die Last seines Körpers oder auch durch Hufschläge), so ist § 17 nicht anwendbar, wenn etwa durch die Eisenbahn oder das Tier ein ursächlicher Zusammenhang zwischen dem Schaden und einem schuldhaften Verhalten eines Dritten vermittelt sein sollte; der Ausgleich findet alsdann, allerdings nach denselben Grundsätzen aus § 254 BGB. statt.

b) Beide Beteiligte — also beide Fahrzeughalter oder der F--hrzeughalter und der Tierhalter oder der Fahrzeughalter und der Eisenbahnunternehmer — müssen einem Dritten kraft Gesetzes zum Ersatz des Schadens verpflichtet sein. Ob die Ersatzpflicht auf reiner Gefährdehaftung (aus § 7 d. Ges., aus dem Haftpflichtgesetz oder aus § 833 BGB.) oder auf Verschulden nach dem BGB. beruht, ist gleichgültig; ebenso ob der eine Beteiligte nur wegen Gefährdung, der andere wegen Verschuldens haftet. Damit ist das Privileg des Tierhalters aus § 840 Abs. 3 BGB. für den Fall des Zusammentreffens mit der Haftung des Kraftfahrzeughalters auch dann beseitigt, wenn dem letzteren Verschulden zur Last fällt. Aber beide müssen unmittelbar kraft Gesetzes, im Gegensatz zur Vertragshaftung, ersatzpflichtig sein. Ein Ausgleich findet freilich auch dann statt, wenn sich die Haftung des einen (oder beider) Beteiligten auf Vertrag, also z. B. den Beförderungsvertrag des Fahrgastes stützt. Auch in diesem Falle liegt ein echtes Gesamtschuldverhältnis vor, weil beide Beteiligte durch dasselbe Ereignis Schuldner geworden sind, RG. 25. Nov. 1911, JW. 1912, 142[17]; 3. Mai 1913, JW. 859[5]; 12. Juli 1913, JW. 978[6]; 30. April 1914 (VI, 10/14); 12. Okt. 1914, JW. 1915, 22[7]. Aber der Ausgleich erfolgt nicht auf Grund von § 17, sondern auf Grund von §§ 426, 254 BGB., freilich mit demselben Ergebnis. Ist die Haftung eines Beteiligten aus einem gesetzlichen Grunde ausgeschlossen, z. B. weil für den Tierhalter § 833 Abs. 2 oder für den Kraftfahrzeughalter § 8 Ziffer 1 (der Fahrgast ist verletzt, er war nur aus Gefälligkeit mitgenommen, hat deshalb auch keinen Vertragsanspruch) oder Ziffer 2 (das schädigende Fahrzeug war ein Lastkraftwagen mit begrenzter Geschwindigkeit) durchgreift, und liegen auch nicht die Voraussetzungen für eine andere gesetzliche Haftung (Verschulden) vor, so entfällt der Ausgleichungsanspruch, RG. 31. März 1913, JW. 649[18]; 24. Mai 1913, JW. 924[11]; 30. April 1914 (VI, 10/14).

3. Das Wesen des Ausgleichungsanspruchs.

Der Ausgleichungsanspruch beruht auf dem Gemeinschaftsverhältnis, welches dadurch entsteht, daß zwei oder mehrere

Personen durch dasselbe Ereignis einem Dritten zu derselben Leistung verpflichtet werden. Das Vorhandensein von mehreren Schadensersatzpflichten ist seine Voraussetzung, im übrigen ist der Ausgleichungsanspruch — verschieden von dem daneben gegebenen, durch gesetzlichen Rechtsübergang erworbenen Anspruch aus § 426 Abs. 2 — aber ein selbständiger Anspruch gegenüber dem Schadensersatzanspruch. Er setzt weder die Verurteilung des Schadensersatzpflichtigen voraus, noch hat das im Schadensersatzprozeß ergangene Urteil Rechtskraft für das innere Verhältnis der Ausgleichungsbeteiligten. Die Ausgleichspflicht verlangt nicht, daß der Gläubiger, d. i. der Verletzte, gegen den betreffenden Schuldner einen wirklich verfolgbaren Anspruch habe, daß dieser dem Gläubiger auf Erfordern tatsächlich leisten müsse. Die Frage, ob ein Ausgleichungsanspruch besteht oder nicht, und in welchem Umfange, ist in dem Streite über diesen Anspruch lediglich nach der in diesem Prozesse zu ermittelnden materiellen Rechtslage zu entscheiden. Wenn in dem früheren Prozesse einer der vom Gläubiger Belangten zu Unrecht als Gesamtschuldner verurteilt worden ist, so ist diese formelle Tatsache in seinem Verhältnis zu dem mitverurteilten Schuldner rechtlich ohne Bedeutung. Und ebenso kommt im umgekehrten Falle eines vorangehenden freisprechenden Urteils ohne Rücksicht hierauf das sachlich und objektiv bestehende Gesamtschuldverhältnis für den Ausgleichungsanspruch allein in Betracht. Die Ausgleichungspflicht wird nicht dadurch berührt, daß einer der Gesamtschuldner infolge eines nur für ihn wirksamen Umstandes dem Gläubiger gegenüber befreit wird, RG. 16. Nov. 1908, JW. 1909, 18[12].

Eine Ausgleichungspflicht besteht aber nur in den Grenzen der Gesamtschuld. Der schuldhaft Verpflichtete, dessen Ersatzpflicht nach BGB. einen weiteren Umfang haben kann, darf von dem nur nach unserem Gesetz Verpflichteten Ausgleich nur im Rahmen der Ersatzpflicht des letzteren fordern, RG. 30. April 1914 (VI, 10/14); den überschießenden Betrag trägt er als Alleinschuldner, RG. 14. Okt. 1909, JW. 724[17].

Auch der zweite Satz des Abs. 1 findet entsprechende Anwendung, wenn durch den Unfall nicht die Person oder Sache eines Dritten, sondern eines der beiden Beteiligten selbst, also in dem einen Falle des Fahrzeughalters oder des Tierhalters, in dem andern Falle des Fahrzeughalters oder des Eisenbahnunternehmers beschädigt worden ist. Vorausgesetzt ist einmal, daß die Haftpflicht des andern, nicht beschädigten Beteiligten begründet ist, und zweitens, daß auch der Beschädigte für den Schaden verantwortlich sein würde, wenn ihn ein Dritter erlitten hätte. Siehe unten Anm. 5. Zu beachten bleibt, daß der Eisenbahnunternehmer nach dem Reichshaftpflichtgesetz für Sachschaden nicht aufzukommen hat. Insoweit ihm die Haftung für Sachschaden nicht durch Landesgesetz auferlegt ist (wie für Preußen durch Gesetz v. 3. Nov. 1838, aufrechterhalten durch Art. 105 EG. z. BGB. und ebenso für zahlreiche andere Bundesstaaten geschehen, vgl. Eger, Haftpflichtgesetz S. 111), kann ein Gesamtschuldverhältnis zwischen ihm und denjenigen Verpflichteten, die auch für Sachschaden aufzukommen haben, nicht entstehen; das Gesamtschuldverhältnis bleibt vielmehr auf denjenigen Schaden beschränkt, für den alle verpflichtet sind.

Auch der § 12 d. Ges. beschränkt den Schadensersatzanspruch, aber nicht wie irgendein anderer, aus der Entstehung des Schuldverhältnisses entnommene Einwand, z. B. des mitwirkenden Verschuldens, mit der absoluten Wirkung einer Negation des Anspruchs, sondern wie es dem Zweck der Bestimmung, dem Schutze des Schuldners, entspricht und genügt, nur mit der Wirkung, daß der Anspruch über die Haftsumme hinaus nicht verwirklicht werden kann. So kann auch ein durch den Mitbewerb mehrerer Gläubiger verkürzter Ersatzanspruch wieder anwachsen, wenn der Wegfall eines Gläubigers einen Teil der Haftsumme freigibt. Wollte man beim Vorhandensein mehrerer Ersatzpflichtiger, die sämtlich oder zum Teil mit der Beschränkung des § 12 haften, ein Gesamtschuldverhältnis nur in den Grenzen der Haftsumme anerkennen und folgerichtig auch den Ausgleich nur in diesen Grenzen stattfinden lassen, so würde das zu einer unbilligen und vom Gesetz nicht gewollten Bevorzugung des beschränkt Verpflichteten gegenüber dem unbeschränkt Verpflichteten führen. Ist z. B. für einen Sachschaden von 15000 M. neben einem Kraftfahrzeughalter ein Tierhalter ersatzpflichtig und liegen die Umstände so, daß eine gleichmäßige Verteilung angemessen erscheint, so würde, da nach der eben erörterten Ansicht nur 10000 M., und zwar gleichmäßig zu verteilen sind, der Fahrzeughalter 5000 M., der Tierhalter dagegen 10000 M. zu tragen haben. Richtig sind aber meines Erachtens beide Haftpflichtige als Gesamtschuldner in Höhe von 15000 M. mit der Maßgabe anzusehen, daß der Fahrzeughalter nur mit höchstens 10000 M. herangezogen werden darf. Das führt dann zu dem Ausgleich, daß jeder 7500 M. beizutragen hat, ein Ergebnis, welches sowohl dem Schuldnerschutz des § 12 als auch der Billigkeit gerecht wird (im Ergebnis übereinstimmend Eger S. 347 und Höpfel). Haften zwei Kraftfahrzeughalter beschränkt für einen fortwirkenden Schaden, der auf 4000 M. jährlich festgestellt ist, so besteht die Gesamtschuld beider in Höhe von 4000 M., aber mit der Maßgabe, daß ein jeder nur bis höchstens 3000 M. haftet. Der Ausgleich ist in diesem Falle freilich nur beschränkt möglich, da auch derjenige, der in geringerem Maße an der Verursachung beteiligt erscheint, mit mindestens 1000 M. Rentenschuld belastet werden muß.

Die Ausgleichung bezweckt die Verteilung des Schadens unter seine mehreren Verursacher. Im Ausgleichungsverfahren haftet ein jeder nur nach Maßgabe seines Anteils. Sind drei oder mehr Haftpflichtige vorhanden, z. B. die beiden Halter und die beiden Führer der beteiligten Kraftfahrzeuge, so kann der Ausgleichungskläger auch dann, wenn er selbst wegen zurücktretender eigenen Verursachung auf Kosten der Beklagten vom Schadensersatz gänzlich freigestellt zu werden beansprucht, nicht gesamtschuldnerische Verurteilung der Beklagten zur Erstattung seiner Auslagen fordern. Nur dem Verletzten gegenüber besteht die gesamtschuldnerische Haftung, nicht gegenüber dem Ausgleichungskläger. Hat der Ausgleichungskläger nicht alle Mitverpflichteten verklagt, so muß das Gericht gleichwohl auch den Anteil des nicht verklagten Teilnehmers an der Gesamtschuld feststellen — freilich ohne Rechtskraft gegen diesen —, um die Anteile der Prozeßparteien bestimmen zu können. Steht zwischen den Prozeßparteien fest, daß der nichtbeklagte Teilnehmer unvermögend ist, so muß der Schaden nach § 426 Abs. 1 Satz 2 unter die Prozeßparteien allein verteilt werden. Stellt sich das Unvermögen eines verurteilten Teilnehmers später heraus, so ist eine neue Klage zwecks anderweiter Verteilung von dessen Anteil nach derselben Gesetzesstelle zulässig, RG. 30. April 1914, VI, 10/14; 6. Juli 1914, JW. 922[7].

4. Ausgleichungsmaßstab.

Als Ausgleichungsmaßstab soll derselbe Grundsatz zur Anwendung kommen, der nach § 254 BGB. bei mitwirkender Verantwortlichkeit des Beschädigten die Verteilung des Schadens zwischen ihm und dem Haftpflichtigen regelt. Der bezügliche Gesetzestext des § 17 stimmt wörtlich mit § 254 BGB. überein. Abzuwägen ist das Maß der Verursachung; kommt Verschulden auf der einen oder andern Seite in Frage, so ist auch der Grad des Verschuldens in Betracht zu ziehen. Das Nähere siehe oben Anm. 5 zu § 9.

Von dem Resultate des Abwägens hängt sowohl die Verpflichtung zum Ausgleich überhaupt, als auch der Umfang des Ersatzes ab. Es kann also dem einen Haftpflichtigen die ganze Haftung auferlegt und der andere völlig befreit werden; es kann auch der Schaden anteilsweise beiden auferlegt oder sonstwie zwischen ihnen geteilt werden. Im Zweifel sowie bei gleicher Beteiligung wird jeder zu gleichem Anteil verpflichtet sein. Eine rechtliche Notwendigkeit, dem aus festgestelltem Verschulden haftenden Beteiligten den Schaden allein aufzuerlegen, den aus bloßer Gefährdung Haftenden also ganz freizulassen, ergeben weder §§ 17, 18 Krftfzggef. noch § 840

Abs. 3 BGB., RG. 6. Juli 1914, JW. 922[7]. War aber das Verschulden ein grobes, während auf der andern Seite die Betriebsgefahr nicht erhöht war, so wird dem schuldhaft Verpflichteten allein der Schaden ganz auferlegt werden müssen, RG. 19. Juni 1911, JW. 758[8]. Bloß vermutetes Verschulden (aus § 831 BGB.) kann minder schwer bewertet werden als nachgewiesenes Verschulden aus § 823 BGB., RG. 6. Juli 1914, JW. 922[7]. Verschulden seines Führers muß sich der eigene Halter als gefahrerhöhenden Umstand anrechnen lassen, auch wenn er sich selbst aus § 831 BGB. vom Schuldvermuten befreit hat, RG. 2. Mai 1912, Bd. 79, 318.

Ist die gesamtschuldnerische Haftung mehrerer Halter unter anderen Voraussetzungen zustande gekommen, z. B. weil das schädigende Kraftfahrzeug im Miteigentum mehrerer Personen steht, so findet der Ausgleich natürlich nach anderen Grundsätzen statt.

5. Schaden, der einem Haftpflichtigen selbst entstanden ist.

Hat bei einem Unfall unter den vorstehend erörterten Umständen (mitwirkende Verursachung durch zwei Kraftfahrzeuge, ein Kraftfahrzeug und ein Tier, ein Kraftfahrzeug und einen Eisenbahnbetrieb) einer der beteiligten Haftpflichtigen selbst an seiner Person oder seinen Sachen (z. B. dem Kraftfahrzeug selbst) Schaden erlitten, so hat er selbstverständlich einen Schadensersatzanspruch gegen den oder die mitbeteiligten Verursacher seines Schadens, und ebenso selbstverständlich muß er sich bei mitwirkendem eigenen Verschulden nach § 9 d. Ges., § 254 BGB. die dort angeordnete Verteilung des Schadens gefallen lassen. Zweifelhaft konnte dagegen sein, ob er auch dann zum Ausgleich herangezogen werden könne, wenn von seiner Seite nur eine Gefahr mitgewirkt hatte, für die er die gesetzliche Verantwortung trägt. Das RG. hatte die Frage in der Entsch. v. 19. Okt. 1905 (JW. 734[32]) verneint, in der Entsch. v. 21. Nov. 1907 (JW. 1908, 40[15]) bejaht. Die Frage ist für den Geltungsbereich des § 17 durch Abs. 1 Satz 2 und Abs. 2 in bejahendem Sinne entschieden, und das ist die praktische Bedeutung dieser Bestimmung. Für das übrige bürgerliche Recht behält die Entsch. v. 22. Nov. 1907 maßgebenden Wert.

Damit der Ausgleich stattfinden könne, muß eine Mitverantwortlichkeit des Beschädigten vorliegen, die, wenn nicht er selbst, sondern ein Dritter den Schaden erlitten hätte, seine Haftpflicht aus diesem Gesetze dem Dritten gegenüber begründen würde. War das Fahrzeug des Klägers ein Lastfahrzeug mit 20 Kilometer Höchstgeschwindigkeit (§ 8 Ziff. 2), so fehlt es an einer Mitverantwortlichkeit von seiner Seite, es müßte ihm denn Verschulden zur Last fallen. Dagegen kann sich der klagende Halter der Einrede der Mitverantwortlichkeit nicht etwa damit entziehen, daß seine Haftpflicht für den Schaden aus § 8 Ziff. 1 ausgeschlossen sei, weil ein Insasse seines Fahrzeugs — nämlich er selbst — und Fracht seines Wagens betroffen worden sei. Die Anwendung des § 8 Ziff. 1 setzt eine Verschiedenheit in der Person des Geschädigten und des haftpflichtigen Halters voraus.

Hat auch der andere Fahrzeughalter an seiner Person oder seinem Fahrzeug oder sonstigen Sachen bei dem Unfall Schaden genommen, so kann er seine Regreßforderung gegen die Klagforderung aufrechnen, einen Überschuß im Wege der Widerklage geltend machen.

6. Einige praktische Anwendungsfälle.

Bei einem Unfall der hier besprochenen Art ist der Fahrgast eines Kraftwagens verletzt, oder sind die auf dem Wagen beförderten Sachen eines Dritten beschädigt worden. Unter der Annahme, daß gegen den eigenen Halter außerhalb des vorliegenden Gesetzes keine Ersatzpflicht begründet ist, muß der fremde Halter oder Eisenbahnunternehmer allein für den Schaden aufkommen und kann keinen Ausgleich fordern. Denn der Ausgleich würde voraussetzen, daß auch der eigene Halter dem Geschädigten ersatzpflichtig wäre; das ist aber durch § 8 Abs. 1 ausgeschlossen. Hat dagegen der eigene Halter des Geschädigten für Verschulden aus §§ 823, 831 BGB. oder auf Grund des Beförderungsvertrages einzustehen, so ist damit die Unterlage für einen Ausgleichsanspruch gegeben, und zwar findet der Ausgleich bei Haftung für außervertragliches Verschulden aus § 17 d. Ges., bei Vertragshaftung aus §§ 426, 254 BGB. statt. Ein Vertragsanspruch ist übrigens nicht in allen Fällen der Beförderung eines Fahrgastes auf fremdem Fahrzeug gegeben; wurde er z. B. nur aus Gefälligkeit mitgenommen, so fehlt es an einem Beförderungsvertrage.

Das Gleiche gilt, wenn der Führer oder ein sonstiger Betriebsangestellter des Kraftfahrzeugs (Autobusses) verletzt worden ist; denn auch hier greift § 8 Ziff. 1 Platz. Ein Vertragsanspruch auf Schadensersatz kann aus dem Dienstvertrage gegeben sein. Wenn aber der Betriebsangestellte der staatlich geordneten Unfallfürsorge untersteht, so tritt an die Stelle des wegfallenden Schadensersatzes an den Verletzten eine begrenzte, aber von jedem Verschulden unabhängige Fürsorgeentschädigung der Versicherungsanstalt, der ihrerseits ein an bestimmte Voraussetzungen gebundener Ersatzanspruch für ihre Aufwendungen gegen den Betriebsunternehmer nach den §§ 136—138 GUVG., §§ 903—907 RVO. durch das Gesetz zugesprochen wird. Durch diese Ordnung ist der Betriebsunternehmer des verletzten Angestellten auch der Ausgleichungspflicht entzogen, da der Verletzte gegen ihn keinen Schadensersatzanspruch hat. Wenn also bei einem Zusammenstoß zwischen Kraftomnibus und Straßenbahn der Omnibusschaffner verletzt wird und auf Grund des günstigeren Haftpflichtgesetzes vom Straßenbahnunternehmer Schadensersatz fordert und erhält, oder wenn die Berufsgenossenschaft das von ihr Geleistete vom Straßenbahnunternehmer fordert, kann dieser keinen Regreß gegen den Omnibushalter nehmen, sondern muß den Schaden allein tragen. Auch wenn der Omnibuschauffeur den Schaden verschuldet hat, kann er zwar diesen aus § 823 Verpflichteten, und zwar unter Umständen, wenn die Betriebsgefahr der Straßenbahn gegenüber dem Verschulden des Omnibusführers ganz zurücktritt, in voller Höhe des Schadens zum Ausgleich heranziehen; aber der Omnibushalter bleibt auch in diesem Falle frei, RG. 30. April 1914, VI. 10/14.

Ist bei einem Zusammenstoß eines der beteiligten Kraftfahrzeuge beschädigt worden, so kommt es zum Ausgleich, auch wenn der Halter des beschädigten Fahrzeugs nur als Träger der Betriebsgefahr mitverantwortlich ist (Abs. 1 Satz 2). Gehörte aber das Kraftfahrzeug nicht dem Halter, sondern einem Dritten, so daß dieser der Geschädigte ist, dann gilt, was oben für den Fall der Beschädigung einer auf dem Fahrzeug beförderten fremden Sache ausgeführt ist, d. h. der Ausgleich findet nur dann statt, wenn den Halter des beschädigten Fahrzeugs Verschuldenshaftung trifft; Haftung auf Grund des vorliegenden Gesetzes ist durch § 8 Ziff. 1 ausgeschlossen; denn was für Sachen gilt, die auf dem Fahrzeug befördert werden, muß auch für das Fahrzeug selbst gelten. Der Halter des andern Fahrzeugs hat also allein den Schaden zu tragen.

Sind beide Fahrzeuge beschädigt worden, ohne daß einen der Halter Verschulden trifft, so ist der Gesamtschaden an beiden Fahrzeugen angemessen, also im Zweifel zur Hälfte, zu verteilen, wenn die Halter selbst die Geschädigten sind; wenn aber beide Fahrzeuge einer dritten und vierten Person gehören, hat jeder Halter für den Schaden des andern Fahrzeugs einzustehen, ohne daß ein Ausgleich stattfinden kann.

§ 18.

In den Fällen des § 7 Abs. 1 ist auch der Führer des Kraftfahrzeugs zum Ersatze des Schadens nach den Vorschriften der §§ 8—15 verpflichtet. Die Ersatzpflicht ist ausgeschlossen, wenn der Schaden nicht durch ein Verschulden des Führers verursacht ist.

Die Vorschrift des § 16 findet entsprechende Anwendung.

Ist in den Fällen des § 17 auch der Führer eines Fahrzeugs zum Ersatze des Schadens verpflichtet, so finden auf diese Verpflichtung in seinem Verhältnisse zu den Haltern und Führern der anderen beteiligten Fahrzeuge, zu dem Tierhalter oder Eisenbahnunternehmer die Vorschriften des § 17 entsprechende Anwendung.

1. Führer.

Über den Begriff des Führers vgl. Anm. 2 zu § 2. Ob der Führer im Auftrage oder mit der Ermächtigung eines andern das Kraftfahrzeug führt, oder ob der Halter oder ein fremder Gebrauchsanmaßer selbst fährt, ist gleichgültig. Auch die Letztgenannten tragen neben der Verantwortlichkeit des Halters diejenige des Führers, wenn auch praktisch auf die Führerhaftung, die einen erheblich leichteren Entschuldungsbeweis zuläßt als die strengere Halterhaftpflicht, kaum zurückgegriffen werden wird. Es kommt lediglich auf die tatsächliche Führung im Augenblick des Unfalls an; der angestellte Führer, der seinem Herrn oder einem Dritten die Führung überlassen hatte, trägt nicht die Führerhaftpflicht.

2. Die Haftpflicht des Führers.

Die Haftpflicht des Kraftwagenführers ist an dieselben klagbegründenden Tatsachen geknüpft wie die Haftpflicht des Halters: es muß bei dem Betriebe eines Kraftfahrzeugs ein Mensch getötet, der Körper oder die Gesundheit eines Menschen verletzt oder eine Sache beschädigt worden sein. Siehe hierüber oben Anm. 2—10 zu § 7.

Die Absätze 2 und 3 des § 7 beziehen sich lediglich auf die Haftpflicht des Halters und finden keine Anwendung auf diejenige des Führers.

§ 18 Satz 2 entspricht dem Abs. 2 des § 7, stellt aber die Haftpflicht des Führers insofern auf eine ganz andere Grundlage, als der Führer lediglich für eigenes Verschulden haftet. Seine Haftpflicht ist gegenüber dem allgemeinen bürgerlichen Recht nur insoweit verschärft, als ihm nicht Verschulden nachgewiesen zu werden braucht, er vielmehr die gegen ihn sprechende Vermutung des Verschuldens entkräften muß. Insonderheit haftet er nicht für Fehler im Material oder in der Konstruktion des Wagens, noch für Versagen der Verrichtungen des Fahrzeugs. Er hat nur die normale im Verkehr erforderliche Sorgfalt, wie sie von jedem gewissenhaften Chauffeur geleistet zu werden pflegt, zu leisten, nicht die erhöhte Diligenzpflicht des Halters. Im praktischen Ergebnis wird der Unterschied aber nicht erheblich sein, da die große Verantwortlichkeit des Kraftwagenführers schon normalerweise ganz besondere Umsicht erfordert. Vgl. die oben Anm. 22 zu § 7 am Schlusse angeführten Reichsgerichtsentscheidungen.

Der Nachweis des Führers, daß der Unfall auf ein Versagen der Lenk- oder Bremsvorrichtung oder auf andere Mängel des Fahrzeugs zurückzuführen ist, entlastet ihn nicht ohne weiteres. Er muß ferner nachweisen, daß er den Fehler auch bei Anwendung der verkehrserforderlichen Sorgfalt vor dem Unfall, insbesondere bei der vor jeder Inbetriebsetzung vorzunehmenden Prüfung des Fahrzeugs, nicht habe entdecken können (§ 16 BV.).

Der Umfang der Haftpflicht des Halters ist auch für diejenige des Führers maßgebend; desgl die Beschränkungen der Haftpflicht in §§ 8, 9 und 12. Auch die Vorschriften der §§ 14 und 15 über Verjährung, Anzeigepflicht und Ausschlußfrist gelten für die Haftpflicht des Führers.

8. Haftung des Führers nach BGB.

Es bleiben die reichsgesetzlichen Vorschriften unberührt, nach welchen der Führer eines Kraftfahrzeugs für den durch das Fahrzeug verursachten Schaden in weiterem Umfange als nach den Vorschriften dieses Gesetzes haftet, oder nach welchen ein anderer für den Schaden verantwortlich ist. Nach BGB. haftet der Führer unter der Voraussetzung des — nicht zu präsumierenden, also nachgewiesenen — Verschuldens in weiterem Umfange als nach dem vorliegenden Gesetze. Hat er nicht nur den Beweis seiner Nichtschuld nicht führen können, sondern läßt der vom Kläger aufgedeckte Tatbestand ein kausales Verschulden auf seiten des Führers erkennen, so muß dieser z. B. auch Schmerzensgeld zahlen (§ 847 BGB.) und hat gegebenenfalls nicht nur dem Verletzten selbst, sondern auch dessen Vater oder Ehemann für die ihnen entgehenden Dienste des Verletzten Schadensersatz zu leisten (§ 845 BGB.); auch fallen die Beschränkungen aus §§ 8, 12, 14, 15 dieses Gesetzes fort.

4. Die Ausgleichung.

I. Nach § 18.

Neben dem Führer ist stets auch der Halter des Kraftfahrzeugs ersatzpflichtig; denn wenn der Führer den Exkulpationsbeweis für sich nicht erbringen kann, dann war der Unfall auch für den Halter nicht unabwendbar, da zum Beweis der Unabwendbarkeit gehört, daß auch der Führer jede gebotene Sorgfalt beobachtet habe. Das Gesetz hat nun folgende Fälle im Auge: es haften neben dem Führer (und dem Halter) eines Kraftwagens a) der Halter eines zweiten Kraftwagens oder b) der Halter und der Führer eines zweiten Kraftwagens, oder c) ein Tierhalter oder d) ein Eisenbahnunternehmer. In allen diesen Fällen findet der Ausgleich zwischen dem Führer und den andern Gesamtschuldnern nach dem Prinzip des § 17 d. Ges., § 254 BGB. statt, und zwar gleichviel ob der Schaden unmittelbar einen Dritten getroffen hat, der dann von einem der Gesamtschuldner wegen seiner Ersatzforderung befriedigt worden ist, oder ob einer der genannten Beteiligten selbst durch den Unfall beschädigt worden ist. Sowohl der Führer hat die Ersatz- oder Ausgleichsklage gegen den oder die Mitverpflichteten, wenn ihn der Schaden betroffen hat oder wenn er den Dritten entschädigt hat, als auch unterliegt er im umgekehrten Falle der Ausgleichsklage des oder der Mitverpflichteten.

II. Im Verhältnis zum Halter des eigenen Fahrzeugs.

Von dieser Art des Ausgleichs ist aber das Verhältnis

zwischen dem Führer und dem Halter desjenigen Fahrzeugs, das jener bei dem Unfall geführt hat, ausgeschlossen. Dies Verhältnis untersteht dem zwischen beiden obwaltenden Vertragsrecht. Die Vertragsklage beruht auf der Voraussetzung, daß der Beklagte durch sein für die Entstehung des Schadens ursächliches Verhalten seine Vertragspflichten dem Kläger gegenüber schuldhaft verletzt hat. Der Halter ist seinem angestellten Führer aus § 618 BGB., insbesondere auch für die gute Beschaffenheit des Kraftfahrzeugs verpflichtet. Zu den Vertragspflichten des Führers gehört es namentlich, das Fahrzeug so vorsichtig, sorgfältig und umsichtig zu führen, daß Schäden und Schadensersatzansprüche Dritter nach Möglichkeit vermieden werden. Daß der Führer der Schadensersatzklage des verletzten Dritten gegenüber den Nachweis seiner Nichtschuld nicht hat erbringen können, genügt freilich noch nicht zur positiven Feststellung einer Verletzung seiner Vertragspflichten. Auch der Vertragsklage gegenüber ist der Einwand des mitwirkenden Verschuldens aus § 254 BGB. zulässig, so daß eine Verteilung des Schadens stattfindet, wenn beide Teile ihre Vertragspflichten schuldhaft verletzt haben. Hat nur der eine Teil sie verletzt, dann muß er den Schaden ganz tragen.

Versagt die Vertragsklage, weil eine Verletzung der Vertragspflichten auf keiner Seite festgestellt werden kann, oder bestand überhaupt kein Vertragsverhältnis, dann findet der Ausgleich auf Grund des Gesamtschuldverhältnisses nach §§ 426, 254 BGB. statt (vgl. über die Anwendbarkeit des § 254 oben Anm. 1 zu § 17), wobei der Grad der Gefährdung des Verletzten durch die von den beiden Ausgleichungsbeteiligten zu vertretenden ursächlichen Umstände den Ausgleichungsmaßstab bildet. Ist für beide Teile nur die Haftpflicht aus dem vorliegenden Gesetz begründet, so wird das vermutete Verschulden des Führers regelmäßig höher zu bewerten sein als die vom Halter zu vertretende Betriebsgefahr und jedenfalls dann zur völligen Freistellung des Halters führen müssen, wenn dieser nur deshalb haftet, weil die Schuldbefreiung des Führers nicht gelungen ist.

Ein verletzter Fahrgast hat gegen den Führer nur auf Grund nachgewiesenen Verschuldens einen Ersatzanspruch (§ 8 Ziff. 1). Fehlt es daran und nimmt der Fahrgast den Halter aus dem Beförderungsvertrage in Anspruch, so kann der Halter regelmäßig keinen Rückgriff gegen seinen Führer nehmen: für die Ausgleichungsklage aus §§ 426, 254 BGB. fehlt es an der Voraussetzung des Gesamtschuldverhältnisses, da der Führer aus bloß vermutetem Verschulden dem Fahrgast nicht haftet (§ 8[1]); für die Vertragsklage des Halters gegen den Führer wird, wenn der Verletzte den Schuldbeweis nicht hat führen können, auch eine schuldhafte Verletzung der Vertragspflichten dem Führer regelmäßig nicht nachzuweisen sein.

Für unmittelbar selbst erlittenen Schaden können Führer und Halter sich gegenseitig aus dem vorliegenden Gesetz nicht in Anspruch nehmen (§ 8[1]). Sie haften sich also nur für vertragliches oder außervertragliches Verschulden.

§ 19.

In bürgerlichen Rechtsstreitigkeiten, in welchen durch Klage oder Widerklage ein Anspruch auf Grund der Vorschriften dieses Gesetzes geltend gemacht ist, wird die Verhandlung und Entscheidung letzter Instanz im Sinne des § 8 des Einführungsgesetzes zum Gerichtsverfassungsgesetze dem Reichsgerichte zugewiesen.

Die Bestimmung entspricht wörtlich dem Art. 6 des EG. zum BGB. und stellt somit die Ansprüche aus dem vorliegenden Gesetze den Ansprüchen aus dem BGB. in Ansehung der letztinstanzlichen Zuständigkeit des Reichsgerichts gleich. § 8 EG. zum GVG. lautet:

Durch die Gesetzgebung eines Bundesstaates, in welchem mehrere Oberlandesgerichte errichtet werden, kann die Verhandlung und Entscheidung der zur Zuständigkeit des

Reichsgerichts gehörenden Revisionen in bürgerlichen Rechtsstreitigkeiten einem obersten Landesgerichte zugewiesen werden.

Diese Vorschrift findet jedoch auf bürgerliche Rechtsstreitigkeiten, welche zur Zuständigkeit des Reichsoberhandelsgerichts gehören oder durch besondere Reichsgesetze dem Reichsgerichte zugewiesen werden, keine Anwendung, es sei denn, daß für die Entscheidung im wesentlichen Rechtsnormen in Betracht kommen, die in Landesgesetzen enthalten sind.

§ 19 stellt sich als besonderes Reichsgesetz im Sinne des Abs. 2 dar, durch welches die bürgerlichen Rechtsstreitigkeiten auf Grund des vorliegenden Gesetzes dem Reichsgerichte zugewiesen werden. Die praktische Bedeutung der Bestimmung besteht lediglich darin, daß die bayerische Gesetzgebung gehindert wird, in Streitigkeiten betreffend Ansprüche aus dem vorliegenden Gesetze die Revisionen und Beschwerden gegen Urteile und Beschlüsse der Oberlandesgerichte dem bayerischen obersten Landesgerichte zuzuweisen.

Soweit Ansprüche aus dem vorliegenden Gesetze vor dem Amtsgericht erhoben werden oder im Strafverfahren wegen fahrlässiger Körperverletzung durch Stellung des Antrags auf Zuerkennung einer Buße geltend gemacht werden, ist für § 19 kein Raum.

Der Zweck der Bestimmung ist, die Einheitlichkeit der Rechtsprechung im ganzen Reichsgebiet zu gewährleisten. Gleichwohl bezieht sich die Vorschrift nur auf die Fälle, wo durch Klage oder Widerklage der Anspruch geltend gemacht wird, findet dagegen keine Anwendung, wenn der Anspruch zur Begründung einer Einrede, z. B. der Aufrechnungseinrede, vorgebracht wird.

§ 20.

Für Klagen, die auf Grund dieses Gesetzes erhoben werden, ist auch das Gericht zuständig, in dessen Bezirke das schädigende Ereignis stattgefunden hat.

Dieser von der Reichstagskommission beschlossene Zusatz zum Entwurf stellt die Zuständigkeit des Gerichts des Unfalls, die nach der neueren Rechtsprechung des Reichsgerichts schon auf Grund des § 32 ZPO. (Gerichtsstand der unerlaubten Handlung) gegeben sein würde, außer Zweifel.

Alle Klagen auf Grund dieses Gesetzes, auch die Umwandlungsklage aus § 323 ZPO. und die Regreßklage aus § 17, können vor dem Gericht des Unfalls erhoben werden.

III. Strafvorschriften.

§ 21.

Wer den zur Erhaltung der Ordnung und Sicherheit auf den öffentlichen Wegen oder Plätzen erlassenen polizeilichen Anordnungen über den Verkehr mit Kraftfahrzeugen zuwiderhandelt, wird mit Geldstrafe bis zu einhundertfünfzig Mark oder mit Haft bestraft.

1. Die Bestimmung ist ein sog. Blankettstrafgesetz; sie bezieht sich auf alle beim Inkrafttreten dieses Strafgesetzes bestehenden und auf die später zu erlassenden, dem angegebenen Zweck dienenden Anordnungen über den Verkehr mit Kraftfahrzeugen, vorausgesetzt, daß sie von der zuständigen Stelle innerhalb ihrer Amtsbefugnisse in gültiger Form erlassen worden sind. Zuständig für die Erlassung von dergleichen Anordnungen sind:

1. der Bundesrat nach § 6 Abs. 1 d. Ges.,
2. die Landeszentralbehörden (§ 6 Abs. 3 d. Ges.), aber nur, soweit die VV. v. 3. Febr. 1910 zum Erlaß von ergänzenden Anordnungen Raum läßt,
3. die höheren Verwaltungsbehörden und die örtlichen Polizeibehörden in den ihnen durch die VV. zugewiesenen Grenzen (§ 23 VV.), aber nur, soweit diese lokalen Behörden nach den für ihre Zuständigkeit und Befugnisse bestehenden Gesetzen zum Erlaß solcher Verordnungen (Sperrung bestimmter Straßen für alle oder bestimmte Kraftfahrzeuge, Höchstgeschwindigkeit und Höchstgewicht an bestimmten

Stellen usw.) befugt sind. § 6 d. Ges. will keine neuen Befugnisse erteilen, sondern nur die anderweit begründeten anerkennen, RG. 10. Febr. 1913, Bd. 43, 411.

Die Polizeiverordnungen müssen die Regelung gerade des Kraftfahrzeugverkehrs zum Gegenstande haben, doch nicht zum ausschließlichen. Verordnungen, die ausdrücklich die Kraftfahrzeuge und zwar nicht bloß als Beispiel namhaft machen und also den Verkehr mit Kraftfahrzeugen regeln, fallen insoweit unter § 21, mögen sie daneben auch Vorschriften für den allgemeinen Fahrverkehr enthalten. Verordnungen, die sich aber auf Vorschriften letzterer Art beschränken, gehören nicht hierher, wenn auch die Kraftfahrzeuge in ihrer Eigenschaft als Fahrzeuge ihnen unterworfen sind. Übertretungen gegen Verordnungen letzterer Art sind nach der milderen Strafbestimmung des § 366^{10} RStGB. zu bestrafen (so Eger, Höpfel, a. M. Schmid, Württ. Zeitschr. 52, 378 und Knapp, Württ. ZRB. 4, 278).

Die Polizeiverordnung muß zu dem Zweck erlassen sein, die Ordnung und Sicherheit auf den öffentlichen Straßen zu erhalten. Ihre Zweckmäßigkeit hat der Richter nicht zu prüfen, insbesondere auch nicht, ob der Zustand des Weges oder die Eigenart des Verkehrs das Sperrverbot rechtfertigt, RG. 21. Okt. 1912, Bd. 43, 408. Nicht hierher gehören Verordnungen, die andern Zwecken dienen wollen, z. B. die das Anhalten zwecks Erhebung des Straßenzolls vorschreiben.

Nach § 23 BB. können nicht nur Polizeiverordnungen allgemeiner Art, sondern auch polizeiliche Anordnungen für einzelne besondere Gelegenheiten erlassen werden. Immer aber müssen sie für die Allgemeinheit gelten; eine Anordnung verliert ihren allgemeinen Charakter aber nicht schon dadurch, daß ein einzelner davon befreit wird, OLG. Jena 17. Aug. 1912, Warneyer 1913, 160. Verfügungen, die sich nur an bestimmte Personen richten und nur einzelne Fahrzeuge betreffen, fallen nicht unter die polizeilichen Anordnungen, die im § 21 unter Strafschutz gestellt sind, RG. 13. März 1913 DJZ. 18, 1141.

Die verbotenen Wege müssen in den Verordnungen einzeln bezeichnet werden; der Erlaß genereller Verbote ist unstatthaft, Bayer. ObstLG. 1. April 1911, Warneyer 1912, 144. Dem Durchgangsverkehr (§ 23 Abs. 1 BV.) dient eine Wegestrecke nicht, wenn sie überwiegend dem örtlichen Verkehr zu dienen bestimmt ist, RG. 21. Okt. 1912, Bd. 43, 408. Eine Kreispolizeiverordnung, die eine dem Durchgangsverkehr dienende Wegestrecke für Autos sperrt, ist ungültig, RG. 2. Febr. 1914, Bd. 45, 485. Allgemeine polizeiliche Vorschriften im Sinne des § 23 BV. — im Gegensatz zu den für den einzelnen Fall getroffenen polizeilichen Anordnungen — bedürfen in Preußen der Form einer Polizeiverordnung und müssen unter Beobachtung der für den Erlaß von Polizeiverordnungen bestehenden Vorschriften verkündet werden, RG. 5. Dez. 1912, Bd. 48, 406.

Für das ganze Reich gültige polizeiliche Anordnungen über den Verkehr mit Kraftfahrzeugen enthält die BV. v. 3. Febr. 1910 (siehe Anhang).

2. Die unter den Strafschutz des § 21 gestellten Vorschriften der BV. wenden sich teils an den Eigentümer, teils an den Halter und vorwiegend an den Führer des Kraftfahrzeugs; zum Teil auch an andere Personen, z. B. an den Fabrikanten oder Händler (§ 31) und mit dem Verbot der Veranstaltung von Wettfahrten und der Vorschrift polizeilicher Genehmigung von Zuverlässigkeitsfahrten (§ 24) an jeden, der dergleichen unerlaubt veranstaltet. Für eine Anzahl von Vorschriften, die die Betriebssicherheit des Fahrzeugs, seine vorschriftsmäßige Ausrüstung, die Anbringung des Kennzeichens und anderes betreffen, können Führer und Halter verantwortlich sein, je nachdem einen von ihnen oder beide ein subjektives Verschulden trifft. Der Halter oder auch dritte Personen können sich z. B. als Anstifter strafbar machen, wenn der Führer einen verbotenen Weg fährt, RG. 21. Okt. 1912, Bd. 43, 411. Für das Verhalten des Führers auf der Fahrt kann der mitfahrende Halter oder auch ein anderer Wagen-

insasse als Anstifter in Betracht kommen. Auch durch bloßes Geschehenlassen kann sich der mitfahrende Halter strafbar machen, z. B. wenn er bemerkt, daß der Führer eine unzulässige Geschwindigkeit einschlägt; kraft seiner Stellung als Dienstherr ist er in der Lage und deshalb auch verpflichtet, einzugreifen. RG. 22. Febr. 1906, Goltd. Arch. 53, 175; 5. Nov. 1907, Recht Nr. 3782; KG. 6. Jan. 1908, EE. 25, 29; Bayer. ObstLG. 1. Febr. 1908, EE. 25, 43; 6. Mai 1908, Bd. 8, 288.

Bestrafung kann nur eintreten, wenn ein Verschulden nachgewiesen ist. Fahrlässigkeit genügt. Unkenntnis der polizeilichen Anordnungen ist stets schuldhaft.

3. Die einzelnen Pflichten nach der BV. v. 3. Febr. 1910, deren Versäumnis Strafe aus § 21 nach sich zieht.

Der Halter ist verantwortlich, sofern ihn ein Verschulden trifft:

daß das Fahrzeug den gesetzlichen Vorschriften der §§ 3 u. 4 (bezüglich Anhängewagen des § 25) entspricht und dauernd entsprechend erhalten wird, daß insbesondere die Vorrichtungen zur Beleuchtung des Fahrzeugs (§ 4 Z. 5) und des hinteren Kennzeichens (§ 11) vorhanden sind, daß eine tieftönende, fest eingebaute (arg. a contr. aus § 19 Abs. 3, der im Gegensatz von der „lose" mitzuführenden Trompete spricht) Hupe vorhanden ist und daß das Fahrzeug mit den vorschriftsmäßigen Kennzeichen versehen ist (§§ 7—10),

daß das Kennzeichen nach Verlust erneuert wird (§ 12),

daß nicht mehrere Kennzeichen angebracht werden (§ 13).

Strafbare Handlungen am Kennzeichen unterstehen, wenn rechtswidrige Absicht vorliegt, dem § 25 d. Ges. Ohne abgestempeltes Kennzeichen darf sich ein Kraftfahrzeug öffentlich mit eigener Kraft nur auf dem Wege zur polizeilichen Abstempelung bewegen, nicht dagegen auf dem Wege zur technischen Prüfung; nimmt der Sachverständige die Prüfung nicht dort vor, wo sich das Fahrzeug befindet, so muß es mit fremder Kraft zum Prüfungsort befördert werden, RG. 17. Okt. 1911, Bd. 42, 406/7.

Der Eigentümer des Kraftfahrzeugs hat bei Vermeidung der Bestrafung aus § 21 die Pflichten:

Änderungen des Fahrzeugs, die, ohne für seine Betriebssicherheit wesentlich zu sein, die zu seiner Identifizierung dienenden Eigenschaften betreffen und deshalb in der amtlichen Liste und in der Zulassungsbescheinigung vermerkt werden, binnen zwei Wochen mit dem Antrage auf Berichtigung der Liste und der Zulassungsbescheinigung anzuzeigen (§ 6 Abs. 3 Satz 1),

bei Verlegung seines Wohnorts und bei Eigentumswechsel die erneute Zulassung zu beantragen (§ 6 Abs. 4 u. 6); bei Eigentumswechsel hat der neue Eigentümer die Antragspflicht,

die gänzliche Herausziehung des Fahrzeugs aus dem öffentlichen Verkehr anzuzeigen, die Zulassungsbescheinigung und das Kennzeichen abzuliefern oder letzteres zur Vernichtung des Dienststempels vorzulegen (§ 6 Abs. 5).

Nach der Entsch. des OLG. Karlsruhe v. 15. Jan. 1912 (Warneyer 143) sind Zuwiderhandlungen gegen § 6 Abs. 3 bis 6 BV. nach § 21 d. Ges. als Übertretungen, nicht nach § 23 das. als Vergehen zu bestrafen. Dem trete ich für die Fälle des Eigentumswechsels und der Wohnortsänderung bei, weil hier die erneute Zulassung nur im ordnungspolizeilichen Interesse gefordert wird. Dagegen steht der Gebrauch eines Kraftfahrzeugs, welches in den für seine Verkehrssicherheit wesentlichen Teilen verändert ist und deshalb auch einer erneuten Prüfung seiner Verkehrssicherheit bedarf, vor der erneuten Zulassung dem Gebrauch eines überhaupt noch nicht zugelassenen Fahrzeugs gleich und muß deshalb der Bestrafung aus § 23 d. Ges. unterliegen.

Der Eigentümer muß ferner

die Mitführung eines Anhängewagens vorher anzeigen (§ 25).

Der **Fabrikant** oder **Händler** hat die Pflicht,

die Zwischenbescheinigung innerhalb von zwei Wochen nach Verkauf des Wagens abzuliefern (§ 31 Schlußsatz).

Der **Führer** ist bei Verwirkung der Strafe aus § 21 verpflichtet,

den Führerschein und die Zulassungsbescheinigung bei Fahrten auf öffentlichen Straßen bei sich zu führen und auf Verlangen dem zuständigen Beamten vorzuzeigen (§ 15).

Das bezieht sich auch auf den Ausweis für die Fahrt zur Polizeibehörde zwecks Abstempelung des Kennzeichens (§§ 30, 12), auf den internationalen Fahrausweis (§ 30) und, soweit erforderlich, auf den Erlaubnisschein betreffend Anhängewagen (§ 25). Über die höhere Strafbarkeit, wenn er keinen Führerschein besitzt, siehe § 24 d. Ges.

Der Führer haftet

für den verkehrssicheren Zustand des Fahrzeugs, dafür, daß es mit den vorgeschriebenen Vermerken und Kennzeichen versehen ist; von beidem hat er sich vor Antritt der Fahrt zu überzeugen (§§ 15, 16). Er ist dafür verantwortlich, daß die Vorschriften über die Belastung (§§ 16, 25), über die Verbindung zwischen Zug- und Anhängewagen (§ 25), über die Beleuchtung des Kennzeichens (§§ 16 u. 25 Schlußsatz) beobachtet werden.

Zur Strafbarkeit eines Verstoßes, insbesondere auch gegen die Vorschrift der Beleuchtung des hinteren Kennzeichens genügt Fahrlässigkeit. Der Führer handelt vorsätzlich, wenn er die ungenügende Leuchtkraft der zur Beleuchtung gebrauchten Kerze kennt, OLG. Dresden 29. März 1911, Warneyer 1912, 143. War das Kennzeichen ungenügend beleuchtet, so ist es Sache des Führers, darzutun, auf welche Ursache die ungenügende Beleuchtung zurückzuführen ist, und daß er das den Umständen nach irgend Mögliche getan habe, um die Beleuchtung zu sichern, OLG. Kiel 5. Okt. 1912, Warneyer 1913, 158; RG. 6. April 1905 DJZ. 701.

Die in § 17 Satz 1 ausgesprochene allgemeine Verpflichtung des Führers zu besonderer Vorsicht bei Leitung und Bedienung des Fahrzeugs enthält keine Strafnorm, weil es ihr an einem fest umrissenen Tatbestand fehlt; sie ist nur als Einleitung zu den folgenden, bestimmte Tatbestände formulierenden polizeilichen Anordnungen zu betrachten, indem sie den Grad des strafrechtlich erheblichen Verschuldens bestimmt, RG. 9. Juni 1914, Bd. 46, 348; Bayer. ObstLG. 18. Febr. 1913, Warneyer S. 157. Dagegen ist der Führer bei Strafe gehalten,

von dem Fahrzeuge nicht abzusteigen, solange es in Bewegung ist,

sich nicht davon zu entfernen, solange die Maschine oder der Motor läuft.

Ein Führer, der sich 7 m von seinem Fahrzeug entfernt und in einen Laden begeben hatte, von wo aus er das Fahrzeug im Auge behielt, wurde für straffällig erachtet, Bayer. ObstLG. 13. Febr. 1906, Bd. 6, 330.

Wenn sich der Führer entfernt, nachdem die Maschine zur Ruhe gekommen, muß er die Vorrichtung zur Abwehr Unbefugter wirksam machen (§ 17 Abs. 1). Besondere Sorgfalt hat er darauf zu verwenden, daß nicht das Publikum durch vermeidbare Entwicklung von Geräusch, Rauch, Dampf oder üblem Geruch belästigt werde; etwa vorhandene Auspuffklappen darf er nicht öffnen (§ 17 Abs. 2, 3).

Hat eine Belästigung durch übermäßigen Rauch und üblen Geruch stattgefunden, so ist zu prüfen, ob dem Führer nicht Mittel zu Gebote standen, dies zu vermeiden, und ob er bewußt oder fahrlässigerweise die Anwendung solcher Mittel unterlassen hat, RG. 9. April 1908, Recht 423. Eine Ansammlung von Öl, die häufig der Grund solcher üblen Ausströmungen ist, kann und muß gegebenen Falles dadurch beseitigt werden, daß der Führer vor Einfahrt in eine Stadt einige Minuten unter starkem Leerlauf des Motors anhält, Bayer. ObstLG. 5. Juni 1912, Warneyer 1913, 158.

Der Führer darf die vorgeschriebene oder durch die Umstände gebotene Fahrgeschwindigkeit nicht überschreiten (§ 18).

Eine bestimmte Höchstgeschwindigkeit ist, abgesehen von ganz schweren Fahrzeugen, nur innerhalb geschlossener Ortschaften und Ortsteile vorgeschrieben. Sie ist allgemein auf 15 km in der Stunde bemessen, doch darf die höhere Verwaltungsbehörde höhere Geschwindigkeiten zulassen. Für den Begriff des geschlossenen Ortsteils ist der äußere Gesamtanblick entscheidend. Die Bebauung muß einen gewissen Zusammenhang zeigen, ohne daß aber eingestreute Freiflächen von geringerer Ausdehnung den Zusammenhang aufheben. Es genügt, daß in irgendeiner Weise sich die Örtlichkeit erkennbar von der freien Feldmark abhebt; auch die Anlage von Bürgersteigen und Straßenbeleuchtung reicht dazu aus. Deshalb ist z. B. der Berliner Tiergarten als geschlossener Ortsteil anzusehen, OLG. Dresden 17. Mai 1911, Warneyer 1912, 143; RG. 10. Juni 1912, DJZ. 17, 1473 (EE. 29, 410).

Nach § 18 Abs. 1 ist der Führer strafbar, wenn er durch zu schnelles Fahren die Kleider von Fußgängern mit Straßenkot beschmutzt und dadurch beschädigt, OLG. Dresden 20. Juli 1910, Warneyer 1911, 121.

Abs. 3 des § 18 ist nur eine Anwendung der allgemeinen Fahrvorschrift des Abs. 1, indem bei Unübersichtlichkeit des Weges besonders langsames und vorsichtiges Fahren vorgeschrieben wird. Die Vorschrift kann sowohl dadurch übertreten werden, daß die Geschwindigkeit nicht entsprechend verlangsamt wird, als auch dadurch, daß der Führer trotz langsamer Fahrt unaufmerksam ist, z. B. ein auftauchendes Hindernis nicht sofort erkennt und deshalb das Fahrzeug nicht sofort zum Halten bringen kann, OLG. Rostock 18. Okt. 1912, Warneyer 1913, 158, EE. 29, 303. § 18 Abs. 3 ist nicht dahin zu verstehen, daß zu einer an und für sich schon infolge seiner örtlichen Anlage unübersichtlichen Beschaffenheit des Weges noch einer der besonders aufgeführten Umstände, wie Dunkelheit, Straßenkreuzungen, Engpässe usw. hinzukommen müßte, um die besonderen Pflichten des Führers zu begründen; vielmehr sind die einzelnen Umstände deshalb hervorgehoben, weil sie in der Regel geeignet sind, die sonst vorhandene Übersichtlichkeit eines Weges zu beseitigen, RG. 3. Juni 1912, Warneyer 144. Die Aufzählung ist nicht erschöpfend; es sind auch andere Umstände denkbar, die einen seiner örtlichen Anlage nach übersichtlichen Weg vorübergehend unübersichtlich gestalten, z. B. große Wagen, Bauzäune u. dgl., die den freien Ausblick über die Fahrbahn hindern, Bayer. ObstLG. 2. Sept. 1910, EE. 27, 302. Die einzeln angeführten Umstände beeinträchtigen wohl in der Regel die Übersichtlichkeit der Wege, aber keineswegs ausnahmslos. In großstädtischen Hauptstraßen mit ihrer Fülle von künstlichem Licht, in mond- oder schneehellen und sternenklaren Nächten auf der Landstraße kann des Nachts mit derselben Sicherheit gefahren werden wie am Tage. Straßenkreuzungen usw. sind völlig ungefährlich, wenn der freie Ausblick nach allen Seiten nicht durch Bauten, Bäume, Erdwellen usw. gehindert wird. Deshalb ist meines Erachtens die Anführung der einzelnen Umstände nicht dahin zu verstehen, daß sie ohne weiteres die besonderen Pflichten des Führers zum Langsamfahren und Soforthaltenkönnen begründen, sondern nur dann, wenn tatsächlich der Weg dadurch unübersichtlich geworden war. So Bayer. ObstLG. 11. Febr. 1908, Bd. 8, 189; 28. Sept. 1909, Bd. 9, 322, Höpfel, während RG. 3. Okt. 1910 (DJZ. 15, 1413, EE. 27, 311) verneint, daß beim Vorliegen einer der im Abs. 3 hervorgehobenen Umstände die Unübersichtlichkeit besonders festgestellt werden müßte. Wenn die Verordnung vorschreibt, daß bei der Ausfahrt aus Grundstücken, die an öffentlichen Wegen liegen und bei der Einfahrt in solche Grundstücke langsam und besonders vorsichtig gefahren werden müsse, so ergibt sich gerade aus dieser doppelten Anführung der Ausfahrt und Einfahrt, daß sich die Vorschrift nur an die aus- und einfahrenden, nicht an die auf dem öffentlichen Wege vorüberfahrenden Fahrzeuge richtet.

Der Führer ist für vorschriftsmäßige Abgabe der **Warnungszeichen** verantwortlich (§ 19).

Das ordentliche Signalinstrument ist die fest eingebaute, tieftönende Hupe. Daneben ist, aber nur außerhalb geschlossener Ortsteile (siehe oben), die lose Fanfarentrompete zugelassen. Die Warnungssignale müssen bei Vermeidung der Strafe mit dem vorgeschriebenen oder zugelassenen Instrument gegeben werden, AG. 4. Nov. 1907, Recht 1908, 90. Auch daneben, zu ihrer Verstärkung, ein anderes Instrument zu benutzen, ist verboten, OLG. Braunschweig 11. Juli 1911, Warneyer 1912, 144, DJZ. 18, 108; doch kann dies unter besonderen Umständen, auch abgesehen von Notwehr und Notstand, straflos bleiben, wenn es im Interesse der Verkehrssicherheit zur Beseitigung einer durch die konkreten Umstände begründeten Gefahr geboten war; der Umstand allein, daß auf das Hupensignal ein Verkehrshindernis nicht entfernt wurde, reicht jedoch zur Begründung nicht aus, OLG. Rostock 15. Dez. 1911, Warneyer 1912, 144 und OLG. Dresden 3. Jan. 1912, Warneyer 1913, 159, wonach bei ungebührlicher Benutzung der Trompete **neben** der Hupe Bestrafung aus § 360[11] RStGB. eintreten soll. Auch zu anderen als Warnungszwecken, z. B. zum Anrufen Bekannter, darf die Trompete nicht benützt werden, OLG. Rostock 18. Okt. 1912, Warneyer 1913, 159; doch dürfte hierfür wohl nur § 360[11] RStGB. in Anwendung kommen. Wird die Hupe unterwegs unbrauchbar, so darf die Fahrt nicht mit einer lose im Wagen mitgeführten Reservehupe fortgesetzt werden, OLG. Braunschweig 14. März 1912, Warneyer 1913, 158.

Der Führer darf die Bedienung der Hupe nicht andern überlassen (die vorige Entscheidung); nur bezüglich der Fanfarentrompete ist dies gestattet, und auch dann bleibt der Führer für Verstöße des andern bei der Bedienung des Instruments, die er verhindern konnte, verantwortlich, RG. 4. Juni 1908,

SE. 25, 71 (DJZ. 1037). Außerdem macht sich auch der andere strafbar, OLG. Rostock 18. Okt. 1912, Warneyer 1913, 158.

Entgegenkommende Personen sind nur dann durch Signal zu warnen, wenn sie auf der Fahrbahn selbst entgegenkommen, RG. 16. Juni 1911, Goltd. Arch. 59, 322. An unübersichtlichen Stellen müssen Warnungssignale gegeben werden, auch wenn der Führer keinen Menschen auf der Fahrbahn sieht, weil mit der Möglichkeit gerechnet werden muß, daß Menschen, dem Führer nicht sichtbar, sich auf der Fahrbahn befinden, OLG. Stuttgart 6. März 1911, Warneyer 1913, 159. Ebenso KG. 6. April 1905, DJZ. 701, wonach die Vorschrift zwingenden Charakter hat, während OLG. Jena 12. Okt. 1912 (Warneyer 1913, 159) den Führer nicht für verpflichtet erklärt, an unübersichtlichen Stellen Warnungssignale zu geben, wenn er so langsam fährt, daß Menschen, die sich, nicht sichtbar, auf der Fahrbahn befinden, sobald sie sichtbar werden, noch gewarnt werden können.

Die Vorschrift des § 19 Abs. 2 in Verbindung mit § 20 verpflichtet den Führer, jedes Warnungssignal von vornherein zu unterlassen, wenn er merkt, daß vor ihm Tiere unruhig werden, Bayer. ObstLG. 19. Febr. 1910, Recht 288.

Zur Vermeidung erkennbarer Gefahren für Menschen oder Tiere muß der Führer langsam fahren, nötigenfalls anhalten und den Motor abstellen (§ 20 Abs. 1).
Er darf auch nach der Begegnung nicht vorzeitig den Motor wieder ankurbeln, solange nicht die Gefahr beseitigt ist, Bayer. ObstLG. 20. Juli 1905, Bd. 6, 85. Auch hier ist Fahrlässigkeit strafbar, Bayer. ObstLG. 6. Febr. 1906, Bd. 6, 323.

Auf Ruf oder Wink eines Polizeibeamten muß er halten (§ 20 Abs. 2). Er hat die Vorschriften über das Einbiegen in andere Straßen, über das Durchfahren von Wegkrümmungen, über Begegnen und Überholen zu beachten (§ 21).

Die Bestimmung, daß begegnenden Fuhrwerken rechts auszuweichen ist, findet keine Anwendung, wenn das Kraftfahrzeug die Straße überquert, um auf der linken Seite zu halten, und es den Haltepunkt erreicht, bevor das entgegenkommende Gefährt an dieselbe Stelle gelangt, OLG. Rostock 10. Mai 1912, Warneyer 144.

Der Führer ist dafür verantwortlich, daß nicht verbotene Wege benutzt werden (§ 22).
Er handelt fahrlässig, wenn er sich nicht vorher zuverlässig erkundigt, ob die zu benützenden Wege für den Kraftwagenverkehr freigegeben sind, Bayer. ObstLG. 6. April 1907, Bd. 7, 288. Der Kraftradfahrer, der ohne besondere polizeiliche Erlaubnis Fuß- oder Radlerwege benutzt, macht sich strafbar; nach der Entscheidung des OLG. Braunschweig v. 23. Jan. 1906 (DJZ. 75) auch dann, wenn er das Kraftrad nur durch Treten der Pedale fortbewegt. Die Fahrverbote des § 23 beziehen sich nur auf den Verkehr des täglichen Lebens, nicht auf außerordentliche Fälle, in denen durch Zufall oder höhere Gewalt, insbesondere durch Naturereignisse, das Befahren der gesperrten Straße geboten sein kann, Bayer. ObstLG. 1. April 1911, Warneyer 1912, 144.

4. Bei Übungs- und Prüfungsfahrten eines Fahrlehrlings trägt nach § 3 Abs. 2 d. Ges. nicht der Lehrling, sondern der Begleiter die Verantwortung als Führer. Das gilt auch für die strafrechtliche Verantwortung, aber nur soweit Strafbestimmungen dieses Gesetzes und seiner Ausführungsverordnungen übertreten werden. Handelt es sich um Zuwiderhandlungen gegen das Strafgesetzbuch, z. B. fahrlässige Körperverletzung oder Tötung, so kommen die allgemeinen strafrechtlichen Grundsätze zur Anwendung, und nach ihnen ist zu beurteilen, wen die Verantwortung trifft. Hat der Fahrlehrling diejenige Umsicht außer Acht gelassen, die man unter Berücksichtigung seiner Ausbildung von ihm verlangen konnte, so ist er als Täter zu bestrafen, RG. 19. März 1912, JW. 952[47], Goltd. Arch. Bd. 60, 72, EE. 29, 185.

§ 22.

Der Führer eines Kraftfahrzeugs, der nach einem Unfalle (§ 7) es unternimmt, sich der Feststellung des Fahrzeugs und seiner Person durch die Flucht zu entziehen, wird mit Geldstrafe bis zu dreihundert Mark oder mit Gefängnis bis zu zwei Monaten bestraft. Er bleibt jedoch straflos, wenn er spätestens am nächstfolgenden Tage nach dem Unfall Anzeige bei einer inländischen Polizeibehörde erstattet und die Feststellung des Fahrzeugs und seiner Person bewirkt.

Verläßt der Führer des Kraftfahrzeugs eine bei dem Unfalle verletzte Person vorsätzlich in hilfloser Lage, so wird er mit Gefängnis bis zu sechs Monaten bestraft. Sind mildernde Umstände vorhanden, so kann auf Geldstrafe bis zu dreihundert Mark erkannt werden.

1. Der Führer eines Kraftfahrzeugs.

Über den Begriff des Kaftfahrzeugs vgl. Anm. 1 zu § 1. Während von den Haftpflichtbestimmungen d. Ges. nach § 8[2] alle Lastfahrzeuge mit begrenzter Geschwindigkeit, von den Verkehrs- und infolgedessen auch von den übrigen Strafvorschriften die ganz schweren Lastkraftwagen, Werkzeugmaschinen usw. auf Grund des § 2 Abs. 3 BB. ausgenommen sind, ist § 22 die einzige Bestimmung des Gesetzes, die sich unterschiedslos auf alle Fahrzeuge bezieht, die unter den Begriff Kraftfahrzeug fallen.

Die Vorschrift richtet sich an den Führer, d. h. an denjenigen, der zur Zeit des Unfalls das Fahrzeug geführt hat. Ihm wird die Pflicht auferlegt, zu halten und die Feststellung zu ermöglichen. Der mitfahrende Halter oder andere Mitfahrende haben diese Pflicht nicht; sie können nur als Anstifter, oder wenn sie im Auftrage des — vielleicht selbst verletzten — Führers davonfahren, als Gehilfen seiner Flucht bestraft werden. Bemächtigt sich nach dem Unfall ein anderer (der Halter) der Führung und flieht unter Widerspruch des Führers mit ihm und dem Fahrzeug, so liegt zunächst eine nach § 22 strafbare Handlung nicht vor, da der Führer, der allein als Täter in Frage kommt, den Vorsatz der Flucht nicht gehabt hat. Aber die Pflicht, die Feststellung zu ermöglichen, besteht für ihn weiter, und es wird auf sein künftiges Verhalten nach erlangter Handlungsfreiheit ankommen, ob er die Flucht billigt und sich und das Fahrzeug auch fernerhin der Feststellung entziehen will.

2. Nach einem Unfalle (§ 7).

Es muß ein Unfall im Sinne des § 7, also eine schädigende Einwirkung des Betriebes auf Menschen oder Sachen stattgefunden haben. Der häufigste Fall wird ein Zusammenstoß sein, aber auch jede andere Art der Schadensstiftung genügt, z. B. durch Schreckwirkung auf Menschen oder Tiere, namentlich durch Scheumachen von Pferden. Daß der Unfall geeignet sei, eine zivilrechtliche Haftpflicht für Halter oder Führer zu begründen, ist nicht erforderlich; § 7 Abs. 2 spricht von einem „Unfall" auch unter der Voraussetzung, daß wegen Unabwendbarkeit die Ersatzpflicht ausgeschlossen ist. Auch die Beschädigung eines Fahrgasts, die nach § 8 für den betreffenden Halter oder Führer keine Ersatzpflicht auf Grund des vorliegenden Gesetzes erzeugt, ist ein Unfall.

Daß sich das strafbare Unternehmen der Flucht zeitlich und örtlich unmittelbar an den Unfall anschließe, ist nicht erforderlich. Der Führer kann unbewußt über die Unfallstelle hinausgefahren sein und erst durch einen nachgesandten Boten vom Unfall erfahren haben; oder das Fahrzeug kann gegen seinen Willen durch das eigenmächtige Eingreifen eines andern weiter befördert worden sein. Der Führer kann auch zunächst angehalten haben und unternimmt erst später die Flucht, etwa nachdem er sein Fahrzeug wieder in Ordnung gebracht hat. So Höpfel, Neukirch-Rosenmeyer, Krause und Waldeck, a. M. Gorban, der nur die Flucht von der Unfallstelle aus für strafbar hält.

Der Führer muß wissen, daß durch sein Fahrzeug eine Schädigung von Personen oder Sachen stattgefunden habe. Die Tatsache des Unfalls gehört zum gesetzlichen Tatbestande des Vergehens, und nach § 59 RStGB. können bei einem vorsätzlichen Vergehen, wie es das Unternehmen, sich der Feststellung zu entziehen, ist, solche Tatumstände, die der Täter nicht gekannt hat, ihm auch nicht zugerechnet werden. Es genügt aber das Bewußtsein des Führers von der Möglichkeit, einen Schaden angerichtet zu haben (dolus eventualis).

Hat ein Unfall nicht stattgefunden, ist etwa nur durch unvorsichtiges Fahren ein Mensch stark gefährdet, aber nicht verletzt worden, so macht sich der Führer nach vorliegendem Gesetz nicht strafbar wenn er sich der Feststellung entzieht, um nicht für eine Übertretung zur Verantwortung gezogen zu werden.

3. Das strafbare Unternehmen.

Eine gesetzliche Umschreibung des Begriffs „Unternehmen" gibt § 82 RStGB. für das Unternehmen des Hochverrats. Danach ist als Unternehmen des Hochverrats jede Handlung anzusehen, durch welche das Vorhaben unmittelbar zur Ausführung gebracht werden soll. Die Forderung, daß das Vorhaben unmittelbar durch die Handlung zur Ausführung gebracht werden solle, ist aber eine Besonderheit, die nur für das Unternehmen des Hochverrats gilt, weil hier in den §§ 83—86 RStGB. besondere mildere Strafbestimmungen für solche Vorbereitungshandlungen vorgesehen sind, die das Vorhaben nur mittelbar fördern, nicht unmittelbar zur Ausführung bringen sollen. Nach dem allgemeinen Sprachgebrauch fallen dagegen auch solche entfernteren Vorbereitungshandlungen unter den Begriff des Unternehmens, der demgemäß überall sonst, wo er im Reichsstrafgesetzbuch vorkommt, z. B. in § 105, dahin ausgelegt wird, daß jede Handlung dazu gehört, durch welche die Absicht an den Tag gelegt wird, den der unternommenen Tat entsprechenden Erfolg herbeizuführen (Olshausen, Kommentar zum RStGB. Anm. 2 zu § 105).

In unserem Falle wird also unter Strafe gestellt jede Betätigung der Absicht des Führers, sich der Feststellung durch die Flucht zu entziehen. Zur Vollendung des Vergehens genügt es z. B., wenn der Führer, nachdem er den Unfall bemerkt, nichts tut, um anzuhalten, oder wenn er, nachdem er zunächst angehalten hatte, etwa bei der Annäherung eines Polizisten auf den Führersitz springt, um wegzufahren. Keinesfalls ist der Eintritt irgendeines Erfolges erforderlich; auch wenn der Führer unmittelbar bei der Unfallstelle festgestellt wird, sei es, nachdem er zwangsweise angehalten worden ist oder nachdem der beim Unfall beschädigte Motor versagt hat, kann das Vergehen des Unternehmens vollendet sein. Deshalb ist es auch einflußlos, ob trotz der Flucht des Führers seine Feststellung erfolgen kann, weil die Nummer seines Fahrzeugs erkannt worden ist. Übereinstimmend erläutern den Begriff des Unternehmens Eger, Gordan, Schmid-Wagner, Waldeck, während Damm, Höpfel, Neukirch-Rosenmeyer, Krause und Seuffert nur solche Handlungen als Unternehmen beurteilen, die sich begrifflich als Versuch der vollendeten Entziehung darstellen würden. Trotzdem erachtet Höpfel z. B. auch schon das Ankurbeln des Motors in der Absicht der Flucht als strafbares Unternehmen.

Die Absicht des Führers muß darauf gerichtet sein, die Feststellung des Fahrzeugs und seiner Person zu verhindern. Ob er mit dem Unternehmen, wie regelmäßig der Fall sein wird, den Zweck verfolgt, sich und den Halter der Verantwortung zivil- oder strafrechtlicher Art zu entziehen, ist gleichgültig. Das Bestehen einer solchen Verantwortlichkeit oder der Glaube des Führers daran gehört nicht zum Tatbestande. Der Führer kann z. B. auch nur bezwecken, den Umständen, Verzögerungen und Unbequemlichkeiten der Feststellung aus dem Wege zu gehen. Ob die Absicht, die Feststellung zu hintertreiben, im einzelnen Falle vorhanden war und betätigt worden ist, muß aus den Umständen ermittelt werden. Die Tatsache, daß ein Kraftwagenführer nach einem Unfall davongefahren ist, bevor eine Feststellung seines Fahrzeugs und seiner Person stattgefunden hatte, und daß er dadurch tatsächlich sich der Möglichkeit, festgestellt zu werden, entzogen hat, wird regelmäßig auf seine diesem Erfolg entsprechende Absicht schließen lassen. Es sind aber auch Fälle denkbar, wo dies nicht zutrifft; z. B. der Führer eines Kraftrades eilt nach dem Unfall davon, um einen Arzt zu dem schwer verletzten Verunglückten zu rufen; oder ein Kraftwagenfahrer fährt davon, weil die Umstehenden eine bedrohliche Haltung gegen ihn annehmen. In solchen Fällen wird man bisweilen erst aus dem späteren Verhalten des Führers zuverlässig erkennen können, ob er die Absicht hatte, sich der Feststellung zu entziehen. Fährt er durch die nächste Ortschaft, wo Arzt und Polizeibehörde zu erreichen sind, hindurch, ohne sich zu melden, so wird man regelmäßig schließen dürfen, daß die Absicht, sich der Feststellung zu entziehen, mindestens als dolus eventualis von Anfang an vorhanden war. Das in Satz 2 angegebene Mittel der polizeilichen Anzeige ist der Weg, nicht nur für denjenigen, der den strafbaren Willen wirklich betätigt hat, um sich Straflosigkeit zu sichern (tätige Reue), sondern auch geeignet, in den oben angenommenen Fällen, wo bei fehlendem dolus das Vergehen gar nicht begangen worden ist, den Anschein des dolus zu widerlegen.

Die irrige Annahme, daß die Feststellung bereits erfolgt sei, schließt den subjektiven Tatbestand aus.

Durch wen die Feststellung zu bewirken ist, sagt das Gesetz nicht. Der Ausdruck „Feststellung" legt den Gedanken an eine amtliche Tätigkeit nahe. Es sind aber Fälle denkbar, wo der zuständige Polizeibeamte nicht zur Stelle ist, auch nicht in absehbarer Zeit gerufen werden kann, und wo auch der Führer mit seinem Fahrzeug z. B. wegen unfahrbarer Straßen, nicht den Amtssitz der zuständigen Stelle erreichen kann. Der Zweck des Gesetzes ist überhaupt nicht, dem öffentlichen Interesse in dem Sinne zu dienen, daß der Schuldige zur strafrechtlichen Verantwortung gezogen werden könne; es handelt sich vielmehr hauptsächlich um den Schutz der privatrechtlichen Interessen des Verletzten oder Beschädigten. Der Entwurf legte dem Führer die Pflicht auf, nach einem Zusammenstoß anzuhalten, ohne den Zweck des Anhaltens näher zu bestimmen. Wie die Kommissionsverhandlungen und die Fassung, die das Gesetz schließlich erhalten hat, erkennen lassen, ist der wichtigste Zweck der Bestimmung, eine Verpflichtung des Führers zu begründen, daß er sich nach einem Unfall um die Person des Verletzten kümmern soll (siehe Abs. 2). Diese Erwägung führt zu dem Schluß, daß auch Abs. 1 die Interessen des Verletzten schützen will, und zwar die minder wichtigen vermögensrechtlichen Interessen. Es muß deshalb genügen, wenn der Führer dem Geschädigten die erforderlichen Angaben über seine Person und das Fahrzeug mitteilt. Ist der Verunglückte unfähig, die Feststellung des Führers zu bewirken, so werden auch dritte Personen, die sich seiner annehmen, für befugt zu erachten sein, vom Führer die erforderlichen Ausweise zu verlangen. Hat der Führer eine strafbare Handlung begangen, z. B. eine fahrlässige Körperverletzung oder auch nur eine Polizeiübertretung, so ist nach § 127 StPO. jedermann im öffentlichen Interesse befugt, die Persönlichkeit des Täters festzustellen und ihn nötigenfalls vorläufig festzunehmen, auch das Kraftfahrzeug als Überführungsstück vorläufig zu beschlagnahmen.

Welche Ausweise zur Feststellung erforderlich und ausreichend sind, richtet sich nach Lage des einzelnen Falles. Ist das Fahrzeug vorschriftsmäßig mit dem polizeilichen Kennzeichen und der Führer mit seinem Führerschein versehen, so muß es genügen, wenn der Führer dem Feststellenden Gelegenheit gibt, von beidem Kenntnis zu nehmen.

Die strafbare Absicht, das Vorhaben, muß darauf gerichtet sein, sich durch die Flucht der Feststellung zu entziehen, d. h. sich so eilig vom Unfallsorte zu entfernen, daß die Möglichkeit der Feststellung vereitelt wird. Regelmäßig wird der Führer nach einem Zusammenstoß anhalten müssen, um dem Verletzten Gelegenheit zu geben, sich das Kennzeichen des Wagens zu merken und eventuell weitere Ausweise zu verlangen. Ist der Verletzte hilflos, so muß er sich nach Abs. 2 eingehender um ihn bekümmern. Andernfalls muß er wenigstens so lange anhalten, bis der Verletzte etwa wieder zu sich gekommen und in der Lage ist, sich um andere Dinge als um seine Verletzungen zu bekümmern. Ist der Geschädigte und auch sonst niemand anwesend, der dessen Rechte wahrnehmen könnte — z. B. der Fahrer hat auf einsamer Landstraße einen Chausseebaum angefahren und beschädigt — so steht dem alsbaldigen Weiterfahren nichts im Wege. Der Fahrer hat nicht die Pflicht, längere Zeit an der Unfallstelle zu halten und zu warten, bis vielleicht zufällig jemand vorüberkommt, der ihn feststellen könnte. Er hat auch in solchem Falle nicht etwa die Pflicht, sich der nächsten Polizeibehörde freiwillig zu stellen. Hätte das Gesetz ihm eine so weitgehende Verpflichtung auferlegen wollen, so würde eine andere Fassung gewählt worden sein. Ein „Sich-der-Feststellung-Entziehen" kann nur angenommen werden, wenn ein Verlangen nach Feststellung entweder gestellt ist, oder wenn nach den Umständen anzunehmen ist, daß ein solches Verlangen alsbald werde gestellt werden; in diesem Falle, also z. B. wenn der Führer den Eigentümer der beschädigten Sache herbeieilen sieht, muß er eine angemessene Zeit warten.

Die Führerflucht besteht darin, daß der Führer sich **und** das Fahrzeug der Feststellung zu entziehen versucht. Daß er **auf** dem Fahrzeug davonfährt, wie es dem Regelfall entspricht, den das Gesetz treffen will, ist nicht erforderlich; aber beides, Fahrzeug und Führer müssen an der Flucht teilnehmen. Der Tatbestand ist nicht erfüllt, wenn der Führer das Fahrzeug unter Leitung eines Beauftragten fortschickt, um die Feststellung des Fahrzeugs zu erschweren, selbst aber am Unfallsort zurückbleibt; ebensowenig dann, wenn er unter Zurücklassung des Fahrzeugs davonläuft; wohl aber in dem Falle, wo der Führer einen andern mit dem Fahrzeug fortschickt und selbst auf einem andern Fahrzeug oder zu Fuß sich davonmacht. Ebenso Eger und Gordan, a. M. Höpfel, Krause, Neukirch-Rosenmeyer, Seuffert, Waldeck.

4. Straflosigkeit der Führerflucht.

Ein Unfall erzeugt in der Regel eine gewisse Aufregung, die übereilte Entschlüsse begünstigt. Auch pflegen sich häufig erregte Auseinandersetzungen zwischen den Beteiligten über die Schuldfrage daran zu knüpfen. Dabei kann es vorkommen, namentlich wenn keine Polizei zur Stelle ist, daß der Fahrer in der Aufregung und im Ärger das Recht der Gegenpartei auf Feststellung nicht anerkennen will und, um allen Weiterungen aus dem Wege zu gehen, davonfährt. Die vorliegende Bestimmung gibt eine Möglichkeit, den begangenen Fehler wieder gutzumachen und durch Selbstanzeige der Strafe zu entgehen. Die Bestimmung setzt voraus, daß das Vergehen des Satz 1 vollendet ist, daß also ursprünglich die Absicht bestand, sich der Feststellung zu entziehen. War die Absicht der Selbstanzeige von vornherein vorhanden, und wollte der Fahrer nur aus irgendwelchen andern Gründen, z. B. weil das Publikum eine bedrohliche Haltung annahm, vom Ort des Unfalls fliehen, so ist, sofern nicht Notstand vorlag, gleichwohl der Tatbestand erfüllt, weil immerhin die Absicht dahin ging, sich der sofortigen Feststellung zu entziehen, und diese Absicht genügt.

Im Falle der tätigen Reue hat erst die vollendete Selbstanzeige, nicht schon die Absicht dazu strafbefreiende Wirkung. Ist der Führer nach vollendetem Unternehmen von seinen Verfolgern eingeholt und zwangsweise festgestellt worden, bevor er den inzwischen schon gefaßten Entschluß der freiwilligen Anzeige hatte ausführen können, so hat es bei der Strafe sein Bewenden. Ebenso Höpfel, Neukirch-Rosenmeyer, Waldeck, während Eger und Gordan aus der andern Fassung des Gesetzes gegenüber §§ 46, 163, 310 RStGB. folgern, daß auch der zwangsgestellte Führer sich noch die Straflosigkeit sichern könne, wenn die Frist noch nicht abgelaufen sei. Abgesehen davon, daß diese Auslegung die Wirksamkeit des Gesetzes wesentlich verringert, steht auch der Wortlaut entgegen; denn der Führer, der zwangsweise festgestellt wird, bewirkt nicht selbst die Feststellung und kann sie nicht mehr bewirken.

Die Selbstanzeige kann mündlich, schriftlich oder durch Boten erstattet werden. Die Feststellung aber kann nur dadurch bewirkt werden, daß der Führer seine Person und das Fahrzeug der Polizeibehörde oder einem ihrer Organe vorführt und die erforderlichen Ausweise zur Verfügung stellt. Die Feststellung ist eine Tätigkeit der Behörde und besteht in der Prüfung der Unterlagen für den Ausweis. Auch diese Mitwirkung der Behörde muß am nächsten Tage vorgenommen werden; denn erst damit hat der Täter die Feststellung „bewirkt". Zuständig ist jede inländische Polizeibehörde, dagegen nicht ein unbeauftragter Polizeibeamter oder eine andere Behörde (Staatsanwaltschaft). Übereinstimmend Gordan und Waldeck, a. M. Eger und Höpfel.

5. Zu Absatz 2.

Auch diese Strafbestimmung richtet sich nur gegen den Führer, der das Fahrzeug zur Zeit des Unfalls gelenkt hat. Die mitfahrenden Personen, auch der Halter, können als Täter nicht in Frage kommen, sondern nur als Anstifter und Gehilfen.

Es muß ein Unfall bei dem Betriebe dieses Kraftfahrzeugs stattgefunden haben, dabei muß ein Mensch verletzt worden sein, und dieser Verletzte muß sich in hilfloser Lage befinden. Ist ein Mensch durch eine Sachbeschädigung in hilflose Lage geraten, z. B. weil einem Lahmen die Krücken zertrümmert worden sind, so ist die Strafbestimmung nicht anwendbar; ebensowenig, wenn die hilflose Lage darauf beruht, daß ein anderer Mensch, z. B. der Begleiter eines kleinen Kindes oder eines Blinden, verletzt oder getötet worden ist. Ist durch den Unfall unmittelbar der Tod des Betroffenen herbeigeführt worden, so ist weder ein „Verletzter" noch eine hilflose Lage vorhanden, die einen lebenden Menschen voraussetzt. Es genügt aber, daß der tödlich Verunglückte zur Zeit des Verlassens noch gelebt hat, mag er auch unmittelbar darauf gestorben sein, RG. 3. Jan. 1911, JW. 514[21].

Die hilflose Lage muß durch den Unfall herbeigeführt worden sein, wenn auch andere Umstände, Gebrechlichkeit, jugendliches Alter, Trunkenheit mitgewirkt haben, die Lage hilflos zu gestalten, in der sich ein normaler Mensch wohl noch selbst hätte helfen können. Ist dagegen ein Trunkener vor Schreck bei der plötzlichen Annäherung des Fahrzeugs hingefallen, ohne sich durch den Fall erheblich zu verletzen, so erscheint die Trunkenheit als die einzige Ursache seiner Hilflosigkeit.

Die Gesetzesworte „vorsätzlich in hilfloser Lage verläßt" stimmen mit der Fassung des § 221 RStGB. überein. Hilflos ist eine Person dann, wenn sie ohne Hilfe dritter Personen an Leib oder Leben gefährdet ist (Olshausen Anm. 2 zu § 221). Eine hilflose Lage liegt vor, „wenn die hilflose Person derart vereinzelt wird, daß sie — vom Zufall abgesehen — von der für sie nötigen Hilfe dritter Personen abgeschnitten und deshalb an Leben oder Gesundheit gefährdet ist" (Olshausen Anm. 4 zu § 221). Die Anwesenheit dritter Personen, die nicht in der Lage oder willens sind, die notwendige Hilfe zu leisten oder herbeizuholen, ist nicht geeignet, die Hilflosigkeit zu beseitigen. Der Führer darf sich erst entfernen, wenn durch Eingreifen Dritter für die nötige Hilfe gesorgt ist. Daß er selbst die Hilfe leiste, ist zwar der Zweck des Gesetzes, aber dem Führer nicht ausdrücklich zur Pflicht gemacht. Es kommt darauf an, ob man den Ausdruck „verlassen" im Sinne von „im Stich lassen" und „Hilfe versagen" deuten darf. Das würde zu bejahen sein, wenn man Olshausen (Anm. 7 zu § 221 RStGB.) folgt, der unter Verlassen das Aufgeben einer bereits vorhandenen Beziehung versteht. Das RG. verlangt aber bei Anwendung des § 221 RStGB. ein räumliches Verlassen, eine nachteilige Veränderung der räumlichen oder örtlichen Beziehungen zwischen dem Verpflichteten und dem Hilflosen, RG. 20. März 1906, Bd. 38, 378, und scheint diesen Begriff des Verlassens auch auf die vorliegende Gesetzesbestimmung übertragen zu wollen, Entscheidung v. 8. Nov. 1911, JW. 514[21]. Daß der Gesetzgeber trotz dieser Auslegung den Ausdruck „in hilfloser Lage verlassen" in das vorliegende Gesetz übernommen hat, spricht für die Billigung dieser Auslegung. Der Führer macht sich alsdann nicht strafbar, wenn er untätig bei dem Verletzten verharrt, bis dieser sich verblutet hat. So Eger, Neukirch-Rosenmeyer, Krause und Waldeck, während Höpfel der früher auch hier vertretenen Ansicht Olshausens folgt. Entfernt sich der Führer, um Hilfe zu holen, so kann natürlich von einem Verlassen in hilfloser Lage keine Rede sein. Daß der Führer sich zunächst um den Verletzten bemüht hat, schließt seine Bestrafung nicht aus, wenn er sich entfernt hat, bevor die Hilflosigkeit beseitigt war.

Daß durch das Verlassen in hilfloser Lage ein Nachteil für den Verletzten wirklich entstanden sei, ist nicht erforderlich; zur Vollendung des Vergehens genügt die Gefährdung.

Der Vorsatz des Täters besteht in dem Bewußtsein, durch sein Tun oder Unterlassen den Verletzten in seiner hilflosen Lage an Leib oder Leben zu gefährden. Eventualdolus genügt. Muß also der Führer den Umständen nach mit der Möglichkeit rechnen, daß ein Mensch durch den Unfall in hilflose Lage gekommen sein kann, und unterläßt er es, sich näher danach zu erkundigen, und fährt ohne weiteres davon, so macht er sich strafbar.

6. Zwischen Abs. 1 und 2 ist Idealkonkurrenz möglich; Bestrafung tritt also nach Abs. 2 ein. Nachträgliche Selbstanzeige beseitigt nur die Feststellung aus Abs. 1, wirkt also nicht strafbefreiend, nur unter Umständen strafmildernd.

§ 23.

Mit Geldstrafe bis zu dreihundert Mark oder mit Gefängnis bis zu zwei Monaten wird bestraft, wer auf öffentlichen Wegen oder Plätzen ein Kraftfahrzeug führt, das nicht von der zuständigen Behörde zum Verkehre zugelassen ist.

Die gleiche Strafe trifft den Halter eines nicht zum Verkehre zugelassenen Kraftfahrzeugs, wenn er vorsätzlich oder fahrlässig dessen Gebrauch auf öffentlichen Wegen oder Plätzen gestattet.

1. Gemeinschaftliche Voraussetzung für Abs. 1 und 2 ist:

1. Das Fahrzeug ist auf öffentlichen Wegen geführt, d. h. mit eigener Kraft bewegt worden.

2. Es war zum Verkehr nicht ordnungsmäßig zugelassen. Über Zulassung und zuständige Behörde dafür siehe Anm. 4 und 5 zu § 1.

Zugelassen ist auch das nach § 28 BB. vorläufig zugelassene Fahrzeug, aber mit der Beschränkung auf die Prüfungsfahrten. Für die Fahrten zum und vom Prüfungsort gilt die vorliegende Zulassung nicht, diese Wege darf das Kraftfahrzeug also nicht mit eigener Kraft zurücklegen, RG. 17. Okt. 1911, Bd. 42, 408.

Zugelassen sind ferner die geprüften Fahrzeuge der Fabrikanten und Händler, denen nach § 31 BB. darüber eine Zwischenbescheinigung ausgestellt ist. In der Benutzung der Zwischenbescheinigung sind sie strafrechtlich nicht beschränkt, auch der Käufer darf auf Grund derselben das Fahrzeug benutzen. Das ergibt sich aus der Vorschrift des Abs. 2 daselbst, daß innerhalb längstens zwei Wochen der Antrag auf Ausfertigung der ordentlichen zulässigen Bescheinigung zu stellen ist. Ein Verstoß hiergegen ist aber nur nach § 21, nicht nach § 23 zu ahnden.

Die Zulassung muß zwar bei Eigentumswechsel und Wohnungsveränderung des Eigentümers erneuert werden. Die bisherige Zulassung bleibt aber bis zur Erneuerung in Kraft, denn sie berechtigt zeitlich unbeschränkt zum Fahren von beliebigen Personen auf allen Straßen des Reichs. Versäumnis bei der rechtzeitigen Erneuerung des zulässigen Antrages zieht nur Bestrafung aus § 21 nach sich. Dagegen erlischt das Betriebsrecht mit Vornahme solcher Änderungen des Fahrzeugs, welche die für seine Verkehrssicherheit wesentlichen Vorrichtungen betreffen, § 6 Abs. 3 Satz 2 BV. Das öffentliche Fahren mit so verändertem Fahrzeug ist vor erneuter Prüfung und Zulassung nach § 23 strafbar.

Ausländische Fahrzeuge sind zugelassen, wenn für sie entweder ein internationaler Fahrausweis vorhanden oder auf Grund des § 10 BV. v. 21. April 1910 eine Erlaubniskarte oder Bescheinigung erteilt worden ist.

Das Betriebsrecht geht mit der Ausschließung nach § 26 Abs. 2 BV., § 8 BV. v. 21. April 1910 verloren. Auch die vom Eigentümer endgültig aus dem Verkehr gezogenen Fahrzeuge, deren Zulassungsbescheinigung zurückgegeben worden ist, dürfen danach nicht mehr öffentlich benützt werden.

2. Als Führer kommen nicht nur berufsmäßige Führer oder solche, die doch die Fahrerlaubnis erworben haben, in Betracht, sondern jeder, der tatsächlich die Gesamtheit der Führerverrichtungen während der Fahrt ausübt. Vgl. Anm. 2 zu § 2. Besitzt der Führer keinen Führerschein, so liegt Realkonkurrenz mit § 24[1] vor (Eger, Neukirch-Rosenmeyer, während Höpfel Idealkonkurrenz annimmt). Andere Personen außer dem Halter, dessen Beteiligung als selbständiges Vergehen nach Abs. 2 zu beurteilen ist, können sich als Anstifter und Gehilfen strafbar machen. Mittäterschaft ist nicht möglich, weil zu gleicher Zeit nur einer das Fahrzeug führen kann (a. M. Höpfel); bei abwechselnder Führung während der Fahrt liegen mehrere Straftaten vor. Wer sich oder seine Sachen in Kenntnis der fehlenden Zulassung in dem Fahrzeug befördern läßt, ist dann nicht als Teilnehmer strafbar, wenn der Führer schon ohnedies zu dem Vergehen entschlossen war (Eger, Höpfel).

Auch für Abs. 1 genügt Fahrlässigkeit. Die Worte in Abs. 2, daß der Halter für Vorsatz und Fahrlässigkeit hafte, waren, wie sich aus der Entstehungsgeschichte des Gesetzes ergibt, nicht im Gegensatz zur Führerverantwortlichkeit des Abs. 1 gedacht und sind nur versehentlich stehen geblieben, RG. 27. Okt. 1911, Bd. 42, 409. Ebenso Hallbauer, Höpfel, Krause, a. M. Eger, Gordan, Neukirch-Rosenmeyer und Walbeck. Andernfalls würde der selbstfahrende Halter nur für Vorsatz, wenn er aber sich eines Führers bedient, nach Abs. 2 auch für Fahrlässigkeit strafbar sein. Die Fahrlässigkeit des Führers und ebenso des Halters kann in schuldhaftem Irrtum sowohl über die Zulassung des Fahrzeugs als auch über die Nichtöffentlichkeit des Weges bestehen.

3. Die Strafbarkeit des **Halters** setzt voraus, daß der objektive Tatbestand des Abs. 1 erfüllt ist, daß also ein strafbarer Gebrauch des Fahrzeugs wirklich stattgefunden hat und daß der Halter diesen Gebrauch gestattet, d. h. wissend geduldet hat. Der Halter kann nur bestraft werden, wenn er die positive Kenntnis von dem Gebrauch hatte; fahrlässige Verwahrung des Fahrzeugs, so daß es — ohne Wissen des Halters — von andern benützt werden kann, genügt nicht zum Tatbestand, es sei denn, daß der Halter mit dieser Benutzung gerechnet hat, sie stillschweigend zulassen wollte. Irrtum über die Auslegung des Gesetzes, wenn er etwa glaubte, daß das Fahrzeug zugelassen sei, entschuldigt ihn nicht.

§ 24.

Mit Geldstrafe bis zu dreihundert Mark oder mit Gefängnis bis zu zwei Monaten wird bestraft:

1. wer ein Kraftfahrzeug führt, ohne einen Führerschein zu besitzen;
2. wer ein Kraftfahrzeug führt, obwohl ihm die Fahrerlaubnis entzogen ist;
3. wer nicht seinen Führerschein der Behörde, die ihm die Fahrerlaubnis entzogen hat, auf ihr Verlangen abliefert.

Die gleiche Strafe trifft den Halter des Kraftfahrzeugs, wenn er vorsätzlich oder fahrlässig eine Person zur Führung des Fahrzeugs bestellt oder ermächtigt, die sich nicht durch einen Führerschein ausweisen kann oder der die Fahrerlaubnis entzogen ist.

1. Auch für die Strafbarkeit aus Abs. 1 genügt in allen Fällen Fahrlässigkeit. Siehe Anm. 2 zu § 23.

2. Zu Ziffer 1.

Strafbar macht sich hiernach, wer ein Kraftfahrzeug führt, ohne bisher den Erlaubnisschein (Führerschein aus § 2 d. Ges., für ausländische Führer der internationale Fahrausweis gemäß § 5 Abs. 2 oder der legalisierte ausländische Führerschein gemäß § 10 Abs. 1c BV. v. 21. April 1910) überhaupt erhalten zu haben. Nach der Entsch. des RG. v. 24. Juni 1913 (Bd. 44, 429) kommt es auf den Besitz des Scheins als körperlicher Sache an, so daß der Führer, dem der Schein abhanden gekommen ist, nach § 24[1] zu bestrafen wäre, obgleich er zur Führung von Kraftfahrzeugen berechtigt war. Die Begründung der Entsch., daß andernfalls das Fehlen des Scheins eine verschiedene strafrechtliche Behandlung des Führers und Halters zur Folge haben würde, da der Halter nach Abs. 2 schon dann strafbar sei, wenn er einen Führer bestelle, der sich nicht durch einen Führerschein ausweisen könne, trifft nicht zu. Selbst wenn die Worte „sich durch einen Führerschein ausweisen" streng wörtlich zu verstehen wären (a. M. Eger und Höpfel), setzt doch die Strafbarkeit des Halters voraus, daß objektiv der Tatbestand der Ziff. 1 des Abs. 1 gegeben ist, daß also der bestellte Führer gefahren ist, ohne einen Führerschein zu besitzen. Es kommt also für die Strafbarkeit von Halter und Führer auf die Auslegung dieser letzteren Worte an. Ursprünglich sollte Ziff. 1 die Fassung erhalten, daß der Führer bestraft werde, wenn er sich nicht durch einen Führerschein ausweisen könne. Die Änderung geschah ausdrücklich zu dem Zweck, das bloße Fehlen des Ausweispapiers unter die Übertretungsstrafe des

§ 21 zu stellen und die Strafe aus § 24 nur dann eintreten zu lassen, wenn die Fahrerlaubnis selbst fehlt. Der Gedanke des Gesetzgebers hätte vielleicht klarer gefaßt werden können, immerhin können aber die Worte des Gesetzes „einen Führerschein besitzen" unter Berücksichtigung der Entstehungsgeschichte ohne Zwang dahin verstanden werden: den Führerschein erhalten haben und das Recht daraus, d. i. die Fahrerlaubnis, besitzen. So wird die Bestimmung allgemein von den Erläuterern ausgelegt. Weiter zu unterscheiden zwischen dem Führer, der den Schein zu Hause in sicherem Gewahrsam hat, und dem, der ihn verloren hat, liegt nicht im Sinne des Gesetzes, das nur nach zwei Richtungen den Verkehr durch abgestuften Strafzwang sichern will, nämlich erstens durch Fernhaltung ungeprüfter Führer und zweitens durch Erleichterung der polizeilichen Aufsicht. Für diesen letzteren Gesichtspunkt aber ist es belanglos, ob der Ausweis, der nun einmal nicht auf der Stelle vorgezeigt werden kann, durch nachträgliche Vorlegung des Führerscheins oder auf andere Weise nachgebracht wird.

Wer ein Kraftfahrzeug anderer Betriebsart und Klasse (vgl. zu III der Anweisung für die Führerprüfung) führt, als wozu sein Führerschein ihn berechtigt, ist nach § 24 zu bestrafen.

Strafbar macht sich nur, wer auf öffentlichen Wegen und Plätzen ohne Erlaubnis ein Kraftfahrzeug führt. Das ergibt sich aus dem Zusammenhange der Strafvorschrift mit § 2 d. Ges., wo die Erlaubnis nur für denjenigen vorgeschrieben ist, der auf öffentlichen Wegen oder Plätzen ein Kraftfahrzeug führen will.

Der Fahrlehrling, der zu seiner Übung in Begleitung eines mit Führerschein versehenen andern ein Kraftfahrzeug führt, fällt nicht unter die Strafvorschrift, weil er nach § 3 keinen Führerschein braucht.

3. Zu Ziffer 2.

Wegen Entziehung der Fahrerlaubnis vgl. §§ 4, 5. Die

Entziehung erlangt schon mit der Bekanntgabe des Entziehungsbeschlusses Rechtswirksamkeit, so daß der Führer, der nachdem noch fährt, sich strafbar macht. Auf die Rechtskraft des Beschlusses kommt es nicht an, denn die Einlegung des Rekurses hat keine aufschiebende Wirkung, § 5 Abs. 1. Auch ein Erfolg des Rekurses beseitigt nicht die Strafbarkeit des Führens während des Rekursverfahrens (Eger, Hallbauer, Höpfel, Krause).

War die Fahrerlaubnis nur auf Zeit, ohne besondere Bedingungen für ihre Wiedererlangung, entzogen, so tritt sie mit Ablauf der Zeit ohne weiteres wieder in Kraft. Bestrafung aus Ziffer 2 ist alsdann ohne Zweifel ausgeschlossen. Ob der Führer, der vor Wiederaushändigung des Führerscheins gefahren ist, aus Ziffer 1 bestraft werden kann, darüber siehe Anm. 2.

4. Zu Ziffer 3.

Die Verpflichtung, den Führerschein nach der Entziehung der Fahrerlaubnis abzuliefern, ist in § 4 Abs. 1 ausgesprochen. Strafbarkeit tritt erst ein, wenn die Behörde den Führer zur Ablieferung des Führerscheins aufgefordert hat. Selbstverständlich kann die Aufforderung dem Führer gleichzeitig mit dem Entziehungsbeschluß bekanntgegeben werden. Eine Frist für die Ablieferung des Scheines bestimmt das Gesetz nicht; es wird also im einzelnen Falle richterlich zu prüfen sein, ob der vorgebrachte Entschuldigungsgrund für die Nichtablieferung genügt oder nicht (Kommissionsbericht S. 48).

Voraussetzung für die Bestrafung ist, daß der Führer zur Zeit der Einforderung den Schein noch besitzt. Hatte er ihn vorher verloren oder auch absichtlich vernichtet, so kann er nicht bestraft werden; dagegen wohl, wenn er ihn nach der Einforderung vernichtet.

Eine mehrmalige Bestrafung aus § 24^3 ist ausgeschlossen (Eger, Höpfel, a. M. Krause). Dagegen kann die Ablieferung durch polizeiliche Zwangsmittel, auch Strafverfügungen, erzwungen werden (Eger, a. M. für das bayerische Recht Höpfel).

5. Zu Absatz 2.

Der Halter soll sich bei Anstellung oder Ermächtigung eines Führers dessen Führerschein vorlegen lassen; andernfalls handelt er regelmäßig unvorsichtig und setzt sich der Bestrafung aus, wenn sich hinterher der objektive Tatbestand (Führung bei Mangel der Fahrerlaubnis) erfüllt. Mit der Prüfung des Führerscheins hat der Halter regelmäßig seiner Sorgfaltspflicht genügt. War der Schein gefälscht, so kommt es darauf an, ob sich der Halter ohne Verschulden hat täuschen lassen. Die Prüfungspflicht ist an sich in jedem Fall der Bestellung oder Ermächtigung zur Führung eines Kraftfahrzeugs, also vor jedem einzelnen Führungsauftrag, geboten. Bei dauernder Anstellung eines Chauffeurs genügt aber zweifellos eine einmalige Vorlegung des Führerscheins vor Antritt der ersten Fahrt. Hierdurch gewinnt der Halter die Überzeugung, daß der Führer die Fahrerlaubnis besitzt. Käme es auf den Besitz des Scheins als körperliche Sache an (vgl. Anm. 2), so müßte sich der Halter konsequenterweise den Führerschein wiederholt, wenn nicht vor jeder einzelnen Fahrt vorzeigen lassen.

Daß dem Führer die Fahrerlaubnis entzogen ist, kann der Halter regelmäßig nur wissen, wenn es ihm mitgeteilt worden ist. Doch wird unter Umständen, z. B. wenn durch Verschulden des Führers ein Unfall herbeigeführt worden ist und polizeiliche Ermittelungen stattgefunden haben, dem Halter eine Erkundigungspflicht aufzuerlegen sein.

Eine Ermächtigung kann auch stillschweigend erteilt werden, indem der Halter es zuläßt, daß ein anderer die Führung des Fahrzeugs übernimmt, obwohl er es verhindern kann. Immer aber muß der Halter wissen und einverstanden sein, daß ein anderer sein Fahrzeug führt. Wird das Fahrzeug ohne sein Wissen und Willen benutzt, kann er nach § 24 nicht strafbar werden, auch wenn er das Fahrzeug schlecht verwahrt gehalten und dadurch das Vergehen eines andern fahrlässig ermöglicht hat (a. M. anscheinend Eger).

Da die Führung eines Kraftfahrzeugs nur auf öffentlichen Wegen oder Plätzen an den Besitz einer Fahrerlaubnis geknüpft ist, so macht sich der Halter nicht strafbar, wenn er auf seinem dem öffentlichen Verkehr entzogenen Privatgrundstück (Garten, Hof) einer nicht geprüften Person die Führung gestattet.

§ 25.

Wer in rechtswidriger Absicht

1. ein Kraftfahrzeug, für welches von der Polizeibehörde ein Kennzeichen nicht ausgegeben oder zugelassen worden ist, mit einem Zeichen versieht, welches geeignet ist, den Anschein der polizeilich angeordneten oder zugelassenen Kennzeichnung hervorzurufen,
2. ein Kraftfahrzeug mit einer anderen als der polizeilich für das Fahrzeug ausgegebenen oder zugelassenen Kennzeichnung versieht,
3. das an einem Kraftfahrzeuge gemäß polizeilicher Anordnung angebrachte Kennzeichen verändert, beseitigt, verdeckt oder sonst in seiner Erkennbarkeit beeinträchtigt,

wird, sofern nicht nach den Vorschriften des Strafgesetzbuchs eine höhere Strafe verwirkt ist, mit Geldstrafe bis zu fünfhundert Mark oder mit Gefängnis bis zu drei Monaten bestraft.

Die gleiche Strafe trifft Personen, welche auf öffentlichen Wegen oder Plätzen von einem Kraftfahrzeuge Gebrauch machen, von dem sie wissen, daß die Kennzeichnung in der im Abs. 1 unter Nr. 1—3 bezeichneten Art gefälscht, verfälscht oder unterdrückt worden ist.

1. Allgemeines zu Abs. 1.

Zu den Kennzeichen, deren Fälschung usw. strafbar ist, gehören außer dem allgemeinen Kennzeichen des § 8 VV. auch die an die technischen Sachverständigen nach § 28 Abs. 2 und an Fabriken und Händler nach § 31 das. ausgegebenen Kennzeichen besonderer Art, ferner die für außerdeutsche Fahrzeuge nach § 5 Abs. 3 BV. v. 21. April 1910 zugelassenen heimatlichen Kennzeichen einschließlich des Nationalitätszeichens, und die für außerdeutsche Fahrzeuge nach § 10 Abs. 1 b daselbst ausgegebenen besonderen Kennzeichen (im letzteren Falle kann das fremde — zu überdeckende — Kennzeichen nicht Gegenstand einer nach § 25 strafbaren Fälschung sein).

Das Vergehen kann von jedem, nicht bloß vom Führer oder Halter, begangen werden. Der Handwerker, der die Fälschung ausführt, macht sich strafbar, wenn im übrigen der Tatbestand erfüllt ist.

Der objektive Tatbestand ist gegeben, sobald eine der in den Ziffern 1—3 näher bezeichneten Veränderungen am Fahrzeug vorgenommen worden ist; ob die Veränderung schon irgendwie ihrem Zweck und der Absicht des Täters entsprechend andern gegenüber hat wirken können oder ob das Fahrzeug in dem veränderten Zustande noch gar nicht in Betrieb gesetzt worden ist, darauf kommt nichts an. Im Gegensatz zu § 267 RStGB. genügt die Fälschung in der Absicht der Täuschung, ein Gebrauchmachen gehört nicht zum Tatbestand (Waldeck, a. M. Eger und Höpfel). Die Kennzeichnung ist eine amtliche Beglaubigung der Verkehrssicherheit des Fahrzeugs und genießt mit Recht besonderen Rechtsschutz. Wer also nach einem Unfall mit dem Kraftfahrzeug flüchtet und in der Remise des nächsten Gasthauses das Kennzeichen ändert, um der Entdeckung durch die Verfolger zu entgehen, macht sich schon dadurch strafbar; es ist nicht erforderlich, daß das Fahrzeug mit dem falschen Kennzeichen auf öffentlicher Straße benutzt werde.

In subjektiver Beziehung wird nicht nur das Bewußtsein des Täters erfordert, daß die Änderung zur Irreführung anderer geeignet sei, sondern seine Absicht muß auf die Herbeiführung eines rechtswidrigen Erfolges gerichtet sein, und zwar ist der beabsichtigte rechtswidrige Erfolg die Vereitelung der vom Gesetz gewollten Erkennbarkeit der Kraftfahrzeuge. RG. 17. Okt. 1911 (Bd. 42, 408) erklärt die rechtswidrige Absicht als die Absicht, dem Fahrzeug in der Öffentlichkeit eine falsche Kennzeichnung zu geben. Auf den Zweck, den der Täter verfolgt, kommt es nicht an, wenn auch der Zweck häufig einen Rückschluß auf die Absicht gestattet, z. B. in dem Regelfalle, daß der Täter bezweckte, sich der Feststellung zu entziehen. Der Zweck kann aber auch ein erlaubter sein, z. B. der Fabrikant will das neugebaute Fahrzeug zum Zweck der Prüfung an den vom Sachverständigen bestimmten Prüfungsort schaffen und versieht es, damit es auf der Straße nicht ohne Kennzeichen sei, also in der Absicht, ihm den Anschein eines gekennzeichneten Fahrzeugs zu geben, mit einem der ihm amtlich zur Benutzung bei Probefahrten überlassenen roten Kennzeichen (die oben angeführte Entscheidung des RG.). Die Absicht war rechtswidrig, weil das rote Kennzeichen für den noch nicht geprüften Wagen nicht benutzt werden durfte; der Irrtum über unrichtige Auslegung des Gesetzes kam nicht in Betracht. Ein boshaftes oder scherzhaftes Vertauschen oder Verändern von Kennzeichen ist dann nach § 25 strafbar, wenn nach Absicht des Täters die Täuschung öffentlich wirken sollte, insbesondere das Fahrzeug vor Entdeckung der Veränderung zum Fahren auf öffentlichen Wegen benutzt werden sollte.

Fahrlässig kann das Vergehen des § 25 nicht begangen werden. Ist fahrlässig der objektive Tatbestand erfüllt, sind z. B. die Wirkungen eines mit dem Kennzeichen nicht in rechtswidriger Absicht getriebenen Scherzes versehentlich nicht rechtzeitig beseitigt, oder ist die Erkennbarkeit des Kennzeichens durch unbeabsichtigte, aus Nachlässigkeit nicht rechtzeitig beseitigte Schmutzansammlung beeinträchtigt worden, so ist nur die Strafe aus § 21 d. Ges. in Verbindung mit § 7 BB. verwirkt.

2. Zu Ziffer 1.

Gegenstand des Vergehens können sein:

1. Fahrzeuge, welche ein Kennzeichen überhaupt nicht zu führen brauchen, das sind Fahrzeuge der Landesherren usw. (§ 35 BB.), der Feuerwehr und der Straßenreinigung (§ 29),
2. andere Fahrzeuge, bevor sie zugelassen sind, insbesondere also vor und während des Zulassungsverfahrens. Zu beachten bleibt aber, daß schon vor völlig beendetem Zulassungsverfahren das Kennzeichen zugeteilt wird (§ 6 Abs. 2 BB.), es also einen Zustand gibt, in dem ein Fahrzeug zwar noch nicht zugelassen ist, ihm aber schon ein Kennzeichen ausgegeben oder zugelassen worden ist, so daß es als Gegenstand des Vergehens zu Ziffer 1 ausscheidet. Aber auch Fahrzeuge, für die eine Zulassung gar nicht beabsichtigt wird, weil sie nicht öffentlich, sondern nur auf Lehr- oder Rennbahnen oder auf ausgedehnten Privatgrundstücken verwendet oder weil sie ins Ausland geschickt werden sollen, gehören hierher.

Zur Begehung der Straftat kann ein objektiv echtes, für ein anderes Fahrzeug ausgegebenes Kennzeichen verwendet werden, indem z. B. der Fabrikant das ihm für Probefahrten mit zugelassenen, aber noch nicht gekennzeichneten Fahrzeugen überlassene rote Kennzeichen zu Fahrten mit anderen, nicht zugelassenen Fahrzeugen mißbraucht. Es kann ferner die Nachbildung eines echten Kennzeichens oder auch ein Zeichen gebraucht werden, welches keinem der nach dem Plan für die Kennzeichnung der Kraftfahrzeuge amtlich auszugebenden Kennzeichen entspricht, sondern eine willkürliche Zusammenstellung von Buchstaben und römischen Ziffern zeigt, die aber in ihrer Wirkung auf das Auge bei flüchtigem Hinsehen den Anschein der amtlichen Kennzeichnung hervorrufen kann.

Von dem Vergehen des § 267 RStGB. unterscheidet sich die Straftat einmal dadurch, daß der Täter den Gebrauch der Fälschung zum Zweck der Täuschung nur beabsichtigt, aber diese Absicht noch nicht verwirklicht haben muß, und zweitens, weil die Anbringung des falschen Zeichens nicht notwendig eine Urkundenfälschung darstellt. Zur fälschlichen Anfertigung einer öffentlichen Urkunde gehört die Herstellung einer falschen oder die Nachahmung einer echten Beglaubigungsform, durch welche dem Falschstück der Schein verliehen wird, als rühre es von der zuständigen Behörde her. Die Urkundseigenschaft des Kennzeichens liegt wesentlich in dem polizeilichen Dienststempel, das ihm aufgedrückt wird. Begnügt sich der Täter damit, lediglich eine Tafel mit irgendwelchen Buchstaben und Zahlen der gebräuchlichen Art an seinem Fahrzeug anzubringen, um so von weitem den Anschein zu erwecken, als sei sein Fahrzeug mit einem der üblichen Kennzeichen versehen, dann liegt lediglich der Tatbestand des § 25[1] vor. Hat er dagegen auch einen polizeilichen Dienststempel nachgemacht, dann hat er eine öffentliche Urkunde fälschlich angefertigt; und sobald er sich mit einem solchen Fahrzeug in die Öffentlichkeit begibt und dadurch Gelegenheit zur Täuschung anderer bietet, vollendet er das Vergehen der Urkundenfälschung aus § 267 RStGB.

3. Zu Ziffer 2.

Die Straftat kann an allen zugelassenen Fahrzeugen, aber auch schon vor Beendigung des Zulassungsverfahrens nach Zuteilung des Kennzeichens (§ 6 Abs. 2 VB.) begangen werden. Auch die vom Sachverständigen für die Prüfungsfahrt oder vom Fabrikanten oder Händler gemäß § 31 mit einem roten Probefahrtkennzeichen versehenen Fahrzeuge können Gegenstand des Vergehens sein, da auch diese Kennzeichen von der Polizeibehörde ausgegeben und mit ihrer Ermächtigung an dem Fahrzeug angebracht sind. Die Straftat besteht darin, daß ein anderes Kennzeichen angebracht wird, gleichviel, ob unter Entfernung oder Verdeckung des echten oder neben demselben. Schon die Anbringung eines andern Kennzeichens neben dem echten beeinträchtigt nicht nur dessen sinnliche Erkennbarkeit, sondern ruft auch Zweifel wach, welches Zeichen das echte sei. Ebenso Höpfel und Waldeck, zum Teil auch Gordan,

a. M. Eger. Fehlt es aber an der rechtswidrigen Absicht, dann tritt die Strafe aus § 21 d. Ges. in Verbindung mit § 13 BV. ein. Das, was der Täter hinzufügt, muß ein anderes „Kennzeichen" sein, also etwas dem echten Kennzeichen Ähnliches; auch hier soll der Anschein erweckt oder wenigstens die Möglichkeit einer Täuschung hervorgerufen werden, als ob das hinzugefügte Kennzeichen das echte, polizeilich für dieses Fahrzeug ausgegebene Kennzeichen sei.

Wird aber absichtlich die Urkundseigenschaft eines fremden echten Kennzeichens mißbraucht, um durch dessen Einfügung in ein anderes Fahrzeug den Anschein hervorzurufen, als sei das Kennzeichen für dieses Fahrzeug ausgegeben, so liegt Urkundenfälschung vor und es muß Bestrafung aus § 267 RStGB. eintreten, sobald das Fahrzeug in der gefälschten Verfassung in eine die Täuschung anderer ermöglichende Benutzung genommen wird. Vgl. RG. v. 9. Jan. 1893, Entsch. in Straff. Bd. 23, 278.

4. Zu Ziffer 3.

Das polizeilich ausgegebene oder zugelassene Kennzeichen muß im Falle der Ziffer 3 an dem Fahrzeuge auch angebracht worden sein. Bringt der Eigentümer das ihm zugeteilte Kennzeichen auf der Fahrt nach dem Polizeibureau zur Abstempelung (§ 30 BV.) nicht an, so kommt Ziffer 3 nicht zur Anwendung; fährt er ohne Kennzeichen, so ist er nach § 7 BV., § 21 d. Ges. strafbar; fährt er unter mißbräuchlicher Benutzung eines andern Kennzeichens, nach Ziffer 2 des § 25.

Die Veränderung kann in der Beseitigung, Hinzufügung oder Veränderung einzelner Teile bestehen; gleichgültig ist, ob das veränderte Zeichen ein planmäßiges oder ein Phantasiezeichen ist. Da das mit der polizeilichen Abstempelung versehene Kennzeichen eine öffentliche Urkunde ist, so erfüllt jede Veränderung, also Verfälschung seines Inhalts zugleich das erste Tatbestandsmerkmal des § 267 RStGB.; tritt noch ein

Gebrauchmachen zum Zweck der Täuschung hinzu, so ist aus § 267, vor dem Gebrauch aus § 25 zu strafen.

Beseitigt wird das Kennzeichen sowohl dadurch, daß die Tafel selbst, als auch dadurch, daß die Aufschrift völlig entfernt wird. Hat ein anderer als der Eigentümer das abgestempelte Kennzeichen, also eine Urkunde, beseitigt, so ist aus § 274 RStGB. zu strafen, wenn der Täter in der Absicht gehandelt hat, einem andern Nachteil zuzufügen. Das letztere Erfordernis fehlt regelmäßig, wenn der Führer das Kennzeichen beseitigt hat, um sich der Feststellung zu entziehen; denn zwar wird hier der Ersatzberechtigte geschädigt, und dies liegt auch in der Absicht des Täters, aber das Recht des Geschädigten beruht nicht auf der Urkunde (Eger, Höpfel).

Das Verdecken kann durch herüberhängende Kleidungsstücke u. dgl., auch durch Herunterklappen der Tafel geschehen. Es genügt schon ein teilweises Verdecken. Wird das Kennzeichen durch ein anderes Kennzeichen verdeckt, so kommt Ziffer 2 zur Anwendung.

Es genügt auch jede andere Behandlung des Kennzeichens, wodurch seine Erkennbarkeit beeinträchtigt wird, z. B. wenn es absichtlich nicht oder mangelhaft beleuchtet wird oder die Beleuchtung so eingerichtet wird, daß sich Ruß auf die Glasscheibe setzt. Hierher gehört insbesondere das Beschmieren des Kennzeichens mit Öl, damit durch den sich ansammelnden, von dem Öl festgehaltenen Straßenstaub das Kennzeichen verdeckt werde. Bestrafung kann erst eintreten, nachdem die Erkennbarkeit durch Staub beeinträchtigt worden ist; in dem Aufschmieren von Öl liegt an sich nur ein strafloser Versuch.

5. Sofern nicht nach den Vorschriften des StGB. eine höhere Strafe verwirkt ist.

Außer den schon besprochenen Fällen, wo Bestrafung aus §§ 267, 274 RStGB. einzutreten hat, kann auch intellektuelle Urkundenfälschung vorliegen, wenn z. B. ein nicht zugelassenes Fahrzeug mit dem für ein anderes Fahrzeug zugeteilten Kennzeichen der Polizei zur Abstempelung vorgeführt und dadurch eine unrichtige Eintragung in die polizeiliche Liste bewirkt wird.

Auch Diebstahl, Sachbeschädigung und Betrug können neben dem Tatbestande des § 25 in Frage kommen.

6. Zu Absatz 2.

Absatz 2 bedroht mit derselben Strafe den wissentlichen Gebrauch eines Kraftfahrzeugs, dessen Kennzeichen nach Abs. 1 gefälscht worden ist. Aber nur ein Gebrauch auf öffentlichen Wegen wird bestraft, weil nur durch einen solchen die Täuschung verwirklicht werden kann. Im Gegensatz zu den zweiten Absätzen der §§ 23 und 24 richtet sich die Strafvorschrift nicht nur gegen den Halter, sondern gegen jeden Gebraucher, also auch gegen den Fahrgast, der die Fälschung kennt. Anders wie in Absatz 1 wird nicht die Absicht der Täuschung, sondern nur Kenntnis von der Fälschung verlangt.

§ 26.

Dieses Gesetz tritt hinsichtlich der Vorschriften über die Haftpflicht — Teil II — mit dem 1. Juni 1909, im übrigen mit dem 1. April 1910 in Kraft.

Urkundlich unter Unserer höchsteigenhändigen Unterschrift und beigedrucktem Kaiserlichen Insiegel.

Gegeben Achilleion, Korfu, den 3. Mai 1909.

(L. S.) **Wilhelm.**

Fürst von Bülow.

Anhang.

Bekanntmachung, betreffend die Regelung des Verkehrs mit Kraftfahrzeugen.

Vom 3. Februar 1910 (RGBl. 1910 Nr. 5 S. 389).

Der Bundesrat hat auf Grund des § 6 des Gesetzes über den Verkehr mit Kraftfahrzeugen vom 3. Mai 1909 (Reichs-Gesetzbl. S. 437) für den Verkehr mit Kraftfahrzeugen auf öffentlichen Wegen oder Plätzen die nachstehende Verordnung erlassen.

Berlin, den 3. Februar 1910.

Der Reichskanzler.

In Vertretung: Delbrück.

Verordnung über den Verkehr mit Kraftfahrzeugen.

A. Allgemeine Vorschriften.

§ 1. Als Kraftfahrzeuge im Sinne dieser Vorschriften gelten Wagen oder Fahrräder, die durch Maschinenkraft bewegt werden, ohne an Bahngeleise gebunden zu sein; als Krafträder gelten Fahrzeuge, die vom Sattel aus gefahren werden und auf nicht mehr als drei Rädern laufen, wenn ihr Eigengewicht ohne Betriebsstoffe (bei elektrischem Antrieb ohne Akkumulatoren) 150 Kilogramm nicht übersteigt.

§ 2. Für den Verkehr mit Kraftfahrzeugen gelten sinngemäß die den Verkehr von Fuhrwerken oder von Fahrrädern auf öffentlichen Wegen und Plätzen allgemein regelnden Vorschriften, sofern nicht nachfolgend oder gemäß § 6 Abs. 3 des Gesetzes von den Landeszentralbehörden andere Bestimmungen getroffen werden.

Auf Kraftfahrzeuge, die für den öffentlichen Fuhrbetrieb verwendet werden, sowie auf die Führer dieser Fahrzeuge finden neben den nachstehenden Vorschriften die allgemeinen Bestimmungen über den Betrieb der Droschken, Omnibusse und sonstigen dem öffentlichen Transportgewerbe dienenden Fuhrwerke Anwendung.

Die nachstehenden Vorschriften finden keine Anwendung auf Straßenlokomotiven, Straßenwalzen, Zugmaschinen ohne Güterladeraum, deren betriebsfertiges Eigengewicht, und Lastkraftwagen, deren Gesamtgewicht (einschließlich Ladung) 9 Tonnen übersteigt, sowie auf selbstfahrende Arbeits- und Werkzeugmaschinen zu landwirtschaftlichen oder gewerblichen Zwecken (z. B. Dampf-, Motorpflüge, Motorsägen).

B. Das Kraftfahrzeug.

a) Beschaffenheit und Ausrüstung.

§ 3. Die Kraftfahrzeuge müssen verkehrssicher und insbesondere so gebaut, eingerichtet und ausgerüstet sein, daß Feuers- und Explosionsgefahr sowie jede vermeidbare Belästigung von Personen und Gefährdung von Fuhrwerken durch Geräusch, Rauch, Dampf oder üblen Geruch ausgeschlossen ist.

Die Radkränze dürfen keine Unebenheiten besitzen, die geeignet sind, die Fahrbahn zu beschädigen.

§ 4. Jedes Fahrzeug muß versehen sein:

1. mit einer zuverlässigen Lenkvorrichtung, die gestattet, sicher und rasch auszuweichen; die zur Lenkung benutzten Wagenräder sollen nach beiden Seiten möglichst weit einschlagen, um kurz wenden zu können;

2. mit zwei voneinander unabhängigen Bremseinrichtungen, von denen jede auf die Wagenräder der gebremsten Achse gleichmäßig einwirkt; mindestens eine Bremseinrichtung muß unmittelbar auf die Hinterräder oder auf Bestandteile, die mit diesen Rädern fest verbunden sind, wirken; diese Bremse muß feststellbar sein. Jede Bremseinrichtung muß für sich geeignet sein, den Lauf des Fahrzeugs sofort zu hemmen und es auf die kürzeste Entfernung zum Stehen zu bringen;
3. mit einer zuverlässigen Vorrichtung, die beim Befahren von Steigungen die unbeabsichtigte Rückwärtsbewegung verhindert, sofern nicht eine der Bremsen diese Forderung erfüllt;
4. mit einer tieftönenden Huppe zum Abgeben von Warnungszeichen; falls die Huppe mehrtönig ist, müssen die verschiedenen Töne gleichzeitig anklingen;
5. nach eingetretener Dunkelheit und bei starkem Nebel mit mindestens zwei in gleicher Höhe angebrachten, die seitliche Begrenzung des Fahrzeugs anzeigenden, hellbrennenden Laternen mit farblosem Glase, die den Lichtschein derart auf die Fahrbahn werfen, daß diese auf mindestens 20 Meter vor dem Fahrzeug von dem Führer übersehen werden kann. Übermäßig stark wirkende Scheinwerfer dürfen nicht verwendet werden;
6. mit einer Vorrichtung, die verhindert, daß das Fahrzeug von Unbefugten in Betrieb gesetzt werden kann.

Auf Krafträder findet Nr. 3 keine Anwendung; Nr. 4 gilt mit der Maßgabe, daß die Huppe hochtönend sein muß. Für Kraft*zwei*räder gilt außerdem Nr. 5 mit der Einschränkung, daß *eine* Laterne der bezeichneten Art genügt.

Jeder Kraftwagen, dessen Eigengewicht 350 Kilogramm übersteigt, muß so eingerichtet sein, daß er mittels der Maschine oder des Motors vom Führersitz aus in Rückwärtsgang gebracht werden kann.

Die Griffe zur Bedienung der Maschine oder des Motors und der im Abs. 1 bis 3 angeführten Einrichtungen müssen so angebracht sein, daß der Führer sie, ohne sein Augenmerk von der Fahrtrichtung abzulenken, leicht und auch im Dunkeln ohne Verwechslungsgefahr handhaben kann.

Jedes Kraftfahrzeug muß mit einem an einer sichtbaren Stelle des Fahrgestells angebrachten Schilde versehen sein, das die Firma, die das Fahrgestell hergestellt hat, die Fabriknummer des Fahrgestells, die Anzahl der Pferdestärken der Maschine oder des Motors (bei steuerpflichtigen Fahrzeugen auch die nach der Steuerformel berechnete Nutzleistung des Fahrzeugs) und das Eigengewicht des betriebsfertigen Fahrzeugs ergibt.

b) Antrag auf Zulassung eines Fahrzeugs.

§ 5. Wenn ein Kraftfahrzeug in Betrieb genommen werden soll, hat der Eigentümer bei der für seinen Wohnort zuständigen höheren Verwaltungsbehörde die Zulassung des Fahrzeugs schriftlich zu beantragen. Der Antrag muß enthalten:

1. Name und Wohnort des Eigentümers,
2. die Firma, die das Fahrgestell hergestellt hat, sowie die Fabriknummer des Fahrgestells,
3. die Bestimmung des Fahrzeugs (Personen- oder Lastfahrzeug),
4. die Art der Kraftquelle (Verbrennungsmaschine, Dampfmaschine, Elektromotor),
5. die Anzahl der Pferdestärken der Maschine oder des Motors (bei steuerpflichtigen Fahrzeugen auch die nach der Steuerformel berechnete Nutzleistung des Fahrzeugs),
6. das Eigengewicht des betriebsfertigen Fahrzeugs,

7. die zulässige Belastung (in Kilogramm oder Personen einschließlich Führer),
8. bei Fahrzeugen, deren Gesamtgewicht (einschließlich Ladung) 5 Tonnen übersteigt, die Achsdrucke im beladenen Zustand.

Dem Antrag ist das Gutachten eines von der höheren Verwaltungsbehörde eines Bundesstaats anerkannten Sachverständigen beizufügen, das die Richtigkeit der Angaben unter Nr. 4 bis 8 sowie ferner bestätigt, daß das Fahrzeug den nach dieser Verordnung zu stellenden Anforderungen genügt. Hinsichtlich der Nr. 5 kann das Gutachten des Sachverständigen durch eine Bescheinigung der Firma ersetzt werden, die die Maschine oder den Motor hergestellt hat. Das Gutachten hat der Antragsteller auf seine Kosten zu beschaffen.

Die höhere Verwaltungsbehörde ist befugt, auf Antrag einer Firma, deren Sitz sich im Bezirke der Behörde befindet, nach einer auf Kosten der Firma vorgenommenen Prüfung eine Bescheinigung darüber zu erteilen, daß eine fabrikmäßig gefertigte Gattung eines Kraftfahrzeugs den nach Maßgabe dieser Verordnung zu stellenden Anforderungen genügt (Typenprüfung). Die Typenbescheinigung gilt für das ganze Reich. Bei der Veräußerung eines Kraftfahrzeugs, das einer derart zugelassenen Gattung angehört, kann die Firma dem Abnehmer eine mit laufender Nummer versehene Ausfertigung der Bescheinigung, die auch die Richtigkeit der im Abs. 1 unter Nr. 4 bis 8 vorgeschriebenen Angaben bestätigen muß, mit der Wirkung verabfolgen, daß sie das im Abs. 2 geforderte Gutachten ersetzt; die Übereinstimmung der Ausfertigung mit der Originalbescheinigung muß amtlich beglaubigt sein. Über die solchergestalt in den Verkehr gebrachten Fahrzeuge hat die Firma ein Verzeichnis zu führen.

Für die nach Abs. 2 und 3 vorzunehmenden Prüfungen

gelten die Vorschriften der als Anlage A beigefügten „Anweisung über die Prüfung von Kraftfahrzeugen".

c) Zulassung zum Verkehr und Kennzeichnung.

§ 6. Die höhere Verwaltungsbehörde (§ 5 Abs. 1) entscheidet über den Antrag auf Zulassung des Kraftfahrzeugs zum Verkehr auf öffentlichen Wegen und Plätzen. Die Zulassung gilt für das ganze Reich.

Im Falle der Zulassung hat die höhere Verwaltungsbehörde das Kraftfahrzeug in eine Liste nach beiliegendem Muster 1 einzutragen, dem Fahrzeug ein polizeiliches Kennzeichen (§ 8) zuzuteilen und hiervon dem Antragsteller Mitteilung zu machen, sowie über die Zulassung und die Eintragung des Kraftfahrzeugs und die Zuteilung des Kennzeichens eine Bescheinigung nach beiliegendem Muster 2 auszufertigen. Die Aushändigung der Bescheinigung erfolgt durch die für den Ort, wo das Kraftfahrzeug in Betrieb gesetzt werden soll, zuständige Polizeibehörde.

Treten bei einem zum Verkehr auf öffentlichen Wegen und Plätzen bereits zugelassenen Kraftfahrzeug Änderungen ein, die eine Berichtigung der Liste und der Zulassungsbescheinigung erforderlich machen, so hat der Eigentümer unter Vorlegung der Zulassungsbescheinigung die Berichtigungen innerhalb zwei Wochen bei der zuständigen höheren Verwaltungsbehörde zu beantragen. Bei Änderung der Art der Kraftquelle, bei Einbau einer stärkeren Maschine oder eines stärkeren Motors, einer n ihrer Bauart oder Übersetzung veränderten Bremse oder Lenkvorrichtung bedarf es einer erneuten Zulassung, die der Eigentümer sofort unter Beifügung eines Gutachtens (§ 5 Abs. 2) bei der zuständigen höheren Verwaltungsbehörde zu beantragen hat.

Verlegt der Eigentümer eines Kraftfahrzeugs seinen Wohnort

in den Bezirk einer anderen höheren Verwaltungsbehörde, so hat er bei dieser die erneute Zulassung des Fahrzeugs zu beantragen; der Beifügung des Gutachtens eines Sachverständigen (§ 5 Abs. 2, 3) bedarf es in diesem Falle nicht, wenn die bisherige Zulassungsbescheinigung vorgelegt wird. Bei Ausfertigung der neuen Zulassungsbescheinigung ist die bisherige einzuziehen.

Soll ein Kraftfahrzeug zum Verkehr auf öffentlichen Wegen und Plätzen nicht mehr verwendet werden, so hat der Eigentümer der zuständigen höheren Verwaltungsbehörde hiervon Mitteilung zu machen und ihr die Zulassungsbescheinigung sowie das Kennzeichen abzuliefern. Das Kennzeichen ist, sofern es nicht amtlich ausgegeben ist, nach Vernichtung des Dienststempels zurückzugeben. Unterbleibt die Ablieferung, so hat die höhere Verwaltungsbehörde die Zulassungsbescheinigung und das Kennzeichen einzuziehen oder, soweit die Einziehung des Kennzeichens nicht zulässig ist, den Dienststempel auf diesem augenfällig zu vernichten. In gleicher Weise ist auf Antrag der Steuerbehörde zu verfahren, wenn die Steuerkarte nicht rechtzeitig erneuert wird.

Geht ein zum Verkehr auf öffentlichen Wegen und Plätzen bereits zugelassenes Kraftfahrzeug auf einen anderen Eigentümer über, so hat dieser bei der für seinen Wohnort zuständigen höheren Verwaltungsbehörde die erneute Zulassung des Fahrzeugs zu beantragen; der Beifügung des Gutachtens eines Sachverständigen (§ 5 Abs. 2, 3) bedarf es in diesem Falle nicht, wenn die bisherige Zulassungsbescheinigung vorgelegt wird. Bei Ausfertigung der neuen Zulassungsbescheinigung ist die bisherige einzuziehen.

§ 7. Vorbehaltlich der Vorschriften in §§ 29, 35 muß jedes auf öffentlichen Wegen und Plätzen verkehrende Kraftfahrzeug das polizeiliche Kennzeichen (§ 8) tragen.

§ 8. Das von der höheren Verwaltungsbehörde zuzuteilende Kennzeichen besteht aus einem (oder mehreren) Buchstaben (oder römischen Ziffern) zur Bezeichnung des Bundesstaats (oder engeren Verwaltungsbezirkes) und aus der Erkennungsnummer, unter der das Fahrzeug in die polizeiliche Liste (§ 6 Abs. 2) eingetragen ist. Die Verteilung der Kennzeichen innerhalb des Reichsgebiets erfolgt nach dem beiliegenden „Plan für die Kennzeichnung der Kraftfahrzeuge“ [1]). Das Kennzeichen ist an der Vorderseite und an der Rückseite des Fahrzeugs nach außenhin an leicht sichtbarer Stelle anzubringen.

Das vordere Kennzeichen ist in schwarzer Balkenschrift auf weißem, schwarzgerandetem Grunde auf die Wandung des Fahrzeugs oder auf eine rechteckige Tafel aufzumalen, die mit dem Fahrzeug durch Schrauben, Nieten oder Nägel fest zu verbinden ist. Die Buchstaben (oder die römischen Ziffern) und die Nummern müssen in eine Reihe gestellt und durch einen wagerechten Strich voneinander getrennt werden. Die Abmessungen betragen: Randbreite mindestens 10 Millimeter, Schrifthöhe 75 Millimeter bei einer Strichstärke von 12 Millimeter, Abstand zwischen den einzelnen Zeichen und vom Rande 20 Millimeter, Stärke des Trennungsstrichs 12 Millimeter, Länge des Trennungsstrichs 25 Millimeter, Höhe der Tafel ausschließlich des Randes 115 Millimeter (Muster 3) [2]).

Bei dem an der Rückseite des Fahrzeugs mittels Schrauben, Nieten oder Nägel fest anzubringenden Kennzeichen sind die Buchstaben (römischen Ziffern) und die Nummer auf einer viereckigen weißen, schwarzgerandeten Tafel in schwarzer Balkenschrift auszuführen. Die Tafel kann Bestandteil einer Laterne sein (vgl. § 11). Die Buchstaben (römischen Ziffern) müssen über der Nummer stehen. Die Abmessungen betragen: Rand=

---

[1]) Siehe S. 396. [2]) Siehe S. 397.

breite mindestens 10 Millimeter, Schrifthöhe 100 Millimeter bei einer Strichstärke von 15 Millimeter, Abstand zwischen den einzelnen Zeichen und vom Rande 20 Millimeter, Höhe der Tafel ausschließlich des Randes 260 Millimeter (Muster 4)[1]. Das hintere Kennzeichen kann auch auf die Wandung des Fahrzeugs aufgemalt werden.

Kraftzweiräder sind von der Führung des hinteren Kennzeichens befreit. Bei ihnen genügt ein beiderseitig beschriebenes Kennzeichen, das an der Vorderseite in der Fahrtrichtung an leicht sichtbarer Stelle anzubringen ist. Das Kennzeichen ist in schwarzer Balkenschrift auf weißem, schwarzgerandetem Grunde auf eine rechteckige, an den Vorderecken leicht abgerundete Tafel aufzumalen, die mit dem Fahrzeug durch Schrauben, Nieten oder Nägel fest zu verbinden ist. Die Buchstaben (oder die römischen Ziffern) und die Nummer müssen in einer Reihe stehen und durch einen wagerechten Strich voneinander getrennt sein. Die Abmessungen betragen: Randbreite mindestens 8 Millimeter, Schrifthöhe 60 Millimeter bei einer Strichstärke von 10 Millimeter, Abstand zwischen den einzelnen Zeichen und vom Rande 12 Millimeter, Stärke des Trennungsstrichs 10 Millimeter, Länge des Trennungsstrichs 18 Millimeter, Höhe der Tafel ausschließlich des Randes 80 Millimeter (Muster 5)[2].

§ 9. Die Kennzeichen müssen mit dem Dienststempel der Polizeibehörde (§ 6 Abs. 2 Satz 2) versehen sein. Zum Zwecke der Abstempelung des Kennzeichens hat die Polizeibehörde die Vorführung des Kraftfahrzeugs anzuordnen. Bevor sie die Abstempelung vornimmt, hat sie sich durch sorgfältige Prüfung davon zu überzeugen, daß das Fahrzeug insbesondere auch den Vorschriften der §§ 8, 10 und 11 entspricht.

---

[1]) Siehe S. 397. [2]) Siehe S. 397.

§ 10. Die Kennzeichen dürfen nicht zum Umklappen eingerichtet sein; sie dürfen niemals verdeckt sein und müssen stets in lesbarem Zustand erhalten werden. Der untere Rand des vorderen Kennzeichens darf nicht weniger als 20 Zentimeter, der des hinteren nicht weniger als 45 Zentimeter vom Erdboden entfernt sein.

§ 11. Während der Dunkelheit und bei starkem Nebel ist das hintere Kennzeichen so zu beleuchten, daß es deutlich erkennbar ist. Die Beleuchtungsvorrichtung muß so eingerichtet sein, daß sie das Kennzeichen von keiner Seite verdeckt und weder vom Sitze des Führers noch vom Innern des Wagens aus abgestellt werden kann.

Bei Kraftzweirädern ist das an der Vorderseite angebrachte Kennzeichen während der Dunkelheit und bei starkem Nebel so zu beleuchten, daß es von beiden Seiten deutlich erkennbar ist.

§ 12. Muß ein mit dem Dienststempel der Polizeibehörde versehenes Kennzeichen erneuert werden, so ist das Kraftfahrzeug wiederum entsprechend der Vorschrift im § 9 der Polizeibehörde vorzuführen; tritt die Notwendigkeit der Erneuerung an einem Orte ein, von dem aus die Polizeibehörde, die die erste Stempelung des Kennzeichens vorgenommen hatte, ohne Zeitverlust nicht erreicht werden kann, so ist das Fahrzeug der nächsten Polizeibehörde vorzuführen, die alsdann das erneuerte Kennzeichen mit dem Dienststempel zu versehen und, daß dies geschehen, in der Zulassungsbescheinigung (§ 6 Abs. 2) ersichtlich zu machen hat.

§ 13. Die Anbringung mehrerer verschiedener Kennzeichen ist unzulässig.

C. Der Führer des Kraftfahrzeugs.

a) Die Zulassung zum Führen.

§ 14. Wer auf öffentlichen Wegen und Plätzen ein Kraftfahrzeug führen will, bedarf der Erlaubnis der zuständigen höheren Verwaltungsbehörde. Die Erlaubnis gilt für das ganze Reich; sie ist zu erteilen, wenn der Nachsuchende seine Befähigung durch eine Prüfung dargetan hat und nicht Tatsachen vorliegen, die die Annahme rechtfertigen, daß er zum Führen von Kraftfahrzeugen ungeeignet ist.

Personen unter 18 Jahren ist das Führen von Kraftfahrzeugen, insbesondere auch von Krafträdern, nicht gestattet. Ausnahmen können von der höheren Verwaltungsbehörde mit Zustimmung des gesetzlichen Vertreters zugelassen werden.

Den Nachweis der Erlaubnis hat der Führer durch eine Bescheinigung (Führerschein) nach beiliegendem Muster 6 zu erbringen.

Für die vorzunehmenden Prüfungen gelten die Vorschriften unter Ziffer I bis VI der als Anlage B beigefügten „Anweisung über die Prüfung der Führer von Kraftfahrzeugen“.

b) Besondere Pflichten des Führers.

§ 15. Der Führer hat den Führerschein (§ 14 Abs. 3) sowie die Bescheinigung über die Zulassung des Kraftfahrzeugs (§ 6 Abs. 2) bei der Benutzung des Fahrzeugs auf öffentlichen Wegen und Plätzen bei sich zu führen und auf Verlangen den zuständigen Beamten vorzuzeigen.

§ 16. Der Führer ist dafür verantwortlich, daß das Kraftfahrzeug mit den nach dieser Verordnung vorgeschriebenen Vermerken und polizeilichen Kennzeichen versehen ist, daß das Kennzeichen in vorgeschriebener Weise beleuchtet ist, daß die zulässige Belastung nicht überschritten wird und daß das Fahrzeug sich in verkehrssicherem Zustand (§§ 3, 4) befindet; er hat sich vor der Fahrt von dem Zustand des Fahrzeugs zu überzeugen.

§ 17. Der Führer ist zu besonderer Vorsicht in Leitung und Bedienung seines Fahrzeugs verpflichtet. Er darf von dem Fahrzeug nicht absteigen, solange es in Bewegung ist und darf sich von ihm nicht entfernen, solange die Maschine oder der Motor läuft; auch muß er, falls er sich von dem Fahrzeug entfernt, die Vorrichtung (§ 4 Abs. 1 Nr. 6) in Wirksamkeit setzen, die verhindern soll, daß ein Unbefugter das Fahrzeug in Betrieb setzt.

Der Führer ist insbesondere verpflichtet, dafür Sorge zu tragen, daß eine nach der Beschaffenheit des Kraftfahrzeugs (§ 3 Abs. 1) vermeidbare Entwicklung von Geräusch, Rauch, Dampf oder üblem Geruch in keinem Falle eintritt.

Das Öffnen etwa vorhandener Auspuffklappen ist verboten.

§ 18. Die Fahrgeschwindigkeit ist jederzeit so einzurichten, daß Unfälle und Verkehrsstörungen vermieden werden und daß der Führer in der Lage bleibt, unter allen Umständen seinen Verpflichtungen Genüge zu leisten.

Innerhalb geschlossener Ortsteile darf die Fahrgeschwindigkeit von 15 Kilometer in der Stunde nicht überschritten werden. Bei Kraftfahrzeugen von mehr als 5,5 Tonnen Gesamtgewicht beträgt die überhaupt zulässige Höchstgeschwindigkeit 12 Kilometer in der Stunde; sie kann — vorbehaltlich der Vorschrift in Satz 1 — bis auf 16 Kilometer gesteigert werden, wenn wenigstens die Triebräder mit Gummi bereift sind. Die höhere Verwaltungsbehörde kann höhere Fahrgeschwindigkeiten zulassen.

Auf unübersichtlichen Wegen, insbesondere nach Eintritt der Dunkelheit oder bei starkem Nebel, beim Einbiegen aus einer

Straße in die andere, bei Straßenkreuzungen, bei Straßeneinmündungen, bei scharfen Straßenkrümmungen, bei der Ausfahrt aus Grundstücken, die an öffentlichen Wegen liegen, und bei der Einfahrt in solche Grundstücke, bei der Annäherung an Eisenbahnübergänge in Schienenhöhe, ferner beim Passieren enger Brücken und Tore sowie schmaler oder abschüssiger Wege sowie da, wo die Wirksamkeit der Bremsen durch die Schlüpfrigkeit des Weges in Frage gestellt ist, endlich überall da, wo ein lebhafter Verkehr herrscht, muß langsam und so vorsichtig gefahren werden, daß das Fahrzeug sofort zum Halten gebracht werden kann.

§ 19. Der Führer hat entgegenkommende, zu überholende, in der Fahrtrichtung stehende oder die Fahrtrichtung kreuzende Menschen sowie die Führer von Fuhrwerken, Reiter, Radfahrer, Viehtreiber usw. durch deutlich hörbares Warnungszeichen rechtzeitig auf das Nahen des Kraftfahrzeugs aufmerksam zu machen; auf die Notwendigkeit, das Warnungszeichen abzugeben, ist in besonderem Maße an unübersichtlichen Stellen (§ 18 Abs. 3) zu achten.

Das Abgeben von Warnungszeichen ist sofort einzustellen, wenn Pferde oder andere Tiere dadurch unruhig oder scheu werden.

Innerhalb geschlossener Ortsteile sind Warnungszeichen mit der im § 4 Abs. 1 Nr. 4 vorgeschriebenen Huppe abzugeben. Außerhalb geschlossener Ortsteile kann das Warnungszeichen auch mit einer Fanfarentrompete abgegeben werden; dies Signalinstrument darf auch lose im Kraftfahrzeuge mitgeführt und unter Verantwortung des Führers auch durch eine andere im Fahrzeug beförderte Person angewendet werden.

Das Abgeben langgezogener Warnungssignale, die Ähnlichkeit mit Feuersignalen haben, sowie die Verwendung anderer Signalinstrumente ist nicht statthaft.

§ 20. Merkt der Führer, daß ein Pferd oder ein anderes Tier vor dem Kraftfahrzeuge scheut, oder daß sonst durch das Vorbeifahren mit dem Kraftfahrzeuge Menschen oder Tiere in Gefahr gebracht werden, so hat er langsam zu fahren sowie erforderlichenfalls anzuhalten und die Maschine oder den Motor außer Tätigkeit zu setzen.

Auf den Haltruf oder das Haltzeichen eines als solcher kenntlichen Polizeibeamten hat der Führer sofort anzuhalten. Zur Kenntlichmachung eines Polizeibeamten ist auch das Tragen einer Dienstmütze ausreichend.

§ 21. Beim Einbiegen in eine andere Straße ist nach rechts in kurzer Wendung, nach links in weitem Bogen zu fahren. Diese Vorschrift gilt entsprechend für das Durchfahren von scharfen oder unübersichtlichen Wegekrümmungen.

Der Führer hat entgegenkommenden Kraftfahrzeugen, Fuhrwerken, Reitern, Radfahrern, Viehtransporten oder dergleichen rechtzeitig und genügend nach rechts auszuweichen oder, falls dies die Umstände oder die Örtlichkeit nicht gestatten, so lange anzuhalten, bis die Bahn frei ist.

Das Vorbeifahren an eingeholten Kraftfahrzeugen, Fuhrwerken, Reitern, Radfahrern, Viehtransporten oder dergleichen hat auf der linken Seite zu erfolgen.

D. Die Benutzung öffentlicher Wege und Plätze.

§ 22. Das Fahren mit Kraftfahrzeugen ist nur auf Fahrwegen gestattet. Auf Radfahrwegen und auf Fußwegen, die für Fahrräder freigegeben sind, ist der Verkehr mit Kraftzweirädern mit besonderer polizeilicher Genehmigung zulässig.

§ 23. Die Polizeibehörden können durch allgemeine polizeiliche Vorschriften oder durch besondere für den einzelnen Fall getroffene polizeiliche Anordnungen, soweit der Zustand der Wege oder die Eigenart des Verkehrs es erfordert, den Verkehr mit Kraftfahrzeugen überhaupt oder mit einzelnen Arten auf bestimmten Wegen, Plätzen und Brücken verbieten oder beschränken. Für Wegestrecken, die dem Durchgangsverkehre dienen, steht diese Befugnis den Landeszentralbehörden zu; sie können die Befugnis auf die höheren Verwaltungsbehörden übertragen.

Polizeiliche Vorschriften oder Anordnungen für den Verkehr mit Kraftfahrzeugen, durch die wegen des Zustandes der Wege oder der Eigenart des Verkehrs eine Höchstgeschwindigkeit von weniger als 15 Kilometer in der Stunde festgesetzt wird, dürfen nur für solche Kraftfahrzeuge erlassen werden, deren Gesamtgewicht 5,5 Tonnen übersteigt. Zuständig sind die höheren Verwaltungsbehörden.

Diese können auch Vorschriften oder Anordnungen erlassen, durch die, abgesehen von dem Falle des Abs. 1, der Verkehr mit Kraftfahrzeugen für bestimmte Örtlichkeiten mit Rücksicht auf deren besondere Verhältnisse verboten oder beschränkt wird.

§ 24. Das Wettfahren und die Veranstaltung von Wettfahrten auf öffentlichen Wegen und Plätzen sind verboten.

Für Zuverlässigkeitsfahrten und ähnliche Veranstaltungen zu Prüfungszwecken ist die Genehmigung der zuständigen Behörde erforderlich; soweit mit ihnen Geschwindigkeitsprüfungen verbunden sind, ist die Genehmigung der Landeszentralbehörde erforderlich, die im Einzelfalle die Bedingungen festsetzt.

E. Das Mitführen von Anhängewagen.

§ 25. Soll von einem polizeilich zugelassenen Kraftfahrzeug ein Anhängewagen mitgeführt werden, so genügt die Anzeige bei der höheren Verwaltungsbehörde (§ 5), sofern den nachstehenden Bedingungen entsprochen wird:

1. Der Anhängewagen muß versehen sein:
   a) mit einer sicher wirkenden Bremse;

b) mit einer zuverlässigen, auf die Fahrbahn wirkenden Vorrichtung, die beim Befahren von Steigungen die unbeabsichtigte Rückwärtsbewegung verhindert (Bergstütze);
2. die Radkränze des Anhängewagens dürfen keine Unebenheiten besitzen, die geeignet sind, die Fahrbahn zu beschädigen;
3. die Verbindung der Lenkvorrichtung des Anhängewagens mit dem Kraftfahrzeuge muß so beschaffen sein, daß die Räder des Anhängewagens auch in Krümmungen möglichst auf den Spuren der Räder des Kraftfahrzeugs laufen;
4. zwischen dem Anhängewagen und dem Kraftfahrzeuge muß außer der Hauptkuppelung noch eine Sicherheitskuppelung (Notkuppelung) vorhanden sein.

Der Anzeige hat der Eigentümer die Zulassungsbescheinigung für das Kraftfahrzeug, sowie das Gutachten eines amtlich anerkannten Sachverständigen darüber beizufügen, daß den Vorschriften des Abs. 1 genügt ist; ein Vermerk über die Anzeige ist von der höheren Verwaltungsbehörde in die Liste und in die Zulassungsbescheinigung (§ 6 Abs. 2) aufzunehmen.

Der Führer ist dafür verantwortlich, daß der Anhängewagen sich in verkehrssicherem Zustand befindet und daß das Gesamtgewicht des Anhängewagens mit Nutzlast das jeweilige Gesamtgewicht des Kraftfahrzeugs mit Nutzlast nicht überschreitet. Falls die Bremse des Anhängewagens nicht vom Führersitze des Kraftfahrzeugs aus bedient werden kann, muß auf dem Anhängewagen ein Bremser mitfahren; in diesem Falle muß eine Verständigung zwischen Führer und Bremser möglich sein.

Das Mitführen von mehr als einem Anhängewagen ist nur auf Grund polizeilicher Erlaubnis zulässig; das Gleiche gilt bezüglich des Mitführens von einem Anhängewagen, sofern den Bedingungen im Abs. 1 Nr. 1 bis 4 nicht genügt ist. In diesen Fällen ist der Erlaubnisschein bei der Fahrt mitzuführen und den Polizeibeamten auf Verlangen vorzuzeigen.

Werden Anhängewagen mitgeführt, so muß das dem Kraftfahrzeuge zugeteilte polizeiliche Kennzeichen (§ 8 Abs. 3) an der Rückseite des Schlußwagens angebracht sein.

F. Untersagung des Betriebs.

§ 26. Die Polizeibehörde kann jederzeit auf Kosten des Eigentümers eine Untersuchung darüber veranlassen, ob ein Kraftfahrzeug den nach Maßgabe dieser Verordnung zu stellenden Anforderungen entspricht.

Genügt ein Kraftfahrzeug diesen Anforderungen nicht, so kann seine Ausschließung vom Befahren der öffentlichen Wege und Plätze durch die höhere Verwaltungsbehörde verfügt werden.

§ 27. Werden Tatsachen festgestellt, die die Annahme rechtfertigen, daß eine Person zum Führen von Kraftfahrzeugen ungeeignet ist, so kann ihr die Fahrerlaubnis dauernd oder für bestimmte Zeit durch die für ihren Wohnort zuständige höhere Verwaltungsbehörde entzogen werden; nach der Entziehung ist der Führerschein der Behörde abzuliefern. Die Entziehung der Fahrerlaubnis ist für das ganze Reich wirksam. Im Falle der Entziehung der Fahrerlaubnis für bestimmte Zeit kann deren Wiedererteilung von der nochmaligen Ablegung einer Prüfung oder der Erfüllung sonstiger Bedingungen abhängig gemacht werden.

Personen, die nur während eines vorübergehenden Aufenthalts in dem Gebiete des Deutschen Reichs ein Kraftfahrzeug führen, kann aus Gründen, die nach Abs. 1 die Entziehung der Fahrerlaubnis rechtfertigen, die Führung des Kraftfahrzeugs durch Verfügung der zuständigen höheren Verwaltungsbehörde jederzeit untersagt werden. Die Untersagung ist für das ganze Reich wirksam.

G. Ausnahmen.

§ 28. Als vorläufig zum Verkehr auf öffentlichen Wegen und Plätzen zugelassen gelten Kraftfahrzeuge während der durch den amtlich anerkannten Sachverständigen vorzunehmenden technischen Prüfung (Nr. XI der Anweisung über die Prüfung von Kraftfahrzeugen — Anlage A —). Die Vorschrift im § 15 über die Mitführung der Zulassungsbescheinigung findet in diesen Fällen keine Anwendung.

Während der Prüfungsfahrten haben die Kraftfahrzeuge ein besonderes Kennzeichen (Probefahrtkennzeichen) zu führen, auf das die Bestimmungen im § 8 mit der Maßgabe Anwendung finden, daß die Erkennungsnummer aus einer Null (0) mit einer oder mehreren nachfolgenden Ziffern besteht, daß das Kennzeichen in roter Balkenschrift auf weißem, rotgerandetem Grunde herzustellen ist und daß von der festen Anbringung der Kennzeichen abgesehen werden kann. Derartige, mit dem Dienststempel der höheren Verwaltungsbehörde versehene Kennzeichen sind den amtlich anerkannten Sachverständigen (§ 5) zur Verwendung bei diesen Prüfungsfahrten zur Verfügung zu stellen.

§ 29. Von der Verpflichtung zur Führung des Kennzeichens (§ 7) sind befreit:

1. die Kraftfahrzeuge der Feuerwehren im Dienst,
2. die zu Zwecken der öffentlichen Straßenreinigung dienenden Kraftfahrzeuge.

§ 30. Von der Verpflichtung zur Führung eines gestempelten Kennzeichens sind befreit Kraftfahrzeuge, die auf der Fahrt zur Polizeibehörde zwecks Vorführung des Fahrzeugs und Abstempelung des Kennzeichens (§§ 6 und 9) öffentliche Wege und Plätze benutzen müssen. Als Ersatz für die fehlende Zulassungsbescheinigung und gleichzeitig als Ausweis für diese Fahrt dient die schriftliche Aufforderung der Polizeibehörde, das Fahrzeug vorzuführen.

§ 31. Zuverlässige Fabriken oder Händler, die mit den zum Verkaufe gestellten Fahrzeugen Probefahrten auf öffentlichen Wegen und Plätzen veranstalten wollen, erhalten, sofern sie bei der für den Sitz der Firmen zuständigen höheren Verwaltungsbehörde die Zulassung der Kraftfahrzeuge im Sinne der §§ 5, 6 bewirkt haben, auf Antrag widerruflich an Stelle der Zulassungsbescheinigung nach Muster 2 besondere Bescheinigungen nach Muster 7 und zu wiederkehrender Verwendung bei den einzelnen Kraftfahrzeugen Kennzeichen der im § 28 Abs. 2 bezeichneten Art. Eine Mitwirkung der Polizeibehörde (§ 6 Abs. 2 Satz 2, § 9) findet in diesen Fällen nicht statt. Soll eine Probefahrt über die Grenzen des Reichsgebiets ausgedehnt werden, so sind Kennzeichen und Bescheinigung vor dem Verlassen des Reichs auf dem deutschen Grenzzollamt abzuliefern.

Beim Verkauf eines jeden Fahrzeugs ist die Ausfertigung der Zulassungsbescheinigung und die Zuteilung des nunmehr endgültig zu führenden Kennzeichens ohne Verzug, jedenfalls aber innerhalb vierzehn Tagen bei der zuständigen höheren Verwaltungsbehörde (§ 5 Abs. 1) zu beantragen; die bisher geführte Bescheinigung ist abzuliefern.

§ 32. Auf die Kraftfahrzeuge der Militärverwaltung und der Postverwaltung finden die Bestimmungen dieser Verordnung mit der Maßgabe Anwendung, daß die Fahrzeuge Warnungszeichen auch mit anderen als den im § 19 Abs. 3 genannten Signalinstrumenten abgeben dürfen und daß eine jederzeitige Untersuchung der Fahrzeuge und ihre Ausschließung durch die höhere Verwaltungsbehörde (§ 26) nicht zulässig ist.

Die Kraftfahrzeuge der Postverwaltung brauchen außerdem nicht mit einer Huppe zum Abgeben von Warnungszeichen (§ 4 Abs. 1 Nr. 4) versehen zu sein. Die für die Fuhrwerke der Postverwaltung nach Reichs- oder Landesgesetzen bestehenden

Sonderrechte gelten auch für die Kraftfahrzeuge der Postverwaltung.

§ 33. Für die Erteilung der Erlaubnis zum Führen von Kraftfahrzeugen der Militärverwaltung und für die Entziehung dieser Erlaubnis gelten die besonderen Vorschriften unter Ziffer VIII der im § 14 Abs. 4 näher bezeichneten Anweisung (Anlage B).

§ 34. Für die Kraftfahrzeuge der Feuerwehren im Dienste gelten außer der im § 29 unter Nr. 1 bestimmten Ausnahme folgende Sonderbestimmungen:

Diese Fahrzeuge brauchen nicht mit einer Huppe zum Abgeben von Warnungszeichen versehen zu sein (§ 4 Abs. 1 Nr. 4), dürfen Warnungszeichen auch mit anderen als den im § 19 Abs. 3 genannten Signalinstrumenten abgeben, unterliegen nicht den Vorschriften über die innezuhaltende Fahrgeschwindigkeit (§ 18) und sind befreit von den Vorschriften über das Ausweichen, Anhalten und Vorbeifahren in den im § 21 Abs. 2 und 3 genannten Fällen.

§ 35. Auf die Kraftfahrzeuge der Landesherren und der Mitglieder der landesherrlichen Familien sowie der Mitglieder der Fürstlichen Familie Hohenzollern finden die Vorschriften im § 4 Abs. 1 Nr. 4, § 7 und § 19 Abs. 3 Satz 1 keine Anwendung.

H. Verkehr über die Reichsgrenze und im Zollgrenzbezirke.

§ 36. Aufgehoben durch § 15 der Verordnung des Bundesrats v. 21. 4. 10 (siehe S. 414).

J. Schluß- und Übergangsbestimmungen.

§ 37. Welche Behörden unter der Bezeichnung „Polizeibehörde" und „höhere Verwaltungsbehörde" zu verstehen sind, bestimmt die Landeszentralbehörde.

§ 38. Diese Verordnung tritt am 1. April 1910 in Kraft.

§ 39. Die für die Zulassung der Kraftfahrzeuge vor dem 1. April 1910 auf Grund landesrechtlicher Vorschriften erteilten Bescheinigungen behalten bis auf weiteres Gültigkeit. Die Inhaber solcher Zulassungsbescheinigungen haben das Recht, bei der zuständigen höheren Verwaltungsbehörde die Ausstellung einer Zulassungsbescheinigung nach Muster 2 zu beantragen. Bei Ausstellung der neuen Bescheinigung hat die höhere Verwaltungsbehörde zu vermerken, daß es sich um ein bereits vor dem 1. April 1910 zugelassenes Kraftfahrzeug handelt.

Die von Kraftzweirädern auf Grund landesrechtlicher Vorschriften vor dem 1. April 1910 geführten Kennzeichen von größerer Abmessung, als im § 8 Abs. 4 vorgesehen, können bis zum 1. April 1911 beibehalten werden.

§ 40. Die vor dem 1. April 1910 auf Grund landesrechtlicher Vorschriften erteilten Zeugnisse zum Führen von Kraftfahrzeugen behalten bis zum 1. April 1911 Gültigkeit. Die Inhaber solcher Zeugnisse haben jedoch bis zum 1. Oktober 1910 die Erteilung eines neuen Führerscheins bei der zuständigen höheren Verwaltungsbehörde gemäß § 14 zu beantragen. Für das Verfahren hinsichtlich der Zuteilung des neuen Führerscheins gelten die Vorschriften unter Ziffer VII der im § 14 Abs. 4 näher bezeichneten Anweisung (Anlage B).

Anlage A

(zu § 5 Abs. 4).

Anweisung über die Prüfung von Kraftfahrzeugen.

I. Allgemeine Bestimmungen.

1. Bei der Beurteilung der Verkehrsicherheit eines Kraftfahrzeugs kommen nur die Teile in Betracht, deren Versagen an dem in Bewegung befindlichen Fahrzeug eine Gefahr für den öffentlichen Verkehr in sich schließt, nämlich Einrichtungen für Lenken, Bremsen, Verhinderung unbeabsichtigter Rückwärtsbewegung, Rückwärtsgang und Radkonstruktion. Diese Einrichtungen müssen unter allen Umständen so beschaffen sein, daß ihr Versagen bei sachgemäßer Unterhaltung und Bedienung nicht zu befürchten ist. Einrichtungen, deren Versagen nur den Antrieb des Fahrzeugs stört oder unmöglich macht (Störungen an der Maschine oder am Motor, an der Kuppelung u. dgl.), kommen für die Prüfung nicht in Betracht.

2. Die Wahl der Materialien bleibt dem Fabrikanten unter eigener Verantwortlichkeit überlassen, jedoch müssen Vorderachsen, Lenkhebel und Lenkgestänge aus gezogenem oder geschmiedetem Material hergestellt werden. Die gewählten Abmessungen sind nur dann zu beanstanden, wenn sich bei der Prüfung bleibende Formveränderungen bemerkbar machen.

II. Feuers- und Explosionsgefahr.

1. Zur Vermeidung von Feuers- und Explosionsgefahr bei Fahrzeugen mit elektrischem Antrieb sind die unter Nr. XII

besonders angegebenen Vorschriften für elektrisch betriebene Fahrzeuge zu beachten.

2. Bei Dampffahrzeugen muß die Kesselanlage, soweit dafür nicht von der zuständigen Behörde Ausnahmen zugelassen sind, den allgemeinen polizeilichen Bestimmungen über die Anordnung von Landdampfkesseln entsprechen. Ferner ist bei Verwendung fester Brennstoffe darauf zu achten, daß der Funkenauswurf verhindert wird. Endlich muß die Feuerstelle von allen brennbaren Teilen des Fahrzeugs genügend isoliert und der Aschenkasten so gebaut und angeordnet sein, daß keine glühenden Aschenteile herausfallen können.

3. Bei Fahrzeugen mit Verbrennungsmaschine sind zur Vermeidung von Feuers- und Explosionsgefahr folgende Vorschriften zu befolgen:

a) Behälter, die zur Aufnahme flüssigen Brennstoffs dienen, sind aus zähem, gegen Rost geschützten Material herzustellen; Nähte müssen, sofern sie nicht durch Nietung und Lötung, Hartlötung oder Schweißung hergestellt sind, doppelt gefalzt und gelötet sein. Die Behälter sind mit einem hydraulischen Überdruck von 0,3 Atmosphären auf Dichthalten zu prüfen; ihr Einbau in die Fahrzeuge ist so auszuführen, daß sie möglichst gegen Stoß geschützt sind; der tiefste Punkt der Behälter und ihrer Armatur muß auch bei voll belastetem Fahrzeug mindestens 15 cm über dem Boden liegen. Das Füllrohr ist durch ein auswechselbares feinmaschiges Drahtnetz gegen das Hindurchschlagen von Flammen zu sichern. Geschweißte Behälter müssen mit mindestens einem Schmelzpfropfen oder Sicherheitsventile versehen sein. Alle Armaturteile müssen mit dem Behälter außer durch Lötung noch durch Nieten oder Schrauben verbunden sein. An dem tiefsten Punkte des

Behälters ist eine Ablaßvorrichtung anzubringen, so daß eine völlige Entleerung erfolgen kann. An Vorrichtungen zur Anzeige des Flüssigkeitsstandes muß mindestens der untere Anschluß an den Behälter absperrbar sein. Erfolgt die Zuführung des Brennstoffs durch den Druck der Auspuffgase, so ist ein Reduzierventil mit vorgeschaltetem Siebe in die Druckgasleitung einzubauen.

b) Die Zuflußrohrleitung zur Maschine ist sorgfältig zu befestigen und so zu verlegen, daß ein Ausgleich von Längenänderungen möglich ist. Die Verbindung einzelner Rohrstücke ist durch eine über beide Rohrenden geschraubte und verlötete Muffe oder durch eine Verschraubungsart mit metallischen Dichtungsflächen (Kegelnippel, Kugelnippel, gestauchte Rohrenden) herzustellen. In gleicher Weise ist die Befestigung der Rohre mit den Absperrvorrichtungen und Armaturteilen auszuführen, falls sie nicht hart eingelötet sind. Flanschverbindungen mit Stoffpackung sind unzulässig. Alle mit der Benzinleitung verlöteten Nippel müssen hart gelötet sein, während an den Brennstoffbehältern und ihren Armaturteilen, wenn die Lötung nur den Zweck hat, abzudichten, Weichlötung zulässig ist. In der Zuflußrohrleitung zur Maschine ist in der Nähe des Brennstoffbehälters eine Absperrvorrichtung einzuschalten; dieselbe muß von außen leicht zugänglich sein; bei Brennstofförderung durch Druckgase und Steigrohr genügt eine Einrichtung zum schnellen Ablassen des Druckes. Brennstoffleitung, Vergaser und Schwimmergehäuse sind so anzuordnen, daß etwa austretender Brennstoff nicht auf das Auspuffrohr, den Stromverteiler oder Magnetapparat tropfen kann; der aus dem Schwimmergehäuse und Vergaser etwa austretende Brennstoff ist unmittelbar ins Freie zu leiten.

c) Werden unterhalb des Wagens Schutzbleche angebracht, so muß die Beseitigung der sich in ihnen ansammelnden brennbaren Stoffe leicht möglich sein.

d) Die elektrischen Zündleitungen sind zu isolieren und so zu verlegen, daß Kurzschluß ausgeschlossen ist. Hochspannungsleitungen sind besonders sorgfältig zu verlegen. Glührohrzündung ist verboten.

III. Vermeidung von üblem Geruch, Rauch und Geräusch.

Die Verbrennung der Gase in der Maschine muß so vollkommen und die Ölzufuhr so eingerichtet sein, daß, abgesehen vom Anfahren nach längerem Stillstand, ein belästigender Rauch nicht entwickelt wird. Tauchschmierung ist zulässig, wenn eine Einrichtung zur Regelung des Ölstandes im Kurbelgehäuse vorhanden ist. Die Abführung der Verbrennungsgase bei Explosionsmaschinen und des Dampfes bei Dampfmaschinen hat unter Anwendung ausreichender schalldämpfender Mittel zu geschehen; Auspuffklappen oder andere Einrichtungen, die es ermöglichen, die Schalldämpfer in ihrer Wirkung abzuschwächen oder ganz auszuschalten, sind unstatthaft. Dampfkessel, die nicht mit Brennstoffen geheizt werden, die rauchlos verbrennen, sind mit ausreichenden, Rauch verhütenden Feuerungseinrichtungen zu versehen.

IV. Lenkvorrichtung.

1. Der Drehungswinkel der Lenkspindel soll der Geschwindigkeit des Fahrzeugs entsprechend möglichst gering sein.

2. Die Lenkvorrichtung muß so beschaffen sein, daß zu ihrer Bewegung und Festhaltung ein möglichst geringer Kraftaufwand ausreicht. Einfache Hebellenkvorrichtungen (auch Zahnstangenlenker und unmittelbar an einer Lenkspindel befestigte

Hebel) sind nur bis zu einem Gewichte des betriebsfertigen Wagens von 350 kg zuzulassen. Bei Fahrzeugen mit höherem Gewichte müssen Lenkvorrichtungen mit Zwischenübersetzung (Schnecke, Schraube od. dgl.) verwendet werden, die keinesfalls erheblich unter der Grenze der Selbsthemmung liegen. Das Gehäuse der Lenkvorrichtung muß fest gelagert sein. Die Anordnung und Lage der von dem Lenkhebel zu den Lenkschenkeln führenden Schubstange muß derart sein, daß bei Durchfederung des Wagens kein unzulässiges Flattern der Vorderräder eintritt. Bei Schubstangen mit Stoßfängern müssen ausreichende Sicherungen dagegen vorhanden sein, daß ein Kugelzapfen aus der Stange herausspringt. Bei Verwendung von Kugelzapfen, insbesondere wenn sie hängend angebracht sind, muß dafür gesorgt werden, daß die Schubstange bei Verschleiß der Kugelpfannen oder Kugelzapfen nicht zu Boden fällt. Alle Bolzen des Lenkgestänges sind mit Kronenmutter und Splint oder gleichwertig gesicherten Muttern zu versehen. Außerhalb der Drehachse des Achsschenkels müssen alle Lenkungsteile, auch etwa mit denselben verbundene andere Organe (Elektromotoren), sofern sie nicht unmittelbar in das Rad eingebaut sind, mit ihrem tiefsten Punkte mindestens 15 cm über der Standfläche liegen und leicht zugänglich sein. Es darf also das hintere Gelenk der Schubstange nicht etwa durch ein vom Rahmen zum Trittbrett geführtes festes Blech od. dgl. der Beobachtung entzogen werden; Lederkappen od. dgl. zum Schutze der Gelenke sind zulässig.

V. Bremseinrichtungen.

1. Die Beurteilung der Bremswirkung muß dem sachverständigen Urteil des Prüfers überlassen bleiben[1]).

---

[1]) Die Angabe eines bestimmten Bremswegs für eine bestimmte Fahrgeschwindigkeit empfiehlt sich nicht wegen der

2. Drahtseile für den Bremsausgleich müssen an den Biegungen über einen Radius von mindestens zehnfachem Seildurchmesser geführt werden. Bremse oder Gestänge müssen nachstellbar eingerichtet sein. Die Nachstellvorrichtung muß leicht zugänglich sein. Bremsvorrichtungen sind nur dann als voneinander unabhängig zu betrachten, wenn sie nicht von einem Gestänge abhängen. Bremsen sind durch Hand- oder Fußhebel zu betätigen; bei Fahrzeugen mit einem Eigengewichte von mehr als sechs Tonnen und bei Anhängewagen sind Spindelbremsen zulässig. Getriebebremsen müssen an einer solchen Stelle angebracht sein, daß sie auch bei Ausschaltung des Vorgeleges nicht unwirksam werden; bei Wagen von mehr als 2000 kg Eigengewicht sind sie mit Wasserkühlvorrichtung zu versehen. Elektrische Bremsen entsprechen nur dann den Vorschriften des § 4 Abs. 1 Nr. 2, wenn sie auf die Hinterräder wirken.

VI. Bergstützen usw.

Bergstützen müssen vom Führersitz aus bedient werden. Bergstützen sind in der Längsachse des Fahrzeugs oder symmetrisch zu ihr anzubringen und gegen Überklettern zu sichern.

VII. Huppen.

Als vorschriftsmäßige Huppen sind Signalinstrumente zu betrachten, bei denen der Ton durch Schwingungen von Metallzungen oder Platten (Membranen) jederzeit erzeugt werden kann.

VIII. Steuerformeln.

. . .

Schwierigkeit der genauen Bestimmung der Fahrgeschwindigkeit, ferner wegen der Abhängigkeit von der Bodenbeschaffenheit, von der Art der Radbereifung, der Belastung und Gewichtsverteilung der Fahrzeuge.

IX. Eigengewicht.

Bei der Nachprüfung des Eigengewichts des Fahrzeugs sind Abweichungen von den Angaben auf dem Schilde des Fahrzeugs insoweit zulässig, als sie durch die Mitführung der Vorräte an Betriebsstoffen (Benzin, Öl, Karbid, Kühlwasser usw.) bedingt werden. Die Nachprüfung hat durch Wägung des ganzen Fahrzeugs zu erfolgen.

X. Typenprüfung.

1. Für die Typenprüfung kommen nicht die Aufbauten (Karosserie), sondern nur das Fahrgestell in Betracht. Die Prüfung der Huppe und der Laternen fällt fort.

2. Bei Anträgen auf Typenprüfung ist dem zuständigen amtlich anerkannten Sachverständigen von dem Fabrikanten oder Händler in je dreifacher Ausfertigung eine Beschreibung, eine schematische Zeichnung des Fahrgestells mit dem in Betracht kommenden Motor und Triebwerk, Bremsen und Lenkvorrichtung vorzulegen. In der Beschreibung sind anzugeben:

a) Firma, die das Fahrgestell herstellt,

b) Art des Fahrzeugs (Kraftwagen oder Kraftrad), Bestimmung des Fahrzeugs und Kennwort oder Unterscheidungszeichen für den Typ,

c) Art der Kraftquelle,

d) Bauart des Maschine oder des Motors (Viertakt oder Zweitakt, Verbundwirkung oder einfache Wirkung, Hauptschluß oder Nebenschluß usw.),

e) Angaben für die Berechnung der Maschinen- oder Motorleistung (Zylinderzahl, Bohrung, Kolbenhub, Volt, Ampere),

f) Angaben über Bauart und Größe des Dampferzeugers, Kesseldruck, Akkumulatorenbatterie,

g) Art der Kraftübertragung (Gelenkwelle, Kette, Reibradgetriebe usw.),

h) Bauart und Übersetzung der Lenkvorrichtung,
i) Art und Zahl der Bremsen, Hauptabmessungen und Übersetzungsverhältnis,
k) Einrichtungen zur Verhinderung der unbeabsichtigten Rückwärtsbewegung auf Steigungen,
l) betriebsfertiges Eigengewicht des Fahrgestells,
m) Tragfähigkeit des Fahrgestells in Kilogramm,
n) Leistung der Maschine oder des Motors,
o) für steuerpflichtige Fahrzeuge außerdem Leistung des Fahrzeugs an den Triebrädern, berechnet nach der Steuerformel.

3. Der Sachverständige hat zu prüfen, ob die Beschreibung und die Zeichnungen, soweit sie Eigenschaften des Typs betreffen (vgl. 2b bis k), mit der Ausführung übereinstimmen[1]), und nach praktischer Erprobung eines Fahrzeugs des Typs die mit Prüfungsvermerk versehene Zeichnung und Beschreibung der zuständigen höheren Verwaltungsbehörde mit einer Bescheinigung darüber vorzulegen, daß der Typ den polizeilichen Anforderungen entspricht. Wird dem Antrag auf Erteilung einer Typenbescheinigung entsprochen, so erlangt die Fabrik oder der Händler auf Grund dieser Bescheinigung die Genehmigung, Fahrzeuge, die mit diesem Typ übereinstimmen, mit eigener Bescheinigung in den Verkehr zu bringen. Mit der Bescheinigung der höheren Verwaltungsbehörde wird ein Stück der geprüften Zeichnung und Beschreibung durch Schnur und Siegel verbunden. Eine Abschrift der Bescheinigung ist mit einem Stücke der Beschreibung und Zeichnung dem zuständigen Sachverständigen von der genehmigenden Behörde zu übersenden.

---

[1]) Bohrung und Kolbenhub müssen bei Typenprüfungen nachgemessen werden.

4. In den von den höheren Verwaltungsbehörden zu erteilenden Typenbescheinigungen sind die oben erwähnten Angaben der Beschreibung und eine schematische Zeichnung des Fahrgestells als für den Typ maßgebend festzulegen.

5. Änderungen der vorstehenden, für die Typenbescheinigung maßgebenden Verhältnisse (vgl. 2b bis k) bedingen eine erneute Anzeige bei dem Sachverständigen und Prüfung. Der Sachverständige hat entweder eine Ergänzung der Typenbescheinigung zu bewirken oder den Antragsteller zur Einreichung der für die neue Typenprüfung erforderlichen Unterlagen zu veranlassen.

6. Wünscht ein Fabrikant oder Händler in ein Fahrgestell bestimmter Bauart Maschinen verschiedener Stärke einzubauen, so muß bei der Typenprüfung das Fahrgestell mit der stärksten vorkommenden Maschine vorgeführt werden. Auf Grund dieser Prüfung ist alsdann der Sachverständige berechtigt, auch für das gleiche Fahrgestell mit schwächeren Maschinen Typenzeugnisse auszustellen.

7. Bei Meinungsverschiedenheiten zwischen den Fabriken und Händlern und den Sachverständigen über die Einwirkung von Abänderungen auf die Typengenehmigung entscheidet die zuständige höhere Verwaltungsbehörde.

XI. Ausführung der technischen Prüfung der Fahrzeuge.

1. Der Sachverständige hat sich zunächst am stillstehenden Fahrzeug davon zu überzeugen, ob es den vorstehenden Ausführungsbestimmungen entspricht. Bei Typenprüfungen hat der Sachverständige das Recht, in der Fabrik die für die Beurteilung der Verkehrssicherheit des Fahrzeugs wichtigen Teile auseinander nehmen zu lassen und zu untersuchen, sofern nicht gleiche Teile vorgelegt werden können; er hat festzustellen, ob die Ausführung des Fahrzeugs, soweit die unter Nr. X 2b

bis k angegebenen Eigenschaften des Typs in Frage kommen, mit den Zeichnungen und Beschreibungen übereinstimmt. Bei den Prüfungen am stehenden Fahrzeug ist z. B. festzustellen, ob die Steuersäule fest gelagert ist, ob in den Ausgleichgelenken des Steuergestänges nicht zuviel Spiel ist, ob die Räder unbehindert ausschlagen, ob die Bremshebel genügend leicht gehen, ob in allen kraftschlüssigen Verbindungen des Bremsgestänges nicht zuviel Spiel vorhanden ist, ob die Bremse richtig eingestellt ist und gleichmäßig anliegt, ob die Nachstellvorrichtungen leicht zugänglich sind, ob die Griffe zur Bedienung der Maschine usw. so angebracht sind, daß der Führer sie leicht und ohne Verwechselungsgefahr handhaben kann, ob Benzinbehälter und Rohrleitung den Vorschriften entsprechen, usw.

2. Bei allen Prüfungen muß eine Probefahrt stattfinden; für die Erprobung der Bremsen ist es von größter Wichtigkeit, daß das Fahrzeug bei der Probefahrt möglichst voll beladen ist; Typenprüfungen sind stets mit voller Nutzlast oder einer dem größten Karosseriegewicht einschließlich der höchstzulässigen Personenzahl entsprechenden Belastung vorzunehmen. Die Prüfung hat so lange zu dauern, bis der Sachverständige die volle Überzeugung von der Verkehrssicherheit des Fahrzeugs bei verschiedenen Geschwindigkeiten gewinnt. Die Versuche werden sich im wesentlichen auf die Lenkung, die Wirksamkeit der Bremsen, die Verhinderung der unbeabsichtigten Rückwärtsbewegung in Steigungen und die Fähigkeit der Rückwärtsbewegung des Fahrzeugs erstrecken; außerdem ist die Geräusch- und Geruchlosigkeit festzustellen. Vorrichtungen zur Verhinderung unbeabsichtigter Rückwärtsbewegung auf Steigungen müssen sowohl bei beladenem wie bei unbeladenem Fahrzeug erprobt werden. Es sind geeignete, möglichst wenig verkehrsreiche Straßen und Wege, die Gelegenheit bieten, das Fahrzeug auch in Steigungen und Gefällstrecken sowie in

Kurven zu erproben, für die Probefahrt auszuwählen. Bei den Versuchen ist die erforderliche Vorsicht zur Vermeidung von Unfällen und Beschädigungen des Fahrzeugs anzuwenden. Die Prüfung von Krafträdern ist in der Weise vorzunehmen, daß der Fahrer mit dem Rade nach Anweisung des Sachverständigen bei verschiedenen Geschwindigkeiten diejenigen Übungen ausführt, die geeignet erscheinen, die Lenkbarkeit und Bremssicherheit darzutun.

3. Bei Kraftwagen hat der Sachverständige, nachdem er durch einige Vorversuche die Überzeugung von der Verkehrssicherheit des Fahrzeugs erlangt hat, der Prüfung auf dem Fahrzeug selbst beizuwohnen[1]) und dem Führer, der die Berechtigung zum Fahren besitzen und sich bei schnellfahrenden Wagen über längere Fahrpraxis ausweisen muß, die erforderlichen Anweisungen zu geben. Nach der Probefahrt hat sich der Sachverständige davon zu überzeugen, daß keine dauernden Formveränderungen oder andere Veränderungen an Konstruktionsteilen eingetreten sind, die die Verkehrssicherheit gefährden könnten.

4. Bei Typenprüfungen sind nach befriedigendem Verlauf aller Prüfungen die dem Sachverständigen übergebenen Zeichnungen und Beschreibungen mit Prüfungsvermerk zu versehen.

XII. Vorschriften für elektrisch betriebene Kraftfahrzeuge.

. . .

XIII. Muster.

. . .

XIV. Gebühren.

. . .

---

[1]) Bei Kraftfahrzeugen, die keinen geeigneten Platz bieten, darf von der Befolgung dieser Vorschrift abgesehen werden, sofern der Sachverständige sich auf andere Weise die Überzeugung von der Verkerssicherheit des Fahrzeugs verschaffen kann.

Anlage B
(§ 14 Abs. 4).

Anweisung über die Prüfung der Führer von Kraftfahrzeugen.

I. Die Erlaubnis zum Führen eines Kraftfahrzeugs erteilt die für den Wohnort der betreffenden Person oder für den Ort, wo sie den Fahrdienst erlernt hat, zuständige höhere Verwaltungsbehörde. Der Antrag auf Erteilung der Erlaubnis ist an die zuständige Ortspolizeibehörde zu richten. Dem Antrag ist beizufügen:

1. ein Geburtsschein,
2. eine Photographie (Brustbild in Visitformat, unaufgezogen),
3. ein Zeugnis eines beamteten Arztes darüber, daß der Antragsteller keine körperlichen Mängel hat, die seine Fähigkeit, ein Kraftfahrzeug sicher zu führen, beeinträchtigen können, insbesondere Mängel hinsichtlich des Seh- und Hörvermögens,
4. ein Nachweis darüber, daß er den Fahrdienst bei einer durch die zuständige höhere Verwaltungsbehörde zur Ausbildung von Führern ermächtigten Person oder Stelle (Fahrschule, Kraftfahrzeugfabrik) erlernt hat. Aus dem Nachweis muß die Dauer der praktischen Ausbildung im Fahren ersichtlich sein.

Die Ortspolizeibehörde hat zu prüfen, ob gegen den Antragsteller Tatsachen vorliegen (z. B. schwere Eigentumsvergehen, Neigung zum Trunke oder zu Ausschreitungen, insbesondere zu Roheitsvergehen), die ihn als ungeeignet zum Führen eines Kraftfahrzeugs erscheinen lassen; nach Vornahme der Prüfung legt sie unter Mitteilung des Ergebnisses den Antrag mit seinen Anlagen der höheren Verwaltungsbehörde vor. Diese stellt zunächst durch Anfrage bei der für das Deutsche Reich bestehenden Sammelstelle für Nachrichten über Führer von Kraftfahrzeugen (Polizeipräsidium in Berlin) fest, was etwa über den Antragsteller dort bekannt ist. Ergeben die Feststellungen, daß er ungeeignet zum Führen eines Kraftfahrzeugs ist, so ist ihm die Erlaubnis zu versagen. Andernfalls übersendet die höhere Verwaltungsbehörde den Antrag nebst Anlagen dem amtlich anerkannten Sachverständigen (Ziffer II) zur Vornahme der Prüfung des Antragstellers über seine Befähigung zum Führen eines Kraftfahrzeugs. Der Antragsteller ist hiervon in Kenntnis zu setzen.

Für Reichs- oder Staatsbeamte, die als Führer von Kraftfahrzeugen verwendet werden sollen, kann der Antrag auf Erteilung der Erlaubnis zum Führen eines Kraftfahrzeugs von der vorgesetzten Behörde bei der Ortspolizeibehörde gestellt werden. Der Antrag muß die erforderlichen Angaben über den Personenstand des Prüflings enthalten und von den unter Nr. 2 bis 4 bezeichneten Anlagen begleitet sein. Von einer Feststellung, ob gegen den Prüfling Tatsachen vorliegen, die ihn als ungeeignet zum Führen eines Kraftfahrzeugs erscheinen lassen, hat die Ortspolizeibehörde in solchen Fällen abzusehen.

II. Die Prüfungen erfolgen bei den durch die höheren Verwaltungsbehörden amtlich anerkannten Sachverständigen.

Die Sachverständigen bestimmen den Zeitpunkt für die Prüfung.

Der Prüfling hat ein Kraftfahrzeug der Betriebsart und Klasse, für dessen Führung er den Nachweis der Befähigung erbringen will, für die Prüfung bereitzustellen. Das Fahrzeug muß, wenn die Witterungs- und Wegeverhältnisse dies notwendig erscheinen lassen, mit einem oder mehreren Gleitschutzreifen versehen sein.

III. Die Prüfung ist auf den Nachweis der Befähigung zum Führen bestimmter Betriebsarten und Klassen von Kraftfahrzeugen zu richten. Sie kann abgelegt werden für Kraftfahrzeuge mit Antrieb:

durch Elektromotoren,
durch Verbrennungsmaschinen,
durch Dampfmaschinen,
durch sonstige Motoren,
und zwar:

1. für Krafträder,
2. für Kraftwagen mit einem betriebsfertigen Eigengewichte von mehr als 2,5 Tonnen,
3. für Kraftwagen mit einem betriebsfertigen Eigengewichte bis zu 2,5 Tonnen
   a) bis zu 10 PS (Leistung der Maschine oder des Motors),
   b) über 10 PS (Leistung der Maschine oder des Motors).

Personen, die für eine Betriebsart und Klasse von Fahrzeugen den Nachweis der Befähigung erbracht haben, können die Erlaubnis zum Führen von Fahrzeugen einer anderen Betriebsart oder Klasse nur auf Grund einer besonderen Prüfung für diese Betriebsart und Klasse erhalten; jedoch schließt der Nachweis der Befähigung zum Führen eines Fahrzeugs der Klasse 3b den der Befähigung für die gleiche Betriebsart der Klasse 3a ein.

IV. Die Prüfung zerfällt in einen mündlichen und einen praktischen Teil.

1. Die mündliche Prüfung erstreckt sich auf:

a) allgemeine Kenntnis der Hauptteile des vorgeführten Fahrzeugs, genaue Kenntnis der für die Beurteilung seiner Verkehrssicherheit in Betracht kommenden Teile (Lenkvorrichtung, Bremsen, Geschwindigkeitswechsel, Rücklauf und Radbereifung);

b) Verhalten in besonderen Fällen (z. B. bei Schleudern des Wagens, bei Feuersgefahr am Fahrzeug, Wassermangel bei Dampferzeugern);

c) Beurteilung der Verkehrssicherheit des Fahrzeugs vor Antritt der Fahrt;

d) Kenntnis der für den Führer eines Kraftfahrzeugs maßgebenden gesetzlichen und polizeilichen Vorschriften.

2. Die praktische Prüfung umfaßt:

a) Feststellung der Wirksamkeit der Bremsen und Lenkvorrichtungen, Ingangsetzen des Motors nach vorheriger Prüfung der Zündvorrichtungen und einfache Fahrübungen auf kurzer Strecke (z. B. Einhaltung einer gegebenen Fahrtrichtung, Ausweichen vor angedeuteten Hindernissen, schnelles Halten mit Benutzung der verschiedenen Bremsen, Rückwärtsfahren, Wenden mit und ohne Benutzung der Rückwärtsfahrt);

b) Probefahrt auf freier Strecke in mäßigem Verkehre mit Begegnen und Überholen von Fuhrwerk, Ausfahrt aus einem Grundstück, Einbiegen in Straßen, Anwendung des Warnungszeichens, Wechsel der Geschwindigkeit (wenn möglich auch in Steigungen und im Gefälle) unter Benutzung der verschiedenen zu Gebote stehenden Hilfsmittel, Handhabung der Bremsen unter verschiedenen Verhältnissen;

c) abschließende Prüfung in freier Fahrt, auch durch belebtere Verkehrsstraßen, in mindestens einstündiger Dauerfahrt unter Benutzung aller am Prüfungsort und in seiner näheren Umgebung zu Gebote stehenden Geländeverhältnisse.

Für die Führung von Krafträdern ist die Prüfung der Bauart des Fahrzeugs entsprechend zu gestalten. Nach dem Ermessen des Sachverständigen kann dabei die Dauer der unter 2c vorgeschriebenen freien Fahrt eingeschränkt werden.

Zur mündlichen Prüfung können mehrere Prüflinge gleichzeitig zugelassen werden. Der praktischen Prüfung für Kraftwagen ist jeder Prüfling einzeln zu unterziehen.

Die praktische Prüfung ist erst vorzunehmen, wenn der Prüfling die mündliche Prüfung bestanden hat. Zu der Prüfung gemäß 2c darf der Prüfling nur zugelassen werden, wenn er bei der Prüfung nach 2b volle Sicherheit, Ruhe und Gewandtheit gezeigt hat.

Bei den Fahrprüfungen für Kraftwagen (vgl. 2b und c) muß der prüfende Sachverständige auf dem Wagen Platz nehmen[1]). Er hat bei der Fahrt von Anweisungen soweit irgend möglich abzusehen und sein Augenmerk besonders darauf zu richten, ob der Prüfling die nötige Ruhe und Geistesgegenwart, einen sicheren Blick und Verständnis für die Bedürfnisse des öffentlichen Verkehrs besitzt, sowie ob er Entfernungen richtig abzuschätzen, die Gelände- und Verkehrsverhältnisse besonders beim Wechsel der Geschwindigkeit zu berücksichtigen und zu benutzen, die Bremsen richtig zu handhaben und Geräusch- und Geruchbelästigung nach Möglichkeit zu vermeiden versteht.

Wenn der Prüfling bereits im Besitze der Fahrerlaubnis für eine bestimmte Betriebsart und Klasse von Fahrzeugen ist und die Ausdehnung der Fahrerlaubnis auf eine andere Betriebsart oder Klasse wünscht, kann die mündliche und praktische Prüfung nach dem Ermessen des Sachverständigen abgekürzt werden.

---

[1]) Bei Kraftfahrzeugen, die keinen geeigneten Platz bieten, darf von der Befolgung dieser Vorschrift abgesehen werden, sofern der Sachverständige sich auf andere Weise, z. B. durch Begleiten mit einem anderen Kraftfahrzeuge, von den Fähigkeiten Überzeugung verschaffen kann.

V. Bei der Abnahme der Prüfungen ist besonderes Gewicht auf die Fahrprüfungen zu legen; wenn der Prüfling bei diesen Unkenntnis oder Unsicherheit zeigt, ist die Prüfung abzubrechen. Die Prüfung ist nur dann als bestanden anzusehen, wenn der Prüfling in allen Gegenständen genügende Sachkenntnis bewiesen hat.

Über die zur Prüfung zugelassenen Personen und über das Ergebnis der Prüfung haben die amtlich anerkannten Sachverständigen ein Verzeichnis unter fortlaufender Nummer zu führen.

Nach Abschluß der Prüfung haben die Sachverständigen unter Rücksendung des Antrags und seiner Anlagen umgehend der höheren Verwaltungsbehörde über das Ergebnis zu berichten; hierbei ist die Nummer anzugeben, unter der die Eintragung in das Verzeichnis erfolgt ist.

Ist die Prüfung bestanden, so ist insbesondere anzugeben, für welche Betriebsart und Klasse von Fahrzeugen der Prüfling sie abgelegt hat.

VI. Ergibt der Bericht des Sachverständigen, daß der Antragsteller die Prüfung nicht bestanden hat, so ist die nachgesuchte Erlaubnis zum Führen eines Kraftfahrzeugs von der höheren Verwaltungsbehörde zu versagen. Auf Antrag des Prüflings kann jedoch die höhere Verwaltungsbehörde ihre Entscheidung einstweilen aussetzen und die Zulassung zur Wiederholung der Prüfung bei demselben Sachverständigen in Aussicht stellen; die Wiederholung ist hierbei von dem Nachweis abhängig zu machen, daß der Prüfling in der Zwischenzeit weiteren gründlichen Unterricht genossen hat. Die Wiederzulassung darf keinesfalls vor Ablauf von vier Wochen erfolgen. Wenn sich ergeben hat, daß dem Prüfling die nötige Vorsicht, Ruhe und Geistesgegenwart fehlt, kann ausdrücklich eine längere Frist festgesetzt werden. Macht der Prüfling von der Wiederzulassung zur Prüfung innerhalb der von der höheren Verwaltungsbehörde festgesetzten Frist keinen Gebrauch, so ist ihm die Fahrerlaubnis zu versagen.

Ergibt der Bericht des Sachverständigen, daß der Antragtragsteller die Prüfung bestanden hat, so erteilt die höhere Verwaltungsbehörde dem Prüfling den Führerschein für die betreffende Betriebsart und Klasse von Fahrzeugen, sofern nicht besondere Gründe, die nicht bereits vor der Erteilung des Auftrags zur Vornahme der Prüfung gewürdigt worden sind, zur Versagung der beantragten Erlaubnis führen müssen.

Über die von ihr ausgestellten Führerscheine hat die höhere Verwaltungsbehörde eine Liste zu führen; die Nummer der Liste ist in dem Führerschein anzugeben.

Von jedem Falle der Versagung der Erlaubnis der Aussetzung der Entscheidung oder der Erteilung eines Führerscheins hat die höhere Verwaltungsbehörde umgehend der Sammelstelle in Berlin Mitteilung zu machen. Das Gleiche gilt in den Fällen des § 27 der Verordnung. In den Fällen der Versagung, Entziehung und Untersagung sind die Gründe kurz mitzuteilen.

VII. Der Antrag auf Erteilung eines Führerscheins gemäß § 40 der Verordnung ist bei der für den Wohnort des Antragstellers zuständigen Ortspolizeibehörde rechtzeitig vor dem 1. Oktober 1910 anzubringen. Dabei sind entsprechend Ziffer I eine Photographie, ein ärztliches Zeugnis und das Führerzeugnis vorzulegen, welch letzteres nach Aufnahme eines Vermerks über seinen Inhalt dem Antragsteller sofort zurückzugeben ist. Ferner ist dem Antrag beglaubigte Abschrift der polizeilichen Bescheinigung über die Zulassung des zur Zeit von dem Antragsteller geführten Kraftfahrzeugs beizufügen. Auf das Verfahren finden im übrigen die Vorschriften unter Ziffer I Anwendung. Der Ablegung einer Prüfung bedarf es nicht. Die höhere Verwaltungsbehörde erteilt dem Antragsteller einen Führerschein für diejenige Betriebsart und Klasse von

Kraftfahrzeugen, zu der das von ihm zur Zeit der Stellung des Antrags geführte Fahrzeug gehört. Hat der Antragsteller zu dieser Zeit kein Fahrzeug geführt, so kann er einen Führerschein ohne vorherige Ablegung einer neuen Prüfung nur dann erhalten, wenn er durch entsprechende Bescheinigungen oder in anderer Weise glaubwürdig dartut, daß er innerhalb des letzten halben Jahres ein Kraftfahrzeug geführt hat, und zu welcher Betriebsart und Klasse es gehörte.

Der Antragsteller hat bei Aushändigung des Führerscheins sein bisheriges Führerzeugnis abzuliefern.

Andere Berechtigungen als die durch den neuen Führerschein erteilten können nur auf Grund einer entsprechenden neuen Prüfung erworben werden (vgl. Ziffer III Abs. 2).

Wenn der nach Abs. 1 zu fordernde Nachweis über das bisher geführte Fahrzeug nicht in glaubwürdiger Weise erbracht wird, oder wenn sich aus den angestellten Ermittelungen oder aus dem ärztlichen Zeugnis Tatsachen ergeben, die den Antragsteller als ungeeignet zum Führen eines Kraftfahrzeugs erscheinen lassen, so ist ihm durch Verfügung der höheren Verwaltungsbehörde die Ausstellung des Führerscheins zu versagen und gleichzeitig sein bisheriges Führerzeugnis einzuziehen.

VIII. Für die Erteilung der Erlaubnis zum Führen von Kraftfahrzeugen der Militärverwaltung und für die Entziehung dieser Erlaubnis gelten folgende Vorschriften:

Die Kriegsministerien bestimmen die militärischen Dienststellen, die zur Abhaltung der Prüfung sowie zur Erteilung und Entziehung der Fahrerlaubnis berechtigt sind. Die Prüfung erfolgt nach Maßgabe der Vorschriften unter Ziffer III, IV und V Abs. 1. Die erteilte Erlaubnis erstreckt sich auf bestimmte Betriebsarten und Klassen von Fahrzeugen entsprechend der Einteilung unter Ziffer III Abs. 1. Der darüber auszustellende Schein entspricht dem allgemein vorgeschriebenen Muster für den Führerschein, jedoch ist die Beifügung einer Photographie nicht erforderlich.

Der von einer Militärbehörde ausgestellte Erlaubnisschein gibt dem Inhaber auch die Berechtigung, ein entsprechendes Kraftfahrzeug zu führen, das nicht der Militärverwaltung gehört. Der Schein gilt nur für die Dauer der aktiven Dienstzeit und wird nach ihrer Beendigung eingezogen. In den Entlassungspapieren wird vermerkt, für welche Betriebsart und Klasse von Kraftfahrzeugen dem Inhaber die Fahrerlaubnis erteilt war.

Wenn der Inhaber eines von einer Militärbehörde ausgestellten Erlaubnisscheins nach seiner Entlassung aus dem Militärdienst einen Führerschein gemäß Ziffer VI zu erhalten wünscht, hat er einen dahingehenden Antrag unter Vorlegung seiner Entlassungspapiere, der Photographie und des ärztlichen Zeugnisses (Ziffer I) bei der Ortspolizeibehörde seines Wohnsitzes oder Entlassungsortes zu stellen. Die Ortspolizeibehörde legt den Antrag nach Vornahme der Prüfung gemäß Ziffer I Abs. 3 der höheren Verwaltungsbehörde vor. Diese erteilt dem Antragsteller einen Führerschein für diejenige Betriebsart und Klasse von Kraftfahrzeugen, zu deren Führung er nach dem Vermerk in seinen Entlassungspapieren berechtigt war. Der Wiederholung der Prüfung bedarf es nicht, wenn der Antrag auf Erteilung des Führerscheins spätestens ein halbes Jahr nach der Entlassung aus dem Militärdienst gestellt wird. Ergeben die angestellten Ermittelungen oder das ärztliche Zeugnis Tatsachen, die den Antragsteller als ungeeignet zur Führung eines Kraftfahrzeugs erscheinen lassen, so ist ihm die Erteilung des Führerscheins zu versagen.

IX. Für die Prüfung von Führern stehen dem amtlich anerkannten Sachverständigen Gebühren nach folgender Gebührenordnung zu:

. . .

Plan für die Kennzeichnung der Kraftfahrzeuge.

1. Preußen:	Ziffer I und für die Provinzen die Buchstaben A, C, D, E, H, K, L, M, P, S, T, X, Y, Z, mithin: I A, I C usw.
2. Bayern:	Ziffer II und Buchstaben A, B usw.
3. Sachsen (Königreich):	Die Ziffern I, II, III, IV, V
4. Württemberg:	Ziffer III und Buchstaben A, B usw.
5. Baden:	IV B
6. Hessen:	Ziffer V und die Buchstaben O, R, S
7. Mecklenburg-Schwerin:	M I
8. Sachsen(Großherzogtum):	S
9. Mecklenburg-Strelitz:	M II
10. Oldenburg:	O und die Ziffern I, II, III
11. Braunschweig:	B
12. Sachsen-Meiningen:	S M
13. Sachsen-Altenburg:	S A
14. Sachsen-Koburg-Gotha:	C G
15. Anhalt:	A
16. Schwarzburg-Rudolstadt:	S R
17. Schwarzburg-Sondersh.:	S S
18. Waldeck:	W
19. Reuß älterer Linie:	R A
20. Reuß jüngerer Linie:	R J
21. Schaumburg-Lippe:	S L
22. Lippe:	L
23. Lübeck:	H L
24. Bremen:	H B
25. Hamburg:	H H
26. Elsaß-Lothringen:	Ziffer VI und Buchstaben A, B usw.

Muster 3
(zu § 8 Abs. 2).

Muster 4
(zu § 8 Abs. 3).

Muster 5
(zu § 8 Abs. 4).

Internationales Abkommen über den Verkehr mit Kraftfahrzeugen.

Vom 11. Oktober 1909 (RGBl. 1910 Nr. 21 S. 603).

Artikel 1.

Anforderungen, denen Kraftfahrzeuge zu genügen haben, um zum Verkehr auf öffentlichen Wegen zugelassen zu werden.

Jedes Kraftfahrzeug muß, um zum internationalen Verkehr auf öffentlichen Wegen zugelassen zu werden, entweder nach Prüfung, sei es durch die zuständige Behörde, sei es durch einen von dieser damit betrauten Verein, als für den Verkehr geeignet anerkannt sein oder einem auf die gleiche Weise genehmigten Typ angehören.

Die Prüfung hat sich insbesondere auf folgende Punkte zu erstrecken:

1. Die Vorrichtungen müssen betriebssicher und derart angelegt sein, daß jede Feuers- und Explosionsgefahr nach Möglichkeit ausgeschlossen ist, daß Reit- und Zugtiere durch das Geräusch nicht scheu werden, daß auch sonst keine Gefahr für den Verkehr entsteht und bei der Begegnung eine ernstliche Belästigung durch Rauch oder Dampf vermieden wird.
2. Das Kraftfahrzeug muß mit folgenden Vorrichtungen versehen sein:

   A. mit einer kräftigen Lenkvorrichtung, die leicht und sicher zu wenden gestattet;

   B. mit zwei voneinander unabhängigen, hinreichend wirksamen Bremseinrichtungen, von denen wenigstens eine sofort wirksam sein und unmittelbar auf die Räder oder auf fest mit ihnen verbundene Umfassungen einwirken muß;

C. mit einer Vorkehrung, die selbst bei starken Steigungen jede Rückwärtsbewegung zu verhindern vermag, sofern nicht eine der Bremseinrichtungen dieser Anforderung genügt.

Jedes Kraftfahrzeug, dessen Eigenwicht 350 Kilogramm übersteigt, muß mit einer derartigen Einrichtung ausgestattet sein, daß man es vom Führersitz aus mit Hilfe des Motors in Rückwärtsgang bringen kann.

3. Die Griffe zur Bedienung des Fahrzeugs müssen derart angeordnet sein, daß der Führer sie sicher handhaben kann, ohne sein Augenmerk von der Fahrtrichtung abzulenken.

4. Jedes Kraftfahrzeug muß mit Schildern versehen sein, welche die Firma, die das Fahrgestell hergestellt hat, und die Fabriknummer des Fahrgestells sowie die Anzahl der Pferdestärken des Motors oder die Zahl und die Bohrung der Zylinder und das Eigengewicht des Fahrzeugs angeben.

Artikel 2.

Anforderungen, denen die Führer von Kraftfahrzeugen zu genügen haben.

Der Führer eines Kraftfahrzeugs muß diejenigen Eigenschaften besitzen, die eine hinreichende Gewähr für die öffentliche Sicherheit bieten.

Im internationalen Verkehre darf niemand ein Kraftfahrzeug führen, ohne zu diesem Behufe nach erbrachtem Nachweis seiner Befähigung die Erlaubnis der zuständigen Behörde oder eines von dieser damit betrauten Vereins erhalten zu haben.

Die Erlaubnis darf Personen unter 18 Jahren nicht erteilt werden.

Artikel 3.
Ausstellung und Anerkennung der internationalen Fahrausweise.

Zum Nachweise, daß den in den Artikeln 1 und 2 vorgesehenen Anforderungen genügt ist, werden für den internationalen Verkehr internationale Fahrausweise nach dem anliegenden Muster und den beigefügten Angaben (Anlagen A und B) ausgestellt.

Diese Ausweise sind vom Zeitpunkt ihrer Ausstellung an ein Jahr gültig. Die darin enthaltenen handschriftlichen Angaben sollen stets mit lateinischen Druck- oder Schriftzeichen geschrieben werden.

Die internationalen Fahrausweise, die von den Behörden eines der Vertragsstaaten oder von einem durch diese damit betrauten Verein unter Gegenzeichnung der Behörde ausgestellt sind, gewähren freie Zulassung zum Verkehr in allen anderen Vertragsstaaten und werden dort ohne neue Prüfung als gültig anerkannt.

Die Anerkennung der internationalen Fahrausweise kann versagt werden:

1. wenn den Anforderungen, auf Grund deren sie nach den Grundsätzen der Artikel 1 und 2 erteilt sind, augenscheinlich nicht mehr genügt wird;
2. wenn der Besitzer oder Führer eines Kraftfahrzeugs nicht Angehöriger eines der Vertragsstaaten ist.

Artikel 4.
Anbringung der Kennzeichen an den Kraftfahrzeugen.

Kein Kraftfahrzeug wird zum Übertritt aus einem Lande in das andere zugelassen, wenn es nicht augenfällig an der Rückseite außer einem heimatlichen Kennzeichen mit einer Nummer ein Unterscheidungszeichen trägt mit Buchstaben, die seine Staatszugehörigkeit ergeben. Die Abmessungen dieses Zeichens, die Buchstaben sowie ihre Abmessungen sind in einer dem vorliegenden Abkommen beigefügten Beschreibung (Anlage C) festgesetzt.

Artikel 5.

Warnungsvorrichtungen.

Jedes Kraftfahrzeug muß mit einer tieftönenden Huppe zum Abgeben von Warnungszeichen versehen sein. Außerhalb geschlossener Ortsteile ist es gestattet, sich außerdem anderer, den Landesbestimmungen und den Landesgebräuchen entsprechender Warnungsmittel zu bedienen.

Vom Einbruch der Dunkelheit an muß jedes Kraftfahrzeug vorn mit zwei Laternen und hinten mit einer Beleuchtung, die das Kennzeichen und das Unterscheidungszeichen zu lesen ermöglicht, versehen sein. Die Fahrbahn muß nach vorn auf eine hinreichende Entfernung erhellt sein, indessen ist die Verwendung blendender Lichter innerhalb von Ortsteilen mit städtischer Bebauung stets verboten.

Artikel 6.

Besondere Bestimmungen für Kraftdreiräder und Kraftzweiräder.

Die Bestimmungen dieses Abkommens finden auf Kraftdreiräder und Kraftzweiräder mit folgenden Maßgaben Anwendung:

1. Die im Artikel 1 Nr. 2 unter C vorgesehene Vorkehrung zur Verhinderung der Rückwärtsbewegung ist ebensowenig erforderlich wie die Vorkehrung für den Rückwärtsgang.
2. Die Beleuchtung kann auf eine einzige Laterne beschränkt werden, die vorn am Kraftdreirad oder Kraftzweirad anzubringen ist.

3. Für Kraftdreiräder und Kraftzweiräder hat das Unterscheidungszeichen für die Staatszugehörigkeit nur 18 Zentimeter in der wagerechten und 12 Zentimeter in der senkrechten Richtung zu messen; die Buchstaben sollen in der Höhe 8 Zentimeter messen, während die Breite ihrer Striche 10 Millimeter beträgt.
4. Die Huppe der Kraftdreiräder und Kraftzweiräder muß hochtönend sein.

Artikel 7.

Begegnung und Überholung von Fahrzeugen.

Um an anderen Fahrzeugen bei der Begegnung oder Überholung vorbeizukommen, müssen sich die Führer von Kraftfahrzeugen auf das strengste nach den Gebräuchen der Gegend richten, in der sie sich befinden.

Artikel 8.

Aufstellung von Hinweistafeln an öffentlichen Wegen.

Jeder der Vertragsstaaten verpflichtet sich, soweit es in seiner Macht steht, darüber zu wachen, daß längs der Wege zur Kennzeichnung gefährlicher Stellen nur diejenigen Zeichen angebracht werden, deren Abbildung diesem Abkommen beigefügt ist (Anlage D).

Indessen können Abweichungen von diesem System durch die Regierungen der Vertragsstaaten im allseitigen Einvernehmen herbeigeführt werden.

Es ist statthaft, diesem Systeme von Zeichen ein auf ein Zollamt hinweisendes und Halt gebietendes Zeichen sowie ein anderes auf eine Wegegeld- oder Steuerhebestelle hinweisendes Zeichen hinzuzufügen.

Die Regierungen werden mit der gleichen Maßgabe über die Beachtung folgender Grundsätze wachen:

1. Im allgemeinen ist die Kennzeichnung von Hindernissen durch Hinweistafeln in geschlossenen Ortsteilen nicht statthaft;
2. die Tafeln sind ungefähr 250 Meter von der zu kennzeichnenden Stelle anzubringen, falls nicht die örtlichen Verhältnisse dem entgegenstehen. Wenn die Entfernung des Zeichens von dem Hindernisse sehr erheblich von 250 Metern abweicht, werden besondere Anordnungen getroffen;
3. die Hinweistafeln sind im rechten Winkel zur Fahrtrichtung anzubringen.

Artikel 9.

Allgemeine Bestimmungen.

Der Führer eines Kraftfahrzeugs ist bei dem Verkehr in einem Lande gehalten, sich nach den in diesem Lande für den Verkehr auf öffentlichen Wegen geltenden Gesetzen und Bestimmungen zu richten.

Ein Auszug aus diesen Gesetzen und Bestimmungen kann dem Inhaber des Kraftfahrzeugs beim Eintritt in ein Land durch die mit der Erledigung der Zollförmlichkeiten befaßte Stelle ausgehändigt werden.

Artikel 10—15[1].

. . .

(betreffen die Ratifikation und Kündigung des Abkommens, sowie Ausdehnung auf die Kolonien der Vertragsstaaten und den Beitritt anderer Mächte.)

---

[1] Bezüglich der dem Abkommen beigetretenen Staaten siehe RGBl. 1910 S. 612, 613.

Bekanntmachung, betreffend die Ratifikation des am 11. Oktober 1909 in Paris unterzeichneten Internationalen Abkommens über den Verkehr mit Kraftfahrzeugen und die Regelung des internationalen Verkehrs mit Kraftfahrzeugen.

Vom 21. April 1910 (RGBl. S. 640).

. . .

Zur Ausführung des Abkommens sowie zur Regelung des internationalen Verkehrs mit Kraftfahrzeugen überhaupt hat der Bundesrat auf Grund des § 6 des Reichsgesetzes über den Verkehr mit Kraftfahrzeugen vom 3. Mai 1909 (Reichs-Gesetzbl. S. 437) die nachstehende Verordnung erlassen.

Verordnung über den internationalen Verkehr mit Kraftfahrzeugen.

A. Allgemeine Vorschriften.

§ 1. Für den internationalen Verkehr mit Kraftfahrzeugen innerhalb des Reichsgebiets gelten die Vorschriften der Verordnung vom 3. Februar 1910 (Reichs-Gesetzbl. S. 389), soweit nicht nachfolgend ein anderes bestimmt ist.

§ 2. Im Zollgrenzbezirke haben die Beamten der Grenzzollverwaltung hinsichtlich der Kraftfahrzeuge die gleichen Befugnisse wie die Polizeibeamten.

B. Deutsche Kraftfahrzeuge im internationalen Verkehr.

§ 3. Der Eigentümer eines Kraftfahrzeugs, das gemäß § 6 der Verordnung vom 3. Februar 1910 zum Verkehr auf öffentlichen Wegen und Plätzen im Reichsgebiete zugelassen ist, hat, um die Zulassung des Fahrzeugs zum internationalen Verkehre zu erlangen, die Ausstellung des im Artikel 3 des Internationalen Abkommens über den Verkehr mit Kraftfahrzeugen vom 11. Oktober 1909 (RGBl. 1910 S. 603) vorgesehenen internationalen Fahrausweises zu beantragen.

Der Antrag ist an die für den Wohn- oder Aufenthaltsort des Antragstellers zuständige höhere Verwaltungsbehörde zu richten. Dem Antrag sind beizufügen:

1. die Zulassungsbescheinigung für das Kraftfahrzeug, sowie die Angaben über die Anzahl der Zylinder des Motors, die Form und Farbe der Aufbauten (Karosserie) und die Gesamtzahl der Plätze des Fahrzeugs,
2. der Führerschein für jede Person, die das Fahrzeug im internationalen Verkehre führen soll, und deren Photographie (unaufgezogen, Brustbild in Größe von etwa 4½ Zentimeter im Quadrat).

Personen unter 18 Jahren dürfen als Führer in den internationalen Fahrausweis nicht aufgenommen werden.

Die höhere Verwaltungsbehörde stellt nach Prüfung der Unterlagen den internationalen Fahrausweis (Muster 1) aus; hierbei sind die erforderlichen handschriftlichen Angaben auf der Umschlagseite, dem ersten eingelegten und dem letzten Blatte in deutscher Sprache mit lateinischen Druck- oder Schriftzeichen einzutragen[1]).

Für die Ausfertigung des internationalen Fahrausweises ist eine Gebühr von 3 Mark zu entrichten.

§ 4. Der Eigentümer eines deutschen Kraftfahrzeugs, der sich im Besitz eines gemäß § 3 ausgestellten internationalen Fahrausweises befindet, ist berechtigt, im Gebiete des Deutschen Reichs neben dem polizeilichen Kennzeichen, unbeschadet der Vorschrift im § 13 der Verordnung vom 3. Februar 1910, ein die deutsche Staatszugehörigkeit des Kraftfahrzeugs anzeigendes Unterscheidungszeichen (Nationalitätszeichen) zu führen,

---

[1]) Der Abdruck der Muster ist hier nicht erfolgt. Dieselben sind bekanntgemacht (RGBl. 10 S. 648 ff.).

das an der Rückseite des Fahrzeugs an leicht sichtbarer Stelle mittels Schrauben, Nieten oder Nägel zu befestigen und so anzubringen ist, daß es in deutlich erkennbarer Weise beleuchtet werden kann.

Das deutsche Nationalitätszeichen für Kraftwagen und Krafträder (Muster 2 und 3) besteht gemäß der Anlage C und Artikel 6 Nr. 3 des Internationalen Abkommens aus einem länglichrunden Schilde, das auf weißem Grunde in schwarzer Balkenschrift den Buchstaben D trägt. Die Abmessungen betragen:

bei Kraftwagen: Schildbreite 30 Zentimeter, Schildhöhe 18 Zentimeter, Schrifthöhe 10 Zentimeter bei einer Strichbreite von 15 Millimeter;

bei Krafträdern: Schildbreite 18 Zentimeter, Schildhöhe 12 Zentimeter, Schrifthöhe 8 Zentimeter bei einer Strichbreite von 10 Millimeter.

C. Außerdeutsche Kraftfahrzeuge mit einem internationalen Fahrausweis.

§ 5. Auf die aus dem Ausland zu vorübergehendem Aufenthalt in das Reichsgebiet gelangenden außerdeutschen Kraftfahrzeuge und deren Führer finden die Vorschriften in dem § 1 zweiter Halbsatz und den §§ 3 bis 15 der Verordnung vom 3. Februar 1910 keine Anwendung, sofern den Anforderungen in den Artikeln 1 bis 6 des Internationalen Abkommens genügt wird.

Zum Nachweis, daß den Anforderungeu des Artikel 1 in Verbindung mit Artikel 6 Nr. 1 und des Artikel 2 des Internationalen Abkommens genügt ist, dient der internationale Fahrausweis, der gemäß Artikel 3 des Internationalen Abkommens von der zuständigen Stelle des Auslandes ausgestellt ist.

Die mit diesem Ausweis versehenen Kraftfahrzeuge müssen an der Rückseite augenfällig außer einem heimatlichen Kennzeichen mit einer Nummer (der im Fahrausweis angegebenen Erkennungsnummer des Kennzeichens) ein die Staatszugehörigkeit des Kraftfahrzeugs anzeigendes Unterscheidungszeichen (Nationalitätszeichen) tragen. Die Nationalitätszeichen für die verschiedenen dem Internationalen Abkommen beigetretenen Länder haben gemäß Anlage C und Artikel 6 Nr. 3 des Internationalen Abkommens den im § 4 Abs. 2 dieser Verordnung für das deutsche Nationalitätszeichen angegebenen Erfordernissen zu entsprechen. Die von dem Schilde zu tragenden Buchstaben sind aus Anlage A ersichtlich.

Während der Dunkelheit sind das Nationalitätszeichen und das heimatliche Kennzeichen so zu beleuchten, daß sie deutlich erkennbar sind (Artikel 5 Abs. 2 des Internationalen Abkommens); der Dunkelheit ist starker Nebel gleich zu achten. Kraftdreiräder und Kraftzweiräder sind von dieser Vorschrift befreit und bedürfen zu ihrer Beleuchtung nur einer einzigen, vorn anzubringenden Laterne (Artikel 6 Nr. 2 des Internationalen Abkommens).

§ 6. Beim Eintritt in das Reichsgebiet ist das Kraftfahrzeug dem nächsten Grenzzollamt vorzuführen. Die Beamten der Grenzzollverwaltung haben zu prüfen, ob die im § 5 dieser Verordnung aufgeführten Voraussetzungen für die Zulassung des Fahrzeugs und seines Führers erfüllt sind und der für Fahrzeug und Führer ausgestellte internationale Fahrausweis noch Gültigkeit besitzt.

§ 7. Der Führer hat den internationalen Fahrausweis bei der Benutzung des Fahrzeugs auf öffentlichen Wegen und Plätzen bei sich zu führen und auf Verlangen den zuständigen Beamten vorzuzeigen.

§ 8. Die Anerkennung eines im Ausland ausgestellten internationalen Fahrausweises kann durch die höhere Verwaltungsbehörde versagt werden, wenn den Anforderungen, auf Grund deren er nach den Grundsätzen der Artikel 1 und 2 des Internationalen Abkommens erteilt ist, augenscheinlich nicht mehr genügt wird, oder wenn der Besitzer oder Führer des Kraftfahrzeugs nicht Angehöriger eines der Staaten ist, auf die das Internationale Abkommen Anwendung findet. Welches diese Staaten sind, wird durch den Reichskanzler im Reichs-Gesetzblatt bekanntgemacht. Im Falle der Versagung hat der Besitzer des Kraftfahrzeugs die Kosten der Feststellungen zu tragen, die zur Versagung geführt haben.

Hat die Versagung der Anerkennung durch die höhere Verwaltungsbehörde in der Beschaffenheit des Kraftfahrzeugs ihren Grund, so ist das Fahrzeug vom Verkehr auf öffentlichen Wegen und Plätzen im Reichsgebiet ausgeschlossen; der Fahrausweis ist der Behörde, die ihn ausgestellt oder gegengezeichnet hat, zurückzusenden.

Wenn die Versagung der Anerkennung durch die höhere Verwaltungsbehörde in den Eigenschaften des Führers ihren Grund hat, so hat die Behörde diesem zugleich die Führung des Kraftfahrzeugs im Gebiete des Deutschen Reichs zu untersagen. Der Ausschluß des Führers ist in dem internationalen Fahrausweis durch Ausfüllung des dafür auf der Rückseite des Einlageblatts für das Deutsche Reich (Muster 4) befindlichen Vordrucks (in deutscher Sprache mit lateinischen Buchstaben) ersichtlich zu machen. In gleicher Weise ist auf dem daneben befindlichen Vordruck die Zulassung eines neuen Führers ersichtlich zu machen; dem Antrag auf Zulassung eines solchen ist von der höheren Verwaltungsbehörde gebührenfrei zu entsprechen, falls ihm die im § 3 Abs. 2 Nr. 2 dieser Verordnung bezeichneten Anlagen beigefügt sind.

Wird die Anerkennung versagt, weil der Besitzer des Kraftfahrzeugs nicht Angehöriger eines der Vertragsstaaten ist, so ist mit dem Fahrausweis gemäß Abs. 2 zu verfahren und das Fahrzeug wie ein Kraftfahrzeug ohne internationalen Fahrausweis (Abschnitt D) zu behandeln.

Erfolgt die Versagung, weil der Führer des Fahrzeugs nicht Angehöriger eines der Vertragsstaaten ist, so hat der Besitzer die Wahl, ob nach Abs. 3 oder 4 vorzugehen ist.

§ 9. Änderungen der Anlage A und des Musters 1 dieser Verordnung, die dadurch erforderlich werden, daß das Internationale Abkommen auf später ratifizierende oder beitretende Mächte oder auf Kolonien, Besitzungen oder Protektorate einer der Vertragsmächte Anwendung findet oder von einer der Vertragsmächte gekündigt wird, erfolgen durch eine Anordnung des Reichskanzlers, die im Reichs-Gesetzblatt bekannt zu machen ist.

D. Außerdeutsche Kraftfahrzeuge ohne einen internationalen Fahrausweis.

§ 10. Für die Zulassung und Kennzeichnung der aus dem Ausland zu vorübergehendem Aufenthalt in das Gebiet des Deutschen Reichs gelangenden außerdeutschen Kraftfahrzeuge und für die Zulassung der Führer solcher Fahrzeuge gelten, wenn ein internationaler Fahrausweis gemäß Artikel 3 des Internationalen Abkommens nicht vorgelegt werden kann, folgende besondere Bestimmungen:

a) Die Vorschriften über die Zulassung von Kraftfahrzeugen zum Verkehr auf öffentlichen Wegen und Plätzen in den §§ 5, 6 der Verordnung vom 3. Februar 1910 finden auf diese Kraftfahrzeuge keine Anwendung, sofern der Führer durch eine Bescheinigung der zuständigen Behörde oder einer hierzu behördlich ermächtigten Stelle des Auslandes nachweisen kann, daß das Fahrzeug den an dem betreffenden Orte gültigen polizeilichen Vorschriften entspricht; Bescheinigungen dieser Art müssen den Namen und Wohnort des Eigentümers, die Firma, die das Fahrgestell hergestellt hat, die Fabriknummer des Fahrgestells, die Art der Kraftquelle, die Anzahl der Pferdestärken der Maschine oder des Motors, das Eigengewicht des Fahrzeugs und die zulässige Belastung (Kilogramm oder Personenzahl einschließlich Führer) angeben und mit dem Anerkennungsvermerk einer deutschen Behörde versehen sein.

b) Die Kraftfahrzeuge müssen an Stelle der durch §§ 8, 11 der Verordnung vom 3. Februar 1910 vorgeschriebenen polizeilichen Kennzeichen ein besonderes länglichrundes, mit dem Dienststempel der Ausgabestelle versehenes Kennzeichen (Muster 5) führen, das nach Maßgabe der besonderen hierüber ergehenden Anordnungen auf den Grenzzollämtern oder den besonders hierfür bestimmten Zoll- und Steuerämtern im Innern ausgegeben wird; sofern für das Kraftfahrzeug eine Erlaubniskarte (Steuerkarte) nicht gelöst ist, ist über die Zuteilung des Kennzeichens eine Bescheinigung nach anliegendem Muster 6 auszustellen. Das Kennzeichen ist an der Rückseite des Fahrzeugs nach außen hin an leicht sichtbarer Stelle fest anzubringen und bei Kraftwagen während der Dunkelheit und bei starkem Nebel so zu beleuchten, daß es deutlich erkennbar ist; die Beleuchtungsvorrichtung darf das Kennzeichen nicht verdecken. Etwa vorhandene ausländische Kennzeichen sind zu entfernen oder zu überdecken.

Für die Zuteilung des Kennzeichens wird auf die Gültigkeitsdauer der für das Kraftfahrzeug gelösten Erlaubniskarte (Steuerkarte) eine einmalige Gebühr erhoben. Die Gebühr beträgt ohne Rücksicht darauf, ob die Tätigkeit der Amtsstelle innerhalb oder außerhalb der Geschäftszeit in Anspruch genommen wird:

1. für Krafträder . . . . 2 Mark,
2. für Kraftwagen:
   a) sofern die Erlaubniskarte für einen eintägigen Aufenthalt im Inland berechtigt . . . . 2 „
   b) in sonstigen Fällen . . . . 5 „

Tritt an die Stelle einer Erlaubniskarte unter Anrechnung des für diese entrichteten Abgabebetrags eine Karte von längerer Gültigkeitsdauer, so ist auf die Gebühr für die Zuteilung des Kennzeichens derjenige Betrag anzurechnen, der bereits auf Grund der früheren Karten für das Kennzeichen gezahlt worden ist.

Die Entrichtung der Gebühr und deren Höhe ist auf der Erlaubniskarte zu vermerken. Der Vermerk ist bei der Umschreibung der Erlaubniskarte und bei der Verlängerung der Aufenthaltsdauer — im letzteren Falle unter Angabe des nacherhobenen Betrags — auf die neue Karte zu übertragen.

Beim Ausgang eines außerdeutschen Kraftfahrzeugs aus dem Reichsgebiet ist das Kennzeichen und, soweit über seine Zuteilung eine Bescheinigung ausgestellt ist, auch diese an die nächste zur Ausgabe von Kennzeichen befugte Amtsstelle behufs Rücksendung an die Eingangsamtsstelle abzuliefern. Erfolgt infolge dauernden Verbleibs im Inland später die Zulassung des Fahrzeugs gemäß § 6 der Verordnung vom 3. Februar 1910, so hat die Rücksendung auf Ersuchen der höheren Verwaltungsbehörde durch Vermittlung der bei der Zulassung mitwirkenden Polizeibehörde (§ 9 ebenda) zu geschehen.

c) Die durch § 14 Abs. 3 der Verordnung vom 3. Februar 1910 vorgeschriebenen Führerscheine können für die Führer außerdeutscher Kraftfahrzeuge durch entsprechende ausländische Zeugnisse ersetzt werden, sofern diese von einer deutschen Behörde mit einem Anerkennungsvermerke versehen sind.

Als „deutsche Behörde", deren Anerkennungsvermerk nach Abs. 1 unter a und c die ausländischen Bescheinigungen und Zeugnisse tragen müssen, gilt der zuständige deutsche Konsul. Sind die Schriftstücke nicht in deutscher Sprache abgefaßt, so muß ihr Inhalt aus dem Anerkennungsvermerk ersichtlich sein.

Zur Erlangung des länglichrunden Kennzeichens sind die in das Reichsgebiet mit eigener Triebkraft eingehenden Kraftfahrzeuge dem nächsten Grenzzollamt vorzuführen. Die Beamten der Grenzzollverwaltung haben die im Abs. 1 unter a und c bezeichneten Bescheinigungen und Zeugnisse auf ihre Gültigkeit sowie dahin zu prüfen, ob sie sich auf das vorgeführte Fahrzeug und seinen Führer beziehen.

§ 11. Den Eigentümern außerdeutscher Kraftfahrzeuge kann von der zuständigen höheren Verwaltungsbehörde auf Antrag gestattet werden, das deutsche Kennzeichen zu führen. Die betreffenden Kraftfahrzeuge sind in diesem Falle in polizeilicher Beziehung als deutsche anzusehen und unterliegen demgemäß insbesondere den Vorschriften der §§ 5, 6, 8, 11 der Verordnung vom 3. Februar 1910.

§ 12. Bei Benutzung von öffentlichen Wegen, die die einzige oder die gegebene Verbindung zwischen verschiedenen Orten des Auslandes bilden und das Reichsgebiet auf kurzen Strecken durchschneiden, kann nach Maßgabe der Bestimmungen der Landeszentralbehörde im Falle des örtlichen Bedürfnisses und unter Anordnung der erforderlichen Sicherungsmaßnahmen von der Zuteilung eines länglichrunden Kennzeichens (§ 10

Abs. 1 b) abgesehen werden, sofern die im Inland gelegene Strecke ohne Abweichung und willkürlichen Aufenthalt zurückgelegt wird. Die Befreiung darf nur zugelassen werden, falls nach den örtlichen Verhältnissen oder nach den getroffenen Sicherungsmaßnahmen ein Mißbrauch nicht zu besorgen ist.

E. Besondere Vorschriften.

§ 13. Werden Kraftfahrzeuge solcher Personen, die ihren Wohnsitz oder dauernden Aufenthalt im Gebiete des Deutschen Reiches haben, mit eigener Triebkraft aus dem Ausland zum dauernden Verbleib in das Inland eingeführt, so hat die Prüfung und Kennzeichnung der Fahrzeuge in Gemäßheit der Bestimmungen in den §§ 6, 8 der Verordnung vom 3. Februar 1910 innerhalb 30 Tagen nach dem Grenzübertritt oder nach der Ingebrauchnahme des Fahrzeugs im Inland zu erfolgen.

§ 14. Soll ein im Inland erworbenes, zum Verkehre noch nicht zugelassenes Kraftfahrzeug mit eigener Triebkraft in das Ausland zum dauernden Verbleib verbracht werden, so kann mit dem gemäß §§ 5, 6 der Verordnung vom 3. Februar 1910 bei der zuständigen höheren Verwaltungsbehörde zu stellenden Antrag auf Zulassung des Fahrzeugs zum Verkehr auf öffentlichen Wegen und Plätzen gleichzeitig der Antrag auf Ausstellung des internationalen Fahrausweises gemäß § 3 dieser Verordnung angebracht werden. Die Zulassung des Fahrzeugs erfolgt in diesem Falle nach den Vorschriften der Verordnung vom 3. Februar 1910 mit der Maßgabe, daß an Stelle der Zulassungsbescheinigung der internationale Fahrausweis tritt und daß das Fahrzeug nicht das Kennzeichen für inländische Kraftfahrzeuge, sondern das länglichrunde Kennzeichen gemäß § 10 Abs. 1 b dieser Verordnung durch Vermittlung der zuständigen Zoll- oder Steuerbehörde im Innern erhält; beim

Ausgang des Fahrzeugs aus dem Reichsgebiet ist das länglichrunde Kennzeichen nicht abzunehmen.

F. Schlußbestimmungen.

§ 15. Der Abschnitt H der Verordnung über den Verkehr mit Kraftfahrzeugen vom 3. Februar 1910 (Verkehr über die Reichsgrenze und im Zollgrenzbezirke) sowie Nr. 15 der Ausführungsbestimmungen vom 29. Mai 1908 (Zentralblatt für das Deutsche Reich S. 201) zum Gesetze, betreffend die Stempelabgabe von Erlaubniskarten für Kraftfahrzeuge ausländischer Besitzer, vom 18. Mai 1908 (Reichs-Gesetzbl. S. 210) werden aufgehoben.

§ 16. Diese Verordnung tritt am 1. Mai 1910 in Kraft.

Sachregister.

(Die Zahlen bedeuten die Seiten.)

A.

B.

C.

D.

E.

F.

G.

H.

P.

R.

S.

V.

Druck von C. Schulze & Co., G. m. b. H., Gräfenhainichen.

Nachtrag

zur dritten Auflage

Kirchner, Gesetz über den Verkehr mit Kraftfahrzeugen.

(Guttentagsche Sammlung Deutscher Reichsgesetze Nr. 92.)

Gesetz zur Änderung des Gesetzes über den Verkehr mit Kraftfahrzeugen.

Vom 23. Dezember 1922 (RGBl. 1923 Teil I S. 1).

Der Reichstag hat das folgende Gesetz beschlossen, das mit Zustimmung des Reichsrats hiermit verkündet wird:

Artikel I.

§ 12 des Gesetzes über den Verkehr mit Kraftfahrzeugen vom 3. Mai 1909 (Reichsgesetzbl. S. 437) wird in folgenden Punkten geändert*):

1. Im Abs. 1 werden die in den Nummern 1 bis 3 enthaltenen Beträge wie folgt erhöht:

*) Die Haftpflichtsummen sind wegen der allgemeinen Geldentwertung erhöht worden. Dabei ist aber darauf Bedacht genommen worden, die Erhöhung in solchen Grenzen zu halten, daß der Abschluß von Haftpflichtversicherungsverträgen noch möglich bleibt.

in Nr. 1 der Kapitalbetrag von fünfzigtausend Mark auf fünf Millionen Mark, der Rentenbetrag von dreitausend Mark auf zweihundertfünfzigtausend Mark;

in Nr. 2 der Kapitalbetrag von einhundertfünfzigtausend Mark auf zwölfundeinhalb Millionen Mark, der Rentenbetrag von neuntausend Mark auf eine Million Mark;

in Nr. 3 der Betrag von zehntausend Mark auf eine Million Mark.

2. Es wird folgender Abs. 3 angefügt:

Tritt eine wesentliche Änderung des Geldwerts ein, so kann die Reichsregierung mit Zustimmung des Reichsrats die in Abs. 1 Nummer 1 bis 3 genannten Summen entsprechend ändern.

Artikel II.

Die Erhöhung der Beträge findet auf die Schadensfälle Anwendung, in denen das schädigende Ereignis nach Inkrafttreten dieses Gesetzes eingetreten ist.

Berlin, den 23. Dezember 1922.

Der Reichspräsident
Ebert.

Der Reichsverkehrsminister
Groener.

Nachtrag

zur dritten Auflage

Kirchner, Gesetz über den Verkehr mit Kraftfahrzeugen.

(Guttentagsche Sammlung Deutscher Reichsgesetze Nr. 92.)

Berlin und Leipzig 1924.

Walter de Gruyter & Co.

vormals G. J. Göschen'sche Verlagshandlung — J. Guttentag, Verlagsbuchhandlung — Georg Reimer — Karl J. Trübner — Veit & Comp.

Inhalt.

1.
Gesetz zur Abänderung des Gesetzes über den Verkehr mit Kraftfahrzeugen.

Vom 21. Juli 1923 (RGBl. I S. 743).

Der Reichstag hat das folgende Gesetz beschlossen, das mit Zustimmung des Reichsrats hiermit verkündet wird:

Das Gesetz über den Verkehr mit Kraftfahrzeugen vom 3. Mai 1909 (Reichsgesetzbl. S. 437) wird in folgenden Punkten geändert:

Artikel I.

§ 1 erhält folgende Fassung:

Kraftfahrzeuge, die auf öffentlichen Wegen oder Plätzen in Betrieb gesetzt werden sollen, müssen von der zuständigen Behörde zum Verkehre zugelassen sein; Ausnahmen bestimmt der Reichsverkehrsminister mit Zustimmung des Reichsrats.

Als Kraftfahrzeuge im Sinne dieses Gesetzes gelten Landfahrzeuge, die durch Maschinenkraft bewegt werden, ohne an Bahngleise gebunden zu sein.

Artikel II.

§ 2 Abs. 1 Satz 1 erhält folgende Fassung:

Wer auf öffentlichen Wegen oder Plätzen ein Kraftfahrzeug führen will, bedarf der Erlaubnis der zuständigen Behörde; Ausnahmen bestimmt der Reichsverkehrsminister mit Zustimmung des Reichsrats.

Artikel III.

§ 3 Abs. 1 wird wie folgt ergänzt:

Ausnahmen bestimmt der Reichsverkehrsminister mit Zustimmung des Reichsrats.

Im § 3 Abs. 2 wird das Wort „Probefahrten“ ersetzt durch „Prüfungsfahrten“.

Artikel IV.

§ 5 Abs. 1 Satz 2 zweiter Halbsatz erhält folgende Fassung:

der Rekurs hat aufschiebende Wirkung, sofern dies nicht ausdrücklich bei der ersten Entscheidung ausgeschlossen wird.

Artikel V.

Als § 5a wird folgende Bestimmung eingefügt:

§ 5a.

Gefährliche Stellen an Wegestrecken, die dem Durchgangsverkehre dienen, sind von den Landesbehörden durch Warnungstafeln zu kennzeichnen.

Artikel VI.

Im § 6 Abs. 1 am Anfang werden die Worte „Der Bundesrat erläßt“ durch die Worte „Die Reichsregierung erläßt mit Zustimmung des Reichsrats“, in Nr. 1 die Worte „§§ 1 bis 5“ durch die Worte „§§ 1 bis 5a“ ersetzt; der Nr. 2 werden unter Wegfall des Punktes am Ende folgende Worte „sowie über den allgemeinen Fahrverkehr, soweit dies in Rücksicht auf den Kraftfahrzeugverkehr erforderlich ist;“ hinzugefügt. Ferner werden folgende Nrn. 3 und 4 hinzugefügt:

3. Vorschriften über Gebühren für behördliche Maßnahmen im Kraftfahrzeugverkehre bei Durchführung der auf Grund dieses Gesetzes erlassenen Verordnungen. Die Gebühren sind nach den tatsächlichen Aufwendungen zu bemessen;
4. ferner mit Zustimmung eines Ausschusses des Reichstags Vorschriften über die Bildung eines zur Mitwirkung in Angelegenheiten des Kraftfahrwesens berufenen Beirats.

Der Beirat ist vor Erlassung der in Nr. 1, 2 und 3 erwähnten Vorschriften zu hören. Auch die Landesregierungen können sich durch Vermittlung der Reichsregierung des Beirats bedienen.

Artikel VII.

Im § 6 Abs. 2 werden die Worte „des Bundesrats die Militär- und Postverwaltung" ersetzt durch die Worte „nach Abs. 1 die Militär- und Postverwaltung sowie eine staatliche Polizei".

Im § 6 Abs. 3 werden die Worte „der Bundesrat Anordnungen gemäß Abs. 1 nicht erlassen hat" ersetzt durch „Anordnungen nach Abs. 1 Nr. 1 bis 3 nicht erlassen sind".

§ 6 Abs. 4 fällt fort.

Artikel VIII.

Der § 7 Abs. 3 erhält folgende Fassung:

Benutzt jemand das Fahrzeug ohne Wissen und Willen des Fahrzeughalters, so ist er an Stelle des Halters zum Ersatze des Schadens verpflichtet. Daneben bleibt der Halter zum

Ersatze des Schadens verpflichtet, wenn die Benutzung des Fahrzeugs durch sein Verschulden ermöglicht worden ist.

Artikel IX.

Im § 8 Ziffer 2 werden die Worte „nur zur Beförderung von Lasten dienen und“ gestrichen.

Artikel X.

Im § 15 Satz 2 wird das Wort „Schaden“ durch „Unfall“ ersetzt.

Artikel XI.

Die Überschrift „III. Strafvorschriften“ wird ersetzt durch „III. Straf- und Schlußvorschriften“.

Artikel XII.

Es wird folgender Teil IV hinzugefügt:

IV. Kleinkrafträder.

§ 27

Die Vorschriften im Teil I, II und III gelten nicht für Kleinkrafträder.

Die Reichsregierung erläßt mit Zustimmung des Reichsrats Anordnungen über den Verkehr mit Kleinkrafträdern.

Berlin, den 21. Juli 1923

Der Reichspräsident
Ebert.

Der Reichsverkehrsminister
Groener.

2.

Vorbemerkung: Die Haftpflichthöchstsummen des § 12 des Gesetzes sind nach mehrfachen Änderungen während der Inflationszeit (so zuletzt durch Ges. v. 23./12. 22 (RGBl. 1923 I S. 1), und dann durch Verordn. v. 3./10. 23 (RGBl. I S. 932), jetzt durch Ges. v. 6./2. 24 (RGBl. I S. 42/43) neu geregelt.

Verordnung zur Änderung der Haftpflichthöchstsummen im Kraftfahrzeug- und im Luftverkehre.

Vom 6. Februar 1924 (RGBl. I S. 42).

Auf Grund des Ermächtigungsgesetzes vom 8. Dezember 1923 (Reichsgesetzbl. I S. 1179) verordnet die Reichsregierung nach Anhörung eines Ausschusses des Reichsrats und des Reichstags:

Artikel I.

§ 12 des Gesetzes über den Verkehr mit Kraftfahrzeugen vom 3. Mai 1909 (Reichsgesetzbl. S. 437) in der Fassung des Gesetzes vom 23. Dezember 1922 (Reichsgesetzbl. 1923 I S. 1) und der Verordnung vom 3. Oktober 1923 (Reichsgesetzbl. I S. 932) sowie § 23 des Luftverkehrsgesetzes vom 1. August 1922 (Reichsgesetzbl. I S. 681) werden wie folgt geändert:

a) Die Beträge im Abs. 1 werden wie folgt festgesetzt:
in Nr. 1 der Kapitalbetrag auf fünfundzwanzigtausend Goldmark, der Rentenbetrag auf eintausendfünfhundert Goldmark;
in Nr. 2 der Kapitalbetrag auf fünfund-

siebzigtausend Goldmark, der Rentenbetrag auf viertausendfünfhundert Goldmark;

in Nr. 3 der Betrag auf fünftausend Goldmark.

b) Am Schlusse des Abs. 1 wird folgender Satz hinzugefügt:

Die Goldmark wird nach dem vom Reichsminister der Finanzen fortlaufend veröffentlichten Goldumrechnungssatze (§ 2 der Durchführungsbestimmungen zur Aufwertungsverordnung vom 13. Oktober 1923 (Reichsgesetzbl. I S. 951) berechnet.

c) Abs. 3 erhält folgende Fassung:

Bei wesentlicher Änderung der wirtschaftlichen Verhältnisse kann die Reichsregierung mit Zustimmung des Reichsrats die Beträge (Abs. 1) anderweitig festsetzen.

Artikel II.

Die Beträge im Artikel I Abschnitt a Nr. 1 und 2 sind auch dann zugrunde zu legen, wenn das schädigende Ereignis vor Inkrafttreten dieser Verordnung eingetreten ist; in diesem Falle ist der Schaden insoweit zu ersetzen, als die Billigkeit nach den Umständen, insbesondere den Verhältnissen der Beteiligten, eine Schadloshaltung erfordert und dem Ersatzpflichtigen nicht die Mittel entzogen werden, deren er zum standesmäßigen Unterhalt sowie zur Einhaltung seiner gesetzlichen Unterhaltspflichten bedarf. Der Betrag im Artikel I Abschnitt a Nr. 3 ist zugrunde zu legen, wenn das schädigende Ereignis nach Inkrafttreten dieser Verordnung eingetreten ist.

Berlin, den 6. Februar 1924.

Der Reichskanzler
Marx.

Der Reichsverkehrsminister
Oeser.

8.

Verordnung über Änderungen der Regelung des Kraftfahrzeugverkehrs.

Vom 15. März 1923 (RGBl. I S. 169).

Die Reichsregierung verordnet nach Zustimmung des Reichsrats auf Grund des § 6 des Gesetzes über den Verkehr mit Kraftfahrzeugen vom 3. Mai 1909 (Reichsgesetzbl. S. 437) in Verbindung mit Artikel 179 Abs. 2 der Verfassung des Deutschen Reichs vom 11. August 1919 (Reichsgesetzbl. S 1383) was folgt:

Artikel I.

Die abändernden Bestimmungen unter Art. I sind ebenso, wie die früheren Abänderungen der Verordn. v. 3./2. 10 auf Grund der Ermächtigung des Art. III der Verordn. v. 15./3. 23 vom Reichsverkehrsminister in neuer Fassung, in die sämtliche jetzt gültigen Abänderungen hineingearbeitet worden sind, als „Verordnung über Kraftfahrzeugverkehr v. 15./3. 23" im RGBl. von 1923 I S. 175 ff. neu veröffentlicht worden.

Artikel II.

Bisher ausgegebene Kennzeichen, die der Vorschrift unter Artikel I Nr. 13 nicht entsprechen, können noch bis zum 30. Juni 1923 verwandt werden. Bis dahin bleiben auch die von Dienststellen der Wehrmacht ausgestellten Führerscheine, die dem Muster zu § 14 Abs. 3 der Verordnung vom 3. Februar 1910 nicht entsprechen, gültig.

Artikel III.

Der Reichsverkehrsminister wird ermächtigt, den Wortlaut der Verordnung vom 3. Februar 1910, so wie er sich aus den Änderungen im Artikel I ergibt, in fortlaufender Nummernreihe der Paragraphen als „Verordnung über Kraftfahrzeugverkehr vom 15. März 1923" zugleich mit dieser Verordnung durch das Reichsgesetzblatt bekanntzumachen.

Artikel IV.

Die Verordnung über den internationalen Verkehr mit Kraftfahrzeugen vom 21. April 1910 (Reichsgesetzbl. S. 640) in der Fassung der Bekanntmachungen vom 24. Mai 1910 (Reichsgesetzbl. S. 838), 24. September 1910 (Reichsgesetzbl. S. 1065), 6. April 1911 (Reichsgesetzbl. S. 179), 22. September 1911 (Reichsgesetzbl. S. 909), 29. April 1912 (Reichsgesetzbl. S. 261), 21. September 1912 (Reichsgesetzbl. S. 499), 11. April 1913 (Reichsgesetzbl. S. 242), 22. April 1914 (Reichsgesetzbl. S. 113) und der Verordnung vom 5. Oktober 1922 (Reichsgesetzbl. II S. 768) wird in folgenden Punkten geändert:

1. Im § 1 werden die Worte „3. Februar 1910 (Reichsgesetzbl. S. 389)" ersetzt durch „15. März 1923 (Reichsgesetzbl. I S. 175)".
2. Im § 3 Abs. 1, § 4 Abs. 1, § 5 Abs. 1, § 10 Abs. 1 Abschnitt a, § 10 Abs. 1 Abschnitt b

Abs. 1 und 4, § 10 Abs. 1 Abschnitt c, §§ 11, 13 und 14 Satz 1 und 2 werden die Worte „3. Februar 1910" ersetzt durch „15. März 1923".

3. Im § 5 Abs. 1 werden die Worte „zweiter Halbsatz" ersetzt durch „Satz 2".

4. Im § 12 wird das Wort „Landeszentralbehörde" ersetzt durch „obersten Landesbehörde"; am Schlusse wird folgender Abs. 2 hinzugefügt:

Nach Maßgabe der Bestimmungen der obersten Landesbehörde kann ferner bei Kraftfahrzeugen, die im Betriebe von Grenzlinien verwandt werden, von der Zuteilung eines länglichrunden Kennzeichens (§ 10 Abs. 1 b) und bei den Führern dieser Kraftfahrzeuge von dem Anerkennungsvermerk einer deutschen Behörde auf dem ausländischen Führerzeugnis (§ 10 Abs. 1 c) abgesehen werden.

Artikel V.

Ziffer X der Anlage zur Verordnung, betreffend die Ausbildung von Kraftfahrzeugführern, vom 1. März 1921 (Reichsgesetzbl. S. 212) wird durch folgenden Abs. 3 ergänzt:

Der Reichsverkehrsminister kann Zuschläge zu den vorstehenden Gebühren festsetzen; er hat davon dem Reichsrat unverzüglich Kenntnis zu geben; erhebt der Reichsrat innerhalb eines Monats Widerspruch, so hat der Reichsverkehrsminister die Zuschläge aufzuheben.

Artikel VI.

Mit der Verkündung dieser Verordnung treten außer Kraft:

a) die Bekanntmachung, betreffend die Regelung des Verkehrs mit Lastkraftfahrzeugen, vom 22. Dezember 1915 (Reichsgesetzbl. S. 835) in der Fassung der Bekanntmachung vom 25. Februar 1917 (Reichsgesetzbl. S. 182),

b) der § 2 der Verordnung über Prüfungsgebühren im Kraftfahrzeugverkehre vom 6. Mai 1922 (Reichsgesetzbl. I S. 478),

c) der § 1 der Verordnung, betreffend den Kraftfahrzeug- und Motorbootverkehr, vom 1. Februar 1921 (Reichsgesetzbl. S. 150); für die Zulassung von Kraftfahrzeugen zum Verkehr auf öffentlichen Wegen und Plätzen gelten nunmehr ausschließlich die Vorschriften der nach Artikel III bekanntzumachenden Verordnung über Kraftfahrzeugverkehr.

Am 30. Juni 1923 tritt außer Kraft:

die Bekanntmachung, betreffend die Regelung des Verkehrs mit Kraftfahrzeugen, vom 18. Dezember 1916 (Reichsgesetzbl. S. 1408); mit dem gleichen Tage verlieren Ermächtigungen nach Nr. 1 der Bekanntmachung ihre Wirksamkeit.

Berlin, den 15. März 1923.

Die Reichsregierung

Cuno.

4.

Verordnung über Kraftfahrzeugverkehr.

Vom 15. März 1923 (RGBl. I S. 175).

A. Allgemeine Vorschriften.

§ 1. Als Kraftfahrzeuge (Kraftwagen oder Krafträder) im Sinne dieser Vorschriften gelten Landfahrzeuge, die durch Maschinenkraft bewegt werden, ohne an Bahngleise gebunden zu sein. Als Krafträder (Kraftzweiräder oder Kraftdreiräder) gelten Kraftfahrzeuge, die auf nicht mehr als drei Rädern laufen, wenn ihr Eigengewicht in betriebsfertigem Zustand 200 Kilogramm nicht übersteigt; Anhänger, Bei- oder Vorsteckwagen bleiben bei Feststellung der Fahrzeugart außer Betracht. Als Krafträder gelten außerdem Kraftfahrzeuge mit zwei Laufrädern und zwei seitlichen Stützrädern ohne Anhänger, Bei- oder Vorsteckwagen, wenn ihr Eigengewicht in betriebsfertigem Zustand 300 Kilogramm nicht übersteigt. Als Kraftomnibusse gelten Personenkraftwagen mit mehr als acht Sitzplätzen (einschließlich Führersitz).

§ 2. Für den Verkehr mit Kraftfahrzeugen gelten sinngemäß die den Verkehr von Fuhrwerken oder von Fahrrädern auf öffentlichen Wegen und Plätzen allgemein regelnden Vorschriften, sofern nicht nachfolgend oder gemäß § 6 Abs. 3 des Gesetzes von der obersten Landesbehörde andere Bestimmungen getroffen werden.

Auf Kraftfahrzeuge, die für den öffentlichen Fuhrbetrieb verwendet werden, sowie auf die Führer dieser Fahrzeuge finden neben den nachstehenden Vorschriften die allgemeinen Bestimmungen über den Betrieb der Droschken, Omnibusse und sonstigen dem öffentlichen Transportgewerbe dienenden Fuhrwerke Anwendung.

Die nachstehenden Vorschriften gelten nicht für Kleinkrafträder, Raupenkraftfahrzeuge, Dampfstraßenlokomotiven, Straßenwalzen, ferner solche Kraftfahrzeuge, deren betriebsfertiges Gewicht im beladenen oder unbeladenen Zustand 9 Tonnen übersteigt, sowie selbstfahrende Arbeits- und Werkzeugmaschinen zu landwirtschaftlichen oder gewerblichen Zwecken (z. B. Dampf-, Motorpflüge, Motorsägen). Kleinkrafträder sind Krafträder, deren nach der Steuerformel berechnete Nutzleistung bei einem Außendurchmesser der Radreifen von mehr als 40 Zentimeter $^3/_4$ Pferdestärke, bei kleinerem Außendurchmesser 1 Pferdestärke nicht übersteigt.

B. Das Kraftfahrzeug.

a) Beschaffenheit und Ausrüstung.

§ 3. Die Kraftfahrzeuge müssen verkehrssicher und insbesondere so gebaut, eingerichtet und ausgerüstet sein, daß Feuers- und Explosionsgefahr sowie jede vermeidbare Belästigung von Personen und Gefährdung von Fuhrwerken durch Geräusch, Rauch, Dampf oder üblen Geruch ausgeschlossen ist.

Die Radkränze müssen mit Gummi oder einem anderen elastischen Stoffe bereift sein und dürfen keine Unebenheiten besitzen, die geeignet sind, die Fahrbahn zu beschädigen.

§ 4. Jedes Fahrzeug muß versehen sein:

1. mit einer zuverlässigen Lenkvorrichtung, die

gestattet, sicher und rasch auszuweichen; die zur Lenkung benutzten Wagenräder sollen nach beiden Seiten möglichst weit einschlagen, um kurz wenden zu können;

2. mit zwei voneinander unabhängigen Bremseinrichtungen, von denen jede auf die Wagenräder der gebremsten Achse gleichmäßig einwirkt; mindestens eine Bremseinrichtung muß unmittelbar auf die Hinterräder oder auf Bestandteile, die mit diesen Rädern fest verbunden sind, wirken; diese Bremse muß feststellbar sein. Jede Bremseinrichtung muß für sich geeignet sein, den Lauf des Fahrzeugs sofort zu hemmen und es auf die kürzeste Entfernung zum Stehen zu bringen;

3. mit einer zuverlässigen Vorrichtung, die beim Befahren von Steigungen die unbeabsichtigte Rückwärtsbewegung verhindert, sofern nicht eine der Bremsen diese Forderung erfüllt;

4. mit einer am Fahrzeug befestigten Huppe zum Abgeben von Warnungszeichen; falls die Huppe mehrtonig ist, müssen die verschiedenen Töne gleichzeitig in einem harmonischen Akkord anklingen; Huppen sind als vorschriftsmäßig zu betrachten, wenn ein klarer, von Nebengeräuschen freier Ton oder Akkord durch Schwingungen von Metallzungen, Platten (Membranen) oder anderen Teilen erzeugt wird. An jedem Fahrzeug muß mindestens eine Huppe vorhanden sein, mit der auch bei stillstehendem Motor Warnungszeichen abgegeben werden können;

5. nach eingetretener Dunkelheit und bei starkem Nebel mit mindestens zwei in gleicher Höhe angebrachten, die seitliche Begrenzung des Fahrzeugs anzeigenden, hellbrennenden Laternen mit farblosem Glase, die den Lichtschein derart auf die Fahrbahn werfen, daß diese auf mindestens 20 Meter vor dem Fahrzeug von dem Führer übersehen werden kann. Übermäßig stark wirkende Scheinwerfer dürfen nicht verwendet werden;
6. mit einer Vorrichtung, die verhindert, daß das Fahrzeug von Unbefugten in Betrieb gesetzt werden kann.

Für Krafträder gelten nicht die Vorschriften über Feststellbarkeit der Bremse (Nr. 2) und Vorrichtungen zur Verhinderung der unbeabsichtigten Rückwärtsbewegung (Nr. 3) und der Inbetriebsetzung durch Unbefugte (Nr. 6); es genügt eine hellbrennende Laterne mit farblosem Glase (Nr. 5), ausgenommen, wenn ein Kraftrad einen Beiwagen auf der linken Seite mitführt; eine auf das Wagenrad des Beiwagens einwirkende Bremse (Nr. 2) ist nicht erforderlich.

Jeder Kraftwagen, dessen Eigengewicht 350 Kilogramm übersteigt, muß so eingerichtet sein, daß er mittels der Maschine oder des Motors vom Führersitz aus in Rückwärtsgang gebracht werden kann.

Die Griffe zur Bedienung der Maschine oder des Motors und der im Abs. 1 bis 3 angeführten Einrichtungen müssen so angebracht sein, daß der

Führer sie, ohne sein Augenmerk von der Fahrtrichtung abzulenken, leicht und auch im Dunkeln ohne Verwechselungsgefahr handhaben kann.

Jedes Kraftfahrzeug muß mit einem an einer sichtbaren Stelle des Fahrgestells angebrachten Schilde versehen sein, das die Firma, die das Fahrgestell hergestellt hat, die Fabriknummer des Fahrgestells, die Anzahl der Pferdestärken der Maschine oder des Motors (bei Krafträdern, Personenkraftwagen mit Ausnahme der Kraftomnibusse und bei Lastkraftwagen bis 2,5 Tonnen Eigengewicht auch die nach der Steuerformel berechnete Nutzleistung des Fahrzeugs) und das Eigengewicht des betriebsfertigen Fahrzeugs ergibt. Bei Kraftfahrzeugen, deren Gesamtgewicht (einschließlich Ladung) 5 Tonnen übersteigt, muß sich die Angabe auf dem Schilde auch auf die zulässige Belastung, auf die Achsdrucke und auf die Felgendrucke auf 1 Zentimeter Felgenbreite — Basis der Gummireifen — im beladenen Zustand erstrecken.

Bei einem Kraftfahrzeug im beladenen Zustand darf der Druck auf eine Achse 6 Tonnen und auf 1 Zentimeter Felgenbreite — Basis der Gummireifen — 150 Kilogramm nicht überschreiten.

Zum Abgeben von Warnungszeichen außerhalb geschlossener Ortsteile bestimmte Pfeifen (§ 19 Abs. 3) gelten als vorschriftsmäßig, wenn durch sie Pfiffe gleicher Tonhöhe in der Weise erzeugt werden, daß unter Druck stehende verbrannte Gase aus dem Zylinder oder der Auspuffleitung durch die Pfeife entweichen.

b) Antrag auf Zulassung eines Fahrzeugs.

§ 5. Wenn ein Kraftfahrzeug in Betrieb genommen werden soll, hat der Eigentümer bei der für seinen Wohnort zuständigen höheren Verwaltungsbehörde die Zulassung des Fahrzeugs schriftlich zu beantragen. Der Antrag muß enthalten:

1. Name und Wohnort des Eigentümers,
2. die Firma, die das Fahrgestell hergestellt hat, sowie die Fabriknummer des Fahrgestells,
3. die Bestimmung des Fahrzeugs (Personen- oder Lastfahrzeug),
4. die Art der Kraftquelle (Verbrennungsmaschine, Dampfmaschine, Elektromotor),
5. die Anzahl der Pferdestärken der Maschine oder des Motors (bei Krafträdern, Personenkraftwagen mit Ausnahme der Kraftomnibusse und bei Lastkraftwagen bis 2,5 Tonnen Eigengewicht auch die nach der Steuerformel berechnete Nutzleistung des Fahrzeugs),
6. das Eigengewicht des betriebsfertigen Fahrzeugs,
7. die zulässige Belastung (in Kilogramm oder Personen einschließlich Führer),
8. bei Fahrzeugen, deren Gesamtgewicht (einschließlich Ladung) 5 Tonnen übersteigt, die Achsdrucke und die Felgendrucke auf 1 Zentimeter Felgenbreite — Basis der Gummireifen — im beladenen Zustand.

Dem Antrag ist das Gutachten eines von der höheren Verwaltungsbehörde anerkannten Sachverständigen beizufügen, das die Richtigkeit der Angaben unter Nr. 4 bis 8 sowie ferner bestätigt, daß das Fahrzeug den nach dieser Verordnung zu stellenden Anforderungen genügt. Hinsichtlich der Nr. 5 kann das Gutachten des Sachverständigen durch eine Bescheinigung der Firma ersetzt werden, die die Maschine oder den Motor hergestellt hat. Das Gutachten hat der Antragsteller auf seine Kosten zu beschaffen.

Die höhere Verwaltungsbehörde kann einer zuverlässigen ins Handelsregister eingetragenen Firma, zu deren Geschäftsbetrieb die Herstellung von Kraftfahrzeugen gehört, und deren Sitz sich im Bezirke der Behörde befindet, auf schriftlichen Antrag nach einer auf Kosten der Firma vorgenommenen Prüfung (Typenprüfung) widerruflich eine Bescheinigung darüber erteilen, daß eine von ihr fabrikmäßig gefertigte Gattung von Kraftfahrzeugen den Anforderungen dieser Verordnung genügt (Typenbescheinigung). Für im Ausland hergestellte Fahrzeuge kann eine solche Bescheinigung einer zuverlässigen ins Handelsregister eingetragenen Firma, zu deren Geschäftsbetriebe der Handel mit Kraftfahrzeugen gehört, und deren Sitz sich im Bezirke der Behörde befindet, auf schriftlichen Antrag ausgestellt werden, wenn der Nachweis erbracht wird, daß die Firma im Deutschen Reiche zum alleinigen Vertriebe von Kraftfahrzeugen der betreffenden Gattung berechtigt ist. Die Typenbescheinigung gilt fürs ganze Reich. Für ein Kraftfahrzeug einer solchen Gattung (Satz 1 und 2) kann die Firma zu einer amtlich beglaubigten Abschrift der Typenbescheinigung mit etwaigen Nachträgen unter laufender Nummer eine Ergänzungsbescheinigung ausstellen, die die Richtigkeit der im Abs. 1 unter Nr. 4 bis 8 vorgeschriebenen Angaben bestätigen muß. Eine solche Firmenbescheinigung (Abschrift der Typenbescheinigung nebst Ergänzungsbescheinigung) ersetzt das Gutachten des amtlich anerkannten Sachverständigen (§ 5 Abs. 2) in allen Fällen mit Ausnahme der des § 6 Abs. 3 Satz 2 und des § 28 Abs. 1 mit der Maßgabe, daß bei einem Eigengewichte des betriebsfertigen Fahrzeugs bis vier Tonnen für Kraftomnibusse, Lastkraftwagen sowie Zugmaschinen ohne Güterladeraum ein amtlicher Wiegeschein oder eine Bescheinigung über die unter behördlicher Überwachung vorgenommene Wägung beizufügen ist. Für ein Fahrzeug, das schon einmal zum Verkehr auf öffentlichen Wegen oder Plätzen zugelassen war, darf eine Firmenbescheinigung nur dann ausgestellt werden, wenn die Firma das Fahrzeug nochmals geprüft und sich von seiner vorschriftsmäßigen Beschaffenheit überzeugt hat; dies ist in der Bescheinigung zu vermerken. Über die mittels Firmenbescheinigung in den Verkehr gebrachten Fahrzeuge hat die Firma ein Verzeichnis zu führen und auf Verlangen den zuständigen Beamten vorzulegen. Firmenbescheinigungen können unter Mitverantwortung der Stammfirma — bei Fahrzeugen ausländischer Herstellung der

Hauptvertretung im Sinne des Satzes 2 — auch von den Zweigniederlassungen, die dann gleichfalls zur Listenführung verpflichtet sind, ausgestellt werden. Im Falle des Widerrufs (Satz 1 und 2) verliert die Typenbescheinigung ihre Gültigkeit und ist nebst allen bereits gefertigten beglaubigten Abschriften der zuständigen höheren Verwaltungsbehörde abzuliefern, soweit die Abschriften nicht als Firmenbescheinigungen in den Verkehr gegeben worden sind.

Für die Prüfungen nach Abs. 2 und 3 gelten die Vorschriften einer „Anweisung über die Prüfung von Kraftfahrzeugen", die der Reichsverkehrsminister erläßt. Er hat davon dem Reichsrat unverzüglich Kenntnis zu geben; erhebt der Reichsrat innerhalb eines Monats Widerspruch, so hat der Reichsverkehrsminister die beanstandeten Vorschriften aufzuheben.

c) Zulassung zum Verkehr und Kennzeichnung.

§ 6. Die höhere Verwaltungsbehörde (§ 5 Abs. 1) entscheidet über den Antrag auf Zulassung des Kraftfahrzeugs zum Verkehr auf öffentlichen Wegen und Plätzen. Die Zulassung gilt für das ganze Reich.

Im Falle der Zulassung hat die höhere Verwaltungsbehörde das Kraftfahrzeug in eine Liste einzutragen, dem Fahrzeug ein polizeiliches Kennzeichen (§ 8) zuzuteilen und hiervon dem Antragsteller Mitteilung zu machen, sowie über die Zulassung und die Eintragung des Kraftfahrzeugs und die Zuteilung des Kennzeichens eine Bescheinigung auszufertigen. Die Aushändigung der Bescheinigung erfolgt durch die für den Ort, wo das Kraftfahrzeug in Betrieb gesetzt werden soll, zuständige Polizeibehörde. Die Muster der Liste und der Bescheinigung schreibt der Reichsverkehrsminister vor.

Treten bei einem zum Verkehr auf öffentlichen Wegen und Plätzen bereits zugelassenen Kraftfahrzeug Änderungen ein, die eine Berichtigung der Liste und der Zulassungsbescheinigung erforderlich machen, so hat der Eigentümer unter Vorlegung der Zulassungsbescheinigung die Berichtigungen innerhalb 2 Wochen bei der zuständigen höheren Verwaltungsbehörde zu beantragen. Bei Änderung der Art der Kraftquelle, bei Einbau einer stärkeren Maschine oder eines stärkeren Motors, einer in ihrer Bauart oder Übersetzung veränderten Bremse oder Lenkvorrichtung bedarf es einer erneuten Zulassung, die der Eigentümer sofort unter Beifügung eines Gutachtens (§ 5 Abs. 2) bei der zuständigen höheren Verwaltungsbehörde zu beantragen hat.

Verlegt der Eigentümer eines Kraftfahrzeugs seinen Wohnort in den Bezirk einer anderen höheren Verwaltungsbehörde, so hat er bei dieser die erneute Zulassung des Fahrzeugs zu beantragen; der Beifügung des Gutachtens eines Sachverständigen (§ 5 Abs. 2, 3) bedarf es in diesem Falle nicht, wenn die bisherige Zulassungsbescheinigung vorgelegt wird. Bei Ausfertigung der neuen Zulassungsbescheinigung ist die bisherige einzuziehen.

Soll ein Kraftfahrzeug zum Verkehr auf öffentlichen Wegen und Plätzen nicht mehr verwendet werden, so hat der Eigentümer der zuständigen höheren Verwaltungsbehörde hiervon Mitteilung zu machen und ihr die Zulassungsbescheinigung sowie das Kennzeichen abzuliefern. Das Kennzeichen ist, sofern es nicht amtlich ausgegeben ist, nach Vernichtung des Dienststempels zurückgegeben. Unterbleibt die Ablieferung, so hat die höhere Verwaltungsbehörde die Zulassungsbescheinigung und das Kennzeichen einzuziehen oder, soweit die Einziehung des Kennzeichens nicht zulässig ist, den Dienststempel auf diesem augenfällig zu vernichten. In gleicher Weise ist auf Antrag der Steuerbehörde zu verfahren, wenn die Steuerkarte nicht rechtzeitig erneuert wird.

Geht ein zum Verkehr auf öffentlichen Wegen und Plätzen bereits zugelassenes Kraftfahrzeug auf einen anderen Eigentümer über, so hat dieser bei der für seinen Wohnort zuständigen höheren Verwaltungsbehörde die erneute Zulassung des Fahrzeugs zu beantragen; der Beifügung des Gutachtens eines Sachverständigen (§ 5 Abs. 2, 3) bedarf es in diesem Falle nicht, wenn die bisherige Zulassungsbescheinigung vorgelegt wird. Bei Ausfertigung der neuen Zulassungsbescheinigung ist die bisherige einzuziehen.

§ 7. Vorbehaltlich der Vorschrift im § 32 muß jedes auf öffentlichen Wegen und Plätzen verkehrende Kraftfahrzeug das polizeiliche Kennzeichen (§ 8) tragen.

§ 8. Das von der höheren Verwaltungsbehörde zuzuteilende Kennzeichen besteht aus einem (oder mehreren) Buchstaben (oder römischen Ziffern) zur Bezeichnung des Landes (oder engeren Verwaltungsbezirks) und aus der Erkennungsnummer, unter der das Fahrzeug in die polizeiliche Liste (§ 6 Abs. 2) eingetragen ist. Die Verteilung der Kennzeichen innerhalb des Reichsgebiets erfolgt nach einem „Plan für die Kennzeichnung der Kraftfahrzeuge", den der Reichsverkehrsminister nach Anhörung der beteiligten obersten Landesbehörden aufstellt. Das Kennzeichen ist an der Vorderseite und an der Rückseite des Fahrzeugs nach außen hin an leicht sichtbarer Stelle anzubringen. Die Fläche des Kennzeichens muß zur Längsachse des Fahrzeugs senkrecht oder annähernd senkrecht stehen. Bei spitz zulaufenden Fahrzeugen kann jedoch das vordere und das hintere Kennzeichen durch je zwei Kennzeichen ersetzt werden; diese müssen beiderseits an jedem spitz zulaufenden Ende des Fahrzeugs auf Flächen angebracht sein, die zur Längsachse des Fahrzeugs schräg, zur Fahrbahn senkrecht oder annähernd senkrecht stehen.

Das vordere Kennzeichen ist in schwarzer Balkenschrift auf weißem, schwarzgerandetem Grunde auf die Wandung des Fahrzeugs oder auf eine rechteckige Tafel aufzumalen, die mit dem Fahrzeug durch Schrauben, Nieten oder Nägel fest zu verbinden ist. Die Buchstaben (oder die römischen Ziffern) und die Nummern müssen in eine Reihe gestellt und durch einen wagerechten Strich von einander getrennt werden. Die Abmessungen betragen: Randbreite mindestens 10 Millimeter, Schrifthöhe 75 Millimeter bei einer Strichstärke von 12 Millimeter, Abstand zwischen den einzelnen Zeichen und vom Rande 20 Millimeter, Stärke des Trennungsstrichs 12 Millimeter, Länge des Trennungsstrichs 25 Millimeter, Höhe der Tafel ausschließlich des Randes 115 Millimeter.

Bei dem an der Rückseite des Fahrzeugs mittels Schrauben, Nieten oder Nägel fest anzubringenden Kennzeichen sind die Buchstaben (römischen Ziffern) und die Nummer auf einer viereckigen weißen, schwarzgeranbeten Tafel in schwarzer Balkenschrift auszuführen. Die Tafel kann Bestandteil einer Laterne sein (vergleiche § 11). Die Nummer kann unter den Buchstaben (römischen Ziffern) oder, durch einen wagerechten Strich getrennt, dahinter stehen. Die Abmessungen betragen: Randbreite mindestens 10 Millimeter, Schrifthöhe 100 Millimeter bei einer Strichstärke von 15 Millimeter, Abstand zwischen den einzelnen Zeichen und vom Rande 20 Millimeter, Höhe der Tafel ausschließlich des Randes bei zweizeiligen Kennzeichen 260 Millimeter, bei einzeiligen Kennzeichen 140 Millimeter, ferner bei einzeiligen Kennzeichen Stärke des Trennungsstrichs 15 Millimeter, Länge des Trennungsstrichs 30 Millimeter. Das hintere Kennzeichen kann auch auf die Wandung des Fahrzeugs aufgemalt werden.

Kraftzweiräder sind von der Führung des hinteren Kennzeichens befreit. Bei ihnen genügt ein beiderseitig beschriebenes Kennzeichen, das an der Vorderseite in der Fahrtrichtung an leicht sichtbarer Stelle anzubringen ist. Das Kennzeichen ist in schwarzer Balkenschrift auf weißem, schwarzgerandetem Grunde auf eine rechteckige, an den Vorderecken leicht abgerundete Tafel aufzumalen, die mit dem Fahrzeug durch Schrauben, Nieten oder Nägel fest zu verbinden ist. Die Buchstaben (oder die römischen Ziffern) und die Nummer müssen in einer Reihe stehen und durch einen wagerechten Strich voneinander getrennt sein. Die Abmessungen betragen: Randbreite mindestens 8 Millimeter, Schrifthöhe 60 Millimeter bei einer Strichstärke von 10 Millimeter, Abstand zwischen den einzelnen Zeichen und vom Rande 12 Millimeter, Stärke des Trennungsstrichs 10 Millimeter, Länge des Trennungsstrichs 18 Millimeter, Höhe der Tafel ausschließlich des Randes 84 Millimeter.

Die Muster für die Kennzeichen schreibt der Reichsverkehrsminister vor.

§ 9. Die Kennzeichen müssen mit dem Dienststempel der Polizeibehörde (§ 6 Abs. 2 Satz 2) versehen sein. Zum Zwecke der Abstempelung des Kennzeichens hat die Polizeibehörde die Vorführung des Kraftfahrzeugs anzuordnen. Bevor sie die Abstempelung vornimmt, hat sie sich durch sorgfältige Prüfung davon zu überzeugen, daß das Fahrzeug insbesondere auch den Vorschriften der §§ 8, 10 und 11 entspricht.

§ 10. Die Kennzeichen dürfen nicht zum Umklappen eingerichtet sein; sie dürfen niemals verdeckt sein und müssen stets in lesbarem Zustand erhalten werden. Der untere Rand des vorderen

Kennzeichens darf nicht weniger als 20 Zentimeter, der des hinteren nicht weniger als 45 Zentimeter vom Erdboden entfernt sein.

§ 11. Bei Dunkelheit und bei starkem Nebel sind hintere Kennzeichen so zu beleuchten, daß sie deutlich erkennbar sind. Beleuchtungsvorrichtungen dürfen die Kennzeichen von keiner Seite verdecken; Vorrichtungen zum Abstellen der Beleuchtung vom Sitze des Führers oder vom Innern des Wagens aus sind nur zulässig, wenn beim Abstellen gleichzeitig sämtliche Laternen (§ 4 Abs. 1 Nr. 5) verlöschen.

Bei Kraftzweirädern ist das an der Vorderseite angebrachte Kennzeichen während der Dunkelheit und bei starkem Nebel so zu beleuchten, daß es von beiden Seiten deutlich erkennbar ist.

§ 12. Ist der Dienststempel eines Kennzeichens unkenntlich geworden oder muß ein mit dem Dienststempel der Polizeibehörde versehenes Kennzeichen erneuert werden, so ist das Kraftfahrzeug wiederum entsprechend der Vorschrift im § 9 der Polizeibehörde vorzuführen; tritt die Notwendigkeit der Erneuerung an einem Orte ein, von dem aus die Polizeibehörde, die die erste Stempelung des Kennzeichens vorgenommen hatte, ohne Zeitverlust nicht erreicht werden kann, so ist das Fahrzeug der nächsten Polizeibehörde vorzuführen, die alsdann den Dienststempel zu erneuern oder das erneuerte Kennzeichen mit dem Dienststempel zu versehen und, daß dies geschehen, in der Zulassungsbescheinigung (§ 6 Abs. 2) ersichtlich zu machen hat.

§ 13. Die Anbringung mehrerer verschiedener Kennzeichen ist unzulässig.

C. Der Führer des Kraftfahrzeugs.

a) Die Zulassung zum Führen.

§ 14. Wer auf öffentlichen Wegen und Plätzen ein Kraftfahrzeug führen will, bedarf der Erlaubnis der zuständigen höheren Verwaltungsbehörde. Die Erlaubnis gilt für das ganze Reich; sie ist zu erteilen, wenn der Nachsuchende seine Befähigung durch eine Prüfung dargetan hat und nicht Tatsachen vorliegen, die die Annahme rechtfertigen, daß er zum Führen von Kraftfahrzeugen ungeeignet ist.

Personen unter 18 Jahren ist das Führen von Kraftfahrzeugen, insbesondere auch von Krafträdern, nicht gestattet. Ausnahmen können von der höheren Verwaltungsbehörde mit Zustimmung des gesetzlichen Vertreters zugelassen werden.

Den Nachweis der Erlaubnis hat der Führer durch eine Bescheinigung (Führerschein) zu erbringen, deren Muster der Reichsverkehrsminister vorschreibt.

Für die vorzunehmenden Prüfungen gelten die Vorschriften unter Ziffer I bis VI der als Anlage beigefügten „Anweisung über die Prüfung der Führer von Kraftfahrzeugen".

b) Besondere Pflichten des Führers.

§ 15. Der Führer hat den Führerschein (§ 14 Abs. 3) sowie die Bescheinigung über die Zulassung des Kraftfahrzeugs (§ 6 Abs. 2 und § 34 Abs. 1

und 2) bei der Benutzung des Fahrzeugs auf öffentlichen Wegen und Plätzen bei sich zu führen und auf Verlangen den zuständigen Beamten vorzuzeigen.

§ 16. Der Führer ist dafür verantwortlich, daß daß das Kraftfahrzeug mit den nach dieser Verordnung vorgeschriebenen Vermerken und polizeilichen Kennzeichen versehen ist, daß das Kennzeichen in vorgeschriebener Weise beleuchtet ist, daß die zulässige Belastung nicht überschritten wird und daß das Fahrzeug sich in verkehrssicherem Zustand (§§ 3, 4) befindet; er hat sich vor der Fahrt von dem Zustand des Fahrzeugs zu überzeugen.

§ 17. Der Führer ist zu besonderer Vorsicht in Leitung und Bedienung seines Fahrzeugs verpflichtet. Er darf von dem Fahrzeug nicht absteigen, solange es in Bewegung ist, und darf sich von ihm nicht entfernen, solange die Maschine oder der Motor läuft; auch muß er, falls er sich von dem Fahrzeug entfernt, die Vorrichtung (§ 4 Abs. 1 Nr. 6) in Wirksamkeit setzen, die verhindern soll, daß ein Unbefugter das Fahrzeug in Betrieb setzt.

Der Führer ist insbesondere verpflichtet, dafür Sorge zu tragen, daß eine nach der Beschaffenheit des Kraftfahrzeugs (§ 3 Abs. 1) vermeidbare Entwickelung von Geräusch, Rauch, Dampf oder üblem Geruch in keinem Falle eintritt.

Das Öffnen von Auspuffklappen innerhalb geschlossener Ortsteile ist verboten.

Stark wirkende Scheinwerfer müssen innerhalb

beleuchteter Ortsteile, ausgenommen bei starkem Nebel, abgeblendet werden, ferner da, wo die Sicherheit des Verkehrs es erfordert, insbesondere beim Begegnen mit anderen Fahrzeugen. Der Reichsverkehrsminister bestimmt, welche Scheinwerfer als übermäßig stark wirkend und welche als stark wirkend gelten.

§ 18. Die Fahrgeschwindigkeit ist so einzurichten, daß der Führer in der Lage bleibt, seinen Verpflichtungen Genüge zu leisten.

Die höchstzulässige Fahrgeschwindigkeit beträgt bei Kraftfahrzeugen bis zu 5,5 Tonnen Gesamtgewicht innerhalb geschlossener Ortsteile 30 Kilometer in der Stunde; die höhere Verwaltungsbehörde kann Geschwindigkeiten bis zu 40 Kilometer zulassen. Bei Kraftfahrzeugen von mehr als 5,5 Tonnen Gesamtgewicht beträgt die höchstzulässige Fahrgeschwindigkeit 25 Kilometer, bei Mitführen von Anhängern innerhalb geschlossener Ortsteile 16 Kilometer in der Stunde.

Ist der Überblick über die Fahrbahn behindert, die Sicherheit des Fahrens durch die Beschaffenheit des Weges beeinträchtigt, oder herrscht lebhafter Verkehr, so muß so langsam gefahren werden, daß das Fahrzeug auf kürzeste Entfernung zum Stehen gebracht werden kann.

§ 19. Der Führer hat überall dort, wo es die Sicherheit des Verkehrs erfordert, durch deutlich hörbare Warnungszeichen rechtzeitig auf das Nahen des Kraftfahrzeugs aufmerksam zu machen.

Das Abgeben von Warnungszeichen ist sofort

einzustellen, wenn Pferde oder andere Tiere dadurch unruhig oder scheu werden.

Innerhalb geschlossener Ortsteile dürfen nur kurze Warnungszeichen unter ausschließlicher Verwendung der im § 4 Abs. 1 Nr. 4 vorgeschriebenen Huppe abgegeben, außerhalb geschlossener Ortsteile darf auch eine Pfeife benutzt werden.

Das Abgeben langgezogener Warnungszeichen, die Ähnlichkeit mit Feuersignalen haben, und die Anbringung und Verwendung anderer als der im Abs. 3 genannten Signalinstrumente ist verboten.

§ 20. Merkt der Führer, daß ein Pferd oder ein anderes Tier vor dem Kraftfahrzeuge scheut, oder daß sonst durch das Vorbeifahren mit dem Kraftfahrzeuge Menschen oder Tiere in Gefahr gebracht werden, so hat er langsam zu fahren sowie erforderlichenfalls anzuhalten und die Maschine oder den Motor außer Tätigkeit zu setzen.

Auf den Haltruf oder das Haltzeichen eines als solcher kenntlichen Polizeibeamten hat der Führer sofort anzuhalten. Zur Kenntlichmachung eines Polizeibeamten ist auch das Tragen einer Dienstmütze ausreichend.

§ 21. Beim Einbiegen in eine andere Straße ist nach rechts in kurzer Wendung, nach links in weitem Bogen zu fahren. Diese Vorschrift gilt entsprechend für das Durchfahren von scharfen oder unübersichtlichen Wegekrümmungen.

Der Führer hat entgegenkommenden Kraftfahrzeugen, Fuhrwerken, Reitern, Radfahrern, Viehtransporten oder dergleichen rechtzeitig und genügend nach rechts auszuweichen oder, falls dies die Umstände oder die Örtlichkeit nicht gestatten, so lange anzuhalten, bis die Bahn frei ist.

Das Vorbeifahren an eingeholten Kraftfahrzeugen, Fuhrwerken, Reitern, Radfahrern, Viehtransporten oder dergleichen hat auf der linken Seite zu erfolgen.

D. Die Benutzung öffentlicher Wege und Plätze.

§ 22. Das Fahren mit Kraftfahrzeugen ist nur auf Fahrwegen gestattet. Auf Radfahrwegen und auf Fußwegen, die für Fahrräder freigegeben sind, ist der Verkehr mit Kraftzweirädern mit besonderer polizeilicher Genehmigung zulässig.

§ 23. Die Polizeibehörden können durch allgemeine polizeiliche Vorschriften oder durch besondere für den einzelnen Fall getroffene polizeiliche Anordnungen, soweit der Zustand der Wege oder die Eigenart des Verkehrs insbesondere Rücksichten auf den Fußgängerverkehr es erfordern, den Verkehr mit Kraftfahrzeugen überhaupt oder mit einzelnen Arten auf bestimmten Wegen, Plätzen und Brücken verbieten oder beschränken. Für Wegestrecken, die dem Durchgangsverkehre dienen, steht diese Befugnis der obersten Landesbehörde zu; sie kann die Befugnis auf die höheren Verwaltungsbehörden übertragen.

Für Vorschriften und Anordnungen nach Abs. 1, die die Fahrgeschwindigkeit beschränken, ist unbeschadet der Bestimmung im Abs. 1 Satz 2 die höhere Verwaltungsbehörde zuständig; die Höchstgeschwindigkeit darf für Kraftfahrzeuge bis zu 5,5 Tonnen Gesamtgewicht nicht auf weniger als 30 Kilometer in der Stunde festgesetzt werden. Vorschriften für den allgemeinen Fuhrwerksverkehr (§ 2 Abs. 1) bedürfen der Zustimmung der höheren Verwaltungsbehörde, wenn sie auch für Kraftfahrzeuge bis zu 5,5 Tonnen Gesamtgewicht gelten sollen und eine Höchstgeschwindigkeit von weniger als 30 Kilometer in der Stunde vorschreiben. Die Bestimmungen dieses Absatzes gelten nicht für Verkehrsbeschränkungen auf Brücken und Eisenbahnübergängen.

Die höhere Verwaltungsbehörde kann auch Vorschriften oder Anordnungen erlassen, durch die, abgesehen von dem Falle des Abs. 1, der Verkehr mit Kraftfahrzeugen für bestimmte Örtlichkeiten mit Rücksicht auf deren besondere Verhältnisse verboten oder beschränkt wird.

Auf Verbote oder Beschränkungen nach Abs. 1 bis 3 ist durch Warnungstafeln hinzuweisen.

§ 24. Das Wettfahren und die Veranstaltung von Wettfahrten auf öffentlichen Wegen und Plätzen sind verboten.

Für Zuverlässigkeitsfahrten und ähnliche Veranstaltungen zu Prüfungszwecken ist die Genehmigung der zuständigen Behörde erforderlich; soweit mit ihnen Geschwindigkeitsprüfungen verbunden sind, ist die Genehmigung der obersten Landesbehörde erforderlich, die im Einzelfalle die Bedingungen festsetzt.

E. Mitführen von Anhängern.

§ 25. Ein zum Verkehr auf öffentlichen Wegen oder Plätzen zugelassener Kraftwagen darf einen Anhängewagen nur unter folgenden Bedingungen mitführen:

1. das Gesamtgewicht (einschließlich Ladung) des Anhängewagens darf 7,5 Tonnen nicht überschreiten;
2. die Radkränze des Anhängewagens müssen mit Gummi oder einem anderen elastischen Stoffe bereift sein und dürfen keine Unebenheiten besitzen, die die Fahrbahn beschädigen könnten;
3. der Anhängewagen muß versehen sein:
   a) mit einer sicher wirkenden Bremse,
   b) mit einer zuverlässigen auf die Fahrbahn wirkenden Vorrichtung, die in Steigungen die unbeabsichtigte Rückwärtsbewegung verhindert (Bergstütze);
4. die Verbindung zwischen Anhängewagen und Kraftwagen muß so beschaffen sein, daß die Räder des Anhängewagens auch in Krümmungen möglichst auf den Spuren des Kraftwagens laufen;
5. der Anhängewagen muß von außen sichtbar ein mit Nieten befestigtes Schild haben, das in leicht lesbarer Schrift eine Unterscheidungsnummer, Eigengewicht, zulässige Nutzlast sowie Felgendruck auf 1 Zentimeter Felgenbreite — Basis der Gummireifen — im beladenen Zustand angibt.

Der Führer ist dafür verantwortlich, daß der Anhängewagen den Bedingungen des Abs. 1 entspricht und sich in verkehrssicherem Zustand befindet. Kann die Bremse nicht vom Führersitze des Kraftwagens aus bedient werden, so muß auf dem Anhängewagen ein Bremser mitfahren und eine Verständigung zwischen ihm und dem Führer möglich sein.

Die höhere Verwaltungsbehörde kann allgemein für ihren Bezirk von der Einhaltung der Bestimmung des Abs. 1 Nr. 3 Befreiung gewähren.

Das Mitführen von Anhängeachsen zur Lastenbeförderung und von mehr als einem Anhängewagen ist nur mit Erlaubnis der Polizeibehörde und nur für deren Bezirk zulässig; das gleiche gilt für das Mitführen eines Anhängewagens, wenn den Bedingungen im Abs. 1 Nr. 1, 3, 4 oder 5 nicht genügt ist. Der Erlaubnis der Polizeibehörde bedarf es nicht, soweit nur dem Erfordernisse des Abs. 1 Nr. 3 nicht genügt ist und die höhere Verwaltungsbehörde von der Befugnis, gemäß Abs. 3 Befreiung zu gewähren, Gebrauch gemacht hat. In Fällen polizeilicher Erlaubnis ist der Erlaubnisschein bei der Fahrt mitzuführen und den zuständigen Beamten auf Verlangen vorzuzeigen. Das Mitführen von Anhängeachsen zur Personenbeförderung kann von der höheren Verwaltungsbehörde für ihren Bezirk allgemein oder im Einzelfalle zugelassen werden.

Bei Mitführen von Anhängewagen oder -achsen muß außer dem vorderen Kennzeichen des § 8

Absatz 2 das Kennzeichen nach § 8 Abs. 3 entweder an der Rückseite des letzten Fahrzeugs oder auf beiden Seitenwänden des Kraftwagens angebracht sein. Im letzteren Falle muß bei Dunkelheit oder starkem Nebel eine Laterne weißes oder gelbes Licht nach hinten werfen; einer Beleuchtung der seitlichen Kennzeichen bedarf es nicht.

§ 26. Ein zum Verkehr auf öffentlichen Wegen oder Plätzen zugelassenes Kraftrad darf Anhänger, Bei- oder Vorsteckwagen nur mitführen, wenn deren Radkränze mit Gummi oder einem anderen elastischen Stoffe bereift sind und keine Unebenheiten besitzen, die die Fahrbahn beschädigen könnten; auch muß der Anhänger, Bei- oder Vorsteckwagen mit dem Kraftrad in zuverlässiger Weise gekuppelt sein.

Der Führer ist dafür verantwortlich, daß der Anhänger, Bei- oder Vorsteckwagen diesen Bedingungen entspricht und sich in verkehrssicherem Zustand befindet.

§ 27. Die Bestimmungen des § 25 finden mit Ausnahme der des Abs. 5 Satz 2, erster Halbsatz keine Anwendung auf angehängte Kraftfahrzeuge, die sich nicht mit eigener Kraft fortbewegen. Solche Schleppzüge müssen besonders vorsichtig fahren; geschleppte Kraftfahrzeuge müssen mit je einem Begleiter besetzt sein, der Bremsen und Lenkvorrichtung bedient.

F. Untersagung des Betriebs.

§ 28. Die Polizeibehörde kann jederzeit auf Kosten des Eigentümers eine Untersuchung darüber veranlassen, ob ein Kraftfahrzeug den nach Maßgabe dieser Verordnung zu stellenden Anforderungen entspricht.

Genügt ein Kraftfahrzeug diesen Anforderungen nicht, so kann seine Ausschließung vom Befahren der öffentlichen Wege und Plätze durch die höhere Verwaltungsbehörde verfügt werden.

§ 29. Werden Tatsachen festgestellt, die die Annahme rechtfertigen, daß eine Person zum Führen von Kraftfahrzeugen ungeeignet ist, so kann ihr die Fahrerlaubnis dauernd oder für bestimmte Zeit durch die für ihren Wohnort zuständige höhere Verwaltungsbehörde entzogen werden; nach der Entziehung ist der Führerschein der Behörde abzuliefern. Die Entziehung der Fahrerlaubnis ist für das ganze Reich wirksam. Im Falle der Entziehung der Fahrerlaubnis für bestimmte Zeit kann deren Wiedererteilung von der nochmaligen Ablegung einer Prüfung oder der Erfüllung sonstiger Bedingungen abhängig gemacht werden.

Personen, die nur während eines vorübergehenden Aufenthalts in dem Gebiete des Deutschen Reichs ein Kraftfahrzeug führen, kann aus Gründen, die nach Abs. 1 die Entziehung der Fahrerlaubnis rechtfertigen, die Führung des Kraftfahrzeugs durch Verfügung der zuständigen höheren Verwaltungsbehörde jederzeit untersagt werden. Die Untersagung ist für das ganze Reich wirksam.

G. Ausnahmen.

§ 30. Die höhere Verwaltungsbehörde kann für ihren Verwaltungsbezirk, in jedem Falle unter Vorbehalt des Widerrufs, für Lastkraftfahrzeuge auf Antrag des Eigentümers von der Vorschrift des § 3 Abs. 2 Befreiung gewähren. Sie hat in jedem Einzelfalle Bestimmungen über die zulässigen Geschwindigkeiten, den Verkehrsbereich und die Verkehrswege zu treffen und diese Bestimmungen in die Zulassungsbescheinigung einzutragen.

Die höchstzulässige Fahrgeschwindigkeit beträgt bei Verwendung nicht elastischer Bereifung

a) bei Lastkraftfahrzeugen mit einem Gesamtgewichte bis zu 5,5 Tonnen außerhalb geschlossener Ortsteile 15, innerhalb geschlossener Ortsteile 12 Kilometer in der Stunde;

b) bei Lastkraftfahrzeugen mit einem Gesamtgewichte von mehr als 5,5 Tonnen außerhalb geschlossener Ortsteile 12, innerhalb geschlossener Ortsteile 8 Kilometer in der Stunde.

Die Fahrgeschwindigkeit kann auf ein geringeres Maß festgesetzt werden.

Durch Vereinbarungen mit einer benachbarten Behörde kann der Verkehrsbereich auch auf deren Bezirk ausgedehnt werden.

Die Vorschriften im Abs. 1 bis 4 finden auf Anhängewagen hinsichtlich der Befreiung von der Vorschrift im § 25 Abs. 1 Nr. 2 mit der Maßgabe entsprechende Anwendung, daß von einem Lastkraftfahrzeuge nur ein mit nichtelastischer Bereifung versehener Anhängewagen mitgeführt werden darf und daß die zulässige Höchstgeschwindigkeit außerhalb geschlossener Ortsteile 12 Kilometer und innerhalb geschlossener Ortsteile 8 Kilometer in der Stunde beträgt.

§ 31. Als vorläufig zum Verkehr auf öffentlichen Wegen und Plätzen zugelassen gelten Kraftfahrzeuge während der durch den amtlich anerkannten Sachverständigen vorzunehmenden technischen Prüfung. Die Vorschrift im § 15 über die Mitführung der Zulassungsbescheinigung findet in diesen Fällen keine Anwendung.

Während der Prüfungsfahrten haben die Kraftfahrzeuge ein besonderes Kennzeichen (Probefahrtkennzeichen) zu führen, auf das die Bestimmungen im § 8 mit der Maßgabe Anwendung finden, daß die Erkennungsnummer aus einer Null (0) mit einer oder mehreren nachfolgenden Ziffern besteht, daß das Kennzeichen in roter Balkenschrift auf weißem, rotgerandetem Grunde herzustellen ist und daß von der festen Anbringung der Kennzeichen abgesehen werden kann. Derartige, mit dem Dienststempel der höheren Verwaltungsbehörde versehene Kennzeichen sind den amtlich anerkannten Sachverständigen (§ 5) zur Verwendung bei diesen Prüfungsfahrten zur Verfügung zu stellen.

§ 32. Von der Verpflichtung zur Führung des Kennzeichens (§ 7) sind befreit:

1. die Kraftfahrzeuge der Feuerwehren im Dienste,
2. die zu Zwecken der öffentlichen Straßenreinigung dienenden Kraftfahrzeuge.

§ 33. Von der Verpflichtung zur Führung eines gestempelten Kennzeichens sind befreit Kraftfahrzeuge, die auf der Fahrt zur Polizeibehörde zwecks Vorführung des Fahrzeugs und Abstempelung des

Kennzeichens (§§ 6 und 9) öffentliche Wege und Plätze benutzen müssen. Als Ersatz für die fehlende Zulassungsbescheinigung und gleichzeitig als Ausweis für diese Fahrt dient die schriftliche Aufforderung der Polizeibehörde, das Fahrzeug vorzuführen.

§ 34. Soll ein Kraftfahrzeug zu Probefahrten auf öffentlichen Wegen oder Plätzen in Betrieb genommen werden, so hat der Eigentümer bei der für seinen Wohnort zuständigen höheren Verwaltungsbehörde die Zulassung nach §§ 5 und 6 zu bewirken. Ist die Notwendigkeit der Probefahrten nachgewiesen, so erhält der Antragsteller an Stelle der Zulassungsbescheinigung nach § 6 Abs. 2 eine besondere Zulassungsbescheinigung nach einem besonderen vom Reichsverkehrsminister vorgeschriebenen Muster mit kürzester Befristung je nach Lage des Falles und ein Kennzeichen nach § 31 Abs. 2. Für die Abstempelung gilt § 9 sinngemäß.

Kraftfahrzeugfabriken, Zweigniederlassungen von Kraftfahrzeugfabriken, Kraftfahrzeughändler und solche Gewerbebetriebe, die Zubehör- oder Bestandteile von Kraftfahrzeugen liefern oder Kraftfahrzeuge instandsetzen, erhalten, wenn sie zuverlässig sind, auf Antrag widerruflich im voraus ohne Vorlage eines Sachverständigengutachtens oder einer Ausfertigung der Typenbescheinigung (§ 5 Abs. 2 u. 3) eine dem Umfang ihres Geschäftsbetriebs entsprechende Zahl von der höheren Verwaltungsbehörde vollzogener Zulassungsbescheinigungen nach vom Reichsverkehrsminister vorgeschriebenem Muster, in die sie selbst die Beschreibung des Fahrzeugs einzutragen haben, und eine entsprechende Anzahl Kennzeichen nach § 31 Abs. 2, die entweder für Kraftfahrzeuge jeder Art oder nur für Krafträder gelten, zu wiederkehrender Verwendung bei den einzelnen Kraftfahrzeugen; die Kennzeichen sind der Polizeibehörde zur Abstempelung vorzulegen; eine Vorführung des Fahrzeugs bei der Polizeibehörde (§ 9) ist nicht erforderlich. Für eine von einer Kraftfahrzeugfabrik auf Grund einer Typenbescheinigung gleichzeitig fertiggestellte Gruppe von Fahrzeugen kann auch eine gemeinsame Zulassungsbescheinigung nach Satz 1 ausgestellt werden, in die außer der Bezeichnung der Gattung die Fahrgestellnummern aller zu der Gruppe gehörenden Fahrzeuge einzutragen sind. Die Vorschriften des Satzes 1 gelten von Betrieben des Reichs und der Länder mit der Maßgabe, das von der Feststellung, ob die im Satze 1 enthaltenen besonderen Voraussetzungen vorliegen, abzusehen ist.

Bei Probefahrten zur Prüfung der Verkehrssicherheit eines Fahrzeugs ist besonders vorsichtig zu fahren (§ 18 Abs. 1); für solche Fahrten kann die höhere Verwaltungsbehörde bestimmte Wege vorschreiben. Wird eine Probefahrt über die Grenze des Reichsgebiets ausgedehnt, so sind Kennzeichen und Zulassungsbescheinigung vor Verlassen des Reichs dem deutschen Grenzzollamt abzuliefern. Bei Entziehung der Probefahrtkennzeichen durch die zuständige Verwaltungsbehörde oder bei Ablauf der in der Zulassungsbescheinigung vermerkten Frist sind Kennzeichen und alle erteilten Zulassungsbescheinigungen der Polizeibehörde unverzüglich abzuliefern. Unterbleibt die Ablieferung, so sind Kennzeichen und Zulassungsbescheinigungen einzuziehen; das Kennzeichen ist nach Vernichtung des Dienststempels in augenfälliger Weise unkenntlich zu machen, sofern es nicht amtlich ausgegeben ist.

Bei Verkauf eines Fahrzeugs ist die Ausstellung der Zulassungsbescheinigung und die Zuteilung des nunmehr endgültig zu führenden Kennzeichens unverzüglich bei der zuständigen höheren Verwaltungsbehörde (§ 5 Abs. 1) zu beantragen. War für das Fahrzeug eine Zulassungsbescheinigung nach Abs. 1 ausgestellt, so ist diese dem Antrag beizufügen; die höhere Verwaltungsbehörde sendet nach Zulassung des Fahrzeugs die Bescheinigung an die Behörde zurück, die sie ausgestellt hat. Dem Antrag auf endgültige Zulassung eines Fahrzeugs, für das eine Zulassungsbescheinigung nach Abs. 2 ausgestellt war, ist das Gutachten eines Sachverständigen oder die Ausfertigung der Typenbescheinigung (§ 5 Abs. 2 und 3) beizufügen.

Über die nach Abs. 2 ausgestellten Zulassungsbescheinigungen hat der Empfänger eine Liste mit Beschreibung der einzelnen Fahrzeuge und Angabe über den Verbleib der Zulassungsbescheinigungen zu führen; er hat diese nach Beendigung der Probefahrten, spätestens ein Jahr nach ihrer Ausstellung, unmittelbar der Behörde, die sie ausgestellt hat, abzuliefern; dies gilt auch für Zulassungsbescheinigungen nach Abs. 1, wenn sie nicht an andere höhere Verwaltungsbehörden eingereicht sind.

Über alle Probefahrten ist eine Liste zu führen, in die jede einzelne Benutzung eines Probefahrtkennzeichens unter genauer Bezeichnung des Wagens (Fabrikat, Fabriknummer des Fahrgestells und Motors) und Angabe des Führers, der Insassen, der Zeit der Abfahrt und Rückkehr, der Fahrstrecke und des Zweckes der Probefahrt einzutragen ist.

Die nach Abs. 5 und 6 zu führenden Listen sind den zuständigen Beamten auf Verlangen vorzuzeigen.

Bei Fahrzeugen, die auf Grund einer Zulassungsbescheinigung nach Abs. 2 mit einem vorläufigen Aufbau zu Probefahrten benutzt werden, darf auf dem Fabrikschild die Angabe des Eigengewichts (§ 4 Abs. 5) fehlen und auf der Zulassungsbescheinigung als Eigengewicht des betriebsfertigen Fahrzeugs das betriebsfertige Eigengewicht des Fahrgestells und als zulässige Belastung die Tragfähigkeit des Fahrgestells angegeben werden.

Die höhere Verwaltungsbehörde hat über die ausgegebenen Probefahrtkennzeichen eine Liste zu führen. Die Liste muß erkennen lassen, ob das einzelne Kennzeichen für Kraftfahrzeuge jeder Art oder nur für Krafträder gilt. Geht ein Probefahrtkennzeichen verloren, so hat die höhere Verwaltungsbehörde dem Empfangsberechtigten ein Probefahrtkennzeichen mit einer anderen Erkennungsnummer zuzuteilen; die bisherige Erkennungsnummer darf erst nach Ablauf von drei Jahren erneut ausgegeben werden.

Überführungsfahrten stehen den Probefahrten im Sinne vorstehender Vorschriften gleich. Als

Überführungsfahrten gelten Fahrten, die bei Eigentumswechsel oder Wechsel des Wohnorts des Eigentümers lediglich der Verbringung des Fahrzeugs an den neuen Einstellungsort dienen. Bei Verkauf eines Fahrzeugs ins Ausland steht die Verbringung des Fahrzeugs an einen Grenzort der Verbringung an den neuen Einstellungsort gleich.

§ 35. Auf die Kraftfahrzeuge der Wehrmacht, der Reichspost und der staatlichen Polizei finden die Bestimmungen dieser Verordnung mit der Maßgabe Anwendung, daß die Fahrzeuge Warnungszeichen auch mit anderen als den im § 19 Abs. 3 genannten Signalinstrumenten abgeben dürfen und daß eine jederzeitige Untersuchung der Fahrzeuge der Wehrmacht und der Reichspost und die Ausschließung dieser Fahrzeuge durch die höhere Verwaltungsbehörde (§ 28) nicht zulässig ist.

Die Kraftfahrzeuge der Reichspost brauchen außerdem nicht mit einer Huppe zum Abgeben von Warnungszeichen (§ 4 Abs. 1 Nr. 4) versehen zu sein. Die für die Fuhrwerke der Reichspost nach Reichs- oder Landesgesetzen bestehenden Sonderrechte gelten auch für die Kraftfahrzeuge der Reichspost.

§ 36. Für die Erteilung der Erlaubnis zum Führen von Kraftfahrzeugen der Wehrmacht, der Reichspost und der staatlichen Polizei sowie für die Entziehung dieser Erlaubnis gelten die besonderen Vorschriften unter Ziffer VII der im § 14 Abs. 4 näher bezeichneten Anweisung.

§ 37. Kraftfahrzeuge der Feuerwehren im Dienste brauchen nicht mit einer Huppe zum Abgeben von Warnungszeichen versehen zu sein (§ 4 Abs. 1 Nr. 4) und dürfen Warnungszeichen auch mit anderen als den im § 19 Abs. 3 genannten Signalinstrumenten abgeben. Sie unterliegen nicht den Vorschriften über die einzuhaltende Fahrgeschwindigkeit (§ 18) und sind befreit von den Vorschriften über das Ausweichen, Anhalten und Vorbeifahren in den im § 21 Abs. 2 und 3 genannten Fällen; das gleiche gilt für im Dienste befindliche Kraftfahrzeuge der Wehrmacht und der staatlichen Polizei, wenn Gefahr im Verzug ist.

H. Schluß- und Übergangsbestimmungen.

§ 38. Welche Behörden unter der Bezeichnung „Polizeibehörde" und „höhere Verwaltungsbehörde" zu verstehen sind, bestimmt die oberste Landesbehörde.

Reichswehr- und Reichspostminister bestimmen je für ihren Dienstbereich die Dienststellen, welche die der höheren Verwaltungsbehörde zugewiesenen Befugnisse ausüben,

a) bei Prüfung, Zulassung und Kennzeichnung ihrer Kraftfahrzeuge, bei Entscheidung darüber, ob Anhängewagen mit Bremse und Bergstütze versehen sein müssen, bei Zulassung des Mitführens von Anhängeachsen zur Personenbeförderung und bei Erteilung der Erlaubnis zur Verwendung einer nicht elastischen Bereifung bei Anhängewagen, die für tierischen Zug eingerichtet sind (§ 5 Abs. 1 und 2, §§ 6 und 25 Abs. 3 und Abs. 4 Satz 4, § 30

Abs. 5, §§ 31 und 34 Abs. 1, 4 und 9, ferner § 34 Abs. 2 für ihre reichseigenen Betriebe);

b) bei Prüfung ihrer Kraftfahrzeugführer sowie Erteilung und Entziehung der Fahrerlaubnis (§§ 14, 29 Abs. 1 und Anlage);

c) bei Anerkennung von Angehörigen ihres Dienstbereichs als Sachverständige (§ 5 Abs. 2 und Anlage Ziffer II).

Die Mitwirkung der Polizeibehörde nach § 6 Abs. 2 Satz 2, §§ 9, 12, 33 und 34 unterbleibt in diesen Fällen, die in der Anlage vorgesehene braucht nicht stattzufinden.

Der Reichsverkehrsminister setzt mit Zustimmung des Reichsrats die Anforderungen fest, denen die von den höheren Verwaltungsbehörden anzuerkennenden Sachverständigen und die der Wehrmacht und Reichspost genügen müssen.

§ 39. Der Reichsverkehrsminister setzt die Gebühren fest, die den amtlich anerkannten Sachverständigen für die Prüfung von Kraftfahrzeugen (§ 5 Abs. 2 und 3) und Kraftfahrzeugführern (§ 14 Abs. 4) zustehen; er hat davon dem Reichsrat unverzüglich Kenntnis zu geben; erhebt der Reichsrat innerhalb eines Monats Widerspruch, so hat der Reichsverkehrsminister diese Gebühren aufzuheben und die bisherigen wieder in Kraft zu setzen.

Anlage.

§ 14 Abs. 4.

Anweisung über die Prüfung der Führer von Kraftfahrzeugen.

I. Die Erlaubnis zum Führen eines Kraftfahrzeugs erteilt die für den Wohnort der betreffenden

Person oder für den Ort, wo sie den Fahrdienst erlernt hat, zuständige höhere Verwaltungsbehörde. Der Antrag auf Erteilung der Erlaubnis ist an die zuständige Ortspolizeibehörde zu richten. Dem Antrag ist beizufügen:

1. ein Geburtsschein,
2. ein Zeugnis eines beamteten Arztes darüber, daß der Antragsteller keine körperlichen Mängel hat, die seine Fähigkeit beeinträchtigen können, ein Kraftfahrzeug sicher zu führen, insbesondere keine Mängel hinsichtlich des Seh- und Hörvermögens; dieses Zeugnis fällt bei Anträgen auf Erteilung der Erlaubnis zum Führen eines Kraftrads fort,
3. ein Lichtbild (Brustbild 6 × 8 Zentimeter groß, unaufgezogen), das auf der Rückseite mit der eigenhändigen Unterschrift des Antragstellers und des beamteten Arztes, dem Datum der Untersuchung und dem Dienststempel des Arztes versehen sein muß; Unterschrift des beamteten Arztes, Datum der Untersuchung und Dienststempel fallen bei Anträgen auf Erteilung der Erlaubnis zum Führen eines Kraftrads fort,
4. ein Nachweis darüber, daß er den Fahrdienst bei einer durch die zuständige höhere Verwaltungsbehörde zur Ausbildung von Führern ermächtigten Person oder Stelle (Fahrschule, Kraftfahrzeugfabrik) erlernt hat. Aus dem Nachweis muß die Dauer der praktischen Ausbildung im Fahren ersichtlich sein.

Die Ortspolizeibehörde hat zu prüfen, ob gegen den Antragsteller Tatsachen vorliegen (z. B. schwere Eigentumsvergehen, Neigung zum Trunke oder zu Ausschreitungen, insbesondere zu Roheitsvergehen), die ihn als ungeeignet zum Führen eines Kraftfahrzeugs erscheinen lassen; nach Vornahme der Prüfung legt sie unter Mitteilung des Ergebnisses den Antrag mit seinen Anlagen der höheren Verwaltungsbehörde vor. Diese stellt zunächst durch Anfrage bei der für das Deutsche Reich bestehenden Sammelstelle für Nachrichten über Führer von Kraftfahrzeugen (Polizeipräsidium in Berlin) fest, was etwa über den Antragsteller dort bekannt ist. Ergeben die Feststellungen, daß er ungeeignet zum Führen eines Kraftfahrzeugs ist, so ist ihm die Erlaubnis zu versagen. Andernfalls übersendet die höhere Verwaltungsbehörde den Antrag nebst Anlagen dem amtlich anerkannten Sachverständigen (Ziffer II) zur Vornahme der Prüfung des Antragstellers über seine Befähigung zum Führen eines Kraftfahrzeugs. Der Antragsteller ist hiervon in Kenntnis zu setzen.

Für Reichs- oder Staatsbeamte, die als Führer von Kraftfahrzeugen verwendet werden sollen, kann der Antrag auf Erteilung der Erlaubnis zum Führen eines Kraftfahrzeugs von der vorgesetzten Behörde bei der Ortspolizeibehörde gestellt werden. Der Antrag muß die erforderlichen Angaben über den Personenstand des Prüflings enthalten und von den unter Nr. 2 bis 4 bezeichneten Anlagen begleitet sein. Von einer Feststellung, ob gegen den Prüfling Tatsachen vorliegen, die ihn als ungeeignet zum

Führen eines Kraftfahrzeugs erscheinen lassen, hat die Ortspolizeibehörde in solchen Fällen abzusehen.

II. Die Prüfungen erfolgen bei den durch die höheren Verwaltungsbehörden amtlich anerkannten Sachverständigen.

Die Sachverständigen bestimmen den Zeitpunkt für die Prüfung.

Der Prüfling hat ein Kraftfahrzeug der Betriebsart und Klasse, für dessen Führung er den Nachweis der Befähigung erbringen will, für die Prüfung bereitzustellen. Das Fahrzeug muß, wenn die Witterungs- und Wegeverhältnisse dies notwendig erscheinen lassen, mit einem oder mehreren Gleitschutzreifen versehen sein.

III. Die Prüfung ist auf den Nachweis der Befähigung zum Führen bestimmter Betriebsarten und Klassen von Kraftfahrzeugen zu richten. Sie kann abgelegt werden für Kraftfahrzeuge mit Antrieb

durch Elektromotoren,
durch Verbrennungsmaschinen,
durch Dampfmaschinen,
durch sonstige Motoren,

und zwar:

1. für Krafträder,
2. für Kraftwagen mit einem betriebsfertigen Eigengewichte von mehr als 2,5 Tonnen,
3. für Kraftwagen mit einem betriebsfertigen Eigengewichte bis zu 2,5 Tonnen
   a) bis zu 8 PS (Nutzleistung nach der Steuerformel berechnet),

b) über 8 PS (Nutzleistung nach der Steuerformel berechnet).

Personen, die für eine Betriebsart und Klasse von Fahrzeugen den Nachweis der Befähigung erbracht haben, können die Erlaubnis zum Führen von Fahrzeugen einer anderen Betriebsart oder Klasse nur auf Grund einer besonderen Prüfung für diese Betriebsart und Klasse erhalten; jedoch schließt der Nachweis der Befähigung zum Führen eines Fahrzeugs der Klasse 3b den der Befähigung für die gleiche Betriebsart der Klasse 3a ein; auch kann eine Fahrerlaubnis für Fahrzeuge der Klasse 3b auf Fahrzeuge gleicher Betriebsart der Klasse 2 ohne besondere Prüfung ausgedehnt werden, wenn der Besitzer der Fahrerlaubnis nachweist, daß er Fahrzeuge der Klasse 3b ein Jahr lang geführt hat. Anträgen auf Erweiterung von Kraftradführerscheinen ist ein ärztliches Zeugnis beizufügen; dieses muß auch eine Erklärung darüber enthalten, daß dem beamteten Arzte die untersuchte Person bekannt ist oder daß er sich durch das Lichtbild des Führerscheins von ihrer Nämlichkeit überzeugt hat.

IV. Die Prüfung zerfällt in einen mündlichen und einen praktischen Teil.

1. Die mündliche Prüfung erstreckt sich auf

a) allgemeine Kenntnis der Hauptteile des vorgeführten Fahrzeugs, genaue Kenntnis der für die Beurteilung seiner Verkehrssicherheit in Betracht kommenden Teile (Lenkvorrichtung, Bremsen, Geschwindigkeitswechsel, Rücklauf und Radbereifung);

b) Verhalten in besonderen Fällen (z. B. bei Schleudern des Wagens, bei Feuersgefahr am Fahrzeug, Wassermangel bei Dampferzeugern);

c) Beurteilung der Verkehrssicherheit des Fahrzeugs vor Antritt der Fahrt;

d) Kenntnis der für den Führer eines Kraftfahrzeugs maßgebenden gesetzlichen und polizeilichen Vorschriften.

2. Die praktische Prüfung umfaßt:

a) Feststellung der Wirksamkeit der Bremsen und Lenkvorrichtungen, Ingangsetzen des Motors nach vorheriger Prüfung der Zündvorrichtungen und einfache Fahrübungen auf kurzer Strecke (z. B. Einhaltung einer gegebenen Fahrtrichtung, Ausweichen vor angedeuteten Hindernissen, schnelles Halten mit Benutzung der verschiedenen Bremsen, Rückwärtsfahren, Wenden mit und ohne Benutzung der Rückwärtsfahrt);

b) Probefahrt auf freier Strecke in mäßigem Verkehre mit Begegnen und Überholen von Fuhrwerken, Ausfahrt aus einem Grundstück, Einbiegen in Straßen, Anwendung des Warnungszeichens, Wechsel der Geschwindigkeit (wenn möglich auch in Steigungen und im Gefälle) unter Benutzung der verschiedenen zu Gebote stehenden Hilfsmittel, Handhabung der Bremsen unter verschiedenen Verhältnissen;

c) abschließende Prüfung in freier Fahrt, auch durch belebtere Verkehrsstraßen, in mindestens einstündiger Dauerfahrt unter Benutzung aller am Prüfungsort und in seiner näheren Umgebung zu Gebote stehenden Geländeverhältnisse.

Für die Führung von Krafträdern ist die Prüfung der Bauart des Fahrzeugs entsprechend zu gestalten. Nach dem Ermessen des Sachverständigen kann dabei die Dauer der unter 2c vorgeschriebenen freien Fahrt eingeschränkt werden.

Zur mündlichen Prüfung können mehrere Prüflinge gleichzeitig zugelassen werden. Der praktischen Prüfung für Kraftwagen ist jeder Prüfling einzeln zu unterziehen.

Die praktische Prüfung ist erst vorzunehmen, wenn der Prüfling die mündliche Prüfung bestanden hat. Zu der Prüfung gemäß 2c darf der Prüfling nur zugelassen werden, wenn er bei der Prüfung nach 2b volle Sicherheit, Ruhe und Gewandtheit gezeigt hat.

Bei den Fahrprüfungen für Kraftwagen (vgl. 2b und c) muß der prüfende Sachverständige auf dem Wagen Platz nehmen*). Er hat bei der Fahrt von Anweisungen soweit irgend möglich abzusehen und sein Augenmerk besonders darauf zu richten, ob der Prüfling die nötige Ruhe und Geistesgegenwart, einen sicheren Blick und Verständnis für die

*) Bei Kraftfahrzeugen, die keinen geeigneten Platz bieten, darf von der Befolgung dieser Vorschrift abgesehen werden, sofern der Sachverständige sich auf andere Weise, z. B. durch Begleiten mit einem anderen Kraftfahrzeuge, von den Fähigkeiten Überzeugung verschaffen kann.

Bedürfnisse des öffentlichen Verkehrs besitzt, sowie ob er Entfernungen richtig abzuschätzen, die Gelände- und Verkehrsverhältnisse besonders beim Wechsel der Geschwindigkeit zu berücksichtigen und zu benutzen, die Bremsen richtig zu handhaben und Geräusch- und Geruchbelästigung nach Möglichkeit zu vermeiden versteht.

Wenn der Prüfling bereits im Besitze der Fahrerlaubnis für eine bestimmte Betriebsart und Klasse von Fahrzeugen ist und die Ausdehnung der Fahrerlaubnis auf eine andere Betriebsart oder Klasse wünscht, kann die mündliche und praktische Prüfung nach dem Ermessen des Sachverständigen abgekürzt werden.

V. Bei der Abnahme der Prüfungen ist besonderes Gewicht auf die Fahrprüfungen zu legen; wenn der Prüfling bei diesen Unkenntnis oder Unsicherheit zeigt, ist die Prüfung abzubrechen. Die Prüfung ist nur dann als bestanden anzusehen, wenn der Prüfling in allen Gegenständen genügende Sachkenntnis bewiesen hat.

Über die zur Prüfung zugelassenen Personen und über das Ergebnis der Prüfung haben die amtlich anerkannten Sachverständigen ein Verzeichnis unter fortlaufender Nummer zu führen.

Nach Abschluß der Prüfung haben die Sachverständigen unter Rücksendung des Antrags und seiner Anlagen umgehend der höheren Verwaltungsbehörde über das Ergebnis zu berichten; hierbei ist die Nummer anzugeben, unter der die Eintragung in das Verzeichnis erfolgt ist.

Ist die Prüfung bestanden, so ist insbesondere anzugeben, für welche Betriebsart und Klasse von Fahrzeugen der Prüfling sie abgelegt hat.

VI. Ergibt der Bericht des Sachverständigen, daß der Antragsteller die Prüfung nicht bestanden hat, so ist die nachgesuchte Erlaubnis zum Führen eines Kraftfahrzeugs von der höheren Verwaltungsbehörde zu versagen. Auf Antrag des Prüflings kann jedoch die höhere Verwaltungsbehörde ihre Entscheidung einstweilen aussetzen und die Zulassung zur Wiederholung der Prüfung bei demselben Sachverständigen in Aussicht stellen; die Wiederholung ist hierbei von dem Nachweis abhängig zu machen, daß der Prüfling in der Zwischenzeit weiteren gründlichen Unterricht genossen hat. Die Wiederzulassung darf keinesfalls vor Ablauf von vier Wochen erfolgen. Wenn sich ergeben hat, daß dem Prüfling die nötige Vorsicht, Ruhe und Geistesgegenwart fehlt, kann ausdrücklich eine längere Frist festgesetzt werden. Macht der Prüfling von der Wiederzulassung zur Prüfung innerhalb der von der höheren Verwaltungsbehörde festgesetzten Frist keinen Gebrauch, so ist ihm die Fahrerlaubnis zu versagen.

Ergibt der Bericht des Sachverständigen, daß der Antragsteller die Prüfung bestanden hat, so erteilt die höhere Verwaltungsbehörde dem Prüfling den Führerschein für die betreffende Betriebsart und Klasse von Fahrzeugen, sofern nicht besondere Gründe, die nicht bereits vor der Erteilung des Auftrags zur Vornahme der Prüfung gewürdigt worden sind, zur Versagung der beantragten Erlaubnis führen müssen. In Ausnahmefällen kann die höhere Verwaltungsbehörde einen Führerschein auch für die Führung eines einzelnen bestimmten Kraftfahrzeugs ausstellen, insbesondere wenn ein Kriegsverletzter ein Fahrzeug führen will, das der Körperbeschaffenheit durch besondere Einrichtungen angepaßt ist oder das er mit Hilfe eines Ersatzglieds sicher führen kann. In diesen Fällen sind Kennzeichen, Firma, die das Fahrgestell hergestellt hat, und Fabriknummer des Fahrgestells im Führerschein anzugeben.

Über die von ihr ausgestellten Führerscheine hat die höhere Verwaltungsbehörde eine Liste zu führen; die Nummer der Liste ist in dem Führerschein anzugeben.

Von jedem Falle der Versagung der Erlaubnis, der Aussetzung der Entscheidung oder der Erteilung eines Führerscheins hat die höhere Verwaltungsbehörde umgehend der Sammelstelle in Berlin Mitteilung zu machen. Das gleiche gilt in den Fällen des § 29 der Verordnung. In den Fällen der Versagung, Entziehung und Untersagung sind die Gründe kurz mitzuteilen.

VII. Für die Erteilung der Erlaubnis zum Führen von Kraftfahrzeugen der Wehrmacht und der Reichspost und für die Entziehung dieser Erlaubnis gilt folgendes:

Die Abhaltung der Führerprüfung sowie die Ausstellung des Führerscheins erfolgt durch die gemäß § 38 Abs. 2 der Verordnung bestimmten Dienststellen nach den Bestimmungen unter Ziffer I bis VI. Dabei kann bei Angehörigen der Wehrmacht der

Geburtsschein (Ziffer I Abs. 1 Nr. 1) durch einen Stammrollenauszug ersetzt, von der Vorlage des Zeugnisses eines beamteten Arztes (Ziffer I Abs. 1 Nr. 2) abgesehen und das Lichtbild (Ziffer I Abs. 1 Nr. 3) nach der Prüfung vorgelegt werden. Die Vorschriften über die Beteiligung der Sammelstelle für Nachrichten über Führer von Kraftfahrzeugen (Ziffer I Abs. 2 und Ziffer VI Abs. 4) finden Anwendung. Die Erlaubnis beschränkt sich nicht auf die Führung von Kraftfahrzeugen der betreffenden Verwaltung; sie gilt nur für die Dauer des Dienstverhältnisses; dies ist auf dem Führerscheine zu vermerken. Bei Beendigung des Dienstverhältnisses wird der Schein eingezogen; auf Antrag ist dem Inhaber eine Bescheinigung zu erteilen, für welche Betriebsart und Klasse von Kraftfahrzeugen ihm die Erlaubnis erteilt war.

Wünscht ein früherer Inhaber eines von der Wehrmacht oder der Reichspost erteilten Führerscheins nach seinem Ausscheiden aus dem Dienstverhältnis einen Führerschein nach Ziffer VI für diejenige Betriebsart und Klasse von Fahrzeugen, zu deren Führung er nach der Bescheinigung (Abs. 2) berechtigt war, ohne nochmalige Ablegung einer Prüfung über seine Befähigung zum Führen eines Kraftfahrzeugs zu erhalten, so hat er einen Antrag unter Vorlegung dieser Bescheinigung, des ärztlichen Zeugnisses und des Lichtbilds (Ziffer I) innerhalb eines halben Jahres nach Beendigung seines Dienstverhältnisses bei der Ortspolizeibehörde seines Wohnsitzes oder Entlassungsorts zu stellen. Im übrigen regelt sich das Verfahren nach Ziffer I und VI.

Abs. 2 Satz 4 und 5 sowie Abs. 3 gelten auch für Führerscheine, die von einer als höhere Verwaltungsbehörde anerkannten Dienststelle der staatlichen Polizei erteilt sind.

5.

Vorbemerkung: Die zu Nr. 4 des Nachtrags abgedruckte Verordnung vom 15./3. 23 ist neuerdings durch die Verordnung vom 18./4. 24 wieder abgeändert worden.

Verordnung über Kraftfahrzeugverkehr.

Vom 18. April 1924 (RGBl. I S. 413).

Auf Grund der §§ 6 und 27 des Gesetzes über den Verkehr mit Kraftfahrzeugen vom 3. Mai 1909 (Reichsgesetzbl. S. 437) in der Fassung des Gesetzes vom 21. Juli 1923 (Reichsgesetzbl. I S. 743) wird die Verordnung über Kraftfahrzeugverkehr vom 15. März 1923 (Reichsgesetzbl. I S. 175) nach Zustimmung des Reichsrats in folgenden Punkten geändert:

1. Vor „A. Allgemeine Vorschriften“ wird als Überschrift eingeschaltet:
   Erster Abschn. Kraftfahrzeuge im allgemeinen.
2. Im § 2 Abs. 3 fallen im Satze 1 das Wort „Kleinkrafträder,“ und der Satz 2 fort.
3. Im § 8 wird zwischen Abs. 4 und 5 folgender neuer Abs. 5 eingeschaltet:

   Bei Kraftwagen, deren nach der Steuerformel berechnete Nutzleistung drei Pferdestärken nicht übersteigt, und bei Kraftdreirädern können das vordere und hintere Kennzeichen (Abs. 2 und 3) auch mit den im Abs. 4 angegebenen Abmessungen ausgeführt werden mit der Maßgabe, daß die Höhe der Tafel ausschließlich des Randes bei zweizeiligen hinteren Kennzeichen 156 Millimeter betragen soll.

4. § 14 Abs. 1 Satz 1 wird hinter einem Strichpunkt wie folgt ergänzt:

dies gilt nicht für ausschließlich im inländischen Verkehre benutzte elektrisch angetriebene Kraftfahrzeuge, deren nach der Steuerformel berechnete Nutzleistung 1 Pferdestärke nicht übersteigt.

5. Im § 14 Abs. 2 wird hinter „Krafträdern" eingefügt:

„und elektrisch angetriebenen Kraftfahrzeugen im Sinne des Abs. 1 Satz 1".

6. Als § 33a wird folgende Bestimmung eingefügt:

§ 33a.

Zugmaschinen ohne Güterladeraum, deren betriebsfertiges Eigengewicht 2,5 Tonnen und deren Höchstgeschwindigkeit auf ebener Strecke 8 Kilometer in der Stunde nicht übersteigen, sind von den Vorschriften über die Gummibereifung (§ 3 Abs. 2), die Huppe (§ 4 Abs. 1 Nr. 4), den Rückwärtsgang (§ 4 Abs. 3) und die Kennzeichen (§§ 7 und 8), die Führer solcher Maschinen von der Vorschrift über den Führerschein (§ 14 Abs. 1) befreit.

Zugmaschinen ohne Güterladeraum, deren betriebsfertiges Eigengewicht mehr als 2,5 Tonnen aber nicht mehr als 5 Tonnen beträgt, und deren Höchstgeschwindigkeit auf ebener Strecke 8 Kilometer in der Stunde nicht übersteigt, sind von den Vorschriften über die Huppe (§ 4 Abs. 1 Nr. 4) und die Kennzeichen (§§ 7 und 8) befreit.

7. § 34 Abs. 10 Satz 1 wird durch folgenden Wortlaut ersetzt:

Als Probefahrten im Sinne vorstehender Vorschriften gelten Fahrten zur Feststellung oder zum Nachweis der Gebrauchsfähigkeit von Kraftfahrzeugen, von Kraftfahrzeugbestand- oder Kraftfahrzeugzubehörteilen, wenn sie durch die Absicht der Erprobung veranlaßt sind und ihr in der Hauptsache dienen. Eine Probefahrt liegt dann nicht vor, wenn das Fahrzeug einem Kaufliebhaber gegen eine Vergütung für die Benutzung des Fahrzeugs — abgesehen von dem Ersatze der durch die Fahrt verursachten baren Auslagen für Betriebsstoffe — überlassen wird. Als Probefahrten sind ferner solche Fahrten nicht anzusehen, die mit Reklame-, Probe- oder Vorführungswagen veranstaltet werden und darauf abzielen, der Öffentlichkeit allgemein die zum Verkaufe gestellten Fahrzeuge vorzuführen, um erst die Kauflust anzuregen. Überführungsfahrten stehen den Probefahrten gleich.

8. Hinter § 39 wird hinzugefügt:

Zweiter Abschnitt. Kleinkrafträder.

§ 40.

Als Kleinkrafträder im Sinne des § 27 des Gesetzes über den Verkehr mit Kraftfahrzeugen vom $\frac{\text{3. Mai 1909}}{\text{21. Juli 1923}}$ und dieser Vorschriften gelten Krafträder (§ 1), deren nach der Steuerformel berechnete Nutzleistung bei einem Außendurchmesser der Radreifen von mehr als 40 Zentimeter $^3/_4$ Pferdestärke, bei kleinerem Außendurchmesser 1 Pferdestärke nicht übersteigt. Die Berechnung der Nutzleistung erfolgt nach den für die Berechnung der Nutzleistung von Kraftfahrzeugen im allgemeinen geltenden Vorschriften; Überschreitungen der angegebenen Pferdestärkezahlen um 0,02 Pferdestärke bleiben unberücksichtigt. Als Außendurchmesser der Radreifen gilt die Höhe des ganzen Rades einschließlich Bereifung, bei Luftbereifung in aufgepumptem Zustand.

§ 41.

Für Kleinkrafträder, die nur innerhalb des Deutschen Reichs verwendet werden sollen, und ihre Führer gelten sinngemäß die Vorschriften des § 2 Abs. 1 und 2, § 3, § 4 Abs. 1, 2, 4 und 7, §§ 16 bis 24, 26, 28, 35, 37 bis 39 des ersten Abschnitts dieser Verordnung mit folgenden Änderungen und Ergänzungen:

1. An einer sichtbaren Stelle der Antriebsmaschine oder des Fahrgestells muß die

Firma, von der die Antriebsmaschine hergestellt ist, ihre Fabriknummer und die Anzahl ihrer Pferdestärken sowie die nach der Steuerformel berechnete Nutzleistung angegeben sein. Die Angabe muß auf ein durch Nieten befestigtes Schild eingeschlagen oder eingeätzt sein; bei Verbrennungsmaschinen muß die Fabriknummer außerdem auf das Kurbelgehäuse eingeschlagen sein.

2. Personen unter 16 Jahren ist das Führen von Kleinkrafträdern nicht gestattet. Die höhere Verwaltungsbehörde kann auf Antrag Ausnahmen genehmigen; sie stellt darüber besondere Ausweise aus.

3. Der Führer eines Kleinkraftrades hat eine Bescheinigung eines amtlich anerkannten Sachverständigen mit sich zu führen, woraus die Fabriknummer der Antriebsmaschine, die Anzahl der Pferdestärken und die nach der Steuerformel berechnete Nutzleistung, bei Verbrennungsmaschinen auch Zahl der Zylinder, Durchmesser der Zylinder, Kolbenhub und Art der Maschine (Viertakt- oder Zweitaktmaschine), ersichtlich sind und worin vermerkt ist, daß es sich hiernach um ein Kleinkraftrad im Sinne dieser Verordnung handelt. Diese Bescheinigung kann ersetzt werden durch die Bescheinigung einer Firma, die von der zuständigen höheren Verwaltungsbehörde ermächtigt worden ist, Bescheinigungen im Sinne des Satzes 1 auszustellen. Die

höhere Verwaltungsbehörde kann eine solche Ermächtigung einer zuverlässigen, ins Handelsregister eingetragenen Firma, deren Sitz sich im Bezirke der Behörde befindet, auf schriftlichen Antrag widerruflich erteilen, wenn entweder die Herstellung von Antriebsmaschinen oder der Handel mit Antriebsmaschinen ausländischer Herstellung zum Geschäftsbetriebe der Firma gehört; im letzteren Falle muß die Firma nachweisen, daß sie zum alleinigen Vertriebe von Antriebsmaschinen der betreffenden Gattung im Deutschen Reiche berechtigt ist. Jeder von einer Firma ausgestellten Bescheinigung muß ein Abdruck der von der höheren Verwaltungsbehörde erteilten Ermächtigung beigefügt sein. Über die ausgestellten Bescheinigungen hat die Firma ein Verzeichnis zu führen und auf Verlangen den zuständigen Beamten vorzulegen. Im Falle des Widerrufs verliert die Ermächtigung ihre Gültigkeit. Die höhere Verwaltungsbehörde hat von jedem Falle der Erteilung oder des Widerrufs einer Ermächtigung der Sammelstelle für Nachrichten über Führer von Kraftfahrzeugen (Polizeipräsidium in Berlin) Kenntnis zu geben. Die Sammelstelle erteilt Behörden Auskunft darüber, ob eine Firma im Besitze der Ermächtigung ist.

4. Für technische Prüfungen von Kleinkrafträdern durch Polizeibehörden (§ 28 Abs. 1)

oder amtlich anerkannte Sachverständige gilt die Anweisung über die Prüfung von Kraftfahrzeugen (§ 5 Abs. 4) entsprechend.

§ 42.

Für Kleinkrafträder, die zum internationalen Verkehre zugelassen werden sollen (Abschnitt B der Verordnung über den internationalen Verkehr mit Kraftfahrzeugen vom 21. April 1910, Reichsgesetzbl. S. 640) und ihre Führer gelten die Vorschriften des ersten Abschnitts dieser Verordnung mit Ausnahme des § 5 Abs. 3.

Berlin, den 18. April 1924.

Der Reichsverkehrsminister
Oeser.

6.

Bekanntmachung des Reichsverkehrsministers über Kraftfahrzeugverkehr vom 15. März 1923, nebst Anweisung über die Prüfung von Kraftfahrzeugen.

(RMinBl. 1923 S. 229.)

Auf Grund des § 5 Abs. 4, § 6 Abs. 2, § 8 Abs. 1 und 5, § 14 Abs. 3, § 34 Abs. 1 und 2; § 38 Abs. 4 und § 39 der Verordnung über Kraftfahrzeugverkehr vom 15. März 1923 (Reichsgesetzbl. I S. 175) ordne ich, hinsichtlich der Nr. 4 mit Zustimmung des Reichsrats, folgendes an:

1. Für die Prüfungen nach § 5 Abs. 2 und 3 gilt beiliegende „Anweisung über die Prüfung von Kraftfahrzeugen".
2. Für die im § 6 Abs. 2, § 8 Abs. 2, 3 und 4, § 14 Abs. 3 und § 34 Abs. 1 und 2 vorgeschriebenen Listen, Zulassungsbescheinigungen, Kennzeichen und Führerscheine gelten folgende beiliegende Muster*):
   a) für die Listen nach § 6 Abs. 2 das Muster 1,
   b) für die Zulassungsbescheinigungen nach § 6 Abs. 2 das Muster 2,
   c) für die Kennzeichen nach § 8 Abs. 2, 3 und 4 die Muster 3 bis 6,
   d) für die Führerscheine nach § 14 Abs. 3 das Muster 7,
   e) für die Zulassungsbescheinigungen nach § 34 Abs. 1 das Muster 8,
   f) für die Zulassungsbescheinigungen nach § 34 Abs. 2 das Muster 9.
3. Für die Verteilung der Kennzeichen innerhalb des Reichsgebiets (§ 8 Abs. 1) gilt beiliegender „Plan für die Kennzeichnung der Kraftfahrzeuge".
4. Für die Anerkennung der Sachverständigen (§ 38 Abs. 4) gelten beiliegende „Anforderungen an die Sachverständigen für die Prüfung von Kraftfahrzeugen und Kraftfahrzeugführern".
5. Für die Prüfung von Kraftfahrzeugen und

*) Hier sind nur die Muster 3—6 auf S. 85 wiedergegeben.

Kraftfahrzeugführern durch die amtlich anerkannten Sachverständigen (§ 39) gilt beiliegende Gebührenordnung.

Nachdem meine Bekanntmachung über Prüfungsgebühren im Kraftfahrzeugverkehre vom 1. März 1923 (Reichsministerialbl. S. 215) durch Artikel VI Abs. 1 Abschnitt b der Verordnung über Änderungen der Regelung des Kraftfahrzeugverkehrs vom 15. März 1923 (Reichsgesetzbl. I S. 169) hinfällig geworden ist, setze ich nunmehr auf Grund des Artikels V daselbst die Gebühren, die den Sachverständigen für die Prüfung von Fahrlehrern, Lehrwagen und Lehrmitteln nach Ziffer X der Anlage zur Verordnung, betreffend die Ausbildung von Kraftfahrzeugführern, vom 1. März 1921 (Reichsgesetzbl. S. 212) zustehen, auf das Einhundertfünfzigfache der ursprünglichen Sätze fest.

Diese Bekanntmachung tritt zugleich mit der Verordnung über Änderungen der Regelung des Kraftfahrzeugverkehrs vom 15. März 1923 (Reichsgesetzbl. I S. 169) in Kraft.

Berlin, den 15. März 1923.

Der Reichsverkehrsminister.
Groener.

Anlage I.

Anweisung über die Prüfung von Kraftfahrzeugen.

I. Allgemeine Bestimmungen.

1. Bei der Beurteilung der Verkehrssicherheit eines Kraftfahrzeugs kommen nur die Teile in Betracht, deren Versagen an dem in Bewegung

befindlichen Fahrzeug eine Gefahr für den öffentlichen Verkehr in sich schließt, nämlich Einrichtungen für Lenken, Bremsen, Verhinderung unbeabsichtigter Rückwärtsbewegung, Rückwärtsgang und Radkonstruktion. Diese Einrichtungen müssen unter allen Umständen so beschaffen sein, daß ihr Versagen bei sachgemäßer Unterhaltung und Bedienung nicht zu befürchten ist. Einrichtungen, deren Versagen nur den Antrieb des Fahrzeugs stört oder unmöglich macht (Störungen an der Maschine oder am Motor, an der Kuppelung und dergleichen), kommen für die Prüfung nicht in Betracht.

2. Die Wahl der Materialien bleibt dem Fabrikanten unter eigener Verantwortlichkeit überlassen, jedoch müssen Vorderachsen, Lenkhebel und Lenkgestänge aus gezogenem oder geschmiedetem Material hergestellt werden. Die gewählten Abmessungen sind nur dann zu beanstanden, wenn sich bei der Prüfung bleibende Formveränderungen bemerkbar machen.

II. Feuers- und Explosionsgefahr.

1. Zur Vermeidung von Feuers- und Explosionsgefahr bei Fahrzeugen mit elektrischem Antrieb sind die unter Ziffer XI besonders angegebenen Vorschriften für elektrisch betriebene Fahrzeuge zu beachten.

2. Bei Dampffahrzeugen muß die Kesselanlage, soweit dafür nicht von der zuständigen Behörde Ausnahmen zugelassen sind, den allgemeinen polizeilichen Bestimmungen über die Anordnung von Landdampfkesseln entsprechen. Ferner ist bei Ver-

wendung fester Brennstoffe darauf zu achten, daß der Funkenauswurf verhindert wird. Endlich muß die Feuerstelle von allen brennbaren Teilen des Fahrzeugs genügend isoliert und der Aschenkasten so gebaut und angeordnet sein, daß keine glühenden Aschenteile herausfallen können.

3. Bei Fahrzeugen mit Verbrennungsmaschine sind zur Vermeidung von Feuers- und Explosionsgefahr folgende Vorschriften zu befolgen:

a) Behälter, die zur Aufnahme flüssigen Brennstoffs dienen, sind aus zähem, gegen Rost geschütztem Material herzustellen; Nähte müssen, sofern sie nicht durch Nietung und Lötung, Hartlötung oder Schweißung hergestellt sind, doppelt gefalzt und gelötet sein. Die Behälter sind mit einem hydraulischen Überdruck von 0,3 Atmosphären auf Dichthalten zu prüfen; ihr Einbau in die Fahrzeuge ist so auszuführen, daß sie möglichst gegen Stoß geschützt sind; der tiefste Punkt der Behälter und ihrer Armatur muß auch bei voll belastetem Fahrzeug mindestens 15 Zentimeter über dem Boden liegen. Das Füllrohr ist durch ein auswechselbares feinmaschiges Drahtnetz gegen das Hindurchschlagen von Flammen zu sichern. Geschweißte Behälter müssen mit mindestens einem Schmelzpfropfen oder Sicherheitsventile versehen sein. Alle Armaturteile müssen mit dem Behälter außer durch Lötung noch durch Nieten oder Schrauben verbunden sein. An dem tiefsten Punkte des Behälters ist eine Ablaßvorrichtung anzubringen, so daß eine völlige Entleerung erfolgen kann. An Vorrichtungen zur Anzeige des Flüssigkeitsstandes muß mindestens der untere Anschluß an den Behälter absperrbar sein. Erfolgt die Zuführung des Brennstoffs durch den Druck der Auspuffgase, so ist ein Reduzierventil mit vorgeschaltetem Siebe in die Druckgasleitung einzubauen. Bei Behältern von weniger als 15 Liter Inhalt brauchen die Nähte bei Weichlötung nicht doppelt gefalzt zu sein, auch genügt für die Verbindung der Armaturteile mit dem Behälter einfache Lötung ohne Nieten und Schrauben.

b) Die Zuflußrohrleitung zur Maschine ist sorgfältig zu befestigen und so zu verlegen, daß ein Ausgleich von Längenänderungen möglich ist. Die Verbindung einzelner Rohrstücke ist durch eine über beide Rohrenden geschraubte und verlötete Muffe oder durch eine Verschraubungsart mit metallischen Dichtungsflächen (Kegelnippel, Kugelnippel, gestauchte Rohrenden) herzustellen. In gleicher Weise ist die Befestigung der Rohre mit den Absperrvorrichtungen und Armaturteilen auszuführen, falls sie nicht hart eingelötet sind. Flanschverbindungen mit Stoffpackung sind unzulässig. Alle mit der Benzinleitung verlöteten Nippel müssen hart gelötet sein, während an den Brennstoffbehältern und ihren Armaturteilen, wenn die Lötung nur den Zweck hat, abzudichten, Weichlötung zulässig ist. In der Zuflußrohrleitung zur Maschine ist in der Nähe des Brennstoffbehälters eine Absperrvorrichtung einzuschalten; dieselbe muß von außen leicht zugänglich sein; bei Brennstofförderung durch Druckgase und Steigrohr genügt eine Einrichtung zum schnellen Ablassen des Druckes. Brennstoffleitung, Vergaser und Schwimmergehäuse sind so anzuordnen, daß etwa austretender Brennstoff nicht auf das Auspuffrohr, den Stromverteiler oder Magnetapparat tropfen kann; der aus dem Schwimmergehäuse und Vergaser etwa austretende Brennstoff ist unmittelbar ins Freie zu leiten.

c) Werden unterhalb des Wagens Schutzbleche angebracht, so muß die Beseitigung der sich in ihnen ansammelnden brennbaren Stoffe leicht möglich sein.

d) Die elektrischen Zündleitungen sind zu isolieren und so zu verlegen, daß Kurzschluß ausgeschlossen ist. Hochspannungsleitungen sind besonders sorgfältig zu verlegen. Glührohrzündung ist verboten.

III. Vermeidung von üblem Geruch, Rauch und Geräusch.

Die Verbrennung der Gase in der Maschine muß so vollkommen und die Ölzufuhr so eingerichtet sein, daß, abgesehen vom Anfahren nach längerem Stillstand, ein belästigender Rauch nicht entwickelt wird. Tauchschmierung ist zulässig, wenn eine Einrichtung zur Regelung des Ölstandes im Kurbelgehäuse vorhanden ist. Die Abführung der Verbrennungsgase bei Explosionsmaschinen und des Dampfes bei Dampfmaschinen hat unter Anwendung ausreichender schalldämpfender Mittel zu geschehen. Dampfkessel, die nicht mit Brennstoffen geheizt werden, die rauchlos verbrennen, sind mit ausreichenden, rauchverhütenden Feuerungseinrichtungen zu versehen.

IV. Lenkvorrichtung.

1. Der Drehungswinkel der Lenkspindel soll der Geschwindigkeit des Fahrzeugs entsprechend möglichst gering sein.

2. Die Lenkvorrichtung muß so beschaffen sein, daß zu ihrer Bewegung und Festhaltung ein möglichst geringer Kraftaufwand ausreicht. Einfache Hebellenkvorrichtungen (auch Zahnstangenlenker und unmittelbar an einer Lenkspindel befestigte Hebel) sind bei dreirädrigen Fahrzeugen mit einem vorderen Lenkrad bis zu einem Gewichte des betriebsfertigen Wagens von 1000 Kilogramm, bei anderen Fahrzeugen bis zu einem Gewichte von 350 Kilogramm zuzulassen. Bei Fahrzeugen mit höheren Gewichten müssen Lenkvorrichtungen mit Zwischenübersetzung (Schnecke, Schraube oder dergleichen) verwendet werden, die keinesfalls erheblich unter der Grenze der Selbsthemmung liegen. Das Gehäuse der Lenkvorrichtung muß fest gelagert sein. Die Anordnung und Lage der von dem Lenkhebel zu den Lenkschenkeln führenden Schubstange muß derart sein, daß bei Durchfederung

des Wagens kein unzulässiges Flattern der Vorderräder eintritt. Bei Schubstangen mit Stoßfängern müssen ausreichende Sicherungen dagegen vorhanden sein, daß ein Kugelzapfen aus der Stange herausspringt. Bei Verwendung von Kugelzapfen, insbesondere wenn sie hängend angebracht sind, muß dafür gesorgt werden, daß die Schubstange bei Verschleiß der Kugelpfannen oder Kugelzapfen nicht zu Boden fällt. Alle Bolzen des Lenkgestänges sind mit Kronenmutter und Splint oder gleichwertig gesicherten Muttern zu versehen. Außerhalb der Drehachse des Achsschenkels müssen alle Lenkungsteile, auch etwa mit denselben verbundene andere Organe (Elektromotoren), sofern sie nicht unmittelbar in das Rad eingebaut sind, mit ihrem tiefsten Punkte mindestens 15 Zentimeter über der Standfläche liegen und leicht zugänglich sein. Es darf also das hintere Gelenk der Schubstange nicht etwa durch ein vom Rahmen zum Trittbrett geführtes festes Blech oder dergleichen der Beobachtung entzogen werden; Lederkappen oder dergleichen zum Schutze der Gelenke sind zulässig.

V. Bremseinrichtungen.

1. Die Beurteilung der Bremswirkung muß dem sachverständigen Urteil des Prüfers überlassen bleiben *).

---

*) Die Angabe eines bestimmten Bremswegs für eine bestimmte Fahrgeschwindigkeit empfiehlt sich nicht wegen der Schwierigkeit der genauen Bestimmung der Fahrgeschwindigkeit,

2. Drahtseile für den Bremsausgleich müssen an den Biegungen über einen Radius von mindestens zehnfachem Seildurchmesser geführt werden. Bremse oder Gestänge müssen nachstellbar eingerichtet sein. Die Nachstellvorrichtung muß leicht zugänglich sein. Bremsvorrichtungen sind nur dann als voneinander unabhängig zu betrachten, wenn sie nicht von einem Gestänge abhängen. Bremsen sind durch Hand- oder Fußhebel zu betätigen; bei Fahrzeugen mit einem Eigengewichte von mehr als sechs Tonnen und bei Anhängewagen sind Spindelbremsen zulässig. Getriebebremsen müssen an einer solchen Stelle angebracht sein, daß sie auch bei Ausschaltung des Vorgeleges nicht unwirksam werden.

VI. Bergstützen usw.

Bergstützen müssen vom Führersitz aus bedient werden. Bergstützen sind in der Längsachse des Fahrzeugs oder symmetrisch zu ihr anzubringen und gegen Überklettern zu sichern.

VII. Steuerformeln.

1. Bei Angabe der Steuerleistung ist die Nutzleistung des Fahrzeugs maßgebend. Die Berechnung erfolgt bei Viertakt-Verbrennungsmaschinen gewöhnlicher Bauart nach der Formel $L = 0{,}3 \cdot i \cdot d^2 \cdot s$, bei Zweitakt-Verbrennungsmaschinen gewöhnlicher

---

ferner wegen der Abhängigkeit von der Bodenbeschaffenheit, von der Art der Radbereifung, der Belastung und Gewichtsverteilung der Fahrzeuge.

Bauart nach der Formel $L = 0{,}45 \cdot i \cdot d^2 \cdot s$, worin L die Leistung in Pferdestärken, i die Zahl der Zylinder, d den Durchmesser der Zylinder in Zentimeter, s den Kolbenhub in Meter bedeutet.

2. Für Elektromobile ist die Nutzleistung neuer Fahrzeuge durch eine zweistündige Dauerbelastung des Motors im Versuchsraum zu ermitteln, wobei die nach den „Regeln für die Bewertung und Prüfung von elektrischen Maschinen" des Verbandes deutscher Elektrotechniker ermittelte Temperaturzunahme der Wickelungen die im § 39 daselbst angegebenen Grenzen weder überschreiten noch um mehr als $1/3$ unterschreiten darf. Von der hiernach ermittelten, dem Motor in Watt zugeführten Leistung sind bei Radnabenmotoren 10 v. H., bei Motoren mit Vorgelege 30 v. H. in Abzug zu bringen, so daß sich die anzugebende Nutzleistung des Wagens berechnet: zu $L \text{ in PS} = n \cdot \eta \, \frac{\text{Leistung in Watt,}}{736}$ worin n die Zahl der Motoren, η den den obigen Abzügen entsprechenden Wirkungsgrad bedeuten, also 0,9 beziehungsweise 0,7.

3. Bei bereits im Gebrauche befindlichen Elektromobilen sind in der Regel die bisherigen Angaben, bei ausländischen Fahrzeugen die des Heimatszertifikats maßgebend. Im Zweifelsfall ist die Nutzleistung jedes Motors zu 2,5 PS anzunehmen.

4. Für Dampfmaschinen wird mit Rücksicht auf die Verschiedenheit der Ausführungsformen und Dampfspannungen von der Festsetzung einer Formel Abstand genommen, desgleichen für Verbrennungs-

maschinen ungewöhnlicher Bauart, z. B. solche mit gegenläufigen Kolben. Der Prüfer hat bei solchen Fahrzeugen nach sachverständigem Ermessen die Leistung zu bestimmen. Falls ein Bremszeugnis über die Normalleistung des Motors vorliegt, sind für Getriebeverluste 25 v. H. in Abzug zu bringen; der so berechnete Wert ist als Nutzleistung des Fahrzeugs zu bezeichnen.

VIII. Eigengewicht.

Als Eigengewicht gilt das Gewicht des betriebsfertigen Fahrzeugs mit gefüllten Betriebsstoffbehältern, bei elektrisch angetriebenen Fahrzeugen mit Akkumulatorenbatterie; Aufbauten, Signalinstrumente, Beleuchtungseinrichtungen und etwa vorhandene Windschutzscheiben, Kotflügel und Trittbretter sind mitzuwägen. Bei der Nachprüfung des Eigengewichts des Fahrzeugs sind Abweichungen von den Angaben auf dem Schilde des Fahrzeugs insoweit zulässig, als sie durch die Mitführung der Vorräte an Betriebsstoffen (Benzin, Öl, Karbid, Kühlwasser usw.) bedingt werden. Die Nachprüfung hat durch Wägung des ganzen Fahrzeugs zu erfolgen.

IX. Typenprüfung.

1. Für die Typenprüfung kommen nicht die Aufbauten (Karosserie), sondern nur das Fahrgestell in Betracht. Die Prüfung der Huppe und der Laternen fällt fort.

2. Bei Anträgen auf Typenprüfung ist dem zuständigen amtlich anerkannten Sachverständigen von dem Fabrikanten oder Händler in je dreifacher Aus-

fertigung eine Beschreibung, eine schematische Zeichnung des Fahrgestells mit dem in Betracht kommenden Motor und Triebwerk, Bremsen und Lenkvorrichtung vorzulegen. In der Beschreibung sind anzugeben:

a) Firma, die das Fahrgestell herstellt,
b) Art des Fahrzeugs (Kraftwagen oder Kraftrad), Bestimmung des Fahrzeugs und Kennwort oder Unterscheidungszeichen für den Typ,
c) Art der Kraftquelle,
d) Bauart der Maschine oder des Motors (Viertakt oder Zweitakt, Verbundwirkung oder einfache Wirkung, Hauptschluß oder Nebenschluß usw.),
e) Angaben für die Berechnung der Maschinen- oder Motorleistung (Zylinderzahl, Bohrung, Kolbenhub, Volt, Ampère),
f) Angaben über Bauart und Größe des Dampferzeugers, Kesseldruck, Akkumulatorenbatterie,
g) Art der Kraftübertragung (Gelenkwelle, Kette, Reibradgetriebe usw.),
h) Bauart und Übersetzung der Lenkvorrichtung,
i) Art und Zahl der Bremsen, Hauptabmessungen und Übersetzungsverhältnis,
k) Einrichtungen zur Verhinderung der unbeabsichtigten Rückwärtsbewegung auf Steigungen,
l) betriebsfertiges Eigengewicht des Fahrgestells,
m) Tragfähigkeit des Fahrgestells in Kilogramm,
n) Leistung der Maschine oder des Motors,

o) für Krafträder, Personenkraftwagen mit Ausnahme der Kraftomnibusse und für Lastkraftwagen bis 2,5 Tonnen Eigengewicht außerdem Leistung des Fahrzeugs an den Triebrädern, berechnet nach der Steuerformel.

3. Der Sachverständige hat zu prüfen, ob die Beschreibung und die Zeichnungen, soweit sie Eigenschaften des Typs betreffen (vergleiche 2b bis k), mit der Ausführung übereinstimmen*), und nach praktischer Erprobung eines Fahrzeugs des Typs die mit Prüfungsvermerk versehene Zeichnung und Beschreibung der zuständigen höheren Verwaltungsbehörde mit einer Bescheinigung darüber vorzulegen, daß der Typ den polizeilichen Anforderungen entspricht. Wird dem Antrag auf Erteilung einer Typenbescheinigung entsprochen, so erlangt die Fabrik oder der Händler auf Grund dieser Bescheinigung die Genehmigung, Fahrzeuge, die mit diesem Typ übereinstimmen, mit eigener Bescheinigung in den Verkehr zu bringen. Mit der Bescheinigung der höheren Verwaltungsbehörde wird ein Stück der geprüften Zeichnung und Beschreibung durch Schnur und Siegel verbunden. Eine Abschrift der Bescheinigung ist mit einem Stücke der Beschreibung und Zeichnung dem zuständigen Sachverständigen von der genehmigenden Behörde zu übersenden.

4. In den von den höheren Verwaltungsbehörden zu erteilenden Typenbescheinigungen sind die oben erwähnten Angaben der Beschreibung und eine

*) Bohrung und Kolbenhub müssen bei Typenprüfungen nachgemessen werden.

schematische Zeichnung des Fahrgestells als für den Typ maßgebend festzulegen.

5. Änderungen der vorstehenden, für die Typenbescheinigung maßgebenden Verhältnisse (vergleiche 2b bis k) bedingen eine erneute Anzeige bei dem Sachverständigen und Prüfung. Der Sachverständige hat entweder eine Ergänzung der Typenbescheinigung zu bewirken oder den Antragsteller zur Einreichung der für die neue Typenprüfung erforderlichen Unterlagen zu veranlassen.

6. Wünscht ein Fabrikant oder Händler in ein Fahrgestell bestimmter Bauart Maschinen verschiedener Stärke einzubauen, so muß bei der Typenprüfung das Fahrgestell mit der stärksten vorkommenden Maschine vorgeführt werden. Auf Grund dieser Prüfung ist alsdann der Sachverständige berechtigt, auch für das gleiche Fahrgestell mit schwächeren Maschinen Typenzeugnisse auszustellen.

7. Bei Meinungsverschiedenheiten zwischen den Fabriken und Händlern und den Sachverständigen über die Einwirkung von Abänderungen auf die Typengenehmigung entscheidet die zuständige höhere Verwaltungsbehörde.

X. Ausführung der technischen Prüfung der Fahrzeuge.

1. Der Sachverständige hat sich zunächst am stillstehenden Fahrzeug davon zu überzeugen, ob es den vorstehenden Ausführungsbestimmungen entspricht. Bei Typenprüfungen hat der Sachverständige das Recht, in der Fabrik die für die Beurteilung der Verkehrssicherheit des Fahrzeugs wichtigen Teile auseinander nehmen zu lassen und zu untersuchen,

sofern nicht gleiche Teile vorgelegt werden können; er hat festzustellen, ob die Ausführung des Fahrzeugs, soweit die unter Ziffer IX 2b bis k angegebenen Eigenschaften des Typs in Frage kommen, mit den Zeichnungen und Beschreibungen übereinstimmt. Bei den Prüfungen am stehenden Fahrzeug ist zum Beispiel festzustellen, ob die Steuersäule fest gelagert ist, ob in den Ausgleichgelenken des Steuergestänges nicht zu viel Spiel ist, ob die Räder unbehindert ausschlagen, ob die Bremshebel genügend leicht gehen, ob in allen kraftschlüssigen Verbindungen des Bremsgestänges nicht zu viel Spiel vorhanden ist, ob die Bremse richtig eingestellt ist und gleichmäßig anliegt, ob die Nachstellvorrichtungen leicht zugänglich sind, ob die Griffe zur Bedienung der Maschine usw. so angebracht sind, daß der Führer sie leicht und ohne Verwechselungsgefahr handhaben kann, ob Benzinbehälter und Rohrleitung den Vorschriften entsprechen, usw.

2. Bei allen Prüfungen muß eine Probefahrt stattfinden; für die Erprobung der Bremsen ist es von größter Wichtigkeit, daß das Fahrzeug bei der Probefahrt möglichst voll beladen ist; Typenprüfungen sind stets mit voller Nutzlast oder einer dem größten Karosseriegewicht einschließlich der höchstzulässigen Personenzahl entsprechenden Belastung vorzunehmen. Die Prüfung hat so lange zu dauern, bis der Sachverständige die volle Überzeugung von der Verkehrssicherheit des Fahrzeugs bei verschiedenen Geschwindigkeiten gewinnt. Die Versuche werden sich im wesentlichen auf die Lenkung, die

Wirksamkeit der Bremsen, die Verhinderung der unbeabsichtigten Rückwärtsbewegung in Steigungen und die Fähigkeit der Rückwärtsbewegung des Fahrzeugs erstrecken; außerdem ist die Geräusch- und Geruchlosigkeit festzustellen. Vorrichtungen zur Verhinderung unbeabsichtigter Rückwärtsbewegung auf Steigungen müssen sowohl bei beladenem wie bei unbeladenem Fahrzeug erprobt werden. Es sind geeignete, möglichst wenig verkehrsreiche Straßen und Wege, die Gelegenheit bieten, das Fahrzeug auch in Steigungen und Gefällstrecken sowie in Kurven zu erproben, für die Probefahrt auszuwählen. Bei den Versuchen ist die erforderliche Vorsicht zur Vermeidung von Unfällen und Beschädigungen des Fahrzeugs anzuwenden. Die Prüfung von Krafträdern ist in der Weise vorzunehmen, daß der Fahrer mit dem Rade nach Anweisung des Sachverständigen bei verschiedenen Geschwindigkeiten diejenigen Übungen ausführt, die geeignet erscheinen, die Lenkbarkeit und Bremssicherheit darzutun.

3. Bei Kraftwagen hat der Sachverständige, nachdem er durch einige Vorversuche die Überzeugung von der Verkehrssicherheit des Fahrzeugs erlangt hat, der Prüfung auf dem Fahrzeug selbst beizuwohnen*) und dem Führer, der die Berechtigung zum Fahren besitzen und sich bei schnellfahrenden

*) Bei Kraftfahrzeugen, die keinen geeigneten Platz bieten, darf von der Befolgung dieser Vorschrift abgesehen werden, sofern der Sachverständige sich auf andere Weise die Überzeugung von der Verkehrssicherheit des Fahrzeugs verschaffen kann.

Wagen über längere Fahrpraxis ausweisen muß, die erforderlichen Anweisungen zu geben. Nach der Probefahrt hat sich der Sachverständige davon zu überzeugen, daß keine dauernden Formveränderungen oder andere Veränderungen an Konstruktionsteilen eingetreten sind, die die Verkehrssicherheit gefährden könnten.

4. Bei Typenprüfungen sind nach befriedigendem Verlauf aller Prüfungen die dem Sachverständigen übergebenen Zeichnungen und Beschreibungen mit Prüfungsvermerk zu versehen.

XI. Vorschriften für elektrisch betriebene Kraftfahrzeuge.

1. Elektrische Maschinen.

Die elektrischen Maschinen sind so anzuordnen, daß etwaige im Betrieb auftretende Feuererscheinungen keine Entzündung von brennbaren Stoffen hervorrufen können. In unmittelbarer Nähe der elektrischen Maschinen dürfen keine Rohrleitungen für brennbare Flüssigkeiten liegen.

2. Akkumulatoren.

Akkumulatorenzellen elektrischer Fahrzeuge können auf Holz aufgestellt werden, wobei eine einmalige Isolierung durch nicht Feuchtigkeit anziehende Zwischenlagen ausreicht. Soweit nur unterwiesenes Personal in Betracht kommt, braucht die Möglichkeit, daß eine Person Teile verschiedener Spannungen gleichzeitig berührt, nicht ausgeschlossen zu sein. Die Akkumulatoren dürfen den Fahrgästen nicht zugänglich sein. Es ist für ausreichende Lüftung zu sorgen. Für nicht Feuchtigkeit anziehende Zwischenlagen gilt auch ein zweimaliger Lackanstrich des Holzes mit einem säurebeständigen Lack.

Zelluloid ist zur Verwendung als Kästen und außerhalb des Elektrolyten unzulässig.

3. Leitungen.

Der Querschnitt aller Leitungen zwischen Stromquelle und Antriebsmotor ist nach der Normalstärke der vorgeschalteten Sicherung laut folgender Tabelle oder stärker zu bemessen:

Querschnitt in qmm:	Normalstärke der Sicherung in Ampère:
4	30
6	40
10	60
16	80
25	100
35	130
50	165
70	200
95	235
120	275

Drähte für Bremsstrom sind mindestens von gleicher Stärke wie die Fahrstromleitungen zu wählen.

Alle übrigen Leitungen dürfen im allgemeinen mit den in nachstehender Tabelle verzeichneten Stromstärken dauernd belastet werden:

Querschnitt in qmm:	Stromstärke in Ampère:
0,75	6
1	6

Querschnitt in qmm	Stromstärke in Ampère:
1,5	10
2,5	15
4	20
6	25
10	35
16	60
25	80
35	100
50	125
70	160
95	190
120	225
150	260

Blanke Leitungen sind zulässig, wenn sie sicher isoliert verlegt und gegen Berührung geschützt sind.

Isolierte Leitungen in Fahrzeugen müssen so geführt werden, daß ihre Isolierung nicht durch die Wärme benachbarter Widerstände oder Heizvorrichtungen gefährdet werden kann.

Die Verbindung der Fahr- und Bremsstromleitungen mit den Apparaten ist mittels Schrauben oder durch Lötung auszuführen.

Nebeneinander laufende isolierte Fahrstromleitungen müssen entweder zu Mehrfachleitungen mit einer gemeinsamen wasserdichten Schutzhülle zusammengefaßt werden derart, daß ein Verschieben und Reiben der Einzelleitungen vermieden wird (dabei ist die Isolierhülle an den Austrittsstellen von Leitungen gegen Wasser abzudichten), oder die Leitungen sind getrennt zu verlegen und, wo sie

Platten, Wände oder Fußböden durchsetzen, durch Isoliermittel so zu schützen, daß sie sich an diesen Stellen nicht durchscheuern können.

In den Wagen dürfen isolierte Leitungen unmittelbar auf Holz verlegt und Holzleisten zu ihrer Verkleidung benutzt werden.

Leitungen, die einer Verbiegung oder Verdrehung ausgesetzt sind, müssen aus leicht biegsamen Seilen hergestellt und, soweit sie isoliert sind, wetterbeständig hergerichtet sein.

4. Sicherungen.

Jeder Motorwagen muß eine Hauptabschmelzsicherung oder einen selbsttätigen Ausschalter haben. Jede Leitung, die keinen Fahrstrom führt, muß besonders gesichert sein. Bei solchen benzinelektrischen Fahrzeugen, die ohne Betriebsbatterie arbeiten (Fahrzeuge mit elektrischer Kraftübertragung), sind jedoch in den Hauptleitungen keine Sicherungen erforderlich.

Vom Fahrstrom unabhängige Bremsleitungen dürfen keine Sicherungen enthalten.

5. Ausschalter.

Es muß ein vom Führersitz aus bedienbarer Haupt- (Not-) Ausschalter vorhanden sein, der das Ausschalten des Fahrstromkreises unabhängig vom Fahrschalter gestattet. Der Notausschalter kann mit dem selbsttätigen Ausschalter (vergleiche unter 4) verbunden sein.

Vom Fahrstrom unabhängige Bremsstromkreise dürfen nur im Fahrschalter abschaltbar sein.

6. Lampen.

Lampenleitungen, die aus der Betriebsstromquelle gespeist werden, müssen mit einer wasserdichten Isolierhülle (Gummiaderleitung) versehen sein.

7. Freileitungen.

Für Freileitungen gelten die vom Verbande deutscher Elektrotechniker herausgegebenen Sicherheitsvorschriften für die Freileitungen von elektrischen Straßenbahnen.

XII. Muster.

Bei Ausführung der Bestimmungen im § 5 Abs. 2, 3 der Verordnung sind folgende Muster zu verwenden:

Muster a. — Gutachten des Sachverständigen über die amtliche Prüfung eines einzelnen Kraftfahrzeugs.

Muster b. — Gutachten des Sachverständigen über die amtliche Prüfung einer Gattung von Kraftfahrzeugen (Typenprüfung).

Muster c. — Bescheinigung der höheren Verwaltungsbehörde über die Zulassung einer Gattung von Kraftfahrzeugen (Typenbescheinigung).

Muster d. — Bescheinigung der Firma bei Veräußerung eines Kraftfahrzeugs, das einer von der höheren Verwaltungsbehörde zugelassenen Gattung angehört.

Muster e. — Das von der Firma zu führende Verzeichnis über die auf Grund einer Typengenehmigung in den Verkehr gebrachten Kraftfahrzeuge.

7.
Muster 3—6 zu § 8 der Verordnung unter Nr. 4 des Nachtrags.

8.

Plan für die Kennzeichnung der Kraftfahrzeuge.

Anlage 3 (RMinBl. 1923 S. 248).

I. Reich.

1.	Wehrmacht . . .	RW
2.	Reichspost	RP

II. Länder.

1.	Preußen	Ziffer I und für die Provinzen die Buchstaben A, B, C, E, H, K, L, M, P, S, T, X, Z, mithin: IA, IB usw.
2.	Bayern	Ziffer II und Buchstaben A, B usw.
3.	Sachsen.	Die Ziffern I, II, III, IV, V
4.	Württemberg . . .	Ziffer III und Buchstaben A, B usw.
5.	Baden	IVB
6.	Thüringen	Th
7.	Hessen	Ziffer V und die Buchstaben O, R, S
8.	Hamburg	HH
9.	Mecklenb.-Schwerin	MI
10.	Oldenburg. . . .	O und die Ziffern I, II, III
11.	Braunschweig . . .	B
12	Anhalt	A
13.	Bremen	HB
14.	Lippe	L
15.	Lübeck	HL
16.	Mecklenburg-Strelitz	MII
17.	Waldeck	W
18.	Schaumburg-Lippe.	SL

9.

Verordnung, betreffend die Ausbildung von Kraftfahrzeugführern.

Vom 1. März 1921 (RGBl. S. 212).

Die Reichsregierung verordnet mit Zustimmung des Reichsrats auf Grund des § 6 des Gesetzes über den Verkehr mit Kraftfahrzeugen vom 3. Mai 1909 (Reichs-Gesetzbl. S. 437) in Verbindung mit Artikel 179 Abs. 2 der Verfassung des Deutschen Reichs vom 11. August 1919 (Reichs-Gesetzbl. S. 1383) folgendes:

§ 1. Wer Personen zu Führern auf öffentlichen Wegen oder Plätzen verkehrender Kraftfahrzeuge ausbilden will, bedarf der Erlaubnis der höheren Verwaltungsbehörde. Die Erlaubnis berechtigt zur Vornahme von Übungsfahrten im ganzen Reiche, soweit nicht andere Bestimmungen das Verkehrsgebiet des zur Ausbildung benutzten Fahrzeugs beschränken, und zur Ausstellung von Ausbildungsnachweisen für alle höheren Verwaltungsbehörden. Die Erlaubnis wird nur unter Vorbehalt des Widerrufs, nur zur Ausbildung von Kraftfahrzeugführern auf Fahrzeugen der Betriebsart und Klasse des Führerscheins des Nachsuchenden und nur zuverlässigen über 25 Jahre alten Personen erteilt, die eine umfangreiche, mindestens dreijährige vorwurfsfreie Tätigkeit als Führer nachweisen und für gewissenhafte, gründliche Ausbildung volle Gewähr bieten. Die Erlaubnis zur Ausbildung von Kraftwagenführern ist zu versagen, wenn kein Bedürfnis besteht.

Die Erlaubnis zur Ausbildung von Kraftwagenführern wird, abgesehen vom Sonderfalle der Ausbildung einer einzelnen bestimmten Person, nur erteilt

1. an Angestellte eines von einer Körperschaft des öffentlichen Rechtes betriebenen öffentlichen oder Inhaber oder Angestellte eines gewerbsmäßig betriebenen privaten Ausbildungsunternehmens,
2. an Inhaber einer zuverlässigen Kraftfahrzeugfabrik, -fabrikniederlassung oder -handlung oder eines zuverlässigen, Kraftfahrzeuge betreibenden Unternehmens oder in deren Diensten oder im Dienste einer Behörde oder Feuerwehr stehende Personen, jedoch nur für das eigene Bedürfnis (Ausbildung von Angestellten, Käufern von Wagen oder deren Angestellten).

Der Fahrlehrer hat die Erlaubnis durch eine Bescheinigung (Fahrlehrerschein) nach beiliegendem Muster (S. 89—92) nachzuweisen, den Schein bei Übungs- und Prüfungsfahrten mit sich zu führen und den zuständigen Beamten und amtlich anerkannten Sachverständigen auf Verlangen vorzuzeigen.

§ 2. Wer ein privates Ausbildungsunternehmen gewerbsmäßig betreiben will, bedarf unbeschadet der nach § 1 für jeden Fahrlehrer erforderlichen noch einer besonderen Erlaubnis der höheren Verwaltungsbehörde. Die Erlaubnis wird nur widerruflich erteilt; sie ist zu versagen, wenn kein Bedürfnis besteht. Eine höhere Verwaltungsbehörde, in deren

(1. Seite). **Muster.**

Fahrlehrerschein.

Ausgestellt für ....

....

geboren am ......ten .... 1.........

in ....

....

wohnhaft in ....

....

....

.... Straße Nr. ....

(Auf gelbem glattem Papier, Breite 10 cm, Höhe 15 cm, Typendruck).

(2. Seite).

(Nichtzutreffendes ist zu durchstreichen).

....

erhält hiermit widerruflich die Erlaubnis zur Ausbildung von Führern auf Kraftfahrzeugen

mit Verbrennungsmaschine Klasse ....

mit elektrischer Batterie Klasse ....

mit Dampfmaschine Klasse ....

Die Erlaubnis gilt nur für die Ausbildung von Führern im Dienste der

(Firma, Ausbildungsunternehmen, Behörden usw.).

....

....

Dieser Fahrlehrerschein ist bei Übungs- und Prüfungsfahrten mitzuführen; er verliert bei Entziehung des Führerscheins ohne weiteres seine Gültigkeit.

.........................., den ......ten.............................. 19 ......

....

(Name der höheren Verwaltungsbehörde).

(Stempel).

Liste Nr. ....

(3. Seite).

Eigenhändige Namensunterschrift des Inhabers.

....

(Raum für weitere amtliche Eintragungen, insbesondere für Vermerke, betreffend Ausdehnung der Erlaubnis).

(4. Seite).

Bezirk eine Körperschaft des öffentlichen Rechtes ein öffentliches Ausbildungsunternehmen betreibt, darf nur nach Anhörung der Leitung dieses Unternehmens (Vorstand, Kuratorium und dergleichen) gewerbsmäßig betriebene private Unternehmen zulassen.

§ 3. Die Erlaubnis zum gewerbsmäßigen Betrieb eines privaten Ausbildungsunternehmens (§ 2) wird von der für den Sitz des Unternehmens zuständigen höheren Verwaltungsbehörde erteilt. Entsprechendes gilt für die Erteilung der Erlaubnis zur Ausbildung von Kraftfahrzeugführern (§ 1 Abs. 1 Satz 1) mit der Maßgabe, daß im Sonderfalle der Ausbildung einer einzelnen bestimmten Person zum Kraftfahrzeugführer die höhere Verwaltungsbehörde des Wohnsitzes des Antragstellers zuständig ist.

§ 4. Im übrigen gelten für die Erteilung der Erlaubnis zur Ausbildung von Kraftfahrzeugführern und zum gewerbsmäßigen Betriebe privater Ausbildungsunternehmen sowie für die Ausbildung die Vorschriften der Anlage.

§ 5. Die höhere Verwaltungsbehörde soll die Erlaubnis zur Ausbildung von Kraftfahrzeugführern und zum gewerbsmäßigen Betriebe privater Ausbildungsunternehmen insbesondere widerrufen, wenn die Leistungen unbefriedigend sind oder sich andere erhebliche Mißstände ergeben; sie hat die Erlaubnis zu widerrufen, wenn die Voraussetzungen, die zur Erteilung geführt haben, nicht mehr erfüllt sind. Die Entziehung der Erlaubnis zum Führen von Kraftfahrzeugen auf öffentlichen Wegen oder Plätzen hat ohne weiteres den Fortfall der Erlaubnis zur Ausbildung von Kraftfahrzeugführern zur Folge; der Fahrlehrerschein ist einzuziehen; dies gilt auch im Falle des Widerrufs der Fahrlehrererlaubnis.

§ 6. Jede höhere Verwaltungsbehörde bildet, soweit nicht die Landeszentralbehörde etwas anderes bestimmt, an ihrem Sitze einen Ausschuß, der aus Vertretern der Kraftfahrzeugfabrikanten, -händler, Kraftfahrzeuge betreibenden Unternehmer, Kraftfahrzeughalter- und Berufsfahrervereinigungen und der amtlich anerkannten Sachverständigen bestehen soll. Der Ausschuß steht der höheren Verwaltungsbehörde bei Durchführung dieser Verordnung beratend zur Seite; seine Tätigkeit ist ehrenamtlich.

§ 7. Welche Behörde unter „höherer Verwaltungsbehörde" zu verstehen ist, bestimmt die Landeszentralbehörde.

§ 8. Für Erteilung und Widerruf der Erlaubnis zur Ausbildung von Kraftfahrzeugführern der Reichspostverwaltung, der Wehrmacht und der staatlichen Polizei und für ihre Ausbildung gilt Ziffer IX der Anlage.

§ 9. Die vor Inkrafttreten dieser Verordnung erteilten Fahrlehrerscheine und die Erlaubnisscheine zum gewerbsmäßigen Betriebe privater Ausbildungsunternehmen bleiben, sofern nicht ein besonderer Anlaß zur Zurücknahme vorliegt, bis zum 31. Juli 1921 gültig. Die Inhaber solcher Scheine haben jedoch, falls Fortführung der Tätigkeit über den 31. Juli 1921 beabsichtigt wird, bis zum 1. Mai 1921 die Erteilung des neuen Scheines gemäß §§ 1 bis 4 zu beantragen. Für seine Zuteilung gilt diese Verordnung mit der Maßgabe, daß vom Erfordernis des im § 1 Abs. 1 vorgesehenen Mindestalters abgesehen werden kann.

Anlage.
(Zu § 4.)

Ausbildung von Kraftfahrzeugführern.

I. Antrag auf Erteilung der Erlaubnis zur Ausbildung.

Der Antrag auf Erteilung der Erlaubnis zur Ausbildung von Kraftfahrzeugführern ist an die nach § 3 der Verordnung zuständige höhere Verwaltungsbehörde zu richten. Beizufügen sind

1. ein eigenhändig geschriebener Lebenslauf, der insbesondere Art und Dauer der Beschäftigung mit Kraftfahrzeugen angibt,
2. eine amtlich beglaubigte Abschrift des Führerscheins,
3. Nachweise über die Tätigkeit als Kraftfahrzeugführer,
4. eine Erklärung, für welche Betriebsart und Klasse von Kraftfahrzeugen die Erlaubnis beantragt wird,
5. wenn der Antragsteller im Dienste eines gewerbsmäßigen privaten Ausbildungsunternehmens, einer Kraftfahrzeugfabrik, -fabrikniederlassung oder -handlung, eines Kraftfahrzeuge betreibenden Unternehmens als Fahrlehrer tätig sein will, Befürwortung des Antrags durch den Unternehmer oder Firmeninhaber und dessen Erklärung, daß er bereit

ist, die Tätigkeit des Fahrlehrers sorgfältig zu überwachen.

Die Behörde hat die Bedürfnisfrage und ferner zu prüfen, ob die persönlichen und wirtschaftlichen Verhältnisse den Antragsteller als zum Fahrlehrer geeignet erscheinen lassen. Will der Antragsteller im Dienste einer Kraftfahrzeugfabrik, -fabrikniederlassung oder -handlung oder eines Kraftfahrzeuge betreibenden Unternehmens als Fahrlehrer tätig sein, so sind auch deren Zuverlässigkeit und wirtschaftlichen Verhältnisse zu prüfen.

Die Behörde hat ferner durch Anfrage bei der für das Deutsche Reich bestehenden Sammelstelle für Nachrichten über Kraftfahrzeugführer (Polizeipräsidium in Berlin) festzustellen, was etwa dort über den Antragsteller als Kraftfahrzeugführer oder Fahrlehrer bekannt ist.

Ergeben die Feststellungen, daß ein Bedürfnis nicht vorliegt oder der Antragsteller als Fahrlehrer ungeeignet erscheint, so ist die Erlaubnis zu versagen. Andernfalls übersendet die Behörde den Antrag nebst Anlagen dem amtlich anerkannten Sachverständigen zum Zwecke der auf Kosten des Antragstellers vorzunehmenden Prüfung über seine Befähigung zur Ausbildung von Kraftfahrzeugführern und Feststellung, ob ausreichende geeignete Lehrmittel vorhanden sind. Der Antragsteller ist hiervon zu benachrichtigen.

Wird die Erlaubnis nur zur Ausbildung von Kraftradführern beantragt, so fallen die im Abs. 2 vorgeschriebenen Prüfungen, ferner die Fahrlehrerprüfung und die Prüfung der Lehrmittel fort. War die Erlaubnis zur Ausbildung von Kraftwagenführern dem Antragsteller bereits von einer anderen höheren Verwaltungsbehörde in dem beantragten Umfang auf Grund einer durch einen amtlich anerkannten Sachverständigen vorgenommenen Fahrlehrerprüfung erteilt, so fällt eine nochmalige Fahrlehrerprüfung fort. In Fällen besonderer Art, in denen die Erlaubnis zur Ausbildung einer bestimmten Person zum Kraftwagenführer beantragt wird, kann die höhere Verwaltungsbehörde die nach Lage des Falles gerechtfertigt erscheinenden Erleichterungen gewähren. Steht in anderen Fällen die Geeignetheit des Antragstellers außer Zweifel, so kann die höhere Verwaltungsbehörde auf die Fahrl.hrerprüfung und auf die Prüfung der Lehrmittel verzichten.

Für solche Reichs-, Staats- und Gemeindebeamte und Angestellte einer Körperschaft des öffentlichen Rechtes, die als Fahrlehrer verwendet werden sollen, kann der Antrag auf Erteilung der Erlaubnis zur Ausbildung von Kraftfahrzeugführern nur von der vorgesetzten Dienststelle gestellt werden; die Prüfung der persönlichen und wirtschaftlichen Verhältnisse des Fahrlehrers sowie der Bedürfnisfrage und der Lehrmittel fällt fort.

II. Fahrlehrerprüfung.

Die Fahrlehrerprüfung erfolgt durch einen von der höheren Verwaltungsbehörde amtlich anerkannten Sachverständigen.

Der Sachverständige bestimmt den Zeitpunkt für die Prüfung. Die Prüfungsgebühr ist auf Verlangen vorauszuleisten.

Der Prüfling hat sich durch Vorlage seines Führerscheins über seine Person auszuweisen.

Die Prüfung ist auf den Nachweis der Befähigung zur Ausbildung von Führern auf Fahrzeugen bestimmter Betriebsarten und Klassen zu richten; sie umfaßt einen schriftlichen und einen mündlichen Teil und erforderlichenfalls eine Fahrprüfung. Der Prüfling hat gründliche Kenntnisse des Kraftwagenbaues und der behördlichen Vorschriften, Vertrautsein mit den örtlichen Verkehrsverhältnissen und insbesondere die Fähigkeit nachzuweisen, in leichtverständlicher Weise sachgemäße Belehrungen über die Gegenstände zu geben, deren Kenntnis in der Führerprüfung verlangt wird.

Prüfungen zwecks Ausdehnung der Ausbildungserlaubnis auf eine andere Betriebsart und Klasse können nach Ermessen des Sachverständigen abgekürzt werden; die Erlaubnis zur Ausbildung von Führern auf Fahrzeugen der Klasse 3b schließt die auf Fahrzeugen der Klasse 3a in sich.

Über die zur Prüfung zugelassenen Personen und über das Prüfungsergebnis hat der amtlich anerkannte Sachverständige ein Verzeichnis (Fahrlehrerverzeichnis) unter fortlaufender Nummer zu führen.

III. Lehrmittelprüfung.

Bei Prüfung der Lehrmittel, in die erst nach bestandener Fahrlehrerprüfung einzutreten ist, hat der Sachverständige festzustellen, ob die für den Unterricht bestimmten Fahrzeuge geeignet sind, ob Gewähr dafür besteht, daß die Auszubildenden die einzelnen Teile eines Kraftfahrzeugs auch in zerlegtem Zustand sowie die zur Instandhaltung eines Kraftfahrzeugs erforderlichen Arbeiten kennen lernen sowie daß eine für Unterrichtszwecke brauchbare Sammlung Zeichnungen und entweder genügend Einzelteile und Modelle oder eine ausreichende Instandsetzungswerkstätte vorhanden sind. Fahrzeuge ungewöhnlicher oder veralteter Bauart sind als Lehrwagen nicht zuzulassen. Im Bericht an die höhere Verwaltungsbehörde über die Prüfung der Lehrmittel hat der Sachverständige insbesondere auch Betriebsart und Klasse der für den Unterricht bestimmten Fahrzeuge und ihre polizeiliche Kennzeichnung anzugeben.

IV. Bericht des Sachverständigen.

Nach Abschluß der Prüfungen hat der Sachverständige unter Rücksendung des Antrags und seiner Anlagen unverzüglich der höheren Verwaltungsbehörde über das Ergebnis zu berichten; hierbei ist die Nummer anzugeben, unter der die Eintragung in das Verzeichnis erfolgt ist. Ist die Prüfung bestanden, so ist insbesondere anzugeben, für welche Betriebsart und Klasse von Fahrzeugen der Prüfling sie abgelegt hat.

V. Versagung und Erteilung der Erlaubnis zur Ausbildung.

Ergibt der Bericht des Sachverständigen, daß den Anforderungen nicht genügt ist, sei es, daß der Antragsteller die Prüfung nicht bestanden hat oder, daß geeignete und ausreichende Lehrmittel nicht vorhanden sind, so hat die höhere Verwaltungsbehörde die Erlaubnis zu versagen, falls nicht auf Antrag des Prüflings die Entscheidung einstweilen ausgesetzt wird; in diesem Falle kann die höhere Verwaltungsbehörde nach Ablauf einer dreimonatigen Frist den Prüfling erneut zur Prüfung zulassen und innerhalb einer weiteren besonders festzusetzenden Frist zwecks Wiederholung der Prüfung an den Sachverständigen verweisen. Macht der Prüfling von der Wiederzulassung innerhalb der festgesetzten Frist keinen Gebrauch, so ist ihm die Erlaubnis zu versagen.

Ergibt der Bericht des Sachverständigen, daß der Antragsteller die Prüfung bestanden hat und daß geeignete und ausreichende Lehrmittel vorhanden sind, so erteilt die höhere Verwaltungsbehörde den Fahrlehrerschein, falls nicht nach Erteilung des Auftrags zur Vornahme der Prüfung bekanntgewordene Gründe zur Versagung der Erlaubnis führen müssen.

Der Fahrlehrerschein ist stets auf die Ausbildung in der Führung von Fahrzeugen solcher Betriebsarten und Klassen zu beschränken, von denen Lehrfahrzeuge vorhanden sind; dies gilt nicht von der Erlaubnis zur Ausbildung von Kraftradführern. Wird in ausreichend begründet erscheinendem Ausnahmefalle die Erlaubnis nur zur Ausbildung einer bestimmten Person beantragt, so wird an Stelle des Fahrlehrerscheins eine besondere Bescheinigung ausgestellt. Eine solche kann ausnahmsweise bei dringendem Bedürfnis auch ausgestellt werden, wenn ein Schüler auf einem Fahrzeug einer Betriebsart oder Klasse ausgebildet wird, von der Lehrfahrzeuge bei dem Ausbildungsunternehmen nicht vorhanden sind; ein Gutachten eines amtlich anerkannten Sachverständigen über die Eignung des Fahrzeugs kann vorher verlangt werden; die Bescheinigung nach Satz 2 ist nach abgeschlossener Prüfung des Auszubildenden der Behörde abzuliefern. Wird die Erlaubnis zur Ausbildung von Kraftwagenführern im Dienste eines Ausbildungsunternehmens, einer Kraftfahrzeugfabrik, -fabrikniederlassung oder -handlung oder eines Kraftfahrzeuge betreibenden Unternehmens, einer Behörde oder Feuerwehr beantragt, so ist sie ausdrücklich auf die Ausbildung von Führern im Dienste der genannten Stellen und, abgesehen von Ausbildungsunternehmen des § 1 Abs. 2 Nr. 1, für deren Bedürfnisse (Ausbildung von Angestellten, Käufern von Wagen oder deren Angestellten) zu beschränken.

Über die von ihr ausgestellten Fahrlehrerscheine hat die höhere Verwaltungsbehörde ein Verzeichnis mit laufender Nummer zu führen; die Nummer ist im Fahrlehrerschein anzugeben.

Vor Erweiterung eines Fahrlehrerscheins oder Ausstellung einer zweiten Ausfertigung hat die höhere Verwaltungsbehörde durch Anfrage bei der Sammelstelle in Berlin festzustellen, was dort über den Antragsteller als Kraftfahrzeugführer oder Fahrlehrer bekannt ist. Von jeder Versagung der Erlaubnis, Aussetzung der Entscheidung, Erteilung, Erweiterung oder Ausstellung einer zweiten Ausfertigung eines Fahrlehrerscheins sowie von jedem Widerrufe hat die höhere Verwaltungsbehörde unverzüglich der Sammelstelle Mitteilung zu machen. Bei Versagung und Widerruf sind die Gründe kurz mitzuteilen.

Ausbildungsunternehmen, Kraftfahrzeugfabriken, -fabrikniederlassungen, -handlungen, Kraftfahrzeuge betreibende Unternehmen, Behörden und Feuerwehren, die behördlich zugelassene Fahrlehrer beschäftigen, haben den Dienstaustritt eines Fahrlehrers unverzüglich der höheren Verwaltungsbehörde zu melden. Diese zieht den Fahrlehrerschein ein.

VI. Erlaubnis zum gewerbsmäßigen Betrieb eines privaten Ausbildungsunternehmens.

Anträge auf Erteilung der Erlaubnis zum gewerbsmäßigen Betrieb eines privaten Unternehmens müssen enthalten:

a) die Angabe, welchen Namen es führen, in welchen Räumen es betrieben werden soll, welche Lehrfahrzeuge und sonstigen Lehrmittel vorhanden sind oder vor Aufnahme des Unterrichts noch beschafft werden sollen; eine maßstäbliche Zeichnung der Unterrichtsräume ist beizufügen;

b) den Nachweis, daß der Unternehmer die erforderlichen Geldmittel besitzt;

c) die Bezeichnung des Leiters, wenn dies nicht der Unternehmer ist;

d) den Lebenslauf des Leiters und den Nachweis seiner Befähigung;

e) den vollständigen Gebührentarif für die Ausbildung;

f) die Ausbildungsordnung.

Die Erlaubnis ist zu versagen:

1. wenn kein Bedürfnis vorliegt;
2. wenn Tatsachen für die Annahme vorliegen, daß der Unternehmer oder Leiter der Zuverlässigkeit ermangelt;
3. wenn der Leiter nicht die zur Leitung erforderlichen Fähigkeiten nachweist;
4. wenn der Unternehmer nicht die erforderlichen Geldmittel, mindestens zwei Lehrwagen*) und ausreichende sonstige Lehrmittel (vgl. Ziffer III) nachweist;
5. wenn dem Unternehmer nicht ausreichende und geeignete Räume zur Unterbringung des Unternehmens zur Verfügung stehen;
6. wenn der Unternehmer nicht nachweist, daß er für sämtliche Lehrwagen und Fahrlehrer unter Hinweis auf die Eigenart des Ausbildungsbetriebs eine ausreichende Haftpflichtversicherung bis zur Höhe der Höchstbeträge abgeschlossen hat, die in den jeweils geltenden gesetzlichen Bestimmungen, zur Zeit im § 12 des Gesetzes vom 3. Mai 1909, für die Haftpflicht aus einem beim Betrieb eines Kraftfahrzeugs entstandenen Schaden festgesetzt

*) Solange der Kraftfahrzeugverkehr aus wirtschaftlichen Gründen gesetzlich eingeschränkt ist, kann die höhere Verwaltungsbehörde das Vorhandensein eines Lehrwagens als ausreichend ansehen.

sind, und daß sämtliche Lehrwagen mit Geschwindigkeitsmesser und Kilometerzähler versehen sind;

7. wenn Unternehmer oder Leiter das Gewerbe eines Stellenvermittlers betreibt.

Ferner kann die Erlaubnis versagt werden, wenn Unternehmer oder Leiter weder die Reichs- noch die Staatsangehörigkeit in einem deutschen Lande besitzt.

Die Erlaubnis gilt nur für den Unternehmer, dem sie erteilt ist; sie erlischt, wenn das Unternehmen nicht binnen sechs Monaten eröffnet wird oder der Betrieb während der Dauer von sechs Monaten geruht hat. Ein bestimmter Name des Unternehmens ist festzulegen, der Ruf- und Zunamen des Inhabers, gegebenenfalls neben dem des Gründers oder früheren Inhabers und das Wort „Privat" enthält; irreführende Bezeichnungen, wie Hochschule, Akademie, Technikum, sowie solche, die die Eigenschaft als Privatunternehmen verschleiern, sind zu untersagen. Dem Unternehmer ist aufzugeben, bei Verlegung des Unternehmens in andere Räume oder Veränderung im Bestand an Lehrfahrzeugen Anzeige zu erstatten, ferner in etwaigen Veröffentlichungen der Unterrichtsgebühren diese stets vollständig und an einer Stelle zusammengestellt anzugeben und den vollständigen Gebührentarif, nach Weisung der Behörde auch andere Bekanntmachungen in den Unterrichtsräumen auszuhängen. Die Behörde kann den Umfang der Tätigkeit des Unternehmens (Zahl der Fahrlehrer, Zahl der Auszubildenden) beschränken, auch den Betrieb von Annahmestellen für Auszubildende untersagen; eine Änderung des Gebührentarifs bedarf ihrer Erlaubnis. Privatunternehmen ist die Führung von Wappen oder dgl. untersagt, die wegen ihrer Ähnlichkeit mit staatlichen oder städtischen geeignet sind, den Anschein zu erwecken, als ob es sich um ein staatliches oder städtisches Unternehmen handelt.

Die höhere Verwaltungsbehörde kann jederzeit den Unterricht, die Unterrichtsräume, Lehrfahrzeuge, Lehrmittel, Listen der Auszubildenden und Versicherungsscheine und alle den sonstigen Betrieb des Unterrichts betreffenden Angelegenheiten nachprüfen und hierzu Fragen an Leiter, Lehrer und Auszubildende stellen.

Der Mangel der Zuverlässigkeit, der den Widerruf der Erlaubnis zum Betriebe rechtfertigt, liegt beim Unternehmer insbesondere auch dann vor, wenn er auf Täuschung der Öffentlichkeit berechnete Anpreisungen erläßt oder ohne Erlaubnis der höheren Verwaltungsbehörde den Gebührentarif ändert. Bei Widerruf der Erlaubnis zum Betrieb ist eine angemessene Frist zu setzen, binnen deren der Unternehmer das Unternehmen zu schließen hat.

VII. Ausbildung.

Zur Ausbildung als Kraftwagenführer darf vom Fahrlehrer nur angenommen werden, wer durch amtsärztliches Zeugnis seine körperliche Eignung aufweist, eine Person unter 18 Jahren nur mit besonderer Erlaubnis der höheren Verwaltungsbehörde. Die Auszubildenden sind vor Annahme darauf hinzuweisen, daß die höhere Verwaltungsbehörde die Erlaubnis zum Führen von Kraftfahrzeugen versagt, wenn Tatsachen vorliegen (z. B. schwere Eigentumsvergehen, Neigung zum Trunke oder zu Ausschreitungen, insbesondere zu Roheitsvergehen), die den Nachsuchenden als ungeeignet zum Führen eines Kraftfahrzeugs erscheinen lassen; in zweifelhaften Fällen ist dem Auszubildenden vor Annahme eine Anfrage bei der höheren Verwaltungsbehörde anzuraten. Alle Auszubildenden sind in eine Liste unter fortlaufender Nummer mit genauer Angabe von Ruf- und Zunamen, Anschrift, Tag der Aufnahme und bezahltem Lehrgeld einzutragen; die Liste ist beamteten Personen auf Verlangen vorzuzeigen.

Die Auszubildenden sind in allem, worauf sich die mündliche und praktische Führerprüfung erstreckt, gründlich zu unterweisen; es ist ihnen auch Gelegenheit zu Instandsetzungsarbeiten zu geben. Der Ausbildung im Fahren muß eine Unterweisung über die einschlägigen gesetzlichen und polizeilichen Vorschriften sowie die wichtigsten Bestandteile von Kraftfahrzeugen und ihr Zusammenwirken vorangehen. Die praktische Fahrausbildung als wichtigster Teil der Ausbildung muß besonders gründlich, möglichst auch in verschiedenartigem Gelände erfolgen; hierfür sind zunächst verkehrsarme Straßen (möglichst freie Landstraßen), danach schwierigere und belebtere (geschlossene Ortsteile) aufzusuchen. Vorrichtungen, die außer dem Führer auch dem Fahrlehrer eine Einwirkung auf Kupplung oder Bremsen ermöglichen, dürfen nur zu Anfang der praktischen Fahrausbildung und keinesfalls bei der Prüfungsfahrt benutzt werden. Ein Nachweis darüber, daß der Auszubildende den Fahrdienst auf Kraftwagen mit mehr als 3 Rädern erlernt hat, darf erst ausgestellt werden, nachdem der Auszubildende an mindestens 12 verschiedenen Tagen über eine Fahrstrecke von im ganzen mindestens 150 Kilometern während eines Zeitraums von im ganzen mindestens 8 Stunden unter Verantwortung des Fahrlehrers einen Kraftwagen auf öffentlichen Wegen oder Plätzen gelenkt hat; bei der Ausbildung von Führern auf dreirädrigen und auf Kraftwagen mit elektrischem Antrieb muß der Auszubildende mindestens an 6 verschiedenen Tagen über eine Fahrstrecke von im ganzen mindestens 75 Kilometern während eines Zeitraums von im ganzen mindestens 4 Stunden unter Verantwortung des Fahrlehrers einen Kraftwagen auf öffentlichen Wegen oder Plätzen gelenkt haben. Für Personen, die die Ausdehnung ihres Führerscheins für Kraftwagen auf eine andere Betriebsart oder Klasse wünschen, kann die Ausbildungszeit entsprechend abgekürzt werden. Für Personen, die angeblich schon fahren können, dürfen Nachweise über eine kürzere Ausbildung nur nach Einholung der Erlaubnis der höheren Verwaltungsbehörde ausgestellt werden.

Über den Gang der Ausbildung hat der Fahrlehrer in jedem Einzelfalle genaue Aufzeichnungen zu machen und auf Verlangen beamteten Personen vorzuzeigen. Die Ausbildungsnachweise sind vom

Fahrlehrer eigenhändig zu unterschreiben. Bei Ausbildung von Kraftfahrzeugführern im Dienste eines Ausbildungsunternehmens, einer Kraftfahrzeugfabrik, -fabrikniederlassung oder -handlung oder eines Kraftfahrzeuge betreibenden Unternehmens, einer Behörde oder Feuerwehr haben Leiter, Firmeninhaber oder Behörde zu bescheinigen, daß die Ausbildung in ihrem Auftrag erfolgt ist und, abgesehen von Ausbildungsunternehmen des § 1 Abs. 2 Nr. 1, was die Veranlassung zur Ausbildung war. Dem Ausbildungsnachweis ist eine Abschrift der zweiten Seite des Fahrlehrerscheins und im Sonderfalle der Ziffer V Abs. 3 Satz 2 der besonderen Bescheinigung beizufügen.

VIII. Behördliche Überwachung der Fahrlehrer und der Ausbildungsunternehmen.

Die höhere Verwaltungsbehörde hat die mit der Prüfung von Kraftfahrzeugführern beauftragten Sachverständigen jährlich mindestens zweimal über die Leistungen der behördlich ermächtigten Fahrlehrer und die Instandhaltung der Lehrfahrzeuge zu befragen und bei unbefriedigenden Leistungen das Erforderliche wegen Entziehung der Erlaubnis zu veranlassen.

IX. Ausbildung von Kraftfahrzeugführern der Reichspostverwaltung, der Wehrmacht und der staatlichen Polizei.

Für die Ausbildung von Kraftfahrzeugführern auf Kraftfahrzeugen der Reichspostverwaltung, der

Wehrmacht und der staatlichen Polizei gilt folgendes:

Reichspost- und Reichswehrministerium und die zuständigen obersten Landesbehörden bestimmen für ihren Geschäftsbereich Dienststellen, die zur Abhaltung der Fahrlehrerprüfung sowie zur Erteilung und Entziehung der Erlaubnis zur Ausbildung von Kraftfahrzeugführern berechtigt sind. Fahrlehrerprüfung und Ausbildung erfolgen sinngemäß nach Ziffer II, V Abs. 1 bis 4 und VII Abs. 1 und 2. Die Erlaubnis erstreckt sich auf bestimmte Betriebsarten und Klassen. Der Fahrlehrerschein entspricht dem allgemein vorgeschriebenen Muster; er gibt dem Inhaber die Berechtigung zur Ausbildung von Führern nur mit Fahrzeugen der betreffenden Verwaltung. Der Schein gilt für die Dauer der Dienstzeit und wird nach ihrer Beendigung eingezogen. In den Entlassungspapieren wird vermerkt, für welche Betriebsart und Klasse von Kraftfahrzeugen dem Inhaber ein Fahrlehrerschein erteilt war.

Beantragt der Inhaber eines von der Reichspostverwaltung, der Wehrmacht oder einer staatlichen Polizei ausgestellten Fahrlehrerscheins nach Dienstentlassung einen Fahrlehrerschein gemäß Ziffer V, so hat die nach § 3 zuständige höhere Verwaltungsbehörde nach Ziffer I zu verfahren. Die Fahrlehrerprüfung fällt fort, wenn die Erlaubnis zur Ausbildung von Kraftfahrzeugführern dem Antragsteller bereits von der Reichspostverwaltung oder der Wehrmacht im beantragten Umfang erteilt war.

X. Prüfungsgebühren.

Für die Prüfung von Fahrlehrern, Lehrwagen und Lehrmitteln stehen dem amtlich anerkannten Sachverständigen folgende Gebühren zu:

Ziffer	Angabe des Prüfungsgeschäfts	Gebührensatz Mark
I	Für die erste Prüfung eines Fahrlehrers für eine bestimmte Betriebsart	
	am Wohnsitz des Sachverständigen	100,00
	außerhalb des Wohnsitzes des Sachverständigen .	130,00
II	Für jede weitere im gleichen Prüfungstermine mit demselben Prüfling abgehaltene Prüfung für eine andere Betriebsart . .	50,00
III	Für die Prüfung:	
	1. eines Kraftwagens auf seine Brauchbarkeit als Lehrwagen am Wohnsitz des Sachverständigen	65,00
	2. eines Kraftwagens auf seine Brauchbarkeit als Lehrwagen außerhalb des Wohnsitzes des Sachverständigen	100,00

Ziffer	Angabe des Prüfungsgeschäfts	Gebührensatz Mark
III	3. für jeden weiteren am gleichen Tage auf seine Brauchbarkeit als Lehrwagen geprüften Kraftwagen desselben Eigentümers im gleichen Gemeindebezirke	35,00
IV	Für die Prüfung der Lehrmittel eines Ausbildungsunternehmens (ausschließlich Lehrwagen)	
	am Wohnsitz des Sachverständigen	80,00
	außerhalb des Wohnsitzes des Sachverständigen ...	110,00

Im übrigen gelten folgende Bestimmungen:

1. Reisekosten und andere Entschädigungen stehen dem Sachverständigen nicht zu.
2. Ist der Prüfling bereits im Besitze des Fahrlehrerscheins für eine bestimmte Betriebsart und findet die Prüfung zwecks Ausdehnung des Fahrlehrerscheins auf eine andere Betriebsart statt, so stehen dem Sachverständigen für diese Ergänzungsprüfung die Gebührensätze nach Ziffer II der Gebührenordnung mit der Maßgabe zu, daß bei einer Prüfung außer-

halb des Wohnsitzes des Sachverständigen ein Zuschlag von 35 Mark erhoben wird.

3. Kann die Prüfung eines einzelnen Lehrwagens ohne Verschulden des Sachverständigen am festgesetzten Tage nicht beendet werden, so sind die unter Ziffer III, 1 und 2 der Gebührenordnung angegebenen Beträge fällig; für die Fortsetzung einer derart unterbrochenen Prüfung stehen dem Sachverständigen die Gebührensätze nach Ziffer III, 3 der Gebührenordnung mit der Maßgabe zu, daß bei einer Prüfung außerhalb des Wohnsitzes des Sachverständigen ein Zuschlag von 35 Mark erhoben wird.

4. Kann an einem vereinbarten Tage ohne Verschulden des Sachverständigen die Prüfung eines Lehrwagens überhaupt nicht begonnen werden, so sind die unter Ziffer III, 1 oder 2 für einen Lehrwagen angegebenen Beträge fällig.

Berlin, den 1. März 1921.

Die Reichsregierung.
Fehrenbach.

10.

Verordnung zur Änderung der Verordnung, betreffend die Ausbildung von Kraftfahrzeugführern.

Vom 21. Oktober 1923 (RGBl. I S. 988).

Auf Grund des § 6 des Gesetzes über den Verkehr mit Kraftfahrzeugen vom 3. Mai 1909 (Reichsgesetzbl. S. 437) in der Fassung des Gesetzes vom 21. Juli 1923 (Reichsgesetzbl. I S. 743) wird die Ziffer X der Anlage zur Verordnung, betreffend die Ausbildung von Kraftfahrzeugführern, vom 1. März 1921 (Reichsgesetzbl. S. 212) in der Fassung der Verordnung vom 15. März 1923 (Reichsgesetzbl. I S. 169) nach Zustimmung des Reichsrats wie folgt geändert:

X. Prüfungsgebühren.

Der Reichsverkehrsminister setzt die Gebühren fest, die den amtlich anerkannten Sachverständigen für die Prüfung von Fahrlehrern, Lehrwagen und Lehrmitteln zustehen; er hat davon dem Reichsrat unverzüglich Kenntnis zu geben. Erhebt der Reichsrat innerhalb eines Monats Widerspruch, so hat der Reichsverkehrsminister diese Gebühren aufzuheben und die bisherigen wieder in Kraft zu setzen.

Berlin, den 21. Oktober 1923.

Der Reichsverkehrsminister.

Oeser.

11.
Verordnung
über den internationalen Kraftfahrzeugverkehr.
Vom 5. Oktober 1922 (RGBl. II S. 768).

Die Reichsregierung verordnet nach Zustimmung des Reichsrats auf Grund des § 6 des Gesetzes über den Verkehr mit Kraftfahrzeugen vom 3. Mai 1909 (Reichsgesetzbl. S. 437) in Verbindung mit Artikel 179 Abs. 2 der Verfassung des Deutschen Reichs vom 11. August 1919 (Reichsgesetzbl. S. 1383) folgendes:

Die Verordnung über den internationalen Verkehr mit Kraftfahrzeugen vom 21. April 1910 (Reichsgesetzbl. S. 640) wird in folgenden Punkten geändert:

Artikel I.

§ 3 Abs. 5 erhält folgende Fassung:

Für die Ausfertigung des internationalen Fahrausweises ist eine Gebühr zu entrichten, deren Höhe von der obersten Landesbehörde festgesetzt wird.

Artikel II.

Hinter § 3 wird folgende Vorschrift eingestellt:

§ 3a.

Beim Verkehr in solchen außerdeutschen Staaten, in denen das internationale Abkommen über den Verkehr mit Kraftfahrzeugen vom 11. Oktober 1909 (Reichsgesetzbl. 1910 S. 603) gilt, müssen deutsche Kraftwagen mit einer tieftönenden, Kraftdreiräder und Kraftzweiräder mit einer hochtönenden Huppe versehen sein.

Artikel III.

Im § 10 Abs. 1 Abschnitt b Abs. 1 Satz 1 werden die Worte „Erlaubniskarte (Steuerkarte)" durch „Steuerkarte" ersetzt.

Artikel IV.

§ 10 Abs. 1 Abschnitt b Abs. 2 erhält folgende Fassung:

Für die Zuteilung des Kennzeichens wird eine Gebühr erhoben; für die Rückgabe des Kennzeichens in brauchbarem Zustand ist Sicherheit zu leisten. Der Reichsminister der Finanzen trifft nähere Bestimmung über die Höhe der Gebühr sowie über Art, Höhe und Rückgabe der Sicherheit. Die Sicherheit verfällt zugunsten des Reichs, sobald feststeht, daß das Kennzeichen nicht beim Ausgang aus dem Reichsgebiet in brauchbarem Zustand abgeliefert worden ist, spätestens jedoch einen Monat nach Ablauf der Gültigkeitsdauer der Steuerkarte.

Artikel V.

§ 10 Abs. 1 Abschnitt b Abs. 3 fällt fort.

Artikel VI.

Im § 10 Abs. 1 Abschnitt b erhält der bisherige Abs. 4, nunmehrige Abs. 3, folgende Fassung:

Entrichtung der Gebühr, Leistung sowie Rückgabe der Sicherheit sind auf der Steuerkarte oder der Bescheinigung nach Muster 6 zu vermerken; der Vermerk ist bei Umschreibung der Steuerkarte auf die neue Karte zu übertragen.

Artikel VII.

Dem § 14 wird am Schlusse folgendes hinzugefügt:

§ 10 Abs. 1 Abschnitt b Abs. 2 und 3 gilt entsprechend; werden Kennzeichen, internationaler Fahrausweis und Steuerkarte spätestens einen Monat nach Ablauf der Gültigkeitsdauer der Steuerkarte an die Zoll- oder Steuerbehörde abgeliefert, die das Kennzeichen zugeteilt hat, so ist die Sicherheit an eine vom Hinterleger zu bezeichnende inländische Stelle zurückzugeben; andernfalls verfällt die Sicherheit zugunsten des Reichs.

Berlin, den 5. Oktober 1922.

Die Reichsregierung.

Bauer.

Anm.: Siehe auch Art. IV der Verordnung über Änderungen der Regelung des Kraftfahrzeugverkehrs vom 15./3. 23 (zu Nr. 3 dieses Nachtrags).

Gedruckt bei A. W. Hayn's Erben, Potsdam.

FSC
www.fsc.org
MIX
Papier | Fördert gute Waldnutzung
FSC® C083411

Kolibri 360 GmbH
Ferdinand-Jühlke-Straße 7
99095 Erfurt, Deutschland
produktsicherheit@kolibri360.de